云亭法律实务书系

公司保卫战
公司控制权案例点评与战术指导

第 2 版

THE DEFENCE
OF
THE COMPANY

唐青林　张德荣　李　斌 / 主编

中国法制出版社
CHINA LEGAL PUBLISHING HOUSE

第二版前言

近年来，我国曾发生多次著名的公司控制权争夺战，包括国美控制权争夺战、万科控制权争夺战、真功夫控制权争夺战、雷士照明控制权争夺战、当当网公司控制权争夺战等。这些著名的公司控制权争夺战，往往硝烟四起，财经媒体争相报道每一个细节。

"太阳底下没有新鲜事"，这些公司控制权争夺战并非孤案，全国乃至全世界到处都在重演着类似的故事。只是有些公司控制权争夺战成为举国关注的案件，有些公司控制权争夺战则默默无闻。

本书作者北京云亭律师事务所唐青林律师带领的专业公司法律师团队，直接处理过大量公司控制权争夺战案件，有些案件的情节比媒体报道的案件更加精彩，有些是资本家和企业家的争夺战，有些是企业内部创始股东之间的争夺战。委托人因为有律师团队提供的公司法武器的帮助，往往勇猛而不鲁莽，在大多数情况下都能成功地保住公司控制权或者夺回公司控制权。

在公司控制权争夺战中，对手可能是手握大量资金的上市公司或者私募基金，当然也可能是一起创业的伙伴或者从小玩到大的兄弟。

古话说：杀敌一千自损八百，所以公司控制权争夺战的结局往往是两败俱伤。想要避免悲情结局必须有所防备！不管是小股东还是大股东，是法定代表人还是董事、总经理，只要是局中人，就要关注和遵守游戏规则。而游戏规则，就是《公司法》《股东协议》和《公司章程》。身处局中的每一个人，都必须关注公司章程的条款是如何约定的，股东的各项权利如何实现，股东会、董事会如何运作，公司证照和人事权争夺的风险如何避免。

本书写作的目的，就是希望通过一个个活生生的案例起到警示作用，公司控制权应当引起广大的企业家足够的重视！想要牢牢掌控公司控制权，就要提前针对公司作出预防性的防御工事。

那么，谁有能力为股东和公司设计出防御公司争夺战的巧妙战役工事呢？应该是本书作者唐青林律师所领导的北京云亭律师事务所公司法专业团队这样长期战斗在公司保卫战第一线的专业律师团队：既精准掌握《公司法》等诸多法律规定，又掌握各级法院在司法审判中运用《公司法》作出的数以千计的判决并从中总结出最前沿的裁判规则和司法动态（称之为"判决书中的公司法"）；既深谙公司控制权争夺战中各角色的一般心态，又考虑每个具体公司中每个具体人物角色的特殊关系；既关注《公司法》及《公司章程》赋予的常规武器，又关切每一个公司中特殊的情况和约定，只有这样才能设计出最可行的公司控制权争夺整体解决方案、能够防御公司争夺战的巧妙的战役工事。

本书在写作过程中，围绕"公司控制权争夺"这一主题展开，在保持案情真实的前提下力求精简，把与控制权争夺无关的细节略去不表。希望通过这些精选的案例，提高广大企业家保护公司控制权的意识和能力，更希望越来越多的中国企业，可以在确保公司控制权稳定的情况下对外开疆拓土、做大做强！

笔者真诚感谢"公司法权威解读"公号数十万读者的厚爱。本书的所有篇章陆续在微信公众号上发表后，很多热心读者在后台提出了一些文字错误和其他瑕疵，让我们有机会及时修改这些错误。

本书的书名是中国法制出版社总编室副主任赵宏老师起的。当时作者起的书名是《公司法最新裁判规则》，赵宏老师审稿后认为，根据书稿的内容起名《公司保卫战》既贴近书稿的内容，又容易引起读者的关注，于是决定采用《公司保卫战》这个书名。后来经过市场的检验，发现《公司保卫战》果然很受欢迎，甚至有关投资基金负责人阅读了《公司保卫战》后找到作者，咨询相关公司控制权的法律实务问题，并自然地成了我们重要的客户、聘请我们作为他们的专项公司治理法律顾问。

本书修订期间恰逢春节，律师实务业务基本上处于暂停状态，于是作者们潜心全力推进修订稿件：大部分时候各自伏案阅读和仔细修订；有时候以微信的形式在专用写作群内互相征询和推敲一些细节；有时候则觉得微信沟通不直接，于是以电话会议方式讨论书中写到的某个公司控制权争夺战方案如何优化或者专门讨论某个新规颁布后对公司控制权设计的影响和变化。

由于本书作者都是战斗在公司法实践第一线的律师，白天忙于各种各样的公司法实践工作，只能利用晚上和节假日进行研究写作，加之水平有限，本书的谬误之处，敬请各界专家、学者、读者予以斧正。

唐青林　律师

2021 年 5 月 6 日

第一版前言

只要有权利，就一定会有滥用权利。有滥用权利，就会为权利而斗争。

大股东利用股东权利欺压小股东、小股东利用股东权利给公司添乱，各种怪招、损招，屡见不鲜。作为战斗在公司保卫战第一线的专业律师早已经见怪不怪。

在从事律师实务的办案过程中，笔者经常接触到很多令人唏嘘的公司保卫战案例。为争夺公司控制权，各路人马进行各式各样的文斗或武斗：有些股东之间不惜大打出手争夺公司印章、银行账户支付U盾和财务账簿等公司印信；有些股东不惜采取控告股东或高管职务侵占罪、挪用资金罪等将对方送进监狱的极端方式；有些昔日好友或共同经营公司几十年的老同学反目；有些姻亲反目甚至亲兄弟反目。

"太阳底下没有新鲜事"，这类故事日复一日地在不同城市、不同行业、不同规模的公司中上演。故事的经过和结局各有不同，但身处不同故事中的人物，却具有相似的利益取向、思考方式，所以他们在公司保卫战中会使用相同或相似的招数。公司控制权争夺战的案例见多了，也就熟悉了各种常用和不常用的招数。

为什么会出现公司控制权争夺战，核心原因是没有解决好公司治理问题。而公司治理的核心问题，是解决三大难题：（1）解决股东"黑"股东的问题，实现股东和股东之间的利益平衡；（2）解决职业经理人"黑"公司的问题，实现公司和职业经理人之间的利益平衡；（3）解决公司和债权人等利益相关方的问题，实现公司和债权人等利益相关方之间的利益平衡。

从处理公司类争议和诉讼的角度来看，整部《公司法》都在解决公司股东、职业经理人、公司其他利益相关者之间的利益平衡问题。《公司法》两百多个条款加上五个司法解释，涉及的民事诉讼案由有25个之多，但其实都可以归类为三类争议：其一是股东与股东之间的争议；其二是股东与职业经理人之间的争议；其三是股东、公司与其他利益相关者之间（主要是公司的外部投资人，也可能包括公司的债权人等）的争议。相应的，所谓公司治理，本质就是在争议发生前，通过合理的制度设计解决好这几类主体之间的利益平衡问题、争取避免可能发生的争议。

如何防范大股东损害小股东利益，如何实现股东和股东之间利益平衡？就股东与股东之间的争议而言，大股东的套路，多是利用实际控制公司和占有多数表决权的优势，作出损害其他小股东利益的行为。这些套路包括不开股东会排除小股东决策权擅自作出重大经营决策、恶意不分红或不按股权比例分红、抽逃出资、转移公司业务和资产、恶意增资、恶意规避股东优先购买权、滥用公司担保、设立子公司排除小股东权利、通过关联交易套取利润等。可以毫不夸张地说，公司治理中最难防范的往往不是外来侵略者，而是为追求利益最大化而滥用股东权利的大股东。

面对大股东的滥用权利"倒行逆施"，小股东也并非无计可施，他们可以通过行使股东知情权、单方审计权、提前约定特殊的股权比例或调整表决机制、提前设定分红方案、确认公司决议无效或撤销公司决议、行使股东回购请求权、股东除名权、提起股东代表诉讼、行使强制分红权、要求公司解散等合法的招数破敌。当然，上述提及的很多解决方法并非《公司法》等法定的、天然的权利。这些方法能否有机会行使，完全取决于小股东在投资入股的时候，有没有聘请专业的律师帮助其提前在《股东协议》《公司章程》中预设蕴含权利基础的条款。如果在入股的时候不能提前设计和拥有这些应对大股东欺压的基本权利和方法，切记专业律师的劝告"打死不做小股东"！

公司希望他们聘请的职业经理人忠实和勤勉、实现考核目标。如何解决职业经理人"黑"公司的问题，如何实现公司和职业经理人的利益平衡？首先要防范职业经理人怠政、懒政、不尽勤勉义务，其次要解决经理人损公肥私"黑"公司的问题，如公司董事、高管与公司进行自我交易、擅自转移公司核心资产掏空公司，甚至是劫取公司的商业机会等。公司必须提前做好制度设计，防止引狼入室。只有熟知职业经理人常用的"黑"公司的套路和招数的专业律师，才能协助公司制定出有效的反制招数。

公司法定代表人违规对外担保造成公司巨大损失、股东为恶意逃债故意约定设立后999年后出资，这类案例屡见不鲜。如何解决公司和债权人等利益相关方的问题，如何实现公司和债权人等利益相关方之间利益平衡？当公司股东滥用权利使公司财产不足以清偿公司债权人的债权（人格混同、过度支配与控制、资本显著不足）、未经决议越权担保、恶意延长出资期限、抽逃出资、不当减资、不当注销公司时，显然不仅局限于公司内部，也会实际和深刻地影响到公司债权人利益，使其债权陷入不能实现或难以实现的尴尬境地。同样，公司为保证在引入外部投资者时的交易安全，也必须要关注诸如隐名持股、对赌协议、股权让与担保、阴阳合同、股权的无权处分与善意取得等问题，彼此了解可能使用的"套路"及其反击措施。知己知彼方能百战百胜。

本书作者全部为战斗在公司控制权争夺战第一线的专业律师，通过长期办理大量案件以及对于公司法司法实践的长期深入观察，对股东、高管等各种身份的人在思考什么、他们在公司控制权争夺战中下一步可能怎么做都了然于胸。很多股东和高管会咨询各种专业的问题，为了回答这些问题，笔者把在常年工作中掌握的大量素材和各方常用的各种套路、招数、手段进行总结，集中体现在本书中。

公司控制权争夺是北京云亭律师事务所长期深度耕耘的专业业务领域之一，在公司治理、公司控制、股权设计、股东间争议股权诉讼等领域，办理了大量项目和案件（有些项目涉及的目标公司价值百亿元级别），大多都能取得预设的胜利目标。在办理了大量涉及公司保卫战的案例之后，总有冲动要把这些故事写出来，让更多的公司和股东受益，希望他们不要发生公司保卫战，或者能在公司保卫战中获得最后公平正义的胜利。

笔者希望，本书可以帮助每一位阅读本书的企业家，熟知公司管理、治理的基本法律规则，避免出现公司控制权争夺战。如果已经出现了公司控制权争夺战，希望本书能够帮助你们灵活掌握公司控制权争夺战的各种招数，做到知己知彼，取得公司控制权争夺战的最终胜利。

鉴于水平有限，本书中难免有遗漏甚至是错误之处，恳请各界好友不吝赐教。欢迎读者就本书中的有关问题或公司法案例与本书作者进行探讨，本书作者联系邮箱是：18601900636@163.com。

唐青林　张德荣　李斌

2019年6月9日

目 录
Contents

第一章 出　　资

不出一分钱也能合法成为大股东 ………………………………………… 5
约定100年的认缴期限可以高枕无忧吗 …………………………………… 11
1%的小股东是否能将99%的大股东除名 ………………………………… 20

第二章 瑕疵出资

股东出资不到位其他股东怎么办 ………………………………………… 33
虚假出资的司法认定及举证责任 ………………………………………… 37
大股东"黑"小股东之"抽逃出资" ……………………………………… 42

第三章 隐名股东

隐名股东有风险：股东资格难认定 ……………………………………… 55
显名股东不轻松：代持义务要履行 ……………………………………… 68

第四章 股东权利

股东的知情权（查账权）——公司控制权争夺中的"一把利剑" ……… 79
股东的退股权 ……………………………………………………………… 86
瑕疵出资股东的表决权限制 ……………………………………………… 91
公司亏损就等于股东利益受损吗 ………………………………………… 100

第五章　股东会、董事会

董事会可以"架空"股东会吗……………………………………………… 115
大股东不实际召开会议，股东会决议无效……………………………… 122
大股东身陷囹圄　小股东取而代之……………………………………… 130
小股东逆袭夺权之股东会"政变"………………………………………… 139
董事会会议召集通知中的法律陷阱……………………………………… 152
公司决议撤销之诉的要点指南…………………………………………… 163

第六章　人事权争夺

公司控制权争夺之"撤换法定代表人"………………………………… 183
公司控制权争夺之"撤换董事长"……………………………………… 192
公司控制权争夺之"撤换总经理"……………………………………… 198
小股东争夺控制权之"占据监事席位"………………………………… 204
大股东滥用公司控制权之"公司人格否认"…………………………… 209
法定代表人滥用控制权之"越权担保"………………………………… 221
董监高滥用控制权之"侵夺公司商业机会"…………………………… 230

第七章　股权转让

股权长期不能过户时的单方解除权……………………………………… 245
以股权转让、股权回购的方式进行融资的合法有效…………………… 258
未经批准转让证券公司5%以上股权的协议效力………………………… 268
公司控制权争夺的利器——股东优先购买权…………………………… 280

第八章　增资扩股

优先权行使要及时………………………………………………………… 299
大股东"黑"小股东之虚假增资………………………………………… 313
大股东"黑"小股东之全资子公司增资………………………………… 318
黔峰公司增资第一案："胃口超大"的小股东………………………… 325

黔峰公司增资第二案："欲哭无泪"的外来投资者 …………………… 333
青海碱业增资第一案：投资者的出资义务不可免除 …………………… 341
青海碱业增资第二案：已缴的资本公积金不可退还 …………………… 353
投资人的"惨胜"还是"大胜"？——"对赌协议"第一案 ………… 361
融资时应谨慎考虑"对赌协议" …………………………………………… 368
"对赌协议"经典案例之人和商业 ………………………………………… 374
"对赌协议"经典案例之永乐电器 ………………………………………… 377
"对赌协议"经典案例之中国动向 ………………………………………… 379

第九章　公司控制权实战

股东长期不合互相斗殴致使公司遭法院判决解散 ……………………… 385
50∶50 股权结构下公司僵局的破解 ……………………………………… 389
亲兄弟控股型家族企业控制权争夺 ……………………………………… 395
祸起萧墙——同胞兄妹之间的控制权争夺 ……………………………… 402
受让国有公司股权需履行报批手续 ……………………………………… 413
上海新梅控制权之争 ……………………………………………………… 424

第一章 出　　资

【本章导读】

股东出资是指公司股东在公司设立或者增加资本时，为取得股份或股权，根据协议的约定以及法律和章程的规定向公司交付财产的法律行为。股东可以以何种财产出资？股东出资有无期限要求？出资程序中应注意哪些问题？对于这些问题的回答，既关系到投资者能否顺利取得股东身份，实现对公司的初步控制，也关系到公司资本是否充实、公司债权人权利能否得到保证。

在实践中，股东与股东间、公司与股东间，甚至是公司债权人与股东间往往会就股东的出资问题产生争议，引发了大量的诉讼。而一旦股东未履行出资义务，或者履行出资义务存在瑕疵，轻则承担补足出资的法律义务，面临股东权利被限制的尴尬境地，重则被公司除名，竹篮打水一场空，直接丧失对公司的控制权。

在法律层面，《公司法》第26～28条对股东出资的期限、形式、程序作了规定，《最高人民法院关于适用〈中华人民共和国公司法〉若干问题的规定（三）》（以下简称《公司法司法解释三》）专门对出资问题作出详尽解释，这些规定在实践中有很强的指导意义。而法律没有规定或规定不明确的问题，各地法院也形成了一些主流的裁判观点。对于广大的投资者而言，有必要了解从这些法律规定和司法裁判中提炼出的要点，提高出资过程中的风险防控能力。

【本章常见问题及解答】

1. 股东不履行出资义务会有哪些法律后果

其一，公司可以要求股东承担补足出资的责任，其他股东可以要求其承担违约责任。其二，公司可以通过公司章程或者股东会决议对其利润分配请求权、新股优先认购权、剩余财产分配权等权利进行合理的限制，直至违反出资义务的股东补足出资。其三，公司债权人可以主张没有履行出资义务的股东对于公司不能清偿的债务在未出资本息范围内承担补充赔偿责任。

2. 公司是否可将未履行出资义务的股东除名

股东未履行出资义务，经公司催告缴纳在合理期限内仍未缴纳，公司通过章程规定，或者通过股东会决议，解除该股东的股东资格将其除名，人民法院应予支持，但法院应当要求公司在合理期限内履行法定的减资程序或者由其他股东或第三人另行认缴股权。

3. 债权能否出资

现有司法解释的立场是股东以其对第三人享有的债权出资的，应当认定出资无效。工商总局对于普通债权的出资一直持否定态度，债权用于出资，工商机关是不予登记的。但是，以依法可以转让的无记名公司债券出资的，或者用以出资的债权在一审庭审结束前已经实现的，应当认定出资有效。

4. 股权出资应满足哪些条件

根据《公司法司法解释三》第11条，股权出资应满足以下四个条件：其一，出资的股权由出资人合法持有并依法可以转让；其二，出资的股权无权利瑕疵或者权利负担；其三，出资人已履行关于股权转让的法定手续；其四，出资的股权已依法进行了价值评估。

5. 非货币出资未经评估作价的如何处理

根据《公司法司法解释三》第9条，出资人以非货币财产出资，未依法评估作价，公司、其他股东或者公司债权人请求认定出资人未履行出资义务的，人民法院应当委托具有合法资格的评估机构对该财产评估作价。评估确定的价额显著低于公司章程所定价额的，人民法院应当认定出资人未依法全面履行出资义务。

6. 以无权处分财产出资的效力如何

以无权处分财产出资，出资行为的效力不应一概否认。如符合《民法典》第311条有关善意取得的构成要件（包括：公司对股东用以出资的财产是其无权处分财产不知情，股东用以出资的财产与取得合理的股权间价值相当，股东资格已经通过工商登记），则出资行为应当认定为有效。

7. 出资比例和持股比例是否可以不一致

有限责任公司的股东出资比例和持股比例是否一致属于股东意思自治范畴，但为了防止大股东或多数股东欺压小股东或者少数股东，必须经过公司全体股东一致同意，才可以约定出资比例和持股比例不一致。

8. 股东出资责任是否适用诉讼时效

《最高人民法院关于审理民事案件适用诉讼时效制度若干问题的规定》第1条第3项规定，基于投资关系产生的缴付出资请求权不适用诉讼时效。《公司法司法解释三》第19条第1款也规定，公司股东未履行或者未全面履行出资义务或者抽逃出资，公司或者其他股东请求其向公司全面履行出资义务或者返还出资，被告股东以诉讼时效为由进行抗辩的，人民法院不予支持。

9. 股东是否履行出资义务的举证责任由谁承担

《公司法司法解释三》第 20 条规定，当事人之间对是否已履行出资义务发生争议，原告提供对股东履行出资义务产生合理怀疑证据的，被告股东应当就其已履行出资义务承担举证责任。

10. 除货币出资外，股东还可以什么资产出资

根据《公司法》第 27 条的规定，股东不仅可以用货币出资，还可以用实物、知识产权、土地使用权等财产出资。股东用其他财产出资的，应同时满足（1）可以用货币估价，及（2）可以依法转让的两个要件。

对作为出资的非货币财产应当评估作价，核实财产，不得高估或者低估作价。评估确定的价额显著低于公司章程所定价额的，应当认定出资人未依法全面履行出资义务，公司、其他股东可以要求该出资人补足出资。

股东以货币出资的，应当将货币出资足额存入有限责任公司在银行开设的账户。股东以非货币财产出资的，应及时办理财产权的转移手续，将财产权转移至公司名下。

11. 股东可否以有抵押的财产出资

根据《公司登记管理条例》第 14 条规定，股东不得以劳务、信用、自然人姓名、商誉、特许经营权或者设定担保的财产等作价出资。之所以不允许以设定抵押的财产出资，是因为以设有抵押权的财产作为出资标的，该财产的自由转让将受到抵押权的限制，一旦抵押权人主张优先受偿，将会危及公司财产的完整性，从而有违公司资本确定原则。因此，用以出资的实物必须未设定抵押权。

12. 股东可否以划拨土地使用权出资

根据《公司法司法解释三》第 8 条的规定，股东可以划拨土地使用权出资，但应在指定的期限内完成土地变更手续（划拨地转为出让地）。股东未在指定的期限内完成土地变更手续的，视为未履行出资义务。

13. 款项是作为"出资款"还是"借款"投入给公司，结局有什么不同

投资者向公司投入的款项为"出资款"的，投资者取得股东身份，据此可以享有股东知情权、表决权等各项权利，公司盈利时可以获取公司分红。但是，投入的款项已转为公司的资产，股东不能再主张要求公司返还出资。

投资者向公司投入的款项为"借款"的，投资者仅可要求公司在借款期限届满后返还其出借资金本息。

实践中常发生的情况是，公司大额盈利时投资者主张之前投入的款项为"出资款"，公司亏损时投资者主张之前投入的款项为"借款"。为避免产生争议，建议

投资者在向公司提供款项时一定要对款项性质予以明确，并签署相应的法律文件，且勿不区分款项性质，仅含糊不清地表述为"投资款"。

14. 抽逃出资要坐牢吗

《刑法》第 159 条规定了虚假出资、抽逃出资罪，犯该罪的处五年以下有期徒刑或者拘役，并处或者单处虚假出资金额或者抽逃出资金额百分之二以上百分之十以下罚金。但需要说明的是，根据《全国人民代表大会常务委员会关于〈中华人民共和国刑法〉第一百五十八条、第一百五十九条的解释》规定："刑法第一百五十八条、第一百五十九条的规定，只适用于依法实行注册资本实缴登记制的公司。"

2013 年 12 月 28 日，全国人民代表大会常务委员对 2005 年《公司法》进行了修改，将原规定的注册资本实缴登记修改为注册资本认缴登记。2014 年 2 月 7 日，国务院印发的《注册资本登记制度改革方案》规定："现行法律、行政法规以及国务院决定明确规定实行注册资本实缴登记制的银行业金融机构、证券公司、期货公司、基金管理公司、保险公司、保险专业代理机构和保险经纪人、直销企业、对外劳务合作企业、融资性担保公司、募集设立的股份有限公司，以及劳务派遣企业、典当行、保险资产管理公司、小额贷款公司实行注册资本认缴登记制问题，另行研究决定。在法律、行政法规以及国务院决定未修改前，暂按现行规定执行。"

因此，除上述公司目前仍实行注册资本实缴制度外，其他公司均实行注册资本认缴制度。抽逃出资罪只适用于注册资本实缴登记制的公司，不适用于注册资本认缴制的公司。

15. 为他人公司出资提供过桥资金，有什么法律风险

根据《民法典》第 1168 条的规定，二人以上共同实施侵权行为，造成他人损害的，应当承担连带责任。

据此，不仅公司的股东不得抽逃出资，股东之外的第三人也不得协助股东出资后又抽逃，否则就要与股东一起对补足出资承担连带责任。尽管目前一般的公司原则上为认缴制，但一些特定经营领域的公司还需实缴出资。在这些领域公司的设立和验资过程中，实践中存在大量给股东提供过桥资金，方便其验资后又收回资金的行为，该等情况下要注意有可能承担连带责任。

虽然原则上，提供过桥资金方承担责任的前提是其明知款项用途是办理出资，否则不宜认定其与抽逃出资的股东构成共同侵权。但是，这种明知是可能被推定的，如两公司之间如果存在比较明显的关联关系，法院就有可能推定其应知是代垫出资又协助出资，进而判决其承担连带责任。

16. 股东在什么情形下要对公司债务承担连带责任

公司原则上应以其财产为限对外承担责任，即使公司对外负债，原则上也不应

由其股东承担责任。

结合有关法律规定，股东对公司债务承担责任主要存在以下三种例外情形：

第一，股东与公司构成混同，股东对公司债务承担连带责任。法律依据是《公司法》第20条第3款："公司股东滥用公司法人独立地位和股东有限责任，逃避债务，严重损害公司债权人利益的，应当对公司债务承担连带责任。"

第二，股东出资未到位，需在未出资范围内对公司债务承担责任。法律依据是《公司法》第3条第2款，"有限责任公司的股东以其认缴的出资额为限对公司承担责任"。

第三，股东与公司恶意串通、转移公司财产，需就转移的公司财产对公司债权人承担侵权责任。法律依据是《民法典》第1165条，"行为人因过错侵害他人民事权益造成损害的，应当承担侵权责任"。

不出一分钱也能合法成为大股东

【司法观点】

股东用以出资的非货币财产应当满足可以用货币估价和可以依法转让两个条件，否则出资协议书无效。

有限责任公司的股东出资比例和持股比例是否一致属于股东意思自治范畴，但为了防止大股东或多数股东欺压小股东或者少数股东，只有公司全体股东同意才可以约定股东的持股比例和出资比例不一致。

【典型案例】[①]

2006年9月18日，刘某与张某签订了《合作建设北京师范大学珠海分校工程技术学院协议书》（以下简称《9.18协议》），约定双方合作成立科美咨询公司，刘某以教育资本（包括教育理论与理念，教育资源整合与引入、教育经营与管理团队、教育项目的策划与实施）占公司70%的股份，张某以7000万元的资金投入学院的建设和运作，占30%的股份，协议签署后张某需将500万元保证金打入科美咨询公司账户。9月30日由张某控制的国华公司向科美咨询公司账户汇入500万元保证金，10月24日刘某又将500万元保证金从科美咨询公司账户上打入其所控制的

---

① （2011）民提字第6号。

启迪公司账户。

2006年10月26日，刘某控制的启迪公司、豫信公司又与张某控制的国华公司签订了《关于组建科美投资公司投资协议》（以下简称《10.26协议》），约定三方组建科美投资公司，注册资本1000万元分别由启迪公司、豫信公司、国华公司以现金出资550万元、150万元、300万元，分别占科美投资公司注册资本的55%、15%、30%。该协议同时约定：注册资金1000万元和投资6000万元全部由国华公司负责筹集投入。该协议关于各方利润分配的约定为：在国华公司7000万元资金没有收回完毕之前，公司利润按照启迪公司16%、豫信公司4%、国华公司80%分配；在国华公司7000万元资金收回完毕后，三方股东按照三方出资比例予以分配，即启迪公司55%、豫信公司15%、国华公司30%。同日通过的公司章程亦确定了上述出资方式和出资金额。

后国华公司汇入豫信公司150万元，汇入启迪公司50万元。豫信公司将上述150万元汇入科美咨询公司账户（该账户同时为科美投资公司筹委会账户）作为其认缴出资。启迪公司将国华公司转来的50万元和10月24日从科美咨询公司账户转入的500万元保证金汇入科美咨询公司账户作为其认缴出资。国华公司将300万元汇入科美咨询公司账户作为其认缴出资。同年10月31日，经珠海市工商局核准，科美咨询公司变更为科美投资公司。注册资金变更为1000万元，股东变更为国华公司、启迪公司和豫信公司。2006年11月28日刘某又与张某签订《合作备忘》约定：（1）双方同意将科美咨询公司更名为科美投资公司。（2）公司股东由法人组成，启迪公司和豫信公司代表刘某，国华公司代表张某，注册资金全部由张某支付。其后，国华公司陆续投入1750万元，连同1000万元出资共计投入2750万元。

在科美投资公司的实际运行过程中双方产生矛盾。2007年7月18日，国华公司向河南省开封市中级人民法院提起诉讼称，《10.26协议》签订后，国华公司履行了出资义务，启迪公司与豫信公司未出资却滥用股东权利，损害了国华公司的权益。故请求判令：科美投资公司的全部股权归国华公司所有。

开封市中级人民法院一审认为，根据公司法的规定，非货币财产作为出资须具备两个条件，一是可以用货币估价，二是可以依法转让，同时还应履行评估作价程序。而《9.18协议》中关于甲方以教育资本出资，没有进行评估作价，显然不符合非货币出资的条件，该约定对当事人不具有法律约束力。《10.26协议》与《9.18协议》相比较，发生了以下变化：一是当事人以启迪公司和豫信公司替代了刘某，国华公司替代了张某。但实际上前后两份协议的当事人身份具有高度关联性，并无质的改变。二是刘某以教育资本形式出资变为国华公司代替启迪公司和豫信公司筹集出资资金。依此约定，启迪公司和豫信公司仍无须履行出资义务，与以教育资本出资的约定并无质的区别。故国华公司作为真实投资者，要求确认与其出资相应的股份于法有据，于情相合。

豫信公司已将150万元汇入了科美投资公司（筹委会）账户，应视为已足额履行了出资义务，至于该150万元系国华公司汇给豫信公司属于另一个法律关系，本案不予审理。国华公司也已将300万元汇入科美投资公司账户，足额履行了出资义务。刘某将500万元保证金从科美咨询公司账户打入启迪公司账户后，又将500万元打入科美投资公司账户作为验资资金，这种资金倒流再流回的做法有悖诚信，该500万元依法不应作为启迪公司的出资。由于该500万元系国华公司的投资款，国华公司又主张应认定为其出资，依法应将该500万元认定为国华公司的出资。综上，一审法院判决：确认国华公司出资800万元，占科美投资公司80%的股份；豫信公司出资150万元，占科美投资公司15%的股份；启迪公司出资50万元，占科美投资公司5%的股份。

启迪公司不服一审判决，向河南省高级人民法院提起上诉称：1. 根据公司章程约定，启迪公司、豫信公司、国华公司分别出资550万元、150万元、300万元，出资方式为货币出资，三公司已分别将出资汇入科美投资公司账户，并经会计师事务所出具了验资报告，和进行了工商变更登记，启迪公司获得了合法有效的股东身份。2. 本案中关于出资方式的约定是各方真实意思的表示，不违反法律法规禁止性规定，并非一审法院所认为的有悖诚信，应认定合法有效。且2006年11月28日刘某与张某签订的《合作备忘》再次对由国华公司支付全部注册资金以及各股东所占股份比例进行了确认。3. 一审判决既然认定豫信公司出资150万元和启迪公司出资中的50万元是履行了出资义务，等于是认定了当事人关于由国华公司替启迪公司和豫信公司出资的约定是合法有效的约定，却对启迪公司出资中的500万元不予认定，存在明显的矛盾和逻辑错误。

河南省高级人民法院二审认为：刘某等名义上是以现金出资，实质上是以教育资源作为出资。双方实际上是通过签订协议的方式规避了我国相关法律的禁止性规定，《9.18协议》应属无效协议。在此协议的基础上，启迪公司与国华公司及豫信公司达成《10.26协议》也违反了法律的规定，国华公司代启迪公司出资的行为因违反法律规定而无效。二审法院判决：驳回上诉，维持原判。

启迪公司不服上述民事判决，向最高人民法院申请再审。

最高人民法院认为，《9.18协议》与《10.26协议》在签订动机上确有一定的联系，但是，两个协议的签订主体和合作内容完全不同，两个协议彼此独立，其间并不存在从属关系，即使《9.18协议》无效，也不影响《10.26协议》的效力。《10.26协议》约定该1000万元以货币出资，是各方当事人的真实意思表示，符合

《公司法》第 27 条关于股东可以用货币出资的规定，故该约定有效。该协议第 14 条约定，国华公司 7000 万元资金收回完毕之前，公司利润按照启迪公司 16%，国华公司 80%，豫信公司 4% 分配，国华公司 7000 万元资金收回完毕之后，公司利润按照启迪公司 55%，国华公司 30%，豫信公司 15% 分配。根据上述内容，启迪公司、国华公司、豫信公司约定对科美投资公司的全部注册资本由国华公司投入，而各股东分别占有科美投资公司约定份额的股权，对公司盈利分配也做出特别约定。这是各方对各自掌握的经营资源、投入成本及预期收入进行综合判断的结果，是各方当事人的真实意思表示，并未损害他人的利益，不违反法律和行政法规的规定，属有效约定，当事人应按照约定履行。

上述 1000 万元注册资金已经根据《10.26 协议》约定足额出资，依法进行了验资，且与其他变更事项一并经工商行政机关核准登记，故该 1000 万元系有效出资。以启迪公司名义对科美投资公司的 500 万元出资最初是作为保证金打入科美咨询公司账户，并非注册资金，后转入启迪公司账户，又作为投资进入科美投资公司账户完成增资，当时各股东均未提出任何异议，该 500 万元作为 1000 万元有效出资的组成部分，也属有效出资。按照《10.26 协议》的约定，该 500 万元出资形成的股权应属于启迪公司。

综上，最高人民法院认定启迪公司申请再审的主要理由成立，予以支持，判决：撤销本案一审和二审的判决，驳回郑州国华投资有限公司的诉讼请求。

【实务指引】

依据《公司法》第 27 条的规定，股东出资可以用货币出资，也可以用非货币财产出资，常见的可以用来出资的非货币财产如汽车、房产等实物，或者是土地使用权等用益物权，再或者是商标权、专利权等知识产权。但无论是上述哪种非货币财产出资形式，都应当同时满足两个条件。其一是可以用货币估价，其二是可以依法转让。本案中，以刘某为代表的一方欲以"教育资本"出资，并进一步列举了"教育资本"包括教育理论与理念、教育资源整合与引入、教育经营与管理团队、教育项目的策划与实施等。但是这些所谓的"教育资本"，难以用货币估价，更无法依法转让，依法是不能作为出资的，因此两级法院都认定《9.18 协议》无效。

但实践中，两个公司合资合作，往往是一个公司看重了对方雄厚的资金实力，另一个公司看重的则是对方的人脉、背景、经验、资源等，即通常所说的"我出钱，你出资源"，而且不可否认的是，在某些特定的行业尤其是涉及政府审批的领域，这些特殊的资源是对整个合作项目的成功与否起到决定性作用的因素。那么问题随之而来，如果法律不允许以这些特殊形式的非货币资源出资，又如何在公司的股权结构中体现出提供这些资源一方的贡献呢？本案中的《10.26协议》提供了一种回答这个问题的思路：第一，保持3:7的股权比例不变，充分体现了提供资源一方的突出贡献。第二，将一方以货币出资另一方以"教育资本"出资修改为双方均以货币出资，从形式上满足了《公司法》的要求。第三，由一方代替另一方出资，最终使一方履行了全部的出资义务。

而本案更深刻的意义在于，最高人民法院通过本案的审理确立了"有限公司股东可以约定股东的持股比例与出资比例不一致"的裁判观点。在《10.26协议》中，各方首先约定科美投资公司的注册资本1000万元分别由启迪公司、豫信公司、国华公司以现金出资550万元、150万元、300万元，分别占科美投资公司注册资本的55%、15%、30%；又约定注册资金1000万元（还有投资6000万元）全部由国华公司负责筹集投入，这两个约定是否冲突？从最高法院的裁判观点上看，两个约定间并不冲突，因为前者实际上是有关持股比例的约定，各方按照持股比例行使分红权、表决权等股东权利；后者则是有关出资比例的约定，各方按照出资比例确定最终的投资义务。尽管在通常情况下持股比例是按照出资比例确定的，但是法律并不禁止全体股东间就不按出资比例确定持股比例所做的约定。

为了保护公司及公司债权人利益，《公司法》对股东的出资问题有详尽的规定，但这些规定均集中于出资的形式、期限、程序等方面，核心目的在于保证公司的资本充足。但是，有限责任公司各个股东的出资比例和持股比例，对公司资本是否充足和公司债权人债权并没有影响，仅对公司股东的权利义务有影响，属于公司股东意思自治的范畴，因此《公司法》未规定股东必须按出资比例持有股权，相反《公司法》第34条和第42条均规定有限责任公司的股东可以对股权如何行使作出约定，从而不按出资比例行使股权。

（1）分红权可以不按照实际出资比例行使

《公司法》第34条规定，有限责任公司股东按照实缴的出资比例分取红利；公司新增资本时，股东有权优先按照实缴的出资比例认缴出资。但是，全体股东约定不按照出资比例分取红利或者不按照出资比例优先认缴出资的除外。

尽管有限责任公司股东出资比例和分红比例属于股东意思自治的范畴，但是为了防止出现大股东或者多数股东欺压小股东或者少数股东的情况，法律规定必须全体股东一致同意才能做出这样的安排。

（2）表决权可以不按出资比例行使

《公司法》第42条规定，股东会会议由股东按照出资比例行使表决权；但是，公司章程另有规定的除外。从上述两条规定中可以看出，有限责任公司的股东分红权与表决权均可以由股东约定不按出资比例行使，因此全体股东直接对持股比例与出资比例做出不一致的安排也是符合《公司法》的精神的。

【公司治理建议】

在一方拟出资的财产不符合《公司法》关于出资形式的规定时，可以考虑采取在全体股东间作出股东的持股比例与出资比例不同的约定，这样既充分体现了各方股东对于公司的贡献，又不违反《公司法》有关出资形式的规定。

实践中有很多公司在设立之时有本案类似的需求。简化需求为：股东甲与股东乙共同设立某公司，公司注册资本100万元，甲乙达成一致：全部100万元均由甲投入，但双方股权各占50%。为了实现甲乙股东关于股权比例的特殊安排，提供四种可供参考的模式：

1. 以本案判决为依据，直接在公司设立之时的工商备案章程中约定：公司注册资本100万元，甲出资100万元，乙出资0万元，甲乙股权各占50%。

2. 考虑到某些工商局不允许公司章程的个性化设计，第二种模式在第一种模式基础上略加修改：在工商备案章程中约定：公司注册资本100万元，甲出资50万元，乙出资50万元。公司设立后召开股东会，形成股东会决议、章程修正案：由甲负责全部出资，股权比例维持各占50%不变。修改后的章程虽不在工商局备案，但仍对公司及甲乙股东具有内部效力。

3. 先由甲注册一家注册资本为100万元的全资子公司并实缴出资，后甲将其中的50%股权以零对价或是极低的价格转让给乙。

4. 先由乙注册一家注册资本为100万元的全资子公司并认缴出资，后乙将其中的50%股权以50万元的价格转让给甲，乙用股权转让获得的50万元实缴出资，甲再向公司实缴50万元。

需特别注意，此处为了举例方便才将股权比例确定为50%对50%，但在实际公司设立、治理过程中，50%对50%的股权结构是"史上最差"的股权结构。

【法规链接】

《公司法》

第二十七条 股东可以用货币出资，也可以用实物、知识产权、土地使用权等可以用货币估价并可以依法转让的非货币财产作价出资；但是，法律、行政法规规定不得作为出资的财产除外。

对作为出资的非货币财产应当评估作价，核实财产，不得高估或者低估作价。

法律、行政法规对评估作价有规定的，从其规定。

第二十八条 股东应当按期足额缴纳公司章程中规定的各自所认缴的出资额。股东以货币出资的，应当将货币出资足额存入有限责任公司在银行开设的账户；以非货币财产出资的，应当依法办理其财产权的转移手续。

股东不按照前款规定缴纳出资的，除应当向公司足额缴纳外，还应当向已按期足额缴纳出资的股东承担违约责任。

第三十四条 股东按照实缴的出资比例分取红利；公司新增资本时，股东有权优先按照实缴的出资比例认缴出资。但是，全体股东约定不按照出资比例分取红利或者不按照出资比例优先认缴出资的除外。

第四十二条 股东会会议由股东按照出资比例行使表决权；但是，公司章程另有规定的除外。

约定100年的认缴期限可以高枕无忧吗

【司法观点】

对公司不能清偿的债务，未履行或者未全面履行出资义务的股东应在未出资本息范围内承担补充赔偿责任。如公司已不再经营，即使是尚未到认缴期限的股东也应当对公司债务承担补充赔偿责任。债权人提起公司债务清偿诉讼时，可以直接把未出资的股东与公司一起作为共同被告。

【典型案例】[1]

中豪实业公司成立于2014年3月21日，股东为龙某、邓某，注册资本5000万元，邓某持股比例为5%、认缴出资额250万元，龙某持股比例为95%、认缴出资额4750万元，二人均未实际出资，认缴的出资期限为2095年3月21日。

2014年，旭蓉食品经营部与中豪实业公司达成供货协议，由旭蓉食品经营部向中豪实业公司经营的永久24小时便利连锁超市各门店供货，中豪实业公司向旭蓉食品经营部支付货款。截至2014年9月底，中豪实业公司欠付旭蓉食品经营部货款77613元。

此后，旭蓉食品经营部向绵阳市涪城区人民法院提起诉讼，要求中豪实业公司

---

[1] （2015）涪民初字第2041号。

支付上述货款并要求中豪实业公司的股东龙某、邓某承担连带赔偿责任。原告旭蓉食品经营部认为：被告龙某为被告中豪实业公司的股东，也为该公司法定代表人，其对公司注册资本认缴但未实缴，被告龙某也是多个门店的经营者，且其经营的永久24小时便利连锁超市业务、人员、财务与被告中豪实业公司相混同，其系对公司的过度控制，滥用公司法人独立地位和股东有限责任损害债权人的合法权益，应当对被告中豪实业公司的债务承担连带清偿责任。被告邓某亦为中豪实业公司的股东，其认缴出资但未实缴，应当在其认缴而未实际出资的本息范围内承担责任。

被告龙某辩称：其不应承担责任，买卖合同系原告与中豪实业公司之间的关系，被告龙某作为股东，不是买卖合同关系的主体，应该由被告中豪实业公司承担民事责任。在出资期限内缴纳出资都是符合法律规定的，没有按期出资才在出资范围内承担责任，本案的出资期限很长，被告龙某没有违反公司法的规定，不应承担责任。

被告邓某辩称：被告龙某与被告邓某系朋友，被告龙某借其身份证去用，被告邓某不清楚公司设立情况，也没有签字、盖章。邓某没有在中豪实业公司上过班，具体债务也不清楚，因此邓某不应承担责任。

法院经审理认为：原告与被告中豪实业公司的买卖合同关系及中豪实业公司尚欠原告77613.90元货款未支付的事实清楚、证据充分，原告要求中豪实业公司支付所欠货款及利息的诉讼请求有事实和法律依据，法院予以支持。

关于被告龙某、邓某是否应当承担责任的问题。依照《公司法司法解释三》第13条之规定，结合被告中豪实业公司工商登记档案及被告龙某、邓某的陈述，可以证实被告龙某、邓某对被告中豪实业公司未实际出资，虽然被告龙某、邓某二人认缴出资的期限尚未到达，但根据法院查明的事实及被告龙某的陈述，被告中豪实业公司目前已经停止经营，且不能清偿到期的债务，故原告要求被告龙某、邓某在未出资范围内承担补充偿付责任的诉讼请求有事实和法律依据，法院予以支持，即被告龙某应在4750万元本息范围内承担补充偿付责任、被告邓某应在250万元本息范围内承担补充偿付责任。

公司具有独立人格是公司法的一项基本规则，这意味着在通常情况下公司财产与公司股东财产相互独立，当公司出现债务无法偿还时股东无须以个人财产清偿公司债务。但是，上述规则也存在例外情形，即为了督促股东履行出资义务、保证公司资本充实、维护公司债权人的权利，《公司法司法解释三》第13条第2款规定当股东未履行或者未全面履行对公司的出资义务时，公司债权人可以请求该股东在未出资本息范围内对公司债务不能清偿的部分承担补充赔偿责任。

股东对公司债权人承担责任具有以下特性：1. 法定性。这种责任承担方式突破了公司自己责任的原则,需要基于法律的特别规定。2. 补充性。就责任承担的顺序而言,公司是真正的债务人,处于第一顺位,而未出资股东处于补充的位置。这意味着债权人只有在公司不能清偿其债务时,才能就不能清偿的部分向未出资股东主张赔偿。3. 有限性。未出资股东向全体债权人承担赔偿责任的范围只能是以股东未履行出资义务的本金及利息范围为限。当未出资股东已经承担足额缴纳责任后,其他债权人再对其提出相同请求的,法院将不予支持。4. 内部连带性。根据《公司法司法解释三》第13条第3款的规定,公司债权人请求公司的发起人与在公司设立时未履行或者未全面履行出资义务的股东承担连带责任的,人民法院应予支持;公司的发起人承担责任后,可以向被告股东追偿。[1]

但是,公司法司法解释中寥寥数语的规定并不能全面回答实践中的所有问题。2013年12月,我国《公司法》对公司资本制度做了重大改革,实行注册资本认缴登记制度,不再限制公司设立时全体股东(发起人)的首次出资比例;不再规定公司股东(发起人)缴足出资的期限,大大放松了对市场主体准入的管制,降低了准入门槛,进而更有利于国民投资兴业,激发市场活力。但这也使广大的投资者产生了一些认识上的误区,出现了大量1元公司等"侏儒"公司,也出现了注册资本巨大、缴纳期限为100年的所谓"无赖"公司。本案中,中豪实业公司注册资本5000万元,认缴期限90年,就属于后一类"无赖"公司。但是,问题就在于,这种看似注册资本雄厚,但是在股东有生之年无望缴足的公司应如何保护公司债权人的权利?未到出资期限的股东是否属于上述司法解释规定的"未履行或者未全面履行出资义务的股东"?亦即在公司没有能力支付到期债务,债权人可否请求出资期限尚未到期的股东加速到期,提前履行出资义务?

对于上述问题,司法解释并未明确规定,这就给相关学理探讨和司法实践留下了较大的解释空间,甚至是个案如何处理的不确定性。例如,本案尚未到约定出资期限的股东是否应当向公司债权人承担补充赔偿责任,学术界及司法实务界都有所争论,尚未形成统一观点。笔者倾向于认为:在公司没有能力支付到期债务,债权人可以请求约定的出资期限尚未到期的股东加速到期,提前履行出资义务,承担补充赔偿责任。理由如下:

第一,股东间有关出资期限的约定系内部约定,不能对抗外部第三人。出资义务是股东的法定义务,章程关于出资期限的约定仅是股东、公司间对其法定义务做出的具体安排,而非债权人给予股东的宽限,所以不能对抗公司债权人。

第二,要求股东承担责任具有救济成本低、效益高之优势。依据《最高人民法

---

[1] 梁上上:《未出资股东对公司债权人的补充赔偿责任》,载《中外法学》2015年第3期。

院关于适用〈中华人民共和国公司法〉若干问题的规定（二）》（以下简称《公司法司法解释二》）第22条第1款规定，公司解散时，股东尚未缴纳的出资均应作为清算财产。股东尚未缴纳的出资，包括到期应缴未缴的出资，以及尚未届满缴纳期限的出资。从结果上看，要求债权人提起破产申请和仅仅要求股东出资责任加速到期，对股东的责任影响并无二致，差别在于前者导致公司终结，后者不影响公司存续。因此，允许股东出资责任加速到期，具有救济成本低、效益高之优势。

第三，权利义务对等性的内在要求。最低资本制的废除、法定出资期限的取消等举措赋予了股东边投资、边补资的自由，便利了设立公司、开展创业的行为，节省了创业、营业的成本。在股东享受自由的出资期限利益的同时，显然也要承担相应的义务。这一义务的底线是，股东至少要保证公司不沦为其转嫁经营风险的工具，危及与公司从事正常交易的债权人的合法权益。当股东出资期限未至、公司不能清偿对外债务时，即发生了股东期限利益危及债权人利益的情形，此时债权人有权请求股东提前在未出资范围内对公司债务承担补充赔偿责任。

第四，公司资本制度的功能内涵。公司资本制度的功能主要是保护公司、股东、债权人的合法利益及交易安全和社会经济秩序的稳定。在法定资本制下，资本维持原则要求公司尽力保持与注册资本额相当的财产，以保证债权人至少能够在注册资本额度范围内受偿，但在认缴资本制下，缺少了注册资本额的参考值，股东出资由此处于不确定状态。此时的资本维持原则应体现为，在股东认缴资本额全部实缴之前，公司在正常开展营业的同时应避免出现无法清偿对外债务的境况。一旦公司丧失这种偿付能力，法律应向股东宣告：请向公司补充缴付你所未缴的财产，以保持公司的债务清结。不坚持这样的资本维持原则，就相当于纵容了股东、伤害了债权人，最终损害了整体性的社会交易安全。①

基于上述的法理，法院认为本案中龙某、邓某对中豪实业公司未实际出资，虽然二人认缴出资的期限尚未到达，但中豪实业公司目前已经停止经营，且不能清偿到期的债务，故原告有权要求龙某、邓某在未出资范围内承担补充偿付责任。

事实上，上述裁判思路，已被根据《全国法院民商事审判工作会议纪要》（法〔2019〕254号）第6条所接受，即在注册资本认缴制下，股东依法享有期限利益。债权人以公司不能清偿到期债务为由，请求未届出资期限的股东在未出资范围内对公司不能清偿的债务承担补充赔偿责任的，人民法院不予支持。但是，下列情形除外：（1）公司作为被执行人的案件，人民法院穷尽执行措施无财产可供执行，已具备破产原因，但不申请破产的；（2）在公司债务产生后，公司股东（大）会决议

---

① 李建伟：《认缴制下股东出资责任加速到期研究》，载《人民司法》2015年第9期。

或以其他方式延长股东出资期限的。据此，若公司在具备破产原因，但不申请破产的情况下，即使股东未届出资期限，债权人有权要求未届出资期限的股东在未出资的范围内承担补充赔偿责任。本案中，中豪实业公司已满足不能清偿到期债务且停止经营的破产条件，且其并未申请破产，故原告有权要求公司股东出资加速到期，承担补充赔偿责任。

【公司治理建议】[①]

在注册资本实缴制改为认缴制以后，部分投资者有两个误区：

第一，误认为可以随意认缴天价注册资本。笔者提醒公司股东：资本认缴制是一种允许与鼓励股东"先上车后买票"的新型制度设计，但"吹牛也要上税"。股东在公司成立之后必须按照公司章程记载的资本缴纳的时间、金额与出资方式及时足额地缴纳出资。倘若股东未按公司章程履行出资义务，就要对公司、其他原始股东以及公司的债权人承担民事责任。认缴注册资本的股东虽然在公司成立之时不必缴纳，但迟早要缴纳。公司资不抵债、陷入破产偿债程序，认缴天价注册资本的股东必须在承诺认缴注册资本的范围内对公司的债权人承担连带清偿责任。

第二，误认为投资者只要承诺在公司成立百年后再实缴天价注册资本，在有生之年就没有实缴出资义务。在当前公司登记实践中，已经出现了承诺出资期限过长的问题。在通常情形下，股东按照其在公司章程中承诺的期限履行出资义务，无须提前缴纳，但这里存在两个例外情形：其一是依据《公司法司法解释二》第22条第1款的规定，在公司进入清算程序以后，股东承诺的实缴出资期限虽然还未届满，但该股东的出资义务视为提前到期。其二是根据本文的分析，在公司不能清偿债务的情况下，债权人有权要求未出资股东在其未出资的金额范围内承担补充赔偿责任。

本书作者建议投资者在认缴注册资本时量力而行，适度承诺，理性认缴注册资本，及时足额实缴注册资本，千万不要"打肿脸充胖子"。否则，作茧自缚，搬起石头砸自己的脚。实际上，股东认缴的注册资本越高，股东对公司及其债权人承担的义务越重，股东的投资风险越高；认缴期限长，也并不能免除股东应当承担的资本充实义务。

第三，对于债权人来讲，在处理股东出资加速到期的问题时，可以重点关注，公司是否满足破产原因且拒不申请破产的情形，以及公司是否存在通过股东会决议

[①] 刘俊海：《关于工商登记制度改革的认识误区及辨析》，载《法律适用》2014年第11期。

等方式恶意延长出资期限的情形;若公司存在前述两种情形,债权人则可要求股东出资加速到期,承担补充赔偿责任。

【延伸阅读】

在诉讼及执行阶段主张加速到期不同的司法现状

裁判规则一:在诉讼阶段,公司债权人直接要求加速到期要求股东承担补充赔偿责任的败诉概率较大

案例1:四川省内江市中级人民法院审理的杰络公司、黎某俊、王某飞、刘某波与多多公司服务合同纠纷案[(2016)川10民终402号]认为,关于上诉人刘某波、黎某俊、王某飞在本案中责任如何认定,法院认为,三上诉人作为认缴出资期限未到的未出资股东,不应对本案公司债务承担责任,理由是:1.认缴出资的期限提前到期仅限于公司破产的场合,除此以外不应提前,债权人应当尊重股东关于出资期限的约定;2.根据《公司法司法解释三》第13条,股东承担补充赔偿责任的前提是未履行和全面履行出资义务,而判断标准是依据其认缴承诺而言,其没有违背章程中的认缴承诺,则不应承担责任;3.债权人应当风险自担,且有救济途径。股东出资属于公示信息,债权人明知股东出资期限未到而与公司交易,即应当尊重股东期限利益。债权人权利亦可以行使撤销权或适用公司法人人格否认等其他途径予以救济。

案例2:湖北省宜昌市中级人民法院审理的马顺蔬菜经营部与胡某、何某艳、李某等买卖合同纠纷案[(2016)鄂05民终1467号]认为,马顺蔬菜经营部要求胡某、何某艳、李某在未认缴出资的范围内对涉案债务承担连带清偿责任的理由不能成立。其理由为:首先,根据悦膳公司的章程约定,胡某、何某艳应于2020年5月20日前认缴全部出资(990000元),悦膳公司的工商登记资料证实其目前仍处于正常经营的状态,其股东认缴出资的期限尚未届满,因此,马顺蔬菜经营部以胡某、何某艳未足额认缴出资为由,要求其对涉案债务承担连带清偿责任的诉讼请求无事实及法律依据。

裁判规则二:诉讼阶段中,在公司股东恶意延长认缴期限的情形下,公司债权人直接要求加速到期要求股东承担补充赔偿责任的也有胜诉机会

案例3:海南省第二中级人民法院审理的蔡某钧与海南发展公司、澳森公司、迪孚公司、黄某买卖合同纠纷案[(2016)琼97民终1102号]认为,有限责任公司的注册资本为在公司登记机关登记的全体股东认缴的出资额。股东认缴的出资额可以分期交纳,有限责任公司股东认缴的出资额由实缴出资额和应缴出资额两部分组成,未到缴纳期限的出资为应缴出资额。根据《公司法》第3条第2款"有限责

任公司的股东以其认缴的出资额为限对公司承担责任；股份有限公司的股东以其认购的股份为限对公司承担责任"的规定，蔡某钧应以其认缴出资额为限对公司承担责任，不论是实缴出资还是应缴出资，故蔡某钧的出资义务尚未到缴纳期限的抗辩理由不能成立。另，根据《公司法司法解释三》第13条第2款"公司债权人请求未履行或者未全面履行出资义务的股东在未出资本息范围内对公司债务不能清偿的部分承担补充赔偿责任的，人民法院应予支持；未履行或者未全面履行出资义务的股东已经承担上述责任，其他债权人提出相同请求的，人民法院不予支持"的规定，一审判决蔡某钧、黄某在未出资范围内对广州澳森公司、海南迪孚公司就上述款项不能清偿的部分债务承担补充赔偿责任，该责任的法律后果是先由广州澳森公司、海南迪孚公司就上述款项进行清偿，对于不能清偿部分，由股东蔡某钧、黄某在未出资范围内承担责任。该项判决符合法律规定和公司法的立法宗旨，应予维持。

案例4：四川省泸州市龙马潭区人民法院审理的张某与康某胜、徐某、胡某、强诚胜公司民间借贷纠纷案[（2015）龙马民初字第757号]认为，被告胡某、徐某作为强诚胜公司的股东，按公司章程规定，应分别出资1960万元和40万元，由于其没有证据表明全面履行了出资义务，虽然其认缴期限未到，但根据《公司法司法解释三》第13条第2款"公司债权人请求未履行或者未全面履行出资义务的股东在未出资本息范围内对公司债务不能清偿的部分承担补充赔偿责任的，人民法院应予支持；未履行或者未全面履行出资义务的股东已经承担上述责任，其他债权人提出相同请求的，人民法院不予支持"的规定，其在被告强诚胜公司不能清偿本案150万元债务时，应在各自出资范围内承担补充赔偿责任。

裁判规则三：在执行阶段，公司财产不足以清偿的情况下，债权人主张追加未到期股东为被执行人承担补充赔偿责任胜诉概率较大

案例5：浙江省杭州市上城区人民法院审理的吴某军与赵某辉执行异议之诉[（2017）浙0102民初175号]认为，法院[（2015）杭上民初字第949号]民事判决书及[（2015）杭上民初字第2345号]民事判决书已确定浙联公司应对赵某辉履行600余万元租金及相应滞纳金、律师费的支付义务。在该两案件执行过程中，浙联公司的资产不足以清偿[（2015）杭上民初字第949号]民事判决书及[（2015）杭上民初字第2345号]民事判决书确定的债务，导致债权人赵某辉至今未获得清偿。而吴某军、方某平作为浙联公司股东，在公司设立时即2013年12月3日已确认将在2015年12月2日前分别认缴剩余2400万元及1600万元注册资金。该公司从2015年6月5日法院审理[（2015）杭上民初字第949号]租赁合同纠纷案后，应知晓公司资产情况及偿债能力。但吴某军、方某平作为公司股东，未在应认缴的注册资本即将到期时补足资金，充盈公司资产，履行对公司债权人偿付债务的

义务，反而在 2015 年 10 月 28 日，通过修改公司章程，将认缴注册资金期限延后至 2031 年。吴某军、方某平实质是通过延长认缴期限的行为以实现规避债务的目的，违反了《公司法》第 5 条规定的"诚实守信原则"，损害债权人的利益。故其延长认缴期限的行为应视为无效。法院根据申请执行人赵某辉申请，出具〔（2016）浙 0102 执异 26 号〕执行裁定书，追加吴某军为被执行人，裁定其在未缴纳的注册资金 2400 万元范围内履行判决书确定之义务，具有事实及法律依据。

案例 6： 新疆维吾尔自治区乌鲁木齐市新市区人民法院审理的蒲某、张某银、张甲与张乙案外人执行异议纠纷案〔（2017）新 0104 民初 5566 号〕认为，首先，《最高人民法院关于民事执行中变更、追加当事人若干问题的规定》第 17 条规定："作为被执行人的企业法人，财产不足以清偿生效法律文书确定的债务，申请执行人申请变更、追加未缴纳或未足额缴纳出资的股东、出资人或依公司法规定对该出资承担连带责任的发起人为被执行人，在尚未缴纳出资的范围内依法承担责任的，人民法院应予支持。"根据该规定，法院认为该条款中虽然没有对"未缴纳或未足额缴纳出资"是否包含认缴出资尚未届满认缴期限的出资进行明确。但在《公司法司法解释二》第 22 条中已明确"未缴纳的出资"包括分期缴纳尚未届满缴纳期限的出资。据此《最高人民法院关于民事执行中变更、追加当事人若干问题的规定》第 17 条规定应理解为适用于认缴出资尚未届满认缴期限的情形，即本案原告所涉情形，原告蒲某、张某银、张甲的诉讼请求不能成立。其次，根据《公司法》的规定，出资时间由公司章程规定，股东拥有修改公司章程的权利。因此出资期限实际为公司股东意思自治的范畴，股东可以对出资期限进行任意修改，故如果股东为规避债务而将出资期限规定过长或者对实际缴纳时间不做规定，将造成公司债权人债权无法实现的情况。因此，法院认为，在执行阶段如查实被执行公司"无可供执行的财产"则法院有权对认缴出资尚未届满认缴期限的股东进行追加，而本案中〔（2016）新 0104 执 316 号〕之三及〔（2017）新 0104 执异 6 号〕已经查实被执行人新疆大宇智能门业有限公司"无财产可供执行"，故原告蒲某、张某银、张甲的诉讼请求不能成立。

裁判规则四： 在实现程序上，当执行法院不予追加时，债权人的救济途径为执行异议之诉

案例 7： 山西省高级人民法院审理的晋盂公司与四方公司、鹏昊公司买卖合同纠纷执行裁定书〔（2016）晋执复 80 号〕认为，2016 年 12 月 1 日起施行的《最高人民法院关于民事执行中变更、追加当事人若干问题的规定》第 17 条规定："作为被执行人的企业法人，财产不足以清偿生效法律文书确定的债务，申请执行人申请变更、追加未缴纳或未足额缴纳出资的股东、出资人或依公司法规定对该出资承担

连带责任的发起人为被执行人,在尚未缴纳出资的范围内依法承担责任的,人民法院应予支持。"第32条规定:"被申请人或申请人对执行法院依据本规定第十四条第二款、第十七条至第二十一条规定作出的变更、追加裁定或驳回申请裁定不服的,可以自裁定书送达之日起十五日内,向执行法院提起执行异议之诉……"以上规定,针对基于出资不足、抽逃出资、清算责任等实体责任需要追加第三人为被执行人的复杂情形,明确赋予各方当事人不服裁定可以提起诉讼的权利。执行复议程序已不是该情形追加被执行人的法定救济程序,本案中复议申请人的申请已不属符合执行复议案件的受理条件,其请求亦不属执行复议程序审查范围。故法院对复议申请人的复议请求不予审查。

案例8:山西省高级人民法院,韩某美、王某雪、左某刚、赵某彬与红鑫有限公司、魏某成、陈某买卖合同纠纷执行裁定书[(2016)晋执复87号]认为,2016年12月1日施行的《最高人民法院关于民事执行中变更、追加当事人若干问题的规定》第17条规定,作为被执行人的企业法人,财产不足以清偿生效法律文书确定的债务,申请执行人申请变更、追加未缴纳或未足额缴纳出资的股东、出资人或依公司法规定对该出资承担连带责任的发起人为被执行人,在尚未缴纳出资的范围内依法承担责任的,人民法院应予支持;第32条规定,被申请人或申请人对执行法院依据本规定第14条第2款、第17条至第21条规定作出的变更、追加裁定或驳回申请裁定不服的,可以自裁定书送达之日起十五日内,向执行法院提起执行异议之诉。即2016年12月1日《最高人民法院关于民事执行中变更、追加当事人若干问题的规定》施行后,对由于出资不实而追加出资不实的股东在出资不实的范围内承担责任的,其权利救济的途径只能是提起执行异议之诉,不能通过执行复议进行权利救济。本案在法院复议审查时,《最高人民法院关于民事执行中变更、追加当事人若干问题的规定》已经实施,当事人不服以出资不实为由追加为被执行人提出异议的裁定已经不能再通过复议程序予以权利救济,只能通过执行异议之诉予以权利救济。执行复议程序已不是出资不实追加为被执行人的救济程序,本案中申请复议人的复议申请已不属于执行复议的受理条件和审查范围。故法院对申请复议人的复议申请不予审查,依法驳回申请复议人的复议申请。申请复议人如不服忻州中院的异议裁定,可以向忻州中院提起执行异议之诉。

【法规链接】

《最高人民法院关于适用〈中华人民共和国公司法〉若干问题的规定(二)》

第二十二条 公司解散时,股东尚未缴纳的出资均应作为清算财产。股东尚未缴纳的出资，包括到期应缴未缴的出资，以及依照公司法第二十六条和第八十条的规定分期缴纳尚未届满缴纳期限的出资。

公司财产不足以清偿债务时，债权人主张未届出资股东，以及公司设立时的其他股东或者发起人在未缴出资范围内对公司债务承担连带清偿责任的，人民法院应依法予以支持。

《最高人民法院关于适用〈中华人民共和国公司法〉若干问题的规定（三）》

第十三条 股东未履行或者未全面履行出资义务，公司或者其他股东请求其向公司依法全面履行出资义务的，人民法院应予支持。

公司债权人请求未履行或者未全面履行出资义务的股东在未出资本息范围内对公司债务不能清偿的部分承担补充赔偿责任的，人民法院应予支持；未履行或者未全面履行出资义务的股东已经承担上述责任，其他债权人提出相同请求的，人民法院不予支持。

股东在公司设立时未履行或者未全面履行出资义务，依照本条第一款或者第二款提起诉讼的原告，请求公司的发起人与被告股东承担连带责任的，人民法院应予支持；公司的发起人承担责任后，可以向被告股东追偿。

股东在公司增资时未履行或者未全面履行出资义务，依照本条第一款或者第二款提起诉讼的原告，请求未尽公司法第一百四十七条第一款规定的义务而使出资未缴足的董事、高级管理人员承担相应责任的，人民法院应予支持；董事、高级管理人员承担责任后，可以向被告股东追偿。

《全国法院民商事审判工作会议纪要》（法〔2019〕254号）

6.【**股东出资应否加速到期**】在注册资本认缴制下，股东依法享有期限利益。债权人以公司不能清偿到期债务为由，请求未届出资期限的股东在未出资范围内对公司不能清偿的债务承担补充赔偿责任的，人民法院不予支持。但是，下列情形除外：

（1）公司作为被执行人的案件，人民法院穷尽执行措施无财产可供执行，已具备破产原因，但不申请破产的；

（2）在公司债务产生后，公司股东（大）会决议或以其他方式延长股东出资期限的。

1%的小股东是否能将99%的大股东除名

【司法观点】

股东未履行出资义务或者抽逃全部出资，经公司催告缴纳或者返还，在合理期间内仍未缴纳或者返还出资，公司可以通过股东会决议解除该股东的股东资格，且该股东在股东会就股东除名事项表决时不得行使表决权。

【典型案例】[①]

万禹公司系设立于 2009 年 3 月 11 日的有限责任公司，设立时注册资本为 100 万元，股东为宋某祥、高某，宋某祥担任执行董事，高某担任监事。

2012 年 8 月 28 日，万禹公司召开股东会会议，作出决议如下：1. 同意增加公司注册资本，由原注册资本 100 万元增至 10000 万元。2. 同意吸收新股东豪旭公司。3. 增资后的股东、出资情况及股权比例为：宋某祥 60 万元（0.6%）、高某 40 万元（0.4%）、豪旭公司 9900 万元（99%）。同日，万禹公司通过新的公司章程。

2012 年 9 月 14 日，上海大诚会计师事务所出具验资报告，载明：截至 2012 年 9 月 14 日，万禹公司已收到豪旭公司缴纳的新增注册资本 9900 万元，出资方式为货币出资。

2013 年 12 月 27 日，万禹公司向豪旭公司邮寄"催告返还抽逃出资函"，称豪旭公司已抽逃其全部出资 9900 万元，望其于收函后 3 日内返还全部抽逃出资，否则，万禹公司将依法召开股东会会议，解除其股东资格。豪旭公司于 2013 年 12 月 30 日签收该份函件。

2014 年 3 月 6 日，万禹公司向豪旭公司邮寄"临时股东会会议通知"，通知其于 2014 年 3 月 25 日召开股东会，审议关于解除豪旭公司股东资格的事项。

2014 年 3 月 25 日，万禹公司召开 2014 年度临时股东会，全体股东均出席股东会。股东会会议记录载明……5. 到会股东就解除豪旭公司作为万禹公司股东资格事项进行表决。6. 表决情况：同意 2 票，占总股数 1%，占出席会议有效表决权 100%；反对 1 票，占总股数 99%，占出席会议有效表决权的 0%。表决结果：提案通过。各股东在会议记录尾部签字，其中，豪旭公司代理人俞某琴注明，豪旭公司不认可第 6 项中"占出席会议有效表决权的 100%"及"占出席会议有效表决权的 0%"的表述。

同日，万禹公司出具股东会决议，载明：因股东豪旭公司抽逃全部出资，且经合理催告后仍未及时归还，故经其他所有股东协商一致，决议解除其作为万禹公司股东的资格。万禹公司于本决议作出后 30 日内向公司登记机关申请办理股东变更登记及减资手续。以上事项表决结果：同意的，占总股数 1%；不同意的，占总股

[①] （2014）沪二中民四（商）终字第 1261 号。

数 99%。宋某祥、高某在该股东会决议尾部签字。豪旭公司代理人拒绝签字。

由于豪旭公司对上述股东会决议不认可，故宋某祥作为万禹公司股东，诉至上海市黄浦区人民法院，请求确认万禹公司 2014 年 3 月 25 日股东会决议有效。

一审法院认为：股东基于其股东资格行使股东权利。本案豪旭公司系经过万禹公司股东会决议，以认缴增资形式进入万禹公司，万禹公司在公司章程中确认其股东身份，并完成了相应的工商登记，故豪旭公司享有万禹公司的股东资格，有权依照法律规定、公司章程约定行使股东权利。股东表决权是股东的一项重要权利，是股东参与公司重大决策和选择管理者的权利。《公司法》第 42 条规定，股东会会议由股东按照出资比例行使表决权；但是，公司章程另有规定的除外。万禹公司章程第 12 条第 2 款亦约定，股东会会议由股东按照出资比例行使表决权。上述规定及约定中"出资"一词的含义，直接关系到上海豪旭公司各股东表决权的行使，从文义上判断，在无特别说明的情况下，《公司法》第 42 条中的"出资"应理解为认缴出资。此外，《公司法》及相关司法解释、万禹公司章程均未对抽逃出资股东表决权的限制作出规定或约定，万禹公司亦未就此形成股东会决议。因此，对于除名豪旭公司的股东会审议事项，在无《公司法》规定或公司章程约定的其他限制股东表决权的情形下，即便豪旭公司作为股东违反出资义务，抽逃出资，其表决权并不因此受到限制，豪旭公司应根据其认缴出资的比例行使表决权，宋某祥及万禹公司认为豪旭公司在系争股东会中的不享有有效表决权或应当回避的观点缺乏依据，一审法院难以采纳。就此而言，豪旭公司是否抽逃出资一节事实并不影响本案审理，故对宋某祥提供的相关证据及相关主张，一审法院不予审查。

根据上述分析，在万禹公司的股东会上，投赞成票的股东宋某祥、高某认缴出资比例共为 1%，享有 1% 的表决权，投反对票的股东豪旭公司认缴出资比例为 99%，享有 99% 的表决权，故该审议事项应不通过。本案系争股东会决议关于解除豪旭公司股东资格的内容，未如实反映根据资本多数决原则形成的万禹公司股东会意思表示，对其效力原审法院难以认定。故对于宋某祥要求确认万禹公司 2014 年 3 月 25 日股东会决议有效的诉请，一审法院不予支持。

一审判决后，宋某祥和万禹公司均不服，向上海市第二中级人民法院提起上诉称：原审法院未审查豪旭公司是否抽逃出资的事实。豪旭公司在本案特殊情况下对解除其股东资格的议案不具有表决权。否则，《公司法司法解释三》第 17 条的规定将毫无实际意义。

二审法院另查明：豪旭公司于 2012 年 9 月 14 日将 9900 万元入股款项汇入万禹公司验资账户，并办理完相关验资手续后，完成了对万禹公司的出资义务。但在验资后的第三天，9900万元出资款即从万禹公司基本账户转入燕拓公司和风动公司，对于该两笔转账行为，豪旭公司未提供证据证明存在其他合理用途。而在同一天，燕拓公司和风动公司又将相同金额的款项分别汇入京地公司和子月公司，该两家公司系豪旭公司出资入股前汇集9900万元款项来源的公司，因此豪旭公司存在抽逃出资行为的事实。

二审法院认为：《公司法司法解释三》第17条第1款规定，有限责任公司的股东未履行出资义务或者抽逃全部出资，经公司催告缴纳或者返还，其在合理期间内仍未缴纳或者返还出资，公司以股东会决议解除该股东的股东资格，该股东请求确认该解除行为无效的，人民法院不予支持。本案的争议焦点在于，当股东会决议就股东除名问题进行讨论和决议时，拟被除名股东是否应当回避，即是否应当将豪旭公司本身排除在外，各方对此意见不一，《公司法司法解释三》对此未作规定。本院认为，《公司法司法解释三》中规定的股东除名权是公司为消除不履行义务的股东对公司和其他股东所产生不利影响而享有的一种法定权能，是不以征求被除名股东的意思为前提和基础的。在特定情形下，股东除名决议作出时，会涉及被除名股东可能操纵表决权的情形。故当某一股东与股东会讨论的决议事项有特别利害关系时，该股东不得就其持有的股权行使表决权。

本案中，豪旭公司是持有万禹公司99%股权的大股东，万禹公司召开系争股东会会议前通知了豪旭公司参加会议，并由其委托的代理人在会议上进行了申辩和提出反对意见，已尽到了对拟被除名股东权利的保护。但如前所述，豪旭公司在系争决议表决时，其所持股权对应的表决权应被排除在外，因此本案系争除名决议已获除豪旭公司外的其他股东一致表决同意，即以100%表决权同意并通过，故该股东会决议应属有效。二审法院对原审判决予以改判，确认万禹公司作出的股东会决议有效。

【实务指引】

《公司法司法解释三》将股东未履行出资义务与抽逃全部出资并列为列为股东除名的事由。本书作者提醒公司股东：不履行出资义务，可能遭小股东逆袭被解除股东资格，从而导致公司控制权旁落的风险。

《公司法司法解释三》第17条规定，"有限责任公司的股东未履行出资义务或者抽逃全部出资，经公司催告缴纳或者返还，其在合理期间内仍未缴纳或者返还出资，公司以股东会决议解除该股东的股东资格，该股东请求确认该解除行为无效的，人民法院不予支持"。正是这一规定，创设了我国公司法的股东除名制度，股东除名制度为那些陷入治理僵局或面临经营困难的有限责任公司提供了打破僵局或摆脱困境的手段,在一定程度上能够避免公司走向解体。关于股东除名制度,结合本案,有两点尤为值得探讨。

一、关于"问题股东"的股东会表决权是否应当被限制

本案通过极致的股权比例结果深刻形象地反映了这一问题,如果认为该股东的表决权应当被限制,则股权占比1%的股东就完全可以作出有效的股东会决议,将股权占比99%的股东从公司除名,这与常见的大股东欺压小股东的案例截然相反,小股东以合法的形式给了大股东致命一击;反之如果认为该股东的表决权不应当被限制,那么只要是股权占比在50%以上的股东就足以阻止被除名的议案获得股东会通过,此时《公司法司法解释三》规定的股东除名制度就不可能有适用的空间。

笔者认为本案二审法院的观点是完全正确的。股东会讨论未履行出资义务或者抽逃全部出资除名决议时,未履行出资义务或者抽逃全部出资的股东不享有有效表决权或应当回避。"股东除名权是公司为消除不履行义务的股东对公司和其他股东所产生不利影响而享有的一种法定权能,是不以征求被除名股东的意思为前提和基础的。在特定情形下,股东除名决议作出时,会涉及被除名股东可能操纵表决权的情形。故当某一股东与股东会讨论的决议事项有特别利害关系时,该股东不得就其持有的股权行使表决权。"

二、关于股东除名的事由问题。《公司法司法解释三》将股东除名制度的前提限于未履行出资和抽逃全部出资

而事实上,威胁公司资本形成与维持的违法行为不仅包括未履行出资和抽逃全部出资,还包括出资不足、抽逃部分出资、虚假出资、出资瑕疵等,但立法者并未将上述其他违法行为列为股东除名的事由。究其原因,恐怕不仅在于股东除名的严厉性和终局性,更在于股东除名制度若因设计不当而被滥用,其将成为大股东压榨小股东或众多小股东排挤大股东的"合法工具",即如果只要股东出资出现瑕疵,如出资迟延、出资部分不到位的情况,其他股东就可以通过股东会决议的形式将问题股东除名,这对于"轻微违法"的股东而言是不公平的。

从理论上来讲,如果要解决上述问题并不困难,只需规定股东除名事由应接受"重大性标准"的检验即可,即只有当股东在出资事项上出现重大违法行为时,有限责任公司才可以启动除名程序,如果是轻微违法行为则不能启动除名程序。但是在实践中,如何区分重大违法还是轻微违法是很困难的,比如说某股东认缴100万元,但是认缴期限到了之后,该股东一分钱都没有实缴,这当然是重大违法;但如果股东缴纳了50万元还算不算重大违法呢?或者实缴了10万元、20万元、30万元、40万元,到底实缴多少算重大违法可以除名,实缴多少只能

算轻微违法而不能除名呢？所以这个标准是很难掌握的，再加上我国各地经济发展的差异、法官认识的不同，如果仅仅是在法律上规定"重大性标准"难免会在实践中产生较大分歧，同案而不同判的情况是可以预料的。因此立法者退而求其次，仅将股东除名事由列为未履行出资和抽逃全部出资两种情形，这两种情形都是较容易判断的，法官通过案件事实即可断定该情形确有或者确无，而不存在有与无之间的其他状态。

但是需要看到，由于现行法律并未将未全面履行出资义务或者抽逃部分出资的股东列为股东除名的事由，这导致股东除名制度极易被规避，从理论上而言，认缴100万元的股东只要出资1元钱，按照现行的法律规定，其他股东就无权解除该股东的股东资格。

【公司治理建议】

第一，制定个性化的公司章程。法律规定只有未履行出资义务或者抽逃全部出资的股东可以除名，那么股东认缴1000万元实际出资1元钱也无法被除名。为了避免这种情况，公司章程可以将股东除名制度列入公司章程，并规定比法律规定更为详细具体或者更加严苛的股东除名事由（如规定股东未缴纳50%以上认缴资本时股东会可将该股东除名）。尽管部分学者从立法本意的角度考虑，认为公司章程在未履行出资和抽逃全部出资之外另行规定股东除名事由的效力有待商榷，但只要公司章程另行规定的除名事由没有违反法律强制性规定和基本原则，未侵害股东的固有权利，且该除名事由是经全体股东同意的，则公司以此类事由为依据作出除名决定应属合法有效行为，有助于增强对信守出资义务股东利益的保护，督促其他股东履行出资义务，从根本上也保护了公司及公司债权人的利益。

为了避免上述公司章程中关于出资不足、抽逃部分出资、虚假出资、出资瑕疵股东除名的规定被认定无效后，出资瑕疵的股东权利不受限制，公司章程应同时规定未履行出资义务或者抽逃全部出资的股东、出资不足、抽逃部分出资、虚假出资、出资瑕疵等股东权利受限，包括分红权、表决权，均按照实际出资比例行使权利。

第二，在公司章程中明确规定"公司股东会就股东除名进行表决时，拟被除名的股东不得行使表决权""公司股东会就股东除名进行表决时，拟被除名的股东按照实际出资比例行使表决权"明确写入公司章程，避免股东间就股东会的决议效力产生争议。

【延伸阅读】

解除股东资格的七条裁判规则

裁判规则一：解除股东资格的事由为股东未履行出资义务或者抽逃全部出资

案例1：新疆生产建设兵团第六师中级人民法院审理的刘某峰与孙某公司决议效力确认纠纷案[（2016）兵06民终406号]认为，本案中，华域公司因孙某未履行出资义务而召开股东会，决议解除孙某的股东资格，是公司为消除不履行义务的股东对公司和其他股东产生不利影响而享有的一种法定权能。被解除股东资格的股东请求人民法院确认该解除行为无效的，人民法院不予支持。

案例2：广西壮族自治区高级人民法院审理的徐某志与米兰公司、刘某平公司决议效力确认纠纷案[（2015）桂民四终字第36号]认为，股东在公司中的合法权益受法律保护。解除股东资格只应用于严重违反出资义务的情形，即未出资和抽逃全部出资，未完全履行出资义务和抽逃部分出资的情形不应包括在内……徐某志成为米兰公司的股东，并非原始取得，而是通过受让曾某民持有的米兰公司股权的形式取得股权及股东资格的。据此，米兰公司主张徐某志存在未履行出资义务的情形，与事实不符。广西壮族自治区高级人民法院据此认定案涉股东会决议无效。

裁判规则二：股东会就解除股东资格事项进行表决时，该股东不得就其持有的股权行使表决权

案例3：武威市中级人民法院审理的赵某兰与孙某、蔡某、郑某、刘某、西凉公司公司决议效力确认纠纷案[（2016）甘06民终451号]认为，为了防止控股股东或多数股东损害公司利益和少数股东利益，股东会能有效作出对拒不出资的股东除名的决议，被除名的股东对该表决事项不应具有表决权。本案中，由于孙某、蔡某、郑某、刘某四人未按公司通知的期限参加股东会，且四人对解除自己股东身份的表决事项不具有表决权，作为已实际出资的另一股东赵某兰以100%的表决权同意并通过解除孙某、蔡某、郑某、刘某四人西凉肥业公司股东资格的决议，该决议符合法律规定和公司章程，应认定有效。

案例4：厦门市中级人民法院审理的陈某辉、华龙兴业公司与叶某源公司决议纠纷案[（2015）厦民终字第3441号]认为，因股东未履行出资义务而被公司股东会除名的决议，可以适用表决权排除，被除名股东对该股东会决议没有表决权。股东表决权例外规则最主要的功能是防止大股东滥用资本多数决损害公司和小股东利益。按法律规定和章程约定履行出资义务是股东最基本的义务，只有在出资的基础上才有股东权。根据公司契约理论，有限公司是股东之间达成契约的成果。如果股

东长时间未履行出资义务，构成对其他股东的根本违约，违约方对是否解除其股东资格无选择权。基于公司契约和根本违约的理论，在因股东未出资而形成的股东除名决议中，只有守约股东有表决权，违约股东没有表决权。华龙兴业公司2014年5月26日股东会议内容是对是否解除叶某源股东资格做出决议，故应排除叶某源表决权的行使。

裁判规则三：公司解除股东资格，应催告股东缴纳或者返还出资，并作出股东会决议

案例5：重庆市第四中级人民法院审理的雷某琼等与石柱县农业特色产业发展中心，石柱县财政局股东出资纠纷案〔（2016）渝04民终393号〕认为，公司在对未履行出资义务或者抽逃全部出资的股东除名前，应当催告该股东在合理期间内缴纳或者返还出资，公司解除该股东资格，应当依法召开股东会，作出股东会决议。未有证据证明富民公司催告石柱县辣椒办在合理期间内交纳出资以及召开股东会决议解除石柱县辣椒办的股东资格。因此，石柱县辣椒办股东资格并未丧失。

案例6：北京市第三中级人民法院法院审理的辜某与宜科英泰公司公司决议效力确认纠纷案〔（2015）三中民（商）终字第10163号〕认为，首先，解除股东资格这种严厉的措施只适用于严重违反出资义务的情形，即未出资和抽逃全部出资，未完全履行出资义务和抽逃部分出资不应包括在内。其次，公司对未履行出资义务或者抽逃全部出资的股东除名前，应给该股东补正的机会，即应当催告该股东在合理期间内缴纳或者返还出资。最后，解除未履行出资义务或者抽逃全部出资股东的股东资格，应当依法召开股东会，作出股东会决议，如果章程没有特别规定，经代表1/2以上表决权的股东通过即可。

裁判规则四：公司不可以直接提起诉讼，请求法院解除某股东的股东资格；也不可以在被解除股东资格的股东不存在异议的情况下，请求确认股东会决议有效

案例7：内蒙古自治区高级人民法院审理的陆某波、阿玛乌素公司股东资格确认纠纷案〔（2013）内商终字第14号〕认为，该案系阿玛乌素矿业公司请求人民法院依法判令陆某波不具备阿玛乌素矿业公司股东（发起人）资格。内蒙古自治区高级人民法院认为，当事人提起民事诉讼，应当符合人民法院受理民事诉讼的条件和范围。本案是阿玛乌素矿业公司以陆某波构成虚假出资，并已召开股东会解除陆某波股东资格等为由，请求人民法院确认陆某波不具备阿玛乌素矿业公司的股东资格。对于出资瑕疵的股东，公司有权向该股东提出全面履行出资义务的主张，或可提起诉讼，但是如果公司以此为由解除其股东资格，根据《公司法司法解释三》第18条的规定，应属公司自治权范围，人民法院无权以此为由解除股东的股东资格。同理，对于公司已形成的相关股东会决议，人民法院亦无权根据公司的主张以民事

诉讼方式做公司法确认。综上，阿玛乌素矿业公司提起的陆某波不具备公司股东资格的确认之诉，不属人民法院受理的民事诉讼的范围。

案例8：惠州市中级人民法院审理的麦科特公司与麦科特集团股东出资纠纷案［（2014）惠中法民二终字第364号］认为，股东除名权是形成权和固有权，（除其内容违反法律、行政法规强制性规定自始至终无效外）其一经作出决定即生效力，不需要征求被除名股东的意见。同时，《公司法》第22条规定，公司股东会或者股东大会、董事会的决议内容违反法律、行政法规的无效。股东会或者股东大会、董事会的会议召集程序、表决方式违反法律、行政法规定或者公司章程，或者决议内容违反公司章程的，股东可以自决议作出之日起六十日内，请求人民法院撤销。该法条是关于股东大会、董事会决议无效和撤销的规定。根据该条第1款规定，股东（大）会、董事会决议内容违反法律、行政法规的强制性规定的无效，且自始至终无效；根据该条第2款规定，股东（大）会、董事会决议在程序上存在瑕疵或者决议内容违反公司章程的，股东可以提起撤销之诉。根据该条规定，股东对公司决议提起确认效力之诉，应由不服公司决议的股东以公司为被告提起无效或者撤销之诉。公司股东或公司以公司其他股东为被告，请求确认公司决议有效，不符合上述公司法的规定，亦无诉的利益。本案中，麦科特公司于2013年10月17日形成股东会决议，除去麦科特集团股东资格，麦科特集团对此明确表示没有异议，并未作为被除名股东提出确认股东会决议无效之诉，双方之间不存在诉的争议，根据上述法律和司法解释的规定，麦科特公司的诉讼请求不属于人民法院民事诉讼审理范围，对其起诉应当予以驳回。

裁判规则五：未履行出资义务的股东解除其他未出资股东的股东资格，法院可能不会支持

案例9：上海市第一中级人民法院审理的凯大公司诉赵某伟公司决议效力确认纠纷案［（2016）沪01民终10409号］认为，凯大公司称其对赵某伟除名的理由是赵某伟抽逃全部出资，但现有证据并不足以证明其主张，更不能证明另一股东王某已履行出资义务。鉴此，一审基于查明事实，并结合凯大公司股东情况及实际经营状况等各种因素，在未有法院生效判决确认赵某伟存在未履行出资义务或者抽逃全部出资的情况下，认定凯大公司作出的股东会决议中"对股东赵某伟除名"及修改相关公司章程的决议内容无效，于法有据。

裁判规则六：被解除股东资格的股东是否不可再要求行使股东权利

案例10：重庆市高级人民法院审理的敬某明与顺凯公司、张某伟公司决议效力确认纠纷案［（2013）渝高法民申字第00738号］认为，尽管敬某明未实际出资，但顺凯公司在合法解除敬某明股东资格之前，敬某明确有权依据《公司法》第32

条第 2 款"记载于股东名册的股东,可以依股东名册主张行使股东权利"的规定行使股东权利,但由于敬某明股东资格被股东会决议解除,且该股东会决议合法有效,此后敬某明已经无权再行主张行使股东权利。

裁判规则七:未出资的股东可否主动要求公司解除其股东资格,进而拒绝承担继续出资的法律责任

案例 11:株洲市中级人民法院审理的过某奇与和达公司、曾某仔股权纠纷案[(2014)株中法民二终字第 47 号]认为,公司可以对未履行出资义务或者抽逃全部出资的股东以股东会决议的形式解除其股东资格。但这是公司拥有的一项自主权利,公司对是否行使该项权利具有选择权,解除股东资格并不是公司对抽逃出资行为的唯一救济途径。在本案中,被上诉人和达公司要求上诉人过某奇返还出资本息于法有据,应得到支持。

【法规链接】

《最高人民法院关于适用〈中华人民共和国公司法〉若干问题的规定(三)》

第十七条 有限责任公司的股东未履行出资义务或者抽逃全部出资,经公司催告缴纳或者返还,其在合理期间内仍未缴纳或者返还出资,公司以股东会决议解除该股东的股东资格,该股东请求确认该解除行为无效的,人民法院不予支持。

在前款规定的情形下,人民法院在判决时应当释明,公司应当及时办理法定减资程序或者由其他股东或者第三人缴纳相应的出资。在办理法定减资程序或者其他股东或者第三人缴纳相应的出资之前,公司债权人依照本规定第十三条或者第十四条请求相关当事人承担相应责任的,人民法院应予支持。

第二章　瑕疵出资

【本章导读】

　　瑕疵出资是指出资人未按照公司法和公司章程规定的要求履行出资义务，其表现形式主要有股东未足额出资、迟延出资、虚假出资、抽逃出资等。某些股东企图空手套白狼，妄想不必出资或少出资就获得股东资格。瑕疵出资行为违反了公司资本充实的基本原则，侵犯了公司及其他股东的利益，也置债权人于巨大的风险当中。权利与义务相统一是民商法的基本原则，但是瑕疵出资行为却是对这一原则的严重挑战。

　　实践中，有部分大股东通过瑕疵出资的方式取得公司控制权，并在取得控制权后，大肆地压榨公司的财产，侵夺其他股东的利益。所以，在出资阶段，防范部分股东瑕疵出资的行为是保证公司控制权合理分配的基础；在公司运营阶段，通过公司法及公司章程的规定，对瑕疵出资股东的利润分配权、认缴出资权、经营管理权甚至表决权进行合理的限制；在股东不出资或抽逃全部出资的情况下，将股东除名，在根本上剥夺股东的股权。所以，必须充分认识到瑕疵出资这一问题的重要性，明晰在实践中瑕疵出资的各种表现形式，并通过公司章程将此类问题的处理方式进行预设，以保证依法履行出资义务股东的合法权益。

　　鉴于此，选取股东不出资、虚假出资、抽逃出资这三类最为典型的瑕疵出资形式的典型案例，对空手套白狼的瑕疵出资股东的各类伎俩进行"大揭秘"，并展示给其他股东和债权人的维权方式并且从公司控制权的角度提出相应的应对措施，并将实践中的一些裁判口径予以简要列举。

【本章常见问题及解答】

1. 股东未尽出资义务的主要表现形式

　　股东未尽出资义务主要表现为未履行或未全面履行出资义务和抽逃出资。

　　股东未履行义务，具体可分为股东拒绝出资、股东因客观情况变化而不能出资，股东宣称出资而实际未出资。

股东未全面履行出资义务,包括股东未足额出资、迟延出资以及瑕疵出资。未足额出资是指股东只履行了部分出资义务,未按规定数额足额缴付,包括货币出资不足、非货币出资的价值经评估显著低于公司章程所定价额等。迟延出资是指股东未按照规定的期限交付出资或办理出资财产权利的转移手续。瑕疵出资是指股东交付的非货币出资的财产存在权利或物的瑕疵。

股东抽逃出资是指在公司成立或验资后,股东将缴纳的出资抽回。

2. 股东违反出资义务的法律后果

根据《公司法司法解释三》的规定,股东违反出资义务的法律后果如下:

第一,公司可以通过公司章程或者股东会决议对其利润分配请求权、新股优先认购权、剩余财产分配权等股东权利进行合理的限制。

第二,公司或者其他股东可以向违反出资义务的股东追究法律责任,公司可以要求其补足出资,其他股东可以要求其承担违约责任。

第三,对公司不能清偿的债务,公司的债权人可以主张要求没有履行出资义务的股东在未出资本息范围内承担补充赔偿责任。

3. 股东抽逃出资的表现形式

根据《公司法司法解释三》第12条规定,公司成立后,相关股东有下列情形之一且损害公司权益的可认定为抽逃出资:(1)制作虚假财务会计报表虚增利润进行分配;(2)通过虚构债权债务关系将其出资转出;(3)利用关联交易将出资转出;(4)其他未经法定程序将出资抽回的行为。

4. 股东抽逃出资常见的财务记录方式

股东抽逃出资一般可以在财务记录上寻找到蛛丝马迹,财务记录一般包括公司的资产负债表、长期投资账册、资产损益表、财务状况变动表、利润分配表及其工作记录等,常见的记录方式主要有:(1)借方记录"银行存款",贷方记录"其他应收账款",以"其他应收账款"长期挂账,挂账方多为股东或与股东有关联关系的人,理由多为材料采购等,但其实股东与公司未有真正、公平的业务往来;(2)借方记录"银行存款",贷方记录"长期投资",使公司资本长期滞留在公司账外,不能供公司使用;(3)做混账,将应收账款、预付账款、其他应收款三个账户合并设置应收款综合账户,而且债权、债务未按单位或者个人分别设置分户明细账;(4)不做账或者做假账。公司成立后,公司强行转移公司资产,"银行存款"项下账面上的公司注册资金并未减少,账面数额仅是一个虚假、夸大的数字。

5. 股东除名的条件和程序

根据《公司法司法解释三》,公司以股东会决议解除未履行出资义务或者抽逃出资股东的股东资格，应当仅限于"未出资"和"抽逃全部出资"。

公司除名的程序应该严格：(1) 公司在对未履行出资义务或者抽逃全部出资的股东除名前，应给该股东补正的机会，即应当催告该股东在合理期间内缴纳或者返还出资。(2) 公司解除股东资格，应当依法召开股东会，作出股东会决议。(3) 拟被除名的股东在相关议题表决时应实行股东回避制度。根据相关司法案例，公司股东会就股东除名进行表决时，拟被除名的股东不得行使表决权。

6. 股东出资诉讼是否使用诉讼时效

根据《最高人民法院关于审理民事案件适用诉讼时效制度若干问题的规定》，基于投资关系产生的缴付出资请求权不适用诉讼时效，股东不能以超过诉讼时效对公司缴纳出资进行抗辩。

7. 股东出资义务举证责任的承担

民事诉讼的举证责任分配的一般原则是"谁主张，谁举证"，但是，在实践中，某股东是否履行出资义务，除公司董事、高管人员可能知道外，其他股东或债权人很难知晓，如果仍适用"谁主张，谁举证"，未免对其他股东及债权人提出了更高的要求。所以，根据《最高人民法院关于民事诉讼证据的若干规定》第 7 条规定："在法律没有具体规定，依本规定及其他司法解释无法确定举证责任承担时，人民法院可以根据公平原则和诚实信用原则，综合当事人举证能力等因素确定举证责任的承担。"在对股东是否已履行出资义务发生争议的案件中，法院可以依据公平原则和诚信原则，综合当事人的举证能力等因素确定举证责任的承担，即原告对股东是否履行出资义务只需提供产生合理怀疑的证据，由被告股东举证证明其已履行出资义务的事实，如果被告股东不能提供充分证据证明其已履行出资义务，应当承担举证不能的法律后果。

8. 股份有限公司瑕疵股权转让后瑕疵出资民事责任的承担

股份有限公司的发起人未履行或未全面履行出资义务即转让股权，公司请求该发起人履行出资义务、受让人承担连带责任的，人民法院应予支持；如果受让人不知道出让人瑕疵出资的，受让人不承担连带责任。

公司债权人请求未履行或者未全面履行出资义务的发起人股东在未出资本息范围内对公司债务不能清偿的部分承担补充赔偿责任，同时请求前述受让人对此承担连带责任的，人民法院应予支持，受让人不得以不知道出让人瑕疵出资为由向债权人提出抗辩。受让人根据前款规定承担责任后，向该未履行或者未全面履行出资义务的发起人股东追偿的，人民法院应予支持。

股东出资不到位其他股东怎么办

【司法观点】

出资是股东的法定义务。对于未履行出资义务的股东，其他股东或公司均可以直接向法院起诉要求履行。

要求其他股东出资应以股东名义自己起诉而不适用股东代表诉讼制度。股东代表诉讼制度的设置目的在于股东本没有诉权而公司又怠于行使诉权（或者因情况紧急可能损害公司利益），因为股东有直接起诉未出资股东的诉权，因此股东得以请求其他股东履行出资义务。

【典型案例】[①]

2008年8月3日，福生公司、张某宝公司与（株）圃木园控股（一家韩国企业）为设立圃园福生公司，签署了《圃园福生公司章程》及《合资合同》各一份。章程及《合资合同》约定公司注册资本2200万美元，其中福生公司认缴8962846美元，占注册资本的40.7%；张某宝公司认缴注册资本1817154美元，占注册资本的8.3%；（株）圃木园控股认缴1122万美元，占注册资本的51%。董事会由7名董事组成，其中福生公司委派2名，张某宝公司委派1名，（株）圃木园控股委派4名。监事会由3名监事组成，福生公司和（株）圃木园控股各指定1名，其他1名由职工代表大会选举。福生公司的法定代表人张某宝担任圃园福生公司的法定代表人。《合资合同》载明：第一次出资，自公司取得营业执照之日起3个月以内；第二次出资，自公司取得营业执照之日起6个月以内；第三次出资，自公司取得营业执照之日起24个月以内，（株）圃木园控股以美元现汇形式向公司汇付220万美元（该部分出资占注册资本金的10%）。

2008年11月17日，圃园福生公司领取了营业执照。但（株）圃木园控股一直未缴付其第三次出资220万美元。2009年9月，公司三方股东因经营管理事宜发生争议，自此（株）圃木园控股不再参与公司的经营管理，但公司的公章、财务专用章等由（株）圃木园控股委派至该公司担任总经理的杜某雨持有。2010年7月，（株）圃木园控股在香港提起解除合资合同的仲裁申请，2012年8月11日，国际

[①] （2014）民提字第170号。

商会国际仲裁院裁决解除合资合同。

2011年2月24日，上海市工商局向圃园福生公司发出《责令改正通知书》，指出该公司存在未缴付出资的行为，责令其改正。2012年12月19日，张某宝公司以特快专递方式向圃园福生公司发出《关于催告韩方的通知》，要求圃园福生公司向（株）圃木园控股诉讼主张履行出资的义务，否则其将代为诉讼，该信函后因"收件人看不清、手机关机、门卫拒收"退回。

后福生公司、张某宝公司以（株）圃木园控股为被告，以圃园福生公司为第三人向上海市第二中级人民法院提起诉讼称：（株）圃木园控股未履行出资义务，且违规持有圃园福生公司公章，为维护第三人圃园福生公司合法权益，故代为起诉请求判令：（株）圃木园控股向圃园福生公司履行出资220万美元的义务，并赔偿经济损失人民币600万元。

（株）圃木园控股答辩称：1.两原告无权提起股东代表诉讼；2.《合资合同》已经仲裁裁决解除，被告向香港法院提起了公司解散之诉，因而本案应当终止审理；3.福生公司、张某宝公司同样存在对圃园福生公司未尽出资义务的问题。

上海市二中院一审和上海高院二审均认为：

1. 依据《公司法》（2005）第152条的规定，在一定条件下，股东有权提起代表诉讼。就本案而言，2009年9月，圃园福生公司的两方股东即福生公司、张某宝公司与（株）圃木园控股发生矛盾，此后（株）圃木园控股不再参加圃园福生公司的经营管理，福生公司的法定代表人张某宝虽亦系圃园福生公司的法定代表人，但圃园福生公司公章由（株）圃木园控股方持有。在福生公司、张某宝公司仅共同持有圃园福生公司49%的股权，且在7人董事会中也仅占3席、监事会仅占1席的情况下，要求福生公司、张某宝公司先行请求公司董事会或监事会对（株）圃木园控股提起诉讼已无实质意义。

2. 关于（株）圃木园控股是否应履行出资义务的问题。股东对公司出资是法定义务。《公司法司法解释二》规定，公司解散时，股东尚未缴纳的出资均应作为清算财产。股东尚未缴纳的出资，包括到期应缴未缴的出资，以及依照《公司法》第26条和第81条的规定分期缴纳尚未届满缴纳期限的出资。前述规定说明，股东的出资义务并不因公司解散而免除，股东间存在矛盾更无法成为延迟履行或不予履行出资义务的理由。因而公司解散诉讼的受理不能成为本案中止审理的理由。

3. 至于福生公司、张某宝公司是否同样存在对圃园福生公司未尽出资义务的情形，并不影响其代表圃园福生公司提起本案诉讼的权利。据此，一、二审法院均判决（株）圃木园控股支付圃园福生公司220万美元及利息。

（株）圃木园控股不服二审判决，向最高人民法院申请再审称：

1. 依据《公司法》（2005）第 152 条之规定，股东提起代表诉讼首先应履行前置程序，即以书面形式请求董事会或监事会以公司名义提起诉讼，其立法目的就是让股东穷尽公司内部救济机制，避免滥诉给公司正常经营造成不利影响，也防止股东为其私利而故意滥用权利恶意提起诉讼，且该条只规定了在"情况紧急、不立即提起诉讼将会使公司利益受到难以弥补的损害"这一种例外情形发生的情况下，公司股东可以不履行前置程序而直接以自己的名义代表公司起诉，并没有规定在董事会无法形成有效决议的前提下，股东可以不履行前置程序而代表公司提起诉讼。在两被申请人没有提交任何证据证明其已经书面请求监事会或董事会提起诉讼，也没有任何紧急情况的前提下，两被申请人并不具备股东代表诉讼的诉权。另外，合资公司虽然没有成立监事会，但股东已根据章程委派 2 名监事，其中一名监事系福生公司委派。根据《公司法》（2005）第 152 条的规定，不设监事会的有限责任公司的监事亦可代表公司提起诉讼，故本案并不存在合资公司内部救济机制已经全部失效的情形。

2. （株）圃木园控股前两期出资已经到位，两被申请人未履行出资义务违法在先。现合资公司解散之诉已由法院审理，在三方股东已形成不可逆转之僵局情形下，合资公司未来必然将进入强制清算程序，届时在法院主持下由各方履行相关义务无疑对全面解决本案纠纷更加适宜，也更加符合法律规定。

最高人民法院认为：

福生公司、张某宝公司是以自己名义提起本案股东代表诉讼的。本案纠纷应适用的我国《公司法》（2005）第 152 条规定了股东代表诉讼的情形和条件，即有限责任公司的股东，可以书面请求监事会或者不设监事会的有限责任公司的监事向人民法院提起诉讼；还可以书面请求董事会或者不设董事会的有限责任公司的执行董事向人民法院提起诉讼；监事会、不设监事会的有限责任公司的监事，或者董事会、执行董事收到前款规定的股东书面请求后拒绝提起诉讼，或者自收到请求之日起三十日内未提起诉讼，或者情况紧急、不立即提起诉讼将会使公司利益受到难以弥补的损害的，股东有权为了公司的利益以自己的名义直接向人民法院提起诉讼。第 3 款规定："他人侵犯公司合法权益，给公司造成损失的，本条第一款规定的股东可以依照前两款的规定向人民法院提起诉讼。"

本案股东代表诉讼属于该条第 3 款规定的情形，但对于"他人"应当作狭义解释，即只有在不能通过其他途径获得救济的情况下，才能适用股东代表诉讼获得救济。股东代表诉讼制度的设置基础在于股东本没有诉权而公司又怠于行使诉权或者因情况紧急可能损害公司利益时，赋予股东代表公司提起诉讼的权利。当股东能够通过自身起诉的途径获得救济时，则不应提起代表诉讼，否则将有悖股东代表诉讼制度的设置意图。根据《公司法司法解释三》第 13 条第 1 款的规定，福生公司、张某宝公司作为股东本身即享有诉权，而通过股东代表诉讼起诉的后果，则剥夺了另一方股东（株）圃木园控股反诉福生公司、张某宝公司履行出资义务的诉讼权利，因为其无法针对合资公司提起反诉，由此造成股东之间诉讼权利的不平等。因此，最高人民法院判决福生公司、张某宝公司无权提起本案股东代表诉讼，驳回了其起诉。

【实务指引】

股东出资纠纷是公司法中较为常见的一种诉讼类型。公司各股东对各方出资比例、方式进行约定，并记载于公司章程。公司设立后，股东应当按照章程约定履行出资义务，未出资或者未按照约定出资的，既是对公司财产权的侵犯，也同时构成对其他如实出资股东的违约，甚至还可能侵犯到公司债权人利益。

股东出资产生的纠纷，起诉案由需要慎重选择。本案明明是被告股东出资不到位，明明可以根据《公司法司法解释三》第 13 条第 1 款规定公司和其他股东对于未出资的股东均有权提起诉讼，但是本案中的两原告福生公司、张某宝公司在诉讼途径中却舍近求远，放弃了以自己名义直接提起诉讼的权利，也没有利用担任圃园福生公司法定代表人之便利以圃园福生公司提起诉讼，而是依据《公司法》第 152 条关于股东代表诉讼的规定代圃园福生公司提起诉讼。最后最高法院认定起诉案由和适用法律错误判决驳回诉讼请求。失败的原因是什么？是当事人自己或者委托的律师缺乏对法律的精确理解！中央提倡的供给侧结构性改革，就是从提高供给质量出发，这个在律师行业也是适用的。中国这些年来律师人数高速发展，当事人都知道从来不缺律师，但是却不知道高水平的优秀律师一直是缺的。像这样的案件，如果由高水平的律师介入，在正式启动之前进行诉讼基本事实整理、法律分析和论证、最后通过正确的诉讼案由打通胜诉的通道，就不会像本案一样：明明有理却在消耗大量时间精力和金钱后败诉。

正如最高人民法院在判决中所指出的，股东代表诉讼制度的设置基础在于股东本没有诉权而公司又怠于行使诉权或者因情况紧急可能损害公司利益时，赋予股东代表公司提起诉讼的权利。因此只有在不能通过其他途径获得救济的情况下，才能适用股东代表诉讼获得救济。当股东能够通过自身起诉的途径获得救济时，则不应提起代表诉讼，否则将有悖股东代表诉讼制度的设置意图。在本案中，福生公司、张某宝公司作为股东本身即享有诉权，而通过股东代表诉讼起诉的后果，必然将剥夺另一方股东（株）圃木园控股反诉福生公司、张某宝公司履行出资义务的诉讼权利，因为其无法针对合资公司提起反诉，由此造成股东之间诉讼权利的不平等。

笔者认为：股东与公司系法律意义上的不同主体，而股东代表诉讼则赋予了股东在某个案件中代表公司参与诉讼的权利，因此股东代表诉讼的适用必须慎之又慎，应严格遵守该制度的立法本意及程序要求。在出资纠纷中，股东既然可以依《公司法》的规定直接向未出资的股东提起诉讼要求其履行出资责任，则不应在享有提起股东代表诉讼的权利。

【公司治理建议】

出资时股东享有股东资格和权益的前提和基础，也是公司能够正常运转的物质保障，但在司法实践中，总有一些股东向公司开空头支票，认缴出资后而不按期实缴。股东出资不到位，其他股东和公司以及债权人应如何应对？

1. 公司应该通过公司章程或者股东协议对未履行出资义务或者抽逃全部出资、未足额出资、迟延出资、虚假出资、瑕疵出资的股东的股东权利作出合理限制（利润分配请求权、新股优先认购权、剩余财产分配权、表决权等股东权利）；

2. 公司或者其他股东可以向违反出资义务的股东追究法律责任，公司可以要求其补足出资，其他股东可以要求其承担违约责任；

3. 公司的债权人可以主张，没有履行出资义务的股东，对公司不能清偿的债务，在未出资本息范围内承担补充赔偿责任。

【法规链接】

《最高人民法院关于适用〈中华人民共和国公司法〉若干问题的规定（三）》

第十三条第一款　股东未履行或者未全面履行出资义务，公司或者其他股东请求其向公司依法全面履行出资义务的，人民法院应予支持。

虚假出资的司法认定及举证责任

【司法观点】

股东将"出资款"短期转入公司账户后，又立即通过复杂的财务、金融手段将"出资款"转出的行为构成虚假出资。司法实践中，即使没有证据直接证明该"出资款"是由该股东转出，但如该股东与他人存在代持股关系且该股东确未出资的，则可推定其对资金的转走持知情或放任态度，应当承担继续出资的义务。

【典型案例】[①]

五洲证券的前身为洛阳市证券公司。根据证监会批准，洛阳市证券公司于2003年至2004年注册资本由1000万元增至5.12亿元，更名为五洲证券，并将总部设在深圳；包括前锋公司在内的11家单位被核准了五洲证券的股东资格及出资额，其中核准新增加股东前锋公司的出资额为人民币8700万元。

2005年1月13日，河南证监局向五洲证券派出工作组，对该公司展开调查，并于2005年6月3日作出《关于五洲证券有关问题和目前状况的调查报告》（以下简称《调查报告》）。2005年6月16日，证监会以五洲证券在证券交易中有严重违法行为，不再具备经营资格为由，取消了其证券业务许可并责令其关闭。2005年6月17日，证监会委托北京中兴宇会计师事务所成立五洲证券清算组对五洲证券进行行政清算。该公司于2005年7月26日出具了《关于五洲证券增资情况的专项审计报告》（以下简称《审计报告》）。

结合上述《调查报告》和《审计报告》，可以明确以下内容：2004年2月，五洲证券因增资扩股需要，分别在广东发展银行深圳福田支行开立了10×××0026账户（以下简称广发福田026户），在深圳发展银行布吉支行开立了11×××2501账户（以下简称深布吉2501户），用于收取新增股东出资款。其中，前锋公司在2004年3月3日和2004年3月5日分别汇入广发福田026户770万元和7930万元，共计8700万元。随后该资金同广发福田026户的其他资金于2004年3月5日流出广发福田026户。截至2004年3月16日（验资日），五洲证券在广东发展银行深圳福田支行及深圳发展银行布吉支行开立的广发福田026户和深布吉2501户两个账户的资金余额均为零。

另经对增资过程进行调查发现，包括前锋公司在内的8家新增股东的应缴出资款，均是利用金正科技股份有限公司及李某义、杜某等6人的共计1亿元的资金，在验资期间由五洲证券与广东发展银行深圳福田支行及深圳发展银行布吉支行进行配合，通过复杂的金融手段频繁划转资金虚构而来。且上述资金最终于2004年3月16日（验资日）返还给李某义及金正科技股份有限公司。因此包括前锋公司在内的8家新增股东在五洲证券的增资过程中，没有如实缴付出资款，构成了虚假出资。

2006年9月4日，洛阳市中级人民法院裁定宣告五洲证券破产还债。2009年1月12日，洛阳市中级人民法院指定五洲证券破产清算组为五洲证券破产管理人。

[①] （2014）民二终字第22号。

2010年12月27日，五洲证券以前锋公司没有如实缴纳出资款，构成虚假出资为由，向河南省高级人民法院提起诉讼，请求判定前锋公司履行8700万元的出资义务及支付相应利息。

前锋公司辩称：前锋公司作为新增股东之一已依法如实向五洲证券足额出资并经验资报告确认，不存在虚假出资情形。前锋公司为五洲证券名义股东，与山东鑫融公司有股权代持的约定。前锋公司收取山东鑫融公司组织筹集的8700万元资金后，即对该笔资金拥有合法的所有权及处分权。前锋公司又从自己账户用该笔资金向洛阳证券开设的验资账户足额入资并经验资报告确认，其出资行为即已完全符合股东出资的相关规定。并且，前锋公司出资款进入验资账户后，该出资款的所有权及处置权已转移给五洲证券即已属于五洲证券法人财产。前锋公司已无法也无权处置和支配该项出资。前锋公司对于相关责任人从验资账户转走出资款的情况毫不知情，更没有参与，从验资账户上转出的出资款亦未转回到前锋公司账上。相关责任依法应由五洲证券与验资账户的开户银行全部承担，前锋公司不应承担任何责任。

河南省高级人民法院一审和最高人民法院二审均认为：

1. 前锋公司未真实出资，应当履行出资义务。虽然前锋公司在2004年3月3日和2004年3月5日分两次共汇入广发福田026户8700万元，但该资金同广发福田026户的其他资金随后即流出广发福田026户。截至2004年3月16日（验资日）止，五洲证券在广东发展银行深圳福田支行及深圳发展银行布吉支行开立的广发福田026户和深布吉2501户两个账户的资金余额均为零。该事实足以证明前锋公司并未真实出资，应当继续履行出资义务。

2. 前锋公司辩称其仅为名义股东，但参照《公司法司法解释三》第26条规定："公司债权人以登记于公司登记机关的股东未履行出资义务为由，请求其对公司债务不能清偿的部分在未出资本息范围内承担补充赔偿责任，股东以其仅为名义股东而非实际出资人为由进行抗辩的，人民法院不予支持。名义股东根据前款规定承担赔偿责任后，向实际出资人追偿的，人民法院应予支持。"故即使前锋公司为五洲证券名义股东，与山东鑫融公司有股权代持的约定，但该约定也仅在定约人之间产生效力，不能对抗公司，即不能成为其不履行出资义务的理由，仍应按照公司章程的规定向五洲证券依法全面履行出资义务。

3. 前锋公司认为，其对出资款从验资账户转走毫不知情，更没有参与，且验资账户上转出的出资款并未转回到其账户，不应承担任何责任。在案事实虽无直接证据证明前锋公司与验资款项被转走存在直接关系，但从前锋公司所主张的代山东鑫融公司持股的事实来看，前锋公司提供名义代替山东鑫融公司出资，并且明确知道无须缴纳出资即替山东鑫融公司代为持股，这足以证明前锋公司对不履行真实出资义务等事实是知悉或者说是放任的,前锋公司认为其对出资款转走不存在过错的抗辩与事实不符,故对其以不存在过错为由要求免除责任的主张,法院不予支持。至于验资账户上的出资款被转至何处,不能改变五洲证券账户上的资金在验资日前为零的事实,并不影响对前锋公司并未真实履行出资义务的认定,故前锋公司要求以验资账户上转出的出资款并未转回到其账户为由免除责任的主张亦不能得到支持。

综上,河南省高级人民法院一审和最高人民法院二审均判决:前锋公司向五洲证券支付人民币8700万元及相应利息。

【实务指引】

关于虚假出资与抽逃出资间的联系和区别,简言之:虚假出资是股东未出资,但通过欺骗的形式取得公司股权;抽逃出资则是在股东实际出资后,又采用虚构债权债务关系、关联交易等方式将出资款转出。

《公司法司法解释三》列举了五类抽逃出资的行为:(1)将出资款项转入公司账户验资后又转出;(2)通过虚构债权债务关系将其出资转出;(3)制作虚假财务会计报表虚增利润进行分配;(4)利用关联交易将其出资转出;(5)其他未经法定程序将出资抽回的行为。

但对于虚假出资,法律并未进行明文列举,常见的虚假出资类型包括:以高于实际的虚假银行进账单骗取验资报告;以实物、知识产权、土地使用权出资,但并未办理财产权转移手续,或者其实际价值显著低于公司章程所定价值。

本案中,前锋公司曾于2004年3月3日和2004年3月5日分两次共汇入广发福田026户8700万元,但该资金同广发福田026户的其他资金随后即流出广发福田026户。截至2004年3月16日(验资日),五洲证券的资金余额均为零,因此该笔资金转入转出的时间是极为接近的,属于上述最后一种虚假出资的情形。

在虚假出资案件中,通常具有操作手法隐蔽、资金流向复杂等特点。尤其是在类似本案已经将出资款打入公司账户又转出的情形,被告证明自己曾经向公司打款、已完成出资是较为容易证明的;而主张虚假出资的原告则难以证明出资款从公司账户转走是由被告所为,且被告肯定会以"对出资完毕后的资金如何流转不知情且与之无关"为由抗辩。因此此类案件中对于资金的转出,原告如何举证、法院如何认定是左右最终判决结果的重要因素。

笔者认为:首先,此类案件不适用举证责任倒置的证据规则。"谁主张,谁举证"是民事诉讼中的基本证据规则,举证责任的倒置必须法律明文规定,虚假出资案件中法律并没有规定由被告承担举证责任，因此不适用举证责任倒置的证据规则。

其次，此类案件中法官可以适当降低原告对部分事实的证明标准，只要原告完成了初步的证明责任，被告就应承担上述事实不存在的证明责任。正是由于虚假出资案件中资金流向的复杂性，实践中原告很难确切地掌握资金从哪里来到哪里去的全部情况。正如本案判决所指出的，"在案事实无直接证据证明前锋公司与验资款项被转走存在直接关系"。但是法院通过被告与山东鑫融公司有代持股关系，被告明确知道无须缴纳出资即替山东鑫融公司代为持股的事实，确定了前锋公司对不履行真实出资义务等事实是知悉或者说是放任的，进而追究了被告虚假出资的法律责任。这一判决思路有较强的指导意义，对于所有虚假出资的股东尤其是通过代持股关系替他人挂名的股东，切不可认为自己是名义股东，是否实际出资与自己无关，代持关系的存在反而有利于法院追究其虚假出资的责任。

【公司治理建议】

根据我国公司法及相关司法解释的规定，我国商法实行商事外观主义，对于公司、其他股东、公司债权人来讲，名义股东就是真正的股权所有人。当实际出资人未全面履行出资义务、抽逃出资时，名义股东就有义务补足出资；当公司财产不足以清偿债务时，公司债权人有权要求名义股东在认缴的出资份额内承担相关责任。所以，充当名义股东是一件需承担巨大风险的事情，本书作者提醒大家充当名义股东要三思而后行，并且要把握以下要点：

首先，一定要采取书面协议的形式明确与实际投资者的权利义务关系，特别是出资条款，约定实际出资人的实际出资义务，明确出资的金额、时间、程序及风险负担，如果违反则处以高额违约金。

其次，名义投资者也应尽量取得公司或其他股东对其"名义股东"身份的认可，可通过股东会决议，会议纪要等方式，要求公司或其他股东直接向实际出资人主张权利。

最后，名义股东需要及时关注实际投资者的出资情况，确保其及时足额出资，充分利用名义股东的身份，行使股东的知情权，了解公司的债权债务状况。

【法规链接】

《最高人民法院关于适用〈中华人民共和国公司法〉若干问题的规定（三）》

第十三条第一款 股东未履行或者未全面履行出资义务，公司或者其他股东请求其向公司依法全面履行出资义务的，人民法院应予支持。

第二十六条 公司债权人以登记于公司登记机关的股东未履行出资义务为由，请求其对公司债务不能清偿的部分在未出资本息范围内承担补充赔偿责任，股东以其仅为名义股东而非实际出资人为由进行抗辩的，人民法院不予支持。

名义股东根据前款规定承担赔偿责任后，向实际出资人追偿的，人民法院应予支持。

大股东"黑"小股东之"抽逃出资"

【司法观点】

没有正常的业务往来和正当的理由，将公司设立时的出资额在设立后转移、挪作他用或者非法占有的，均有可能构成抽逃出资；协助抽逃出资的其他股东、董事、高级管理人员或实际控制人对此需承担连带责任。

法定代表人有权对外代表公司处理事务，法定代表人的行为后果由公司承受。但是，一旦法定代表人与公司发生纠纷引发诉讼时，其个人利益将会与公司利益发生冲突，法院可指定与该法定代表人提起的诉讼没有明显利害关系的其他股东作为公司诉讼代表人。

【典型案例】[①]

2007年9月20日，龙湾港公司和宝纳资源公司共同设立光彩宝龙公司，其中《公司章程》载明：龙湾港公司出资2719.2万元，占股51.5%；宝纳资源公司出资2560.8万元，占股48.5%。同日，光彩宝龙公司董事会选举袁某岷为该公司董事长兼总经理。同年9月28日，宝纳资源公司对光彩宝龙公司的2560.8万元出资到位。翌日，由宝纳资源公司作为协调人并担保，龙湾港公司向珠海经济特区瑞福星医药工业公司（以下简称瑞福星公司）借款1439万元，专用于龙湾港公司作为股东的光彩宝龙公司所需的注册资金。同日，龙湾港公司向光彩宝龙公司交纳1439万元和1280.2万元两笔出资，其出资已全部到位。袁某岷既是光彩宝龙公司的法定代表人，也是龙湾港公司的法定代表人，同时还是龙湾港公司下属子公司疏浚公司的法定代表人。2007年12月4日，光彩宝龙公司以支付工程款名义向疏浚公司汇款1439万元。第二日，疏浚公司将该笔款又以工程款名义转付给瑞福星公司。

[①] （2014）民二终字第00092号。

同年12月7日，袁某岷在光彩宝龙公司该笔用途为工程款的资金使用申请单上签字。

另外查明：疏浚公司与光彩宝龙公司没有事实上的工程合同关系或委托关系，光彩宝龙公司支付给疏浚公司的1439万元未用于工程建设，而是由疏浚公司支付给瑞福星公司偿付了借款。龙湾港公司持有疏浚公司80%的股份，是疏浚公司的控股股东，疏浚公司的法定代表人是袁某岷，而袁某岷是龙湾港公司持有50%股份的股东，该两公司具有关联性；光彩宝龙公司注册成立后，其法定代表人系袁某岷，光彩宝龙公司与龙湾港公司及疏浚公司是关联公司；龙湾港公司向疏浚公司支付的1439万元款项未用于工程施工建设，而是由疏浚公司支付给瑞福星公司偿付了借款。

光彩宝龙公司、宝纳资源公司认为龙湾港公司的行为严重损害了其合法权益，遂提起诉讼，请求：确认龙湾港公司抽逃了对光彩宝龙公司的出资20549424.23元；龙湾港公司向光彩宝龙公司返还上述抽逃的出资并支付同期银行贷款利息；判令袁某岷对龙湾港公司抽逃注册资金的行为承担连带责任。

一审法院认为，双方争议的焦点问题主要有两个：1. 龙湾港公司的行为是否构成抽逃出资，以及构成抽逃出资应当承担何种法律责任？原审法院认为：被告袁某岷利用关联公司的便利，从光彩宝龙公司以支付工程款名义向疏浚公司汇款1439万元，第二天又从疏浚公司将该笔款再次以工程款名义转付给瑞福星公司。由于疏浚公司与光彩宝龙公司没有事实上的工程合同关系或委托关系；龙湾港公司持有疏浚公司80%的股份，是疏浚公司的控股股东，光彩宝龙公司以工程款名义向疏浚公司支付的1439万元款项未用于工程施工建设，而是由疏浚公司支付给瑞福星公司偿付了龙湾港公司的借款。故被告袁某岷将龙湾港公司投到光彩宝龙公司1439万元的注册资金，以虚构的工程款名义转到了关联公司疏浚公司，再由疏浚公司支付给瑞福星公司，最终偿还了龙湾港公司向瑞福星公司的1439万元借款。由此可见，该行为已构成抽逃出资。关于被告龙湾港公司抽逃出资应当承担的法律责任问题。原审法院认为，根据《公司法司法解释三》第12条第2项、第14条第一款规定，龙湾港公司应当承担返还抽逃出资并赔偿利息损失的法律责任。

2. 袁某岷是否应当承担连带责任的问题。原审法院认为，被告龙湾港公司虚构债权债务关系抽逃1439万元出资偿还其借款时，袁某岷既是龙湾港公司的法定代表人，也是光彩宝龙公司的法定代表人。没有袁某岷的协助，龙湾港公司是不可能实现抽逃其出资的。根据《公司法司法解释三》第14条第1款规定，袁某岷应当对龙湾港公司返还抽逃出资的本息承担连带责任。对于被告袁某岷答辩提出的两原告主体资格不适格、原告公司未经法定代表人委托或者股东会决议无权直接提起诉讼。原审法院认为，根据《公司法司法解释三》第12条、第14条规定：公司或者股东可以请求抽逃出资股东向公司返还出资本息,协助抽逃出资的其他股东、董事、高级管理人员承担连带责任。这两条规定均允许"公司、股东""公司或者其他股东"作为原告起诉。同时,本条司法解释规定股东出资后又抽逃出资的,公司和其他股东有权请求其返还出资本息。这里"其他股东"享有的诉权是直接诉权,原告股东没有资格上的限制,提起诉讼也无须前置程序。因此,被告答辩提出本案原告提起诉讼应按照《公司法》(2005年)第152条规定需经前置程序的理由不能成立。关于袁某岷答辩认为原告公司未经法定代表人委托或者股东会决议直接提起诉讼的问题。法院认为,作为拟制法人,一般情况下,公司的法定代表人有权对外代表公司处理事务,法定代表人的行为后果由公司承受。但是,担任法定代表人的股东或董事,与公司发生纠纷引发诉讼时,股东、董事的个人利益与公司利益发生冲突时,为确保案件审理的正常进行,依法维护公司的合法权益,法院可指定与担任法定代表人的股东、董事提起的诉讼没有明显利害关系的其他股东作为公司诉讼代表人。本案中,袁某岷虽是光彩宝龙公司的法定代表人,但袁某岷与光彩宝龙公司之间存在利益冲突,故袁某岷不应再担任光彩宝龙公司的诉讼代表人。综上,原审法院确认龙湾港公司抽逃了对光彩宝龙公司的出资1439万元,并要求其返还上述出资及利息;袁某岷对龙湾港公司返还抽逃出资1439万元及利息承担连带责任。

袁某岷不服原审判决,上诉请求改判其不承担龙湾港公司返还抽逃出资1439万元及利息的连带责任。理由是:1.一审法院未能依法准确全面地查明1439万元款项被转出的背景、真实原因及资金流向,从而错误认定了事实,并造成判决结果显失公平。首先,涉案的1439万元,系被上诉人宝纳公司法定代表人贾某成利用关联关系,将其实际控制的国有公司资金借贷给龙湾港公司。贾某成同时作为瑞福星公司的负责人,为避免债权不能实现导致国有资产流失的严重后果,又一手导演了之后的抽逃出资行为。一审法院对于《借款协议》形成的背景以及宝纳公司和瑞福星公司的关联关系未予以查明,割裂了1439万元款项被转出这一事实与贾某成利用关联公司协调借款行为之间的必然联系,从而做出了错误的判决。其次,关于1439万元从光彩宝龙公司转入瑞福星公司这一行为的责任问题,一审法院应当严格依照转款完成和上诉人签字的时间界限,依法全面客观予以查明认定,而不能主观臆断。上诉人在一审阶段提交的相关证据足以证实,整个转款行为是由光彩宝龙公司的财务经理刘某负责实施的,而刘某不但是宝纳公司委派到光彩宝龙公司的财务负责人,而且还在上诉人已签字的资金使用申请单上擅自加注了"实际为还借款"的字样,上诉人在该项转款行为实施的过程中对此并不知情。上诉人虽然受股东龙湾港公司的委派,担任光彩宝龙公司名义上的法定代表人,但公司的日常工作均由宝纳公司委派的工作人员负责，宝纳公司委派的相关财务人员在被上诉人的授意下实施了"先斩后奏"的转款行为，目的是将1439万元尽快转至瑞福星公司，从而避免自身依据《借款协议》承担担保责任，以及瑞福星公司的国有资金不能及时收回产生的不利后果。因此，涉案的1439万元被转至瑞福星公司这一事实与宝纳公司法定代表人实际控制的瑞福星公司之前的借款行为以及其委派的工作人员违反财务制度办理转款手续等行为是紧密结合的，在这一过程中，上诉人在转款完成后按照内部财务管理制度方才补签字的行为，仅是为完善转款手续而履行法定代表人职责的职务行为，其主观上系被蒙蔽，客观上亦未实施"协助"或"利用关联公司便利"等行为，依法不应承担任何法律责任。退一步讲，即便1439万元款项被转出被认定为抽逃出资，也是在宝纳公司的授意和指导下，通过龙湾港公司的共同配合而完成，与上诉人无关。2. 一审法院无视举证责任分担规则，在被上诉人未能完成举证责任，证据不足的前提下即认定上诉人实施了协助行为，于法无据。上诉人是否应当承担连带责任，核心应当是是否有证据证明上诉人实施了公司法所规定的"协助抽逃出资"的行为。然而，就1439万元被转出一事，上诉人除在转款完毕后在资金使用申请单上补签外，并无其他任何证据证实上诉人对此事知情或参与，抑或起到了所谓"协助"作用。一审法院的判决是主观臆断的产物。在作为本案证据的其他已生效判决书中，均已证实1439万元系由光彩宝龙公司财务经理刘某、董事梁某镯、疏浚公司财务人员王某峰等人先后共同办理转款手续完成，而上诉人作为自然人，并非龙湾港公司和光彩宝龙公司的控股股东或实际控制人，在转款结束后方知情并按照光彩宝龙公司财务制度完善审批手续的行为依法不能认定为"协助抽逃"的行为。此外，由于转款手续系刘某办理，以"工程款"名义转款也并非出于上诉人的指使或授意，而是贾某成为了避免债务风险和法律风险，指派财务人员违反光彩宝龙公司财务审批制度，办理了相应的汇款手续，转款名义并非上诉人"虚构"。从本案的1439万元实际流转的过程中，也不能反映出上诉人的参与是转款完成的必要条件。该笔款项从2007年12月4日从光彩宝龙公司转出，到12月5日被转入瑞福星公司，上诉人均不知情，也就是说，在没有证据证明上诉人实施了"协助"行为的情况下，龙湾港公司同样完成了"抽逃出资"。一审法院的认定是建立在被上诉人应当举证证明上诉人实施了"协助"行为的基础上，而不能由上诉人举证证明自己未实施"协助"行为。一审法院在被上诉人均未能提供证据证实上诉人存在"协助"行为的前提下，滥用自由裁量权，擅自认定"没有袁某岷的协助，龙湾港公司是不可能实现抽逃出资的"，这一主观性推论是基于对上诉人的地位和作用的错误认识所作，是对公司行为和上诉人职务行为的混淆，据此判令上诉人"对龙湾港公司返还抽逃出1439万元及利息承担连带责任"，上诉人无法信服。

光彩宝龙公司和宝纳资源公司共同辩称：袁某岷协助龙湾港公司抽逃1439万元出资的事实，原审判决事实均正确无误。首先，2007年12月，袁某岷身兼光彩宝龙公司、龙湾港公司、疏浚公司三家公司的法定代表人，如果没有袁某岷的指示和协助，光彩宝龙公司不可能将1439万元以"工程款"的名义汇到疏浚公司的账户，疏浚公司也不可能又将该1439万元汇到瑞福星公司账户，最终代龙湾港公司偿还了1439万元借款。其次，宝纳资源公司协调并担保龙湾港公司向瑞福星公司借款出资，但从未同意也绝不会同意龙湾港公司以抽逃对光彩宝龙公司1439万元出资的方式偿还借款。最后，刘某在光彩宝龙公司担任财务经理职务后，其直接负责的领导是担任光彩宝龙公司法定代表人的袁某岷，如果袁某岷没有事前指示汇款1439万元，其不可能在光彩宝龙公司向疏浚公司的转款申请单上事后签字，也不可能不追究相关工作人员的责任，更不可能事后不向疏浚公司追讨。因此，原审法院认定袁某岷协助龙湾港公司抽逃1439万元出资正确。

另有证据表明：1. 2007年9月29日，龙湾港公司、瑞福星公司、宝纳资源公司签订《借款协议》，约定：经宝纳资源公司协调，瑞福星公司同意借款1439万元给龙湾港公司，专用于光彩宝龙公司所需的注册资金。公司盖章并经法定代表人或其委托人签字协议生效。在该协议的借款人栏目中盖有龙湾港公司的印章，并有梁某镯的签字。2. 已经生效的判决认定：疏浚公司的出纳王某峰是根据梁某镯的要求，将光彩宝龙公司转给疏浚公司的1439万元款项以工程款名义转付给瑞福星公司。梁某镯当时任疏浚公司人事部总经理、龙湾港公司人事部经理及光彩宝龙公司董事。3. 袁某岷在一审诉讼中提交证人李某的证言称：光彩宝龙公司的印鉴由李某保管，财务专用章由刘某保管，对外付款必须二者共同配合才能完成。光彩宝龙公司的财务制度规定，公司支出超过一万元的款项必须报袁某岷书面批准同意。刘某找李某支付涉案1439万元款项时，刘某称袁某岷已经同意，并让先付款，然后再补签字。4. 二审庭审质证中，袁某岷一方称，通过疏浚公司转款可以避免抽逃出资的法律关系。

最高院经审理认为，本案二审争议的焦点问题是袁某岷是否协助龙湾港公司抽逃了出资，应否承担连带返还责任。原审判决认定龙湾港公司抽逃了对光彩宝龙公司的1439万元出资，龙湾港公司和袁某岷对此均未提出上诉，故法院予以确认。龙湾港公司抽逃出资的方式，是通过虚构光彩宝龙公司与疏浚公司之间的工程款债务，将款项从光彩宝龙公司转入疏浚公司，再从疏浚公司转入瑞福星公司，用以偿还龙湾港公司欠瑞福星公司的借款。在光彩宝龙公司为龙湾港公司抽逃出资而出具的《资金使用申请单》上，袁某岷签字同意。虽然该行为发生在款项已经转出之后，但仍代表袁某岷对龙湾港公司抽逃出资行为的认可。根据《公司法司法解释三》第14条第1款规定，公司的其他股东、董事、高管人员等，只要实施了协助股东抽逃出资的行为，即应承担连带责任，而与协助行为对抽逃出资所起作用的大小、是否为抽逃出资的必要条件等无关。故原审法院认定袁某岷实施了协助抽逃出资的行为，应当承担连带责任并无不妥。从主观上看，龙湾港公司、光彩宝龙公司、疏浚公司之间通过虚构债务、间接转款用以抽逃出资、偿还债务的行为，显然系精心设计、相互配合、故意为之，采用间接转款的隐蔽方式是为了规避《公司法》关于禁止股东抽逃出资的规定，袁某岷一方在庭审中对此也是认可的。龙湾港公司、光彩宝龙公司、疏浚公司的时任法定代表人均为袁某岷，从常理上判断，袁某岷对其控制的三个关联公司之间故意实施的抽逃出资行为应是明知或应知的，袁某岷在虚构工程款以抽逃出资的资金使用申请单上签字同意亦可证明此点。袁某岷主张抽逃出资行为系宝纳公司的法定代表人贾某成授意其委派到光彩宝龙公司担任财务经理的刘某所实施，目的是将1439万元尽快转至瑞福星公司，而其本人对此主观上并不知情，客观上也未实施协助行为，法院认为不足采信。首先，刘某虽然是宝纳资源公司委派的人员，但光彩宝龙公司的另一财务人员李某却不是，根据光彩宝龙公司的财务制度，一万元以上的对外付款必须经袁某岷批准，且由刘某和李某分别签章才能完成。故没有光彩宝龙公司人员的配合，即便贾某成授意刘某帮助龙湾港公司抽逃出资，刘某也无法完成。在刘某明知付款行为无法掩饰，而擅自付款又将承担巨大法律责任的情况下，其未经袁某岷的同意而擅自对外付款，也与常理不符。其次，如果系贾某成授意刘某不经袁某岷的同意而擅自转款，以便尽快偿还龙湾港公司欠瑞福星公司的借款，那么刘某为何会舍近求远，避简就繁，不将款项直接转入贾某成控制的瑞福星公司，而是先转入刘某和贾某成均不掌控但却是袁某岷担任法定代表人的疏浚公司？最后，从疏浚公司向外转款的过程看，款项是由时任龙湾港公司人事部经理、疏浚公司人事部总经理的梁某镯指示疏浚公司出纳王某峰，于1439万元到账后的第二天即转出支付给了瑞福星公司。而梁某镯恰是当初龙湾港公司向瑞福星公司借款时，受袁某岷委托，在借款协议上签字的经办人员。梁某镯是疏浚公司的人事部总经理，财务事宜并不在其工作职责范围之内，如果不是法定代表人袁某岷的授权指使，其何以能够得知1439万元款项到账的事实，又何来权力指令财务人员将款项转给瑞福星公司？综上，法院认为，从本案的一系列事实分析判断，有充足的理由使人相信，袁某岷对通过其担任法定代表人的三个关联公司之间故意虚构债务以抽逃出资的行为主观上存在过错，客观上也实施了协助的行为，应当承担连带返还责任。综上，最高院认为，原审判决认定事实清楚，适用法律正确，不支持上诉人关于其不应承担连带责任的上诉请求。

【实务指引】

抽逃出资是指在公司成立且股东缴付出资后，公司违反法律规定向股东返还出资，或者股东违反法律规定从公司无偿取得或超出合理对价取得利益并导致公司资本（或股本）减少的行为或交易。在本质上讲，股东抽逃出资是侵害公司资本的一种行为，其不但侵犯了公司的财产权益，而且侵犯了公司债权人等利益相关者的合法权益。

由于抽逃出资行为往往具有复杂性、隐蔽性、模糊性等特点，故而此行为的认定是司法实践中的难点，《公司法司法解释第三》第12条以核心要件加情形列举的方式加以规定。本条可描述为：公司成立后，相关股东有下列情形之一且损害公司权益的可认定为抽逃出资：1. 制作虚假财务会计报表虚增利润进行分配；2. 通过虚构债权债务关系将其出资转出；3. 利用关联交易将出资转出；4. 其他未经法定程序将出资抽回的行为。本条界定抽逃出资行为的三种完全不同的角度，即以分配利润（尽管是捏造的利润）、虚构债权债务的方式进行直接抽逃出资；借助普通商事交易的外形而进行间接抽逃出资。另外，为防止挂一漏万，本条还规定其他抽逃出资的兜底条款，因此其覆盖的行为样态极其广泛。

在本案中以虚构的工程款名义将注册资本1439万元转到了关联公司疏浚公司，再由疏浚公司支付给瑞福星公司，最终偿还了龙湾港公司向瑞福星公司的借款，该行为满足"通过虚构债权债务关系将其出资转出"的行为模式，构成抽逃出资。

另外，本案还有三个问题值得关注。一是抽逃出资的证明责任，二是抽逃出资之诉的诉讼主体资格和程序，三是协助抽逃出资董事的责任承担问题。

首先，关于抽逃出资的证明责任问题：根据谁主张，谁举证的原则，无论是公司还是公司的债权人主张股东抽逃出资事实的存在，均应承担相应的举证责任。当然，公司的债权人在行使对抽逃出资股东的代位权时要查明股东抽逃出资的事实并非易事。尤其是在公司内部人（控制股东、董事、监事、经理等高管人员）与抽逃出资股东沆瀣一气的情况下，更是存在公司的债权人与抽逃出资阵营之间的巨大信息落差。因此，公司的债权人行使代位权时应当格外注意搜集股东抽逃出资的各类信息。[①]

其次，抽逃出资之诉的主体资格和程序问题。根据《公司法司法解释三》第14条第1款的规定，公司或其他股东有权要求抽逃出资的股东返还出资，要求协助抽逃出资的董事等相关人员承担连带责任。但是，当抽逃出资的股东为公司的法定

[①] 刘俊海：《论抽逃出资股东的民事责任》，载《法学杂志》，2008年第1期。

代表人时，公司若要提起诉讼，往往需要法定代表人签发起诉状，此时抽逃出资的股东与公司就会产生矛盾。本案法官为解决这一矛盾，区分了"法定代表人"与"诉讼代表人"的适用情形，指出作为拟制法人，法定代表人有权对外代表公司处理事务，法定代表人的行为后果由公司承受。但是，担任法定代表人的股东或董事，与公司发生纠纷引发诉讼时，股东、董事的个人利益与公司利益发生冲突。为确保案件审理的正常进行，依法维护公司的合法权益，法院可指定与担任法定代表人的股东、董事提起的诉讼没有明显利害关系的其他股东作为公司诉讼代表人。另外，依据《公司法司法解释三》第12条及第14条的规定，提起抽逃出资之诉的股东享有的诉权是直接诉权，没有资格上的限制，提起诉讼也无须先行提起股东代表诉讼。

最后，关于协助抽逃出资的董事责任承担问题。董事协助股东抽逃出资实质上是一种对公司的侵权行为，需满足侵权行为、侵权后果、因果关系和过错四个要件。侵权行为一般是指董事协助股东实施了《公司法司法解释三》第12条规定的抽逃出资的行为，需要注意的是，董事的协助行为必须是与董事身份或其职权相关的行为，如在召开董事会会议时对关联交易作出非法决议，为抽逃出资提供便利条件等。侵权后果一般是指抽逃出资的行为侵害了公司的股本，给债权人等债权的实现造成了重大影响。关于过错的认定不一定要求董事协助抽逃出资行为的目的是侵害某一确定债权人的债权，而只要证明董事存在故意协助股东抽逃出资的目的即可。[①]

【公司治理建议】

本案看似与公司控制权的争夺无关，实则是大股东利用公司控制权侵夺小股东合法权益的常用手段。众所周知，在我国公司法的实践当中，股东抽逃出资的现象非常普遍，特别是有限责任公司。在公司成立以后，控股股东往往具有优势地位，能够控制公司董事会的多数席位，并任命公司总经理和财务人员。在控股股东实缴出资以后，其往往会通过操纵董事会和管理层，作出违规分配利润，虚构债权债务关系，显失公平的关联交易等方式，将自己的实缴出资抽回，进而侵蚀公司股本，损害公司、其他小股东及债权人的利益。

小股东为防止大股东抽逃出资行为的发生，在事前应当在公司的董事会及管理层（特别是财务部门）安排自己利益的代表人，在事后，可以以控股股东抽逃出资为由提起诉讼，要求返还出资本息，并要求协助抽逃出资的董事等承担连带责任。

[①] 王林清、杨新忠：《公司纠纷裁判精要与规则适用》，北京大学出版社2014年版，第48~49页。

【延伸阅读】

协助抽逃出资的三条裁判规则

裁判规则一：协助抽逃出资本质上属于侵权行为，因此认定协助抽逃出资的前提是存在共同故意，或者有帮助、教唆等行为

案例1：合肥市中级人民法院审理的施某瞭与中钦公司、黄某等买卖合同纠纷案〔（2015）合民二终字第00073号〕认为，关于被上诉人李某是否应当就黄某的抽逃出资行为承担连带责任的问题。公司法相关司法解释规定，其他股东等协助股东抽逃出资，应对此承担连带责任。抽逃出资本质上是一种侵害公司财产权的行为，属于侵权行为，其他股东如果存在帮助行为，则应和抽逃出资的行为人承担连带责任。但本案中，李某虽然是中钦公司的设立股东之一，但上诉人并未举证证明李某在黄某抽逃出资的过程中存在共同故意，或者有帮助、教唆等行为，故上诉人主张李某承担连带责任证据不足，依法不应予以支持。

裁判规则二：在出资款转出的转账支票上加盖法人名章，可以认定法定代表人实施了协助抽逃出资的行为

案例2：最高人民法院审理的李某义与平安银行坪山新区支行金融借款合同纠纷案〔（2015）民申字第996号〕认为，本案中，抽逃出资行为是以中房海外公司对外开具转账支票的形式进行的，出资款转入中房海外公司账户的当日，中房海外公司出具转账支票，加盖了李某义的名章将出资款转出，李某义不能提供证据证明其名章的使用系他人盗盖，即李某义作为中房海外公司的董事长，在中房海外公司出具的转账支票上加盖其法人印章将出资款转出，其行为符合《公司法司法解释三》第12条第1款第1项将出资款项转入公司账户验资后又转出的情形，应认定李某义实施了协助抽逃出资行为，故一、二审法院判决李某义承担法律责任并无不当。

裁判规则三：被认定为协助抽逃出资的主体最常见的为公司法定代表人，但公司其他高管也不可认为高枕无忧，只要是了解并全程参与了抽逃出资行为，就会被判令承担相应法律责任

案例3：四川省高级人民法院审理的濮某驰、濮某与奶奇乐公司、菊乐公司、罗伯特股东出资纠纷案〔（2015）川民终字第417号〕认为，濮某驰、濮某分别作为奶奇乐公司的副董事长、总经理，其中濮某驰还是罗伯特的特别授权代表，实际经营管理公司全部事务，清楚地了解并全程参与了罗伯特借款出资、以物抵债变相抽回出资的全过程，其行为后果不仅应由罗伯特承担，其自身作为公司高级管理人员，亦应承担相应法律责任。

【法规链接】

《公司法》

第三十五条　公司成立后，股东不得抽逃出资。

第九十一条　发起人、认股人缴纳股款或者交付抵作股款的出资后，除未按期募足股份、发起人未按期召开创立大会或者创立大会决议不设立公司的情形外，不得抽回其股本。

第二百条　公司的发起人、股东在公司成立后，抽逃其出资的，由公司登记机关责令改正，处以所抽逃出资金额百分之五以上百分之十五以下的罚款。

《最高人民法院关于适用〈中华人民共和国公司法〉若干问题的规定（三）》

第十二条　公司成立后，公司、股东或者公司债权人以相关股东的行为符合下列情形之一且损害公司权益为由，请求认定该股东抽逃出资的，人民法院应予支持：

（一）制作虚假财务会计报表虚增利润进行分配；

（二）通过虚构债权债务关系将其出资转出；

（三）利用关联交易将出资转出；

（四）其他未经法定程序将出资抽回的行为。

第十四条　股东抽逃出资，公司或者其他股东请求其向公司返还出资本息、协助抽逃出资的其他股东、董事、高级管理人员或者实际控制人对此承担连带责任的，人民法院应予支持。

公司债权人请求抽逃出资的股东在抽逃出资本息范围内对公司债务不能清偿的部分承担补充赔偿责任、协助抽逃出资的其他股东、董事、高级管理人员或者实际控制人对此承担连带责任的，人民法院应予支持；抽逃出资的股东已经承担上述责任，其他债权人提出相同请求的，人民法院不予支持。

第三章 隐名股东

【本章导读】

代持股协议、隐名股东是出资及股权转让中常见的问题。某些情况下，由于部分公司对股东的身份有特殊的要求，一些不满足条件的投资者为了实现对公司的投资意愿，想办法规避这些法律或公司章程的特殊要求，他们通过与符合身份的人签订代持股协议：全部公司活动均由这个公司认可身份的人抛头露面，由于他的姓名记载于工商登记和公司股东名册，称之为显名股东；而实际出资者则退居幕后，借助显名股东表达对公司治理的意见，遥控显名股东行使表决权并最终享有股份应得的红利及其他收益，称之为隐名股东。

当然，代持股协议的产生也不尽然都是为了规避法律和公司章程规定的无奈之举。例如，公司的大股东为了加强对公司的控制，可以选择与其他股东签订代持股协议，约定由大股东代为行使其他小股东的股权，代持的结果是大股东可能本来自己只享有30%的股权，但实际上却可以通过代持协议行使60%股份的表决权，这极大地加强了大股东对公司的有效控制。显名股东与隐名股东之间都形成了这样一种代持股关系。在司法实践层面，因代持股所产生的法律争议并不限于显名股东与隐名股东之间，还会涉及显名股东、隐名股东分别与公司之间的法律关系，以及显名股东、隐名股东分别与第三人之间的法律关系。

对于隐名股东的资格确认问题，应当区分内部关系和外部关系，分别对待。在审理涉及股东资格认定及其与外部第三人之间关系方面的有关纠纷案件时，在股东与公司之间的内部关系上，股东可以依据股东名册的记载向公司主张权利，公司亦可依据股东名册的记载识别股东，并仅向记载于股东名册的人履行诸如通知召开股东会、分配利润等义务。实际出资人与记载于股东名册的股东之间有关出资的约定，仅在定约人之间产生效力，一般不能对抗公司。

在股东与公司之外的第三人之间的外部关系上，应当坚持外观主义原则，即使因未办理相关手续导致公司登记机关的登记与实际权利状况不一致，也应优先保护善意第三人因合理信赖公司登记机关的登记而作出的行为效力。

【本章常见问题及解答】

1. 名义股东与实际出资人间代持股协议的效力如何认定

有限责任公司的实际出资人与名义出资人订立合同，约定由实际出资人出资并享有投资权益，但由名义股东出面行使股权，这属于双方间的自由约定，根据缔约自由的精神，只要无《民法典》第153条规定的合同无效的情形，该代持股协议即应当认定为有效，实际出资人可以依照合同约定向名义股东主张投资权益。

2. 实际出资人（隐名股东）可否要求公司显名

如果实际出资人请求公司变更股东、签发出资证明书、记载于股东名册、记载于公司章程并办理公司工商登记等，此时需征得其他股东过半数同意，这与《公司法》关于有限责任公司股东向股东以外的人转让股权应当经其他股东过半数同意的规定是一致的。如果其他股东同意的，可以显名；如果其他股东不同意的，不能显名。

3. 隐名股东能否以内部约定对抗显名股东的债权人申请执行

依法进行登记的股东具有对外公示效力，隐名股东在公司对外关系上不具有公示股东的法律地位，其不能以其与显名股东之间的约定为由对抗外部债权人对显名股东主张的正当权利。当显名股东因其未能清偿到期债务而成为被执行人时，其债权人依工商登记中记载的股权归属，有权向法院申请对该股权强制执行。

4. 是否可以通过股权转让协议确立代持股关系

有意向成立代持股关系的双方应签订相应的协议以确定代持股关系，从而否定挂名股东的股东权利。对于一方原本就是公司股东，通过签订股权转让协议（包括确定了转让对价及股权的转让）使得另一方取得公司股权，双方的关系应当认定为股权转让，而非股权代持，即使受让方没有支付过任何对价，出让方也已丧失了公司股权，而只能依据转让协议主张相应的债权。

5. 实际出资人要求显名的"须经公司其他股东半数以上同意"要件如何把握

依据《全国法院民商事审判工作会议纪要》第28条的规定，实际出资人能够提供证据证明有限责任公司过半数的其他股东知道其实际出资的事实，且对其行使股东权利未曾提出异议的，对实际出资人提出的登记为公司股东的请求，人民法院应予支持。其他股东是否过半数以上同意，不应局限于诉讼程序中的陈述意愿，还可从当事人提供的证据（如股东会决议、股东名册等记载证明其他股东半数以上已同意的证明文件）来判断是否满足其他股东过半数以上同意的要件。在诉讼程序中，法院不会代替实际出资人去征询其他股东意见，需要实际出资人提供证实其他股东明确意愿的证明材料。

6. 股权代持是否有效

根据《公司法司法解释三》第 24 条的规定，有限责任公司的股东签署的股权代持协议原则上是有效的，但有法律规定的合同无效情形的除外。结合最高人民法院及各地人民法院的裁判观点，一般认为代持股协议原则上是有效的，以保护隐名股东（实际权利人）的合法权益。但是，根据 2018 年以来最高人民法院的最新裁判观点，代持保险公司的股权被认定为无效，因为"从代持保险公司股权的危害后果来看，允许隐名持有保险公司股权，将使得真正的保险公司投资人游离于国家有关职能部门的监管之外，如此势必加大保险公司的经营风险，妨害保险行业的健康有序发展。加之由于保险行业涉及众多不特定被保险人的切身利益，保险公司这种潜在的经营风险在一定情况下还将危及金融秩序和社会稳定，进而直接损害社会公共利益"。以此可以推论，在银行、证券、期货等金融领域，因为同样涉及金融安全与公共利益，股权代持也存在被认定无效的法律风险。因此，本书作者建议保险行业及其他金融行业的股东不要再选择代持股。

7. 股权代持协议必须包含哪些条款才保险

本书作者建议，隐名股东签署股权代持协议中应包含以下重要条款：

（1）隐名股东已将代持股份出资款（股权转让款）足额交付显名股东，专用于隐名股东对目标公司的出资，显名股东予以确认。（证明已出资）

（2）隐名股东作为实际出资者，对公司享有实际的股东权利并有权获得相应的投资收益；显名股东仅得以自身名义将隐名股东的出资向公司出资并代隐名股东持有该等投资所形成的股东权益，而对该等出资所形成的股东权益不享有任何收益权或处置权（包括但不限于股东权益的转让、担保）。（证明隐名股东成为股东的真实意思表示）

（3）在委托持股期限内，隐名股东有权在条件具备时，将相关股东权益转移到自己或自己指定的任何第三人名下，届时涉及的相关法律文件，显名股东须无条件同意，并无条件承受。（可以提前要求名义持股人签署股权转让协议）

（4）显名股东在以股东身份参与公司经营管理过程中需要行使表决权时至少应提前 3 日取得隐名股东书面授权，未经授权不得行使表决权。（可以在签署协议时，要求显名股东签署委托隐名股东行使表决权的授权书）

（5）显名股东承诺将其未来所收到的因代表股份所产生的任何全部投资收益（包括现金股息、红利或任何其他收益分配）均全部转交给隐名股东（或者约定一定的"代持费用"）。

（6）隐名股东有权随时解除代持股协议，显名股东应当按隐名股东指示向其移转"代表股份"及股权收入。

（7）最好在签订代持协议的同时签订股东会决议，以证明其他股东认可实际出资人的地位，并同意在适当时间直接显名。

8. 幕后老板（隐名股东）能否直接行使股东权利

这取决于隐名股东的股东身份能否被公司及其他股东认可。如果公司及其他股东承认该隐名股东的股东身份，其可以直接要求行使股东权利。否则，其只有在确认股东资格后才能享有股东股东，未确认股东身份时，隐名股东不能直接行使表决权、知情权、分红权等各项权利，而只能通过"显名股东"行使。

此外，幕后老板确认股东身份并不轻松，根据《公司法司法解释三》第24条的规定，有限责任公司的幕后老板确认股东身份须经公司其他股东半数以上同意（股份有限公司的股东则无此要求）。

这也再次提醒企业家朋友，在与他人合伙开公司的情况下谨慎选择代持股，即使选择代持，也必须事先书面征得其他股东对其实际股东身份的认可。

隐名股东有风险：股东资格难认定

【司法观点】

隐名股东与显名股东签订的股权代持协议属委托投资合同关系，即使隐名股东实际出资也不能据此直接确认其股东资格。

【典型案例】[1]

博智公司系在英属开曼群岛注册成立的公司。2005年年底，博智公司欲从新产业公司受让新华人寿保险公司9%的股份，但由于我国《保险公司管理规定》（2004）第45条规定"全部境外股东参股比例应当低于保险公司股份总额的25%。全部境外股东投资比例占保险公司股份总额25%以上的，适用外资保险公司管理的有关规定"，且此时新华人寿的外资股份已接近25%，为规避上述规定，博智公司通过亚创公司受让新华人寿9%的股份，由亚创公司代持9%的股权。具体操作方式为：2005年11月17日，亚创公司与新产业公司签订《股份转让协议》，约定亚创公司以每股4.20元受让新产业公司持有的新华人寿9%股份，共计10800万股。2005年12月1日和2006年8月22日，博智公司与亚创公司分别签订《委托投资

---

[1] （2013）民四终字第20号。

及托管协议》和《协议书》，约定亚创公司为博智公司代持新华人寿9%的股权，博智公司向亚创公司支付代持费用。并约定"如在博智公司的安排下，有投资者愿意受让代持股份的，亚创公司同意配合办理相关转让手续；但因代持股份的转让而产生的任何义务、责任、税费和风险，由博智公司自行承担"。上述合同签订后，博智公司向新产业公司支付股权转让款并办理了股权变更手续，向亚创公司支付了"代持费用"。

亚创公司于2007年10月更名为鸿元公司。自2009年11月起，鸿元公司就代持股关系与博智公司协商，要求结束代持股关系，双方协商未果。

2010年10月14日，新华人寿股东大会通过《股份发行暨增资方案的议案》，决定公司以每股10元的价格向全体股东发行股份，股东有权按照每持有12股可认购14股的比例认购本次增资发行的股份。10月26日，新华人寿与各股东签订了《股份认购暨增资协议》，其中鸿元公司可认购股数为12600万股，增资额为人民币12.6亿元。同日，新华人寿发出《缴款通知书》，确定增资缴款的宽限日为2010年11月29日，过期则股东丧失其股权及相关权益。

博智公司欲在认购期限届满前将鸿元公司代持的9%的股份转让给镇江康飞公司，并自2010年10月22日起向鸿元公司发出指令，要求其配合进行转让，但鸿元公司不予回应。2010年11月10日，鸿元公司以"新华人寿增资认购款"的名义向新华人寿入资人民币4.5亿元，欲自行完成增资认股。

2010年11月15日，鸿元公司向博智公司发出《关于支付新华人寿股权转让款的通知》，表示鸿元公司拥有新华人寿9%的股权，否认与博智公司的代持关系。该通知称，"因博智公司系持有新华人寿4.5%股份的中国境外公司，不具备受让新华人寿原股东即中国境内企业法人新产业公司持有的新华人寿9%股份的主体资格，故鸿元公司与博智公司之间不存在合法的代持关系和有效的代持协议。鸿元公司在新华人寿的股东资格已获得保监会核准并取得新华人寿股权证，故要求博智公司提供汇款账号，以供鸿元公司支付当初由博智公司安排垫付的新华人寿股权转让款"。

2010年11月26日，博智公司与德仁公司、鸿元公司签订《股份及权益转让协议》，约定将新华人寿9%的股权转让给德仁公司。该协议约定：德仁公司成为9%股份及新增股份的合法记名股东及实际权益人，德仁公司以其自己的名义根据《股份认购暨增资协议》向新华人寿支付本次增资对应的人民币12.6亿元及罚息，博智公司、鸿元公司及其他任何第三方不再就该股份、新增股份及该等股份的一切附属权益享有任何名义或实际的权利和权益。关于股权转让的价款，协议第3.3条"与博智公司相关款项的支付"约定"德仁公司应根据与博智公司另行签署的相关协议向博智公司支付本次转让的相关款项"；协议第3.4条"与鸿元公司相关款项的支付"约定"德仁公司应在本次转让交割日当日,根据与鸿元公司另行签署的相关协议向鸿元公司支付本次转让的相关款项"。同日,德仁公司与博智公司签订《权益转让协议》,约定德仁公司支付博智公司股权转让款21.6亿元;德仁公司与鸿元公司签订《交易价款支付协议》,约定德仁公司支付鸿元公司股权转让款7.02亿元。

2010年12月1日,新华人寿应鸿元公司请求将其4.5亿元增资款退回鸿元公司。保监会于2011年3月28日作出的《关于新华人寿保险股份有限公司股权转让的批复》同意鸿元公司将其所持有的新华人寿10800万股股份转让给德仁公司。2011年5月12日,博智公司确认已收到德仁公司支付的21.6亿元。2011年5月13日,鸿元公司确认已收到德仁公司支付的7.02亿元。

后博智公司于2012年向北京市高级人民法院提起诉讼称:由于鸿元公司霸占其代持的属于博智公司的9%股权和基于该9%股权而享有的增资扩股股权,为了不丧失新华人寿增资扩股的认股权从而给博智公司造成人民币数十亿元的经济损失,博智公司在极不情愿的情况下不得已在2010年11月26日与鸿元公司及第三人德仁公司签订了《股份及权益转让协议》,被迫同意德仁公司将7.02亿元股权转让款支付给鸿元公司以换取其交出股份并配合办理股权转让手续。鸿元公司在未出一分钱的情况下牟取了高达人民币数亿元的暴利,给博智公司造成了巨额的经济损失,故请求判令:1. 变更《股份及权益转让协议》第3.4条约定,德仁公司将支付给鸿元公司的股权转让款项支付给博智公司;2. 撤销鸿元公司与德仁公司之间签署的《交易价款支付协议》,鸿元公司将其从德仁公司取得的人民币7.02亿元款项返还给博智公司。

一审法院经审理认为,本案的焦点有以下两点:

一、关于博智公司与鸿元公司之间是否存在代持新华人寿股份关系及效力问题

博智公司与鸿元公司通过签订《委托投资及托管协议》《协议书》等代持股协议,就鸿元公司代博智公司持有本案讼争的新华人寿9%股份及相关费用进行了约定,确定博智公司是该股份的实际出资人和控制人,鸿元公司作为博智公司的托管人并代表博智公司持有该股份;博智公司向原股东新产业公司支付了该股份转让价款,并依约向鸿元公司支付了代持股费用。因此,博智公司与鸿元公司之间就涉案股份存在代持股关系。博智公司与鸿元公司签署的《委托投资及托管协议》及《协议书》是双方当事人的真实意思表示,且我国未禁止境外企业持有境内保险公司股权,只是根据外资股东在境内保险公司持股比例区分企业形态进行分类管理,故双方依约确立的代持股关系不违反合同订立时法律、法规的强制性规定,不存在合同无效情形。博智公司与鸿元公司就涉案9%股份存在合法有效的代持股关系,

博智公司是该股份的实际出资人，享有所有者投资权益；鸿元公司作为名义股东依约代博智公司行使股权。

二、关于《股份及权益转让协议》及《交易价款支付协议》效力问题

鸿元公司利用自己名义股东及新华人寿增资时限要求的优势地位，迫使博智公司在意思表示不真实的情形下签署《股份及权益转让协议》中针对鸿元公司的付款条款，使鸿元公司在依据该条款订立的《交易价款支付协议》中获取了本应属于博智公司的股权权益，有悖诚信、公平原则，博智公司有权请求人民法院予以变更、撤销。理由如下：

第一，鸿元公司具有迫使博智公司签署针对鸿元公司的付款条款的优势地位。首先，按照《股份认购暨增资协议》约定，博智公司可在缴款宽限期届满之前转让其所有的新华人寿股份和附属于股份上的各项股东权利、义务，而代持股权的任何变动均需作为名义股东的鸿元公司履行《委托投资及托管协议》及《协议书》项下的配合、协助义务才能完成。鸿元公司利用自己系新华人寿名义股东，在博智公司所有意志均需以鸿元公司的外在意思表示为要件的前提下，违背诚实信用原则，不履行受托义务，迫使博智公司在意思表示不真实的情形下让渡本属于实际出资人的权益。其次，按照《股份认购暨增资协议》约定，新华人寿增资缴款的宽限日为2010年11月29日，过期则股东丧失供股权及相关权益。鸿元公司利用博智公司如不能在增资缴款宽限截止日前完成股份权利转让将遭受巨大经济损失的不利情形，不履行受托义务，迫使博智公司在缴款宽限日即将届满的压力下签署损害自身利益的有关付款条款。

第二，鸿元公司具有不履行受托义务的主观恶意并已付诸行动。鸿元公司对博智公司指示其对将代持股份转让给镇江康飞公司的要求不予配合、明确向博智公司表示其欲占有代持股权、未经博智公司同意自行向新华人寿缴付增资认购款等一系列行为，均能表明鸿元公司侵占代持股份的主观故意凸显并已采取行动。

第三，鸿元公司的上述行为足以使博智公司相信，如果鸿元公司占有代持股权的要求得不到满足，就要利用其名义股东的优势地位自行认购增资股权，使博智公司面临增资权益损失、9%股权被摊薄，甚至被代持股份全数丧失的巨额财产损失风险，从而使博智公司产生将丧失全部出资及相关权益的恐惧心理，进而被迫作出违背内心真意的意思表示。

第四，博智公司与鸿元公司已经明确约定了鸿元公司代持股应获得的报酬并已经实际给付。鸿元公司受托代表博智公司持有涉案股份，没有合同依据和法律依据获得本应属于实际权利人博智公司应得的股权转让收益，《股份及权益转让协议》中将本属于博智公司应得的股权转让收益分割给鸿元公司，不仅违背了博智公司的

真实意思，也显失公平。

对于鸿元公司、德仁公司关于在《股份及权益转让协议》中的表述以及博智公司在签约时所提供的授权文件，均可证明博智公司签约是其真实意思表示，没有受到胁迫的抗辩理由，该院认为：仅从协议条款及《股份及权益转让协议》签订时的授权文件等形式不能认定系博智公司的真实意思表示，应当结合全案事实探究博智公司真意。本案中，作为名义股东的鸿元公司，在已经与博智公司明确约定代持人身份且收受代持股费用，亦未支付股份对价的情况下，置委托人指示和利益于不顾，以受托人身份获取了实际权利人近四分之一的包括增资认购权在内的股权转让收益，与其应按委托合同获取的佣金收益形成巨大的利益反差，博智公司对此采取了协商、发函、提起仲裁、发动诉讼、财产保全等一系列救济措施但未果。因此，博智公司签约时确系因财产利益面临现实损害而被迫作出违背真意的意思表示，鸿元公司、德仁公司关于博智公司在签署《股份及权益转让协议》时未受到胁迫的抗辩没有事实依据，该院不予采信。同时，由于本案中博智公司不真实的意思表示是由鸿元公司利用其与博智公司间代持股关系的优势地位胁迫导致，合同相对方德仁公司是否明知博智公司受到胁迫方才作出意思表示，不影响博智公司行使撤销权。因此，本案中，德仁公司关于博智公司是否受到胁迫的表述和认识，不影响博智公司依法正当行使撤销权。

对于鸿元公司关于博智公司并非《交易价款支付协议》当事人，无权行使撤销权的抗辩理由，该院认为：《交易价款支付协议》是《股份及权益转让协议》的组成部分，是基于《股份及权益转让协议》第3.4条的安排而签订，共同构成完整的涉案股份转让合同。《交易价款支付协议》所约定的由德仁公司向鸿元公司支付人民币7.02亿元的价款属于涉案股份转让对价的一部分，该约定直接侵害了博智公司作为实际出资人的利益，博智公司作为包括《交易价款支付协议》在内的涉案股份转让合同关系当事人，有权对《交易价款支付协议》行使撤销权。

综上所述，一审法院判令鸿元公司所得人民币7.02亿元归博智公司所有并返还给博智公司。

鸿元公司不服一审判决，向最高人民法院提起上诉，其主要理由为：1. 一审判决认定的所谓胁迫的情形根本不存在，相反，有多方面的证据可以证明系争合同的签署是各方当事人的真实意思表示。2. 根据《合同法》的规定，博智公司并非系争合同的当事人，根本无权要求撤销或者变更鸿元公司与德仁公司的合同条款，博智公司不具有请求撤销或者变更的主体资格。3. 退一步讲，即使系争合同条款被撤销或变更，根据《合同法》的规定，系争款项也应当由鸿元集团返还给该款项的支付人德仁公司，而不应返还给与该款项的收付毫无关系的博智公司。

最高人民法院认为：本案虽系博智公司起诉请求变更德仁公司、博智公司与鸿元公司签订的《股份及权益转让协议》并撤销鸿元公司与德仁公司签订的《交易价款支付协议》，但当事人争议的实质是博智公司与鸿元公司之间就委托投资所获得的收益如何进行分配问题，故本案系涉外委托投资合同纠纷。本案争议的焦点为：1. 博智公司与鸿元公司所签《委托投资及托管协议》《协议书》的效力及所涉股权在转让给德仁公司之前应归谁享有；2. 博智公司是否有权请求变更德仁公司、博智公司与鸿元公司签订的《股份及权益转让协议》并撤销鸿元公司与德仁公司签订的《交易价款支付协议》。

一、关于《委托投资及托管协议》《协议书》的效力及所涉股权的归属

在本案中，博智公司主张上述协议有效，故案涉股权应归属博智公司；鸿元公司则主张案涉股权归其享有，理由是上述协议旨在规避我国有关金融管理的规定，系"以合法形式掩盖非法目的"，故应被认定为无效。经查，我国现行的金融法规对于境外公司向境内保险机构投资作了明确的限制性规定。《保险公司管理规定》(2004) 第 45 条规定，"全部境外股东参股比例应当低于保险公司股份总额的 25%。全部境外股东投资比例占保险公司股份总额 25% 以上的，适用外资保险公司管理的有关规定。境外股东投资上市保险公司的，不受前款规定的限制"。《保险公司股权管理办法》(2010) 第 2 条规定："本办法所称保险公司，是指经中国保险监督管理委员会（以下简称"中国保监会"）批准设立，并依法登记注册的外资股东出资或者持股比例占公司注册资本不足 25% 的保险公司。"可见，尽管我国法律并未禁止境外企业持有境内保险公司股权，但保监会根据监管的需要对于外资股东的持股比例作了限制性的规定，即对于境内非上市保险公司，全部境外股东的投资比例不能超过保险公司股份总额的 25%，否则即应适用外资保险公司管理的规定。

本案中，博智公司委托鸿元公司的前身亚创公司投资新华人寿，正是由于外资股东投资境内保险公司受到上述投资比例的限制。虽然鸿元公司是受博智公司的委托投资新华人寿，但鸿元公司并未以博智公司的名义投资，也未将涉案股权登记在博智公司的名下，而是以自己的名义投资并将案涉股权登记在鸿元公司的名下，且该投资行为不仅已经获得保监会的批准，鸿元公司还以其名义参与了新华人寿的管理，履行了股东的义务并行使了股东的权利，因此不能认为涉案股权归博智公司享有，而应认定案涉股权归鸿元公司享有。就此而言，博智公司委托鸿元公司以鸿元公司的名义投资新华人寿，与保监会的上述规章并无抵触，自然不能认定为"以合法形式掩盖非法目的"的情况而否定双方之间委托投资协议的效力。也就是说，股权归属关系与委托投资关系是两个层面的法律关系，前者因合法的投资行为而形成，后者则因当事人之间的合同行为形成，保监会的上述规章仅仅是对外资股东持

股比例所作的限制，而非对当事人之间的委托合同关系进行规制，因此，实际出资人不能以存在合法的委托投资关系为由主张股东地位，受托人也不能以存在持股比例限制为由否定委托投资协议的效力。

本案中，博智公司与鸿元公司签订的《委托投资及托管协议》《协议书》，不仅包括双方当事人关于委托投资的约定，还包括当事人之间关于股权归属以及股权托管的约定。根据双方当事人的约定，鸿元公司的前身亚创公司系代博智公司持有股权而非自己享有股权。虽然上述协议均系双方当事人真实意思表示，但由于股权归属关系应根据合法的投资行为依法律确定，不能由当事人自由约定，因此，尽管当事人约定双方之间的关系是股权代持关系，也不能据此认定双方之间的关系属股权代持关系，而应认定双方之间系委托投资合同关系。一审判决未能区分股权归属关系与委托投资关系，仅以双方签订的《委托投资及托管协议》及《协议书》系双方真实意思表示为由认定上述协议均有效，并据此认定博智公司作为案涉股权的实际出资人，享有所有者投资权益，而鸿元公司作为名义股东，系依约代博智公司行使股权，属法律适用错误，也与鸿元公司一直以股东身份行使股权及相关权益的事实不符，应予纠正。

二、博智公司是否有权请求变更德仁公司、博智公司与鸿元公司签订的《股份及权益转让协议》并撤销鸿元公司与德仁公司所订《交易价款支付协议》

根据《最高人民法院关于审理外商投资企业纠纷案件若干问题的规定（一）》第15条关于"实际投资者请求外商投资企业名义股东依据双方约定履行相应义务的，人民法院应予支持。双方未约定利益分配，实际投资者请求外商投资企业名义股东向其交付从外商投资企业获得的收益的，人民法院应予支持"的规定，虽然本案所涉股权在转让给德仁公司之前应归鸿元公司享有，但鸿元公司对博智公司负有合同上的义务，即鸿元公司应根据双方所订委托投资协议的约定将因投资所获得的收益返还给博智公司。在新华人寿增资扩股的过程中，虽然鸿元公司未接受博智公司的指示将其所持有的股权及相关权益转让给镇江康飞公司，但却以股东身份自行出资认购了新华人寿的新股，因而并不存在相关权益丧失的紧急情况。至于博智公司担心鸿元公司不依照双方所订委托投资协议将投资所得的收益返还给博智公司，并基于此种担心而与鸿元公司、德仁公司签订《股份及权益转让协议》，系委托投资过程中委托人可能面临的实际问题。由于鸿元公司作为受托人已经通过合法的投资行为获得案涉股权，在新华人寿增资扩股过程中自然有权认购新股，并有权转让股权及相关权益；博智公司因不是股东而仅对鸿元公司享有合同上的权利，故不能以股东的身份行使权利。一审判决以鸿元公司滥用优势地位迫使博智公司在意思表示不真实的情形签订《股份及权益转让协议》，从而使鸿元公司从依据该协议订的《交易价款支付协议》中获得了本应属于博智公司的股权权益为由，认定鸿元公司的行为有悖诚信、公平原则，构成胁迫，并据此判决变更、撤销鸿元公司与德仁公司签订的《交易价款支付协议》，系将博智公司面临的被动局面错误地理解为博智公司受到胁迫，显属不当，应予纠正。

博智公司与鸿元公司可以在《委托投资及托管协议》及《协议书》中就委托投资所获得利润如何分配进行约定，即使没有约定，鸿元公司在负有将投资所得收益返还给博智公司之义务的同时，也有权请求博智公司支付相关费用并获得相应的报酬。本案中，博智公司与鸿元公司根据新华人寿的建议，采取将鸿元公司所持股权转让给德仁公司的方式来实现各自的权益，并最终签订了三个合同，即博智公司、鸿元公司与德仁公司签订的《股份及权益转让协议》、博智公司与德仁公司签订的《权益转让协议》以及鸿元公司与德仁公司签订的《交易价款支付协议》。上述协议是博智公司和鸿元公司为了实现各自的收益而与德仁公司达成的协议，此前鸿元公司未按照博智公司的指示将股份转让给镇江康飞公司的行为虽有不当，但不应影响上述协议的效力。博智公司并无充分证据证明其在签订上述协议过程中存在胁迫，因此一审判决以博智公司受到胁迫为由变更博智公司、鸿元公司与德仁公司所订《股份及权益转让协议》并撤销鸿元公司与德仁公司之间的《交易价款支付协议》，进而判决鸿元公司应向博智公司返还其所收到的人民币7.02亿元的款项，系适用法律错误，应予纠正。

综上，一审判决认定事实不清，适用法律不当，最高人民法院经审判委员会讨论决定，判决撤销北京市高级人民法院一审判决；驳回博智公司的诉讼请求。

【实务指引】

本案鸿元公司在签署了《委托投资及托管协议》约定代持股权并收取了代持费用的情况下，通过违反《委托投资及托管协议》约定的一系列行为及后续的诉讼获取了本应属于博智公司的巨额收益7亿余元。本书作者希望通过该案例提醒投资者：股权代持有巨大的风险，需特别谨慎！

本案争议的实质是博智公司与鸿元公司之间就委托投资所获得的收益如何进行分配问题，即德仁公司支付鸿元公司的7.02亿元的股权转让款归谁所有的问题。笔者认为，取得7.02亿元的收益的对价是相应的股权，所以，谁是相应股权的真正所有权人，谁就有获得上述收益的正当理由。博智公司主张其为股权所有权人的依据是《委托投资及托管协议》等系列合同及实际出资等事实；而鸿元公司则认为上述协议无效，并以工商登记为由主张其为真正的股东。所以争议的解决在于明确二者基于《委托投资及托管协议》等系列协议的所产生的法律关系。

在本案中,双方签订的《委托投资及托管协议》中明确约定博智公司为上述股权的实际权利人并实际出资且承担风险,鸿元公司仅为代持和托管,并收取托管费用。首先,在法律效力上看,二者之间的《委托投资及托管协议》是有效的。根据《公司法司法解释三》第 24 条的规定,有限责任公司的实际出资人与名义出资人订立合同,约定由实际出资人出资并享有投资权益,以名义出资人为名义股东,实际出资人与名义股东对该合同效力发生争议的,如无法律规定的无效情形,人民法院应当认定该合同有效。所以,上述协议是否有效的关键在于其条款是否属于法律规定的无效情形。博智公司之所以签订上述协议的原因在于规避外资股东投资境内保险公司的出资比例不得超过 25% 的比例,而上述限制性规定是中国保监会根据监管需要制定的部门规章,并不属于法律的强制性规定。所以,《委托投资及托管协议》是有效的,博智公司与鸿元公司之间具有委托投资的债权关系。

另外,此处存在两种不同层次的法律关系,一是博智公司与鸿元公司之间的委托投资合同关系,二是鸿元公司与新华人寿之间的股权投资关系。博智公司基于《委托投资及托管协议》对鸿元公司享有给付投资收益的债权;鸿元公司基于股权投资及相关登记对新华人寿享有给付相应权益的股权。债权关系的建立可以由双方当事人自由约定,但是股权关系的确认必须符合《公司法》的强制性规定,股东资格的获得亦不能由当事人自由约定。所以,鸿元公司为新华保险的股东,博智公司为鸿元公司的债权人。

所以,鸿元公司基于其股东身份有权获得德仁公司支付的股权转让款;博智公司基于债权人的身份有权获得相应的投资收益;但是,博智公司、德仁公司、鸿元公司三者之间关于股权转让所得的所有收益进行的分配也是有效的。

本案中另外一个值得关注的问题是,实际出资与股东资格之间的关系。博智公司主张其对新华人寿履行了实际出资的义务,理应获得股东资格,但是最高院并没有认可。这说明实际出资并非认定隐名出资人股东资格的唯一要件。主要理由如下:

第一,从学理上看,股东资格的认定需满足实质和形式两个要件。实质要件是指股东实际出资,形式要件是指股东须经工商登记并记载于公司章程、股东名册等文件,公示于众。隐名股东仅满足实质要件,而不满足形式要件,而根据商事外观主义的理论,为维护交易安全和不特定第三人的利益必须将股东信息进行公示,未经公示不能取得股东身份。但现在,通说对隐名出资人股东资格的取得采取了"内外有别,双重标准"的做法,在公司内部,处理隐名出资人与其他股东及公司的关系时,偏重于实质要件,显名出资人与隐名出资人之间对隐名出资的股东地位有明确约定并实际出资,且为公司半数以上其他股东知晓;隐名出资人已经实际行使股东权利,且无违反法律法规强制性规定的情形,可以认定隐名出资人的股东资格;但在公司外部,在处理隐名出资人与善意第三人的关系时,偏重于形式要件,以保护善意第三人的利益和交易安全。综上,实际出资并不是获得股东资格的充分必要条件。

第二,从证据规则上看,认定股东资格的证据大致有八种:公司章程、工商注册登记、股东名册、出资证明书、实际出资证据、股权转让、继承、赠与文件,参与经营管理的股东会决议等资料,获得利润分红、剩余财产分配等资料,前四种为证明形式要件的证据,主要对外部第三人起证明作用;后四种为证明实质要件的证据,主要是对内部股东之间,股东与公司之间起证明作用。其中,公司章程的效力最高,兼具实质要件和形式要件的特征,对外公示于众,对内表明各股东互相确认的意思表示。各类证据对股东资格的证明效力各不相同,对于形式证据来讲,公司章程>工商登记>股东名册>出资证明书;对实质证据来讲,实际出资证明>股权转让等协议>经营管理资料=利润分配资料。对隐名出资者来讲,一般情况下,仅有实际出资证明,也有可能拥有参与经营管理和分红的证据。由此可得,实际出资证明并不一定能证明股东身份。

第三,从立法精神上看,《公司法》第25条、第31条、第32条均强调股东资格确认的形式要件,要求进行工商登记,记载于股东名册并出具出资证明书,这均表明《公司法》坚持商事外观主义,保护交易安全的立法精神,但隐名出资者恰好不满足这些要件。另外,新《公司法》修订,将法定资本制变更为认缴资本制,允许实际出资与股东资格的分离,股东只要认缴出资即可获得股东资格,也反证了实际出资并非获得股东资格的唯一条件。

【公司治理建议】

在公司运营过程中,隐名出资人基于规避法律与政策等原因,经常会选择与名义出资人签订所谓的股权代持协议的方式参与股权投资,并一厢情愿地认为只要其进行实际出资,并参与实际管理和分红,其无疑就会获得股东资格。本案中的智博公司正是基于这样的认识,没有认清"股权代持协议"的法律性质,致使7.02亿元的股权收益被鸿元公司侵夺。

本书作者提醒拟作为隐名股东的投资者,其与名义出资者所签订的"股权代持协议"的法律关系为委托投资合同关系(某些情况下也可能为借贷关系),其并不当然地获得股东的资格。根据本书作者接近20年长期一线工作的经验,建议慎用隐名股东的方式持股。如果非要采取股权代持的方式,《股权代持协议》一定要包含如下前六个条款并在实际运营中做到后四条建议，以确保自身合法权益：

1. 写明已出资。隐名股东已将代持股份出资款足额交付显名股东，专用于隐名股东对目标公司的出资，显明股东予以确认。最好是直接从隐名股东的账户直接支付到公司出资账户，避免出资被显名股东侵占或挪用。

2. 写明隐名股东成为股东的真实意思表示。隐名股东作为实际出资者，对公司享有实际的股东权利并有权获得相应的投资收益；显名股东仅得以自身名义，将隐名股东的出资向公司出资，并代隐名股东持有该等投资所形成的股东权益，而对该等出资所形成的股东权益不享有任何最终的、实际的收益权或处置权（包括但不限于股东权益的转让、担保）。

3. 提前要求名义持股人签署《股权转让协议》。约定在委托持股期限内，隐名股东有权在条件具备时，将相关股东权益转移到自己或自己指定的任何第三人名下，届时涉及的相关法律文件，显名股东须无条件同意。

4. 显名股东与隐名股东签署行使表决权的《授权授权书》，约定显名股东在以股东身份参与公司经营管理过程中需要行使表决权时，至少应提前3日取得隐名股东书面授权，未经授权不得行使表决权，并且必须按照《授权委托书》写明的事项行使表决权（同意或不同意相关股东会决议的事项）。

5. 显名股东承诺将其未来所收到的因代持股份所产生的全部投资收益（包括现金股息、红利或任何其他收益分配）均全部转交给隐名股东。

6. 约定隐名股东有权随时解除代持股协议，显名股东应当按隐名股东指示向其移转"代持股份"或股权收入；在隐名股东拟向公司股东或股东以外的人转让、质押"代持股份"时，显名股东应对此提供必要的协助及便利。

7. 可以对代持股权的报酬等进行约定。除非代持股权金额不大、否则不建议无偿代持。

另外，在公司日常运营中隐名股东应做到以下五点，以确保自身合法权益：

1. 代持股协议签订后，隐名股东要保留其向显名股东支付出资的记录，以及显名股东向公司注资的记录，尽量保证专卡专用，并在同一时间段内支付；最好是直接从隐名股东的账户直接支付到公司出资账户，避免出资被显名股东侵占或挪用。

2. 隐名股东需要取得公司其他股东认可其为真正股东的证明，以及目标公司予以确认的证明，如通过股东会决议、公司章程修正案等方式确认或公司向隐名股东签发加盖公章的出资证明书、股东名册等。

3. 隐名股东可以在签订代持协议的同时，要求显名股东签署代隐名股东出席股东会的授权书，以保障行使表决权；并且留存签署的指派出席股东会、董事会的《授权委托书》指示其代表隐名股东同意或不同意相关股东会决议的事项等，作为隐名股东积极参与公司管理的证据。

4. 公司的运营中，隐名股东还应设法参与董事会席位、公司高管职位及公司财务人员作出安排，防止显名股东滥用股东权利，协助其他股东通过作出当年度不分红和少分红，高额提取资本公积金、关联交易、自我交易等方式将隐名股东的利润"黑"掉。

5. 最好的方式是隐名股东直接参与股东会并留下相应的影像资料，证明隐名股东参与公司管理、其他股东知悉的证据。这个证据对于后续显名具有非常积极的意义。

最后，隐名股东需在以下方面作出努力以加强控制权。

在公司控制权的角度上讲，代持股关系是一种弱控制关系，其法律关系是一种债权投资关系，一般情况下并不能直接取得股东资格，实质上是一种间接参股，不同于常规股东直接参股的股权投资关系。隐名股东若想确认股东资格的条件至少满足以下四个条件：第一，隐名投资行为不违反法律的禁止性规定；第二，隐名股东有实际的出资行为或承诺出资的行为；第三，隐名股东具有成为股东的真实意思表示；第四，其他股东对隐名股东地位的默认或者取得了公司的明示同意。

【法规链接】

《保险公司股权管理办法》

第二条　本办法所称保险公司，是指经中国保险监督管理委员会（以下简称"中国保监会"）批准设立，并依法登记注册的外资股东出资或者持股比例占公司注册资本不足25%的保险公司。

《最高人民法院关于适用〈中华人民共和国公司法〉若干问题的规定（三）》

第二十四条　有限责任公司的实际出资人与名义出资人订立合同，约定由实际出资人出资并享有投资权益，以名义出资人为名义股东，实际出资人与名义股东对该合同效力发生争议的，如无法律规定的无效情形，人民法院应当认定该合同有效。

前款规定的实际出资人与名义股东因投资权益的归属发生争议，实际出资人以其实际履行了出资义务为由向名义股东主张权利的，人民法院应予支持。名义股东以公司股东名册记载、公司登记机关登记为由否认实际出资人权利的，人民法院不予支持。

实际出资人未经公司其他股东半数以上同意，请求公司变更股东、签发出资证明书、记载于股东名册、记载于公司章程并办理公司登记机关登记的，人民法院不予支持。

《全国法院民商事审判工作会议纪要》（法〔2019〕254号）

28.【实际出资人显名的条件】实际出资人能够提供证据证明有限责任公司过半数的其他股东知道其实际出资的事实，且对其实际行使股东权利未曾提出异议的，对实际出资人提出的登记为公司股东的请求，人民法院依法予以支持。公司以实际出资人的请求不符合公司法司法解释（三）第24条的规定为由抗辩的，人民法院不予支持。

《最高人民法院关于审理外商投资企业纠纷案件若干问题的规定（一）》

第十四条 当事人之间约定一方实际投资、另一方作为外商投资企业名义股东，实际投资者请求确认其在外商投资企业中的股东身份或者请求变更外商投资企业股东的，人民法院不予支持。同时具备以下条件的除外：

（一）实际投资者已经实际投资；

（二）名义股东以外的其他股东认可实际投资者的股东身份；

（三）人民法院或当事人在诉讼期间就将实际投资者变更为股东征得了外商投资企业审批机关的同意。

第十五条 合同约定一方实际投资、另一方作为外商投资企业名义股东，不具有法律、行政法规规定的无效情形的，人民法院应认定该合同有效。一方当事人仅以未经外商投资企业审批机关批准为由主张该合同无效或者未生效的，人民法院不予支持。

实际投资者请求外商投资企业名义股东依据双方约定履行相应义务的，人民法院应予支持。

双方未约定利益分配，实际投资者请求外商投资企业名义股东向其交付从外商投资企业获得的收益的，人民法院应予支持。外商投资企业名义股东向实际投资者请求支付必要报酬的，人民法院应酌情予以支持。

第十六条 外商投资企业名义股东不履行与实际投资者之间的合同，致使实际投资者不能实现合同目的，实际投资者请求解除合同并由外商投资企业名义股东承担违约责任的，人民法院应予支持。

第十七条 实际投资者根据其与外商投资企业名义股东的约定，直接向外商投资企业请求分配利润或者行使其他股东权利的，人民法院不予支持。

第十八条第一款 实际投资者与外商投资企业名义股东之间的合同被认定无效，名义股东持有的股权价值高于实际投资额，实际投资者请求名义股东向其返还投资款并根据其实际投资情况以及名义股东参与外商投资企业经营管理的情况对股权收益在双方之间进行合理分配的，人民法院应予支持。

显名股东不轻松：代持义务要履行

【司法观点】

显名股东应当忠实履行"代持股"义务，在进行股权投资前需要取得目标公司同意其受让股权或增资的股东会决议，积极促使公司修改公司章程；在股权投资完毕后需要积极促使公司完成股权工商登记，并积极参加公司股东会，行使表决、监督等股东权利，并充分了解公司的经营管理和财务状况。

【典型案例】

周某丽与张某贤系朋友关系。2010年4月8日，周某丽作为甲方、张某贤作为乙方签署《股权代持投资协议》，约定：甲方委托乙方作为其对亚洲传媒500万元出资的名义持有人并代行股东权利（甲方已于协议签订前向乙方付款500万元）。乙方以其名义将甲方委托行使的代表股份作为出资设立亚洲传媒，并在股东登记名册上具名、以股东身份参与相应活动、出席股东会并行使表决权、代为收取股息或红利、行使《公司法》与公司章程授予股东的其他权利。还约定：甲方享有对投资的知情权、通过乙方参与公司的管理权、投资收益取得权、转让出资权、监督权、解除委托权等；乙方仅得以自身名义将甲方的出资向亚洲传媒出资并代甲方持有该投资所形成的股东权益，未经甲方事先书面同意，乙方不得处置上述代表股份及其股东权益。

同日，张某贤将500万元以借款名义汇付亚洲传媒，但未办理验资手续。此后，亚洲传媒向张某贤出具了出资证明书。但是，张某贤确认亚洲传媒并未在工商行政管理部门将其登记为股东，亦确认其对公司的生产经营和财务状况均不清楚，更未参加过股东会和董事会。

由于张某贤迟迟未取得亚洲传媒的股东资格，周某丽要求张某贤退款。2012年5月11日，张某贤向亚洲传媒寄致函一份，要求亚洲传媒退还上述款项，但是亚洲传媒并未向其返还任何资金。

无奈之下，周某丽诉至山东省青岛市中级人民法院称：由于张某贤至今未能成为亚洲传媒股东，双方所签协议未实际履行，合同目的无法实现，且张某贤也拒绝返还周某丽资金。张某贤已构成严重违约，请求判决解除双方签署的《股权代持投资协议》并判令张某贤返还周某丽投资款500万元，赔偿相关经济损失。

张某贤则辩称：1. 本案双方争议的主要依据就是股权代持投资协议，这份协议实质上是投资协议，出资人是周某丽，义务方投资对象是亚洲传媒，张某贤只是依据协议履行投资义务的中间方，周某丽对其投资500万元享有实际投资权利，对亚洲传媒享有实际股东权利和获得收益。同时周某丽承担了对亚洲传媒的投资风险，因此，这份投资协议真正的义务方是亚洲传媒而非张某贤。2. 张某贤已按约及时全面履行了相关出资义务，将500万元汇给了亚洲传媒，亚洲传媒也给张某贤出具了股东入资凭证，至于张某贤未能取得在亚洲传媒股东名册登记权利的责任在于亚洲传媒而非张某贤。

一审法院认为：首先，本案双方约定张某贤应将周某丽向其交付的500万元投资款以自己名义向亚洲传媒出资并成为亚洲传媒的名义股东，由周某丽实际享有投资权益。张某贤应按双方所签协议约定履行其代出资义务，即张某贤不但应将周某丽向其所汇500万元投资款交付亚洲传媒，其还必须成为亚洲传媒的股东并使周某丽实际享有亚洲传媒股东的各项权益。而张某贤虽将500万元汇给亚洲传媒，但此500万元系作为借款出借给亚洲传媒，而非作为股东出资汇给亚洲传媒。因此，张某贤未依约履行其同周某丽签订的《股权代持投资协议》，应向周某丽承担违约责任。而张某贤的行为导致周某丽的合同目的未能实现，已构成根本违约。其次，张某贤虽辩称涉案《股权代持投资协议》真正的义务方是亚洲传媒，但亚洲传媒并非涉案《股权代持投资协议》的合同签订主体或履行主体，其仅仅是本案双方约定的投资对象，涉案《股权代持投资协议》对亚洲传媒并无合同拘束力，亚洲传媒对周某丽也不负有返还投资款的合同义务。而张某贤无论是将周某丽向其交付的500万元用于其个人消费还是对外出借抑或向除亚洲传媒外的第三方投资，其均对周某丽构成违约；至于案外人是否已向张某贤返还涉案款项，并不影响张某贤违约行为的认定和责任承担。综上，一审法院判决《股权代持投资协议》解除；张某贤向原告周某丽返还500万元并支付利息。

张某贤不服一审判决，向山东省高级人民法院上诉称：1.《股权代持投资协议》已约定，应由周某丽承担投资风险。张某贤依据协议约定履行了代为将款项汇入亚洲传媒公司账户的义务，不存在任何的违约行为。2. 张某贤作为实质的受托人，已将出资款代为转给亚洲传媒的账户，但由于亚洲传媒自身问题未将被张某贤登记为股东，这并不是张某贤的责任。造成这种不利的法律后果，作为实质委托人的周某丽应自行向亚洲传媒追偿。

二审法院认为：本案的焦点为张某贤是否履行了《股权代持投资协议》中约定的义务。双方签订的《股权代持投资协议》为真实的意思表示，不违反法律规定，应为合法有效，双方均应按照该协议履行各自的权利义务。根据该协议的约定，张某贤不但应将周某丽所汇的500万元投资款交付给亚洲传媒,还应当成为亚洲传媒的股东并代为行使合同约定的股东的各项权益。即便亚洲传媒向张某贤出具了《股东入资凭证》,然而截至目前,亚洲传媒并未在工商行政管理部门将张某贤登记为亚洲传媒的股东,也未修改公司章程,张某贤从未参加过亚洲传媒的股东会和董事会,对亚洲传媒的生产经营情况和财务情况也均不清楚。《股权代持投资协议》约定的"甲方以其委托出资的数额为限,承担对亚洲传媒的投资风险",应理解为张某贤须成为亚洲传媒的合法股东后,由周某丽承担投资的相应风险。因而可以认定,张某贤并未全部履行《股权代持投资协议》所约定的义务,构成根本违约,致使周某丽投资入股的合同目的无法实现。《股权代持投资协议》对亚洲传媒并无约束力,张某贤与亚洲传媒未订立投资合同,也未有证据证明亚洲传媒知道张某贤与周某丽之间的委托关系,张某贤主张周某丽应直接向亚洲传媒追偿投资款并无法律和合同依据。综上,二审法院判决维持原判。

张某贤不服二审判决,向最高人民法院申请再审称:1.在工商部门登记为亚洲传媒的股东、修改亚洲传媒公司章程、参加亚洲传媒公司的股东会和董事会、了解亚洲传媒公司的生产经营情况和财务情况,是周某丽委托张某贤行使的权利,并非张某贤对周某丽承担的义务,二审判决以此认定张某贤并未全部履行《股权代持投资协议》所约定的义务错误。2.《股权代持投资协议》的签订和张某贤代周某丽转出投资款后,周某丽的投资风险就已产生,二审判决关于只有张某贤成为亚洲传媒公司合法股东后才产生投资风险的认定错误。3.张某贤已将周某丽的500万元交付亚洲传媒公司,并取得《股东入资凭证》,亚洲传媒公司没有修改公司章程、申请公司变更登记、通知张某贤参加股东会、董事会,张某贤并无过错,周某丽请求解除《股权代持投资协议》、返还投资款并赔偿损失,缺乏事实和法律依据。

最高人民法院认为:二审判决以张某贤并未全部履行《股权代持投资协议》所约定的义务而构成根本违约,致使周某丽投资入股的目的无法实现为由,对周某丽请求解除《股权代持投资协议》、要求张某贤返还500万元投资款并赔偿相应损失的主张予以支持,并无不当。主要理由是:1.张某贤在未与亚洲传媒公司及其股东签订投资协议,未待亚洲传媒公司对张某贤的投资事宜修订公司章程、形成股东会决议,也未征得周某丽书面同意的情况下,将周某丽的投资款500万元转入亚洲传媒公司,未能审慎履行受托人在投资转款前应尽的注意义务。2.在将周某丽的投资款转入亚洲传媒公司之后,张某贤未督促亚洲传媒公司及其股东办理张某贤为亚洲传媒公司股东的相关工商登记手续,也未通过参加亚洲传媒公司的股东会和董事会,了解亚洲传媒公司的生产经营情况和财务情况,并及时将有关情况向委托人周某丽报告。因此,张某贤未积极履行名义持股人在投资转款后的受托义务。

3. 在周某丽明确要求撤回投资之后,张某贤未与亚洲传媒公司及其股东协商返还投资事宜,即张某贤未积极履行受托人应尽的善后义务。四、就周某丽投资事宜,亚洲传媒公司没有形成股东会决议、修订公司章程、履行验资手续、股东名册上记名和工商登记的情况下,仅凭亚洲传媒公司出具的《股东入资凭证》,不足以证明周某丽已成为亚洲传媒公司股东和张某贤履行了投资义务。综上,最高人民法院驳回了张某贤的再审申请。

【实务指引】

本案所体现的法律问题,主要有以下几点:

第一,《股权代持协议》的法律性质。本案中,无论是一、二审的判决,还是最高院的判决,均将内容为"周某丽委托张某贤以张某贤名义投资亚洲传媒公司、代为持有股份并行使股东权利"的《股权代持协议》的界定为委托合同关系,并确认其合法有效。这表明,在司法实践中,法院将显名股东与隐名股东之间的委托合同关系和显名股东与目标公司之间的股权归属关系作出了明确的区分。显名股东与隐名股东之间是一种委托合同关系,而显名股东与目标公司之间是一种股权投资关系,对显名股东来讲,前者是一种受《民法典》合同编调整的约定义务,后者是一种受公司法调整的法定义务。本案中,张某贤声称"其作为实质上的受托人,已将出资款代为转给亚洲传媒公司的账户,但因亚洲传媒公司自身问题未将周某丽登记为股东,并不是他的责任,由此造成不利的法律后果,周某丽应自行向亚洲传媒追偿"的主张不能成立。因为既然双方之间的法律关系是一种委托合同关系,那么依据合同的相对性,亚洲传媒并非涉案《股权代持投资协议》的合同签订主体或履行主体,其仅仅是双方约定的投资对象,涉案《股权代持投资协议》对亚洲传媒并无合同拘束力,亚洲传媒对周某丽也不负有返还投资款的合同义务,但是周某丽有权直接要求张某贤承担违约责任。另外,张某贤声称"在工商部门登记为亚洲传媒的股东、修改亚洲传媒公司章程、参加亚洲传媒公司的股东会和董事会、了解亚洲传媒公司的生产经营情况和财务情况,是周某丽委托张某贤行使的权利,并非张某贤对周某丽承担的义务"的主张也不能成立。因为对于张某贤与亚洲传媒公司来讲,两者是股权归属关系,张某贤若成为名义股东,则修改章程,参加股东会等事项是一项股东权利;但是对于张某贤与周某丽来讲,两者是委托合同关系,张某贤作为受托人,行使上述股东权利则是其对周某丽应当履行的一项合同义务。

第二,显名股东的合同义务。根据上述内容的分析可知张某贤与周某丽之间的股权代持协议为委托合同关系,张某贤作为受托人就应如约履行受托义务,其受托义务为"以其个人名义代为投资,代持股份并享有股东权利",具体来讲可分为三部分:首先,在进行股权投资前,其需要取得目标公司同意转让或增资的股东会决议,积极促使公司修改公司章程;其次,在股权投资完毕后,其需要积极促使公司完成股权工商登记,并积极参加公司股东会和董事会,行使表决、监督等股东权利,并充分了解公司的经营管理和财务状况;最后,在未取得股权的情况下,其还应当依据隐名股东的要求履行撤回投资的义务。

值得一提的是,本案中张某贤声称"在《股权代持投资协议》的签订且其代周某丽转出投资款后投资风险就已产生,投资款不能收回的风险应由周某丽承担"的主张也不能成立。因为周某丽签订股权代持协议的合同目的在于间接获得股权和相关受益,同时承担股权投资风险。在张某贤还未取得股东身份之前,周某丽还没有间接取得股权和受益,根据"谁获得利益,谁承担风险"的原则,不应由其承担投资风险。其实,本案中的投资款不能收回的"风险"是一种合同风险,而不是股权投资风险,张某贤的主张是在"偷换概念"。

第三,隐名股东法定解除权的行使。本案中,周某丽以张某贤未履行合同义务,致使其不能实现合同目的为由解除合同,是其行使法定解除权的一种体现。《民法典》第 563 条后段关于"其他违约行为致使不能实现合同目的"为解除条件的规定,可解释为包含债务人造成的致使不能实现合同目的为合同解除的条件。[①] 根据《民法典》第 563 条第 1 款第 1 项的规定不可抗力致使合同目的不能实现的,债权人有权解除合同,依据类似情况类似处理的规则,债务人因过错致使合同目的不能实现的,债权人有权解除合同。本案中,显名出资人张某贤应当依据代持股协议,以股权投资的方式,在取得股东会决议等程序通过的情况下,向亚洲传媒投资,但是其却在未履行任何程序要件的情况下,以借款协议的方式向目标公司借款,并且不履行工商登记、行使股东权利等义务,凡此种种均表明其未尽到受托人的忠实义务,主观过错明显,周某丽有权据此解除合同。

【公司治理建议】

本案提醒广大的显名股东,充当显名股东并非"挂名"那么简单,其应当忠实地履行受托义务,否则将会承担巨大的合同风险。所以显名股东一定要增强风险意识,做到以下三点:第一,在进行股权投资前,其需要取得目标公司同意转让或增资的股东会决议,积极促使公司修改公司章程;第二,在股权投资完毕后,其需要

[①] 崔建远:《合同法》,法律出版社 2010 年版,第 251 页。

积极促使公司完成股权工商登记,并积极参加公司股东会和董事会,行使表决、监督等股东权利,并充分了解公司的经营管理和财务状况;第三,在未取得股权的情况下,其还应当依据隐名股东的要求履行撤回投资等义务。

【法规链接】

《最高人民法院关于适用〈中华人民共和国公司法〉若干问题的规定(三)》

第二十四条 有限责任公司的实际出资人与名义出资人订立合同,约定由实际出资人出资并享有投资权益,以名义出资人为名义股东,实际出资人与名义股东对该合同效力发生争议的,如无法律规定的无效情形,人民法院应当认定该合同有效。

前款规定的实际出资人与名义股东因投资权益的归属发生争议,实际出资人以其实际履行了出资义务为由向名义股东主张权利的,人民法院应予支持。名义股东以公司股东名册记载、公司登记机关登记为由否认实际出资人权利的,人民法院不予支持。

《民法典》

第五百六十三条 有下列情形之一的,当事人可以解除合同:

(一)因不可抗力致使不能实现合同目的;

(二)在履行期限届满前,当事人一方明确表示或者以自己的行为表明不履行主要债务;

(三)当事人一方迟延履行主要债务,经催告后在合理期限内仍未履行;

(四)当事人一方迟延履行债务或者有其他违约行为致使不能实现合同目的;

(五)法律规定的其他情形。

以持续履行的债务为内容的不定期合同,当事人可以随时解除合同,但是应当在合理期限之前通知对方。

第四章　股东权利

【本章导读】

股权是基于股东资格而依法享有的权利，其通常包括：重大事项表决权；选举公司董事、监事权；管理监督权；分派股利权；优先认股权；股份转让权；剩余财产分配权等。

股东权利可分为两类：财产权（自益权）和管理参与权（共益权）。前者如股东身份权、资产收益权、优先受让和认购新股权、转让出资或股份的权利，后者如参与决策权、选择及监督管理者权、提议召集主持股东会临时会议权、知情权等。其中，财产权是股东权利的核心，是股东出资的目的所在，管理参与权则是手段，是保障股东实现其财产权的必要途径。

在公司控制权争夺的过程中，股东的表决权、分红权、知情权（查账权）、退出权、股东解散诉权等是公司控制权的常用手段。

本章将用实战案例的形式向读者介绍：股东知情权的实质要件、程序要件、举证责任、查账的资料范围等，并阐明这些内容在公司控制权争夺过程中的基础作用。

股东表决权是股东参与公司管理的权利，股东可以通过资本多数决的表决权机制选择或罢免董事、监事，借以实现对公司的有效管理和控制，其中也包括控制公司财产权，实质上其是一种控制权。实践中常有部分大股东认缴出资后但不实际出资，却可毫无障碍地行使表决权，明显违反了权利义务相统一的原则，那么是否可以通过公司章程对瑕疵出资股东的表决权作出限制性的规定呢？

在公司的运营过程中，公司的控股股东为对管理层及高级技术人员进行股权激励，又考虑到需要保持对公司的控制权，因此往往只将股权中的"分红权"予以转让或赠与，但对"所有权"或"表决权"予以保留，这样的约定是否有效，激励方与被激励方又将如何维护自己的合法权益，本章将给出答案。

大股东常利用自己的控股地位作出不分红或少分红的议案变相侵夺小股东的利益，而对于小股东而言，有权要求公司按照合理的价格收购其股权，本章将详细介绍股东退股权行使的实质与程序要件，并提出行使退股权的合理化建议。

【本章常见问题及解答】

1. 隐名股东是否拥有股东知情权

虽然隐名股东有可能实际上履行了出资义务，但是由于其并没有被登记在股东名册上，所以隐名股东并不是法律意义上的股东，不能行使股东知情权等权利，也不具备股东知情权之诉的原告资格，对于其提起的诉讼，可以以原告不适格为由裁定驳回起诉。

2. 退出公司的原股东是否享有股东知情权

股东对公司享有自己成为股东之前以及自己作为股东之时这一时间段内的知情权，对在退出公司这一时点之后公司的经营和财务状况不享有知情权。因此，即使是退出公司的股东，享有对自己作为股东之时及之前的公司信息的知情权。

3. 公司监事能否以其知情权受到侵害为由对公司提起知情权诉讼

监事会或监事有权检查公司财务情况，并有权在发现公司经营异常时进行调查，必要时可聘请会计师事务所等协助其工作。但监事会或监事履行相关职权属于公司法内部治理的范畴，该权利的行使与否并不涉及其民事权益，且《公司法》并没有对其行使权利受阻规定相应的司法救济程序。因此，监事会或监事以其知情权受到侵害为由提起的诉讼，不具有可诉性，法院不予受理。

4. 查阅公司会计账簿的主体是否只限定为股东自身

由于股东自身可能不懂财务知识，其查阅会计账簿无法达到知情的目的，应允许股东委托相关专业人士辅助查阅。

5. 股东知情权的范围能否包括下属子公司的财务资料

股东只能向其所在的公司行使知情权，不能请求行使对其子公司的知情权。这是因为母公司与子公司各有法人资格，各是独立的纳税主体，在财务核算上是独立的。根据财务规则，母公司的年度财务报告中应包括子公司的部分，故不管是全资子公司还是非全资子公司，股东都能通过母公司的财务报告等资料间接地获取关于子公司的信息。

6. 股东行使股份收购请求权是否以在股东大会上投反对票为前提

《公司法》对该问题区分有限公司与股份公司做了差异性规定：有限责任公司股东中只有对股东会决议投反对票的股东才能请求公司收购其股权，股份有限公司股东则不受此限制。

7. 请求公司收购股份纠纷中"合理价格"如何确定

合理价格的确定，一般情况下应当首先由公司与异议股东之间进行自由协商；

如果双方无法协商一致，则异议股东有权请求法院对价格进行裁量，法院应当根据股东请求回购股权时股权所代表的净资产值来确定。

8. 股东是否有权查阅和复制公司的会计账簿

根据《公司法》的有关规定，有限责任公司的股东有权查阅公司的会计账簿，但考虑到会计账簿直接涉及公司的商业秘密，股东无权复制公司的会计账簿。对于股份有限公司而言，《公司法》规定的股东知情权的范围并不包括查阅公司账簿，股东当然也无权要求复制会计账簿，但非上市的股份有限公司的公司章程可赋予股东查阅公司会计账簿的权利。

9. 股东是否可以查阅公司的原始会计凭证

此前有判决认为，有限公司股东的查阅范围不包括原始会计账簿。关于有限公司的股东可否查阅原始会计凭证，理论界也有不同看法。但根据最高人民法院原则上审议同意的《关于适用〈中华人民共和国公司法〉若干问题的规定（四）》（征求意见稿）第16条第1款的规定："有限责任公司的股东起诉请求查阅公司会计账簿及与会计账簿记载内容有关的记账凭证或者原始凭证等材料的，应当依法受理。"同条第2款还规定，如果股东请求查阅公司原始会计凭证存在"不正当目的"的，公司可以拒绝其查阅。因此，根据《关于适用〈中华人民共和国公司法〉若干问题的规定（四）》（征求意见稿），股东可以要求查阅原始会计凭证。

10. 股东可否同股不同权

有限责任公司可以约定"同股不同权"。根据《公司法》第34条的规定，股东按照实缴的出资比例分取红利；公司新增资本时，股东有权优先按照实缴的出资比例认缴出资。但是，全体股东约定不按照出资比例分取红利或者不按照出资比例优先认缴出资的除外。根据《公司法》第42条的规定，股东会会议由股东按照出资比例行使表决权；但是，公司章程另有规定的除外。据此，无论是分红权、优先认缴权抑或表决权，股东间均可作出"同股不同权"的特殊规定。

此外，对于上市公司等股份有限公司，法律也允许股东之间作出同股不同权的制度性安排。例如，根据《国务院关于开展优先股试点的指导意见》（国发〔2013〕46号），上市公司可以发行优先股。所谓优先股，是指依照公司法在一般规定的普通种类股份之外，另行规定的其他种类股份，其股份持有人优先于普通股股东分配公司利润和剩余财产，但参与公司决策管理等权利（表决权）受到限制。

11. 股东可否委托会计师查阅会计凭证

由于财务会计报告、会计账簿、会计凭证具有高度的专业性，为使股东了解公司真实的信息，充分地行使知情权，股东可委托注册会计师或律师帮助查阅财务会计报告、会计账簿、会计凭证。需要注意的是，在行使股东知情权的过程中，应当谨慎行使权利，并在合理时间内完成，对于委托的注册会计师，应当向公司出示身份证明及授权委托书手续，并不得有干扰公司正常经营、泄露公司商业秘密等有损公司合法权利的情形。

12. 股东可否要求对公司财务账目进行审计

审计系指由接受委托的第三方机构对被审计单位的会计报表及其相关资料进行独立审查并发表审计意见。注册会计师审计工作的基础包括：接触与编制财务报表相关的所有信息以及审计所需的其他信息，注册会计师在获取审计证据时可以不受限制地接触其认为必要的内部人员和其他相关人员。审计并不属于股东知情权的法定范围，是否对公司财务账簿进行审计，属于公司自治的内容，在公司章程或出资协议未明确规定的前提下，股东无权要求对公司账目进行司法审计。

13. 公司可否拒绝股东行使知情权

根据《公司法》第33条的规定，对于股东查阅会计账簿的要求，如公司有合理根据认为股东有不正当目的可能损害公司合法利益的，可以拒绝提供查阅。

根据《关于适用〈中华人民共和国公司法〉若干问题的规定（四）》（以下简称《公司法司法解释四》）第8条，股东具有以下情形的可以构成"不正当目的"，公司有权拒绝股东查阅会计账簿：（1）股东自营或者为他人经营与公司主营业务有实质性竞争关系业务的，但公司章程另有规定或者全体股东另有约定的除外；（2）股东为了向他人通报有关信息查阅公司会计账簿，可能损害公司合法利益的；（3）股东在向公司提出查阅请求之日前的三年内，曾通过查阅会计账簿，向他人通报有关信息损害公司合法利益的；（4）股东有不正当目的的其他情形。

14. 未出资的股东是否享有表决权

根据《公司法》第42条的规定，股东会会议由股东按照出资比例行使表决权；但是，公司章程另有规定的除外。一般认为，《公司法》此处的"出资比例"是指认缴比例而非实缴比例，因此股东是否出资不影响股东表决权的行使。

但是，如果公司章程对这一问题进行了特殊规定，如明确股东按照实缴的出资比例行使表决权，则应从公司章程的另行规定，届时未出资的股东不再享有表决权。

15. 股东可否约定持股比例与出资比例不一致

有限责任公司的出资比例和持股比例是否一致属于股东意思自治范畴，可自由约定。例如，全体股东可以约定，甲股东出资比例70%，持股比例为30%（并按照该比例享有表决权、分红权各项股东权利）；乙股东出资比例30%，持股比例为70%。

但需要特别说明的是，为了防止大股东或多数股东欺压小股东或者少数股东，只有公司全体股东同意才可约定股东的持股比例和出资比例不一致。

16. 工商登记的出资比例与实际出资情况不一致时以谁为准

对于公司内部争议，应以实际出资情况为准。

但是，如果涉及公司外部争议，则因工商登记的法定代表人对外具有公示效力，应以工商登记的法定代表人，而非股东会新任命的法定代表人为准，以保护公司外部人员的信赖利益。

17. 股东会未作出决议前，股东可否直接起诉要求分红

公司是否进行利润分配，属于公司自治事项。在股东会未作出分红决议的情况下，股东无权向法院起诉要求分配利润。

根据《公司法司法解释四》第15条的规定，股东请求分红的，应当提交载明具体分配方案的股东会或者股东大会决议，但违反法律规定滥用股东权利导致公司不分配利润，给其他股东造成损失的除外。据此，如公司大股东存在滥用股东权利损害其他股东利益的行为（如通过转移公司资产等方式变相给自己分红），则小股东可在公司未作出分红决议的情况下向法院起诉要求分配利润。

18. 公司是否可以只给某个特定股东分红

根据《公司法》第34条的规定，股东按照实缴的出资比例分取红利，但是全体股东约定不按照出资比例分取红利的除外。

据此，除非公司全体股东另有约定，公司不能仅给特定股东进行分红，而必须按照各股东的出资比例向全体股东分红。

19. 股东侵占自家公司的财产，是否构成职务侵占罪

根据《刑法》第271条的规定，公司、企业或者其他单位的人员，利用职务上的便利，将本单位财物非法占为己有，数额较大的，处五年以下有期徒刑或者拘役；数额巨大的，处五年以上有期徒刑，可以并处没收财产。据此，股东采取将公司收入不上账等手段支配公司财产，原则上构成职务侵占罪。但如果该股东实际持有公司100%的股权（或公司的其他全部股东均同意该等行为），且该笔款项最终用于公司经营，则该行为在本质上没有损害公司利益，不应当认定为犯罪行为。

但需要说明的是，只要公司还有其他股东，哪怕其他股东的股权份额只有1%，也有可能构成犯罪。所以，大股东千万不要认为掌握了公司控制权就可以为所欲为，要保证在法律框架内经营，并做到重大决策通过公司股东会或董事会决议，将个人的意志不断转化为公司的意志。

20. 股东去世后股权必然可以继承吗

根据《公司法》第75条的规定，自然人股东死亡后，其合法继承人可以继承股东资格；但是，公司章程另有规定的除外。因此，仅在公司章程未作另行规定的情况下继承人可以顺利继承股权。实践中较为常见的情形是，一些公司为保证人合

性，章程中明确规定股东去世后股权不得继承，而由其他股东予以购买，并对购买的价款事先作出约定，这类约定是合法有效的。

股东的知情权（查账权）
——公司控制权争夺中的"一把利剑"

【司法观点】

股东可以要求查阅公司会计账簿。股东要求查阅公司会计账簿的，应当向公司提出书面请求、说明目的，公司有合理根据认为股东查阅会计账簿有不正当目的，可能损害公司合法利益的，可以拒绝提供查阅，并应当自股东提出书面请求之日起十五日内书面答复股东并说明理由。公司拒绝提供查阅的，股东可以请求人民法院要求公司提供查阅。财务账簿包括查阅财务报表、总账、明细账、现金日记账、银行日记账、记账凭证。公司拒绝股东查账的，公司需承担股东具有不正当目的的证明责任。

【典型案例】[①]

特科纳公司是于2014年3月设立的有限责任公司，马某于2014年4月通过股权转让成为特科纳公司股东之一，拥有20%的股权。2014年11月18日，马某以邮寄方式向特科纳公司寄送《查阅会计账簿请求函》，要求查询特科纳公司自成立以来的财务报表、总账、明细账、现金日记账、银行日记账、记账凭证。特科纳公司收到申请后未向马某提供上述材料供其查阅。

马某诉至法院称：2014年10月6日，特科纳公司下发通知称从成立至今经营一直处于亏损，为了解特科纳公司经营状况，马某曾经多次以口头、书面的方式向特科纳公司提出查阅公司会计账簿的请求，但未得到任何答复。故诉至北京市昌平区人民法院，请求判令马某查阅特科纳公司2014年3月20日至2015年5月15日的会计账簿，并查阅该期间的总账、明细账、现金日记账、银行日记账、记账凭证。

特科纳公司辩称：1. 关于财务报告方面的内容，特科纳公司曾经召开股东会，且把财务报告及财务状况都报告给各位股东，马某的委托代理人张丽秀参加了股东会，也查阅了财务报表。2. 马某提出要召开股东会，特科纳公司曾向马某发送召

---

① （2015）一中民（商）终字第5810号。

开股东会的通知书，但是马某本人并未参加股东会。3. 财务账簿依法是不提供给股东的。4. 按照股权转让协议及公司章程，马某应该分七期向特科纳公司履行出资义务，但马某仅履行一期出资义务，所以特科纳公司认为股东在没有履行股东义务的情况下，股东权利应当受到相应的限制。

北京市昌平区法院经审理认为：股东可以要求查阅公司会计账簿，股东要求查阅公司会计账簿的，应当向公司提出书面请求，说明目的，公司有合理根据认为股东查阅会计账簿有不正当目的，可能损害公司合法利益的，可以拒绝提供查阅，并应当自股东提出书面请求之日起十五日内书面答复股东并说明理由。公司拒绝提供查阅的，股东可以请求人民法院要求公司提供查阅。本案中，马某作为特科纳公司的股东，已经向特科纳公司提出了查阅财务报表、总账、明细账、现金日记账、银行日记账、记账凭证的申请，但特科纳公司并未向马某提供相应资料供其查阅，且特科纳公司不能提供证据证明马某查阅上述资料具有不正当目的，因此，对马某的诉讼请求，予以支持。

特科纳公司不服一审判决，向北京市第一中级人民法院提起上诉，其主要上诉理由是：1. 马某提出要求查阅账目前，特科纳公司已经就马某请求事宜，于2014年11月15日向马某发出召开股东会的通知，用特快专递送达马某并由马某亲自签收，股东会内容之一就是公布公司财务情况，但马某对此置之不理，拒不出席股东会，反而于2014年11月18日向特科纳公司寄送要求查账的请求函。特科纳公司认为马某拒绝出席股东会却纠缠于公司账目，真实意图不是了解公司财务情况，而是另有不可告人的目的。2. 特科纳公司的章程要求马某于2014年10月11日交纳第二期出资款，但马某至今未交纳，存在违约行为，造成公司运转困难。马某未尽到股东义务，其行为对特科纳公司造成严重损害，应当限制其股东权利。

马某针对特科纳公司的上诉理由答辩称：不同意特科纳公司的上诉请求。1. 马某作为特科纳公司的股东，有权了解公司的经营情况，其于2014年11月18日向特科纳公司发出查阅会计账簿请求函，但未得到特科纳公司的任何答复。特科纳公司2014年11月15日发出的召开股东会通知，其内容并没有公布公司财务情况，特科纳公司发出该通知不构成对马某要求查阅会计账簿请求的有效答复。2.《公司法》第33条明确规定了股东知情权，股东知情权的权利基础是股东的身份，只要具有合法有效的股东身份即应享有该项权利，与股东是否按期出资、是否尽到股东义务没有必要关联。综上，马某请求二审法院驳回特科纳公司的上诉请求，维持原判。

二审法院经审理认为：特科纳公司称其已于2014年11月15日通知马某召开股东会，股东会内容之一就是公布公司财务情况，但马某拒绝参加，故马某要求查阅公司会计账簿等材料具有不当目的，不同意马某查阅。《最高人民法院关于适用

《中华人民共和国民事诉讼法》的解释》第 90 条规定："当事人对自己提出的诉讼请求所依据的事实或者反驳对方诉讼请求所依据的事实，应当提供证据加以证明，但法律另有规定的除外。在作出判决前，当事人未能提供证据或者证据不足以证明其事实主张的，由负有举证证明责任的当事人承担不利的后果。"特科纳公司虽主张其通知马某参加的股东会的内容包括公布公司财务情况、马某查阅相关材料具有不当目的，但其就此未提供有效证据予以证明，应承担举证不能的不利后果；同时，马某是否参加股东会，与其行使股东知情权的目的是否正当并无直接关联。综上，特科纳公司该项主张缺乏事实和法律依据，二审法院不予采信。

对于特科纳公司关于马某未履行缴纳第二期出资款义务，其股东权利应受到限制的上诉理由。二审法院认为，《公司法司法解释三》第 16 条规定："股东未履行或者未全面履行出资义务或者抽逃出资，公司根据公司章程或者股东会决议对其利润分配请求权、新股优先认购权、剩余财产分配请求权等股东权利作出相应的合理限制，该股东请求认定该限制无效的，人民法院不予支持。"本案中，特科纳公司的公司章程对股东行使知情权并未予以限制，特科纳公司亦未作出股东会决议限制马某行使上述权利，故特科纳公司该主张于法无据，二审法院依法不予采信。

【实务指引】

股东的查账权是指股东在查阅公司财务会计报告之外享有的查阅公司会计账簿的权利。《公司法》第 33 条第 2 款规定：股东可以要求查阅公司会计账簿。股东要求查阅公司会计账簿的，应当向公司提出书面请求，说明目的。公司有合理根据认为股东查阅会计账簿有不正当目的，可能损害公司合法利益的，可以拒绝提供查阅，并应当自股东提出书面请求之日起十五日内书面答复股东并说明理由。公司拒绝提供查阅的，股东可以请求人民法院要求公司提供查阅。本款规定了股东查账权的请求权基础，股东查账的程序和要求，股东查账的合理限制和举证责任。

本案中，马某作为公司的股东，当然享有查账权。股东查账还应满足一定的程序和要求。首先，查账股东应当向公司提出书面的查账请求，而不能是口头告知；其次，查账股东请求查账应当具有正当的目的；最后，公司有权在收到股东的书面请求之日起十五日内，以查账股东的查账目的不正当为由，拒绝提供查阅。上述"正当目的"一般是指与维护基于股东地位而享有的利益具有直接联系的目的。例如，调查公司的财务状况，调查股东分红的妥当性，调查股份的真实价值，调查公司管理层经营活动中的不法、不妥行为，调查董事的失职行为，调查股价下跌的原因，调查公司合并、分立或其他重组活动的必要性和可行性，调查股东代表诉讼的证据，消除在阅读公司财务报告中的疑点等①。但要求查账的股东，没有举证证明其要求查账具有"正当目的"的责任。

与正当目的相对的是不正当的目的，一般是指股东行使查账权的目的在于获取公司的商业秘密，透漏给竞争对手，对公司现有管理层吹毛求疵，鸡蛋里挑骨头，恶意影响公司正常运营等。另外，公司若拒绝股东查账需要承担股东查账具有不正当目的，损害公司利益的证明责任，即公司应当提供真实、合法、关联的证据证明股东具有不正当的目的。

本案中，特科纳公司虽主张其通知马某参加的股东会的内容包括公布公司财务情况、马某查阅相关材料具有不当目的，但其就此未提供有效证据予以证明，应承担举证不能的不利后果。

另外，出资瑕疵的股东是否还享有查账权存在一定的争议。《北京市高级人民法院关于审理公司纠纷案件若干问题的指导意见》（2008）的通知第14条规定：股东知情权案件中，被告公司以原告股东出资瑕疵为由抗辩的，人民法院不予支持。但是，《江苏省高级人民法院关于审理适用公司法案件若干问题的意见（试行）》（2003）第70条规定：未出资的股东行使知情权的，不予支持。在股东出资瑕疵的情况下，除非公司章程或者股东会决议另有规定，不宜以出资瑕疵为由否定股东的查账权。② 因为股东的查账权是基于股东资格而生的一种固有权，出资瑕疵不是否定股东资格的充分必要条件，所以瑕疵出资的股东一般仍享有查账权，但是根据《公司法司法解释三》第16条的规定，瑕疵出资股东的股东权利可以通过公司章程或者股东会决议的方式予以限制，所以公司也可通过上述方式对瑕疵出资股东的查账权予以限制。

本案中，特科纳公司的公司章程对股东行使查账权并未予以限制，特科纳公司亦未作出股东会决议限制马某行使查账权，故特科纳公司无权限制马某行使查账权。

根据最高人民法院原则上审议通过的《关于适用〈中华人民共和国公司法〉若干问题的规定（四）》（征求意见稿）第14条的规定，公司不得以股东出资存在瑕疵为由拒绝股东查账。股东通过查账行使的是股东知情权，该权利为股东的固有权。

【公司治理建议】

"近水楼台先得月"的控制股东能有机会参与公司的经营管理活动，无须行使

---

① 刘俊海：《新公司法的制度创新：立法争点与解释难点》，法律出版社2006年版，第205页。
② 葛文：《瑕疵出资的股东是否享有知情权》，载《人民司法》2008年第2期。

查账权，因此，查账权仅对"雾里看花"的中小股东具有实际意义。一旦真相大白，小股东就可轻而易举地彻底粉碎大股东垄断公司信息的"霸权"，挫败控制股东先引诱小股东投资，然后吞食股东利益的"关门打狗"策略。股东行使查账权有助于高效、低成本地行使其他股东权利。股东通过查账获取相关信息和证据后对于股东行使"用手投票"的表决权和"用脚投票"的转股权、退股权、解散诉权、股东代表诉权、直接诉权都具有基础作用，所以说查账权为股权保护的牛鼻子，是控制权争夺中的"一把利剑"。同时，还要防止公司提供虚假的账簿，否则查账目的就会落空，相关的权益也难以得到保护。所以，股东可以委托会计师进行查账，在查账的过程中有充足的证据证明公司提供的账目不真实，股东可以向法院申请要求公司提供真实账簿。

防患于未然。为真正实现股东的知情权，建议在公司《设立协议》和《章程》中做出特别约定。《设立协议》和《章程》是实现股东知情权的两个重要依据。中小股东在与他人合作投资谈判时，应就股东知情权的内容与范围、行使方式和违约责任等进行磋商，并将磋商之结果明确写入《设立协议》和公司《章程》之中。

第一，明确知情权的内容与范围。建议投资者将下列内容明确规定为股东可以查询的范围：章程、股东会会议记录、董事会会议记录、监事会会议记录、商业合同、原始会计凭证、会计账簿、财务会计报告、有关审计报告、评估报告等凡是能说明公司经营管理状况的文件资料。除了查询上述文件和资料之外，还应将股东的质询权、审计权列入知情权之中。这些约定没有违背《公司法》的强制性规定，也与《公司法》的立法精神和原则相符，属有效约定，因而能得到各个法院的支持，从而使股东知情权能得到切实的法律保障。

第二，知情权的行使方式。我国《公司法》没有对这一问题作出规定，因此在《设立协议》和《章程》中对此进行明确约定非常必要。仅靠查阅前述有关资料往往对不知情股东来说是不充分的，除约定查阅权外，建议将查阅时的其他具体权利作出约定，如约定股东在查阅时有抄阅、记录、复制、拍照，以及聘请专业人士（如审计师、会计师或律师）代理查阅等权利。另外，对于查阅的地点、时间以及程序等也应作出适当的约定。值得注意的是，《关于适用〈中华人民共和国公司法〉若干问题的规定（四）》（征求意见稿）第15条规定，股东可委托代理人行使股东知情权。

第三，违约责任。在《设立协议》和《章程》中设置违约责任条款是预防纠纷并切实解决纠纷的重要保障。违约责任条款可以约定违约金及数额，可以约定一方违约时另一方的权利，譬如可以约定，一方违约导致另一方知情权丧失的，被侵害方可以要求向违约方或违约方的替代方按××价受让其股权，并要求违约方按

××元/年的标准向守约方赔偿损失。最高人民法院原则上审议通过的《关于适用〈中华人民共和国公司法〉若干问题的规定（四）》（征求意见稿）第18条规定："公司未依法制作和保存公司法第三十三条或者第九十七条规定的公司文件材料，股东起诉请求公司董事、高级管理人员承担民事赔偿责任的，应予支持。"因此，如果公司董事、高管未制作、保存相关文件的，股东享有对董事、高管的损害赔偿请求权。

【法规链接】

《公司法》

第三十三条 股东有权查阅、复制公司章程、股东会会议记录、董事会会议决议、监事会会议决议和财务会计报告。

股东可以要求查阅公司会计账簿。股东要求查阅公司会计账簿的，应当向公司提出书面请求，说明目的。公司有合理根据认为股东查阅会计账簿有不正当目的，可能损害公司合法利益的，可以拒绝提供查阅，并应当自股东提出书面请求之日起十五日内书面答复股东并说明理由。公司拒绝提供查阅的，股东可以请求人民法院要求公司提供查阅。

《最高人民法院关于适用〈中华人民共和国公司法〉若干问题的规定（四）》

第七条 股东依据公司法第三十三条、第九十七条或者公司章程的规定，起诉请求查阅或者复制公司特定文件材料的，人民法院应当依法予以受理。

公司有证据证明前款规定的原告在起诉时不具有公司股东资格的，人民法院应当驳回起诉，但原告有初步证据证明在持股期间其合法权益受到损害，请求依法查阅或者复制其持股期间的公司特定文件材料的除外。

第八条 有限责任公司有证据证明股东存在下列情形之一的，人民法院应当认定股东有公司法第三十三条第二款规定的"不正当目的"：

（一）股东自营或者为他人经营与公司主营业务有实质性竞争关系业务的，但公司章程另有规定或者全体股东另有约定的除外；

（二）股东为了向他人通报有关信息查阅公司会计账簿，可能损害公司合法利益的；

（三）股东在向公司提出查阅请求之日前的三年内，曾通过查阅公司会计账簿，向他人通报有关信息损害公司合法利益的；

（四）股东有不正当目的的其他情形。

第九条 公司章程、股东之间的协议等实质性剥夺股东依据公司法第三十三条、第九十七条规定查阅或者复制公司文件材料的权利，公司以此为由拒绝股东查阅或者复制的，人民法院不予支持。

第十条 人民法院审理股东请求查阅或者复制公司特定文件材料的案件，对原告诉讼请求予以支持的，应当在判决中明确查阅或者复制公司特定文件材料的时间、地点和特定文件材料的名录。

股东依据人民法院生效判决查阅公司文件材料的，在该股东在场的情况下，可以由会计师、律师等依法或者依据执业行为规范负有保密义务的中介机构执业人员辅助进行。

第十一条 股东行使知情权后泄露公司商业秘密导致公司合法利益受到损害；公司请求该股东赔偿相关损失的，人民法院应当予以支持。

根据本规定第十条辅助股东查阅公司文件材料的会计师、律师等泄露公司商业秘密导致公司合法利益受到损害，公司请求其赔偿相关损失的，人民法院应当予以支持。

第十二条 公司董事、高级管理人员等未依法履行职责，导致公司未依法制作或者保存公司法第三十三条、第九十七条规定的公司文件材料，给股东造成损失，股东依法请求负有相应责任的公司董事、高级管理人员承担民事赔偿责任的，人民法院应当予以支持。

《会计法》

第十五条 会计帐簿登记，必须以经过审核的会计凭证为依据，并符合有关法律、行政法规和国家统一的会计制度的规定。会计帐簿包括总帐、明细帐、日记帐和其他辅助性帐簿。

会计帐簿应当按照连续编号的页码顺序登记。会计帐簿记录发生错误或者隔页、缺号、跳行的，应当按照国家统一的会计制度规定的方法更正，并由会计人员和会计机构负责人（会计主管人员）在更正处盖章。

使用电子计算机进行会计核算的，其会计帐簿的登记、更正，应当符合国家统一的会计制度的规定。

《最高人民法院关于适用〈中华人民共和国公司法〉若干问题的规定（三）》

第十六条 股东未履行或者未全面履行出资义务或者抽逃出资，公司根据公司章程或者股东会决议对其利润分配请求权、新股优先认购权、剩余财产分配请求权等股东权利作出相应的合理限制，该股东请求认定该限制无效的，人民法院不予支持。

《北京市高级人民法院关于审理公司纠纷案件若干问题的指导意见》

第十四条 股东知情权案件中，被告公司以原告股东出资瑕疵为由抗辩的，人民法院不予支持。

《江苏省高级人民法院关于审理适用公司法案件若干问题的意见（试行）》

第七十条 未出资的股东行使知情权的，不予支持。

股东的退股权

【司法观点】

在公司连续五年盈利且连续五年未分配利润的情况下，持有公司不足十分之一表决权的小股东，在其他股东不提议召开临时股东会，公司又不按照法律的规定及公司章程召开股东会的情况下，其无权提议召开临时股东会，亦没有机会在股东会上对公司分红问题提出异议，但是基于在实质上维护小股东利益的角度考虑，其依然可以请求公司按照合理价格收购其股权。

【典型案例】[①]

东方公司成立于 2002 年 12 月 18 日，注册资本 1500 万元。公司股东会由五名股东组成，分别是：李某滨持股 4.33%，刘某滨持股 11.33%，李某朴持股 11.33%，张某真持股 11.33%，李某钧持股 61.67%。李某钧担任公司董事长，为公司法定代表人。该公司自 2008 年至 2012 年度，连续五年盈利。其中，该公司 2011 年的净资产为 3933 万元。

东方公司的公司章程第 10 条规定：股东会会议每年召开一次，代表四分之一以上表决权的股东，可以提议召开临时会议；第 11 条规定：召开股东会会议，应当于会议召开前十五日通知全体股东。股东会应当对所议事项的决定做成会议记录，出席会议的股东应当在会议记录上签名；第 16 条规定：公司依法纳税和提取各项基金后的利润，按照股东各自的投资比例进行分配。但事实上，东方公司的公司会议制度并不完善，在实际运行过程中并没有区分股东会、董事会及公司的其他会议，所以，东方公司并不能提交近五年召开的多次股东会必须做出的关于股东分红的相关会议记录。

2012 年 11 月 16 日，东方公司董事长李某钧组织公司经理办公会，就公司具体事项决议如下：李某滨同志身为公司股东，分管公司销售工作，为公司的发展作出了一定贡献，公司决定对其奖励 10 万元。李某钧、刘某滨、张某真、李某朴、李

[①] （2014）济商终字第 57 号。

某滨均签字确认。同日，公司召开董事会，决定：李某滨自愿退出公司工作，解除劳动合同；依据《劳动合同法》给予经济补偿，李某滨每月工资6300元，按10年每年补偿一个月工资计算计算共计补偿63000元。解除劳动合同后，只保留股东关系。

此后，李某滨向山东省章丘市人民法院提起诉讼，请求公司收购其股份，诉称东方公司自2008年至2012年度连续五年盈利，且连续五年未向股东分配利润，该公司所称的分配利润实际是给李某滨的奖金，符合《公司法》第75条的规定，根据《山东省高级人民法院关于审理公司纠纷案件若干问题的意见（试行）》第81条（具有《公司法》第75条第1款第1项之情形，如果公司连续五年未召开股东会对分配利润进行决议的，持有公司不足十分之一表决权的股东可以请求公司按照合理的价格收购其股权）之规定，作为持股仅4.33%的李某滨，可以请求东方公司收购其股份。

东方公司则认为，公司股东共5人，除李某滨外的其余4名持有公司表决权95.67%股权的股东用出庭作证和提交书面证据的方式证明了公司五年内连续盈利并多次召开不同形式的股东会，公司五年内实施了3次利润分配，每个股东都收到了不同数额的分配利润款，每次利润分配均由我公司委托持有61.67%股权的李某钧代为支付利润分配款，且给李某滨的每笔利润款均直接划入其个人账户。李某滨对收到这些款项的时间数额也予以认可。李某滨的请求不符合《公司法》第75条之规定，该公司连续五年盈利且连续五年向股东分配利润，但是该公司未就原《公司法》第75条第1款第1项内容召开过股东会，而李某滨也未投反对票，不构成法律规定的异议股东。

由此，上述争议焦点主要在于解决以下问题：1.2008年至2012年度东方公司是否连续五年未向股东分配利润。该公司主张2010年向股东分配过利润，股东张某真、李某朴作为证人出庭作证证实于2010年2月和2010年5月均分别收到该公司分配利润款20万元和5万元。同时东方公司称在上述同一时间向李某滨分配利润20万元和5万元，2012年11月16日向李某滨定向分红10万元，该款项由东方公司董事长李某钧代付。李某滨称，确实收到了上述款项，但该35万元不是向股东的分红，而是作为奖金发放的。

法院认为，依据《公司法》（2005）第35条之规定，股东按照实缴的出资比例分取红利，但全体股东约定不按照出资比例分取红利的除外。本案中，双方所提供的公司章程第16条规定"公司依法纳税和提取各项基金后的利润，按照股东各自的投资比例进行分配"。由此，由于东方公司在2010年2月、2010年5月向李某滨、张某真、李某朴支付的25万元并非按照出资比例进行分配，故东方公司称上述款项系向股东的分红,法院不予采信。而东方公司于 2012 年 11 月 16 日作出的决议中明确记载"李某滨同志身为公司股东,分管公司销售工作,为公司的发展做出了一定贡献,公司决定对其奖励壹拾万元"。故法院认为,该 10 万元系东方公司支付给李某滨的奖金,而非依据出资比例进行的分配利润。综上,法院对东方公司所称 2008 年至 2012 年度曾向股东分配利润的辩解不予采信。

2. 李某滨是否是提起股权回购请求之诉的权利主体。根据《山东省高级人民法院关于审理公司纠纷案件若干问题的意见(试行)》第 81 条的规定:具有原《公司法》第 75 条第 1 款第 1 项之情形,如果公司连续五年未召开股东会对分配利润进行决议的,持有公司不足十分之一表决权的股东可以请求公司按照合理的价格收购其股权。《公司法》第 75 条(2005)规定"(一)公司连续五年不向股东分配利润,而公司该五年连续盈利,并且符合本法规定的分配利润条件的"。可见,有限责任公司中如果公司连续五年盈利、连续五年未分配利润,且连续五年未召开股东会对分配利润进行决议,持股比例不足十分之一的股东是可以请求公司按照合理价格收购其股权的。经审理查明,李某滨持有东方公司 4.33% 的股权,不足十分之一,东方公司连续五年盈利、连续五年未分配利润,且连续五年未召开股东会对分配利润进行决议,所以李某滨符合请求东方公司按照合理价格收购其股权的主体条件。

综上所述,法院认为,按照法律规定,公司连续五年不向股东分配利润,而公司该五年连续盈利,并且符合规定的分配利润条件的,对股东会该项决议投反对票的股东可以请求公司按照合理的价格收购其股权。本案李某滨仅占东方公司 4.33% 股权,在公司其他股东不提议召开临时股东会,东方公司又不按照法律规定及公司章程召开股东会的情况下,李某滨作为持股比例不足十分之一的小股东无权提议召开临时股东会。但是,东方公司已表示不同意与李某滨协商利润分配和股权收购问题,这使得东方公司是否曾经召开股东会变得毫无实际意义。东方公司虽未实际召开股东会对《公司法》第 75 条(2005)进行决议,但已经满足"连续五年不分配利润"和"连续五年盈利"的收购条件,故法院认为李某滨已经具备要求东方公司收购其股权的条件。故,法院判令东方公司以 2011 年的公司净资产为 3933 万元为标准,回购李某滨的股权。李某滨最终获得股权回购款 1702989 元(3933 万元 ×4.33%)。

【实务指引】

本案的焦点问题主要有两个:第一,关于李某滨收到涉案 35 万元款项的性质是否属于分红。双方均认可李某滨于 2010 年 2 月、2010 年 5 月、2012 年 11 月共计收到来自公司董事长李某钧账户转账的 35 万元。但对该 35 万元的性质说法不一。东方公司依据公司及其他持股 95.67% 的股东认为该 35 万元均为公司给李某滨的利润分红，而李某滨以 2012 年 11 月发放的 10 万元奖金已在公司经理办公会决议中载明为奖金，且其他两笔钱的数额不符合公司章程中约定的股东分红比例为由，主张该 35 万元均为公司向其发放的奖金。对此，东方公司向李某滨发放的 10 万元款项系在 2012 年 11 月 16 日东方公司经理办公会决议而非股东会决议中确定的事项，且载明该 10 万元系公司对李某滨的奖励。另外 25 万元的发放，没有任何公司文件和分红的股东会决议，发放的数额亦与股东出资比例不符。而根据证人张某真和李某朴出庭时的陈述，亦不能明确上述款项性质就是分红，且东方公司账目中没有上述款项的记载，故法院判决认定上述 35 万元不是分红并无不当。

第二，李某滨是否符合《公司法》第 74 条规定的提出股权回购的异议股东主体身份。本案中，东方公司未能向法院提交任何一份决定分红或其他重大事项的书面股东会决议，而根据东方公司的公司章程规定，股东会会议每年召开一次，股东会应当对所议事项的决定做成会议记录，出席会议的股东应当在会议记录上签名。故东方公司所称其公司连续五年内曾召开过多次分配利润的股东会，仅系口头陈述，无其他证据佐证，法院无法予以认可。李某滨作为持股仅 4.33% 即不足十分之一的小股东，在公司其他股东不提议召开临时股东会，公司又不按照法律的规定及公司章程召开股东会的情况下，其无权提议召开临时股东会，亦没有机会在股东会上对公司分红问题提出异议，如果一味地强调必须是在股东会会议上持反对意见的异议股东才有回购权，在大股东控制的公司根本不召开股东会的情况下，实际上是剥夺了持股比例在十分之一以下小股东的股权回购权，所以基于在实质上维护小股东利益的角度考虑，其依然可以请求公司按照合理价格收购其股权。所以，法院认为李某滨符合请求东方公司按照合理的价格收购其股权的主体条件正确。

【公司治理建议】

我国《公司法》第 74 条与第 142 条分别确认了有限责任公司和股份有限公司股东的退股权（又称异议股东回购请求权）。股东退股权的立法本意在于扶持处于弱势地位的中小股东，避免控制股东和管理层滥用资本多数决及代理人的权利损害中小股东的利益。根据《公司法》第 74 条的规定，有限责任公司股东退股权的行使需要满足实质要件和程序要件。其中，实质要件主要有三种情形：

第一，"长期不分红"。公司在 5 年内连续盈利；公司在 5 年内均符合公司法规定的分红条件；公司连续 5 年不向股东分配利润。

第二，"公司合并、分立、转让主要财产"。主要包括两种情形：公司转让财产的比例占公司净资产的比例较高（如达到公司净资产 30% 以上）；从财产的质量、效能和重要性上看，公司转让的财产属于公司的核心业务资产。

第三，公司章程规定的营业期限届满或者公司章程规定的其他解散事由出现，股东会会议通过决议修改章程使公司存续。

异议股东的退股程序：第一，在发生上述三种情形时，股东应当对股东会决议投反对票；第二，反对股东应当优先启动与公司的谈判程序，并在协商未果的情形下向人民法院提起诉讼；第三，反对股东应当在股东会决议做出后 60 天内争取与公司达成协议，不能达成协议的在股东会决议作出后 90 天内提起诉讼。

在司法实践中，大股东为架空小股东的退股权常常会耍各种花样，如进行财务造假，粉饰报表将公司打造成并非五年连续盈利的情形；进行象征性分红，造成公司并非连续五年不分红的假象；或者干脆不召开股东会，变相剥夺小股东投反对票的机会等。

所以，首先，小股东应积极行使自己的查账权，通过查阅公司的财务账簿了解公司的真实的财务状况；其次，在公司召开股东会之际积极行使自己的投票权，勇敢对大股东不分红的决议说"不"；再次，在不分红的股东会决议作出之后，立即书面致函要求公司按照合理价格回购自己的股权，并要求公司聘请第三方机构评估公司净资产的价值；最后，对于持股比例低于 10% 的小股东来讲，在无权提议召开股东会及其他股东亦不召开股东会的情况下，直接向公司提出退股的意愿，如若不能则到法院起诉。

【法规链接】

《公司法》

第七十四条 有下列情形之一的，对股东会该项决议投反对票的股东可以请求公司按照合理的价格收购其股权：

（一）公司连续五年不向股东分配利润，而公司该五年连续盈利，并且符合本法规定的分配利润条件的；

（二）公司合并、分立、转让主要财产的；

（三）公司章程规定的营业期限届满或者章程规定的其他解散事由出现，股东会会议通过决议修改章程使公司存续的。

自股东会会议决议通过之日起六十日内，股东与公司不能达成股权收购协议的，股东可以自股东会会议决议通过之日起九十日内向人民法院提起诉讼。

第一百四十二条 公司不得收购本公司股份。但是，有下列情形之一的除外：

（一）减少公司注册资本；

（二）与持有本公司股份的其他公司合并；

（三）将股份用于员工持股计划或者股权激励；

（四）股东因对股东大会作出的公司合并、分立决议持异议，要求公司收购其股份；

（五）将股份用于转换上市公司发行的可转换为股票的公司债券；

（六）上市公司为维护公司价值及股东权益所必需。

公司因前款第（一）项、第（二）项规定的情形收购本公司股份的，应当经股东大会决议；公司因前款第（三）项、第（五）项、第（六）项规定的情形收购本公司股份的，可以依照公司章程的规定或者股东大会的授权，经三分之二以上董事出席的董事会会议决议。

公司依照本条第一款规定收购本公司股份后，属于第（一）项情形的，应当自收购之日起十日内注销；属于第（二）项、第（四）项情形的，应当在六个月内转让或者注销；属于第（三）项、第（五）项、第（六）项情形的，公司合计持有的本公司股份数不得超过本公司已发行股份总额的百分之十，并应当在三年内转让或者注销。

上市公司收购本公司股份的，应当依照《中华人民共和国证券法》的规定履行信息披露义务。上市公司因本条第一款第（三）项、第（五）项、第（六）项规定的情形收购本公司股份的，应当通过公开的集中交易方式进行。

公司不得接受本公司的股票作为质押权的标的。

瑕疵出资股东的表决权限制

【司法观点】

表决权作为股东参与公司管理的经济民主权利，原则上属于共益权，但又具有一定的特殊性，股东通过资本多数决的表决权机制选择或罢免董事、确立公司的运营方式、决策重大事项等，借以实现对公司的有效管理和控制，其中也包括控制公司财产权，故表决权实质上是一种控制权，同时亦兼有保障自益权行使和实现之功能，具有工具性质。如果让未尽出资义务的股东通过行使表决权控制公司，不仅不符合权利与义务对等、利益与风险一致的原则，也不利于公司的长远发展。因此，公司通过公司章程或股东会决议对瑕疵出资股东的表决权进行合理限制，更能体现法律的公平公正，亦符合《公司法》和司法解释有关规定之立法精神。

【典型案例】[①]

云帆公司成立于 2006 年 3 月。截至 2010 年 3 月，公司注册资本为 88 万元，实收资本 88 万元，分别由俞某根投入 48 万元、华某平投入 12 万元、范甲投入 8 万元、李某某投入 20 万元。

2010 年 3 月，云帆公司部分股东俞某根、华某平、李某某共同签订了"南京云帆科技实业有限公司股东会协议（此协议为 2010 年 3 月 2 日股东会决议的补充协议）"，约定：同意梁某力出资 300 万元入股云帆公司 51% 的股权，资金分两批进入，第一期资金入股 200 万元，另外 100 万元在一年内到位；同意沈某某出资 17 万元占公司 5.39% 的股权；以上两位股东增资入股后，原股东俞某根的股权变更为 26.166%，李某某的股权变更为 10.9025%，华某平的股权变更为 4.361%，范甲的股权变更为 2.1805%；各股东增资扩股后注册资本为 405 万元。

2010 年 3 月 25 日，云帆公司股东会作出决议：同意梁某力以货币出资 300 万元对云帆公司增资扩股（其中 2010 年 5 月货币增资 130 万元，另外 170 万元增资时间根据《公司法》规定的期限缴纳）；同意郑某以货币出资 20 万元对云帆公司增资扩股；增资后云帆公司注册资本为 408 万元，公司股东股权比例分别为：俞某根出资 48 万元，占公司股权 26.166%；梁某力出资 300 万元，占 51% 公司股权；李某某出资 20 万元，占 10.9025% 公司股权；郑某出资 20 万元，占 5.39% 公司股权；华某平出资 12 万元，占 4.361% 公司股权；范甲出资 8 万元，占 2.1805% 公司股权。云帆公司全体股东俞某根、李某某、华某平、范甲均在该股东会决议上签字。

2010 年 4 月 25 日，俞某根、华某平、范甲、李某某、郑某、梁某力召开股东会，并共同签署了股东会决议，内容主要为：通过新的公司章程；同意梁某力、郑某出资加入公司成为新股东；选举俞某根为公司执行董事，郑某为监事，聘请梁某力为公司总经理；经公司原股东和新加入股东协商认定现公司股东的股权比例分别为：俞某根出资 48 万元，占公司股权 26.166%；梁某力出资 300 万元，占公司股权 51%；李某某出资 20 万元，占公司股权 10.9025%；郑某出资 20 万元，占公司股权 5.39%；华某平出资 12 万元，占公司股权 4.361%；范甲出资 8 万元，占公司

[①] （2012）宁商终字第 991 号。

股权 2.1805% 等。

2010 年 5 月 14 日，南京天宁会计师事务所对云帆公司新增注册资本进行了审验，并出具验资报告，报告说明：云帆公司申请重新核定注册资本为 408 万元，原注册资本 88 万元，新增注册资本 320 万元，本次为第一期增资 150 万元，由梁某力和郑某认缴，云帆公司已收到新增注册资本 150 万元，梁某力出资 130 万元，郑某出资 20 万元。变更后注册资本 408 万元，实收资本 238 万元。

2010 年 5 月 18 日，云帆公司申请办理了公司变更登记。工商备案的云帆公司章程记载：俞某根、梁某力、李某某、郑某、华某平、范甲各出资 48 万元、300 万元、20 万元、20 万元、12 万元、8 万元，出资比例分别为：11.77%、73.53%、4.9%、4.9%、2.94%、1.96%；公司设立时缴付 238 万元，占注册资本的 58.33%，梁某力自公司成立之日起 24 个月内缴付 170 万元；股东会会议按股东出资比例行使表决权；股东会会议应对所议事项作出决议，决议应当由代表过半数以上表决权的股东表决通过，但股东会对公司人事、增加或减少注册资本、分立、合并、解散或者变更公司形式、修改公司章程作出的决议，应由代表 2/3 以上表决权的股东表决通过等。该章程中俞某根的姓名由其妻华某平代签。

2010 年 5 月 20 日，俞某根、华某平、李某某（李某益代）、梁某力签订了云帆公司股东会议协议书，约定：公司股东依据以下文件所决议之股权比例行使股东权利，非依出资比例：(1) 2010 年 3 月 2 日股东会决议的补充协议；(2) 2010 年 4 月 5 日云帆公司章程；因南京市工商局只接受其制定的公司章程用于备案，其部分内容（如股权比例）与我公司实际情况不同，于此共同声明公司章程以 2010 年 4 月 5 日股东签署的云帆公司章程为准；梁某力投入的资金须于 2011 年 5 月 9 日前全部到位等。

2011 年 1 月 26 日，云帆公司召开临时股东会，对变更公司法定代表人及执行董事、修改公司章程等事项进行决议。云帆公司各股东均参加了会议，其中梁某力、李某某、郑某同意选举梁某力为公司执行董事及法定代表人，俞某根不再担任公司执行董事法定代表人，通过公司章程修正案等。股东俞某根、华某平反对上述决议，股东范甲未表达意见。

此后，俞某根拒不执行股东会决议，并阻挠工商登记。经多次协商未果，梁某力诉至南京市玄武区人民法院，请求确认云帆公司 2011 年 1 月 26 日关于选举梁某力为公司法定代表人、执行董事的股东会决议有效，并判令俞某根配合办理工商变更登记。俞某根则辩称，梁某力与云帆公司股东签订协议约定出资 300 万元，占公司股权 51%，首期出资 200 万元，其余出资 100 万元在一年内到位，但是梁某力第一期仅出资了 130 万元。根据各股东之间的约定，梁某力出资 130 万元，仅能享有

22.1%的表决权。云帆公司章程规定，公司人事变动、修改章程等决议应有代表公司2/3以上表决权的股东表决同意方可通过，而2011年1月26日的股东会决议，表决同意的股东表决权仅有38.3925%，不符合公司章程的规定，因此股东会决议自始无效。故而，请求驳回梁某力的诉讼请求。

一审法院经审理，认为本案争议的焦点为：1. 云帆公司各股东的股权比例分别是多少。2. 2011年1月26日的股东会决议是否已经超过云帆公司2/3以上表决权的股东同意。梁某力认为，各股东在2010年4月25日以股东会决议形式约定的股权比例仅为各股东分取利润的比例，并非股东表决权的比例，因此，股东会应按出资比例确定各股东的表决权。即便按实收资本计算，梁某力实缴出资130万元，占公司实收资本238万元比例的54.6%，加上李某某、郑某各出资20万元，各占实收资本的8.4%，同意股东的表决权已超过2/3。俞某根认为，各股东约定的股权比例是所有股东权利的比例，包括分取红利、表决权等，根据各股东约定的股权比例，梁某力仅享有51%股权，且该51%的股权应当在梁某力足额缴付300万元出资后方可享有，否则按其实缴出资比例计算，梁某力仅享有22.1%（130/300×51%=22.1%）股权，加上李某某、郑某的股权，不足表决权的2/3，故2011年1月26日的股东会决议无效。

一审法院认为，双方当事人均认可云帆公司各股东曾约定了股权比例，分别为俞某根出资48万元，占公司股权26.166%；梁某力出资300万元，占公司股权51%；李某某出资20万元，占公司股权10.9025%；郑某出资20万元，占公司股权5.39%；华某平出资12万元，占公司股权4.361%；范甲出资8万元，占公司股权2.1805%。上述约定系云帆公司各股东真实意思的表示，不违反法律规定，为有效约定。双方分歧在于各股东约定的上述比例是否仅适用于各股东分取利润。对此，一审法院认为，股东的权利包括资产收益权，同时也包括参与重大决策和选择管理者等权利，表决权即为股东各项权利中的一项，应包含在股东权范围之内。云帆公司2010年4月25日的股东会决议明确约定的是股权比例，而非仅为资产收益权比例，因此云帆公司股东在行使表决权时也应遵循该股东会决议。云帆公司用于工商登记备案的章程中虽然规定了"股东会会议按股东出资比例行使表决权"，但是该内容与2010年4月25日股东会决议内容相悖，且俞某根、梁某力等在2010年5月20日再次以协议形式重申了各股东的股权比例，以及在工商行政管理部门备案章程与各股东意思不一致的原因，因此，该院认为云帆公司各股东的表决权应依2010年4月25日的股东会决议确定。

关于2011年1月26日云帆公司股东会决议是否经持2/3以上表决权的股东同意。各当事人对梁某力认缴的300万元出资分期缴付到位均无异议，云帆公司2010

年4月25日股东会决议确定梁某力享有51%的公司股权,并未区分其第二期出资缴付完成前后的比例,应解释为梁某力自其承诺向云帆公司出资成为云帆公司股东,且履行了第一期出资义务起即享有51%的股权。对于俞某根关于以梁某力实际出资额与认缴出资额之比和股东会决议确定的梁某力总股权比例来确定梁某力股权的观点,一审法院认为,云帆公司各股东是自行协商确定各股东股权比例的,应以其协商约定的内容为准,超出约定内容的除非各股东意见一致,否则不能被视为各方共识。俞某根的上述主张不仅超出了各股东约定的范围,且将导致云帆公司部分股权虚置无人行使的状况,因此对俞某根的该主张不予支持。2011年1月26日,梁某力承诺的第二期出资期限尚未届满,其实际出资不足认缴数额的状态并不违反法律规定和股东间的约定,因此梁某力应享有约定的股权即云帆公司股权的51%,加之李某某10.9025%股权,郑某5.39%的股权,已有超过2/3以上表决权的股东同意。据此,一审法院判决云帆公司2011年1月26日的股东会决议有效。

俞某根不服提起上诉,称梁某力虽然认缴出资300万元并取得了云帆公司股东资格,但由于没有完全履行出资义务,根据《公司法司法解释三》有关规定以及权利与义务对等、利益与风险一致的原则,梁某力不能按认缴出资比例享有各项股东权利,其中包括表决权。根据2010年4月5日公司章程规定,梁某力的股权比例为51%,按照实际出资比例折算,其表决权只有22.1%（130/300×51%）,加上其他同意股东的股权比例,云帆公司2011年1月26日的股东会决议未达到2/3以上表决权,应当无效。

梁某力则答辩称：第一,根据工商备案的公司章程规定,股东应当按照出资比例行使表决权,梁某力出资比例为73.53%,就已超过2/3表决权。即便按股东会决议约定的股权比例,或是按实际出资比例计算,三名同意股东的表决权也已超过了2/3以上。第二,股东表决权是基于股东身份取得,是股东的一项法定权利,无法律明确规定不受限制,况且表决权属于股东共益权,非股东自益权,基于一般法理,共益权一般不应当受到限制。

另查明,俞某根提供的2010年4月5日云帆公司章程载明：股东依照股权比例分取红利；股东负有缴纳所认缴出资的义务；股东依其所认缴的出资金额为限承担公司的债务；梁某力出资300万元,实际缴付130万元,分期缴付170万元（出资时间2011年5月9日）,所占股权比例为51%等,公司议事规则中没有关于股东表决权的条款。股东俞某根、李某某、范甲、华某平、郑某五人在该章程上签名,但没有梁某力的签名,落款日期为2010年4月3日。

二审法院经审理认为,双方争议的焦点问题是云帆公司2011年1月26日的股东会决议是否经过了有2/3以上表决权的股东表决通过。因俞某根与梁某力各执一词，所以本案股东会决议效力问题主要围绕两个方面展开：一是如何确定梁某力享有的表决权数；二是梁某力在未足额出资前其表决权的行使应否受到限制。

关于如何确定梁某力享有的表决权数的问题。法院认为，《公司法》第42条规定："股东会会议由股东按照出资比例行使表决权；但是，公司章程另有规定的除外。"该规定在允许出资比例与表决权比例适度分离的同时赋予了公司更大的自治空间，换言之，是依据出资比例还是依据股权比例来确定股东表决权，可归于公司自治权。本案中，经工商备案的2010年4月25日公司章程载明"梁某力出资比例为73.53%""股东会会议按股东出资比例行使表决权"，而经各股东签名确认的2010年4月25日股东会决议和俞某根提供的2010年4月5日公司章程却载明"梁某力出资货币300万元，占公司股权51%"。虽然工商备案的公司章程与股东会决议之间以及两个版本的公司章程之间出现部分内容不一致，但结合俞某根、梁某力等股东于2010年5月20日签名确认的《股东会协议书》的有关内容，如"股东依据股权比例行使股东权力，而非依出资比例""工商备案的公司章程中部分内容（如股权比例）与我公司实际情况不同，因此共同声明公司章程以2010年4月5日股东签署的云帆公司章程为准"等，可以确认，关于梁某力出资300万元、按股权比例51%行使股东权利的约定应是云帆公司各股东的真实意思表示，符合《公司法》第43条规定，应当作为确定梁某力的股权比例及表决权的依据。依据《公司法》（2005）第104条之规定："股东出席股东大会会议，所持每一股份有一表决权……"梁某力在云帆公司享有的表决权数应为51%。

关于梁某力在未足额出资前其表决权的行使应否受到限制的问题。法院认为：股东表决权是股东通过股东大会上的意思表示，可按所持股份参加股东共同的意思决定的权利。表决权是股东的一项法定权利，《公司法》第4条规定："公司股东依法享有资产收益、参与重大决策和选择管理者等权利。"但表决权是否因股东未履行或未全面履行出资义务而受到限制，《公司法》对此并未作出明确规定。《公司法司法解释三》第17条规定："股东未履行或者未全面履行出资义务或者抽逃出资，公司根据公司章程或者股东会决议对其利润分配请求权、新股优先认购权、剩余财产分配请求权等股东权利作出相应的合理限制，该股东请求认定该限制无效的，人民法院不予支持。"该条司法解释虽然明确规定公司可对瑕疵出资股东的利润分配请求权、新股优先认购权、剩余财产分配请求权等股东权利进行限制，但限制的权利范围只明确为股东自益权，并未指向股东共益权。自益权是股东获取财产权益的权利，共益权是股东对公司重大事务参与管理的权利。表决权作为股东参与公司管理的经济民主权利，原则上属于共益权，但又具有一定的特殊性，股东通过资本多数决的表决权机制选择或罢免董事、确立公司的运营方式、决策重大事项等，借以实现对公司的有效管理和控制，其中也包括控制公司财产权，故表决权实质上是一种控制权，同时亦兼有保障自益权行使和实现之功能，具有工具性质。如果让未尽出资义务的股东通过行使表决权控制公司，不仅不符合权利与义务对等、利益与风险一致的原则，也不利于公司的长远发展。因此，公司通过公司章程或股东会决议对瑕疵出资股东的表决权进行合理限制，更能体现法律的公平公正，亦符合《公司法》和司法解释有关规定之立法精神，可以得到支持。

就本案而言，俞某根主张梁某力只能行使 22.1% 表决权，剩余 28.9% 因未实际出资而应受到限制，因缺乏限制的前提和依据，故法院难以支持。首先，梁某力在行使表决权时尚不属于瑕疵出资股东，不具备限制其表决权的前提。梁某力认缴出资 300 万元，分两期缴纳，第一期 130 万元已实际出资，第二期 170 万元的缴纳期限是 2011 年 5 月 9 日，本案争议的股东会决议作出之日是 2011 年 1 月 26 日，即梁某力在行使其表决权时第二期出资期限尚未届满，其分期出资的行为具有合法性，亦不违反约定的出资义务。其次，无论是工商备案的或者俞某根提供的云帆公司章程，还是股东会决议或者股东会协议书，均未作出有关梁某力在第二期出资期限届满前应按其实际出资比折算股权比例来行使表决权等类似规定，不具有限制其表决权的依据。最后，即便按俞某根主张依据实际出资计算，梁某力实缴出资 130 万元，占公司实收资本 238 万元的 54.6%，加上李某某、郑某的实际出资比例各 8.4%，同意股东的表决权也已超过 2/3。据此，法院认为，云帆公司 2011 年 1 月 26 日的股东会决议经过了梁某力 51%、李某某 10.9025%、郑某 5.39% 的表决通过，已超过了有 2/3 以上表决权的股东同意，应当有效。故而，二审法院维持原审判决。

【实务指引】

本案的焦点问题是，瑕疵出资的股东的表决权数是否可以受到限制的问题。

股东权利，是指股东基于股东资格而享有的、从公司获取收益并参与公司经营管理的权利。按照《公司法》的规定，股东权利有如下几项：出席股东会及会上表决权、红利分配请求权、选举权与被选举权、股东知情权、依法转让股份和股份的优先购买权、公司增资时的优先购买权、异议股东股份收购请求、剩余财产分配权、提议召开临时股东会会议的权利、股东会的召集和主持权等。

一般认为，依据股东权利行使的目的和内容为标准，可以把股东权利分为共益权和自益权；自益权是指股东为从公司获取财产权益而享有的一系列权利；共益权是指股东为参与公司决策、经营、管理、监督和控制而享有的一系列权利，一般情况下股东以自己的利益兼以公司的利益为目的而行使的权利都是共益权。

其实可以把自益权看作一种经济性的权利，而将共益权看作一种管理性的权利，而共益权又可以分为经营监督性权利和经营管理性权利。

对于经济性权利，公司可以通过公司章程或股东会决议的方式对此类权利的行使作出限制。但是，对于公司经营监督性的权利，比如出席股东会权利、股东会提案权、股东知情权等是股东基于股东资格而享有的具有人身性质的权利，具有不可分性，对于公司的运营所产生的负面影响有限，更多是为了满足股东对公司经营状况进行监督的民主需要，且这些监督往往有利于公司的发展，因此，公司章程或股东会决议对此类股东权利不宜予以限制。

对于经营管理性权利，比如股东会上表决权、选举权与被选举权、提议召开临时股东会会议的权利、股东会的召集和主持权等管理性权利，鉴于股东会是公司的最高权力机关，它决定公司的投资方针和经营计划，选举更换非职工代表担任的董事、监事，修改公司章程，甚至解散公司，从而对公司施加影响，其对公司的存在及经营运作有着重大的意义。特别是股东的表决权，通过表决可以以决议的方式将股东个人意志提升为公司团体意志，从而对公司及其机关都具有拘束力，并且具有执行力，是对公司施加影响的最为有效手段之一。此类权利实质上是一种控制权，同时亦兼有保障自益权行使和实现之功能，具有工具性质。如果让未尽出资义务的股东通过行使表决权控制公司，不仅不符合权利与义务对等、利益与风险一致的原则，也不利于公司的长远发展。所以，未按约定的出资期间及时缴纳认缴出资的，公司章程或股东会决议可以进行表决权限制。

表决权限制一般是指通过公司章程或股东大会决议，对表决权的主体、内容、行使原则及表决效力等方面的限制。主要包括：（1）表决权主体限制。如果股东在认缴出资期间内根本没有缴纳出资，那么该股东就不能行使表决权，这是对表决权主体的限制；（2）表决权总量比例限制。如果股东在分期缴纳出资期间没有及时足额缴纳全部出资，而是缴纳了部分出资，那么该股东的表决权在总量上应减去该分缴期内到期应缴而未缴纳金额所占的比例，该部分比例的表决权应受到限制，这是一种表决权总量的限制。为什么要对未按约定的出资期间及时缴纳认缴出资的股东进行表决权主体或者总量限制呢？因为超过了认缴期后，未出资股东实际上就变成了真正的瑕疵出资股东，性质发生了变化，即其已从善意的合法行为，转化成了恶意的欺骗行为，明显违背了法律的规定和公司章程的约定。在这种情形下，表决权当然就应受到限制。表决权的限制从何时开始起算呢？如果股东在各个分期缴纳出资期间都没有缴纳出资，那么该股东就从第一个认缴期届满之日起不享有表决权或表决权应受限制；如果在分期缴纳出资期间，股东在有的分期段内缴纳了出资，有的分期段内没有缴纳出资，那么，该股东就应从没有缴纳出资的认缴期届满之日起不享有表决权或表决权应受限制。(3) 表决权恢复。违约出资股东可以补充出资，如果股东违约后如数补充了应缴出资，未出资股东履行了补充出资义务，表决权应即行恢复，其表决权从股东补缴相应金额之日起享有，且恢复的权利不溯及既往。当然上述对瑕疵出资股东表决权的限制均应以公司章程或股东会决议的方式作出。

本案中，首先，梁某力在行使表决权时尚不属于瑕疵出资股东（其认缴出资的期限还没有届满），不具备限制其表决权的事实要件；其次，公司并没有通过公司章程或股东会决议的方式，对瑕疵出资股东的表决权限制作出提前约定，没有限制其表决权的法律依据。

【公司治理建议】

第一，股东出资比例和股权比例可以不一致。有限责任公司股东可以通过公司章程或全体股东会决议的方式确定，股东之间可以不按出资比例确定各自的股权份额，这就为在保持控制权的前提下引入新资本提供了制度空间。

第二，股东出资比例和股东表决权比例可以不一致。首先，在公司章程中可以作出特殊约定。例如，股东会会议表决，不按照出资比例行使表决权，实行一人一票制；或股东会会议表决，不按照出资比例行使表决权，根据各股东在公司发展中提供出资或其他资源的重要性的差异，特确定以下表决权的行使根据：股东甲享有××%的表决权，股东乙享有××%的表决权，股东丙……其次，股东之间可以自由约定，表决权比例的确定是依据认缴出资比例还是实缴出资比例，在股东之间没有提前约定的前提下依据认缴出资比例行使表决权。另外，可通过公司章程或股东会决议约定，认缴出资的股东在认缴期限届满后仍未缴纳出资的，股东表决权可以受到合理的限制（包括表决权行使主体资格限制和比例限制），这将敦促新引入的股东如期足额缴纳出资。

【法规链接】

《公司法》

第四十二条 股东会会议由股东按照出资比例行使表决权；但是，公司章程另有规定的除外。

《最高人民法院关于适用〈中华人民共和国公司法〉若干问题的规定（三）》

第十七条 股东未履行或者未全面履行出资义务或者抽逃出资，公司根据公司章程或者股东会决议对其利润分配请求权、新股优先认购权、剩余财产分配请求权等股东权利作出相应的合理限制，该股东请求认定该限制无效的，人民法院不予支持。

《全国法院民商事审判工作会议纪要》（法〔2019〕254号）

7.【**表决权能否受限**】股东认缴的出资未届履行期限，对未缴纳部分的出资是否享有以及如何行使表决权等问题，应当根据公司章程来确定。公司章程没有规定的，应当按照认缴出资的比例确定。如果股东（大）会作出不按认缴出资比例而按实际出资比例或者其他标准确定表决权的决议，股东请求确认决议无效的，人民法院应当审查该决议是否符合修改公司章程所要求的表决程序，即必须经代表三分之二以上表决权的股东通过。符合的，人民法院不予支持；反之，则依法予以支持。

公司亏损就等于股东利益受损吗

【司法观点】

1. 公司股东认为其他股东滥用股东权利侵犯其合法权益的，有权依据《公司法》第20条的规定提起诉讼。

2. 适用公司人格否认时必须采取谨慎态度并严格遵循适用条件，仅以股东与公司的负责人同一的事实并不能证明股东与公司间存在法人人格混同。

3. 公司正常商业活动中的亏损不能简单归结为股东利益受损，即公司利益减损并不等同于给股东造成了损失。

【典型案例】[①]

海钢集团与中冶公司于1996年9月注册成立渡假村公司[②]，公司章程中第8条第6项规定"议事规则：股东会一般一年召开一次，股东会的决议，修改章程必须经三分之二以上的股东表决通过"。

2002年11月渡假村公司进行了增资扩股，扩股后渡假村公司的总股本为16291.89万元，其中中冶公司出资8097.13万元，占总出资比例的49.70%；海钢公司出资5424.76万元，占总出资比例的33.30%；石化公司出资1500万元，占总

---

① （2013）民二终字第43号。后该案又经过最高人民法院再审，案号（2014）民申字第1116号，维持了上述判决书。

② 因该公司名称即为"渡假村"，因此本书写作过程中不做纠正为"度假村"。

出资比例的9.21%；人福公司出资640万元，占总出资比例的3.93%；三亚市人口与计划生育局（以下简称三亚市计生局）出资250万元，占总出资比例的1.53%；园林公司出资380万元，占总出资比例的2.33%。2006年2月，石化公司将其持有的9.21%的股权无偿划转给中海石油投资控股有限公司。

2006年11月9日，渡假村公司董事会向各股东致函，要求各股东针对渡假村公司与海韵公司的合作开发事项进行表决，并将表决结果于2006年11月15日前发送至董事会指定的传真号或邮箱。渡假村公司的六家股东除人福公司弃权未表决外，其余五家股东均向渡假村公司董事会送达了表决意见。其中中冶公司、石化公司、园林公司投赞成票，以上三家股东共持有61.24%的股份；海钢公司、三亚市计生局投反对票，以上两家股东共持有34.83%的股份。根据这一表决结果，形成了《渡假村公司股东会决议》，通过了渡假村公司和海韵公司的合作开发方案。该决议落款为"渡假村公司董事会，董事长邹某"，并加盖渡假村公司公章。

2006年11月28日，渡假村公司与海韵公司签订《三亚度假村合作开发协议》及《备忘录》，双方又于2007年5月12日签订《补充协议（一）》《补充协议（二）》及第二份《备忘录》。以上协议约定渡假村公司将其70亩土地及地上建筑物的所有权和开发权交给海韵公司，作价8033万元；海韵公司向渡假村公司支付7181万元用于渡假村公司在另一块23.9亩土地上建造约12000平方米的四星级酒店；海韵公司为渡假村公司职工解决2130平方米的职工宿舍，按每平方米4000元计算以及将1350万元用于职工房改安置补偿款一次性付给渡假村公司，由渡假村公司分别付给职工个人。海韵公司按此约定共计应向渡假村公司支付9383万元。双方还约定如有一方违约，除应赔偿给对方造成的损失外，还应向对方支付违约金1000万元。其后，渡假村公司和海韵公司前期合作相互配合，海韵公司将职工宿舍建成（但尚未交付使用）并支付渡假村公司职工补偿款1350万元，为渡假村公司兴建的四星级酒店支付工程款4111.926614万元。但从2008年3月开始，双方因渡假村公司应过户给海韵公司的70亩土地是否符合土地转让条件，能否办理项目变更手续等问题产生分歧，于2008年6月和8月分别提起诉讼。其后，对于渡假村公司提起的(2009)三亚民一（重）初字第3号案，三亚市中级人民法院裁定按撤诉处理。对于海韵公司提起的(2009)三亚民一（重）初字第2号案，三亚市中级人民法院于2010年7月13日作出民事判决，判令渡假村公司将位于渡假村内的"三亚湾国际公馆"1、2号楼项目及其占有的70.26亩土地使用权过户到海韵公司的名下，渡假村公司于判决生效之日起10日内向海韵公司支付违约金1000万元。渡假村公司不服该判决，向海南省高级人民法院提起上诉，该院于2010年12月24日作出(2010)琼民一终字第39号民事判决，驳回渡假村公司的上诉，维持原判。"三亚湾国际公馆"1、2号楼项目及其占有的70.26亩土地使用权已于该案判决前先予执行过户到海韵公司名下,渡假村公司尚未向海韵公司支付违约金1000万元。

海钢集团曾于2009年4月28日向中冶公司发送《律师函》,要求中冶公司与其协商如何承担赔偿责任的问题。中冶公司分别于2010年4月2日和9月28日向海钢集团发(回)函称,就股东权益问题待渡假村公司与海韵公司的诉讼有了结论后双方再协商处理办法或通过法律途径解决。

海钢集团认为由于中冶公司不顾其他股东的反对意见,决定渡假村公司与海韵公司合作,导致渡假村公司数亿元的损失,其中海钢集团损失2.344亿元,遂提起本案诉讼。请求法院:1. 认定中冶公司在通过2006年11月17日的《渡假村公司股东会决议》过程中滥用股东权利;2. 判令中冶公司赔偿海钢集团经济损失2.344亿元人民币或者赔偿海钢集团同类地段同类价格同等数量的土地使用权(21.3亩);3. 判令中冶公司赔偿海钢集团因渡假村公司支付海韵公司1000万元人民币违约金产生的333万元人民币损失;4. 判令中冶公司承担本案诉讼费。

海南省高级人民法院经审理认为,根据各方当事人的诉辩主张,本案的争议焦点为:1. 在2006年11月17日《渡假村公司股东会决议》形成过程中,中冶公司是否滥用了股东权利;2. 渡假村公司与海韵公司合作过程中,是否造成了海钢集团的损失,该损失有多少,该损失是否应由中冶公司承担;3. 海钢集团起诉的法律依据。

一、关于在2006年11月17日《渡假村公司股东会决议》形成过程中,中冶公司是否滥用了股东权利的问题

2006年11月17日,中冶公司要求股东对渡假村公司和海韵公司土地开发合作事宜进行表决,其中持有61.24%股份的股东赞成,持34.83%股份的股东投了反对票,其他股东弃权,未达到我国《公司法》第43条所规定的经代表三分之二以上表决权的股东通过。中冶公司利用其董事长邹某同时为渡假村公司董事长的条件和掌管渡假村公司公章的权力自行制作《渡假村公司股东会决议》,系滥用股东权利,并由此侵犯了海钢集团的合法权益。

二、关于渡假村公司与海韵公司合作过程中,是否造成了海钢集团的损失,该损失有多少,该损失是否应由中冶公司承担的问题

中冶公司在2006年11月17日的《渡假村公司股东会决议》的形成中滥用股东权利,侵犯了海钢集团的合法权益,由此给海钢集团造成的损失应由中冶公司进行赔偿。海钢集团请求中冶公司赔偿的损失分为两部分:第一部分为渡假村公司过户给海韵公司的70.26亩土地的土地使用权中海钢集团所占的相应份额;第二部分为渡假村公司应支付给海韵公司的1000万元违约金。1. 关于土地使用权部分,根

据已经生效的（2009）三亚民一（重）初字第 2 号民事判决书中引用的三亚[2007]（估）字第 070601 号评估报告，该宗土地在由划拨用地变为出让地时的评估总价为 10758.7941 万元，由于该份评估报告已经被生效判决所认定，故应以该评估报告所评估的土地价值为依据计算损失。海钢集团的损失应为该土地的总价值 10758.7941 万元减去渡假村公司已获得的对价 9383 万元，乘以海钢集团持有渡假村公司的 33.3% 的股份，即为 458.139435 万元。2. 关于渡假村公司应支付给海韵公司的 1000 万元违约金造成的海钢集团的损失部分，由于该违约金渡假村公司尚未向海韵公司支付，损失未实际发生，故对海钢集团请求中冶公司赔偿的该部分的损失在本案中尚不能得到支持。综上，渡假村公司与海韵公司合作过程中，因中冶公司滥用股东权利，造成了海钢集团损失共计 458.139435 万元。

三、关于海钢集团起诉的法律依据的问题

本案海钢集团依据我国《公司法》第 20 条提起本案诉讼，该法第 20 条规定："公司股东应当遵守法律、行政法规和公司章程，依法行使股东权利，不得滥用股东权利损害公司或者其他股东的利益；不得滥用公司法人独立地位和股东有限责任损害公司债权人的利益。公司股东滥用股东权利给公司或者其他股东造成损失的，应当依法承担赔偿责任……"本案中，由于中冶公司在 2006 年 11 月 17 日的《渡假村公司股东会决议》的形成过程中滥用了股东权利，故我国《公司法》第 20 条是海钢集团起诉要求中冶公司赔偿其损失的正确的法律依据。

综上所述，海南省高院认为中冶公司在 2006 年 11 月 17 日《渡假村公司股东会决议》的形成中滥用股东权利，侵犯了海钢集团的合法权益，判决：1. 中冶公司在通过 2006 年 11 月 17 日的《渡假村公司股东会决议》过程中滥用股东权利；2. 中冶公司于判决生效之日起三十日内向海钢集团赔偿经济损失 458.139435 万元；3. 驳回海钢集团的其他诉讼请求。

海钢集团不服上述一审民事判决，向最高人民法院提起上诉称：1. 原审判决没有依法判令中冶公司按照损失发生时三亚土地市场的价格进行赔偿。《侵权责任法》第 19 条明确规定："侵害他人财产的，财产损失按照损失发生时的市场价格或者其他方式计算。"原审法院没有考虑三亚土地市场价格的实际情况，以 2007 年评估报告中的评估价作为中冶公司对该地块于 2010 年的损失赔偿额的计算依据，显属错误。2. 请求改判中冶公司赔偿同类地段同类价格同等数量的土地使用权（21.3 亩）。海钢集团在一审中关于第二项的诉讼请求是，"判令被告赔偿海钢集团经济损失 2.344 亿元人民币或者赔偿海钢集团同类地段同类价格同等数量的土地使用权（23.4 亩）"。在金钱赔偿数额相差巨大及 2007 年和 2012 年评估报告皆系主观认定的情形下，为了做到客观、公平、公正，海钢集团坚持要求中冶公司赔偿同类地段同类价格同等数量的土地使用权（23.4亩）。目前在渡假村公司名下的同类地段同类价格的土地使用权尚有23.9亩，根据中冶公司占其49.7%的股权比例，中冶公司有相应的实际履行能力。故请求：维持原判第一项，撤销原判第二项、第三项，改判中冶公司赔偿海钢集团同类地段同类价格同等数量的土地使用权（23.4亩）。

中冶公司答辩称：1.中冶公司与海钢集团并非本案适格当事人，海钢集团起诉对象错误。2.海钢集团曲解了中冶公司复函内容的意思，中冶公司在复函中的表述并未承诺由其承担股东侵权之责。3.本案中如有损失也是渡假村公司的损失而非海钢集团的损失，应由渡假村公司主张。4.海钢集团列举的两份土地估价报告与本案并无关联，不能证明其主张的股权被侵害与受损事实。5.海钢集团要求中冶公司赔偿损失没有事实和法律依据。

中冶公司同时向最高法院提起上诉称：1.原审判决确认海钢集团和中冶公司为本案原、被告均不适格。2.一审判决未查明基本事实且认定事实错误。(1)一审判决未查明侵权及损害的主体和因果关系。(2)一审判决中关于中冶公司于2006年11月17日要求股东对渡假村公司与海韵公司土地开发合作事宜进行表决的说法无事实依据。(3)一审判决认定中冶公司利用其总经理邹某同时为渡假村公司董事长的条件和掌管渡假村公司公章的权力自行制作《渡假村公司股东会决议》无事实和法理依据。(4)渡假村公司董事长的行为系其个人行为，非公司股东行为。(5)一审判决计算海钢集团的损失没有法律和企业会计依据，且计算错误。3.一审判决适用法律不当。渡假村公司董事长邹某签署股东会决议与对外签约行为是其个人的履职行为，没有证据显示中冶公司作为股东利用邹某在渡假村公司的任职而滥用股东权利。如果一审法院认为邹某在处理公司事务时违反了《公司法》的规定，则应适用《公司法》第150条和第152条的规定。但即便据此规定，一审法院在判定诉讼利益归属与诉讼程序上亦存在错误。综上，海钢集团与中冶公司不是本案适格原、被告，一审判决认定事实错误、适用法律不当，请求二审法院判决：1.撤销海南省高级人民法院（2012）琼民二初字第1号民事判决；2.驳回海钢集团的起诉。

海钢集团答辩称：1.关于诉讼主体和法律依据问题。海钢集团依据《公司法》《侵权责任法》《民事诉讼法》提起损害股东利益的侵权责任纠纷，中冶公司为滥用股东权利的侵权人，海钢集团为被侵权人，双方当事人诉讼地位适格、法律依据明确。2.关于中冶公司滥用股东权利的问题。中冶公司系渡假村公司的控股股东，其法定代表人亦同时为渡假村公司董事长，中冶公司的经营意图完全可以利用其在渡假村公司的控股股东地位通过渡假村公司得以体现，两者之间存在人格混同。且在股东会议事方式和表决程序严重违反公司法和公司章程的情况下，中冶公司利用其控股股东地位予以通过合作开发决议，明显构成滥用股东权利。3. 中冶公司在渡假村公司和海韵公司之间以合作开发方式低价转让本案讼争地块中起到了决策、履行和善后处理的作用，应承担法律责任。4. 中冶公司滥用股东权利的行为，损害了海钢集团的合法权益，理应依法赔偿。综上，中冶公司构成滥用股东权利，且因其滥用行为给海钢集团造成的损失清楚，因果关系明确，渡假村公司的独立法人地位并不能否认海钢集团作为股东享有的损害赔偿权。

渡假村公司述称：1. 本案所涉土地为渡假村公司名下财产，海钢集团所持有的是渡假村公司的股权而非土地使用权，其不应直接诉请赔偿。2. 海钢集团并未提交确凿证据证明其所主张的股权损失，已提交的土地价格评估报告是对部分土地的价格评估而非对海钢集团所持股权损益的评估，与本案并无关联。3. 海钢集团要求以渡假村公司的资产直接赔偿其股权损失，侵犯了公司的财产权，实为海钢集团的撤资行为，缺乏法律依据。

最高人民法院认为，本案二审争议焦点是：1. 本案诉讼当事人是否适格；2. 中冶公司是否滥用了股东权利并由此给海钢集团造成损失。

一、关于本案诉讼当事人是否适格的问题

本案中，海钢集团以中冶公司滥用其在渡假村公司的控股股东地位、侵害海钢集团的股东利益为由，提起损害赔偿之诉，属于股东直接诉讼，诉讼利益归于海钢集团。其提出的法律依据是我国《公司法》第20条第1款和第2款关于"公司股东应当遵守法律、行政法规和公司章程，依法行使股东权利，不得滥用股东权利损害公司或者其他股东的利益""公司股东滥用股东权利给公司或者其他股东造成损失的，应当依法承担赔偿责任"的规定。

本案的原、被告双方均为渡假村公司的股东，且均为独立的公司法人，依法享有相应的民事权利并承担民事义务，具有参加民事诉讼的主体资格。原告海钢集团提起本案民事诉讼，主张被告中冶公司侵害了其权益，其诉讼请求和事实理由明确、具体，其涉案争议亦属于人民法院受理范围，符合我国《民事诉讼法》第119条规定，原审法院予以受理并无不当。中冶公司关于本案原、被告均不适格的上诉理由不成立。

二、关于中冶公司是否滥用了股东权利并由此给海钢集团造成损失的问题

最高人民法院认为，在渡假村公司股东会进行与海韵公司的合作开发方案的表决过程中，中冶公司作为该公司的股东投了赞成票，系正当行使其依法享有表决权的行为，该表决行为并不构成对其他股东权利及利益的侵害。基于全体股东的表决结果，渡假村公司董事会制定了《渡假村公司股东会决议》，其载明："根据《公

司法》规定：渡假村公司股东会通过渡假村公司与海韵公司合作开发方案。"此后，双方签订了合作开发协议，并将之付诸实施。这些行为及经营活动均是以"渡假村公司董事会、董事长"名义而实施，其对内为董事会行使职权，对外则代表了"渡假村公司"的法人行为，没有证据证明是中冶公司作为股东而实施的越权行为。尽管大股东中冶公司的法定代表人邹某同时担任渡假村公司董事会的董事长，但此"双重职务身份"并不为我国《公司法》及相关法律法规所禁止，且该董事长系由渡假村公司股东会依公司章程规定选举产生，符合我国《公司法》第44条第3款的规定。在此情形下，渡假村公司及其股东中冶公司均为人格独立的公司法人，不应仅以两公司的董事长为同一自然人，便认定两公司的人格合一，进而将渡假村公司董事会的行为认定为中冶公司的行为，这势必造成公司法人内部决策机制与其法人单位股东在人格关系上的混乱。此外，两公司人格独立还表现为其财产状况的独立和明晰，在没有证据证明公司与其股东之间存在利益输送的情况下，此类"董事长同一"并不自然导致"法人人格否认原理"中的"人格混同"之情形，不能据此得出中冶公司的表决行为损害了渡假村公司及其股东海钢集团利益的结论。因此，原审判决依"中冶公司利用其董事长邹某同时为渡假村公司董事长的条件和掌管渡假村公司公章的权力自行制作《渡假村公司股东会决议》"，认定中冶公司"系滥用股东权利，并由此侵犯了海钢集团的合法权益"，没有事实和法律依据。

关于本案中渡假村公司股东会的表决程序及结果的合法性与中冶公司是否滥用股东权利两者之间的关系问题。渡假村公司的《有限责任公司章程》第8条第6项"议事规则"规定"股东会一般一年召开一次，股东会的决议，修改章程必须经三分之二以上的股东表决通过"。二审期间，海钢集团、中冶公司对该条款规定的"三分之二以上的股东表决通过"是否适用本案的表决存有不同理解。即"股东会的决议"是指股东会的所有决议，还是仅指关于"修改章程"的决议。最高法院认为，该争议问题涉及股东会表决程序及结果是否符合《公司法》及公司章程的规定，无论其合法性如何认定，都是渡假村公司董事会行使职权的行为，其责任归于董事会，而不应作为判定中冶公司在表决中是否滥用了股东权利的依据。此外，本案"土地开发合作事宜"属于该公司一般性的经营活动，我国《公司法》第43条并未规定该决议必须经代表三分之二以上表决权的股东通过，故原审认定股东会就土地开发合作事宜进行的表决未达到该条规定的表决权不当。

关于海钢集团所主张损失的性质问题。海钢集团诉称，渡假村公司与海韵公司合作开发项目中，其对土地价格的评估远低于当时的市场价，给渡假村公司造成了巨大的损失，按其持有的股权比例，请求中冶公司赔偿海钢集团同类地段同类价格同等数量（23.4亩）的土地使用权。最高法院认为，海钢集团诉称的"损失"产生于渡假村公司与海韵公司合作开发建设过程中，依双方约定，渡假村公司拿出部分土地给海韵公司开发建设，海韵公司则为渡假村公司建设一幢四星级酒店及职工宿舍等。海钢集团据此主张由中冶公司赔偿其相应的损失，没有事实和法律依据，理由是：1. 渡假村公司在该合作开发项目中的"损失"不属于本案审理的范围，法院在此不能作出判定；2. 即使该"损失"存在，请求该项"损失"救济的权利人应是渡假村公司，而非海钢集团；3. 如海钢集团代渡假村公司主张权利，则诉讼权利受益人仍是渡假村公司，这与本案不属于同一法律关系，亦不属于本案审理范围。

综上，上诉人海钢集团关于中冶公司滥用股东权利、侵害了其股东权益，应予赔偿的诉讼请求，缺乏事实和法律依据。最高法院判决如下：1. 撤销海南省高级人民法院（2012）琼民二初字第1号民事判决书；2. 驳回海南海钢集团有限公司的诉讼请求。

【实务指引】

该案集中地反映了公司股东在其权利受到侵犯时，如何通过诉讼来实现救济的问题。亦即当股东向法院提起诉讼时，就需要考虑代表谁的利益起诉、依据什么起诉、起诉的对象是谁等。依据《公司法》和《民事诉讼法》的有关规定，股东有两种行使股东诉讼权利的形式，其一是股东直接诉讼，其二则是股东代表诉讼。

所谓股东直接诉讼，即当股东认为自己的利益受到侵犯时，无论侵犯他权利的主体是公司、其他股东还是公司以外的其他任何人，股东都有权利为维护自身利益而起诉，这与一般诉讼主体的诉讼权利是完全相同的。

股东代表诉讼则不同，股东代表诉讼代表的并非自己，而是公司；换言之，当公司利益受到侵害时，如果公司拒绝或怠于行使诉权，则股东可以以自己的名义提起诉讼，但通过诉讼而取得的收益或赔偿则归公司所有。

《公司法》第151条规定："董事、高级管理人员有本法第一百四十九条规定的情形的，有限责任公司的股东、股份有限公司连续一百八十日以上单独或者合计持有公司百分之一以上股份的股东，可以书面请求监事会或者不设监事会的有限责任公司的监事向人民法院提起诉讼；监事有本法第一百四十九条规定的情形的，前述股东可以书面请求董事会或者不设董事会的有限责任公司的执行董事向人民法院提起诉讼。监事会、不设监事会的有限责任公司的监事，或者董事会、执行董事收到前款规定的股东书面请求后拒绝提起诉讼，或者自收到请求之日起三十日内未提起诉讼，或者情况紧急、不立即提起诉讼将会使公司利益受到难以弥补的损害的，前款规定的股东有权为了公司的利益以自己的名义直接向人民法院提起诉讼。他人侵犯公司合法权益，给公司造成损失的，本条第一款规定的股东可以依照前两款的规定向人民法院提起诉讼。"

不难看出，股东直接诉讼与股东代表诉讼是股东提起诉讼的两种形态，前者为自己利益而诉，后者则是为了维护公司利益。本案中，海钢集团以自己的股东权益受到侵犯为由起诉要求赔偿，该诉讼显然属于前者。因此，虽然中冶公司认为"本案中如有损失也是渡假村公司的损失而非海钢集团的损失，应由渡假村公司主张"，中冶公司与海钢集团并非本案适格当事人；但考虑到海钢集团是认为自己的股东权益受到损害，而非渡假村公司的利益受到损害，其当然有权以自己为原告、以其所认为的侵权主体即中冶公司为被告起诉。而既然起诉的原告适格，被告明确，有具体的诉讼请求和事实理由，该起诉即属于法院的受理范围，海钢集团的诉讼资格不存在问题。

但是，海钢集团具有本案的诉讼资格不意味着其诉讼请求一定能够得到法院的支持。在实体审理中，本案存在两个关键性的问题：

其一，中冶公司是否滥用了股东权利。尤为需要指出的是，无论渡假村公司董事会作出的《渡假村公司股东会决议》是否符合渡假村公司章程的规定，但由于其落款为渡假村公司董事会并加盖公司公章，相应的法律责任均应由董事会承担。在并无证据表明中冶公司侵害其他股东的表决权和自由权利或滥用资本多数决的优势操控强行通过该决议的情况下，中冶公司不可能承担相应的责任。并且，法人人格独立是公司法律制度的基石，在适用法人人格否认时必须采取审慎态度并严格遵循适用条件；海钢集团仅以渡假村公司与中冶公司负责人同一的事实远远不足以证明两公司人格混同。因此，海钢集团并未证明中冶公司滥用了股东权利。

其二，海钢集团的股东利益是否受到了侵害。诚然，因为股东会与董事会决策的失误导致了渡假村公司承受了商业损失，但是该损失并不能简单地与其股东海钢集团的利益受损画等号。这是因为，股东一旦出资，其出资金额即归公司所有，股东并不再享有其出资金额的直接支配权，而只能依据法定的程序通过公司分红等手段来实现自身权益，假设渡假村公司并未遭受此经济损失，渡假村公司也有权作出不分红的决议使得海钢集团无法直接获取该权益。况且，商事活动中本身就机遇与风险同在，股东虽然履行了出资义务，但不可能总是能稳定地取得对应收益，有赚有赔才是常见的商业模式，股东在投资公司时对此商业风险完全是应知和明知的。因此只要是正常的商业活动，纵使公司出现亏损，也应当属于股东应当预见和承受的范畴，不能以自己的股权价值减损为由而要求他人承担该风险。

【公司治理建议】

本案简单而言,是大股东和小股东就公司的投资事项发生分歧,大股东利用股权比例超过50%的优势作出了公司决议,公司依据该公司决议进行投资,结果出现了亏损。小股东自觉很冤枉,认为大股东不顾自己的反对对外投资,投资亏损最终导致了自己在公司中的股权利益减损,减损的部分应当由大股东赔偿。

小股东看似很冤枉,但实际上并不占理。本案判决说明,当小股东与大股东共同出资成立公司时,就必须做好荣辱与共的心理准备。有福共享自不必说,有难同当则实属不易。小股东必须明白:当公司的经营活动出现亏损时,应当由所有股东共同承担,即使对于那些未参与公司实际经营的股东,或者是当初对某项公司的重大经营行为投反对票的小股东也不例外。如果小股东及早意识到这一点,也可以适度地在公司设立时防止日后被无辜冤枉的不利局面。本书作者向小股东提出两点建议:

1. 对于某些小股东特别关注的议题,可以适当在章程中提高作出有效股东会决议的表决权比例。如在章程中规定,公司对外投资超过5000万元的,必须经代表三分之二以上表决权的股东通过。假设本案中渡假村公司的章程中有上述规定,则小股东可避免大股东仅凭一己之力就可作出对外投资的股东会决议;而如在缺乏股东会决议的情况下董事会径行对外投资造成亏损,则小股东可以以相关责任人的行为侵犯公司利益为由提起股东代表诉讼。

2. 章程中也可对某些小股东特别关注的议题作出股权收购的特殊规定,如规定:对于股东会作出的对外投资超出5000万元的决议投反对票的股东,可以在公司决议作出之日起三十日内请求公司或者持有公司股权超过50%且对此项决议投赞成票的股东按照合理的价格收购其股权。

就本案大股东而言,虽然最终获得了胜诉判决,但在公司决议形成过程中亦存在明显瑕疵,明明是股东会通过的决议,却以董事会名义落款并仅由董事长签字,造成公司决议效力颇受质疑。本书作者提醒广大公司经营者,要格外注意公司决议的形式,尤其对于股东存在不同意见的决议内容,要如实记录各方意见,形成对所有股东都具有约束力的股东会决议及与其配套的会议通知、议题草案、会议记录等系列文件。

【法规链接】

《公司法》

第二十条 公司股东应当遵守法律、行政法规和公司章程,依法行使股东权利，不得滥用股东权利损害公司或者其他股东的利益；不得滥用公司法人独立地位和股东有限责任损害公司债权人的利益。

公司股东滥用股东权利给公司或者其他股东造成损失的，应当依法承担赔偿责任。

公司股东滥用公司法人独立地位和股东有限责任，逃避债务，严重损害公司债权人利益的，应当对公司债务承担连带责任。

第一百五十一条 董事、高级管理人员有本法第一百四十九条规定的情形的，有限责任公司的股东、股份有限公司连续一百八十日以上单独或者合计持有公司百分之一以上股份的股东，可以书面请求监事会或者不设监事会的有限责任公司的监事向人民法院提起诉讼；监事有本法第一百四十九条规定的情形的，前述股东可以书面请求董事会或者不设董事会的有限责任公司的执行董事向人民法院提起诉讼。

监事会、不设监事会的有限责任公司的监事，或者董事会、执行董事收到前款规定的股东书面请求后拒绝提起诉讼，或者自收到请求之日起三十日内未提起诉讼，或者情况紧急、不立即提起诉讼将会使公司利益受到难以弥补的损害的，前款规定的股东有权为了公司的利益以自己的名义直接向人民法院提起诉讼。

他人侵犯公司合法权益，给公司造成损失的，本条第一款规定的股东可以依照前两款的规定向人民法院提起诉讼。

第五章　股东会、董事会

【本章导读】

公司的意志有赖于公司机关作出并执行。根据我国《公司法》的规定，公司一般设立四类机关：股东会为公司的权力机关，董事会为公司的决策机关，监事会为公司的监督机关，经理为公司的执行机关。其中在规模较小的有限责任公司中，董事会和监事会不是必设机构，而由执行董事和监事行使职权。

在这四类公司机器中，实践中最重要、也最易产生争议的是股东会与董事会。之所以最重要，是因为借助于股东会与董事会的力量，可以有效地将提案者的个人意志合法地转化为公司意志，所形成的股东会决议、董事会决议对公司所有股东、高管产生约束力。之所以最易产生争议，是因为股东会与董事会皆是众人之事而非一人之事，在程序上，提案、召集、通知、出席、主持、表决都不可懈怠，在实体上，还要兼顾所做出的决议内容不能违反法律及公司章程的规定。

因此，对于大股东而言，学会善于利用法律与公司章程，充分了解并遵守股东会与董事会的运作机制，可以有效地将股权优势转化为对公司强大的控制力；对于小股东而言，虽然在表决权上处于劣势，但并不因此必然丧失在公司内部的话语权，合纵连横之外，如能站在法律的高度俯视公司机器的运作，鸡蛋里挑骨头的同时配合着主动出击，也大有以小博大、逆袭成功的机会。

本章的几个案例围绕着以下内容展开：1. 股东会与董事会的职权如何划分？尤其是两会的权利界限在哪里，公司章程中是否可以进行个性化的设计？2. 股东会与董事会应当如何运作？尤其是怎样才能形成有效的公司决议，公司决议作出后会对公司股东、高管产生怎样的影响？3. 有瑕疵的公司决议会产生怎样的法律后果？尤其是哪些情形会导致公司决议无效，哪些情形又会导致公司决议可撤销？

【本章常见问题及解答】

1. 《公司法》规定的股东会职权有哪些

根据《公司法》第37条的有关规定，股东会的职权包括：（1）决定公司的经营方针和投资计划；（2）选举和更换非由职工代表担任的董事、监事，决定有关董事、监事的报酬事项；（3）审议批准董事会的报告；（4）审议批准监事会或者监事的报告；（5）审议批准公司的年度财务预算方案、决算方案；（6）审议批准公司的利润分配方案和弥补亏损方案；（7）对公司增加或者减少注册资本作出决议；（8）对发行公司债券作出决议；（9）对公司合并、分立、解散、清算或者变更公司形式作出决议；（10）修改公司章程；（11）公司章程规定的其他职权。

2. 《公司法》规定的董事会职权有哪些

根据《公司法》第46条的有关规定，董事会行使如下职权：（1）召集股东会会议，并向股东会报告工作；（2）执行股东会的决议；（3）决定公司的经营计划和投资方案；（4）制订公司的年度财务预算方案、决算方案；（5）制订公司的利润分配方案和弥补亏损方案；（6）制订公司增加或者减少注册资本以及发行公司债券的方案；（7）制订公司合并、分立、解散或者变更公司形式的方案；（8）决定公司内部管理机构的设置；（9）决定聘任或者解聘公司经理及其报酬事项，并根据经理的提名决定聘任或者解聘公司副经理、财务负责人及其报酬事项；（10）制定公司的基本管理制度；（11）公司章程规定的其他职权。

3. 公司章程能否缩减《公司法》规定的股东会职权

这是一个有争议的问题。有观点认为，由于现行《公司法》采取的还是股东会中心主义，尚未采取董事会中心主义的立法态度，按照这种立法取向及法律条文文义解释，《公司法》规定的前10项股东会职权属于其法定职权，公司章程不能进行缩减。本书将重点介绍司法实践中对于这一问题的认识，并系统性地阐述本书的观点。

4. 公司章程能否扩大《公司法》规定的股东会职权

由于公司法规定股东会职权的最后一项为"公司章程规定的其他职权"。因此公司章程均可根据实际需要扩大公司法规定的股东会职权，包括将公司法规定的由董事会行使的职权也可在章程中规定由股东会行使。

5. 股东会召集程序瑕疵是否会对股东会决议效力产生影响

根据《公司法》第22条第2款的有关规定，股东会或者股东大会、董事会的会议召集程序、表决方式违反法律、行政法规或者公司章程形成的公司决议的效力为可撤销。但是，如果程序上的瑕疵并不会对决议产生实质影响，如应书面通知而只是口头通知，应提前15天通知而只提前了5天，则不宜否定会议和决议的效力。

6. 股东会的表决权计算基准是否必须为一股一票

股份公司所持每一股份有一票表决权，即一股一票。对于有限公司而言，虽然实践中通常的做法也是一股一票，但是《公司法》允许有限公司通过公司章程选择一人一票或其他表决机制，即使《公司法》规定特别决议事项的绝对多数决，也并没有强调必须是所持公司股权的三分之二,因此也可以是"一人一票"表决的三分之二。

7. 股东表决权的计算基数如何确定

《公司法》明确股份有限公司的股东大会形成的各项决议应以"出席会议的股东所持表决权"为基数。但是对于有限责任公司而言,其表决权基数是按照"出席会议的股东所持表决权"还是按照"全体股东所持表决权"计算,《公司法》并没有规定,这在实践中极易引发争议,故公司章程应对此问题予以明确。

8. 股东会是否可随时解除董事职务

《公司法》并未规定董事在任期届满前股东会不得解除其职务,这意味着股东会可以随时解除董事的职务。当然,如果公司章程已规定"董事在任期届满前,股东会不得无故解除其职务"的,则股东会不得随意解除董事职务。

9. 公司决议在什么情形下无效

根据《公司法》第22条的规定,公司股东会或者股东大会、董事会的决议内容违反法律、行政法规的无效。根据本书作者梳理,实践中认定公司决议无效的事由主要包括:(1)侵犯股东的优先认缴权;(2)侵犯股东的分红权;(3)违法解除股东资格;(4)非法变更股东出资额和持股比例;(5)侵犯股东的经营管理权;(6)损害公司利益,如部分股东决议将公司资产分给部分股东(或将公司现金无息出借给部分股东);(7)损害公司债权人利益,如在未缴清税费、未提取法定公积金的前提下分红;(8)选举的董事、监事、高管不具有任职资格;(9)违反禁售期的规定转让股权。

10. 公司决议在什么情形下被判决撤销

根据《公司法》第22条的规定,股东会或者股东大会、董事会的会议召集程序、表决方式违反法律、行政法规或者公司章程,或者决议内容违反公司章程的,股东可以自决议作出之日起60日内,请求人民法院撤销。

根据《公司法司法解释四》第4条的规定,会议召集程序或者表决方式仅有轻微瑕疵,且对决议未产生实质影响的,人民法院不会判决撤销该决议。

因此,对于对公司决议的形成具有绝对控制力的股东来讲,其务必要按照公司法及公司章程规定的程序召开,严格履行"召集程序"和"表决方式",包括股东会或者股东大会、董事会会议的通知、股权登记、提案和议程的确定、主持、投票、计票、表决结果的宣布、决议的形成、会议记录及签署等事项,以免在己方具有绝对表决权的情况下由于程序瑕疵而导致决议被撤销。

11. 公司决议在什么情形下会被法院认定不成立

根据《公司法司法解释四》第5条的规定,股东会或者股东大会、董事会决议存在下列情形之一，当事人主张决议不成立的，人民法院应当予以支持：（1）公司未召开会议，但依据《公司法》第37条第2款或者公司章程规定可以不召开股东会或者股东大会而直接作出决定，并由全体股东在决定文件上签名、盖章的除外；（2）会议未对决议事项进行表决的；（3）出席会议的人数或者股东所持表决权不符合公司法或者公司章程规定的；（4）会议的表决结果未达到公司法或者公司章程规定的通过比例的；（5）导致决议不成立的其他情形。

12. 如何证明确实向股东发出了会议通知

公司的会议通知，应当以书面形式发出，并保留快递单。快递单已签收，可以证明会议通知已送达；未经本人签收，无法证明送达。

相较普通快递，更为严谨的方式是公证邮寄，通过公证机关对会议通知内容和邮寄行为进行公证，可以有效证明发送会议通知的时间和内容。建议在公司股东间出现重大争议时，考虑以公证邮寄的方式送达会议通知，避免公司决议因程序性问题被撤销。

此外，结合有关案件的裁判观点，电子邮件、微信聊天记录、手机短信、QQ聊天记录也可证明履行了通知义务（前提是可以证明对方的手机号、微信号、QQ号、电子邮箱等确系为被送达的股东使用），但仅凭电话清单不足以证明发送了会议通知。

13. 会议通知中是否必须记载开会议题

对于有限责任公司而言，《公司法》并没有规定必须在公司会议召开前通知会议审议的事项，亦没有要求不得对通知中未列明事项进行表决，且不禁止会议进行期间临时增加议题和对增加的议题进行表决。因此，有限责任公司的会议通知中没有载明议题，或者表决事项超出会议通知载明的议题，都不会造成公司决议的被撤销。

但对于股份有限公司而言，《公司法》第102条明确规定，召开股东大会会议，应当将会议召开的时间、地点和审议的事项于会议召开二十日前通知各股东，股东大会不得对前两款通知中未列明的事项作出决议，据此，股份有限公司召开股东大会的，必须在会议通知中载明议题，否则将导致公司决议可被撤销。

14. 未实际召开股东会，大股东可否单方作出股东会决议

根据《公司法司法解释四》第5条的规定，公司未召开会议而作出股东会决议的，将导致公司决议被认定为不成立。

唯一的例外情形是，根据《公司法》第37条的规定，有限责任公司的全体股东以书面形式一致表示同意的，可以不召开股东会会议，直接作出决定，并由全体股东在决定文件上签名、盖章。因此，只要有一名股东未在股东会决议上签名、盖

章，即使是持股99%的大股东未经召开会议而单方作出的决议，也会被认定为决议不成立。

15. 伪造签名的股东会决议必然无效吗

对这一问题，现行法律及司法解释未作明确规定，司法实践中亦存在不同观点。一种观点认为，只要部分签名系伪造，且被伪造签名的股东或者董事不予认可，公司决议即为无效（或不成立）。另一种观点则认为，在去除伪造签名后通过比例不符合公司法或者公司章程的规定时，决议才为无效（或不成立），否则有效。

董事会可以"架空"股东会吗

【司法观点】

《公司法》以列举的形式规定了股东会和董事会的职权，从法律规定来看，董事会、股东会均有法定职权和章程规定职权两类。无论是法定职权还是章程规定职权，强调的都是权利，在没有法律明确禁止的情况下，股东可以通过公司章程调节股东会和董事会的权利边界。

但是，修改公司章程、增加或者减少注册资本的决议，以及公司合并、分立、解散的决议有且只有公司股东会才有决定权，这是股东会的法定权利，公司章程将股东会的法定权利规定由董事会行使，违反了《公司法》强制性规定，这类公司章程条款无效。

【典型案例】[①]

2009年10月19日，原告徐某霞与第三人报业公司为设立被告报业宾馆共同拟定了《公司章程》，载明：由报业公司发起，由报业公司和徐某霞共同出资租赁安顺报社办公楼作为场所，合股经营报业宾馆；注册资本为250万元；股东为报业公司和徐某霞；出资方式为现金；出资额为报业公司51%（127.5万元）；徐某霞49%（122.5万元）；章程由双方共同订立，自2009年10月19日起生效；章程第7条规定：宾馆设董事会，行使下列权利：1. 决定宾馆的经营方针和投资计划；2. 决定总经理、副总经理的报酬事项；3. 选择和更换由股东派出的监事；4. 审议批准宾馆总经理的报告；5. 审议批准宾馆监事会的报告；6. 审议批准宾馆的年度财务

[①] （2015）黔高民商终字第61号。

预算方案、决算方案；7. 审议批准宾馆的利润分配方案和弥补亏损方案；8. 对宾馆增加或者减少注册资本作出决议；9. 对股东向股东以外的人转让出资作出决议；10. 对宾馆合并、分立、变更、解散和清算等事项作出决议；11. 修改宾馆章程；12. 制定宾馆的基本管理制度。章程第 32 条规定：宾馆有下列情况之一，可以解散：1. 宾馆章程规定的营业期限届满；2. 董事会决议解散；3. 宾馆合并或者分立需要解散；4. 宾馆违反法律、行政法规被依法责令关闭；5. 因不可抗力事件致使宾馆无法继续经营；6. 宣告破产。上述章程签订后，报业宾馆于 2009 年 10 月 22 日经工商局注册成立，登记股东为徐某霞和报业公司。

此后，徐某霞认为报业宾馆章程第 7 条规定了应由股东行使的权利，第 32 条第 2 款也规定了董事会有权通过决议方式对报业宾馆进行解散等应由股东行使的权利，违反《公司法》强制性规定，侵犯了股东合法权益。徐某霞多次与报业公司协商对该条款进行调整和规范，但无法达成一致意见，无奈之下诉请确认报业宾馆章程第 7 条、第 32 条第 2 款无效。但是，报业公司和报业宾馆则认为：章程未违反公司法规定，合法有效；该章程经全体股东一致同意后签订，并未侵犯任何股东的权益；且徐某霞并未与我方协商修改章程。

一审法院经审理认为：本案争议焦点是股东对公司章程内容能否提起确认无效之诉以及报业宾馆章程是否部分无效。

公司作为由股东共同投资组成的联合体，股东之间需要对公司的组织和行为规则有共同的约定，形成共同的意志，其具体表现形式就是自愿制定书面的公司章程；同时，公司章程可以确定适应本公司实际情况的具体规则，体现高度自治，但必须在遵守法定规则的前提下。本案所涉公司章程是股东徐某霞、报业公司共同制定，对股东均有约束力。

根据《公司法》的规定，股东会是公司的权力机构，其职权为：决定公司的经营方针和投资计划；选举和更换非由职工代表担任的董事、监事，决定有关董事、监事的报酬事项；审议批准董事会的报告；审议批准监事会或者监事的报告；审议批准公司的年度财务预算方案、决算方案；审议批准公司的利润分配方案和弥补亏损方案；对公司增加或者减少注册资本作出决议；对发行公司债券作出决议；对公司合并、分立、变更、解散和清算等事项作出决议；修改公司章程；公司章程规定的其他职权。本案所涉公司章程将上述股东会职权赋予了董事会，该职权的赋予是经全体股东即徐某霞、报业公司共同同意，法律并未排除董事会和股东会之间可以赋予履行对方的职权，所以在经全体股东（股东会）同意、不违反法律强制性规定、也不损害他人利益时，可将股东会的职权赋予董事会，故徐某霞主张公司章程将股东会的职权赋予董事会行使违反法律强制性规定的理由不成立。徐某霞作为公司登记股东,如认为公司章程内容违反法律规定或不当,应当根据《公司法》规定提议股东会进行修改,不能就此提起诉讼。且其并未提交证据证明与其他股东协商的依据,故其主张已进行交涉的理由也不成立。

公司决议产生于公司设立之后,而本案请求确认的是公司设立前全体股东制定的公司章程部分无效;公司章程只有在公司成立后,由股东会或股东大会、董事会讨论修改才能形成修改公司章程决议。故徐某霞主张公司章程部分无效,即主张公司决议效力无效的理由不符合《公司法》规定,也应予驳回。

败诉后,原告徐某霞不服,向贵州省高院称:一审判决认定事实和适用法律错误,混淆了公司权力机关与执行机关的区别,《公司法》第46条第11项"公司章程规定的其他职权"显然不能包括《公司法》第37条规定的股东会的法定职责。故其请求撤销一审判决并依法改判,确认报业宾馆章程第7条、第32条第2款无效。

报业公司与报业宾馆辩称:一是一审判决认定事实清楚、适用法律正确、判决合法有理。公司章程的修改必须按照《公司法》的规定及公司章程约定的程序进行,不包括股东通过诉讼的方式修改,上诉人诉请确认公司章程部分无效没有法律依据。二是确认公司章程部分无效就是对公司章程的修改,《公司法》对公司章程的修改已有明确规定,上诉人的上诉理由不成立。三是公司章程是公司全体股东意思自治的体现,《公司法》没有禁止公司董事会行使公司股东会职权的禁止性规范,该授权不违反《公司法》的强制性规范。四是如公司章程确实违反了法律强制性规范,其带来的法律后果也只是依据违法的公司章程所作出的决议无效,而不能导致公司章程无效。故请求驳回上诉,维持原判。

贵州省高院经审理认为,公司章程是由公司发起人或全体股东共同制定的公司基本文件,也是公司成立的必备性法律文件,主要体现股东意志。《公司法》第11条规定,"设立公司必须依法制定公司章程",表明公司章程具有法定性,即它不仅体现股东的自由意志,也必须遵守国家的法律规定。只要公司章程不违反国家强制性的、禁止性的法律规定,司法一般不应介入公司章程这种公司内部事务,即使司法要介入,也应保持适当的限度,即适度干预。

本案所涉公司章程规定了包括股东在内相应人员的权利和义务,对相应人员具有约束力,从有权利即有救济的角度看,如果股东认为公司章程的内容有违法或侵犯股东权利的情形,股东应有权通过诉讼维护自己的合法权利。因此,徐某霞请求确认公司章程部分内容无效的权利是存在的,报业宾馆和报业公司认为"上诉人诉请确认公司章程部分无效没有法律依据"的理由不成立。在确认徐某霞享有相关的诉权后,本案的争议焦点在于报业宾馆章程内容是否部分无效。《公司法》第37

条、第 46 条，分别以列举的形式规定了股东会和董事会的职权，从两条法律规定来看，董事会、股东会均有法定职权和章程规定职权两类。无论是法定职权还是章程规定职权，强调的都是权利，在没有法律明确禁止的情况下，权利可以行使、可以放弃，也可以委托他人行使。

但《公司法》第 43 条第 2 款规定："股东会会议作出修改公司章程、增加或者减少注册资本的决议，以及公司合并、分立、解散或者变更公司形式的决议，必须经代表三分之二以上表决权的股东通过。"从此条规定中的法律表述用语"必须"可以看出，修改公司章程、增加或者减少注册资本的决议，以及公司合并、分立、解散的决议有且只有公司股东会才有决定权，这是股东会的法定权利。报业宾馆章程第 7 条第 8 项、第 10 项、第 11 项，第 32 条第 2 款将股东会的法定权利规定由董事会行使，违反了上述强制性法律规定，应属无效。因此，报业宾馆和报业公司关于"该授权不违反《公司法》的强制性规范"的辩解理由不成立，徐某霞的上诉请求部分应予支持。故判决确认安顺绿洲报业宾馆有限公司章程第 7 条第 8 项、第 10 项、第 11 项和第 32 条第 2 款无效。

【实务指引】

《公司法》第 37 条与第 46 条均以列举的形式分别规定了股东会和董事会的法定职权，并以兜底条款的形式规定了股东会和董事会可以通过公司章程规定其他职权，这就说明股东会和董事会均包括法定职权和章定职权。无论是法定职权还是章程规定职权，强调的都是权利，在没有法律明确禁止的情况下，权利可以行使、可以放弃，也可以委托他人行使。其实这也就意味着公司章程可以将股东会与董事会的部分职权进行调整。

根据股东会和董事会在公司中的角色不同，结合相关的法律规定，笔者认为：1. 原则上董事会的所有法定权利都可上调至股东会行使，但如"召集股东会会议，并向股东会报告工作"等没有必要上调至股东会行使的权利除外；2. 股东会的权利能否下调至董事会行使，应当结合《公司法》第 43 条第 2 款的规定确定，该款规定："股东会会议作出修改公司章程、增加或者减少注册资本的决议，以及公司合并、分立、解散或者变更公司形式的决议，必须经代表三分之二以上表决权的股东通过。"该条规定属于法律的强制性规定，该条中所确定的必须由股东会行使的职权不能下调至董事会行使；此外，由于我国立法采取的是股东会中心主义，有关董事会、监事会的选举事项，以及批准董事会、监事会报告等事项仍应坚持由股东会行使；股东会的其他职权可以由董事会行使。

两者的职权边界的调整状况以下表表示：

序号	股东会职权（37条）	董事会职权（46条）	边界调整
1	决定公司的经营方针和投资计划	决定公司的经营计划和投资方案	均可互相转换
2	审议批准公司的年度财务预算方案、决算方案	制订公司的年度财务预算方案、决算方案	均可互相转换
3	审议批准公司的利润分配方案和弥补亏损方案	制订公司的利润分配方案和弥补亏损方案	均可互相转换
4	对公司增加或者减少注册资本作出决议，对发行公司债券作出决议	制订公司增加或者减少注册资本以及发行公司债券的方案	只可由董事会上调至股东会
5		决定公司内部管理机构的设置	可由董事会上调至股东会
6	对公司合并、分立、解散、清算或者变更公司形式作出决议	制订公司合并、分立、解散或者变更公司形式的方案	只可由董事会上调至股东会
7	修改公司章程	制定公司的基本管理制度	只可由董事会上调至股东会
8	选举和更换非由职工代表担任的董事、监事，决定有关董事、监事的报酬事项	决定聘任或者解聘公司经理及其报酬事项，并根据经理的提名决定聘任或者解聘公司副经理、财务负责人及其报酬事项	选举董事、监事事项只能由股东会行使职权；其他职权均可互相转换
9	审议批准董事会的报告	召集股东会会议，并向股东会报告工作	均法定不变
10	审议批准监事会或者监事的报告	执行股东会的决议	均法定不变
11	公司章程规定的其他职权	公司章程规定的其他职权	
12	对实际控制人提供担保（第16条第2款），董事高管实行竞业禁止义务的批准权（第148条）		法定不变
13	对外投资或对非实际控制人对外担保（第16条第1款）、转让受让重大资产（第104条）、聘任会计师（第169条）、董事高管利用公司资金外借或以公司财产提供担保的批准权（第148条），董事高管实行关联交易的批准权（第148条）		均可互相调换

经过对比可知，两者之间的职权，有的可以互相调整，有的只可以由董事会向股东会单向调整，还有的为法定职权禁止调整。本案中，报业宾馆的公司章程几乎将所有的股东会职权均调整至由董事会行使，但其中像决定公司增资、减资、分立、解散事项的职权，依据《公司法》第43条的规定，只能由股东会行使，所以法院依法判决报业公司公司章程的部分规定无效。但根据《公司法司法解释四》第5条第4项的规定，应认定为未形成有效决议。

【公司治理建议】

一、股东可以根据下述表格确定的边界制定符合自己意志的公司章程

股东可以根据自身意志，在《公司章程》中调整股东会与董事会的职权，利用公司章程将某些事项的决策权上调至股东会或下调至董事会。进行职权调整的过程中，需要结合公司的强制性规定和决策事项的具体情况，对各类事项的决策权作出合理的分配。

二、切忌股东会与董事会权限边界模糊

股东应该充分利用关于股东会或董事会职权分配的兜底条款，将一些重大事项的决策写入公司章程。例如，公司对外投资、担保、转让受让重大资产等事项的决策权，到底是由股东会还是董事会行使，一定要在公司章程中做出明确规定，以免发生股东会与董事会权限边界模糊的情况。

当然，当公司章程对容易产生纠纷的决策事项未作出明确划分时，应当按照股东主权的思想，将该事项解释为股东会的决策事项，因为我国《公司法》仍然采行股东会主义的立法态度。

【法规链接】

《公司法》

第十六条　公司向其他企业投资或者为他人提供担保，依照公司章程的规定，由董事会或者股东会、股东大会决议；公司章程对投资或者担保的总额及单项投资或者担保的数额有限额规定的，不得超过规定的限额。

公司为公司股东或者实际控制人提供担保的，必须经股东会或者股东大会决议。

前款规定的股东或者受前款规定的实际控制人支配的股东，不得参加前款规定事项的表决。该项表决由出席会议的其他股东所持表决权的过半数通过。

第三十七条第一款　股东会行使下列职权：

（一）决定公司的经营方针和投资计划；

（二）选举和更换非由职工代表担任的董事、监事，决定有关董事、监事的报酬事项；

（三）审议批准董事会的报告；

（四）审议批准监事会或者监事的报告；

（五）审议批准公司的年度财务预算方案、决算方案；

（六）审议批准公司的利润分配方案和弥补亏损方案；

（七）对公司增加或者减少注册资本作出决议；

（八）对发行公司债券作出决议；

（九）对公司合并、分立、解散、清算或者变更公司形式作出决议；

（十）修改公司章程；

（十一）公司章程规定的其他职权。

第四十三条 股东会的议事方式和表决程序，除本法有规定的外，由公司章程规定。

股东会会议作出修改公司章程、增加或者减少注册资本的决议，以及公司合并、分立、解散或者变更公司形式的决议，必须经代表三分之二以上表决权的股东通过。

第四十六条 董事会对股东会负责，行使下列职权：

（一）召集股东会会议，并向股东会报告工作；

（二）执行股东会的决议；

（三）决定公司的经营计划和投资方案；

（四）制订公司的年度财务预算方案、决算方案；

（五）制订公司的利润分配方案和弥补亏损方案；

（六）制订公司增加或者减少注册资本以及发行公司债券的方案；

（七）制订公司合并、分立、解散或者变更公司形式的方案；

（八）决定公司内部管理机构的设置；

（九）决定聘任或者解聘公司经理及其报酬事项，并根据经理的提名决定聘任或者解聘公司副经理、财务负责人及其报酬事项；

（十）制定公司的基本管理制度；

（十一）公司章程规定的其他职权。

第一百零四条 本法和公司章程规定公司转让、受让重大资产或者对外提供担保等事项必须经股东大会作出决议的，董事会应当及时召集股东大会会议，由股东大会就上述事项进行表决。

第一百四十八条第一款 董事、高级管理人员不得有下列行为：

……

（三）违反公司章程的规定，未经股东会、股东大会或者董事会同意，将公司资金借贷给他人或者以公司财产为他人提供担保；

（四）违反公司章程的规定或者未经股东会、股东大会同意，与本公司订立合同或者进行交易；

（五）未经股东会或者股东大会同意，利用职务便利为自己或者他人谋取属于公司的商业机会，自营或者为他人经营与所任职公司同类的业务。

……

第一百六十九条 公司聘用、解聘承办公司审计业务的会计师事务所，依照公司章程的规定，由股东会、股东大会或者董事会决定。

公司股东会、股东大会或者董事会就解聘会计师事务所进行表决时，应当允许会计师事务所陈述意见。

大股东不实际召开会议，股东会决议无效

【司法观点】

公司未依法召开股东会会议，而是由部分股东虚构股东会会议及股东会决议的，其他股东可以申请法院确认虚构的股东会会议及其决议无效。

【典型案例】[1]

万某工贸公司成立于 1995 年 12 月 21 日，发起人为万某、张某娟（张某娟与万某为夫妻关系）和其他两名股东朱某前、沈某，公司注册资本为 106 万元，其中万某出资 100 万元，朱某前、沈某、张某娟各出资 2 万元。1995 年 11 月 23 日，四名股东签订的公司章程中规定：公司股东不得向股东以外的人转让其股权，只能在股东内部相互转让，但必须经全体股东同意；股东有权优先购买其他股东转让的股权；股东会由股东按照出资比例行使表决权，每 10 万元为一个表决权；股东会议分为定期会议和临时会议，并应于会议召开五日前通知全体股东；股东出席股东会议也可书面委托他人参加，行使委托书载明的权利；出席会议的股东应当在会议记录上签名等。

万某工贸公司成立后，由万某负责经营管理。2004 年 4 月 12 日，万某工贸公

---

[1] 载《最高人民法院公报》2007 年第 9 期。

司向工商机关申请变更登记，具体事项为：1. 将公司名称变更为江苏办公伙伴贸易发展有限公司（以下简称伙伴贸易公司）；2. 法定代表人变更为被告吴某亮，股东变更为被告万某、吴某亮、毛某伟及股东邢某英四人；3. 变更了公司章程的部分内容。

万某工贸公司申请上述变更公司登记的材料有：

1. 2004年4月6日股权转让协议两份，其主要内容分别为：万某将其100万元出资中的80万元出资对应的股权转让给吴某亮；朱某前将其出资2万元对应的股权转让给邢某英；沈某将其2万元出资中的1万元对应的股权转让给毛某伟，将另1万元对应的股权转让给邢某英；张某娟将2万元出资对应的股权转让给毛某伟。上述股权转让协议落款处有全部转让人及受让人的签名。

2. 万某工贸公司章程（2004年4月6日修正）一份，该章程除记载并确认了关于公司股东、董事、监事和公司名称变更外，还作了如下规定：股东有权依法及公司章程的规定转让其出资；股东向股东以外的人转让其股权，必须经过半数以上的股东同意，不同意的股东应当购买被转让的股权，如果不购买被转让的股权，则视为同意向股东以外的人转让股权；经公司股东同意转让的股权，在同等条件下，其他股东对该部分股权有优先购买权；公司股东出席股东会议也可书面委托他人参加股东会议，行使委托书中载明的权利；召开股东会议，应当于会议召开前十五日以书面形式通知全体股东，股东会应对所议事项的决定作成会议记录等。该章程有吴某亮、毛某伟、万某及股东邢某英的签名。

3. 2004年4月6日万某工贸公司股东会决议一份，主要内容是：全体股东一致同意上述股权转让；转让后各股东出资额及占注册资本的比例为：吴某亮出资80万元、占75.5%，万某出资20万元、占18.9%，邢某英出资3万元、占2.8%，毛某伟出资3万元、占2.8%；全体股东一致同意将公司名称变更为"伙伴贸易公司"；一致同意免去朱某前、沈某董事职务，重新选举吴某亮、毛某伟为董事，与万某组成董事会；一致同意免去原告张某娟的监事职务，选举邢某英为监事；一致同意2004年4月6日所修改的公司章程。

张某娟认为该次股东会议实际并未召开，会议决议及出资转让协议均属虚假无效，相关股权转让行为也违反了公司章程中关于"股东不得向股东之外的人转让股权"的规定，并且未依照万某工贸公司章程告知其他股东，未征得其他股东的同意。故张某娟请求法院确认2004年4月6日万某工贸公司股东会决议无效，确认张某娟与毛某伟之间的股权转让协议、万某与吴某亮之间的股权转让协议无效，或者撤销上述股东会议决议和股权转让协议。

万某工贸公司辩称：上述股东会决议内容并无违反法律之处，公司原股东朱某前、沈某均知道该次股东会决议内容及股权转让的事实，因而该决议是合法有效的。原告张某娟认为其本人未收到会议通知，没有参加该次股东会议，即便其主张成立，也只能说明该公司股东会会议程序不符合法律和该公司章程的规定。《公司法》第 22 条第 2 款规定，股东会或者股东大会、董事会的会议召集程序、表决方式违反法律、行政法规或者公司章程，或者决议内容违反公司章程的，股东可以自决议作出之日起六十日内，请求人民法院撤销。原告起诉时已超过申请撤销决议的 60 天法定期限，故该股东会决议已然生效。此外，原告不是本案的适格原告，因为 2004 年 4 月 6 日原告的全部股权已转让给了被告毛某伟，原告已不再具有股东资格，故无权提起本案诉讼。

万某辩称：万某工贸公司于 2004 年 4 月 6 日召开的股东会是合法的，本人享有万某工贸公司的全部表决权，经本人表决同意的股东会决议应为有效。本人将 80 万元个人出资对应的公司股权转让给被告吴某亮，征得了公司所有股东的同意，该转让行为也是有效的。原告张某娟诉称其未参加股东会、也未在相应文件中签字属实，但因本人与原告系夫妻关系，财产是混同的，且双方曾约定公司股权归本人所有，因此本人代原告参加股东会并在股东会决议和股权转让协议中代为签字，均是合法有效的。自 2004 年 4 月 6 日起原告已不再是万某工贸公司股东，其无权提起本案诉讼。

吴某亮辩称：本人作为股权的受让方不应当成为本案的被告，其受让股权的程序是合法的。原告张某娟与被告万某系夫妻关系，本人有理由相信万某可以代表原告作出放弃对于万某股权的优先购买权的表示，即便原告没有授权万某表达放弃优先购买权的意思，本人作为善意购买人，其合法权益亦应受到保护。原告与万某之间的夫妻矛盾应依据《婚姻法》进行处理，与本人无关。本人受让股权并被选任为万某工贸公司董事长已经两年多，该公司经营正常，在此期间原告从未提出过股东会决议违法或侵权等主张。2004 年 4 月 6 日本人以 80 万元对价购买了万某在万某工贸公司的部分股权，现原告或万某如以同样的价格受让，本人同意将股权再转让给原告或万某。

毛某伟辩称：万某工贸公司曾借用过本人的身份证，但本人根本不知道自己已经受让了原告张某娟等人在万某工贸公司的股权，从未参加过 2004 年 4 月 6 日的万某工贸公司股东会，也不认识该公司股东沈某、朱某前等人。万某工贸公司章程、2004 年 4 月 6 日的股东会决议及股权转让协议中的毛某伟签名也非本人所签。

在审理中，双方当事人还提交或申请法院采集了下列证据：

原告张某娟提供了对证人张某、丁某玉、万能等人的调查笔录，证明被告万某与被告吴某亮曾经同居且以夫妻相称，万某用被告万某工贸公司的财产为吴某亮购置了房产、车辆等。还证明张某娟和万某曾于1999年协议离婚，张某娟依据与万某签订的离婚协议取得了30万元，后又于2000年将该30万元交给了万某工贸公司。

应原告张某娟申请，南京市玄武区法院向被告万某工贸公司股东沈某和朱某前进行了调查。沈某和朱某前陈述：1995年万某工贸公司设立时，我们二人接受被告万某、原告张某娟夫妇二人的要求作为万某工贸公司的挂名股东，实际上我们二人均未出资，其后也未参加过万某工贸公司的经营。我们二人均没有收到过2004年4月6日的万某工贸公司股东会会议通知，没有参加过该次股东会议，涉案股权转让协议和股东会决议中的沈某、朱某前签名不是我们二人亲笔。我们与受让股权的邢某英和毛某伟素不相识，也没有取得过转让股权的对价。沈某、朱某前二人还表示不愿介入张某娟与万某之间的夫妻矛盾，至于记在他们二人名下的万某工贸公司的股权如何处理，与他们二人无关。

被告万某工贸公司、万某及吴某亮提供了1999年3月12日万某与原告张某娟签订的离婚协议书一份，协议约定：张某娟与万某因感情不和协议离婚，夫妻二人在万某工贸公司的全部有形和无形资产、债权、债务等全部归万某所有，张某娟应得财产折算为70万元，由万某分期给付。另有1999年3月12日张某娟出具的付款证明一份，证明张某娟已收到万某根据离婚协议书所支付的30万元。万某依据上述证据认为张某娟与其虽为夫妻，但二人对财产已有分割约定，夫妻二人在万某工贸公司的全部财产归万某所有，因此万某有权对其在万某工贸公司中的股权作出处置，也有权处置张某娟的2万元出资所对应的股权。

万某工贸公司、万某及吴某亮还提供了1995年11月沈某、朱某前、张某娟出具的委托万某收取个人股金和办理万某工贸公司的注册登记等事宜的委托书两份。万某工贸公司、万某及吴某亮依据上述委托书主张万某一直代理张某娟处理公司事务，张某娟均予认可。

张某娟对上述离婚协议书和委托书的真实性不持异议，但认为1999年3月双方签订离婚协议后至今尚未办理离婚，因此该离婚协议并未生效。万某曾付给张某娟30万元，后因故张某娟又将该款交还万某。至于1995年11月的两份委托书，恰恰说明张某娟委托万某处理公司事务是应当有书面委托的，但是2004年4月6日万某转让张某娟的股权却没有张某娟的委托书，说明万某这一行为未经张某娟授权，因此应当认定该转让行为无效。

一审审理中，被告万某工贸公司补充陈述：2004年4月6日的股东会有会议记录，记录上有与会所有人员的签名。但未能按照一审法院要求提供该次会议记录。另，因证人沈某、朱某前以及被告毛某伟均否认在涉案股权转让协议和股东会决议上签字，一审法院询问被告万某工贸公司、万某及吴某亮是否申请对上述股权转让协议和股东会决议中沈某、朱某前、毛某伟签名的真实性进行鉴定，三被告均表示不申请鉴定。

南京市玄武区人民法院经审查认为：

1995年11月朱某前、沈某及原告张某娟向被告万某出具的两份委托书，委托事项均特定而具体，可以证明朱某前、沈某、张某娟曾以书面形式委托万某办理部分公司事务，但不能证明张某娟委托万某转让其在万某工贸公司的股权，万某关于其有权代张某娟转让股权的主张不能成立。

万某工贸公司、万某、吴某亮主张朱某前和沈某出席了2004年4月6日的股东会并在股东会决议和股权转让协议中签字，但朱某前和沈某的证言以及被告毛某伟的陈述一致且均与被告方的主张矛盾。根据现有证据，不能认定万某工贸公司曾通知沈某、朱某前及原告张某娟出席了2004年4月6日的股东会，也不能认定万某工贸公司于2004年4月6日召开过由万某、张某娟、沈某、朱某前共同参加的股东会。万某工贸公司、万某、吴某亮亦未能提供证据证明2004年4月6日形成过由万某、沈某、朱某前、张某娟共同签字认可的股东会决议，以及沈某、朱某前、张某娟与邢某英、被告毛某伟共同签署过2004年4月6日的股权转让协议。

法院认为：有限责任公司的股东会议，应当由符合法律规定的召集人依照法律或公司章程规定的程序，召集全体股东出席，并由符合法律规定的主持人主持会议。股东会议需要对相关事项作出决议时，应由股东依照法律、公司章程规定的议事方式、表决程序进行议决，达到法律、公司章程规定的表决权比例时方可形成股东会决议。有限责任公司通过股东会对变更公司章程内容、决定股权转让等事项作出决议，其实质是公司股东通过参加股东会议行使股东权利、决定变更其自身与公司的民事法律关系的过程，因此公司股东实际参与股东会议并作出真实意思表示，是股东会议及其决议有效的必要条件。本案中，虽然被告万某享有被告万某工贸公司的绝对多数的表决权，但并不意味着万某个人利用控制公司的便利作出的个人决策过程就等同于召开了公司股东会议，也不意味着万某个人的意志即可代替股东会决议的效力。根据本案事实，不能认定2004年4月6日万某工贸公司实际召开了股东会，更不能认定就该次会议形成了真实有效的股东会决议。万某工贸公司据以决定办理公司变更登记、股权转让等事项的所谓"股东会决议"，是当时该公司的控制人万某所虚构，实际上并不存在，当然不能产生法律效力。

被告万某工贸公司、万某、吴某亮主张原告张某娟的起诉超过了《公司法》第22条规定的申请撤销股东会决议的期限，故其诉讼请求不应支持。但是，《公司法》第22条关于"股东会或者股东大会、董事会的会议召集程序、表决方式违反法律、行政法规或者公司章程，或者决议内容违反公司章程的，股东可以自决议作出之日起六十日内，请求人民法院撤销"的规定，是针对实际召开的公司股东会议及其作出的会议决议作出的规定，即在此情况下股东必须在股东会决议作出之日起六十日内请求人民法院撤销，逾期则不予支持。而本案中，2004年4月6日的万某工贸公司股东会及其决议实际上并不存在，只要原告在知道或者应当知道自己的股东权利被侵犯后，在法律规定的诉讼时效内提起诉讼，人民法院即应依法受理，不受修订后《公司法》第22条关于股东申请撤销股东会决议的60日期限的规定限制。

股东向其他股东或股东之外的其他人转让其股权，系股东（股权转让方）与股权受让方协商一致的民事合同行为，该合同成立的前提之一是合同双方具有转让、受让股权的真实意思表示。本案中，不能认定原告张某娟与被告毛某伟之间实际签署了股权转让协议，亦不能认定被告万某有权代理张某娟转让股权，毛某伟既未实际支付受让张某娟股权的对价，也没有受让张某娟股权的意愿，甚至根本不知道自己已受让了张某娟等人的股权，诉讼中也明确表示对此事实不予追认，因此该股权转让协议依法不能成立。

关于被告万某与吴某亮签订的股权转让协议，根据修订公司章程的相关规定，股东向股东以外的人转让股权的，须经全体股东过半数同意。本案中，万某向吴某亮转让股权既未通知其他股东，更未经过全体股东过半数同意，因此该股权转让行为无效。综上，南京市玄武区人民法院判决：1. 2004年4月6日的被告万某工贸公司股东会决议不成立。2. 2004年4月6日原告张某娟与被告毛某伟的股权转让协议不成立。3. 2004年4月6日被告万某与被告吴某亮签订的股权转让协议无效。

一审宣判后，各方当事人在法定期间内均未提出上诉，一审判决已发生法律效力。

【实务指引】

《公司法》第22条规定了两种影响公司决议效力的情形：其一是公司决议的内容违反法律、行政法规，此时该决议无效；其二是公司的召集程序、表决方式违反法律、行政法规或者公司章程，或者决议内容违反公司章程的，此时的公司决议是可撤销的，但该撤销权应当在决议作出之日起六十日内行使。

应当看到的是，上述规定针对的都是召开了股东会、并形成了股东会决议的情形，但如本案根本未召开股东会，而是由控股股东虚构了股东会决议的情形下，该股东会决议实际上并不存在，当然不能发生法律效力。根据《公司法》的规定，公司股东会决议的形成需要经过召开股东会这一载体，而其中就包含着股东会的提议、通知、召集、主持、表决、记录直至最终的股东会决议形成；如果在这一系列的规定动作中，所有的环节都是虚构的，那么最终的"股东会决议"自然也是不真实的，亦即徒有"股东会决议"之名而实际上仅是一手操纵了该"股东会决议"的控股股东的单方意思表示。《公司法司法解释四》第5条第1项也将未召开股东会、董事会而作出的决议认定为"决议不成立"。但根据《公司法》第37条第2款或者公司章程的规定不召开股东会或者股东大会而直接作出决定，并由全体股东在决定文件上签名、盖章的除外。

还需要指出的是，股东会决议不存在应当与三种情形相区分：

第一，应当与股东会的召开程序不符合《公司法》或章程的规定相区分。例如，某些公司章程规定召开股东会应当提前15日通知，但实践中可能提前3日才通知；章程中规定召开股东会应当全体股东到公司来开会，但实践中可能由于股东分处异地，以快递的形式就完成了所有股东在一张股东会决议上的签字。此时，股东之间已经形成了就某一事项的共同意思表示并成功转化成了公司的意志，这些程序上的瑕疵难以影响决议的效力。

第二，应当与经过了合法合规的股东会召开程序但某些股东放弃参会或者放弃行使表决权的情形相区分。例如，公司按照《公司法》和章程的规定提前通知了各股东股东会召开的时间和需要表决的议题，但部分股东因为个人原因没有出席，甚至是在某些极端的情形下最终只有召集股东会的股东出席，但是只要事先履行了正常的通知程序，并且出席和表决的比例符合《公司法》及章程的规定，该决议仍然是有效的，此时某个大股东的个人意志也能因为其他股东的弃权而成功地转化为公司的意志。

第三，还应当与未召开股东会，但全体股东以书面形式作出了股东会决定相区分。《公司法》第37条第2款规定："对前款所列事项股东以书面形式一致表示同意的，可以不召开股东会会议，直接作出决定，并由全体股东在决定文件上签名、盖章。"根据这一规定，对于全体股东都一致同意的事项，可以不召集股东会但直接作出股东会决定，该决定只要不违反法律行政法规及公司章程的规定即为有效，不会因为股东会未实际召开而被认定为决议不存在。

【公司治理建议】

《公司法》第22条前两款分别对公司决议的无效和撤销作了规定，但并未对不存在的股东会决议作出特别规定，《公司法司法解释四》第5条填补了这一立法漏洞。从法理上看，无效或可撤销的前提都是公司决议成立，因此公司决议不成立应是独立于决议无效或撤销的情形。但在《公司法司法解释四》颁布实施之前，由于《公司法》缺乏对于公司决议不成立的规制，导致现实中很多企业对这一问题缺乏认识，往往认为只要大股东作了决定，不论是否开会也不论其他小股东是否有反对意见，大股东都可以凭借占公司50%以上表决权的优势单独作出有效的股东会决议。

这种认识显然是错误的。从本案可以看出，大股东在公司中所享有的多数表决权并不意味着其利用控制公司的便利作出的个人决策过程就等同于召开了公司股东会议，更不意味着股东个人的意志即可代替股东会决议的效力。因此，广大的公司大股东也必须对此有所认识，本书作者提出两点建议：

1. 大股东必须了解公司决议形成的基本程序，不可想当然地认为自己是大股东就可以直接作出公司决议。为了防止所作出的公司决议日后被认定为无效、撤销甚至是不存在，都应当严格遵守《公司法》和公司章程规定的开会程序，对股东会的提议、通知、召集、主持、表决、记录直至最终的股东会决议形成每一环节都应当认真对待。

2. 在某些股权结构比较简单、股东人数少的公司，如果全部股东对某一议题可以形成一致意见，可以不召集股东会而直接作出书面的股东会决定。此时大股东应当格外注意所有股东都要在股东会决定上签字或盖章，有任何一位股东没有签字盖章的，都应当重新召集股东会作出股东会决议。

【法规链接】

《公司法》

第二十二条 公司股东会或者股东大会、董事会的决议内容违反法律、行政法规的无效。

股东会或者股东大会、董事会的会议召集程序、表决方式违反法律、行政法规或者公司章程，或者决议内容违反公司章程的，股东可以自决议作出之日起六十日内，请求人民法院撤销。

股东依照前款规定提起诉讼的，人民法院可以应公司的请求，要求股东提供相应担保。

公司根据股东会或者股东大会、董事会决议已办理变更登记的，人民法院宣告该决议无效或者撤销该决议后，公司应当向公司登记机关申请撤销变更登记。

第三十七条 股东会行使下列职权：

……

对前款所列事项股东以书面形式一致表示同意的，可以不召开股东会会议，直接作出决定，并由全体股东在决定文件上签名、盖章。

《最高人民法院关于适用〈中华人民共和国公司法〉若干问题的规定（四）》

第五条 股东会或者股东大会、董事会决议存在下列情形之一，当事人主张决议不成立的，人民法院应当予以支持：

（一）公司未召开会议的，但依据公司法第三十七条第二款或者公司章程规定可以不召开股东会或者股东大会而直接作出决定，并由全体股东在决定文件上签名、盖章的除外；

（二）会议未对决议事项进行表决的；

（三）出席会议的人数或者股东所持表决权不符合公司法或者公司章程规定的；

（四）会议的表决结果未达到公司法或者公司章程规定的通过比例的；

（五）导致决议不成立的其他情形。

大股东身陷囹圄　小股东取而代之

【司法观点】

有限责任公司公司章程中约定股东不是按照出资比例行使表决权，而是约定"每一股东有一表决权"的条款有效；公司章程可规定公司重大事项"股东人数决"。

【典型案例】[1]

2007年4月28日，黔西交通公司设立，主营客、货汽车运输业务，注册资本6万元，其中夏某中出资5.6万元，占93.33%的股份，任公司法定代表人、执行董事兼总经理；潘某华出资0.3万元，占5%的股份，任公司监事；何某阳出资0.1万元，占1.67%的股份，任公司副经理。

该公司章程规定：公司最高权力机构是股东会，每一股东有一表决权，执行董事、监事由股东会选举产生。执行董事兼总经理、监事任期每届三年，可连选连任，任期届满前不得无故解除其职务。章程修改，必须经股东会审查同意。

黔西交通公司运营过程中，由车主购买汽车挂靠公司经营，公司收取线路牌和管理费用，车主以承包人的身份从事汽车运输业务。2010年1月，黔西交通公司车

---

[1] （2015）黔高民商终字第10号。

辆承包人要求退还 60 多万元承包保证金而集体上访，黔西县交通局限令黔西交通公司于 2010 年 3 月 30 日之前清退承包保证金以平息承包人上访，否则就将其承运车辆分流给其他公司。

后公司的大股东、法定代表人、执行董事夏某中因犯非国家工作人员受贿罪，被判处有期徒刑五年（2010 年 3 月起被羁押于看守所，刑期自 2010 年 4 月 22 日起至 2015 年 4 月 21 日止）。2010 年 3 月 21 日，夏某中委托代某贵、刘某松、王某瑜、赵某、刘某祥、陈某、周某峰，"凡夏某中在外期间，黔西交通公司的安全、生产、经营、外务等工作一律由以上七位同志共同研究，全权处理"。

3 月 29 日，黔西县交通局和运管所领导组织黔西交通公司股东潘某华、何某阳及会计、出纳等人召开会议，会议决定：由黔西交通公司向何某阳借款 60 万元来退还承包人；对黔西交通公司进行资产清算；由何某阳主持黔西交通公司工作。3 月 30 日上午，黔西交通公司召开由潘某华主持，何某阳、刘某松等 9 人参加的股东扩大会议，作出"何某阳借款给黔西交通公司，由黔西交通公司退还给承包人，如夏某中在 2010 年 3 月 30 日不来公司，不打款在公司账上，公司今后的工作由何某阳主持，并上报交通局变更公司法定代表人"的决议。3 月 30 日下午，黔西交通公司召开由潘某华主持、何某阳参加的股东会议，作出关于"何某阳借给公司的 70 万元，15 日内由公司归还，到期不归还则转为增加公司注册资本，三个股东的股份按增资后的出资比例计算。免去夏某中法定代表人、公司经理职务，选举何某阳担任公司法定代表人、经理职务"的决议。

4 月 26 日，黔西交通公司申请工商变更登记法定代表人为何某阳，何某阳在法定代表人处签字，代某贵在指定代表或委托代理人处签字。4 月 30 日，黔西交通公司办理了新的《企业法人营业执照》，法定代表人为何某阳。

6 月 12 日，何某阳、潘某华将股东征求意见书送达给夏某中，征求内容"你不能参与公司管理期间，是否全权委托其他人代理行使股东权利？若委托请出具书面委托书。若你不委托他人代理行使股东权利，我们将按照《公司法》和公司章程管理公司"。夏某中签署意见：因我已委托唐建平同志，请你们联系。6 月 14 日，何某阳、潘某华将于 6 月 29 日召开股东会的通知送达给夏某中，并告知夏某中无法与唐建平联系。同日，夏某中委托代某贵"代表夏某中联系 93.33% 股权处理转让 60% 一事，并全权代表该项事务的民事行为"。

6 月 20 日，黔西交通公司召开由潘某华主持、何某阳、代某贵等人参加的股东扩大会议，作出"关于公司增资问题，按 3 月 30 日下午股东会议决定的内容办理；关于亏欠安全保障金的问题，该由公司承担的公司承担；可转股、增资、融资；以上款项的金额，以审计报告为准"的决议。6 月 24 日，黔西交通公司召开由何某阳主持,潘某华、代某贵等人参加的股东扩大会议,作出"由何某阳、潘某华组织70万元作为公司增加的注册资金汇入公司进行验资,公司注册资金变更后,各股东的股份均与3月30日下午和6月20日上午的股东会议内容相符"的决议,并制定公司章程修正案,将原公司章程第5条中的注册资本6万元变更为76万元,三股东的出资比例为何某阳87.63%,夏某中7.37%,潘某华5%。对夏某中因被羁押不能在公司会议上签字和代某贵因对股份比例计算有意见未在章程修正案上签字进行了说明。

随后贵州朗信会计师事务所作出验资报告:截至2010年6月24日,该公司已收到各股东缴纳的新增实收资本70万元,其中潘某华认缴3.5万元,何某阳认缴66.5万元。注册资本及实收资本变更后夏某中出资金额为5.6万元,占注册资本总额比例7.37%;潘某华出资金额为3.8万元,占注册资本总额比例5%;何某阳出资金额为66.6万元,占注册资本总额比例87.63%。

6月29日,黔西交通公司召开由潘某华主持,何某阳、刘某松等人参加的股东扩大会议,作出"确认股东认缴新增70万元人民币作为公司注册资本;确认贵州朗信会计师事务所作出的验资报告;确认公司3月30日以来的股东会议纪要是有效的"决议及"公司增加注册资本,到相关部门办理变更手续"的决议,并于7月8日将该股东会决议和验资报告送达给夏某中。7月9日,工商部门为黔西交通公司办理了注册资本变更登记。8月18日,黔西交通公司制定通过了包含上述"公司章程修正案"内容的新章程。

2013年,夏某中向贵州省毕节市中级人民法院起诉,要求确认2010年3月至8月黔西交通公司有关变更法定代表人、增加注册资本、修改公司章程的股东会决议无效。其理由为:上述股东会决议未依法通知原告,在原告授权代理人未到场参与,授权代理人越权代理且原告实质不同意的情况下,"股东会"或"股东会扩大会议"作出的决议侵害了原告股权及法定代表人的权利。且在前述股东会中,何某阳等未依法提前十五日通知原告会议召开的时间、地点及内容。

被告黔西交通公司、何某阳、潘某华共同辩称:1. 何某阳与潘某华不是适格的被告,应列为第三人;2. 何某阳与潘某华的行为是否违法与本案没有关联性,因为本案审理的重点是股东会决议的内容是否违法,对于股东的行为是否损害了原告的利益,原告应另案起诉;3. 黔西交通公司于2010年3月30日、6月20日、6月24日、6月29日的股东会决议召集程序、表决方式、决议内容均不违反《公司法》及公司章程的规定,应为有效决议。另外,原告诉称被告黔西交通公司的股东会议召集程序、表决方式违法,不属于股东会决议无效之诉,原告应根据《公司法》第22条第2款的规定,提起可撤销之诉,但原告已超过法定的除斥期间,股东会决议已生效不能依法被撤销。综上,请求驳回原告的诉讼请求。

一审法院认为：依照《公司法》第 22 条第 1 款"公司股东会或者股东大会、董事会的决议内容违反法律、行政法规的无效"之规定，股东会决议无效的原因是决议内容违反法律、行政法规的规定。

一、关于黔西交通公司的股东会决议变更法定代表人，增加注册资本导致股东持股比例变化以及修改公司章程的内容是否违反法律、行政法规的问题

第一，股东会决议变更法定代表人是否违反法律、行政法规规定。首先，公司当时已经陷入困境，不能正常经营，公司决议内容是为了摆脱公司经营困境，并不损害公司及股东利益；其次，由于公司法定代表人夏某中涉嫌犯罪，人身自由受到限制，无法正常履行法定代表人、公司董事兼总经理的职责，股东会决议更换法定代表人有其必要性；最后，根据《公司法》第 146 条"有下列情形之一的，不得担任公司的董事、监事、高级管理人员……（二）因贪污、贿赂、侵占财产、挪用财产或者破坏社会主义市场经济秩序，被判处刑罚，执行期满未逾五年，或者因犯罪被剥夺政治权利，执行期满未逾五年……公司违反前款规定选举、委派董事、监事或者聘任高级管理人员的，该选举、委派或者聘任无效。董事、监事、高级管理人员在任职期间出现本条第一款所列情形的，公司应当解除其职务"的规定，夏某中作为法定代表人，因涉嫌经济犯罪不具备担任法定代表人的条件，故股东会决议更换法定代表人有法律依据。因此，2010 年 3 月 30 日股东会决议内容并不违反法律、行政法规的规定。

第二，公司股东会决议增加注册资本导致股东持股比例变化的内容是否违反法律、行政法规的规定。增加或减少注册资本属于公司股东会的职权，公司股东会决议将公司所负债权转为公司股权，导致公司注册资本、股东认缴出资比例、股东持股比例发生变化，但并未改变股东对公司的出资数额，也不损害公司及股东利益，因此，公司股东会决议增加注册资本，导致股东持股比例变化并不违反法律、行政法规的规定。

第三，公司股东会决议修改公司章程的内容是否违反法律、行政法规。依据《公司法》第 37 条第 1 款第 10 项之规定，修改公司章程系股东会的法定职权，原告夏某中关于股东会决议修改公司章程内容无效的诉讼理由无法律依据。

二、关于黔西交通公司股东会召集程序和表决方式是否存在违反公司章程和法律、行政法规的情形及股东会召集程序和表决方式违反法律、行政法规和公司章程的规定是否必然导致股东会决议内容无效的法律后果的问题

第一，根据《公司法》第 39 条"股东会会议分为定期会议和临时会议。定期会议应当按照公司章程的规定按时召开，代表十分之一以上表决权的股东，三分之一以上的董事，监事会或者不设监事会的公司的监事提议召开临时会议的，应当召

开临时会议"的规定，黔西交通公司经营陷入困境，法定代表人不能履行职责，公司监事潘某华临时主持召开股东会符合法律规定。

第二，黔西交通公司章程第7条规定："每一股东有一表决权。执行董事（法人）监事由股东会选举产生。本条如有与《公司法》相抵触的，按公司法选任"，根据《公司法》第42条"股东会会议由股东按照出资比例行使表决权；但是，公司章程另有规定的除外"和第43条"股东会的议事方式和表决程序，除本法有规定的外，由公司章程规定。股东会会议作出修改公司章程、增加或者减少注册资本的决议，以及公司合并、分立、解散或者变更公司形式的决议，必须经代表三分之二以上表决权的股东通过"的规定，黔西交通公司章程规定每一股东有一表决权，并不违反《公司法》的规定，黔西交通公司的公司章程体现公司重大事项表决权为股东人数决，因此，黔西交通公司股东会决议表决方式并不违反公司章程的规定。

第三，公司召开股东会已事先通知原告夏某中，股东会有原告夏某中的委托代理人代某贵参加，股东会召集程序并不违反法律、行政法规和公司章程的规定。

第四，根据《公司法》第22条"股东会或者股东大会、董事会的会议召集程序、表决方式违反法律、行政法规或者公司章程，或者决议内容违反公司章程的，股东可以自决议作出之日起六十日内，请求人民法院撤销"的规定，原告夏某中在法定期间未请求人民法院撤销股东会决议，已经超过法律规定的除斥期间，不享有撤销权。由此可知，确认股东会决议效力和撤销股东会决议属于不同的法律关系，股东会召集程序和表决方式的瑕疵并不必然导致股东会决议无效。

综上，一审法院认为原告夏某中关于被告黔西交通公司股东会决议无效的诉讼理由不能成立，对要求确认股东会决议无效的诉讼请求不予支持。

夏某中不服提起上诉，请求撤销一审判决。其主要理由：

第一，原判决在认定"股东会决议内容是否违反法律、行政法规之规定"时，未全面考虑相关法律、行政法规。首先，何某阳借给黔西交通公司的70万元不能等同于注册资本，其借给公司款项所附条件是无效的，不能以此修改公司章程。其次，股东会决议严重违背《公司法》规定，《公司法》第42条、第43条、第178条规定，公司法定代表人、注册资本、公司章程的变更需经代表三人之二以上表决权的股东通过，股东按照出资比例行使表决权，而夏某中享有该公司93.33%的股权，该公司2010年3月30日、6月20日、6月24日、6月29日的股东大会没有夏某中或其委托代理人参与。最后，该会议内容剥夺了夏某中的优先认购权。

第二，原判决对黔西交通公司股东会召集程序和表决方式符合法律规定、不违反公司章程的认定错误。首先，股东会召集程序违法。1.2010年6月14日送达回执只能表明该公司通知夏某中召开股东会一次，该公司召集6次股东会，只通知一次不能证明所有的股东会的召集程序合法；2.2010年3月21日授权委托书委托内容是黔西交通公司的安全、生产、经营、外务事务，而非出席股东会并表决增加公司注册资本、更换法定代表人、变更股东持股比例、修改公司章程等重大事务，因而夏某中没有参加亦未委托任何人参加公司3月30日召开的股东会，该会议所有处分夏某中权利加重夏某中义务之决议皆无效；3.6月14日的授权委托书系夏某中授权代某贵联系他人受让其60%股权的事宜，而非授权代某贵参与股东会议、处分其持股比例、修改公司章程、增加注册资本之事。其次，黔西交通公司股东会会议表决方式违法且违反公司章程。该公司章程第7条规定："贵州黔西交通运输联合公司，设执行董事一人……每一股东有一表决权……本条如有和《公司法》相抵触，按照《公司法》选任。"原判决错误地将该规定理解为，对于变更公司法定代表人、增加注册资本、改变持股比例、修改公司章程等重大事项的表决按照一人一票表决权，而不是以《公司法》第42条之规定，按照出资比例行使表决权。

贵州省高级人民法院认为，上诉人夏某中请求确认黔西交通公司股东会决议内容无效，因黔西交通公司于2007年3月制定公司章程，并于2007年4月登记设立，当事人诉争的股东会决议发生在2010年，故本案应适用2005年修订的《公司法》。依据《公司法》第22条第1款"公司股东会或者股东大会、董事会的决议内容违反法律、行政法规的无效"和第2款"股东会或者股东大会、董事会的会议召集程序、表决方式违反法律、行政法规或者公司章程，或者决议内容违反公司章程的，股东可以自决议作出之日起六十日内，请求人民法院撤销"之规定，因夏某中选择提起确认之诉，并未行使撤销权，故本案的争议焦点是黔西交通公司上述股东会决议内容是否因违反法律、行政法规而无效。至于黔西交通公司股东会或者股东大会的会议召集程序、表决方式是否违反法律、行政法规或者公司章程，或者决议内容是否违反公司章程，本案不予审理。

关于黔西交通公司变更法定代表人之股东会决议内容是否违反法律、行政法规的问题。夏某中自2007年4月担任黔西交通公司的执行董事、法定代表人，至2010年3月，其因涉嫌犯罪，人身自由受到限制，无法正常履行法定代表人、公司董事兼总经理的职责，而黔西交通公司当时面临财务危机及经营困境，监事潘某华提议召开股东会，股东会作出免去夏某中法定代表人、公司经理职务，选举何某阳担任公司法定代表人、经理职务的决议。根据该公司章程"执行董事、监事由股东会选举产生。如有与《公司法》相抵触的按《公司法》选任。执行董事兼总经理任期每届三年，可连选连任，任期届满前不得无故解除其职务。监事有权对执行董事、总经理、经理等行使职务时，有无违反国家法律法规或公司章程进行监督，并有权提议召开临时股东会"的规定，依据《公司法》第37条第1款第2项"选举和更换非由职工代表担任的董事、监事,决定有关董事、监事的报酬事项"及第146条"有下列情形之一的,不得担任公司的董事、监事、高级管理人员……(二)因贪污、贿赂、侵占财产、挪用财产或者破坏社会主义市场经济秩序,被判处刑罚,执行期满未逾五年,或者因犯罪被剥夺政治权利,执行期满未逾五年……公司违反前款规定选举、委派董事、监事或者聘任高级管理人员的,该选举、委派或者聘任无效。董事、监事、高级管理人员在任职期间出现本条第一款所列情形的,公司应当解除其职务"的规定,黔西交通公司上述股东会决议内容并不违反法律、行政法规的规定。

关于黔西交通增加注册资本的股东会决议内容是否违反法律、行政法规的问题。公司增资必然导致注册资本总额、股东持股比例发生变化,故黔西交通公司增加注册资本的股东会决议未改变股东对公司的出资数额,也不违反法律、行政法规的规定。另夏某中上诉认为黔西交通公司增加注册资本侵害其优先认购权,依据《公司法》第34条"股东按照实缴的出资比例分取红利;公司新增资本时,股东有权优先按照实缴的出资比例认缴出资。但是,全体股东约定不按照出资比例分取红利或者不按照出资比例优先认缴出资的除外"及第178条"有限责任公司增加注册资本时,股东认缴新增资本的出资,依照本法设立有限责任公司缴纳出资的有关规定执行"之规定,因夏某中或其委托代理人既不同意增加注册资本,在公司新增资本时也未主张按照其出资比例认缴出资,故其上诉理由不成立。

关于黔西交通公司修改公司章程的股东会决议内容是否违反法律、行政法规的问题。黔西交通公司章程规定:章程修改,必须经股东会审查同意。根据《公司法》第37条第1款第10项之规定,修改公司章程系黔西交通公司股东会法定职权,上诉人夏某中关于修改公司章程的股东会决议内容无效的上诉理由不成立,不予支持。

此外,根据《公司法》第42条"股东会会议由股东按照出资比例行使表决权;但是,公司章程另有规定的除外"及第43条"股东会的议事方式和表决程序,除本法有规定的外,由公司章程规定。股东会会议作出修改公司章程、增加或者减少注册资本的决议,以及公司合并、分立、解散或者变更公司形式的决议,必须经代表三分之二以上表决权的股东通过"之规定,结合黔西交通公司章程"每一股东有一表决权"之规定,黔西交通公司股东会会议系按股东人数行使表决权,即夏某中、潘某华、何某阳三位股东各有一表决权。上述股东会决议内容经潘某华、何某阳二位股东通过,符合《公司法》及黔西交通公司章程的相关规定。夏某中上诉认为黔西交通公司股东会会议应由股东按照出资比例行使表决权与事实不符,对其上述股东会决议未经夏某中或其代理人同意而无效的主张,不予支持。

综上,贵州省高级人民法院维持了一审判决。

【实务指引】

一般来讲，公司的大股东，特别是控股股东，在控制权争夺的过程中往往处于优势地位，但是在特殊情况下，小股东也有可能"成功逆袭"，夺取公司的控制权。本案小股东利用公司章程的约定，在大股东身陷囹圄的情况下，通过增资的手段成功夺取公司控制权。

本案的焦点法律问题，其关键点在于有限责任公司"公司章程约定每名股东拥有一个表决权"的规则是否有效？因为小股东为夺取公司控制权所使用的"增资""变更法定代表人""修改公司章程"等各种手段，均建立在"每名股东拥有一个表决权"合法有效的基础之上。

笔者认为，有限责任公司公司章程约定每名股东拥有一个表决权的规则有效。理由如下：（1）根据《公司法》第42条"股东会会议由股东按照出资比例行使表决权；但是，公司章程另有规定的除外"之规定，可见股东会会议的表决权原则上按照出资比例行使，但是也允许公司股东可以通过公司章程作出不按照出资比例行使表决权的规定。（2）在法律规范的角度上看，《公司法》该条规范属于任意性规范，而不是强制性规范。本案中公司章程约定"每名股东拥有一个表决权"的条款正是充分利用了该条授权性的规定"公司章程另有规定的除外"。（3）从有限责任公司人合性的特征上看，有限责任公司的股东在成立之初往往彼此信任，可能会基于各股东在资金、管理、技术等方面作出的贡献不同，而不按照出资比例分配表决权，进而有可能约定每名股东有一表决权，这种约定完全在公司自治的范畴之内。

另外，本案也提醒读者要区分股东会决议无效之诉和股东会决议撤销之诉。（1）股东会决议无效之诉属于确认之诉，依据《公司法》第22条第1款"公司股东会或者股东大会、董事会的决议内容违反法律、行政法规的无效"的规定，股东会决议是否有效关键在于其内容是否违反法律和行政法规的强制性规定。（2）股东会决议撤销之诉属于形成之诉，依据《公司法》第22条第2款"股东会或者股东大会、董事会的会议召集程序、表决方式违反法律、行政法规或者公司章程，或者决议内容违反公司章程的，股东可以自决议作出之日起六十日内，请求人民法院撤销"的规定，股东会决议是否可以被撤销的关键在于程序是否违反法律行政法规或内容是否违反公司章程，并且在60日的除斥期间内提出。

在本案中，原告提出撤销之诉时已过除斥期间且决议的内容并没有违反章程的规定，所以一、二审法院均不予审理。在章程中每一股东有一表决权的条款有效的前提下，二位被告作出变更法定代表人、增资并调整股权结构，修改章程的内容并不违反法律及行政法规的规定，所以法院认定各股东会决议有效。

【公司治理建议】

大股东为了避免被小股东"黑"，轻易不会同意将"每一股东有一表决权"这种貌似合理实则不公的条款写入章程；如果小股东在合作中有一定的谈判地位，希望争取一定的话语权，则应该争取将"每一股东有一表决权"写入章程。章程中描述方式一般为：（1）股东会会议表决，不按照出资比例行使表决权，实行一人一票制。或（2）股东会会议表决，不按照出资比例行使表决权，根据各股东在公司发展中提供出资或其他资源的重要性的差异，特确定以下表决权的行使根据：股东甲享有××%的表决权，股东乙享有××%的表决权，股东丙……

在"大众创业、万众创新"的大潮中，中国的民营企业家在创业之初由于在运营中操作不规范，很容易会触犯刑律，进而身陷囹圄，此时其他股东往往会趁火打劫、落井下石，趁机夺取大股东的控制权。如果公司成立之初大股东不重视公司章程的设计，将"每一股东有一表决权"这种貌似合理实则不公的条款写入章程，必将为小股东谋取公司控制权创造便利条件。建议在创业之初，公司各股东一定要重视公司章程的设计，特别是关系到股东会、董事会权限、公司增资减资，变更法定代表人，修改公司章程等重大事项的规定，根据权、责、利相统一的原则对各股东的权利作出合理的配置，特别约定在法定代表人或董事长发生意外情况时的应急预案，防止恶意股东乘虚而入；对公司章程的每一个字做到锱铢必较，杜绝使用所谓的"格式文本"或"范本"，以防被"黑"。另外，民营企业家应合法经营，经常参加法律知识培训，提高法律风险防范的意识。

【法规链接】

《公司法》

第二十二条　公司股东会或者股东大会、董事会的决议内容违反法律、行政法规的无效。

股东会或者股东大会、董事会的会议召集程序、表决方式违反法律、行政法规或者公司章程，或者决议内容违反公司章程的，股东可以自决议作出之日起六十日内，请求人民法院撤销。

……

第四十二条　股东会会议由股东按照出资比例行使表决权；但是，公司章程另有规定的除外。

第四十三条　股东会的议事方式和表决程序，除本法有规定的外，由公司章程规定。

股东会会议作出修改公司章程、增加或者减少注册资本的决议，以及公司合并、分立、解散或者变更公司形式的决议，必须经代表三分之二以上表决权的股东通过。

第一百四十六条　有下列情形之一的，不得担任公司的董事、监事、高级管理人员：

（一）无民事行为能力或者限制民事行为能力；

（二）因贪污、贿赂、侵占财产、挪用财产或者破坏社会主义市场经济秩序，被判处刑罚，执行期满未逾五年，或者因犯罪被剥夺政治权利，执行期满未逾五年；

（三）担任破产清算的公司、企业的董事或者厂长、经理，对该公司、企业的破产负有个人责任的，自该公司、企业破产清算完结之日起未逾三年；

（四）担任因违法被吊销营业执照、责令关闭的公司、企业的法定代表人，并负有个人责任的，自该公司、企业被吊销营业执照之日起未逾三年；

（五）个人所负数额较大的债务到期未清偿。

公司违反前款规定选举、委派董事、监事或者聘任高级管理人员的，该选举、委派或者聘任无效。

董事、监事、高级管理人员在任职期间出现本条第一款所列情形的，公司应当解除其职务。

小股东逆袭夺权之股东会"政变"

【司法观点】

股东会作出决议后，在被确认无效前，该决议的效力不因股东是否认可而受到影响。股东认为股东会或董事会的会议召集程序、表决方式违反法律、行政法规或者公司章程，或者决议内容违反公司章程的，应当自决议作出之日起六十日内向人民法院提起撤销之诉，否则决议生效。

公司法定代表人为公司的意思表示机关，对外有权以公司的名义从事法律行为，对内有权主持公司的经营管理工作。公司证照印章等作为公司财产和公司经营活动中进行意思表示的手段，在公司章程没有规定公司证照印章由谁保管的情况下，可以由公司法定代表人代表公司进行管理。

【典型案例】[①]

2006年4月30日，滨州中金公司设立，注册资金为1020万元；股东为于某河、青岛中金公司、豪韵公司；于某河出资244.8万元，出资比例为24%，青岛中金公司出资额255万元，出资比例为25%，豪韵公司出资额为520.2万元，出资比例为51%；法定代表人为魏某珂。

2008年11月7日，滨州中金公司股东变更为于某河、青岛中金公司，于某河出资额为244.8万元，出资比例为24%，青岛中金公司出资额为775.2万元，出资比例为76%，司某彬担任公司执行董事和法定代表人。随后，滨州中金公司将该公司的公章、合同专用章、财务专用章、技术专用章、银行开户许可证、企业法人营业执照正副本、组织机构代码证正副本、税务登记证副本、公共信息卡、组织机构社会保障卡、财务账本、财务会计凭证、纳税申报表、银行账、现金账、银行票据、收据等移交给青岛中金公司。

2012年8月10日，滨州中金公司股东的出资变更为于某河出资765万元，出资比例为75%，青岛中金公司出资255万元，出资比例为25%。

2012年8月9日，于某河向司某彬发出临时股东会会议召集提议。其中载明："鉴于滨州中金公司股权结构最近发生重大变化，为维护公司的利益与各股东的合法权益，要求执行董事于2012年8月29日之前召开临时股东会会议，讨论、审议、表决以下问题：1.重新选举本公司法定代表人。2.审议表决本公司名称变更事宜。3.审议表决本公司章程修改事宜。4.青岛中金公司是否同意于某河对外转让股权事宜，是否行使优先购买权事宜。如果执行董事自本提议之日起五日内未通知股东，公司监事将依据《公司法》和公司章程的相关规定自行召集和主持（召集权的争夺），并于2012年8月29上午9时30分开始，在滨州市渤海九路黄河十路路口锦城大厦702室召开临时股东会会议，审议表决上述问题。本提议同时作为通知执行董事的临时股东会会议通知，望届时准时参加，不参会将不影响本次会议的召开和效力。"该提议以公证送达方式送达给了青岛中金公司的工作人员。

2012年8月13日，于某河向青岛中金公司发出滨州中金公司召开临时股东会会议的通知。其中载明："滨州中金公司根据《公司法》和公司章程的相关规定，

[①] （2013）鲁商终字第145号。

决定于 2012 年 8 月 29 日上午 9 时 30 分，在滨州市渤海九路黄河十路路口锦城大厦 702 室依法召开临时股东会议。本次会议由本公司监事（为本公司代表十分之一以上表决权股东）于某河召集和主持，鉴于贵公司为本公司的股东之一，现将有关事项向贵公司通知如下：1. 重新选举本公司法定代表人。2. 审议表决本公司名称变更事宜。3. 审议表决本公司章程修改事宜。4. 贵公司是否同意于某河对外转让股权事宜；贵公司是否行使优先购买权事宜。望贵公司准时参会，若不能按时并提供法定手续到场参会，则视为主动放弃所有权利。"该通知以公证送达方式送达给了青岛中金公司工作人员。

2012 年 8 月 29 日，滨州中金公司召开股东会，并作出股东会决议，决议内容为，本次股东会会议于 2012 年 8 月 13 日通知全体股东到会参加议，符合《公司法》及公司章程的有关规定。出席会议的股东持有公司 75% 的股权，达到法定及公司章程要求，会议合法有效，由公司监事于某河主持会议，本次股东会会议的召集与召开程序、出席会议人员资格及表决程序符合《公司法》及公司章程的有关规定。本次股东会议经代表三分之二以上表决权的股东表决通过，形成如下决议："（一）表决通过公司更名决议。（二）表决通过公司章程修正案。公司章程修改的内容如下……3. 公司章程第 16 条原规定，'公司设经理，由执行董事聘任产生。经理对执行董事负责'。修改为：'公司设总经理，由执行董事聘任产生，总经理对执行董事负责。' 4. 公司章程第 19 条原规定，'执行董事为公司的法定代表人，任期三年，由股东会选举产生，任期届满，可连选连任'。修改为：'公司总经理担任公司法定代表人，总经理兼法定代表人由执行董事聘任或解聘，向执行董事负责。'……（三）表决通过免去司某彬执行董事兼公司法定代表人职务，免去于某河公司监事职务。会议选举于某河为公司执行董事，选举司某彬为监事。（四）表决通过滨州中金公司的公章、财务专用章、合同专用章、技术专用章、公司营业执照、机构代码证作废，不得再行使用，否则由使用人承担由此产生的一切责任。"该股东会议由公证处进行了现场监督公证。

2012 年 9 月 4 日，于某河向司某彬发出关于移交公司各类印章、财务会计账簿、企业法人营业执照正副本等的通知。其中载明："根据滨州中金公司 2012 年 8 月 29 日上午召开的临时股东会决议，您已被免去公司执行董事兼法定代表人职务，重新选举于某河为公司执行董事。为了便于公司经营管理、维护公司和公司股东等利益相关方的合法权益，现正式通知您于收到本通知之日起五日内开始向新任执行董事以及公司法定代表人移交包括但不限于以下资料、物品等，否则，公司将依法维权：1. 公司公章、财务专用章、合同专用章等各类印章；2. 公司财务会计账簿；3. 企业法人营业执照正副本、组织机构代码证正副本、税务登记证副本、银行开户许可证等；4.公司房产证、土地使用证；5.公司现金、存款、交通工具及权属证书等一切财产；6.公司在设立、变更、经营管理过程中的一切资料。该通知以公证方式留置送达青岛中金公司十楼会议室。"

2012年9月3日、2012年9月18日，青岛中金公司两次向于某河发出通知，要求与于某河就公司相关事务的交接事宜进行协商。2012年9月24日、2012年10月8日、2012年12月12日，青岛中金公司通知于某河到青岛公证处办理公司相关事务的交接。

此后，于某河向青岛中金公司索要公司公章、证照、财务账簿等未果，无奈之下，于某河向法院提起诉讼。

滨州中金公司、于某河诉称：于某河、青岛中金公司系滨州中金公司的股东，于某河的持股比例为75%，青岛中金公司的持股比例为25%。2012年8月29日，滨州中金公司根据《公司法》和公司章程规定的程序召开了股东会，股东会通过决议免去司某彬执行董事兼法定代表人职务，选举于某河担任执行董事，执行董事于某河根据公司章程及修正案的规定聘任田某国担任总经理兼任法定代表人，但崔某昊伙同周某建等人受司某彬的指使，将公司的公章、营业执照、财务账簿等经营管理所需的资料等带至青岛中金公司，拒不交出，致使公司无法变更工商登记，无法正常经营。请求判令：司某彬、青岛中金公司向滨州中金公司共同返还滨州中金公司的公章、证照、财务账簿等一切公司财产。

司某彬、青岛中金公司辩称：1.滨州中金公司不具有本案的诉讼主体资格。在2013年1月25日之前，滨州中金公司的法定代表人仍然是司某彬，田某国不是该公司的法定代表人，其所签署的起诉状无效，滨州中金公司不具有本案诉讼主体资格。2.滨州中金公司召开的临时股东会及作出的决议无效。于某河通知青岛中金公司、司某彬于2012年8月29日举行临时股东会，青岛中金公司委派人员到达现场后被禁止入内，于某河召开的临时股东会没有青岛中金公司的参加，股东会决议也没有向司某彬送达，股东会决议无效。3.2012年8月29日下午，滨州中金公司所有的公司资料、证照、现金以及保险柜的钥匙都被于某河的人抢走，公司所有证照、资料都已被于某河实际控制。四、司某彬多次给于某河发送公司相关事务交接的通知，但都被于某河拒签或收到后置之不理，给公司造成的一切损失应由于某河承担。

一审法院经审理认为，本案争议的焦点是：1.滨州中金公司的诉讼主体资格是否适格；2.青岛中金公司、司某彬是否应将滨州中金公司公章、营业执照等证照返还给滨州中金公司。

一、关于滨州中金公司的诉讼主体资格是否适格的问题

青岛中金公司、司某彬认为，滨州中金公司召开临时股东会并作出的决议无

效,滨州中金公司的法定代表人仍然是司某彬,田某国并非滨州中金公司的法定代表人,其无权代表滨州中金公司行使权利,其所签署的涉案民事起诉书也是无效的,滨州中金公司不具有本案诉讼主体资格。一审法院认为,滨州中金公司于2012年8月29日召开股东会,股东会作出决议免除司某彬执行董事、法定代表人职务,选举于某河为公司执行董事,股东会作出决议后,在被确认无效前,该决议的效力不因股东是否认可而受到影响,于某河担任公司执行董事后,聘任田某国担任公司总经理、法定代表人职务,田某国作为公司法定代表人有权代表公司签署起诉书,滨州中金公司的诉讼主体适格。青岛中金公司、司某彬的抗辩理由不能成立,不予支持。

二、青岛中金公司、司某彬应否将滨州中金公司公章、营业执照等证照返还给滨州中金公司

一审法院认为,滨州中金公司系依法设立的有限责任公司,其公司相关证照应当由公司持有,任何个人或单位均不得自行占有相关证照。现证据表明滨州中金公司的相关证照均由青岛中金公司持有,公司执行董事于某河聘任田某国担任公司总经理、法定代表人职务,但公司因缺少相关证照无法进行经营,青岛中金公司应将其持有的公司印章、营业执照等相关证照返还滨州中金公司,滨州中金公司主张青岛中金公司返还公司证照的请求成立,予以支持。青岛中金公司辩称,滨州中金公司的印章、营业执照等相关证照已被于某河抢走,但未提交证据予以证明,其抗辩理由不予采信。综上判决:青岛中金公司将其持有的滨州中金公司的公章、证照、财务账簿等一切公司财产返还给滨州中金公司。

青岛中金公司不服一审判决上诉称:1. 原审判决认定事实错误。(1)于某河作为滨州中金公司的监事无权自行召集和主持临时股东会。(2)2012年8月29日于某河在滨州市锦城大厦召开的临时股东会程序违法,且阻挠青岛中金公司的委托人参加会议。(3)股东会决议直至现在也未向青岛中金公司送达,剥夺了青岛中金公司行使对股东会决议的撤销权。(4)原审判决认定事实前后矛盾,于某河已通过股东会将滨州中金公司的相关证照印章等作废,不得再行使用,却又判决青岛中金公司返还,自相矛盾。(5)原审判决认为"股东会作出决议后,在被确认无效前,该决议的效力不因股东是否认可而受到影响",按照这种逻辑,只要股东会形成决议,不论程序是否合法,或是其他股东对决议有无异议,都应当先执行,实属本末倒置,也是对《公司法》第22条关于保护中小股东对股东会决议行使撤销权的否定。(6)于某河未经股东会同意擅自操控滨州中金公司撤销了对(2012)滨中民再初字第2号再审判决的上诉,串通于某江非法侵占滨州中金公司巨额资产,严重损害了公司及股东的权益。2. 原审判决适用法律错误。原审适用《物权法》判决

青岛中金公司返还证照印章错误，公司的证照印章不是股东个人私有财产，公司对证照印章的管理是通过股东会决议来完成的，司某彬现在仍然是滨州中金公司的法定代表人，其保管和使用公司的证照印章也是履行对公司应尽的义务，在没有经过股东会决议的前提下，原审判决让青岛中金公司交出证照印章，是对公司内部经营管理的干涉，即便是让青岛中金公司交出证照印章也是交给滨州中金公司现在的法定代表人司某彬。另外原审判决引用《公司法》第37条的规定也是错误的，应当引用《公司法》第22条，由于滨州中金公司召开股东会所形成的决议没有向青岛中金公司送达，仅此一项就应驳回滨州中金公司的诉讼请求。综上，请求二审法院依法改判，驳回滨州中金公司的诉讼请求。

滨州中金公司辩称：1. 于某河作为滨州中金公司的监事和占公司75%股份的股东，在公司原执行董事司某彬拒不召集和组织股东会的情况下，依法组织召开股东会符合法律规定。2. 股东会决议召集程序、表决方式符合《公司法》和公司章程，股东会召开程序合法。3. 股东会决议应当存放于公司，不需要向股东送达，并且本案司某彬和青岛中金公司对股东会决议的内容也是明知的。4. 股东会决议虽然作废了公司的证照，但其仍是公司的财产，青岛中金公司依法应当返还。综上，请求驳回上诉，维持原判。

于某河则辩称：1. 于某河作为公司监事和控股股东，有权自行召集和主持股东会，并依公司章程作出相应的决议。2. 公司于2012年8月29日召开的股东会，会议程序、会议决议均由公证处记录在卷，股东会在符合法定人数和持股比例的情况下作出的决议合法。3. 青岛中金公司、司某彬对股东会的决议内容是知道的，其依法应按时行使撤销权。4. 股东会决议废止并停止使用公司的证照印章，是为了杜绝青岛中金公司利用公司的证照印章对外进行担保等活动，其与返还公司证照印章之间并不矛盾。5. 股东会会议由股东按出资比例行使表决权，少数股东如对股东会决议有异议，只能通过诉讼，由法院来确定是否撤销。本案青岛中金公司既不提起撤销权之诉，又以其有异议为由否认股东会决议的效力，不能成立。6. 股东会决议免去司某彬法定代表人职务，另行聘任新的法定代表人，青岛中金公司向新的法定代表人交接证照印章是其应尽的义务。综上，请求驳回上诉，维持原判。原审被告司某彬同意青岛中金公司的上诉意见。

二审法院另查明：2012年8月29日股东会召开当日，滨州市滨城公证处对现场过程进行了公证，并形成了工作记录，其中第2条载明："本日上午9时40分开始，滨州市中金豪运置业有限责任公司工作人员崔某昊及一名律师前来参加会议，经公证人员审查，其未带授权委托书、企业法人营业执照等材料，随即将他们驱离现场。"2012年9月4日，于某河向司某彬发出移交公司各类印章、财务会计账簿、企业法人营业执照正副本等通知后,司某彬未予移交,并利用其持有的滨州中金公司印章,对案外人借款提供了担保。

二审院经审理认为,本案滨州中金公司起诉主张青岛中金公司返还公司证照,而青岛中金公司二审中主张股东会决议应予撤销,根据《公司法》第22条第2款关于"股东会或者股东大会、董事会的会议召集程序、表决方式违反法律、行政法规或者公司章程,或者决议内容违反公司章程的,股东可以自决议作出之日起六十日内,请求人民法院撤销"之规定,青岛中金公司应在法律规定的期间内另行提起公司决议撤销之诉。至二审法庭辩论终结前,青岛中金公司并未提起公司决议撤销之诉,作为滨州中金公司的股东,青岛中金公司应受2012年8月29日股东会决议的约束。

本案股东会决议已产生了新的法定代表人田某国,其作为公司法人的意思表示机关,对外有权以公司的名义从事法律行为,对内有权主持公司的经营管理工作。公司证照印章等作为公司财产和公司经营活动中进行意思表示的手段,应当由公司法定代表人进行管理。本案青岛中金公司持有滨州中金公司的证照印章等,并利用持有的印章对案外人的借款提供担保,导致滨州中金公司的工商变更登记无法进行,公司活动无法正常开展,损害了滨州中金公司的利益,青岛中金公司应当将上述证照印章等予以返还。综上,法院最终驳回了青岛中金公司的诉讼请求。

【实务指引】

本案围绕着股东会决议是否有效而展开,其中值得注意的问题有以下几个:

一、股东会会议的召集权人,以及召集权行使的方式

根据《公司法》第40条的规定,有限责任公司设立董事会的,股东会会议由董事会召集,董事长主持;董事长不能履行职务或者不履行职务的,由副董事长主持;副董事长不能履行职务或者不履行职务的,由半数以上董事共同推举一名董事主持;不设董事会的,股东会会议由执行董事召集和主持;董事会或者执行董事不能履行或者不履行召集股东会会议职责的,由监事会或者不设监事会的公司的监事召集和主持;监事会或者监事不召集和主持的,代表十分之一以上表决权的股东可以自行召集和主持。由此可知,股东会议召集权的行使主体是有先后顺序,首先是董事会或执行董事,其次是监事会或执行监事,最后是占股10%以上的股东。本案中,在原执行董事司某彬未行使股东会会议召集权的情况下,公司监事于某河首先发出提议召开股东会的提议,要求司某彬在5日内召开股东会,在5日内未召开的,公司监事有权召集和主持股东会议。于某河在提议执行董事司某彬召集和主持

股东会未果的情形下，自行召集和主持股东会，并使用公正送达的方式送达召集提议和通知，符合召集权的召集主体和送达方式，所以股东会会议召集程序合法，股东会会议是依法召开的。

二、股东会决议的有效要件及生效时间

股东会决议的生效需要满足两个人数的要求：一是合法的"出席数"，二是合法的"表决数"。股东会"出席数"决定股东会会议能否成立，满足了相应的出席数就意味着该会议体具有了公司意思决定的资格或能力，相当于满足了法律行为的主体要件；股东会"表决数"决定股东会决议是否有效，满足了相应的表决数就意味着该会议体满足了法律行为的意思表示要素。只要满足了"出席数"和"表决书"的要求，一经表决作出即可生效；而且股东会决议作为一种集体决议行为，其法律效力及于所有股东，无论此决议是否向经过其同意或者向其送达。本案中，青岛中金公司主张股东会决议未向其送达，因而无效的主张是不能成立的。

三、股东会决议撤销之诉的除斥期间

根据《公司法》第22条的规定，股东行使决议撤销之诉的除斥期间是60日，其立法目的是提高公司运作效率、诉讼效率，节约司法资源，督促股东及时行使权利。在除斥期间内，倘若无人向法院提起决议撤销之诉，则决议瑕疵因为时间的流逝而获得治愈，从而变为有效的公司决议。对于超过除斥期间的股东会决议撤销之诉，法院可以直接以裁定的方式驳回原告的诉讼请求。本案中，青岛中金公司主张股东会决议可撤销，但是其并未在法律规定的期间60天内提起公司决议撤销之诉。至二审法庭辩论终结前，青岛中金公司仍未提起公司决议撤销之诉，所以股东会决议有效，其作为股东应受股东会决议的约束。

四、法定代表人的职权与法律地位

法定代表人是指依法代表法人行使民事权利，履行民事义务的主要负责人。根据《民事诉讼法》的规定，法人由其法定代表人进行诉讼；其他组织由其主要负责人进行诉讼。同时，《民法典》第61条规定："……法定代表人以法人名义从事的民事活动，其法律后果由法人承受。法人章程或者法人权力机构对法定代表人代权的限制，不得对抗善意相对人。"所以，法定代表人作为公司法人的意思表示机关，对外有权以公司的名义从事法律行为，对内有权主持公司的经营管理工作。本案中，滨州中金公司基于有效的股东会决议所选出的法定代表人田某国，有权代表公司向青岛中金公司提起诉讼，要求其返还公司证照等公司财产。

【公司治理建议】

1. 在很多公司控制权争夺战中，经常有各方争夺营业执照、印章的情况。于是发现：对于到底由谁保管公司营业执照和印章法律并没有规定。公司章程对于到底由谁保管公司营业执照、印章没有约定。到底是谁掌管，大股东指派的人、法定代表人、董事、财务负责人？目前我国法律和司法解释对于公司营业执照、印章等究竟由谁持有并无明确规定。为了避免在公司控制权争夺中出现"真空"，建议章程作出明确规定，如规定由公司法定代表人或其指定的人持有，避免诉讼。

2. 在公司控制权争夺战中，严格按照《公司法》规定的法定程序召开股东会，特别是在股东会的召集、通知、表决等各关键环节使用公证的手段，公证的方式可以使其股东会决议在程序上的瑕疵降到最低，保证股东会会议决议合法有效。

3. 小股东逆袭夺权成功需做到以下几点：（1）尽可能取得三分之二以上的表决份额；（2）严格遵守股东会、董事会的法定程序；（3）控制法定代表人、董事长、总经理等关键职位并实际掌控公司的印章、营业执照和资质证书。

4. 变更法定代表人、争夺公司印章证照三步走：第1步：根据公司章程规定的法定代表人任免程序，分别召集股东会或董事会，选举新的公司法定代表人。根据《公司法》第13条的规定，法定代表人由公司在公司章程中自由约定，但限定在董事长、执行董事或经理中选择。而董事长及经理的选任，需要董事会决定，执行董事的选任需要股东会决定。所以，若原章程中规定由董事长或经理担任法定代表人，则需要召集董事会，选任新的董事长或经理；若原章程中规定由执行董事担任法定代表人，则需要召集股东会，选任新的执行董事。另外，如果原董事会没有新控股股东的代表董事或代表董事的人数不足，新控股股东需要先召集股东会，选任己方多数董事，改组董事会；然后再召开新的董事会，选任新的董事长或经理。值得注意的是，若原章程中规定"变更法定代表人需要代表三分之二以上表决权的股东同意"，则必须要召开股东会，以绝对多数决的表决方式，变更新的法定代表人。

第2步：要求原法定代表人配合办理工商登记。原法定代表人拒不配合的，大股东（或新法定代表人以公司名义）可根据第1步所形成的有效股东会或董事会决议，以拒不配合的股东（或拒不配合的原法定代表人）为被告，提起变更公司登记的诉讼，要求其协助办理法定代表人的变更登记手续。

第3步：要求返还公司证照印鉴。以新法定代表人在诉状中签字的形式（之所以是签字的形式而不是盖章的形式，是因为公章在对方手上）代表公司作为原告，以原法定代表人为被告，提起证照返还诉讼，要求其返还公司的营业执照、公章。

【延伸阅读】

公司证照返还纠纷的八条裁判规则

裁判规则一：证照返还纠纷的诉讼主体是公司而不是个人

案例1：北京市高级人民法院审理的张某与俊星公司、余某储、盛华夏公司公司证照返还纠纷案[（2015）高民（商）申字第168号]认为，盛华夏公司依法对其印章、证照拥有所有权并可行使对其印章、证照的返还请求权，而本案申请人系以其个人名义提起诉讼，其无权要求被申请人向其个人返还盛华夏公司的印章、证照，故申请人张某不是本案适格的诉讼主体。

裁判规则二：公章证照属于公司财产

案例2：北京市第三中级人民法院审理的兴园顺达公司与唐某华公司证照返还纠纷案[（2015）三中民（商）终字第08974号]认为，公司是企业法人，有独立的法人财产，享有法人财产权。公司公章、证照是公司的合法财产，公司对其公章、证照的所有权受法律保护，任何单位和个人不得侵犯。当公司的公章、证照由他人无权控制、占有时，公司有权要求其返还……公司的相关公章、证照的所有权人为公司，其他人占有或控制公司的公章、证照应当有公司的授权。本案中，唐某华主张其持有公司公章、证照的依据为其是公司股东、办公室主任，但唐某华未能提交证据证明其对公章、证照的管理和控制有公司章程规定或公司决议等有效授权，且唐某华已于2014年10月25日离开兴园顺达公司，故唐某华无权继续持有相关公章和证照。兴园顺达公司作为上述公章、证照的所有权人主张唐某华予以返还，于法有据，应予支持。

裁判规则三：法定代表人有权代表公司向无权占有人要求返还印章证照

案例3：北京市高级人民法院审理的贝瑞德公司与吕某公司证照返还纠纷案[（2013）二中民终字第17025号]认为，公司证照及财务资料为公司经营所必须，对外代表着公司的意志。公司作为法人，尽管拥有证照及财务资料的所有权，但这些物品须由具体的自然人予以保管。在本案中，贝瑞德公司的章程并未规定公司证照及财务资料应由谁进行保管或控制。在王某博召开临时股东会并作出决议后，贝瑞德公司的法定代表人变更为王某博，而吕某在贝瑞德公司的职务被解除。此时，王某博作为贝瑞德公司的法定代表人及经理，其有权决定贝瑞德公司的证照和财务资料应由谁保管。贝瑞德公司有权要求吕某返还公司证照和财务资料，吕某也无权再占有贝瑞德公司的证照和财务资料。

裁判规则四：法定代表人签字可代表公司意志

案例4：北京市第二中级人民法院审理的于某新与有朋公司公司证照返还纠纷案〔（2016）京02民终8037号〕认为，有朋公司作为独立民事权利主体，对公司的公章、发票专用章、营业执照副本、税务登记证副本、社保登记证副本、财务账簿及财务原始凭证依法享有保管、使用的权利，并且在上述权利受到侵害时，有权请求返还相关证照。本案中，有朋公司登记在案的法定代表人为冯某，故冯某代表公司提起本案诉讼不违反法律规定，并无不当，在公司公章缺位时，法定代表人的签字可以代表公司意志。根据已查明的事实，于某新认可其作为有朋公司股东及监事，自2015年7月开始实际控制和使用有朋公司公章、发票专用章、营业执照副本、税务登记证副本、社保登记证副本、2010年4月至2016年1月的财务账簿及财务凭证，现有朋公司起诉要求于某新返还相关印章、证照及财务账簿、财务凭证的诉讼请求，于法有据，一审法院予以支持，处理并无不当。

裁判规则五：在公章控制人与法定代表人不一致时，应当由法定代表人行使公司意志的代表权

案例5：北京市第三中级人民法院审理的盛某与日邦公司公司证照返还纠纷案〔（2014）三中民终字第08670号〕认为，1. 关于公司意志代表权的问题，公司法定代表人有权代表公司提起诉讼。本案中，法定代表人与公司公章控制人并非同一人，根据《民事诉讼法》第48第2款的规定："法人由其法定代表人进行诉讼……"法定代表人是公司意志的代表机关，在公章控制人与法定代表人不一致时，应当由法定代表人行使公司意志的代表权。在无相反证据证明下，法定代表人以公司名义作出的行为应当视为公司的行为，詹某晴作为日邦公司法定代表人有权代表公司提起诉讼……詹某晴作为日邦公司的法定代表人有权代表日邦公司诉请公司证照返还。公司的相关证照的所有权人为公司，其他人占有或控制公司的证照应当有公司的授权……盛某主张其系依据职权具有对日邦公司证照的管理和控制权，但盛某未能提交充分证据证明其对证照的管理和控制有章程规定或董事会决议等公司的有效授权。盛某虽主张其作为日邦公司副总经理代行总经理职权，且依据公司文件有权对证照进行控制或管理，但是日邦公司现并不认可盛某所提交的相关内部文件的真实性，且该文件并未经过董事会决议。现日邦公司与盛某就证照返还问题产生纠纷且公司已处于非正常经营状态，盛某在没有明确章程或有效公司内部决议授权的情况下，无权继续控制或管理相关证照。公司作为相关证照的所有权人主张返还，盛某作为相关证照的实际控制人具有相关证照的返还义务。

裁判规则六：在名义上法定代表人与实质法定代表人发生冲突时，应以实质的法定代表人作为公司的诉讼代表人，要求返还公司印章及证照

案例6：宿迁市中级人民法院审理的苏龙苗猪公司与郑某华公司证照返还纠纷案〔（2015）宿中商终字第00185号〕认为，苏龙苗猪公司监事顾某根提前十五日通知了全体股东召开股东会，以三分之二有表决权的多数表决通过本案股东会决议，并将股东会决议内容书面通知了全体股东，无论是程序还是决议内容，均符合公司章程规定，不违反法律、行政法规的规定，合法有效，股东会决议对公司全体股东具有法律约束力。公司的诉讼代表权专属于公司法定代表人，在名义上法定代表人与实质法定代表人发生冲突时，应以实质的法定代表人作为公司的诉讼代表人。本案中，苏龙苗猪公司原法定代表人郑某华被罢免法定代表人职务后，无权占有公司公章，拒不配合办理公司变更登记，影响公司正常经营管理，顾某根作为股东会决议新选任的法定代表人，方是代表公司真实且最高意思表示的实质法定代表人，其当然有权签字以公司的名义提起诉讼，即本案原告主体资格适格。据此，本案中，郑某华在苏龙苗猪公司2014年10月8日股东会决议并通知其后，其已不再担任该公司的法定代表人，也不再有权持有公司的证照，其继续占有公司证照属于无权占有，公司作为证照的所有权人，有权要求其立即返还。郑某华应当根据股东会决议要求向公司移交营业执照原件、公章、财务章、合同专用章、税务登记证、组织机构代码证和财务资料等公司证照。

裁判规则七：公司可以通过董事会制定印章证照的管理制度，其对公司、股东均具有约束力

案例7：北京市第三中级人民法院审理的郭某晓与兴旺公司公司证照返还纠纷案〔（2016）京03民终6878号〕认为，物权是指权利人依法对特定的物享有直接支配和排他的权利，包括所有权、用益物权和担保物权；无权占有不动产或者动产的，权利人可以请求返还原物。公司是企业法人，有独立的法人财产，享有法人财产权。公司公章、证照等物是公司的合法财产，公司的公章、证照为他人无权占有和控制时，公司依法有权要求其返还……有限责任公司设董事会，董事会对股东会负责，行使下列职权……（十）制定公司的基本管理制度……从上述法律规定不难看出，对于有限责任公司的组织构成和管理职责，法律均有明确规定，兴旺公司及其股东应当依法遵守……2015年7月22日，兴旺公司董事会2015年第二次会议审议并通过了《兴旺公司印章管理办法》。郭某晓基于2012年5月29日的"股东协议"获得管理涉案的兴旺公司公章、证照，但是该约定的有限期限是公司成立早期，虽然对于早期双方存在争议。但是在2014年至2015年，兴旺公司制定了公司章程，并成立了董事会依法行使管理公司之责。而公司章程明确赋予了董事会"制定公司的基本管理制度"，该公司章程对全体股东、董事会均具有约束力，兴旺公司董事会随后审议并通过了《兴旺公司印章管理办法》，因此，在《兴旺公司印章管理办法》和公司成立前的"股东协议"内容相冲突的情形下，公司章程和《兴旺公司印章管理办法》的效力明显优于"股东协议"的授权，故郭某晓的该项抗辩意见，法院难以采纳。

裁判规则八：公司可以通过股东会决议的方式确定印章证照的掌管者

案例8：北京市海淀区人民法院审理的赛尔无线公司与付某东公司证照返还纠纷案［（2015）海民（商）初字第05813号］认为，赛尔无线公司在本案中提起证照返还的诉请，此种诉请能否得到支持，主要在于在公司内部的组织框架下，证照持有人是否享有相应的授权。判断证照持有人是否有权持有证照，主要依据为公司章程及与此有关的法律规定。根据《物权法》第34条规定：无权占有不动产或者动产的，权利人可以请求返还原物。根据赛尔无线公司章程规定，公司股东会系公司权力机构，除重大事项需五分之四以上表决权的股东通过外，其余事项需二分之一以上表决权的股东通过。本案中，一方面，赛尔无线公司已经召开了股东会，并就"同意公司营业执照、公章、合同章由公司法定代表人保管"进行了表决，持有75%股权的天一公司通过了上述提案，已达到公司章程约定的表决标准，此提案在公司层面已发生效力。另一方面，付某东作为公司总经理，具有掌握公司营业执照、公章、合同章的前提，在本案证据中亦能证明其实际持有上述公司物品。结合上述两个方面，法院认为，赛尔无线公司就付某东返还公司营业执照、公章、合同章的诉请，具有相应事实和法律上的依据，应当予以支持。

【法规链接】

《公司法》

第二十二条第二款 股东会或者股东大会、董事会的会议召集程序、表决方式违反法律、行政法规或者公司章程，或者决议内容违反公司章程的，股东可以自决议作出之日起六十日内，请求人民法院撤销。

第十三条 公司法定代表人依照公司章程的规定，由董事长、执行董事或者经理担任，并依法登记。公司法定代表人变更，应当办理变更登记。

第一百四十七条第二款 董事、监事、高级管理人员不得利用职权收受贿赂或者其他非法收入，不得侵占公司财产。

《民法典》

第六十一条 依照法律或者法人章程的规定，代表法人从事民事活动的负责人，为法人的法定代表人。

法定代表人以法人名义从事的民事活动，其法律后果由法人承受。

法人章程或者法人权力机构对法定代表人代表权的限制，不得对抗善意相对人。

第六十二条第一款 法定代表人因执行职务造成他人损害的，由法人承担民事责任。

第二百三十五条 无权占有不动产或者动产的，权利人可以请求返还原物。

董事会会议召集通知中的法律陷阱

【司法观点】

董事会的召集通知中应当载明召集的事由、议题和议案概要。董事会决议除在内容上应不违反法律法规的强制性规定和公司章程的内容外，在决议程序上还需满足公司章程所规定的"出席数"和"表决数"要件。

公司决议撤销的法律依据与公司决议无效的法律依据不同，当事人应根据不同的事由选择不同的法律条款分别提起诉讼。

【典型案例】①

2009年2月17日，兆民公司登记设立，注册资本200万元。2010年11月，兆民公司注册资本增至2710万元，股东变更为兆瓦公司、闻某航、张某以及范某进、姚某仙和邵某。2011年2月，兆民公司又吸收孙某为公司股东。同时，兆民公司的董事会由范某进、姚某仙、闻某航、张某、邵某、孔某元、孙某七人组成。2012年3月18日，兆民公司修改公司章程为：闻某航不再作为公司股东并退出公司董事会，兆民公司董事会由范某进、姚某仙、张某、邵某、孔某元、孙某六人组成。目前，兆民公司的董事会成员为范某进、姚某仙、张某、邵某、孔某元、孙某六人。

兆民公司2010年11月18日的公司章程规定：公司股东为兆瓦公司、范某进、姚某仙、闻某航、张某、邵某；股东会会议作出修改公司章程等重大决议的须经代表全体股东三分之二以上表决权的股东通过，其他决议须经代表全体股东二分之一以上表决权的股东通过；公司设董事会，董事会由七人组成，董事任期三年；章程第16条规定董事会的职权包括召集股东会会议、决定公司法定代表人（第9项）、

---

① （2013）沪二中民四（商）终字第1498号。

根据董事长的提名决定聘任或者解聘公司总经理和公司财务负责人（第11项）；董事会会议须由过半数董事出席方可举行；董事如不能出席董事会会议的，可以书面委托其他董事代为出席；董事会决议的表决，实行一人一票，董事会对所议事项作出的决定由全体董事人数二分之一以上的董事表决通过方为有效；公司设总经理一名，由董事长提名，董事会决定聘任或者解聘；公司的法定代表人由总经理担任。

2010年12月3日，兆民公司通过"董事会议事规则"，明确为了规范公司董事会的工作秩序和行为方式，保证公司董事依法行使权力，履行职责，承担义务，根据《公司法》、兆民公司章程制定本规则。该议事规则包括以下内容：（1）董事会职权包括：召集股东会；根据董事长的提名决定聘任或者解聘公司总经理和公司财务负责人；法律法规或公司章程规定及股东会授予的其他职权；（2）董事会会议的召集，应在董事会会议举行十日前通知各董事，但遇到紧急情况时，可以随时召集；会议通知必须以书面形式进行，并载明召集事由、议题和开会时间、地点，通知必须送达全体董事；董事会召开临时董事会会议的通知时限为三日内；（3）董事会会议应当由二分之一以上的董事出席方可举行，每一董事享有一票表决权；（4）董事会会议应由董事本人出席，董事因故不能出席董事会会议的，可以书面委托其他董事代为出席；董事未出席董事会会议，亦未委托代表出席的，视为放弃在该次会议上的投票权；（5）法律专门列举规定的特别决议以外的普通决议要求出席会议的董事表决权超过全体董事人数的半数同意方为有效，特别决议必须由三分之二以上董事出席会议，出席会议的表决权超过全体董事人数的半数同意方为有效。

2013年7月31日，姚某仙受孔某元委托向包括范某进在内的兆民公司全体董事发送董事会会议通知，通知于2013年8月4日上午10时在本市宝山区呼玛路×××号×××楼召开董事会会议，会议议题包括：对董事会行使章程第16条第9项、第11项职权作出决议；制定公司印章、证照、银行印鉴管理基本制度；召集股东会临时会议事宜。在姚某仙等人向法院提交的会议通知中，有一份通知的左下方由范某进签名并写明"收到"。2013年7月30日，范某进向公司副总经理张桂仙发送电子邮件，表示因临时有急事无法参加董事会会议，但提出关掉外地公司、裁员、卖掉本市奉贤土地以及暂时保管兆民公司公章等建议。

2013年8月4日，兆民公司召开董事会会议并形成董事会决议一份，该决议记载的参会董事人员为：孔某元、姚某仙、朱某（代邵某）、孙某，未到会董事为范某进和张某。上述董事会决议包括以下主要内容：（1）免去范某进所担任的兆民公司总经理及法定代表人职务；（2）聘任孔某元担任兆民公司总经理及法定代表人；（3）责成范某进于2013年8月9日前向新任兆民公司总经理孔某元移交兆民公司公章、银行印鉴章（财务章、法人章）、合同专用章、发票专用章、企业法人营业执照正本及副本原件、税务登记证正本及副本原件、公司组织机构代码证原件、银行开户许可证原件、贷款卡原件、IC卡原件、机构信用代码证原件、公司的IDC许可证原件、公司已取得并获受理的所有的著作权、专利权证书原件、软件企业证书原件、软件产品证书原件、公司所有开户银行的网银密钥（包括制单密钥、审核密钥、查询密钥）、税控机专用卡（金税卡）、法人一证通、公司财务软家加密狗、系统盘、公司自成立以来所有的财务报表、账册、凭证、银行对账单原件、报税单原件、合同原件、保险箱的钥匙、银行预留印鉴卡等及其他与公司经营及财务有关的证件资料等；（4）授权公司秘书或其委托的人员办理法定代表人变更登记手续；（5）根据公司章程第16条第12项及第21条第4项的规定，批准新任总经理孔某元拟定《印章、证照、银行印鉴管理基本制度》；（6）根据公司章程第10条规定提出召开股东会临时会议，由董事会召集股东会临时会议。决议落款处由到会的孔某元、姚某仙、孙某签署本人姓名，邵某的姓名由朱某代为签署。

2013年8月30日，范某进诉至法院，认为上述董事会会议通知未明确议题、出席会议及行使表决权的董事人数违反董事会会议事规则，请求判令：撤销2013年8月4日的董事会决议。

姚某仙在庭审中提交了邵某出具的授权委托书一份，主要内容为：本人因有急事无法出席2013年8月4日的董事会会议，现委托朱某及公司董事孙某代表本人出席，并授权朱某及孙某代表本人对董事会决议事项行使表决权；鉴于孙某同为公司董事，其本人也需要签到和签名，为示区别，本人的签到和签名可由朱某代签。该授权委托书的落款日期为2013年8月3日。范某进对该授权委托书形式的真实性无异议，但认为其在起诉前从未看到过该授权委托书，董事会会议的相关材料由董事会保存，而公司目前的董事会由姚某仙等人实际控制，故其有合理理由怀疑该委托书是在公司2013年8月4日的董事会会议后所形成，但其现在对此没有确切证据。

一审法院认为：董事会决议作为公司决议的一种，一经作出并付诸实施就会产生一系列的法律后果，非有法定事由并依法定程序不得撤销，否则不利于公司的稳定发展。我国《公司法》第22条第2款规定，董事会的会议召集程序、表决方式违反法律、行政法规或者公司章程，或者决议内容违反公司章程的，股东可以自决议作出之日起六十日内，请求人民法院撤销。根据前述规定，董事会决议只有在召集程序、表决方式或决议内容存在法定的瑕疵才可以被撤销。本案范某进提出2013年8月4日董事会决议应予撤销的理由包括董事会会议通知未明确议题及出席会议并行使表决权的董事人数违反董事会议事规则中关于董事会特别决议的出席人数及表决数的规定，对此，一审法院结合相关法律规定就范某进提出的前述撤销事由是否成立进行认定如下：

对于范某进主张的董事会会议通知未明确议题的撤销事由,一审法院认为:系争董事会会议为临时会议,姚某仙发给范某进的会议通知中明确载明会议议题包括:对董事会行使章程第16条第9项、第11项职权作出决议;制定公司印章、证照、银行印鉴管理基本制度;召集股东会临时会议事宜。兆民公司章程第16条第9项规定董事会的职权包括召集股东会会议、决定公司法定代表人,第11项规定董事会有权根据董事长的提名决定聘任或者解聘公司总经理和公司财务负责人,再结合2013年8月4日董事会决议的实际内容,可以得出2013年8月4日董事会会议的召集者已就会议议题向范某进进行完整明确告知的结论,范某进在回复的电子邮件中提到的临时有急事参加不了会议以及公司公章暂由其保管的说法也能印证上述结论。

对于范某进主张的出席会议及行使表决权的董事人数违反董事会会议事规则的撤销事由,一审法院认为:首先,董事会议事规则明确制定规则的目的是规范公司董事会的工作秩序和行为方式,保证公司董事依法行使权利,履行职责,承担义务,制定的依据是我国《公司法》和兆民公司章程,所以董事会议事规则应属公司章程的一部分。其次,董事会议事规则规定法律专门列举规定的特别决议以外的普通决议要求出席会议的董事表决权超过全体董事人数的半数同意方为有效,特别决议必须由三分之二以上董事出席会议,而我国《公司法》未就董事会特别决议作出规定。即便如范某进所言,该处特别决议类比适用我国《公司法》关于必须经代表三分之二以上表决权的股东通过的包括诸如修改公司章程的股东会决议事项,但兆民公司章程及董事会议事规则均明确任免法定代表人及总经理属董事会职权范围,而兆民公司章程并未载明法定代表人或总经理具体人选,只规定公司法定代表人由总经理担任,因此涉案董事会决议未涉及对兆民公司章程的变更,故2013年8月4日的兆民公司董事会决议内容并未超出我国《公司法》、兆民公司章程及董事会议事规则所规定的董事会职权范围,且不属于董事会议事规则规定的特别决议,由二分之一以上的董事出席并经全体董事人数的半数以上通过即为有效。再次,范某进提交落款日期为2013年8月3日的邵某委托书明确载明受托人为朱某及董事孙某,范某进所称该委托书为事后补充形成只是其合理怀疑,目前并无证据佐证,从邵某在本案审理中的表态来看,兆民公司2013年8月4日董事会决议的内容符合邵某本人的真实意思表示,故对邵某关于委托朱某及孙某二人参加会议并表决的说法予以采信。最后,范某进目前并无确切证据证明姚某仙及孙某存在不适合出任公司董事的情形,而且即使姚某仙负债及孙某挪用公司资金情况属实,在未经过法定程序解除二人董事职务前,姚某仙与孙某仍系兆民公司董事,有权出席兆民公司2013年8月4日的董事会会议,鉴于二人的表决权未受到任何限制,故依法有权行使各自的董事表决权。由此,兆民公司2013年8月4日的董事会会议应到董事人数为六人，实到四人，而到会的四人均对决议事项投了赞成票，故出席兆民公司2013年8月4日董事会会议及行使表决权的董事人数未违反兆民公司章程及董事会议事规则的规定。

综上所述，原审法院认为范某进所主张的兆民公司2013年8月4日董事会决议的撤销事由均不成立，故对于范某进要求撤销兆民公司2013年8月4日董事会决议的诉请难予支持。

上诉一审判决后，范某进不服，向上海市第二中级人民法院提起上诉称：1. 按照兆民公司"董事会议事规则"的规定，董事会会议应由董事本人出席，董事因故不能出席董事会会议的，可以书面委托其他董事代为出席；董事未出席董事会会议，亦未委托代表出席的，视为放弃在该次会议上的投票权。从涉案董事会决议中有关到会董事签名确认的情况反映，邵某当时只是委托了其丈夫朱某与会并代表其本人签署董事会决议，但朱某并不具有兆民公司董事的身份。至于姚某仙等人所提交的由邵某本人出具的授权委托书，范某进有理由怀疑系由邵某本人在事后所补充形成。因此，涉案董事会决议未经过半数以上的全体董事人数通过，故其表决通过的方式有违我国《公司法》和兆民公司章程的规定。2. 孔某元、姚某仙夫妇因对外欠有巨额债务而涉及多起案件诉讼，且目前已有案件一审判决两人承担500万元的还款责任。因此，根据我国《公司法》的相关规定，孔某元本人因负有数额较大的到期未清偿债务，而依法不得担任公司的董事。此外，孔某元本人目前还在我国香港特别行政区的上市公司即波司登公司内担任执行董事及副总裁的高管职务，因而对于其全面负责兆民公司的经营管理也会产生影响和障碍。综上，请求判决撤销董事会决议。

兆民公司同意范某进的上诉意见。同时兆民公司表示：公司实际由范某进一手创办成立，且范某进个人目前还自愿为兆民公司的对外债务承担了5300万元左右的担保还款责任，从权利义务对等和有利于公司正常经营发展的角度考虑，范某进亦应当继续担任公司总经理和法定代表人。

姚某仙、邵某、孙某、孔某元则共同辩称：1. 关于涉案董事决议表决通过的方式没有违反我国《公司法》和兆民公司章程规定的问题。原审审理中，姚某仙等原审第三人已经提交了由邵某本人出具的一份授权委托书，用于证明：当时邵某在其因故不能出席涉案董事会会议的情况下，除委托其丈夫朱某代表其与会外，还同时委托了兆民公司的董事孙某代表其与会。2. 在2013年8月4日涉案董事会决议形成时，孔某元个人对外并没有数额较大的且到期未清偿的债务，即便存在因此而违反我国《公司法》相关规定的问题，依法也应由范某进主张决议无效的诉讼。至于孔某元本人目前是否在波司登公司内担任执行董事及副总裁等高管职务，与本案不存在任何利害性的关系。故请求：维持原审判决。

二审法院经审理查明：原审法院查明的事实属实，予以确认。在审理中，姚某仙等一审第三人认为张某、侯某两人已经分别不具有兆民公司股东、监事的身份，故无权以兆民公司股东或监事的身份委托上海江怀律师事务所的熊某怀、张某元律师代表兆民公司参加本案二审诉讼。为此，提供了相关的法院民事判决和兆民公司的股东会决议。另在一审中，范某进与姚某仙等原审第三人曾达成协议，即同意对立的股东双方均不委托相关人员代表兆民公司参加本案诉讼。

对此，作为兆民公司委托代理人的熊某怀律师表示：原审就是因为范某进与姚某仙等原审第三人达成的协议，导致范某进及其委托代理人未将原审法院要求兆民公司应诉的通知和出庭传票转给兆民公司，致使兆民公司缺席原审审理。原审判决后，兆民公司的另一经工商登记的股东张某以及目前工商登记的公司监事侯某，为维护兆民公司作为一个独立民事主体所应依法享有的民事诉讼权利，决定委托上海江怀律师事务所的熊某怀、张某元律师代表兆民公司参加本案二审诉讼，并出具了加盖有兆民公司公章的委托书。范某进作为兆民公司目前工商登记的法定代表人，其对此知晓且未表示异议。

姚某仙等一审第三人确认目前经工商登记的公司监事仍旧为侯某，还未办理相应的工商变更登记手续，同时确认基于范某进的委托授权兆民公司的公章目前由侯某实际保管和持有。此外，姚某仙等原审第三人没有证据表明：范某进对于侯某在向上海江怀律师事务所出具的授权委托书上加盖兆民公司公章的行为持有异议。

二审法院查明：本案系范某进针对兆民公司2013年8月4日董事会决议所提起的公司决议撤销纠纷案件。二审中，范某进主张涉案董事会应予撤销的理由为：

一、程序方面

涉案董事会会议召开时，兆民公司的六名董事会成员中包括范某进、张某、邵某在内的三名董事未实际出席，而从涉案董事会决议落款处的董事签名情况反映，邵某系委托朱某代表其本人参加了该次董事会会议并最终由朱某在所形成决议的落款处代为签署邵某的名字。按照兆民公司于2010年12月3日通过的"董事会议事规则"的规定，董事会会议应由董事本人出席，董事因故不能出席董事会会议的，可以书面委托其他董事代为出席；董事未出席董事会会议，亦未委托代表出席的，视为放弃在该次会议上的投票权。根据上述"董事会议事规则"的规定，邵某在其因故不能出席涉案董事会会议的情况下，依约可以书面委托其他董事代为出席，但问题是作为其委托人的朱某实际并不具有兆民公司董事的身份，故应视为邵某放弃了在该次董事会议上的投票权。由此，通过涉案董事会决议的董事表决权实际未超过全体董事人数的半数,其表决方式有违我国《公司法》和兆民公司章程的规定。至于一审中姚某仙等原审第三人就该节委托事实所提交的一份由邵某本人出具的授权委托书,范某进可以合理怀疑系由邵某本人在事后所补充形成。

二、决议内容方面

兆民公司2013年8月4日董事会决议的第2项决议内容为聘任孔某元担任兆民公司总经理及法定代表人,但孔某元本人目前因与其妻子姚某仙对外欠有巨额债务而涉及多起案件诉讼,且已有案件一审判决两人承担500万元的还款责任。因此,根据我国《公司法》第146条第1款第5项、第2款所作出的个人所负数额较大的债务到期未清偿的人员,不得担任公司的董事;公司违反前款规定选举、委派董事、监事或者聘任高级管理人员,该选举、委派或者聘任无效等规定内容,该项决议内容依法应为无效。此外,孔某元本人目前还在我国香港特别行政区的上市公司即波司登公司内担任执行董事及副总裁的高管职务,故对于其全面负责兆民公司的经营管理也会产生影响和障碍。

二审法院经审理认为:本案系公司决议撤销纠纷的案件,依照我国《公司法》第22条第2款的规定,股东会或者股东大会、董事会的会议召集程序、表决方式违反法律、行政法规或者公司章程,或者决议内容违反公司章程的,股东可以自决议作出之日起六十日内,请求人民法院撤销。而从当事各方所陈述的诉辩意见表明,本案争议的主要问题在于:兆民公司2013年8月4日董事会决议通过的表决方式是否违反了我国《公司法》和兆民公司章程的规定;决议内容是否构成我国《公司法》规定的应予撤销的条件。

一、关于兆民公司2013年8月4日董事会决议通过的表决方式是否违反《公司法》和兆民公司章程规定的问题

我国《公司法》规定,董事会对股东会负责,行使包括决定聘任或者解聘公司经理及其报酬事项等职权;董事会的议事方式和表决程序,除我国《公司法》有规定的外,由公司章程规定;董事会决议的表决,实行一人一票。而对应的兆民公司章程以及该公司于2010年12月3日通过的"董事会议事规则"的规定内容为:董事会会议须由过半数董事出席方可举行;董事会决议的表决,实行一人一票,董事会对所议事项作出的决定由全体董事人数二分之一以上的董事表决通过方为有效;法律专门列举规定的特别决议以外的普通决议要求出席会议的董事表决权超过全体董事人数的半数同意方为有效,特别决议必须由三分之二以上董事出席会议,出席会议的表决权超过全体董事人数的半数同意方为有效;公司设总经理一名,由董事长提名,董事会决定聘任或者解聘;公司的法定代表人由总经理担任;董事会会议应由董事本人出席,董事因故不能出席董事会会议的,可以书面委托其他董事代为

出席；董事未出席董事会会议，亦未委托代表出席的，视为放弃在该次会议上的投票权。目前相关各方争议的是，作为兆民公司董事之一的邵某在其因故不能出席涉案董事会会议的情况下，除委托不具有兆民公司董事身份的朱某代表其与会外，是否还同时委托了兆民公司的董事孙某代表其与会。对此，姚某仙等原审第三人在原审中提交了由邵某在 2013 年 8 月 3 日出具的授权委托书，证明邵某当时共同委托了孙某和其丈夫朱某与会。虽然范某进怀疑该委托书为事后形成，但其对此并无证据能加以佐证。因此，原审结合邵某本人在本案审理中的表态，对于邵某曾委托朱某及孙某二人代表其参加会议并表决的说法予以采信，依法并无不当。由此，二审法院认定兆民公司 2013 年 8 月 4 日的董事会决议经由到会的四名董事悉数表决通过，故出席兆民公司 2013 年 8 月 4 日董事会会议及行使表决权的董事人数未违反我国《公司法》和兆民公司章程及董事会议事规则的规定。

二、关于兆民公司 2013 年 8 月 4 日董事会决议的内容是否构成我国《公司法》规定的应予撤销的条件

兆民公司章程中对于公司董事、高级管理人员能否在其他不涉及竞业禁止的公司、企业等单位担任高级管理人员并未作出规定，更未明文加以禁止。至于我国《公司法》对此是否作出有相应的禁止性规定，以及孔某元本人是否因负有数额较大的债务且到期未清偿而依法不得担任公司董事的问题，依法应均属于上述董事会决议内容有无违反我国法律、行政法规的审理事项，且应由异议一方提起决议无效的诉讼。更何况，《公司法》对于公司董事、高级管理人员亦仅作出有竞业禁止的规定。故本案范某进并无证据证明兆民公司 2013 年 8 月 4 日董事会决议的内容违反了公司章程，因而不符合《公司法》规定的应予撤销的条件。

综上，二审法院认为范某进的上诉理由，依法不能成立。

【实务指引】

本案中焦点问题主要有三个：第一，董事会的召集程序是否合法？第二，董事会的表决程序是否合法？第三，董事会决议的内容违法是否可以提起撤销之诉？

一、董事会的召集程序是否合法

原告范某进提出董事会会议通知未明确议题应予撤销。一般来讲，董事会的召集通知中应当载明召集的事由、议题和议案概要。本案中，公司董事会召开之前，姚某仙向全体董事发送董事会会议通知，通知记载会议议题包括：对董事会行使章程第 16 条第 9 项、第 11 项职权作出决议等内容，原告范某进也对会议通知予以签收。另外，根据公司章程的记载：第 16 条第 9 项董事会的职权包括召集股东会会

议、决定公司法定代表人，第 11 项根据董事长的提名决定聘任或者解聘公司总经理和公司财务负责人。即本次董事会决议将对公司的法定代表人、总经理任免相关事项作出决议。原告范某进之所以主张会议通知不明确，是因为其没有将董事会会议通知与本公司的章程结合在一起看，在不了解公司章程具体内容的前提下，其不能够清晰地了解董事会决议的内容，所以才轻易地放弃参加董事会的机会。但是，对法官来讲，一般将公司的董事视为了解公司章程内容的人，董事不得以自己未阅读公司章程为由主张董事会召集通知的内容不明确。所以，本案一审法院认定姚某仙所发出的召集通知合法有效。

二、董事会的表决程序是否合法

关于本次董事会决议的表决程序。依据《公司法》第 48 条的规定：董事会的议事方式和表决程序，除本法有规定的外，由公司章程规定。即对于有限责任公司来讲，董事会的议事方式和表决程序由公司章程规定（股份有限公司董事会的议事方式和表决程序是由《公司法》直接规定的）。涉案公司单独制定了"董事会议事规则"，其主要内容为：董事会会议须由过半数董事出席方可举行；董事会决议的表决，实行一人一票，董事会对所议事项作出的决定由全体董事人数二分之一以上的董事表决通过方为有效；法律专门列举规定的特别决议以外的普通决议要求出席会议的董事表决权超过全体董事人数的半数同意方为有效，特别决议必须由三分之二以上董事出席会议，出席会议的表决权超过全体董事人数的半数同意方为有效；公司设总经理一名，由董事长提名，董事会决定聘任或者解聘；公司的法定代表人由总经理担任；董事会会议应由董事本人出席，董事因故不能出席董事会会议的，可以书面委托其他董事代为出席；董事未出席董事会会议，亦未委托代表出席的，视为放弃在该次会议上的投票权。

根据上述章程内容的规定可知，董事会决议的生效需要满足两个人数的要求：一是合法的"出席数"，二是合法的"表决数"。董事会"出席数"决定董事会会议能否成立，满足了相应的出席数就意味着该会议体具有了公司意思决定的资格或能力；董事会"表决数"决定董事会决议是否有效。

本案中董事会成员为范某进、姚某仙、张某、邵某、孔某元、孙某六人的情况下到会四名董事，"出席数"满足公司章程"董事会会议须由过半数董事出席方可举行"的规定。对于变更法定代表人及总经理等一般决议事项，董事会会议由到会的四名董事悉数表决通过，超过全体董事六人的一半，因此"表决数"满足公司章程"出席会议的董事表决权超过全体董事人数的半数同意方为有效"的规定。因此该董事会决议的"出席数"和"表决数"均未违反我国《公司法》和兆民公司章程及董事会议事规则的规定。

三、董事会决议的内容违法是否可以提起撤销之诉

股东大会、董事会的无效和撤销显著不同。确认董事会决议无效的法定事由是决议内容违反法律法规定的强制性规定；而董事会决议可撤销的法定事由是决议程序违反法律法规的强制性规定及决议内容违反公司章程的规定。股东大会、董事会的决议内容违法的，不可提出撤销之诉。

《公司法》第 22 条规定：公司股东会或者股东大会、董事会的决议内容违反法律、行政法规的无效。股东会或者股东大会、董事会的会议召集程序、表决方式违反法律、行政法规或者公司章程，或者决议内容违反公司章程的，股东可以自决议作出之日起六十日内，请求人民法院撤销。

本案中，原告范某进以决议内容（聘任孔某元担任兆民公司总经理及法定代表人，但孔某元本人目前因与其妻子姚某仙对外欠有巨额债务而涉及多起案件诉讼，且已有案件一审判决两人承担 500 万元的还款责任）违反《公司法》"个人所负数额较大的债务且到期未清偿的人员，不得担任公司的董事；公司违反前款规定选举、委派董事、监事或者聘任高级管理人员，该选举、委派或者聘任无效"的强制性规定为由，主张该项决议内容依法撤销。二审法院认定上述董事会决议内容为判断是否违反我国法律、行政法规的事项，应提起决议无效的诉讼，而非董事会决议的内容违反了公司章程的事项，因而不符合我国《公司法》规定的应予撤销的条件，原告可另行提起确认无效之诉。

【公司治理建议】

1. 董事会的召集通知中应当载明召集的事由、议题和议案概要。所以，在发出董事会会议通知的时候一定要明确地记载上述通知的内容，否则部分董事就会以此为由要求撤销董事会决议。建议公司董事会会议通知本身应该具体明确，最好不要让董事结合其他文件（包括公司章程）才能看懂和了解会议内容，避免因董事会会议召集通知中应当载明召集的事由、议题和议案概要内容不清晰产生讼争。

2. 建议公司章程规定：公司董事、高级管理人员能否在其他不涉及竞业禁止的公司、企业等单位担任高级管理人员等。

3. 董事会会议应由董事本人出席，董事因故不能出席董事会会议的，可以书面委托其他董事代为出席，不要委托不是董事的其他人参加。签名的时候，可以签委托人 A 的名字，同时签代为出席董事会的董事 B 的名字，如 A（B 代）。

4. 大股东在取得法定代表人职位的同时，可以将自己的姓名直接写入公司章

程，以加强自己的控制地位。因为一般来讲，更换法定代表人只需要股东会二分之一以上的表决权就可以，但是修改公司章程却需要股东会三分之二以上的表决权。但也有判决认为，即使在法定代表人姓名记载于公司章程，在变更法定代表人时也可不受《公司法》关于修改公司章程须经股东会三分之二以上表决权通过的约束。

当然，本案最大的启示在于认识到正确的发出董事会会议的会议通知，以及读懂董事会会议通知的主要内容的重要性。一般来讲，董事会的召集通知中应当载明召集的事由、议题和议案概要。所以，在发出董事会会议通知的时候一定要明确的记载上述通知的内容，否则部分董事就会以此为由要求撤销董事会决议。另外，作为接收通知的董事一定要注意认真阅读董事会会议通知的内容，了解董事会的议题，如果通知中载明的相关内容与公司章程相关，一定要结合章程的规定，搞懂会议通知的真实含义，以免发生本案中"看似清楚明白，实则暗藏杀机"的会议通知，造成受害董事哑巴吃黄连有苦说不出的悲剧。当然，最重要的是，各位董事要重视参加董事会的重要性，其不但有利于公司做出更科学的决策，而且有利于自己行使相关的董事权利，以免在自己不在场的情形下被踢出局。

【法规链接】

《公司法》

第二十二条 公司股东会或者股东大会、董事会的决议内容违反法律、行政法规的无效。

股东会或者股东大会、董事会的会议召集程序、表决方式违反法律、行政法规或者公司章程，或者决议内容违反公司章程的，股东可以自决议作出之日起六十日内，请求人民法院撤销。

……

第四十七条 董事会会议由董事长召集和主持；董事长不能履行职务或者不履行职务的，由副董事长召集和主持；副董事长不能履行职务或者不履行职务的，由半数以上董事共同推举一名董事召集和主持。

第四十八条 董事会的议事方式和表决程序，除本法有规定的外，由公司章程规定。

董事会应当对所议事项的决定作成会议记录，出席会议的董事应当在会议记录上签名。

董事会决议的表决，实行一人一票。

公司决议撤销之诉的要点指南

【司法观点】

公司决议撤销之诉需要满足四个要件：1. 可以撤销的决议必须是股东会（股东大会）或者董事会的决议；2. 无论是针对股东会还是董事会决议，有权提起撤销决议诉讼的主体仅限于公司的股东；3. 公司决议存在撤销的法定事由，主要包括召集程序上的瑕疵、表决程序上的瑕疵、决议内容违反公司章程；4. 应当自公司决议作出之日起60日内向法院提起。

【典型案例】[①]

保力公司于2007年5月10日成立，注册资本2000万元。2012年6月13日，天久公司与宝恒公司共同制定保力公司公司章程，载明：公司注册资本为2000万元，其中天久公司出资1800万元，占股90%，宝恒公司出资200万元，占股10%；保力公司的组织机构包括股东会、董事会、经理及监事会，股东会由全体股东组成，除首次会议外，股东会由董事长召集并主持，例会每半年召开一次，临时股东会由代表1/4以上表决权的股东、董事长、董事或监事提议召开，股东可书面委托人员参加会议，股东会决议由股东按照出资比例行使表决权，涉及公司注册资本增减、公司分立、合并、解散或变更公司形式、修改公司章程的决议须由代表2/3以上表决权的股东表决通过；董事会由股东会选举的三名董事组成，董事会选举董事长一名作为公司法定代表人，董事会由董事长召集并主持，1/3以上董事可提议召开董事会，董事会须由2/3董事出席，董事会决议须由2/3董事表决通过；监事会由股东会选举的监事组成。

据工商信息记载，保力公司董事会成员为董事长朱某、董事马某、李某祥、李某根、赵某超，监事长王某权、监事朱某华。

2014年1月，保力公司以在《西藏日报》刊登通知的方式向宝恒公司、马某及朱某华发出《关于召开保力公司董事会、监事会、2013年度股东会的通知》，通知宝恒公司、董事马某、监事朱某华于2014年1月17日分别参加二届三次董事会、2013年度股东会及二届二次监事会，审议事项为2013年工作总结和2014年工

[①] （2015）琼民二终字第18号。

作规划,该通知落款时间为 2014 年 1 月 4 日。2014 年 3 月,保力公司以邮寄函件及在《西藏日报》《北京青年报》刊登通知的方式向宝恒公司发出《关于召开保力公司 2014 年临时股东会议通知》,通知审议事项包括"俄罗斯旅游度假城"项目分割建设方案、增资方案、融资方案及 2014 年全年工作计划和安排。宝恒公司接到该通知后,向保力公司发出《关于要求取消召开保力公司 2014 年临时股东会议的函》,表示已对保力公司提起公司解散之诉而拒绝参会。此后,保力公司向宝恒公司发出《关于增加注册资本和产品分割原则方案的函》,告知已于 2014 年 3 月 28 日召开了保力公司临时股东会,通过了增加注册资本方案和产品分割原则方案,要求宝恒公司在 2014 年 4 月 27 日前缴纳增资款 300 万元。

其中,在宝恒公司与保力公司、天久公司公司解散纠纷一案中,保力公司提交:1. 保力公司 2013 年 5 月 22 日临时股东会参会人员签到簿及临时股东会决议、保力公司 2013 年 5 月 22 日第二届董事会第一次会议签到簿及第二届董事会第一次决议;2. 保力公司 2013 年 8 月 17 日《三亚一山湖项目内部认购方案》、保力公司 2013 年 9 月 29 日第二届董事会第二次临时会议签到簿及第二届董事会第二次临时会议决议;3. 保力公司 2013 年 11 月 7 日股东会临时会议签到簿及股东会临时会议决议;4. 保力公司 2014 年 1 月 17 日 2013 年度股东会会议签到簿及 2013 年度股东会决议;5. 保力公司 2014 年 3 月 23 日《"俄罗斯旅游度假城"项目分割建设方案》部分文档、保力公司 2014 年 3 月 26 日《增资方案》、保力公司 2014 年 3 月 28 日 2014 年第一季度股东临时会议签到簿及 2014 年第一季度股东临时会议决议作为诉讼证据。

保力公司 2013 年 5 月 22 日临时股东会参会人员签到簿记载,该次临时股东会由双某川主持,天久公司委托朱某参会,宝恒公司未参会;该次临时股东会决议记载,双某川等四人辞去董事职务,双某川辞去董事长职务,朱某、马某等五人组成第二届董事会,杨某强、朱某华等三人组成第二届监事会。

保力公司 2013 年 5 月 22 日第二届董事会第一次会议签到簿记载,该次董事会参会董事为朱某等四人,马某未参会;该次董事会决议记载,朱某任保力公司的董事长及总经理。保力公司 2013 年 9 月 29 日第二届董事会第二次临时会议签到簿记载,该次董事会参会董事为朱某等四人,马某未参会;该次董事会决议记载,董事会批准了包括《三亚一山湖项目内部认购方案》对"一山湖"项目 10#、11#楼进行"内部认购"销售等活动在内的八项经营管理事宜。保力公司 2013 年 11 月 7 日股东会临时会议签到簿记载,该次临时股东会出席股东代表为天久公司法定代表人朱某,宝恒公司未参会;该次临时股东会决议记载,同意《关于修改〈保力公司章程〉修正案》,批准 2013 年 9 月 29 日公司二届二次董事会决议。保力公司 2014 年

1月17日2013年度股东会会议签到簿记载,该次股东会出席股东代表为天久公司法定代表人朱某,宝恒公司未参会;该次股东会决议记载,批准董事长兼总经理关于公司2013年工作总结和2014年工作规划的报告。保力公司2014年3月28日2014年第一季度股东临时会议签到簿记载,该次"股东临时会议"出席股东代表为天久公司法定代表人朱某,宝恒公司未参会;该次"股东临时会议"决议记载,批准公司进行增资的方案,同意《"俄罗斯旅游度假城"项目分割建设方案》,讨论研究公司融资方式及合作金融机构的方案,批准公司2014年全年工作计划和安排;保力公司2014年3月26日《增资方案》记载,注册资本增资额为3000万元,天久公司增资额为2700万元、宝恒公司增资额为300万元。

宝恒公司于2014年4月25日向三亚市中级人民法院提起诉讼,请求撤销:1.2013年5月22日临时股东会决议及董事会决议;2.2013年9月29日董事会决议;3.2013年11月7日临时股东会决议;4.2014年1月17日股东会决议;5.2014年3月28日临时股东会决议;6.《关于增加注册资本和产品分割原则方案的函》。

三亚中院经审理认为:本案争议的焦点为涉诉各次股东会决议及董事会决议的合法性。

一、关于股东会会议及其决议

保力公司股东为天久公司和宝恒公司,公司召开股东会会议应符合法定的召集程序和会议形式。根据《公司法》第41条的规定,保力公司股东会会议的召集程序应满足在会议召开十五日前通知全体股东即天久公司和宝恒公司参加的要件;在会议形式上,根据《公司法》第36条及第40条的规定,应由全体股东出席并由符合法律规定的主持人主持会议。

(一)召集程序

对于召开2013年5月22日临时股东会会议,保力公司未举证证明已向宝恒公司发出会议通知。保力公司主张以邮寄函件方式通知宝恒公司召开2013年11月7日股东临时会议及2014年1月17日股东会会议,所举证寄件单记载既不能反映邮寄物品内容亦不能反映已投递妥当,不能证明保力公司所主张的事实。《西藏日报》刊登保力公司2014年1月4日《关于召开保力公司董事会、监事会、2013年度股东会的通知》,会议通知落款日期为2014年1月4日,距会议召开日期2014年1月17日已不足十五日。由此,保力公司2013年5月22日临时股东会会议、2013年11月7日股东临时会议及2014年1月17日股东会的召集程序不合法。

(二)会议形式

保力公司2013年5月22日临时股东会参会人员签到簿及临时股东会决议记载及保力公司陈述一致证明宝恒公司并未出席会议,保力公司仅有股东二人,在其中一人未到的情况下，股东会会议不能召开。由此，保力公司2013年5月22日临时股东会参会人员签到簿及临时股东会决议对"会议"内容以及"决议"形成的记载不真实，保力公司2013年5月22日临时股东会实际并未召开。保力公司主张的2013年11月7日股东会临时会议、2014年1月17日2013年度股东会会议及2014年3月28日2014年第一季度股东临时会议，宝恒公司也均未参加，相应的会议签到簿及股东会决议对该三次股东会"会议"内容以及"决议"形成的记载不真实，上述股东会议均未实际召开。

（三）股东会决议

天久公司出资占保力公司公司出资总额的90%，具有股东会会议表决权的优势，但此种表决权优势基于股东会会议表决得以实现，在未召开股东会会议时并不存在，更不能因此而剥夺宝恒公司行使表决权。股东会决议除《公司法》第37条第2款规定的情形外，均应通过股东会会议表决形成，而在本案中保力公司2013年5月22日临时股东会决议、保力公司2013年11月7日临时股东会决议、保力公司2014年1月17日股东会决议以及保力公司2014年3月28日临时股东会决议既未经股东以书面形式一致表示同意，亦未召开股东会会议表决形成，天久公司未就决议内容与宝恒公司进行协商，宝恒公司并未对上述四次股东会决议行使表决权，由此上述四次股东会决议系保力公司及天久公司所虚构，不能成立。

二、关于董事会及其决议

有限公司董事会由公司章程决定设立，对股东会负责，董事由股东会选举产生，董事会决议由董事会会议表决形成。保力公司2013年5月22日第二届董事会第一次会议签到簿及第二届董事会第一次决议记载，参会董事朱某、赵某超、李某根及李某祥由同日"召开"的临时股东会选举产生，由于保力公司2013年5月22日临时股东会并未实际召开，朱某、赵某超、李某根及李某祥四人的"董事身份"并非基于股东会选举授权取得，依法不能成为保力公司的董事。朱某、赵某超、李某根及李某祥所召开的会议并不具备保力公司董事会会议性质，其四人作出的决定也不具备董事会决议的效力，由此保力公司2013年5月22日第二届董事会第一次决议及2013年9月29日第二届董事会第二次临时会议决议均不成立。

综上，涉诉的保力公司各次股东会决议及董事会决议均未经法定程序表决作出，不存在各次决议"作出"的日期，保力公司及天久公司所抗辩超过《公司法》第22条规定的"自决议作出之日起六十日"情形不存在。宝恒公司诉求撤销的各次股东会决议及董事会决议均非现实存在的公司决议，不具备法律效力，客观上无法撤销，但鉴于天久公司未依法行使公司股东权利，利用虚构的股东会决议和董事会决议变更保力公司的工商管理登记事项，任意决定增加股东投资金额，严重侵害了宝恒公司的股东利益，应对保力公司及天久公司虚构的股东会决议及董事会决议作不成立宣告。一审法院判决："保力公司以下公司决议不成立：2013年5月22日临时股东会决议、2013年5月22日第二届董事会第一次决议、2013年9月29日第二届董事会第二次临时会议决议、2013年11月7日股东会临时会议决议、2014年1月17日2013年度股东会决议、2014年3月28日2014年第一季度股东临时会议决议。"

保力公司不服，向海南省高级人民法院上诉称：1. 原判决认定事实错误。宝恒公司已收到2013年5月22日股东会议通知，但以时间紧为由要求推迟召开会议。原审判决认定宝恒公司未收到该次临时股东会议以及董事会议通知，并由此认定保力公司2013年5月22日临时股东会实际并未召开，与事实不符。保力公司在2013年9月29日董事会会议召开前的10日通过邮寄快递向马某发出书面通知，通知地址是宝恒公司注册地、马某北京办公地址、马某身份证住址，但该三份邮件均被拒收而退回。保力公司在2013年11月7日临时股东会议召开前的15日以邮寄快递方式通知宝恒公司，但邮件被拒收而退回。保力公司以邮寄快递书面通知宝恒公司将于2014年1月17日召开股东年度会议，邮件被拒收而退回，保力公司便于2014年1月4日在《西藏日报》刊登通知，督促宝恒公司如期参加股东年度会议，该公告特别注明"因快递被退回，特在此通知"。保力公司在2014年3月28日临时股东会会议召开前的15日书面通知宝恒公司参加会议，除向宝恒公司邮寄书面通知外，分别在《西藏日报》以及《北京青年报》刊登股东会会议通知，但宝恒公司仍然未出席会议。原审判决认定保力公司的股东会及董事会均未实际召开，无事实依据。2. 原审判决适用法律不当。《公司法》第22条是解决公司股东会、董事会决议效力的唯一法律依据，宝恒公司起诉请求撤销股东会决议的时间已经超过该条规定的"决议作出之日起六十日内"期间，依法应当驳回宝恒公司的起诉，原审判决却适用了与本案法律关系不相干的法律规定判令决议不成立。原审判决认定保力公司仅有股东二人，在其中一人未到的情况下，股东会会议不能召开，没有法律依据且违反常理。3. 原审法院判非所请。本案是撤销之诉，原审法院应就是否撤销决议作出判决，而原审法院却做出了决议不成立的判决。4. 宝恒公司故意不出席股东会、董事会，责任应由其自己承担。客观上，保力公司无意侵害其权益，相反，宝恒公司却一再伤害保力公司以及大股东的权益。

另外，二审法院查明：保力公司2012年6月13日公司章程载明：第3条，保力公司的公司注册资本为2000万元。公司增加或减少注册资本，必须召开股东会并由全体股东通过并作出决议。2013年5月9日，宝恒公司向双某川董事长送达《关于延期召开董事会的意见》载明，宝恒公司已收悉《关于召开保力公司董事会临时会议通知》，通知提出会议于 2013 年 5 月 22 日召开，由于宝恒公司与北大荒农垦及黑龙江建设集团股权纠纷一事，需于 5 月 21 日在黑龙江省垦区工商行政管理局召开听证会，所以无法于 5 月 22 日赶到三亚，特提出更改召开临时董事会时间。

二审法院经审理认为，本案的争议焦点为：涉案的股东会决议及董事会决议应否撤销。

一、关于前四份股东会或董事会决议应否撤销的问题

宝恒公司致函保力公司要求更改原定于 2013 年 5 月 22 日召开的董事会时间，保力公司未予复函是否同意更改会议时间，在未经进一步协商确定会议时间的情况下，保力公司所发出的 2013 年 5 月 22 日临时股东会和 2013 年 5 月 22 日第二届董事会第一次会议的通知并未生效。保力公司主张其已经以邮寄的方式通知马某参加 2013 年 9 月 29 日董事会，但其提交的三份邮寄单上均注明为退回，其亦未能提供其他证据证明其已将该次董事会的召开时间通知了董事马某，故不能认定有效通知马某参加该次董事会。保力公司提交邮寄快递单拟证明其已通知宝恒公司参加 2013 年 11 月 7 日股东会临时会，但该邮寄快递单显示无人签收，保力公司亦未提供其他证据证明其已将该次股东会临时会的召开时间通知了宝恒公司，故不能认定其有效通知宝恒公司参加该次股东会临时会。综上，保力公司主张其已有效通知宝恒公司、马某参加上述四次股东会、董事会，缺乏事实依据，法院不予采纳。

同时，除法律或公司章程规定的情形外，股东会或董事会应召开会议通过表决作出决议。保力公司并不能提交证据证明其已实际召开上述四次股东会或董事会，该四次股东会或董事会决议并不具有不召开会议即可直接作出决议的情形。故保力公司未经召开股东会、董事会即作出上述股东会或董事会决议，不符合法律或公司章程的规定。

综上所述，保力公司未通知宝恒公司或马某参加该四次股东会或董事会，该四次会议也并未实际召开，故宝恒公司有权依法请求撤销该四份股东会或董事会决议。

保力公司上诉主张宝恒公司起诉撤销该四份决议已超过《公司法》第 22 条规定的 60 日期限。但是，《公司法》第 22 条针对的是实际召开股东会或董事会而作出的决议。如上所述，保力公司未通知宝恒公司或马某参加该四次会议，该四次会议也并未实际召开，且保力公司也从未将决议内容通知宝恒公司或马某，故宝恒公司起诉请求撤销该四次会议决议，应不受《公司法》第 22 条规定的 60 日的限制。综上，宝恒公司请求撤销保力公司 2013 年 5 月 22 日临时股东会决议、2013 年 5 月 22 日第二届董事会第一次决议、2013 年 9 月 29 日第二届董事会第二次临时会议决议、2013 年 11 月 7 日股东会临时会决议的诉讼请求，有事实和法律依据，应予支持。

二、关于 2014 年 1 月 17 日股东会决议应否撤销的问题

保力公司于 2014 年 1 月 4 日向宝恒公司公告送达 2014 年 1 月 17 日股东会议的召开通知，会议通知未提前十五天，故违反了保力公司公司章程第 8 条关于召开股东会会议应于会议召开十五日前通知全体股东的规定。同时，保力公司亦未实际召开该次股东会，故宝恒公司有权依法请求撤销该份股东会决议。保力公司上诉主张宝恒公司起诉撤销该次决议已超过《公司法》第 22 条规定的 60 日期限，如前部分所述，保力公司未通知宝恒公司参加该次会议，该次会议也未实际召开，且保力公司也从未将决议内容通知宝恒公司，故宝恒公司起诉请求撤销该次会议决议，应不受该条规定的 60 日的限制。故宝恒公司请求撤销 2014 年 1 月 17 日股东会决议的诉讼请求，有事实和法律依据，应予支持。

三、关于 2014 年 3 月 28 日股东临时会议决议应否撤销的问题

保力公司公司章程的第三条规定，增加或减少注册资本，须由全体股东表决通过。同时，该公司章程的第八条又规定，增加或减少注册资本，由代表三分之二以上表决权的股东表决通过。由此可见，该公司章程第 3 条与第 8 条的规定存在冲突。从内容上来看，该公司章程的第 3 条为有关公司注册资本的特别约定，第 8 条为公司股东会议事规则的一般约定，在同一个公司章程中，特别约定应优先于一般约定，故保力公司股东会对增加或减少注册资本的决议，须由全体股东表决通过。宝恒公司未出席 2014 年 3 月 28 日股东会亦未行使表决权，故仅由天久公司单方表决通过的批准公司进行增资方案的 2014 年 3 月 28 日 2014 年一季度股东临时会议决议，违反了保力公司《公司章程》的规定，宝恒公司可依据《公司法》第 22 条规定，请求撤销。宝恒公司于 2014 年 4 月 25 日起诉请求撤销，未超过该条规定六十日的期限。故宝恒公司请求撤销保力公司 2014 年 3 月 28 日 2014 年一季度股东临时会议决议，有事实和法律依据，应予支持。

综上所述，宝恒公司起诉请求撤销本案六份股东会或董事会决议具有事实和法律依据，应予支持。原审法院认定的基本事实清楚，但判决确认该六份决议不成立，判非所诉，而且，法律只赋予了股东请求确认股东会或董事会决议无效或请求撤销股东会或董事会决议的权利，原审法院判决该六份决议不成立，缺乏法律依据，应予以纠正。综上，二审法院判决撤销上述决议。

【实务指引】

根据《公司法》第 22 条规定，提起公司决议撤销之诉条件如下：

第一，拟撤销的决议必须是股东会、股东大会或者董事会的决议。监事会决议

被排除在外。

第二，有权提起诉讼的主体仅限于公司的股东。公司中非股东的董事、监事、高级管理者等没有提起公司决议撤销之诉的资格。

第三，拟撤销的公司决议存在撤销的法定事由：召集程序瑕疵；表决程序瑕疵；决议内容违反公司章程。

1. 召集程序是否违法，主要是指违反《公司法》第 41 条、第 102 条。在实务中一般表现形式：（1）公告或通知中对召集权人记载有瑕疵；（2）公司未进行召集股东会的通知或公告；（3）开会的通知或公告未遵守法定期间；（4）通知形式违法，对记名股东采取公告方式；（5）对部分股东遗漏通知；（6）召集通知或公告记载违法；（7）不适当的开会时间或开会地点；（8）无记名股票的股东未将股票交存公司即出席股东会；（9）没有出具委托书即由代理人出席股东会；（10）董事会未依法准备各项表册；（11）股东会或董事会召集通知中未载明召集事由、议题和议案概要；（12）决定召集股东会的董事会的出席人数不足等。

2. 表决程序是否违法，主要是违反《公司法》第 42 条、第 103 条。在实务中一般表现形式：（1）由于股东会或董事会现场对参会者或代理人身份检查不严，非股东或非董事参与了表决；（2）公司决议为达到法定或公司章程所规定的表决权比例；（3）主持人限制适格的代理人行使表决权；（4）董事或监事对股东的质询拒绝说明或说明不充分；（5）股东会或董事会主席无端限制股东的发言或表决；（6）违反法律或章程的人担任主持人；（7）会场大声喧哗、骚乱无序，在股东为充分讨论和协商的情况下强行作出决议；（8）根据《公司法》或公司章程的规定依法应当回避的股东或董事没有进行回避等。①

3. 公司决议内容违反章程，是指公司决议内容没有直接违反法律、行政法规，而是仅仅违反公司章程的情形。如果出现了决议内容违反章程与违反法律、行政法规相竞合的情况，则不能提起公司决议撤销之诉，而应提起公司决议无效确认之诉。这是因为公司决议内容违反法律、行政法规的，属于损害国家和社会公共利益的行为，应给予严厉的否定性评价，此时应无决议撤销之诉适用的余地。本案中，原告提起的六个股东会或董事会决议中有五个是因为召集程序上出了问题，其中四个没有满足通知的条件，一个没有满足提前告知的条件，另一个违反了公司章程内容的规定。

第四，应符合法定的期限要求。根据《公司法》的规定，公司决议撤销之诉应当自公司决议作出之日起 60 日内人民法院提起，逾期则不再享有通过诉讼撤销公

---

① 刘俊海：《新公司法的制度创新：立法争点和解释难点》，法律出版社 2006 年版，第 237 页。

司决议的权利。这样能够有效地平衡股东与公司双方之间的利益关系：既防止公司的组织机构随意行使权力，以集体意志（决议）的名义侵害股东合法权益，又防止股东滥用撤销权而影响公司决策与经营的效率。① 本案中，因为原告提起的公司决议撤销之诉或因股东会董事会未实际召开致使60天除斥期间的起点无从起算，所以原告满足公司决议撤销之诉的时间要件。

本案中另一个难点在于，保力公司是否依法向宝恒公司做出了召开股东会或董事会的通知。保力公司主张其已经依法向宝恒公司发出了通知，并作了公告，无论宝恒公司是否收到，均视为依法发出了通知；宝恒公司则认为其并没有收到所谓的会议通知，保力公司也不能证明宝恒公司已收到了通知，所以公司决议有瑕疵。最终，海南高院认可了宝恒公司的主张，判定由于宝恒公司未签收保力公司并没有履行完成通知义务，公司决议可撤销。

笔者认为此种观点值得商榷。股东会、董事会的会议通知，在民法上一般认定为准法律行为，其适用规则准用于法律行为的规定。对于非以对话方式作出的法律行为或意思表示的生效，在民商法领域，存在着两种不同的立法例：一是到达主义，二是发信主义。到达主义是指相对人以非对话方式向其作意思表示时，意思表示以通知到相对人时发生效力；发信主义是指将通知的信件投入邮筒或电报交付电信局即产生效力。如采取到达主义，那么，由于邮局、电信局及其他信差的原因而导致通知的丢失或延误，一律由发信人承担责任。而根据发信主义，发信人将信件投入邮局或把通知电报交给电信局，则不论相对人是否收到，发信人不承担责任，而因邮局或电报局的原因而发生丢失或延误，应由相对人承担责任。通说认为，我国采取发信主义来确定意思表示的生效时间。股东会、董事会的会议通知作为准法律行为，也应准用于以上理论，即对于通知的生效应采发信主义。笔者认为，在《公司法》上，如采用到达主义，各股东收到时间将并不统一，在实务中认定各个时间易出现矛盾以致可能要重新召集，这样造成召集程序的迟缓，而且这样做效率将极其低下，足以妨害公司业务的开展及社会交易的安全，所以，股东会或董事会决议的通知只要在《公司法》规定的期间之前发出即可，无须过问到达与否，因未送达而导致的损失应由股东、董事承担。但是，关于是否遵守通知及其期间规定的举证责任应由公司来承担，即公司应举证是按照股东名册上的住所或股东向公司通知的住所发送了召集通知。本案中保力公司已经向宝恒公司发送股东会开会通知，宝恒公司是否收到在所不论，法院不应认定股东会或董事会未召开，进而认定股东会或董事会决议可撤销。

---

① 宋晓明、刘俊海：《人民法院公司法指导案例裁判要旨通纂》，北京大学出版社2014年版，第162页。

第五，准确判断程序中的瑕疵是否为轻微瑕疵。依据《公司法司法解释四》第4条的规定，会议召集程序或者表决方式轻微瑕疵，且对决议未产生实质影响的，人民法院不予支持撤销股东会决议的要求。轻微瑕疵应以该程序瑕疵是否会导致各股东无法公平地参与多数意思的形成以及获取对此所需的信息为判定标准。对轻微瑕疵务必做严格解释，把"瑕疵"的举证责任分配给原告，同时也要把"轻微"的举证责任分配给被告。"轻微瑕疵"四字必须做严格限定解释，只要违反公司法或章程规定的决议规则，践踏诚实信用、公开透明、民主开放的公司决议惯例，不管是恶意而为的雕虫小技，抑或属于厚黑学的阴招损招坏招，均不属轻微瑕疵。比如，会议比预定计划迟延了十分钟，会议室没有提供饮用水与空调设施，就属于轻微瑕疵。临时股东会就召集通知中未载明的事项作出决议、公司未通知反对派小股东或董事参会、公司不合理提前并缩短参会注册时间并将无法注册的反对股东或董事拒之会议室门外、故意制造交通事故导致参会者无法参会、临时改变会议地点迫使参会者扑空、采取鼓掌通过等不精准的计票方式等都不属于轻微瑕疵。同时可以参考本案中轻微瑕疵判定标准，即以该程序瑕疵是否会导致各股东无法公平地参与多数意思的形成以及获取对此所需的信息。从轻微瑕疵的举证责任分配上来看，由于程序"轻微瑕疵"属于被告主张的抗辩利益，原告不就瑕疵之轻重承担举证责任。原告股东仅需举证证明公司决议存在程序瑕疵，而无义务举证证明决议结果受到该程序瑕疵的实质影响。被告却有义务举证证明程序瑕疵之轻微、决议结果实际未受该瑕疵实质影响以及该程序瑕疵不可归咎于被告过错（故意或过失）。法官在判断是否采信被告举证时，应站在中立公允立场，以具有通常智商和伦理观念的理性股东作为衡量标准，结合诚实信用原则和商业习惯，对个案予以审慎判断。

【公司治理建议】

一、引入专业律师参与，确保股东会和董事会在程序上和决策内容上无瑕疵、合法有效

本案六个股东会或董事会决议中，有五个是因为召集程序出了问题（其中四个没有满足通知的条件，一个没有满足提前告知的条件），另一个违反了公司章程内容的规定。

此案例提醒广大的企业家，尤其是在企业中占绝对控股地位的大股东，一定要注意股东会决议或董事会决议的程序问题，不要认为自己持有公司三分之二以上的股权就可以在公司中为所欲为。

鉴于《公司法》团体法的性质，公司作为一个组织体，其不可能像自然人那样拥有大脑可以自主的作出意思表示，其作出意思表示需要借助于公司机关，而根据《公司法》第22条的规定，公司机关（股东会或董事会）若想作出合法有效的决议，需要贯彻"程序严谨，内容合法"的八字方针，在召集人，召集程序，表决方式等程序均公正的前提下，作出不违反国家法律法规强制性规定的决议。关于这八字方针，对绝对控股股东来讲，程序严谨更加重要，因为只要满足了程序严谨的要件，拥有绝大多数表决权的控股股东就能作出符合自己利益的决议，而不会重蹈本案中占股90%却因程序不合法致使公司决议不成立或被撤销的后果。

建议具有一定规模的公司，在召开股东会或董事会的过程中引入专业律师的服务，由律师就股东会会议和董事会会议出具法律意见书，确保程序上和决策内容上无瑕疵、合法有效。

二、在公司章程中设置送达条款

投资者们还应从本案中吸取教训，注意在公司章程中设置送达条款，以保证在召开股东会或董事会时及时地将会议通知送达到股东或董事手中，以免各股东出现矛盾时，因无法送达而发生公司僵局或股东会和董事会被认定为不成立。

笔者建议的送达条款如下：

1. 公司的通知以下列形式发出：

（1）由专人送达；

（2）以邮件快递方式发出；

（3）以传真方式发出；

（4）以电子邮件方式发出；

（5）以公告方式进行。

以邮件快递方式、电子邮件或以传真方式发出后，公司经办人员应通过电话或短信提醒受送达人。

2. 公司发出的通知，只有以专人、邮件快递、电子邮件及传真方式发出均无法送达且无法电话联系的情况下，才能以公告方式进行。

以公告方式进行的，一经公告，视为所有相关人员收到通知。

3. 公司召开股东大会、董事会、监事会的会议通知，应采用书面方式，由会议召集人按公司章程规定决定通知发出形式。

4. 公司通知以专人送出的，由受送达人在送达回执上签名（或盖章），受送达人签收日期为送达日期；公司通知以邮件快递发出的，自交付邮局之日起第3个工作日为送达日期；公司通知以电子邮件或传真方式发出的，自公司发出之日的次日为送达日期；公司通知以公告方式送出的，第一次公告刊登日为送达日期。

5. 因意外遗漏未向某有权得到通知的人发出会议通知或者该等人没有收到会

议通知，会议及会议作出的决议不因此无效。

6. 公司指定×××为刊登公司公告和其他需要披露信息的媒体。

【法规链接】

《公司法》

第二十二条 公司股东会或者股东大会、董事会的决议内容违反法律、行政法规的无效。

股东会或者股东大会、董事会的会议召集程序、表决方式违反法律、行政法规或者公司章程，或者决议内容违反公司章程的，股东可以自决议作出之日起六十日内，请求人民法院撤销。

股东依照前款规定提起诉讼的，人民法院可以应公司的请求，要求股东提供相应担保。

公司根据股东会或者股东大会、董事会决议已办理变更登记的，人民法院宣告该决议无效或者撤销该决议后，公司应当向公司登记机关申请撤销变更登记。

第三十九条 股东会会议分为定期会议和临时会议。

定期会议应当依照公司章程的规定按时召开。代表十分之一以上表决权的股东，三分之一以上的董事，监事会或者不设监事会的公司的监事提议召开临时会议的，应当召开临时会议。

第四十条 有限责任公司设立董事会的，股东会会议由董事会召集，董事长主持；董事长不能履行职务或者不履行职务的，由副董事长主持；副董事长不能履行职务或者不履行职务的，由半数以上董事共同推举一名董事主持。

有限责任公司不设董事会的，股东会会议由执行董事召集和主持。

董事会或者执行董事不能履行或者不履行召集股东会会议职责的，由监事会或者不设监事会的公司的监事召集和主持；监事会或者监事不召集和主持的，代表十分之一以上表决权的股东可以自行召集和主持。

第四十一条 召开股东会会议，应当于会议召开十五日前通知全体股东；但是，公司章程另有规定或者全体股东另有约定的除外。

股东会应当对所议事项的决定作成会议记录，出席会议的股东应当在会议记录上签名。

第一百零一条 股东大会会议由董事会召集，董事长主持；董事长不能履行职务或者不履行职务的，由副董事长主持；副董事长不能履行职务或者不履行职务的，由半数以上董事共同推举一名董事主持。

董事会不能履行或者不履行召集股东大会会议职责的，监事会应当及时召集和主持；监事会不召集和主持的，连续九十日以上单独或者合计持有公司百分之十以上股份的股东可以自行召集和主持。

第一百零二条 召开股东大会会议，应当将会议召开的时间、地点和审议的事项于会议召开二十日前通知各股东；临时股东大会应当于会议召开十五日前通知各股东；发行无记名股票的，应当于会议召开三十日前公告会议召开的时间、地点和审议事项。

单独或者合计持有公司百分之三以上股份的股东，可以在股东大会召开十日前提出临时提案并书面提交董事会；董事会应当在收到提案后二日内通知其他股东，并将该临时提案提交股东大会审议。临时提案的内容应当属于股东大会职权范围，并有明确议题和具体决议事项。

股东大会不得对前两款通知中未列明的事项作出决议。

无记名股票持有人出席股东大会会议的，应当于会议召开五日前至股东大会闭会时将股票交存于公司。

《最高人民法院关于适用〈中华人民共和国公司法〉若干问题的规定（四）》

第四条 股东请求撤销股东会或者股东大会、董事会决议，符合民法典第八十五条、公司法第二十二条第二款规定的，人民法院应当予以支持，但会议召集程序或者表决方式仅有轻微瑕疵，且对决议未产生实质影响的，人民法院不予支持。

第六章　人事权争夺

【本章导读】

公司控制权的关键在于公司人事权的争夺，公司人事权的争夺重点则在于公司法定代表人、董事长、董事、监事及总经理这些职位的争夺。在公司控制权矛盾激化的情况下，还会延伸成为公司印章、证照等物品的争夺。在司法实践中，一旦股东矛盾激化，"双头董事会"（不同利益派别的股东分别选出两个董事会）、"新旧董事长夺印""公司证照返还"等各类纠纷则会纷纷涌现。

本章从公司人事权争夺及滥用的角度，选取一些案例来介绍以下问题：1. 在旧法定代表人不交权的情况下，新法定代表人如何撤换旧法定代表人，取得公司代表权，进而取得公司印鉴、证照，夺取公司控制权；2. 在公司出现双头董事会，新旧董事长在攻守两端，都有哪些牌可打；3. 公司总经理作为公司执行层中最为位高权重的一员，在其未能依法履行《公司法》所要求的忠实勤勉义务时或公司的股权结构发生变更之时，公司股东如何撤换总经理才能既符合《公司法》的规定又符合《劳动合同法》的规定；4. 小股东在无力争夺董事席位的情况下，如何通过争夺监事职位，进而在公司控制权诉讼中占得先机；5. 公司的控股股东、董事高管等是如何运用"越权担保""刺破公司面纱""侵夺公司商业机会"等方式滥用公司控制权，进而侵害其他股东及债权人利益的，公司对此又会有哪些救济途径？

【本章常见问题及解答】

1. 董事对董事会决议承担赔偿责任的条件有哪些

董事对董事会决议承担赔偿责任的条件包括：（1）董事参加了董事会，并没有旗帜鲜明地投票反对错误的董事会决议，即没有投反对票；（2）董事会决议违反了法律、行政法规或者公司章程、股东大会决议；（3）错误的董事会决议给股东造成了严重的经济损失；（4）董事的赞同或者弃权行为与公司损失之间存在因果关系。

2. 公司高管违反忠实义务的表现形式

根据《公司法》148条的规定，公司高管违反忠实义务的表现主要有：（1）挪用公司资金；（2）将公司资金以其个人名义或者以其他个人名义开立账户存储；（3）违反公司章程的规定，未经股东会、股东大会或者董事会同意，将公司资金借贷给他人或者以公司财产为他人提供担保；（4）违反公司章程的规定或者未经股东会、股东大会同意，与本公司订立合同或者进行交易；（5）未经股东会或者股东大会同意，利用职务便利为自己或者他人谋取属于公司的商业机会，自营或者为他人经营与所任职公司同类的业务；（6）接受他人与公司交易的佣金归为己有；（7）擅自披露公司秘密；（8）违反对公司忠实义务的其他行为。

3. 公司法中公司高管的范围

《公司法》第216条规定的高级管理人员是指公司的经理、副经理、财务负责人，上市公司董事会秘书和公司章程规定的其他人员。这里所说的"其他人员"可以囊括为CEO（首席执行官），CFO（首席财务官）、COO（首席运营官）、CTO（首席技术官）、CLO（首席法务官）等公司自由设立的高阶层公司经营管理岗位。

4. 公司董监高的消极任职条件

根据《公司法》第146条的规定，不得担任公司的董事、监事、高级管理人员有：（1）无民事行为能力或者限制民事行为能力；（2）因贪污、贿赂、侵占财产、挪用财产或者破坏社会主义市场经济秩序，被判处刑罚，执行期满未逾五年，或者因犯罪被剥夺政治权利，执行期满未逾五年；（3）担任破产清算的公司、企业的董事或者厂长、经理，对该公司、企业的破产负有个人责任的，自该公司、企业破产清算完结之日起未逾三年；（4）担任因违法被吊销营业执照、责令关闭的公司、企业的法定代表人，并负有个人责任的，自该公司、企业被吊销营业执照之日起未逾三年；（5）个人所负数额较大的债务到期未清偿。而且，依据《公司法》第146条第3款的规定，上述要件不仅是公司高管岗位的必要条件，也是维持其高管岗位的必要条件，一旦公司或其股东发现高管存在着不得担任公司高管的法定情形，就可以依法解除其职务。

5. 董事长的法定职权

根据《公司法》的规定，董事长的法定职权主要有以下四项：（1）主持股东会（第40条第1款、第101条第1款），但是股东大会的召集权原则上属于董事会，而非董事长；（2）召集和主持董事会（第47条、第109条第2款），董事长既是董事会的召集主体，也是董事会会议的主持权主体；（3）在董事会表决时与其他董事一样平等地行使一票表决权（第111条第2款），从而强化民主决策，在董事会表决出现赞成与反对旗鼓相当时，公司可以通过公司章程的方式授予董事长再投一票的权利；（4）检查董事会决议的实施情况（第109条第2款），为确保董事会决议得到经理层不折不扣的执行和落实，有必要允许董事长对照董事会决议的具体内容，督促经理层逐条落实。

6. 总经理的法律地位和法定职权

根据《公司法》的规定，总经理的法律地位主要体现在三个方面：（1）总经理作为公司的代理人享有《公司法》授予的法定代理权限、公司章程和董事会授予的委托代理权限，享受《公司法》等相关法律的保护；（2）总经理作为公司的劳动者，履行劳动合同约定的义务，行使劳动合同约定的权利，享受《劳动合同法》等相关法律的保护；（3）公司总经理对公司的日常经营管理事务负总责。

依据《公司法》第49条的规定，总经理的法定职权主要有以下几项：（1）主持公司的生产经营管理工作，组织实施董事会决议；（2）组织实施公司年度经营计划和投资方案；（3）拟定公司内部管理机构设置方案；（4）拟定公司的基本管理制度；（5）制定公司的具体规章；（6）提请聘任或者解聘公司副经理、财务负责人；（7）决定聘任或者解聘除应由董事会决定聘任或者解聘以外的负责管理人员；（8）董事会授予的其他职权。另外，公司可以通过公司章程的方式压缩或者扩张总经理的职权。

7. 谁能代表公司意志的判断标准

判断谁能代表公司意志，一般需要遵循以下三项原则：依法原则、尊重公司意思自治原则及公司内外纠纷区分原则。

（1）依法原则。公司是法律拟制的主体，公司意志（包括经营活动、诉讼活动）的形成，由公司机关进行决策。根据《公司法》第38条、第47条的规定，股东会是公司决策的权力机构，董事会是公司常设的授权执行机构，两者是形成公司意思的重要机构，但其本身并不直接代表公司做出意思表示。根据《民法典》第61条规定，法定代表人是"依照法律或者法人章程的规定，代表法人从事民事活动的负责人"。《公司法》第13条规定，"公司法定代表人依照公司章程的规定，由董事长、执行董事或者经理担任"；《民事诉讼法》第48条规定，"法人由其法定代表人进行诉讼"。因此，根据上述规定，公司法定代表人是代表公司意志的机关之一，对外代表公司做出意思表示是其行使的法定职权。因此，无论法定代表人做出诉讼中的意思表示（包括起诉、应诉、陈述等），还是作出诉讼外的诉讼行为（包括签订合同、进行交易等），一般情况下法定代表人行为均有代表公司意志的效力。

（2）尊重公司意思自治原则。公司有权以公司章程的形式对其决策和管理内外事务做出特殊化的规定，其对公司及其股东、法定代表人、高管等内部成员具有约束力。如果章程明确规定凡对外生效的文件必须加盖某印鉴，或经法定代表人签署文件方可生效的，那么该印鉴或法定代表人对外代表公司意志。

(3) 公司内外纠纷区分原则。公司意志代表权反映了公司股东、高管对公司控制权的争夺，是公司内部矛盾纠纷，但表现在案件中，既有公司内部纠纷，又有公司外部纠纷。前者如公司证照返还纠纷、股东损害公司利益责任纠纷、公司解散纠纷等；后者如买卖合同纠纷、借款合同纠纷等。对于公司内部纠纷，应以公司章程、股东会有效决议等为原则；对于外部纠纷，应基于工商登记商事外观主义和适用表见代理制度为认定原则。

8. 在"人章争夺"情况下如何确定公司诉讼的代表人

"人章争夺"情形是指法定代表人和公章控制人非同一人，二者争夺公司诉讼代表权应如何处理？司法裁判的标准是，不论公章是否经工商备案，在发生"人章冲突"的情况下，均以"人"——法定代表人作为诉讼代表人。若仅持有公章，而无证明持章人有公司授权持章代表公司意志证据的，则持章人无权代表公司行使诉讼权利。

9. 在"人人争夺"情况下公司诉讼代表人的认定原则

"人人争夺"的情形是指发生原法定代表人不认可股东会或董事会决议且未配合办理移交手续等原因，而未能及时办理工商变更，以致工商登记的法定代表人与股东会、董事会新选任的法定代表人同时存在，并产生公司代表权争议。司法实践中一般认为，在发生"人人争夺"的情况下，应以股东会、董事会决议为准，法定代表人的变更属于公司意志的变更，股东会、董事会决议新产生的法定代表人是公司诉讼意志代表人。但是，在外部纠纷中，工商登记的法定代表人对代表公司意志所进行的民事法律行为，不影响作为证据效力的认定。

10. 在"章章争夺"情况下公司诉讼代表权的认定原则

通常情形下，公司仅使用一枚公章，且需在工商部门备案，但有些公司实际上使用两枚或者两枚以上的公章。"章章争夺"表现为不同利益股东或高管分别持有不同的公章争夺公司诉讼代表权的现象，其情形主要有：（1）工商备案公章与未备案公章的冲突；（2）两枚或两枚以上均未在工商备案公章的冲突。

司法实践中一般认为，"章章争夺"情形下的公章是否能够代表公司，认定的关键是审查公章的授权有效性问题，其操作原则是：（1）在工商备案公章与未备案公章冲突情况下，在无新的有效决议作出相反证明时，备案公章视为公司授权；（2）在未经工商备案的公章冲突情况下，需有公司有效授权证据作为认定依据。另外，"章章冲突"情形下公司诉讼代表权的认定，不能局限于公章的审查，应注意根据个案实际，充分考虑控制不同公章背后的"人"的因素，从该"人"与公司的关系方面，依照法律及公司章程等规定，准确认定公司诉讼代表人。

11. 公司董事是否拥有公司代表权

根据《公司法》的规定，我国实行严格的法定代表制，只有法定代表人可以代表公司，而且只有董事长（执行董事）或经理可以成为法定代表人。因此，在董事会成员中只有董事长才可能享有代表权，其他董事在任何情形都不能行使公司代表权。当然，这并不意味着公司其他董事都不能以公司的名义对外从事民事活动，但其欲以公司的名义对外从事民事活动时，必须取得公司的明确授权。此时董事的身份并非公司的代表人而是代理人，其与公司之间是代理关系，适用民法关于委托代理的规定。

12. 董事、高管的行为高压线有哪些

根据《公司法》第148条的规定，董事、高级管理人员不得有下列行为：（1）挪用公司资金；（2）将公司资金以其个人名义或者以其他个人名义开立账户存储；（3）违反公司章程的规定，未经股东会、股东大会或者董事会同意，将公司资金借贷给他人或者以公司财产为他人提供担保；（4）违反公司章程的规定或者未经股东会、股东大会同意，与本公司订立合同或者进行交易；（5）未经股东会或者股东大会同意，利用职务便利为自己或者他人谋取属于公司的商业机会，自营或者为他人经营与所任职公司同类的业务；（6）接受他人与公司交易的佣金归为己有；（7）擅自披露公司秘密；（8）违反对公司忠实义务的其他行为。

董事、高级管理人员违反上述规定所得的收入应当归公司所有。

13. 董事给公司造成损失的可否索赔

根据《公司法》第149条的规定，董事、监事、高级管理人员执行公司职务时违反法律、行政法规或者公司章程的规定，给公司造成损失的，应当承担赔偿责任。

14. 董监高能否与公司签订合同

根据《公司法》第148条规定，董事、高级管理人员不得违反公司章程的规定或者未经股东会、股东大会同意，与本公司订立合同或者进行交易。

据此，董事、高级管理人员如欲与本公司订立合同，一定要在公司章程明确允许的情况下或者股东会同意的情况下进行。否则合同无效，董事、高级管理人员因该合同取得的财产，应向公司返还，最终的结果就是"竹篮打水一场空"。并且，董事、高级管理人员不得以自己的名义与公司订立合同，其配偶或者其实际控制的其他公司也不能与公司订立合同。

当然，董事、高级管理人员与公司订立的合同，如属公司纯获利益的交易行为，则不影响合同的效力。尤其需要注意的是，董事、高级管理人员向公司出借资金，并约定合理利息的，不影响合同的效力。

15. 故意销毁会计凭证是否会坐牢

《刑法》第 162 条之一规定，隐匿或者故意销毁依法应当保存的会计凭证、会计帐簿、财务会计报告，情节严重的，处五年以下有期徒刑或者拘役，并处或者单处二万元以上二十万元以下罚金。单位犯前款罪的，对单位判处罚金，并对其直接负责的主管人员和其他直接责任人员，依照前款的规定处罚。因此，公司财务人员受老板指示销毁会计凭证，可能会面临刑事法律风险。

据此，对于公司财务人员而言，不要对老板的任何要求都言听计从，不要认为受领导指示奉命办事就不犯罪，听从指挥具体实施也构成犯罪。另外公司不得设置两套账，小金库的账也是账，不可以说销毁就销毁，故意销毁会计资料是犯罪行为。

16. 董事长私刻公章对外所签的协议是否有效

合同上盖的章是假的，公司不可以因此就不认账。公司相关人员如果构成表见代理的，即便私刻公章（甚至已被认定构成犯罪），其签订的合同在民事上还是有效的。在以下几种情况下，即使印章系伪造，公司也不能够否认其效力：（1）伪造印章对外签订合同的人构成表见代理；（2）法定代表人或者授权委托人伪造公司印章对外签订合同；（3）公司用章不具有唯一性；（4）公司在其他的场合承认过该印章的效力；（5）公司明知他人使用伪造印章而未向公安机关报案的。

《最高人民法院关于在审理经济纠纷案件中涉及经济犯罪嫌疑若干问题的规定》第 5 条第 2 款亦明确规定："行为人私刻单位公章或者擅自使用单位公章、业务介绍信、盖有公章的空白合同书以签订经济合同的方法进行的犯罪行为，单位有明显过错，且该过错行为与被害人的经济损失之间具有因果关系的，单位对该犯罪行为所造成的经济损失，依法应当承担赔偿责任。"

17. 关联交易是否一律禁止

《公司法》并未禁止关联交易，仅对"利用关联关系损害公司利益"的行为进行规范。合法有效的关联交易应当同时满足以下三个条件：交易信息披露充分、交易程序合法、交易对价公允。

交易信息充分披露需要将交易主体、交易内容、交易条件等内容真实、准确、及时、完整地披露给公司、股东等利益相关者；交易程序合法是指交易需要符合公司股东会或董事会制定的采购制度与流程，而不应受公司内部关联方的影响；交易对价公允是指交易价格公平合理，同等条件下不高于其他供应商，不存在侵害公司利益的情形。

此外，对于上市公司，出于保护广大中小投资者的目的，监管部门对上市公司的关联交易行为进行了更为严格的规定。

18. 公司对外提供担保，如何履行决策程序规避领导责任

公司章程应对公司对外提供担保的决策机构、担保数额作出规定。根据《公司法》第16条第1款的规定："公司向其他企业投资或者为他人提供担保，依照公司章程的规定，由董事会或者股东会、股东大会决议；公司章程对投资或者担保的总额及单项投资或者担保的数额有限额规定的，不得超过规定的限额。"据此，公司应当在章程中载明对外担保的决策程序，并可以对担保的数额作出限制性的规定，公司应当按照公司章程的规定履行有关的决策程序。

对于接受公司提供担保的债权人，应当要求公司提供公司章程，并提供按照章程的规定履行决策程序形成的股东会决议或董事会决议，避免日后公司以未经过股东会或董事会决议为由主张担保合同无效。

19. 公司法定代表人越权对外签署担保协议是否有效

法定代表人未经公司股东会决议、以公司名义为公司股东或实际控制人提供担保，对于担保行为是否对公司有效这一问题，司法实践中存在截然不同的裁判观点。一种观点认为：法定代表人未经股东会决议、以公司名义为公司股东或实际控制人提供担保构成越权代表，债权人应当知道其越权代表，不属于受法律保护的善意相对人，进而认为担保合同无效。另一种观点认为：法定代表人以公司名义为公司股东或实际控制人提供担保，债权人有理由相信法定代表人的行为系公司的真实意思表示，即使未经股东会决议、债权人也为善意，因此担保合同有效。

鉴于上述不同观点，本书作者建议：

公司法定代表人对外从事的行为不可超越其职权范围，否则如法院认定相对人非善意，则公司不承担相应责任。因此法定代表人以公司名义对外提供担保时均应按照《公司法》及公司章程的规定履行经股东会决议或经董事会决议的程序。

即使是法定代表人对外签订担保合同，债权人也一定要审查担保人的公司章程、并按其公司章程的规定要求担保人提供股东会决议或董事会决议，否则担保合同就有被法院认定为无效、担保人不承担责任或者只承担部分责任的可能。

20. 公司对外担保被判无效，是否意味着公司一定不承担责任

根据《最高人民法院关于适用〈中华人民共和国民法典〉有关担保制度的解释》第17条的规定："主合同有效而第三人提供的担保合同无效，人民法院应当区分不同情形确定担保人的赔偿责任：（一）债权人与担保人均有过错的，担保人承担的赔偿责任不应超过债务人不能清偿部分的二分之一；（二）担保人有过错而债权人无过错的，担保人对债务人不能清偿的部分承担赔偿责任；（三）债权人有过错而担保人无过错的，担保人不承担赔偿责任。主合同无效导致第三人提供的担保合同无效，担保人无过错的，不承担赔偿责任；担保人有过错的，其承担的赔偿责

任不应超过债务人不能清偿部分的三分之一"。据此,公司对外担保被判无效,并不意味着公司一定不承担责任,公司是否需要承担责任,取决于作为担保人的公司是否有过错。

本书作者认为,如公司存在以下情形,可能被认定为有过错:(1)公司公章管理不善,致使公章被"偷盖";(2)公司内部管理混乱,存在承包、挂靠等情况;(3)公司的法定代表人、董事长、总经理等实际上不在公司任职,只是"挂名"而已。

因此,本书作者建议公司应当避免上述情况的发生,否则就有可能出现担保合同无效,但公司还要承担一定责任的尴尬情形。

公司控制权争夺之"撤换法定代表人"

【司法观点】

1. 公司作出变更法定代表人的决议后,公司原法定代表人及相关股东有配合办理工商变更的义务。拒不配合的,公司及公司股东均有权提起诉讼要求其协助办理工商变更登记手续。

2. 公司决议一经作出,除被法院确认无效或撤销外,其有效性无须经法院确认。股东提起公司决议确认有效之诉,应以股东与公司之间或不同股东之间对决议效力存在争议为前提。如果原告为公司的全部股东,则不能起诉要求法院确认公司决议有效。

【典型案例一】[①]

2008年,兴地公司成立,股东为孟某海和开发公司。

2013年5月,开发公司与范某、崔某、张某、李某洲达成股权转让协议,将其持有的兴地公司的全部股权转让给范某、崔某、张某、李某洲。修改后的公司章程写明:股东为孟某海、范某、崔某、张某、李某洲(以下简称五股东)。公司设执行董事一人,由股东会选举,执行董事为公司的法定代表人。兴地公司完成了相应的工商变更登记。

2013年6月4日,兴地公司任命曹某(曹某仍代表开发公司意志)为公司的

---

① (2015)二中民(商)终字第06748号。

执行董事和法定代表人，任期自 2013 年开始起算。

尽管开发公司已于 2013 年 5 月转让了全部股权，但其一直以受让股东未交付股权转让款为由控制兴地公司的执照和公章，并表示在受让股东交付股权转让款后即将上述经营证件归还。

2014 年 12 月 10 日，五股东在孟某海的主持下召开股东会，并形成两份股东会决议，内容分别为：经全体股东一致同意，免去曹某执行董事、法定代表人职务；经全体股东一致同意，选举孟某海为执行董事、法定代表人。五股东均在上述两份临时股东会决议上签字确认。

2015 年 1 月 20 日，五股东登报声明兴地公司公章、营业执照丢失，向北京市工商行政管理局房山分局申请补领及变更法人，但北京市工商行政管理局房山分局进行调查后，发现公章、营业执照并未丢失，而是在原股东开发公司手中。工商局出具登记驳回通知书，其上载明："你（单位）于 2014 年 12 月 23 日向本局提交的变更申请，经审查，本局决定不予登记。理由如下：依据《企业登记程序性规定》第 9 条、《工商总局关于印发〈内资企业登记提交材料规范〉和〈内资企业登记文书规范〉的通知》（工商企字〔2014〕29 号），你单位在此次变更登记中提交的文件证件不齐备，缺少公司《营业执照》副本。"

后五股东以兴地公司不协助履行工商变更事宜为由诉至法院（被告为兴地公司，曹某为诉讼第三人），请求确认：1. 2014 年 12 月 10 日的股东会决议合法有效；2. 判令兴地公司依据上述被确认为合法有效的股东会决议办理变更工商登记手续，将执行董事、法定代表人由曹某变更为孟某海。

兴地公司针对第一项诉讼请求提出承认该股东会决议的有效性，但对第二项诉讼请求认为：兴地公司的公章、营业执照、法人代码证书在开发公司手中持有，五股东应诉开发公司。

北京市第二中级人民法院认为：1.《公司法》在涉及公司决议问题上的规定，目的在于为合法权益可能受到瑕疵决议损害的股东提供救济的途径。我国现有《公司法》和《民事诉讼法》虽未将确认公司决议有效明确排除在法院的受理范围外，但鉴于股东会决议为公司自治范畴，一经作出，除被确认无效或撤销，其有效性无须经法院确认。因此，法院在受理此类案件时亦应对原告对于确认公司决议有效的诉讼请求是否具有诉的利益进行审查。在本案中，孟某海等五人请求的事项为确认股东会决议有效，其五人请求法院对此予以裁判的基础应为其与兴地公司对股东会决议有效性存有争议。在本案审理过程中，兴地公司的委托代理人虽持工商行政管理机关登记的法定代表人的身份证明、加盖兴地公司公章的授权委托书应诉，但本案系股东与公司之间就机关决议效力产生的内部纠纷，应根据股东会等公司机关的意思表示来认定公司的真实意思表示。在五股东均对股东会决议不持异议的情况下，股东会决议在公司内部产生变更法定代表人的法律效果，而变更后的法定代表人即为提起本案诉讼的原告之一，故从兴地公司的真实意思表示考量，兴地公司对公司决议效力并无异议，本案缺乏请求人民法院予以裁判的争议基础。

2. 对于要求兴地公司变更工商登记手续的诉讼请求，法院认为，工商局出具的登记驳回通知书显示，对兴地公司变更申请不予登记的原因为兴地公司在"在此次变更登记中提交的文件证件不齐备，缺少公司《营业执照》副本"，而非股东与公司之间就公司决议效力存在争议或兴地公司拒绝进行登记变更，故孟某海等五人以兴地公司为被告提起公司决议效力确认之诉，并不是进行相应工商登记变更所必要且有效的途径。

综上，法院驳回了孟某海等五人的起诉。

【典型案例二】[①]

申纳公司的股东为张某鸣及晏某，两人原为夫妻关系，后双方协议离婚。在离婚协议书中，约定离婚之后一个月之内，晏某将其持有的申纳公司35%的股份变更登记至张某鸣名下。因晏某未按约履行上述协议，张某鸣诉至法院，要求办理相应的变更登记手续。2013年7月，法院判决申纳公司将60%股权中的35%变更登记至张某鸣名下。2014年2月，申纳公司召开股东会，决议由张某鸣受让晏某35%股份，股份转让之后晏某的出资比例为25%，张某鸣的出资比例为75%。随后申纳公司进行股权变更登记及章程修改。

但股权转让后公司证照、公章均在晏某处，且晏某仍然担任申纳公司的法定代表人，导致申纳公司无法正常经营。鉴于此，张某鸣于2014年10月11日向晏某发出召开股东会的通知。同年10月27日，张某鸣在浙江省嘉兴市现代广场1幢1414室召开股东会决议，选举张某鸣作为公司执行董事并出任法定代表人，并就公司机关、财务人事作出安排，晏某并未参加会议。

后张某鸣以申纳公司和晏某为共同被告诉至法院，要求判令：1. 申纳公司于2014年10月27日形成的股东会决议合法有效；2. 两被告协助原告办理法定代表人的变更登记手续。

法院认为：股东会召开之前，原告已提前十五天通知了晏某，晏某亦收到了通

[①] （2015）青民二（商）初字第85号。

知书，故申纳公司于 2014 年 10 月 27 日召开的股东会会议的召集程序符合公司章程和法律规定，应为有效。根据该决议内容的第一项，选举张某鸣为公司执行董事，并根据公司章程出任公司法定代表人，免去晏某执行董事职务，现原告要求申纳公司及晏某按上述股东会决议的内容变更法定代表人，合法有据，应予支持。故判决：1. 确认申纳公司于 2014 年 10 月 27 日召开的股东会决议合法有效；2. 申纳公司、晏某应于判决生效之日起十日协助张某鸣办理工商登记变更手续，将申纳公司的法定代表人晏某变更为张某鸣。

【实务指引】

本文引用的两个案例，案情高度相似：（1）均为股东通过股东会决议更换了法定代表人，但由于公司证照尚由原法定代表人控制，致使股东无法完成工商变更登记；（2）诉讼请求均为两项，其一是确认股东会决议有效，其二是要求对方配合办理工商变更登记。但两个案例的最终裁判结果是截然相反的，这是否是两个互相矛盾的判决呢？

一、为什么案件二中确认了股东会决议的效力而案件一法院认为不须判决确认决议效力

简而言之是案例二中各方对股东会决议有争议，而案例一各方对股东会决议无争议。有争议才能成为讼争的对象，无争议的不能成为讼争的对象。

司法实践中要求确认公司效力的有效性的情况相对较少。从诉讼法的基本理论而言，诉讼的前提是存在争议，只有参与诉讼的双方或各方对于同样一件事情产生不同看法时才有通过诉讼解决的必要。以公司决议无效之诉为例，某个决定以公司决议的形式作出后，公司当然认为该决议是有效的，如果个别股东认为该决议无效，则必然意味着其与公司有了争议，因此股东可以以公司为被告提起诉讼要求确认公司决议无效。

确认公司有效之诉则不同，公司做出某项决议后，公司当然认为该决议是有效的，如果所有股东对此也都认可，即各方之间在该问题上未产生任何争议，就不须诉讼解决。案例一中，五个原告为公司的全部股东，被告为公司，公司的意志本身就通过五个原告的意志体现，二者根本不可能存在不同看法，因此法院认为缺乏对股东会决议效力确认的基础的意见是正确的。而案例二中，被告除申纳公司外，还有申纳公司的另一名股东晏某。原、被告之间对公司决议的效力存在不同看法是有可能的，因此法院可以对决议是否有效这一诉讼请求进行裁判。

最高人民法院原则性通过的《关于适用〈中华人民共和国公司法〉若干问题

的规定（四）》（征求意见稿）第1条规定，公司股东、董事、监事及与股东会或者股东大会、董事会决议内容有直接利害关系的公司高级管理人员、职工、债权人等可请求确认公司决议有效或者无效。即股东既可提起决议有效之诉，也可提起决议无效之诉。

本书作者建议：股东处理类似问题时，股东作出股东会决议之后，可以直接提起变更公司登记纠纷，诉讼请求只列要求对方协助办理工商登记即可。股东会决议是否有效，并不是股东诉讼的根本目的，由于决议的有效性是法院支持变更公司登记纠纷的前提，即使原告在诉讼请求中不列明确认决议的效力，法院也会在裁判中予以考虑和认定。

二、案件一中要求协助办理工商变更登记的诉讼请求为什么会被驳回

根源在于案件一中的五名股东选错了被告，其仅以公司为被告提起诉讼是严重错误的，最终导致了败诉的结果。

1. 如果五名股东认为其无法完成工商变更登记是因为公司的原执行董事曹某不配合，那么就应该直接以曹某为被告起诉，此时曹某作为公司的高管人员，有履行公司股东会决议的义务。

2. 如果五名股东认为其无法完成工商变更登记是因为开发公司不配合，那么由于开发公司并非兴地公司的股东，没有履行兴地公司股东会决议的义务，因此不能直接起诉开发公司要求其协助办理工商变更。但是由于开发公司实际控制了兴地公司的证照，可以先起诉要求开发公司返还证照。兴地公司通过诉讼取得证照后，自然可以自行完成工商变更程序。

但是，正如在第一个问题中所指出的，五个原告为公司的全部股东，被告为公司，公司的意志本身就通过五个原告的意志体现，五个原告无法办理工商登记也绝非兴地公司所致，工商局的登记驳回通知书也反映了这一点。因此，列兴地公司为被告并要求兴地公司协助办理工商变更是没有意义的。

本案五股东可以兴地公司名义直接起诉实现办理工商变更登记，具体可参见本书《公司控制权争夺之"真假"法定代表人——张某民与金圆公司返还证照纠纷案》。

【公司治理建议】

大股东遇到公司证照被他人掌控无法变更法人的问题时如何处理？结合本文介绍的两个案例，对此类问题的实践解决提供以下思路：

第一步：召集股东会，形成《股东会决议》，决议内容：更换执行董事及法定

代表人。依据是《公司法》第 37 条，股东会有权选举和更换董事。如原法定代表人名字是写在公司章程中的，还需修改公司章程。根据《公司法》第 43 条规定，修改章程需经代表三分之二以上表决权的股东通过。

第二步：完成法定代表人工商变更登记，要求原法定代表人配合办理工商登记。原法定代表人拒不配合的，大股东（或新法定代表人以公司名义）可根据第一步所形成的有效股东会决议，以拒不配合的股东（或拒不配合的原法定代表人）为被告，提起变更公司登记的诉讼，要求其协助办理法定代表人的变更登记手续。法律依据是《公司法》第 13 条，公司法定代表人依照公司章程的规定，由董事长、执行董事或者经理担任，并依法登记。公司法定代表人变更，应当办理变更登记。

第三步：要求返还公司证照。以新法定代表人在诉状中签字的形式（之所以是签字的形式而不是盖章的形式，是因为公章在对方手上）代表公司作为原告，以原法定代表人为被告，提起证照返还诉讼，要求其返还公司的营业执照、公章。法律依据是《民法典》第 235 条，无权占有不动产或者动产的，权利人可以请求返还原物。

【延伸阅读】

公司法定代表人如何产生？

法定代表人在职权范围内以公司名义所为的行为都将被直接视为公司的行为。在一份文件上，如果有了法定代表人的个人签名，就相当于加盖了公司公章，公司应当承担相应的法律后果。

因此，对于法定代表人的产生方式，所有公司的经营者都应当有所了解。法定代表人如何产生？这是事关公司控制权的大问题。

《公司法》第 13 条规定："公司法定代表人依照公司章程的规定，由董事长、执行董事或者经理担任，并依法登记……"因此，公司的法定代表人只能在两个人中选定：其一是公司的董事长或执行董事（有限公司可以选择设董事会或不设董事会，设董事会时有董事长，不设董事会时应设一名执行董事；股份公司必须设董事会）；其二是公司的经理。

因此，公司法定代表人如何任免的问题，实质上就是董事长（执行董事）或者公司经理如何任免的问题。

一、第一种常见情况——公司章程规定公司法定代表人由董事长担任

关于股份公司的董事会选举方式，《公司法》第 109 条规定，"董事会设董事长一人，可以设副董事长。董事长和副董事长由董事会以全体董事的过半数选举产

生"。因此,股份公司的董事长由董事会以全体董事的过半数选举产生。相应地,如果公司章程规定公司法定代表人由董事长担任,那么此时股份公司的法定代表人也由董事会选举产生。

相较而言,《公司法》给有限公司董事长的产生给出了一定的自由空间。《公司法》第44条规定,"董事会设董事长一人,可以设副董事长。董事长、副董事长的产生办法由公司章程规定"。公司法规定"产生办法由公司章程规定",这就给了股东和公司章程设计者自由发挥的空间。

公司章程一般会规定:公司董事长由董事会以全体董事的过半数选举产生,这是比较常见的方式。但也有一些有个性化需求的公司的章程中可能会规定,公司董事长由股东会选举产生;也可能会规定,公司董事长由出资最多的股东指定;甚至可以规定,公司董事长在全体董事中以抽签决定,抽签程序由股东会主持……这些规定都是有效的。因而此时,有限公司的法定代表人的产生是很复杂的、五花八门,没有一个标准答案,要看公司章程的规定。

二、第二种常见情况——公司章程规定公司法定代表人由执行董事担任

首先需要指出,只有有限公司才可能会有执行董事,而股份公司必须设董事会,不能设执行董事。

《公司法》第50条规定,"股东人数较少或者规模较小的有限责任公司,可以设一名执行董事,不设董事会。执行董事可以兼任公司经理"。

《公司法》第37条规定,"股东会行使下列职权……(二)选举和更换非由职工代表担任的董事、监事,决定有关董事、监事的报酬事项"。根据这两个规定,有限公司的执行董事只能由股东会选举产生,此时公司的法定代表人自然也就是通过股东会选举的方式产生的。

三、第三种常见情况——公司章程规定公司法定代表人由经理担任

《公司法》第49条规定,"有限责任公司可以设经理,由董事会决定聘任或者解聘"。第113条规定,"股份有限公司设经理,由董事会决定聘任或者解聘"。根据这两条规定,可以清晰地看到:有限公司及股份公司的经理原则上都是由董事会任免。但是,正如本书之前所提到的,有些有限公司是不设董事会的,只有一名执行董事。那么此时公司经理该如何产生呢?《公司法》第50条规定,"股东人数较少或者规模较小的有限责任公司,可以设一名执行董事,不设董事会。执行董事可以兼任公司经理"。

"执行董事可以兼任公司经理",这又是一个充满玄机的规定。在执行董事就是经理的情况下,问题很简单,执行董事如何任免,经理就如何任免。而在执行董事未兼任经理的情况下,经理如何产生?《公司法》并未明确规定,这同样给了股东

和章程设计者一定的自由空间。公司章程既可以约定：经理由股东会选举产生，也可约定由出资最多的股东指定，还可约定由执行董事指定等。同样，这些个性化的章程约定都是可取的，公司应当结合实际情况制定章程相关条款。

四、例外情形——法定代表人的姓名被明确写入章程

虽然根据《公司法》的规定，法定代表人由董事长、执行董事或者经理担任。但是有的公司直接写明"公司法定代表人由董事长（或执行董事或经理）某某某担任"。他们认为只要将董事长名字写入公司章程，那么想改选董事长必须修改章程，所以就必须拥有三分之二表决权的股东同意才可以更换董事长，这样就增加了股东们在公司争夺战中更换现有法定代表人的难度、现有管理团队能够更加稳定。

实践中，对于公司章程约定了该等条款后，更换法定代表人是否经代表三分之二以上表决权的股东通过，是有一定争议的。

第一种观点认为，《公司法》第43条规定："股东会的议事方式和表决程序，除本法有规定的外，由公司章程规定。股东会会议作出修改公司章程、增加或者减少注册资本的决议，以及公司合并、分立、解散或者变更公司形式的决议，必须经代表三分之二以上表决权的股东通过。"因此，当某个人的名字被明确写入公司章程时，公司想要更换法定代表人必须修改章程。而修改章程，依据上述《公司法》第43条的规定，就必须在股东会经代表三分之二以上表决权的股东通过。此时，法定代表人的任免就需要经过两个程序。第一个程序是上文介绍的任免董事长、执行董事或经理的程序；第二个程序是修改公司章程的股东会程序，并且必须是三分之二表决权，而非一般情况下的二分之一表决权的通过。在大股东亲任法定代表人的情况下，将姓名写入公司章程，将导致法定代表人的任免程序更加烦琐，有助于公司控制权的保护。

第二种观点认为，公司法定代表人一项虽属公司章程中载明的事项，但对法定代表人名称的变更在章程中体现出的仅是一种记载方面的修改，形式多于实质，即使公司章程将某个人的名字明确列为法定代表人，如无特别约定，也仅需二分之一以上表决权的股东通过。只有在公司章程中明确规定"法定代表人的任免需经代表三分之二以上的股东的同意"的情况下，才需达到三分之二以上多数票任免法定代表人的效果。总之如果不做出这种明确的规定而只是把法定代表人的名字写入章程，起不到"必须拥有三分之二表决权的股东同意才可以更换董事长""必须拥有三分之二表决权的股东同意才可以修改公司章程"的法律效果。

对此问题，最高人民法院审理的豪骏公司、张某升与实业公司、房地产公司公司决议撤销纠纷案［（2014）新民再终字第1号］也予以了回答。最高法院倾向于上述第二种观点，并认为，从立法本意来说，只有对公司经营造成特别重大影响的事

项才需要经代表三分之二以上表决权的股东通过。公司法定代表人一项虽属公司章程中载明的事项，但对法定代表人名称的变更在章程中体现出的仅是一种记载方面的修改，形式多于实质，且变更法定代表人时是否需修改章程是工商管理机关基于行政管理目的决定的，而公司内部治理中由谁担任法定代表人应由股东会决定，只要不违背法律法规的禁止性规定就应认定有效。此外，从公司治理的效率原则出发，倘若对于公司章程制定时记载的诸多事项的修改、变更均需代表三分之二以上表决权的股东通过，则反而是大股东权利被小股东限制，若无特别约定，是有悖确立的资本多数决原则的。若更换法定代表人必须经代表三分之二以上表决权的股东通过，那么张某升、豪骏公司只要不同意就永远无法更换法定代表人，这既不公平合理，也容易造成公司僵局。因此，公司股东会按照股东出资比例行使表决权所形成的决议，理应得到尊重。公司更换法定代表人，只要股东会的召集程序、表决方式不违反《公司法》和公司章程的规定，即可多数决。张某升及豪骏公司申请再审认为房地产公司法定代表人的变更须经代表三分之二以上表决权的股东签署通过的理由不能成立。

由此可见，即使公司章程将某个人的名字明确列为法定代表人，如无特别约定，也仅需二分之一以上表决权的股东通过。只有在公司章程中明确规定"法定代表人的任免需经代表三分之二以上的股东的同意"的情况下，才需达到三分之二以上多数票任免法定代表人的效果。更进一步，如果想要增加更换法定代表人的难度，霸道的大股东或者公司章程起草者甚至可以在公司章程中明确规定"法定代表人的任免需经代表四分之三以上的股东的同意"。

【法规链接】

《公司法》

第二十二条 公司股东会或者股东大会、董事会的决议内容违反法律、行政法规的无效。

股东会或者股东大会、董事会的会议召集程序、表决方式违反法律、行政法规或者公司章程，或者决议内容违反公司章程的，股东可以自决议作出之日起六十日内，请求人民法院撤销。

股东依照前款规定提起诉讼的，人民法院可以应公司的请求，要求股东提供相应担保。

公司根据股东会或者股东大会、董事会决议已办理变更登记的，人民法院宣告该决议无效或者撤销该决议后，公司应当向公司登记机关申请撤销变更登记。

公司控制权争夺之"撤换董事长"

【司法观点】

召集和主持公司董事会会议既是董事长的权利也是义务。董事长主持会议应符合公司利益，保证董事会会议正常有序进行，属其基本职责。如董事长可以随意提议休会，对其个人不利的决议将无从形成，对该权利的滥用将导致公司其他董事表决权落空进而损害公司利益。董事长因公司董事提议对其不利而提议休会的行为属不履行董事长职责。

在名义法定代表人与实质法定代表人发生冲突时，应以实质的法定代表人作为公司的诉讼代表人。

【典型案例】[①]

金圆公司成立于2001年，登记股东人数50人，七名董事分别为：吴某中、李某林、张某民、王某军、徐某良、宋某法和张某法。原工商登记的法定代表人、董事长为张某民。公司章程规定，董事长、副董事长由董事会选举产生，董事长为公司的法定代表人；召开董事会会议应当于会议召开十日前以书面形式通知全体董事，三分之一以上董事可以提议召开董事会会议；董事会实行一人一票制，董事会至少有五分之三董事出席方为有效，董事会决议以多数通过的决议为有效，当赞成票和反对票相等时，董事长有最终裁决权。

2006年10月12日，公司副董事长王某军及董事张某法、徐某良提议召开临时董事会，并向张某民送达《召开临时董事会通知书》，载明："张董事长：根据《公司法》及公司章程相关规定，现有十分之一以上股东提议召开临时股东大会一事，鉴于长期不开全员董事会，致使公司多数董事对公司经营状况和相关问题不了解，现由王某军、张某法、徐某良三位董事提议在五日内安排召开公司临时董事会会议。"

2006年10月13日上午8时30分，金圆公司召开董事会会议，七名董事全部参加。王某军提出召开此次会议的目的是研究及讨论公司的发展和经营方针。次日上午8时30分，董事会继续召开。在开会过程中，王某军提出"未能发放一次完整工资导致公司成为空壳公司，董事长与总经理有着不可推卸的责任"，故建议

[①] （2014）苏审二商申字第119号。

"免去张某民董事长职务,同意宋某法辞去总经理职务"。张某民对上述意见表示"再作讨论",同时提议休会并离席,吴某中、李某林二位董事也一并离席。王某军向张某民表示"提议休会只是你个人意见,我们视同你弃权,不会影响会议继续进行"。张某民等三人离席后,徐某良提出"董事长不履行职责,由副董事长代行职权"。该次会议中,徐某良、张某法、宋某法均同意王某军的提议,四人表决通过,形成董事会决议:免去张某民同志金圆公司董事长职务,同意宋某法同志辞去总经理请求,由王某军同志行使董事长职权,主持全面工作。

2006年11月26日,张某民向宿迁市宿城区人民法院起诉确认2006年10月14日董事会会议作出的关于免去张某民董事长的决议无效,但在庭审中,张某民拒绝宣读诉状及陈述诉讼请求,该院遂按张某民自动撤诉处理。

因金圆公司的印章(公章和财务印章)分别保管在公司办公室主任郭某军和财务科长欧阳某处,营业执照张贴于公司内,实际的支配、使用权为张某民享有,王某军、宋某法、徐某良等人于2011年诉至宿城区人民法院,要求张某民将印章和营业执照返还给金圆公司。

张某民辩称:1. 张某民是金圆公司的法定代表人,其持有公司的印鉴和营业执照符合法律规定,不存在返还的问题;2. 王某军是金圆公司的副董事长,不是公司的法定代表人,因此其在诉状上的签字不能代表公司,只是其个人的意思。综上,请求驳回金圆公司的诉讼请求。

在一审审理过程中,张某民于2011年5月28日会同另三位董事吴某中、李某林、张某法召开董事会,决定"推举张某民同志继续担任金圆公司董事长"。

一审法院认为,金圆公司于2006年10月14日召开的董事会会议所形成的决议内容并不违反法律、行政法规的规定,应认定为合法有效。据此,张某民已经不再担任公司的董事长,依据公司章程的规定也不再是公司的法定代表人。张某民原在董事会的职权已经转由王某军行使,据此判决张某民向金圆公司返还印章和营业执照,并由原告王某军代为接收。

张某民不服向宿迁市中级人民法院提出上诉。该法院认为王某军、宋某法及徐某良三人作为金圆公司的股东及董事无权以其个人名义提起返还之诉,故裁定撤销上述一审判决,驳回王某军、宋某法及徐某良三人的起诉。

2012年5月4日,王某军以金圆公司的法定代表人身份再拟诉状并签名,以金圆公司为原告,向宿迁市宿城区人民法院提起诉讼。

宿城区人民法院一审认为:1. 王某军被选举为金圆公司法定代表人,在无法加盖公司公章的情况下,在诉状上签名并以公司为原告提起诉讼符合法律规定。2. 2006年10月14日的董事会决议程序合法,内容不违反法律规定,合法有效。

3. 张某民被免去董事长职务，负有向金圆公司返还公章及营业执照的义务。4. 2011年5月28日的董事会决议，系张某民在金圆公司提起诉讼后，且在未通知和召集王某军及宋某法、徐某良三人的情况下，会同公司董事吴某中、李某林和张某法召开。该行为系恶意规避《公司法》第22条第2款的规定，属相互串通，损害他人的合法权益，故其作出的决议应认定为无效。综上，一审判决：张某民于判决生效之日起十日内向金圆公司返还印章及营业执照。

张某民不服，上诉至宿迁市中级人民法院。二审法院认为：1. 关于2006年10月14日的董事会会议。如董事长可以随意提议休会，对董事长不利的决议将不会出现，故张某民提议休会，应认定其不履行董事长职责。如董事会会议正常进行，决议结果也应是一致的。2. 2011年5月28日董事会未通知王某军等3名董事参加，参会人数未达到公司章程要求，存在重大瑕疵，应认定决议不存在。3. 在现有的法律框架下，公司的诉讼代表权专属于公司法定代表人，而本案实质即为解决公司法定代表人问题。根据《公司法》及金圆公司章程规定，董事长为公司的法定代表人。在名义上法定代表人与实质法定代表人发生冲突时，应以实质的法定代表人作为公司的诉讼代表人。王某军通过合法有效的2006年10月14日的董事会决议被选举为金圆公司的董事长，即为公司实质的法定代表人，故虽然因本案未决之原因王某军无法在诉状上加盖公司印章，但其仍有权代表金圆公司提起本案对张某民的诉讼。二审判决：驳回上诉，维持原判决。

张某民申请再审称：1. 二审判决否定公司董事长具有提议休会的权利，干涉公司自治。2. 二审判决认定2011年5月28日的董事会决议不成立错误。3. 二审判决采用"名义法定代表人"与"实质法定代表人"审理案件，僭越立法权。金圆公司工商登记的法定代表人为张某民，二审判决认定王某军在诉状上签字能代表金圆公司错误。

江苏省高级人民法院认为：

1. 根据《公司法》第47条规定，召集和主持公司董事会会议既是董事长的权利也是义务。董事长主持会议应符合公司利益，保证董事会会议正常有序进行，属其基本职责。如董事长可以随意提议休会，对其个人不利的决议将无从形成，对该权利的滥用将导致公司其他董事表决权落空进而损害公司利益。故一、二审判决认定张某民因公司董事提议对其不利而提议休会的行为属不履行董事长职责，亦无不当。

2. 2011年5月28日的董事会会议未通知全体董事，仅有4名董事参加会议，不符合公司章程规定的五分之三董事出席的最低人数要求，该次会议不符合公司章程的规定，二审判决认定该次会议形成的决议不成立，并无不当。

3. 金圆公司工商登记的法定代表人为张某民，但王某军已通过合法有效的董事会决议被选举为金圆公司董事长，二审判决根据该公司章程认定王某军为该公司法定代表人并无不当。金圆公司工商登记的法定代表人与依据该公司章程确定的法定代表人并不一致，二审判决采用"名义法定代表人"指称工商登记的法定代表人，采用"实质法定代表人"指称依公司章程确定的法定代表人，系对案件事实的描述，不违反法律规定。王某军作为金圆公司法定代表人，以金圆公司名义提起诉讼，符合法律规定。

综上，江苏省高级人民法院于2014年9月5日作出裁定，驳回张某民的再审申请。

【实务指引】

如果用数字来概括本案案情，那么大概是这样的：1个公司的7位董事分成两方，一方3人，另一方4人，围绕着董事长的任免问题，先后提起了3个诉讼，经过6个司法程序，最终在第8年结束了这场关于权力争斗的游戏。可叹的是，公司原来的董事长始终在这场争斗中处于下风，并最终被迫交出了公司的公章和执照，失去了对公司的实际控制。

如果将公司类比于国家，那么董事长、法定代表人之于公司就如同总统或元首之于国家，正如一个国家有且仅有一位总统或元首，一家公司也不能同时拥有两位董事长或两位法定代表人，这是众所周知的事情。但现实中又不乏像金圆公司这样的特殊情形，一个董事说：我是法定代表人！工商登记的公司章程上写着我的名字呢！另一个董事却跳出来说：对不起，董事会已经把你给换掉了，他们新任命的董事长是我，法定代表人自然也是我！俩人这一吵架可不得了，其他的董事们可不能光看热闹，自然要跟着"站队"，一场公司控制权的大战就不可避免地上演了。

本案从表面上看，是以王某军为代表的一方要求张某民返还公司印章和证照，实际上则是两人的法定代表人之争，更是公司内部两派对于公司控制权的争夺。王某军等人一开始没有领会到斗争的残酷性，还希望通过个人的名义就能把印章和证照要回来。可惜法律早有规定，证照返还纠纷只能以公司做原告，公司的股东也好、董事也罢是没有机会以个人的名义索要公司证照的，于是王某军等人发起的第一次战役以失败告终。

有了第一次失败的教训，无奈之下的王某军只能动用其"法定代表人"的身份以金圆公司之名再次提起诉讼，这才有了"真假法定代表人"的剧情。当然，法官在判决中不会直接就写成谁是真的谁是假的，用法律语言表达出来的论述是这样的：张某民是工商登记所记载的金圆公司的法定代表人，是名义上的法定代表人，王某军通过合法有效的 2006 年 10 月 14 日的董事会决议被选举为公司董事长，即为公司实质的法定代表人。在名义上法定代表人与实质法定代表人发生冲突时，应以实质的法定代表人作为公司的诉讼代表人。因此，法院才最终判定"因本案未决之原因王某军无法在诉状上加盖公司印章，但其仍有权代表金圆公司提起本案对张某民的诉讼"。

应当说，法院的这种论述手法是较为高超的，通过"名义上的法定代表人"和"实质的法定代表人"的概念，既描述了一个公司同时出现两位法定代表人的客观情况，是各方都能够接受的事实描述，又清晰地解释了为什么在本案中"实质的法定代表人"王某军能够以公司名义起诉。最终，法院帮助王某军夺回了公司的印章和证照，更重要的是确认了他公司法定代表人的重要地位并协助他夺回了金圆公司的控制权。

【公司治理建议】

在公司控制权争夺中，必须牢牢控制公司法定代表人的人选。

法定代表人职位是公司控制权争夺中最重要的一环，因为依据《民事诉讼法》第 48 条的规定，法定代表人有权直接代表本单位向人民法院起诉和应诉，其所进行的诉讼行为，就是本单位或法人的诉讼行为，直接对本单位或法人发生法律效力。法定代表人的这一重要职能，在对立股东产生矛盾时越发明显，因为股东间矛盾解决的最后的防线是司法诉讼，而司法诉讼则需要法定代表人的签章，所以谁掌握了公司法定代表人，谁就占据了公司的有利地位。

在公司中处于控制地位的股东需做到以下几点：(1) 在公司成立伊始就选择自己的代理人担任法定代表人，占得先机；(2) 在公司章程中规定法定代表人的任职资格、选举程序和标准等要件，防患于未然，或者直接将选定的法定代表人姓名写入公司章程；(3) 在"名义法定代表人"迟迟不交权的情况下，依据《公司法》及公司章程的规定选举新的法定代表人，提起诉讼，进而要求返还证照，接管公司。由于证照对外直接代表公司，在诉讼期间，被告往往会利用证照签订合同，合同对于善意第三人而言是有法律效力的，公司为了避免这种潜在的风险，可以考虑在诉讼之前或者诉讼之中采取保全措施，对上述证照采取保全措施。

【延伸阅读】

关于董事长选任以及职权的裁判规则

裁判规则一：公司法未赋予董事长召集股东会的职权，股东会的召集权属于董

事会，董事长无权擅自召集股东会或者在没有召开董事会进行讨论、决定的情况下直接拒绝召集股东会

案例1：许昌市中级人民法院审理的林都公司与花木公司、中远公司股东会决议纠纷案［（2015）许民终字第1029号］认为，董事会是有限责任公司的业务执行机构，享有业务执行权和日常经营决策权。《公司法》第46条规定了董事会的职权为召集股东会，并向股东会报告工作等。董事长的职权是主持股东会议，召集和主持董事会会议。公司法未赋予董事长召集股东会的职权，股东会的召集权属于董事会。董事长在没有经过董事会讨论并作出决定的情况下，无权擅自召集股东会。花木公司章程规定由董事长个人行使本应由董事会这个组织机构行使的职权，违反了公司法规定，可能损害公司、股东的权益或董事会及其他董事的权力行使，应为无效条款。原花木公司董事长姚某某在接到股东中远公司提议召开临时股东会议的提议后，未召集董事会讨论，也未答复。其发出的《关于召开2014年第一次临时股东会的通知》中的议案内容在没有召开董事会进行讨论、决定的情况下直接对中远公司议案内容进行否定，超越了董事长的职权范围。中远公司根据公司法规定，自行召集花木公司2014年第一次临时股东会于法有据。花木公司2014年第一次临时股东会决议召集程序、表决方式不违反法律、行政法规和公司章程有效条款相关规定，内容不违反公司章程有效条款规定，林都公司请求撤销的依据不足，法院不予支持。

裁判规则二：公司章程可规定总经理的提名权由特定的股东行使

案例2：南京市中级人民法院审理的长智中心与长天智远公司撤销公司决议纠纷案［（2015）宁商终字第482号］认为，交通科技公司章程第25条规定总经理由董事会聘任或解聘，交通科技公司董事会2014年6月4日决议解聘肖某总经理职务并未违反公司章程和相关法律的规定。现任总经理被解聘后，根据公司章程第21条规定，新的总经理人选仍应由苏富特公司以外的其他股东提名，董事会只能在其他股东提名的人选中选任新的总经理，因此由董事会直接解除总经理职务并不影响苏富特公司以外的其他股东对总经理人选的控制权。综上，咨询中心认为第21条同时也规定董事会解聘总经理要经苏富特公司以外的其他股东提议系其对公司章程该条规定的单方解读，无事实和法律依据，不能成立。

裁判规则三：有限责任公司董事长的选任和罢免，可由公司章程自由约定，未作约定时由董事会任免

案例3：咸宁市中级人民法院审理的咸宁饮食旅游公司与高青公司决议纠纷案［（2016）鄂12民终1081号］认为，本案审理的焦点应为选举和更换咸宁饮食旅游公司董事长是否是公司董事会职权，该董事会决议程序、内容是否符合法律和公司

章程的相关规定。根据《公司法》第 44 条第 3 款的规定:"董事会设董事长一人,可以设副董事长。董事长、副董事长的产生办法由公司章程规定……"公司章程是公司成立的基础,也是公司赖以生存的灵魂,公司的组织和活动应按照公司章程的相关规定进行。具体到本案,咸宁市咸安区工商行政管理局备案的咸宁饮食旅游公司章程第 20 条规定,"董事会设董事长一名、董事二名。董事长是公司的法定代表人"。在第 14 条的股东会职权范围和第 21 条的董事会职权范围中,均未明确规定公司董事长、副董事长的产生办法。而公司章程第 41 条第 2 款规定:"本章程的未尽事宜由股东会决议解决,或依照《公司法》的有关规定执行",则公司董事长、副董事长的产生办法应由公司股东会决议解决,公司董事会无权决定公司董事长的产生办法这一内容。因上诉人提供的证据不能证明该次董事会召集程序符合法律和公司章程的相关规定,且该董事会决议内容亦超越了董事会职权范围,违反了公司章程的相关规定,故该董事会决议程序、内容均存在瑕疵。作为公司股东的高青公司有权向法院申请撤销该董事会决议,并按照《公司法》第 22 条第 4 款"公司根据股东会或者股东大会、董事会决议已办理变更登记的,人民法院宣告该决议无效或者撤销该决议后,公司应当向公司登记机关申请撤销变更登记"的规定,请求法院判决咸宁饮食旅游公司向咸宁市咸安区工商行政管理局申请撤销变更登记。

公司控制权争夺之"撤换总经理"

【司法观点】

有限责任公司的董事会有权依据《公司法》及公司章程的规定聘任或解聘总经理等公司高管。如被解聘的高管对相关解聘的公司决议存在异议而提起诉讼,公司解聘总经理的理由是否真实、是否充分不属于法院应当审查的事实,不影响相关董事会决议的效力。

【典型案例】[①]

2001 年 3 月 18 日,投资人葛某某、李某某、南某某、七一一所共同投资设立佳动力公司并制定公司章程。

公司章程载明:公司法定代表人为葛某某,注册资本人民币 100 万元,股东葛

---

① (2010)沪二中民四(商)终字第 436 号。

某某、李某某、南某某、七一一所分别出资7万元（占7%）、5万元（占5%）、44万元（占44%）、44万元（占44%）；公司设立董事会，设董事5名，董事长由葛某某担任。董事会行使包括聘任或者解聘公司经理等职权，董事会必须由三分之二以上的董事出席方为有效，对所议事项作出决定应由占全体股东三分之二以上的董事表决通过方为有效。公司财务负责人为葛某某。

2006年11月，佳动力通过股东会决议并修订章程，公司股东变更为葛某某（出资额40万元，占注册资本40%）、李某某（出资额46万元，占注册资本46%）、王甲（出资额14万元，占注册资本14%）。

2009年7月18日，佳动力公司召开董事会并形成决议，李某某在会议签到单上签名。董事会决议载明：根据《公司法》及公司章程规定，佳动力公司董事会于当日，由董事长葛某某电话通知，召集并主持在公司浦三路某号会议室召开。出席董事会董事成员应到3人，实到3人，列席董事会监事应到3人，实到3人，作出决议如下：1. 鉴于总经理李某某不经董事会同意私自动用公司资金在二级市场炒股，造成巨大损失，现免去李某某总经理职务，即日生效。2. 现聘任总工程师王甲为佳动力公司代总经理，行使总经理职权。3. 从即日起五日内，原总经理李某某应交还公司章程、印鉴章、法定代表人私章、公司账簿（包括所有的原始记录凭证）给董事长葛某某。如不交还，属于严重损害股东利益，股东有权向法院起诉。

决议由董事葛某某、王甲及监事签名。李某某未在决议上签名。

同月27日，李某某向上海市黄浦区人民法院起诉，以佳动力公司董事会决议依据的事实错误，在召集程序、表决方式及决议内容等方面均违反了《公司法》的规定，依法应予撤销为由，请求判令依法撤销佳动力公司于2009年7月18日形成的"佳动力公司董事会决议"。

原审法院认为，本案存在以下争议焦点：

1. 2009年7月18日董事会召集程序及决议形成方式是否符合公司章程及《公司法》规定？李某某称其到会后即有其他董事宣读已拟好的决议，而该决议并未经会议进行讨论。法院认为，通知召集董事会时是否告知会议议题，并不影响董事会召集的实质要件。公司董事会议议事程序也并无法定的议事模式，会议议题一经在会中提出，董事即可按通常方式行使议事的权利，最终形成的决议内容即可成为董事议事的结果。故李某某主张的未经议事程序即形成决议违反法定程序，缺乏依据，不予采信。

2. 董事会决议表决权的行使是否符合章程规定？公司章程对董事会表决事项载明为，董事会必须由三分之二以上的董事出席方为有效，对所议事项作出决定应由占全体股东三分之二以上的董事表决通过方为有效。该章程并无董事会表决须经占公司股权比例2/3的股东一致同意才能生效的记载。根据《公司法》规定，公司董事会决议的表决，实行一人一票，故本案系争董事会决议符合《公司法》规定的多数决。

3. 董事会决议认定的"李某某未经董事会同意私自动用公司资金在二级市场炒股造成损失"的事实是否存在？首先，根据佳动力公司庭审确认，公司从事股票买卖并未召开股东会及董事会进行过决议，但均是在公司董事长葛某某同意下实施的，李某某方证人证言证实佳动力公司董事之一王甲对此也知情。其次，根据李某某申请的证人梁某某、徐某某、胡某某、王乙、管某的当庭陈述，佳动力公司法定代表人葛某某听取证券公司人员介绍后，同意在国信证券公司开设股票账户，并委托国信证券公司在二级市场买卖股票，公司财务人员证人梁某某受托以佳动力公司营业执照、公章及法定代表人私章、身份证办理开户手续，具体股票买卖由李某某操作，相关证人证明股东之一王甲对买卖股票是知情的。因此法院认为，无法得出李某某未经同意，擅自动用公司资金在二级市场买卖股票造成亏损的行为结果。

综上原审法院认为，董事会决议撤销诉讼旨在恢复董事会意思形成的公正性及合法性，在注重维护主张撤销权人合法利益的同时，也兼顾公司法律关系的稳定。佳动力公司董事会会议在召集、表决程序上与《公司法》及章程并无相悖之处，但董事会形成的"有故"罢免李某某总经理职务所依据的李某某"未经董事会同意私自动用公司资金在二级市场炒股，造成损失"的事实，存在重大偏差，在该失实基础上形成的董事会决议，缺乏事实及法律依据，其决议结果是失当的。从维护董事会决议形成的公正、合法性角度出发，李某某主张撤销2008年7月18日佳动力公司董事会决议，可予支持。至于佳动力公司董事会出于公司治理需要，需对经理聘任进行调整，应在《公司法》及公司章程的框架内行使权利。据此判决佳动力公司于2008年7月18日形成的董事会决议予以撤销。

原审判决后佳动力公司不服，向上海市第二中级人民法院提起上诉称：原审判决适用法律错误，本案应适用《公司法》第22条。李某某关于董事会决议的撤销之诉，仅需审理召集程序、表决方式、内容是否违反法律、行政法规，除此之外，没有任何法律条款对撤销之诉作出限制性规定或者扩大性解释。因此，在原审判决已经对董事会决议的合法性、程序性作出肯定性判断的情况下，该董事会决议应认定为合法有效。是否存在"总经理李某某不经董事会同意私自动用公司资金在二级市场炒股，造成巨大损失"与本案诉请没有必然联系，因为《公司法》和佳动力公司的章程均规定董事会有权解雇和聘用经理，且对董事会解聘经理的权力没有任何限制性规定，故佳动力公司董事会对解聘总经理的理由是否作出解释、作出解释的理由是否符合事实均不影响董事会行使解聘总经理的法定权力。

被上诉人李某某辩称：原审判决适用法律正确。从事实上看，所谓"总经理李某某不经董事会同意私自动用公司资金在二级市场炒股，造成巨大损失"不成立。李某某是在董事会同意、董事长葛某某的安排下的所进行的职务行为，有相关证据为证。故请求维持原审判决。

二审法院认为，该董事会决议是否撤销，须依据《公司法》第22条第2款的相关规定进行审查。该条款规定了董事会决议可撤销的事由包括：1. 召集程序违反法律、行政法规或公司章程；2. 表决方式违反法律、行政法规或公司章程；3. 决议内容违反公司章程。佳动力公司公司章程规定，股东会会议由董事长召集和主持。2009年7月18日董事会由董事长葛某某召集，李某某参加了该次董事会，故该次董事会召集程序并未违反法定程序；佳动力公司章程规定，对所议事项作出的决定应由占全体股东三分之二以上的董事表决通过方为有效。因佳动力公司的股东、董事均为三名且人员相同，2009年7月18日决议由三名董事中的两名董事表决通过，在表决方式上未违反公司章程。因此，二审法院认定，2009年7月18日董事会决议在召集程序、表决方式上不符合应予撤销的要件，应认定为合法有效。

双方二审中对本案的争议焦点在于董事会决议免去李某某总经理职务的理由是否是事实，如该事实不成立，是否足以导致董事会决议被撤销？即原审判决是否应当对导致李某某被免职理由所依据的事实进行实体审查，该事实的成立与否是否足以影响董事会决议的效力？对此，二审法院认为：

首先，从《公司法》的立法本意来看，对公司行为的规制着重体现在程序上，原则上不介入公司内部事务，最大限度赋予公司内部自治的权力，只要公司董事会决议在召集程序、表决方式、决议内容上不违反法律、行政法规或公司章程，即可认定为有效。从佳动力公司的公司章程来看，规定了董事会有权解聘公司经理，对董事会行使这一权力未作任何限制性规定，即未规定必须"有因"解聘经理。因此，佳动力公司董事会行使公司章程赋予其的权力，在召集程序、表决方式符合《公司法》和决议内容不违反公司章程的前提下"无因"作出的聘任或解聘总经理的决议，均应认定为有效。

其次，从董事会决议内容分析，"总经理李某某不经董事会同意私自动用公司资金在二级市场炒股，造成巨大损失"是佳动力公司董事会对行使解聘总经理职务列出的理由，这一理由仅是对董事会为何解聘李某某总经理职务作出的"有因"陈述，该陈述内容本身不违反公司章程，也不具有执行力。李某某是否存在不经董事会同意私自动用公司资金在二级市场炒股，造成巨大损失这一事实，不应影响董事会决议的有效性。因此，原审法院对"李某某不经董事会同意私自动用公司资金在二级市场炒股，造成巨大损失"这一事实是否存在进行了事实审查，并以该事实存在重大偏差，在该基础上形成的董事会决议缺乏事实及法律依据为由撤销董事会决议不符合《公司法》第22条第2款之规定，二审法院对该节事实是否存在不予审查与认定。但如李某某认为董事会免去其总经理职务的理由侵害其民事权益的，可另行通过其他途径主张自己的权益。

综上，二审法院认为，原审法院判决适用法律错误，应予改判。判决：1. 撤销上海市黄浦区人民法院（2009）黄民二（商）初字第4569号民事判决；2. 对被上诉人李某某要求撤销上诉人佳动力公司于2008年7月18日形成的"佳动力公司董事会决议"的诉讼请求不予支持。

【实务指引】

本案涉及的法理是比较简单的，无非是两个问题：第一，董事会在什么情况下可以解聘经理？第二，法院审理董事会决议效力案件的评判标准。

第一，董事会在什么情况下可以解聘经理？《公司法》第46条明确列举的有限公司董事会职权的第9项为：决定聘任或者解聘公司经理及其报酬事项，并根据经理的提名决定聘任或者解聘公司副经理、财务负责人及其报酬事项（一般情况下的公司章程亦会对该问题作出与《公司法》完全相同的规定）。《公司法》并没有规定只有在经理"犯错误"时董事会才能解聘（如违反了忠实义务、勤勉义务或者是经营不善）。相反，《公司法》规定聘任或者解聘经理是董事会理所应当的职权，纵使经理之前的表现足够好，董事会也有权予以撤换，此时即使董事会给出了充分的理由，或者这个理由是不是能够站得住脚，都不影响董事会决议的效力。

第二，法院审理董事会决议效力案件的评判标准。既然董事会解聘总经理不需要理由，法院判决就无须审查解聘理由是否成立。

《公司法》第22条明确列举了公司决议无效或可撤销的情形，包括且仅限于：1. 决议内容违反法律或行政法规；2. 召集程序、表决方式违反法律或行政法规；3. 决议内容违反公司章程。法院对公司决议效力进行审查时当然也应紧密地围绕这三种情况进行判断。

公司董事会以一个"莫须有"的借口解聘经理并不是法定的造成公司决议无效或可撤销的三种情形（公司章程另有规定的除外），而是属于公司决议的合理性和公平性的范畴。法院必须对于公司的选择予以高度尊重，不能妄加评判，否则就必然会侵犯到公司董事会的法定职权。

【公司治理建议】

公司有权自由选择当家人，因此公司董事会有权"无理由"解聘总经理。但是有两点需要引起注意：

1. "无理由"解聘总经理的前提是公司章程没有另行规定。例如，章程中可以规定"经理任期五年，任期届满前董事会不能随意更换，除非公司连续三年亏损或者经理丧失行为能力"，此时公司章程就赋予了经理很大的保护，董事会就难以"无理由"解聘总经理，强行解聘的董事会决议将因为违反公司章程而可撤销。如果公司的经理由实际控制人亲自或委派极其信任的人担任，公司章程中有类似条款，可以避免日后因公司股权被稀释或丧失董事会的多数席位时轻易丧失对公司的实际管理权。

2. "无理由"解聘总经理，只是解除了总经理职务，但是并不丧失公司员工身份，如公司欲与其解除劳动关系，还必须按照《劳动合同法》的有关规定办理，并且需要向劳动者支付经济赔偿金。

【法规链接】

《公司法》

第四十六条 董事会对股东会负责，行使下列职权：

……

（九）决定聘任或者解聘公司经理及其报酬事项，并根据经理的提名决定聘任或者解聘公司副经理、财务负责人及其报酬事项。

第四十九条 有限责任公司可以设经理，由董事会决定聘任或者解聘。经理对董事会负责，行使下列职权：

……

（六）提请聘任或者解聘公司副经理、财务负责人；

（七）决定聘任或者解聘除应由董事会决定聘任或者解聘以外的负责管理人员。

……

《最高人民法院关于适用〈中华人民共和国公司法〉若干问题的规定（五）》

第三条 董事任期届满前被股东会或者股东大会有效决议解除职务，其主张解除不发生法律效力的，人民法院不予支持。

董事职务被解除后，因补偿与公司发生纠纷提起诉讼的，人民法院应当依据法律、行政法规、公司章程的规定或者合同的约定，综合考虑解除的原因、剩余任期、董事薪酬等因素，确定是否补偿以及补偿的合理数额。

小股东争夺控制权之"占据监事席位"

【司法观点】

公司法定代表人侵犯公司利益的,公司股东可以请求公司监事会(不设监事会的监事)以公司名义提起诉讼。该股东恰好为公司唯一监事的,可以直接以监事身份代表公司对法定代表人提起诉讼。在监事会起诉公司法定代表人的诉讼案件中,被诉的法定代表人不能代表公司意志。

【典型案例】[①]

哈莫尼公司于2005年8月30日成立,公司共有两名股东,即张某岩与李某善,其中李某善担任董事长职务,系公司的法定代表人,张某岩系公司监事(不设监事会),李某善与安某姬系夫妻。公司的实际出资人为韩国人金某允,两名股东张某岩与李某善均为挂名股东。

2007年3月16日,韩国某公司将其一笔165092美元的债权转让给哈莫尼公司,哈莫尼公司向青岛海事法院申请强制执行,执行程序中李某善代哈莫尼公司自青岛海事法院领取了888543.28元执行款支票。2008年11月25日,哈莫尼公司向青岛海事法院提交结案申请一份,内容为:今收到海事法院执行案款888543.28元(RMB),申请海事法院该执行案件结案。当日,青岛海事法院作出结案报告,认定上述案件执行完毕并结案。

李某善代哈莫尼公司领取了上述执行款支票后,将该支票款项存入安某姬名下账户,并未交给哈莫尼公司。金某允在韩国以李某善涉嫌侵吞公款报案,李某善因此被韩国警方逮捕并被审判。韩国某法院认定李某善罪名成立,李某善被处以惩役1年,对民事赔偿事宜并未处理。

后张某岩以公司监事身份代哈莫尼公司向青岛市崂山区人民法院起诉称:公司法人享有独立法律人格,公司财产所有权属于公司;董事、高管对公司有忠实勤勉义务,不得侵占公司财产,李某善对于其侵占的公司财产应当返还给公司并赔偿因该行为造成的经济损失。李某善、安某姬系夫妻关系,李某善侵占公司财产发生在夫妻关系存续期间,安某姬应共同返还义务。请求依法判令:李某善、安某姬返还

[①] (2015)青民二商终字第733号。

哈莫尼公司888543.28元及利息。

李某善答辩称：哈莫尼公司的主体不合法，诉状中没有加盖哈莫尼公司的公章，张某岩无权代表公司提起诉讼。

一审期间李某善以哈莫尼公司的名义申请撤诉，撤诉申请由李某善签字，一审法院未对该项请求进行审理。

一审法院认为：

《公司法》第149条规定，董事、监事、高级管理人员执行公司职务时违反法律、行政法规或者公司章程的规定，给公司造成损失的，应当承担赔偿责任。

第151条规定，董事、高级管理人员有上述规定情形的，有限责任公司的股东、股份有限公司连续一百八十日以上单独或者合计持有公司百分之一以上股份的股东，可以书面请求监事会或者不设监事会的有限责任公司的监事向人民法院提起诉讼；监事有上述规定情形的，前述股东可以书面请求董事会或者不设董事会的有限责任公司的执行董事向人民法院提起诉讼。

监事会、不设监事会的有限责任公司的监事，或者董事会、执行董事收到前款规定的股东书面请求后拒绝提起诉讼，或者自收到请求之日起三十日内未提起诉讼，或者情况紧急、不立即提起诉讼将会使公司利益受到难以弥补的损害的，前款规定的股东有权为了公司的利益以自己的名义直接向人民法院提起诉讼。

上述规定赋予监事会（监事）或董事会（董事）代表公司提起诉讼的权利，在监事会（监事）或董事会（董事）应股东要求提起诉讼时，监事会（监事）或董事会（董事）应以公司名义提起诉讼，而不能以监事会、董事会或监事会、董事会成员个人名义提起诉讼；在监事会应股东要求提起诉讼时，也应以公司名义提起诉讼，监事会主席或负责人为诉讼代表人，如果诉状不能加盖公司公章，可由监事会主席或负责人、董事长或经理签名。本案中，根据工商登记资料显示，哈莫尼公司仅有两名股东，即李某善与张某岩，其中李某善系董事长及法定代表人，张某岩担任监事，当李某善的行为侵犯了哈莫尼公司利益并给公司造成损害时，张某岩应当有权以哈莫尼公司名义提起诉讼，否则，将使哈莫尼公司的合法权利陷入无法实现救济的境地。诉状中已经列明张某岩为诉讼代表人，诉状虽没有加盖哈莫尼公司公章，但已由张某岩签字确认，故张某岩代哈莫尼公司的起诉符合相关法律规定。

一审法院最终判决：李某善返还哈莫尼公司人民币888543.28元及利息，安某姬承担连带清偿责任。

一审宣判后，李某善、安某姬不服，上诉至青岛市中级人民法院，理由为：1. 本案张某岩以公司监事身份代公司起诉没有法律依据，其冒用公司名义并签署个人姓名起诉应予以驳回。2. 张某岩并非被上诉人真实股东，即使作为被上诉人职工，因非经职代会选举所取得的监事身份依法也无效，原审法院未对此做出审查。3. 本案无论是股东还是监事起诉，应严格遵循《公司法》规定履行前置程序否则因违反程序导致诉讼无效。4. 上诉人一审期间向原审法院提出撤诉申请，并提交书面意见。对该项请求一审法院既未审理，也未作出相关判决。

青岛法院认为：

1. 关于张某岩能否以哈莫尼公司名义提起诉讼。《公司法》规定股东在公司利益受到侵害时可要求公司监事提起诉讼，是为保护公司利益，及时有效纠正公司内部人员对公司财产的不法侵害，此时公司监事可以公司的名义提起诉讼，从而维护公司的合法权益。本案中，李某善与张某岩系哈莫尼公司工商登记显示仅有的两名股东，李某善系董事长、法定代表人，张某岩担任监事，当作为公司董事长及法定代表人的李某善行为侵犯了哈莫尼公司利益并给公司造成损害时，张某岩作为公司监事，为维护公司的利益，有权以哈莫尼公司名义提起诉讼。

2. 关于张某岩的监事身份。张某岩是哈莫尼公司工商登记中载明的公司监事，在张某岩的监事身份未依法撤销的情况下，上诉人主张张某岩不具有公司监事身份的理由不能成立。

3. 关于上诉人认为本案起诉应经前置程序的上诉理由。首先，本案张某岩履行监事职责而在哈莫尼公司诉状中签字，本案原告是哈莫尼公司，而非公司股东，本案不是股东代表诉讼；其次，李某善既是公司股东也是公司法定代表人，在公司法定代表人侵害公司权益，同时原审期间又以公司名义申请撤诉的情况下，李某善不可能同意哈莫尼公司对其个人的起诉，上诉人认为起诉应经法定前置程序的理由也不能成立。

4. 原审期间李某善虽以公司名义申请撤回起诉，但哈莫尼公司起诉的本案侵权人系李某善本人，李某善以公司名义撤回对自己起诉的申请侵害了公司及股东的权利，不具有法律效力，上诉人关于原审对此未予以处理的上诉理由亦不能成立。

综上，青岛市中级人民法院认为李某善领取哈莫尼公司案款后，擅自将案款存入其配偶安某姬账户，未交还哈莫尼公司，侵犯了哈莫尼公司的财产权，应当与安某姬对该款项及利息共同承担返还责任。

【实务指引】

本案中张某岩同时具备哈莫尼公司的股东及监事两重身份，他提起诉讼的理由是李某善侵犯了哈莫尼公司的合法权益，因此只能以哈莫尼公司的名义起诉，而不能以其个人的名义起诉。

以公司名义起诉，一般有三种可能：第一种也是最通常的情况即在起诉状上加盖公司公章；第二种是虽无公司公章，但以法定代表人名义在起诉状上签字，常见于因公章被他人挪用、侵占时公司提起的证照返还纠纷；第三种是依据《公司法》第151条的规定，股东代表诉讼或者董事会、监事会以公司名义起诉，此时如因各种原因无法加盖公章，股东的签字或者公司董事长、监事会主席的签字应当视为公司的诉讼行为。

由于本案的被告李某善是哈莫尼公司的法定代表人，且实际控制了公司的公章，因此张某岩只能选择第三种方式以公司名义提起诉讼。

根据《公司法》第151条的规定，股东提起股东代表诉讼的通常的前置性程序是向监事会（不设监事会的监事）、董事会（不设董事会的执行董事）书面请求以公司名义起诉，且只有当监事会或董事会拒绝提起诉讼或者怠于提起诉讼时，股东才可提起股东代表诉讼。但由于张某岩个人即哈莫尼公司的唯一监事，此时就相当于股东身份的张某岩通知了监事身份的张某岩，监事张某岩决定以公司监事身份代表哈莫尼公司对李某善提起诉讼，因而也就无须股东张某岩再提起股东代表诉讼了。

对于以公司监事会（不设监事会的监事）身份代表公司提起的诉讼，无论是《公司法》还是《民事诉讼法》均未规定更加严格的前置性程序，唯一的步骤就是《公司法》第151条所规定的公司股东对监事会（不设监事会的监事）的书面通知，但由于本案中欲行使权利的股东与监事归于同一人，自己书面通知自己没有必要也不现实，因此可以认定张某岩以公司监事身份代表哈莫尼公司提起的诉讼是合法有效的。

值得注意的是，本案的被告李某善还曾在一审期间以原告哈莫尼公司的名义提出撤诉申请。这种情况当然是不能被允许的，既然法庭认可了在本案中可以代表哈莫尼公司的是公司监事（张某岩），就不可能再同意其他人以其他身份在本案中代表哈莫尼公司，否则就会使诉讼的原告与被告在实质上归于同一人，进而使公司的股东、监事丧失了对公司法定代表人提起诉讼的法定权利。

由本案可以看出，《公司法》第151条所规定的股东代表诉讼及其前置程序经过了立法者的缜密设计，有效地保护了公司股东、董事会、监事会的诉讼权利。

【公司治理建议】

在我国的公司治理模式中，监事会的地位往往十分尴尬。通常情况下，董事会实际控制了公司的日常运行，一权独大。监事会则要么与董事会处于同一阵营，由相同的股东委派，无法起到监督公司董事、高管的作用；要么有名无实，无权监督也无力监督。因此许多人认为在我国监事会是一个可有可无的机构。但本案则从一个方面展示了监事会的重要作用，尤其是在简单的股权结构下，一方实际控制了公司运营，另一方可以通过掌握监事席次实现对公司的掌控，这对最终控制权的争夺有重大影响。

初创阶段的公司，投资者常犯的错误是百分之百相信合作者，不仅将日常的经营大权完全交出，甚至连监事的席次也不积极争取，这是十分危险的。

针对实践中普遍存在的监事会只作为公司摆设、不发挥实质作用的现象，以及监事会如何行使职权不明晰的问题，本书作者建议如下：

1. 不参与公司实际运营的股东必须要积极争取监事席次，并且要在公司章程中规定，除非有法定事由公司不得无故解除监事职权，否则股东有权请求撤销相关的公司决议。

2. 公司章程可适当扩充监事会及监事的职权，尤其是对于《公司法》第53条规定的监事会职权，除不设监事会的监事可单独行使外，并未规定设监事会的监事可单独行使监事会职权。不参与公司实际运营的股东可以考虑在公司章程中强化监事职权，赋予监事单独行使《公司法》第53条规定的部分职权的权力。例如，在公司章程中，设置如下条款：公司不设置监事会，股东×××有权指定一名监事，监事拥有检查公司财务的权利，监事有权随时调阅公司有关的财务报告、会计账簿（包括记账凭证和原始凭证）、会计报表、合同、收据、信函、借款凭证等其他显示公司财务状况变化的一切表册和资料，监事在行使这一权利时，有权委托法律、财务、审计等方面的专家进行辅助检查。公司、股东、董事、财务人员等相关主体均应当予以配合。

3. 《公司法》对于监事会的表决方式仅规定"监事会决议应当经半数以上监事通过"，这里的"半数以上监事"是指监事会全体成员的半数以上，还是出席监事会的监事半数以上？法律没有明确，建议公司章程予以明确。

【法规链接】

《公司法》

第一百五十一条 董事、高级管理人员有本法第一百四十九条规定的情形的，有限责任公司的股东、股份有限公司连续一百八十日以上单独或者合计持有公司百分之一以上股份的股东，可以书面请求监事会或者不设监事会的有限责任公司的监事向人民法院提起诉讼；监事有本法第一百四十九条规定的情形的，前述股东可以书面请求董事会或者不设董事会的有限责任公司的执行董事向人民法院提起诉讼。

监事会、不设监事会的有限责任公司的监事，或者董事会、执行董事收到前款规定的股东书面请求后拒绝提起诉讼，或者自收到请求之日起三十日内未提起诉讼，或者情况紧急、不立即提起诉讼将会使公司利益受到难以弥补的损害的，前款规定的股东有权为了公司的利益以自己的名义直接向人民法院提起诉讼。

他人侵犯公司合法权益，给公司造成损失的，本条第一款规定的股东可以依照前两款的规定向人民法院提起诉讼。

大股东滥用公司控制权之"公司人格否认"

【司法观点】

否认公司独立人格，由滥用公司法人独立地位和股东有限责任的股东对公司债务承担连带责任，要注意以下四个因素：

一是只有在股东实施了滥用公司法人独立地位及股东有限责任的行为，且该行为严重损害了公司债权人利益的情况下，才能适用。损害债权人利益，主要是指股东滥用权利使公司财产不足以清偿公司债权人的债权。

二是只有实施了滥用法人独立地位和股东有限责任行为的股东才对公司债务承担连带清偿责任，而其他股东不应承担此责任。

三是公司人格否认不是全面、彻底、永久地否定公司的法人资格，而只是在具体案件中依据特定的法律事实、法律关系，突破股东对公司债务不承担责任的一般规则，例外地判令其承担连带责任。人民法院在个案中否认公司人格的判决的既判力仅仅约束该诉讼的各方当事人，不当然适用于涉及该公司的其他诉讼，不影响公司独立法人资格的存续。如果其他债权人提起公司人格否认诉讼，已生效判决认定的事实可以作为证据使用。

四是《公司法》第20条第3款规定的滥用行为，实践中常见的情形有人格混同、过度支配与控制、资本显著不足等。

【典型案例】[①]

金顺公司系自然人出资的有限责任公司，股东为廖某琴、洪某博，二人系夫妻

[①] （2015）云高民二终字第84号。

关系，廖某琴担任金顺公司法定代表人。2012年11月27日，桂族公司与金顺公司签订《借用资质贷款协议书》，约定以桂族公司名义向工行借款2000万元，由金顺公司实际使用，金顺公司应按照桂族公司与工行所签借款合同约定的还款期限将借款本息汇至桂族公司贷款账户以清偿借款，桂族公司收到金顺公司汇款后应及时向工行还款；如因双方未按期归还借款造成损失，责任由逾期方承担。桂族公司于2012年11月26日、2013年3月11日与工行签订两份《小企业借款合同》，借款金额分别为1000万元、800万元。桂族公司收到上述借款后，于2012年12月11日将1000万元转入金顺公司账号为53001945045052××××××的建行昆明东聚支行账户，2013年3月13日将800万元转入金顺公司账号为2502010819024××××××的工行昆明圆通支行账户。

收到桂族公司转款后，金顺公司于2012年12月13日、17日分两笔500万元将上述借款1000万元、于2013年3月15日分两笔金额分别为399万元、4005547.73元将上述借款800万元中的7995547.73元转入其账号为100836025700××××××的邮储银行昌宏路支行账户。

2013年3月15日，金顺公司向廖某琴邮储银行昌宏路支行账户转款两次，金额分别为250万元、200万元，合计450万元，廖某琴于2013年3月18日向金顺公司账户转出该450万元用于增资扩股；2013年4月7日，金顺公司向廖某琴招行账户转款25万元；4月12日转款三次，金额分别为136万元、136万元、138万元，四笔金额合计435万元。后因金顺公司未按时还款，桂族公司代为向银行偿还借款本金850万元（其中2013年12月6日偿还1000万元借款中的本金750万元、2014年1月11日、2月11日分两次50万元合计偿还800万元借款中本金100万元）、利息138888.85元（桂族公司自认其中11593.28元系归还1000万元借款利息，其余均为归还800万元借款利息），合计还款8638888.85元。

桂族公司多次向金顺公司索要上述款项未果，诉至法院要求：1.金顺公司立即偿还借款8638888.85元以及违约金；2.廖某琴、洪某博对金顺公司的债务承担连带清偿责任。

一审法院审理认为：桂族公司与金顺公司签订的《借用资质贷款协议书》系双方当事人真实意思表示，内容不违反相关法律规定，协议合法有效，双方当事人应按合同约定履行各自权利义务。协议约定金顺公司应当按时归还借款本息，但金顺公司违反该约定，造成桂族公司垫款，金顺公司应当向桂族公司归还垫款及按协议约定支付违约金。金顺公司对桂族公司主张的垫款金额及违约金起算点均无异议，但认为违约金标准只应按银行同期贷款利率计算。双方在协议中未约定违约金金额或计算方法，参照《最高人民法院关于人民法院审理借贷案件的若干意见》① 第9条"公民之间的定期无息借贷，出借人要求借款人偿付逾期利息，或者不定期无息借贷经催告不还，出借人要求偿付催告后利息的，可参照银行同类贷款的利率计息"之规定，桂族公司主张按银行贷款利率四倍为标准计算违约金没有事实及法律依据，原审法院对违约金按中国人民银行同期贷款利率为标准予以支持，金顺公司该项抗辩主张成立。桂族公司认为廖某琴、洪某博用于增加金顺公司注册资本的出资系挪用了800万元借款中的资金，以及自金顺公司转入廖某琴个人账户的435万元系挪用1000万元借款中的资金，反映了二人系两笔借款的实际使用人及股东个人财产与金顺公司财产混同的事实，二人应当对金顺公司的债务承担连带清偿责任。《公司法》第20条规定："公司股东应当遵守法律、行政法规和公司章程，依法行使股东权利，不得滥用股东权利损害公司或者其他股东的利益；不得滥用公司法人独立地位和股东有限责任损害公司债权人的利益……公司股东滥用公司法人独立地位和股东有限责任，逃避债务，严重损害公司债权人利益的，应当对公司债务承担连带责任。"该条系对公司法人人格否认制度及其适用条件作出的规定。从金顺公司邮储银行昌宏路支行账户明细可以看出，2012年12月17日1000万元借款全部到账后，金顺公司随即对外发生了多笔转账，至2012年12月20日，该账户余额仅为4万余元，故桂族公司主张在2013年4月金顺公司自该账户向廖某琴转账435万元系来源于1000万元借款不能成立；但桂族公司提供的证据仍能反映廖某琴侵占金顺公司资金885万元的事实，廖某琴未就该两笔款项作出合理抗辩并提供证据予以证实。廖某琴及洪某博作为金顺公司各持股50%的股东，廖某琴本人同时还担任公司法定代表人，二人又系夫妻关系，对金顺公司形成绝对控制权，二人身份符合前述法律规定之行为主体要件。在行为事实及结果要件方面，金顺公司注册资本金金额为1088万元，廖某琴在没有任何合法依据的情况下侵占金顺公司资金达885万元，侵占资金比例超过公司资本80%以上，该行为具有掏空金顺公司资金、形骸化公司独立人格之嫌，结果上也造成了桂族公司合法债权无法实现之实；廖某琴、洪某博与金顺公司在人员、公司经营行为及财产方面存在混同，综上情形符合前述法条所规定公司法人格否认原则及具体法律适用要求，桂族公司主张其二人承担连带清偿责任的诉讼请求有事实及法律依据，对该项主张予以支持。廖某琴抗辩其用于增资的款项系其个人款项，但从其账户反映，在挪用公司资金前，其账户余额明显不足，故其该项抗辩主张不能成立。综上，桂族公司的诉讼请求部分成

---

① 已被2015年9月1日的实施的《最高人民法院关于审理民间借贷案件适用法律若干问题的规定》废止。

立,对成立部分予以支持,依法判决:1. 金顺公司归还桂族公司款项8638888.85元,并支付该款按中国人民银行同期贷款利率为标准计算至款项全部清偿之日止的违约金;2. 廖某琴、洪某博对金顺公司的债务承担连带清偿责任。

一审宣判后,廖某琴、洪某博不服,向二审法院提起上诉,其上诉请求改判廖某琴、洪某博对金顺公司债务不承担连带清偿责任。其主要理由为:1. 原判仅凭金顺公司的银行转款行为就认定廖某琴侵占公司资产证据不足,是否有侵占行为应通过司法会计审计鉴定才能做出认定;2. 原判无证据证实洪某博有侵占金顺公司资产的行为,故判决其对公司债务承担连带清偿责任有误。

针对廖某琴、洪某博的上诉,桂族公司答辩认为,原判认定事实清楚,适用法律正确,应予维持。其主要理由为:1. 桂族公司是在法定举证期限内提出调证申请,一审调取证据合法;2. 廖某琴、洪某博是金顺公司仅有的两名股东,且为夫妻关系,廖某琴将金顺公司所借款项用于股东增资扩股,并侵占公司资产885万元,其行为已构成股东与公司人格混同,应承担连带偿还借款的责任。针对廖某琴、洪某博的上诉,金顺公司陈述其有能力偿还桂族公司的借款,并同意廖某琴、洪某博的上诉意见。

二审法院归纳各方当事人的诉辩主张,认为本案争议焦点是:廖某琴、洪某博是否应对金顺公司的债务承担连带清偿责任?根据一、二审查明的事实,围绕各方当事人的诉辩主张,二审法院对当事人的争议焦点综合评述如下:

根据《公司法》第20条的规定:"公司股东应当遵守法律、行政法规和公司章程,依法行使股东权利……不得滥用公司法人独立地位和股东有限责任损害公司债权人的利益……公司股东滥用公司法人独立地位和股东有限责任,逃避债务,严重损害公司债权人利益的,应当对公司的债务承担连带责任。"本案中,廖某琴、洪某博作为金顺公司的股东,是否存在滥用公司法人独立地位和股东有限责任损害债权人桂族公司利益的情形,能否适用公司人格否认法理要求其二人对金顺公司的债务承担连带清偿责任,应从以下几方面予以考察:

其一,主体要件,公司人格否认法理适用的主体是实施了滥用公司人格和股东有限责任行为的控制股东,即实际参与公司经营管理,并能对公司的主要决策活动施加影响的股东。本案中,廖某琴、洪某博作为金顺公司唯一的两名股东,实际参与了金顺公司的日常管理和经营决策,是金顺公司的实际控制股东,故廖某琴、洪某博具备作为适用公司人格否认法理的责任主体。

其二,行为要件,是指控制股东实施了滥用公司法人人格的行为,主要表现为公司的人格混同,即公司与股东不分或者合一,指股东与公司之间资产不分、人事交叉、业务相同,与其交易的第三人无法分清是与股东还是公司进行交易。本案中，廖某琴、洪某博作为金顺公司各持股50%的自然人股东，其股东财产与公司财产是否存在混同，致使金顺公司缺乏独立的财产和作为独立人格存在的基础是认定廖某琴、洪某博是否实施滥用公司法人人格行为的重要判断标准。从本案查明的事实来看：首先，金顺公司的经营场所是股东廖某琴名下的个人房产；其次，2013年3月18日，廖某琴将涉案800万元贷款，即2013年3月13日桂族公司从工行贷出后转汇金顺公司的800万元款项，从金顺公司账户转出其中的450万元用于其股东个人增资扩股；再次，2013年4月，廖某琴又从金顺公司账户多次转款共计435万元；最后，从金顺公司、廖某琴、洪某博一审提交的《云南金顺进出口有限公司支付云南桂族经贸有限公司款项明细表》可以看出，从2012年12月17日至2013年11月13日，金顺公司与廖某琴分别多次从公司账户和个人账户转款至桂族公司账户用于偿还涉案贷款。综上，从本案贷款行为发生起，金顺公司账户与股东廖某琴的账户之间出现多次转款，金顺公司和股东廖某琴亦均向出借人桂族公司多次还款，由此可见，金顺公司违反公司财产与股东财产分离原则，故可以证实金顺公司的财产与股东廖某琴的个人财产存在混同。

其三，结果要件，是指滥用公司人格的行为对债权人利益或者社会公共利益造成了严重损害。本案中，从2013年3月18日起，在无合法依据的情形下，廖某琴从金顺公司账户转出款项至其个人账户共计885万元，占金顺公司1088万元注册资本金的80%以上，其挪用公司财产的行为已构成对债权人桂族公司利益的严重损害。

综上，结合公司人格否认的具体适用条件，金顺公司的实际控制股东廖某琴，其个人财产与公司财产混同，并最终严重损害了本案债权人桂族公司的利益，应对金顺公司尚欠桂族公司的债务承担连带清偿责任。洪某博作为金顺公司的另一名股东，与廖某琴各持金顺公司50%的股权，二者又为夫妻关系，原审在认定廖某琴应对金顺公司的债务承担连带责任的情况下，判决洪某博对此亦承担连带责任并无不妥。所以，原审判决认定事实清楚，适用法律正确，实体处理得当，应予维持。

【实务指引】

公司人格否认又称"揭开公司面纱制度"，指控制股东为逃避法律义务或责任而违反诚实信用原则，滥用法人资格或股东有限责任待遇，致使债权人利益严重受损时，法院或仲裁机构有权责令控制股东直接向公司债权人履行法律义务、承担法律责任。债权人行使揭开公司面纱制度的请求权基础是《公司法》第20条第3款：

"公司股东滥用公司法人独立地位和股东有限责任,逃避债务,严重损害公司债权人利益的,应当对公司的债务承担连带责任。"

根据《公司法》第 20 条第 3 款的规定,结合公司人格否认制度的相关法理,笔者认为债权人适用公司人格否认制度需要满足三个要件:主体要件、行为要件和结果要件。

第一,主体要件。主体要件应当从两个方面来讲:首先,原告需为债权人,需要说明的是此处的债权人应当在广义的角度上来理解,既包括民事关系中的各类债权人(包括但不限于契约之债的债权人、侵权行为之债的债权人、无因管理的债权人和不当得利之债的债权人),也包括劳动关系中的债权人(劳动者),还包括行政关系中的特殊债权(如国家税收债权)等。[1] 有学者实证研究发现,我国的公司法人格否认案件仅涉及合同之债和侵权之债等民事债权,尚未扩展到诸如税务等特殊债务。[2]

其次,被告为实施了滥用公司人格和股东有限责任行为的控制股东,即实际参与公司经营管理,并能对公司的主要决策活动施加影响的股东。揭开公司面纱时应当注意区分消极股东与积极股东。只有积极股东或者控制股东才应当蒙受公司面纱被揭开的不利后果。揭开公司面纱不等于追究所有股东对公司债务的连带责任。揭开公司面纱的后果仅应加之于控制股东,既包括一人公司中的唯一股东,也包括股东多元化公司(含有限责任公司和股份有限公司)中滥用权利的控制股东,但不包括诚信慎独的股东尤其是小股东。[3] 另外,为在更大程度上保护债权人的利益,维护实质公平,应将股东的范围做扩张解释,当实际控制人或隐名股东被证明满足实质股东的条件时也应包括在内。在司法实践中,针对控制股东滥设一串"糖葫芦公司",致使关联公司间财产与责任界限模糊,坑害兄弟公司债权人的现象,法院也勇于实践,依法揭开公司面纱,责令控制股东、沦为木偶的兄弟公司与债务人公司一道对债权人承担连带赔偿责任。[4] 本案中,廖某琴及洪某博作为金顺公司各持股 50% 的股东,廖某琴本人同时还担任公司法定代表人,二人又系夫妻关系,对金顺公司形成绝对控制权,实际参与了金顺公司的日常管理和经营决策,是金顺公司的实际控制股东,满足主体要件。

第二,行为要件,是指控制股东实施了滥用公司法人人格的行为,主要表现为

---

[1] 刘俊海:《揭开公司面纱制度应用于司法实践的若干问题研究》,载《法律适用》2011 年第 8 期。
[2] 黄辉:《中国法人格否认制度实证研究》,载《法学研究》2012 年第 1 期。
[3] 刘俊海:《新公司法的制度创新:立法争点与解释难点》,法律出版社 2006 年版,第 89 页。
[4] (2011)苏商终字第 0107 号。

以下几种情况[①]：

首先是"人格混同"，通俗来讲就是"一套人马，两块牌子"。在股东对公司的过度控制下，股东与公司之间人格的高度混同现象错综复杂，既包括核心人格特征（如人员、机构、业务、财务、财产）的混淆，也包括外围人格特征（如信封信纸、电话号码、传真号码、电子邮件地址、网址、工服）的混淆。具体说来，有以下几种表现形式：（1）股东与公司之间在资产或财产边界方面的混淆不分。属于子公司的财产登记在母公司名下；子公司的财产经常处于母公司的无偿控制和使用之下；控制股东长期掏空公司的资产尤其是优质资产，而未对公司予以充分、公平的赔偿等；控制股东对公司负有巨额债务，而公司在控制股东的操纵下长期拒绝或者怠于追索。（2）股东与公司之间在财务方面的混淆不分。股东甚至和公司共用一本账，共享一个银行账号。（3）股东与公司之间在业务方面的混淆不分。股东与交易伙伴签订的合同往往由公司履行；公司与交易伙伴签订的合同往往由股东履行。（4）股东与公司之间在机构方面的混淆不分。例如，母子公司共有一个营销部、人力资源部、办公室等。（5）股东与公司之间在人员方面的混淆不分、母子公司之间的董事、经理和其他高级管理人员交叉任职过多过滥。（6）子公司的机关陷入瘫痪状态，母公司直接操纵子公司的决策活动。例如，有些母公司直接向子公司发号施令，下达生产指标；有些母公司越过股东会直接任免子公司的董事、监事，有些母公司越过子公司的董事会直接任免子公司的经理和副经理。（7）其他方面的人格混同。例如，母子公司共用落款同一公司的信封信纸，共用一部电话总机，共用一个网站，共用一个电子邮件。[②] 本案中，廖某琴与金顺公司在财务上、资产上、业务上、经营场所上均构成了人格混同。

需要注意的是，与公司人格混同类似的情形是"公司法人人格形骸化"，一般指实际上完全是由一个股东控制的公司，公司已变成了一个空壳，成为股东的另一个自我，或称为代理机构和工具，双方无法区分。实质上是针对实践中公司名存实亡，或者在公司运作过程当中不严格按照《公司法》规定的程序来进行运作等情形，即股东就是公司，公司就是股东。

其次是"资本显著不足"，是指股东投入公司的股权资本与公司从债权人筹措

[①] 在"揭开公司面纱——法人人格否认制度理论与实务"一次研讨会上，最高人民法院金剑锋法官总结了揭开公司面纱的八种情形：1. 滥用公司人格从事不法行为；2. 滥用公司人格欺诈债权人；3. 滥用公司人格规避法律义务；4. 滥用公司人格规避合同义务；5. 公司人格混同，具体分为人事混同、业务混同和财产混同这三种情形；6. 公司资本严重不足，需要在公司资本与注册资本、公司资本与法定资本、公司资本与经营风险相比较中选择；7. 公司人格形骸化；8. 公司恶意破产。

[②] 刘俊海：《揭开公司面纱制度应用于司法实践的若干问题研究》，载《法律适用》2011年第8期。

的债权资本之间明显不成正比例的公司资本现象，通俗来讲就是"小马拉大车"。资本显著不足的判断标准是实际注资与经营规模和经营性质相比较显著不足。例如一家房地产有限责任公司的两名股东投入公司的股权资本为1000万元人民币，而公司从银行筹措的债权资本为10亿元人民币，则股权资本和债权资本的比例为1∶100。这显然是一家"小马拉大车"的资本显著不足的公司。法院或者仲裁机构就应毫不犹豫地揭开这家骨瘦如柴公司的面纱，责令背后"大腹便便"的控制股东对公司债务连带负责。

最后是"过度控制"，就是说公司实际上已经丧失独立表达意思的能力，被控制人完全操控。主要表现为子公司的决策权掌握在母公司手中，母子公司之间的合同更有利于母公司，子公司长期以无利润的方式经营；母子公司之间进行关联交易，母公司任意占用子公司的资金，以不利于子公司利益的方式与子公司进行交易，达到转移公司资产的目的。需要注意的是，"过度控制"与"控制"是有区别的，集团公司作为一种公司结构，从经济利益的角度来讲是非常有利于公司提高效率来运作的，而作为公司集团有一些整体的运作计划，不可避免会涉及经营的控制、资金的调配等，但这并不同于过度控制。只有在集团公司实施的方案导致任何一个具体的公司受到实际损害，才可能构成过度控制。例如，关联交易，占用了公司资金又及时归还了，如果并未因此给公司造成重大损害，就不存在滥用公司人格的问题。①

另外还有利用公司实现不正当目的的情形，主要指股东利用公司故意逃避合同义务或者法定义务。如使用"金蝉脱壳"之伎俩，将具有经营价值的资产转投资到一家新公司，而将债务全部留下，致使原公司被吊销营业执照，而债权人无法得到债务清偿或者得不到必要救济。②

第三，结果要件。必须有严重的损害结果，滥用公司人格的行为对债权人利益或者社会公共利益造成了严重损害。结果要件非常重要。

假设有人格滥用的事实但是没有造成公司不能偿债、损害债权人利益，无须揭开公司面纱。这种情况下，股东损害了公司利益，应由公司自身维护自己的合法权益，《公司法》中也有相关的股东代表诉讼制度。

至于判断损害债权人利益的标准，应当由债权人证明债权到期、已经经过合理催告，但公司没有还债或者根本不可能还债。在这种场合下，如果发现有股东滥用公司人格的行为，才可以要求公司背后的股东来承担责任。③在审判实践中，部分

---

① 宋建立：《法人人格否认理论的实际应用》，载《人民司法》2008年第16期。
② 朱慈蕴：《公司法人格否认：从法条跃入实践》，载《清华法学》2007年第2期。
③ 朱慈蕴：《法人人格否认制度理论与实务研讨》，载《中国审判》2008年第4期。

法官认为应当是在公司严格资不抵债甚至到了破产的境地才算严重地损害债权人的利益。本案中，从 2013 年 3 月 18 日起，在无合法依据的情形下，廖某琴从金顺公司账户转出款项至其个人账户共计 885 万元，占金顺公司 1088 万元注册资本金的 80% 以上，其挪用公司财产的行为致使金顺公司无钱还债，已构成对债权人桂族公司利益的严重损害。

债权人作为原告如欲揭开公司面纱，请求股东承担连带责任，在满足上述三个要件的情况下，在诉讼过程中还需承担以下举证责任。(1) 股东实施了滥用公司法人独立地位和股东有限责任的行为，而且构成了逃避债务的行为。(2) 债权人利益受到严重损害，而非一般损害，更不是轻微损害。是指公司不能及时足额清偿全部或者大部分债务。不能简单地因为债务人公司暂时不能清偿债务，就视为债权人利益受到了严重损害。造成严重损害的原因不仅在于债务人公司拒绝或者怠于清偿债务，更在于债务人公司滥用公司法人资格。(3) 股东的滥权行为与债权人的损失之间存在合理的因果关系。以上三大举证责任缺一不可。①

但是，值得注意的是，《公司法》第 63 条对一人公司适用人格否认制度采取了特殊的"举证责任倒置"，由股东证明公司财产独立于股东财产。所以，对于一人公司的人格否认，在法律适用时应注意以下几点：第一，对于《公司法》第 20 条第 3 款规定的不当行为要件，一人公司适用特殊规则，即财产混同行为即为滥用公司人格的行为，而且该要件的证明责任转移到被告股东。第二，理论上讲，滥用一人公司人格的行为并不限于财产混同。当然实践中财产混同应当是滥用行为的主要类型。第三，《公司法》第 20 条第 3 款规定的其他要件仍然适用，而且证明责任仍然在原告方。②

上文简要介绍了公司人格否定制度的构成要件和举证责任，希望对广大读者适用上述制度有所裨益。③ 公司法人独立人格、独立责任和股东仅在出资范围内承担责任的规则始终是公司法律制度的基石，具有不可动摇的地位。而通过揭开公司面纱的适用，也仅仅是修复公司法人独立人格和股东有限责任之墙上的破损之洞，并不是要将这座坚固的大厦摧毁，因此，绝不允许滥用这一规则，以致打击广大投资者投资兴业的积极性。

---

① 刘俊海：《新公司法的制度创新：立法争点与解释难点》，法律出版社 2006 年版，第 89 页。
② 黄辉：《中国法人格否认制度实证研究》，载《法学研究》2012 年第 1 期。
③ 关于"刺破公司面纱"法律制度，朱慈蕴、黄来纪等学者均进行了深入详尽的研究，具体参见朱慈蕴：《公司法人格否认制度理论与实践》，人民法院出版社 2009 年版；黄来纪等：《完善公司人格否认制度研究》，中国民主法制出版社 2012 年版。

【公司治理建议】

公司管理的关键在于细节管理，细节管理其实就是法律管理，而法律管理的本质在于风险管理，风险管理的核心在于风险预防、风险化解与风险识别机制。所以，建议广大企业家一定要注意识别具有法律意义的经营行为与事实，开始排查公司在经营过程中是否存在资产、财务、机构、人员、业务、场所等各方面存在混同的情况，有则改之无则加勉，将公司面纱被刺破的风险降到最低，砌筑有效的股东有限责任的风险隔离墙。

本书作者建议，为了避免被"刺破公司面纱"，建议尽量不要注册一人公司。同时，在公司运转过程中，不要有如下行为：

（1）股东与公司之间在资产或财产边界方面的混淆不分。属于子公司的财产登记在母公司名下；子公司的财产经常处于母公司的无偿控制和使用之下；控制股东长期掏空公司的资产尤其是优质资产，而未对公司予以充分、公平的赔偿等；控制股东对公司负有巨额债务，而公司在控制股东的操纵下长期拒绝或者怠于追索。

（2）股东与公司之间在财务方面的混淆不分。股东甚至和公司共用一本账，共享一个银行账号。

（3）股东与公司之间在业务方面的混淆不分。股东与交易伙伴签订的合同往往由公司履行；公司与交易伙伴签订的合同往往由股东履行。

（4）股东与公司之间在机构方面的混淆不分。例如，母子公司共有一个营销部、人力资源部、办公室等。

（5）股东与公司之间在人员方面的混淆不分，母子公司之间的董事、经理和其他高级管理人员交叉任职过多过滥。

（6）子公司的机关陷入瘫痪状态，母公司直接操纵子公司的决策活动。例如，有些母公司直接向子公司发号施令，下达生产指标；有些母公司越过股东会直接任免子公司的董事、监事，有些母公司越过子公司的董事会直接任免子公司的经理和副经理。

（7）其他方面的人格混同。例如，母子公司共用落款同一公司的信封信纸，共用一部电话总机，共用一个网站，共用一个电子邮件。

【法规链接】

《公司法》

第二十条 公司股东应当遵守法律、行政法规和公司章程，依法行使股东权利,不得滥用股东权利损害公司或者其他股东的利益;不得滥用公司法人独立地位和股东有限责任损害公司债权人的利益。

公司股东滥用股东权利给公司或者其他股东造成损失的,应当依法承担赔偿责任。

公司股东滥用公司法人独立地位和股东有限责任,逃避债务,严重损害公司债权人利益的,应当对公司债务承担连带责任。

第六十三条 一人有限责任公司的股东不能证明公司财产独立于股东自己的财产的,应当对公司债务承担连带责任。

《全国法院民商事审判工作会议纪要》(法〔2019〕254号)

(四)关于公司人格否认

公司人格独立和股东有限责任是公司法的基本原则。否认公司独立人格,由滥用公司法人独立地位和股东有限责任的股东对公司债务承担连带责任,是股东有限责任的例外情形,旨在矫正有限责任制度在特定法律事实发生时对债权人保护的失衡现象。在审判实践中,要准确把握《公司法》第20条第3款规定的精神。一是只有在股东实施了滥用公司法人独立地位及股东有限责任的行为,且该行为严重损害了公司债权人利益的情况下,才能适用。损害债权人利益,主要是指股东滥用权利使公司财产不足以清偿公司债权人的债权。二是只有实施了滥用法人独立地位和股东有限责任行为的股东才对公司债务承担连带清偿责任,而其他股东不应承担此责任。三是公司人格否认不是全面、彻底、永久地否定公司的法人资格,而只是在具体案件中依据特定的法律事实、法律关系,突破股东对公司债务不承担责任的一般规则,例外地判令其承担连带责任。人民法院在个案中否认公司人格的判决的既判力仅仅约束该诉讼的各方当事人,不当然适用于涉及该公司的其他诉讼,不影响公司独立法人资格的存续。如果其他债权人提起公司人格否认诉讼,已生效判决认定的事实可以作为证据使用。四是《公司法》第20条第3款规定的滥用行为,实践中常见的情形有人格混同、过度支配与控制、资本显著不足等。在审理案件时,需要根据查明的案件事实进行综合判断,既审慎适用,又当用则用。实践中存在标准把握不严而滥用这一例外制度的现象,同时也存在因法律规定较为原则、抽象,适用难度大,而不善于适用、不敢于适用的现象,均应当引起高度重视。

10.**【人格混同】** 认定公司人格与股东人格是否存在混同,最根本的判断标准是公司是否具有独立意思和独立财产,最主要的表现是公司的财产与股东的财产是否混同且无法区分。在认定是否构成人格混同时,应当综合考虑以下因素:

(1)股东无偿使用公司资金或者财产,不作财务记载的;

(2)股东用公司的资金偿还股东的债务,或者将公司的资金供关联公司无偿使用，不作财务记载的；

（3）公司账簿与股东账簿不分，致使公司财产与股东财产无法区分的；

（4）股东自身收益与公司盈利不加区分，致使双方利益不清的；

（5）公司的财产记载于股东名下，由股东占有、使用的；

（6）人格混同的其他情形。

在出现人格混同的情况下，往往同时出现以下混同：公司业务和股东业务混同；公司员工与股东员工混同，特别是财务人员混同；公司住所与股东住所混同。人民法院在审理案件时，关键要审查是否构成人格混同，而不要求同时具备其他方面的混同，其他方面的混同往往只是人格混同的补强。

11.【过度支配与控制】公司控制股东对公司过度支配与控制，操纵公司的决策过程，使公司完全丧失独立性，沦为控制股东的工具或躯壳，严重损害公司债权人利益，应当否认公司人格，由滥用控制权的股东对公司债务承担连带责任。实践中常见的情形包括：

（1）母子公司之间或者子公司之间进行利益输送的；

（2）母子公司或者子公司之间进行交易，收益归一方，损失却由另一方承担的；

（3）先从原公司抽走资金，然后再成立经营目的相同或者类似的公司，逃避原公司债务的；

（4）先解散公司，再以原公司场所、设备、人员及相同或者相似的经营目的另设公司，逃避原公司债务的；

（5）过度支配与控制的其他情形。

控制股东或实际控制人控制多个子公司或者关联公司，滥用控制权使多个子公司或者关联公司财产边界不清、财务混同，利益相互输送，丧失人格独立性，沦为控制股东逃避债务、非法经营，甚至违法犯罪工具的，可以综合案件事实，否认子公司或者关联公司法人人格，判令承担连带责任。

12.【资本显著不足】资本显著不足指的是，公司设立后在经营过程中，股东实际投入公司的资本数额与公司经营所隐含的风险相比明显不匹配。股东利用较少资本从事力所不及的经营，表明其没有从事公司经营的诚意，实质是恶意利用公司独立人格和股东有限责任把投资风险转嫁给债权人。由于资本显著不足的判断标准有很大的模糊性，特别是要与公司采取"以小博大"的正常经营方式相区分，因此在适用时要十分谨慎，应当与其他因素结合起来综合判断。

13.【诉讼地位】人民法院在审理公司人格否认纠纷案件时，应当根据不同情形确定当事人的诉讼地位：

（1）债权人对债务人公司享有的债权已经由生效裁判确认，其另行提起公司人格否认诉讼，请求股东对公司债务承担连带责任的，列股东为被告，公司为第三人；

（2）债权人对债务人公司享有的债权提起诉讼的同时，一并提起公司人格否认诉讼，请求股东对公司债务承担连带责任的，列公司和股东为共同被告；

（3）债权人对债务人公司享有的债权尚未经生效裁判确认，直接提起公司人格否认诉讼，请求公司股东对公司债务承担连带责任的，人民法院应当向债权人释明，告知其追加公司为共同被告。债权人拒绝追加的，人民法院应当裁定驳回起诉。

法定代表人滥用控制权之"越权担保"

【司法观点】

《公司法》第16条规定，"公司向其他企业投资或者为他人提供担保，依照公司章程的规定，由董事会或者股东会、股东大会决议"。司法实践中，对于本条规定存在两种裁判观点。第一种裁判观点认为，该条规定是公司内部管理性规范，是否违反不影响公司对外合同的效力。第二种裁判观点认为，该条规定具有相应的外部效力，根据该条规定合同相对人负有对公司内部决议进行形式审查的义务，即合同相对方应当要求公司提供内部决议书。

《全国法院民商事审判工作会议纪要》（法〔2019〕254号）颁布后，统一了审判规则，规定：为防止法定代表人随意代表公司为他人提供担保给公司造成损失，损害中小股东利益，《公司法》第16条对法定代表人的代表权进行了限制。根据该条规定，担保行为不是法定代表人所能单独决定的事项，而必须以公司股东（大）会、董事会等公司机关的决议作为授权的基础和来源。法定代表人未经授权擅自为他人提供担保的，构成越权代表，人民法院应当根据《合同法》第50条关于法定代表人越权代表的规定，区分订立合同时债权人是否善意分别认定合同效力：债权人善意的，合同有效；反之，合同无效。

法院在判案中如何认定善意呢？所谓的善意，是指债权人不知道或者不应当知道法定代表人超越权限订立担保合同。《公司法》第16条对关联担保和非关联担保的决议机关作出了区别规定，相应地，在善意的判断标准上也应当有所区别。一种情形是，为公司股东或者实际控制人提供关联担保，《公司法》第16条明确规定必须由股东（大）会决议，未经股东（大）会决议，构成越权代表。在此情况下，债权人主张担保合同有效，应当提供证据证明其在订立合同时对股东（大）会决议进行了审查，决议的表决程序符合《公司法》第 16 条的规定，即在排除被担保股东表决权的情况下，该项表决由出席会议的其他股东所持表决权的过半数通过，签字人员也符合公司章程的规定。另一种情形是，公司为公司股东或者实际控制人以外的人提供非关联担保，根据《公司法》第 16 条的规定，此时由公司章程规定是由董事会决议还是股东（大）会决议。无论章程是否对决议机关作出规定，也无论章程规定决议机关为董事会还是股东（大）会，根据《民法典》第 61 条第 3 款关于"法人章程或者法人权力机构对法定代表人代表权的限制，不得对抗善意相对人"的规定，只要债权人能够证明其在订立担保合同时对董事会决议或者股东（大）会决议进行了审查，同意决议的人数及签字人员符合公司章程的规定，就应当认定其构成善意，但公司能够证明债权人明知公司章程对决议机关有明确规定的除外。

债权人对公司机关决议内容的审查一般限于形式审查，只要求尽到必要的注意义务即可，标准不宜太过严苛。公司以机关决议系法定代表人伪造或者变造、决议程序违法、签章（名）不实、担保金额超过法定限额等事由抗辩债权人非善意的，人民法院一般不予支持。但是，公司有证据证明债权人明知决议系伪造或者变造的除外。

【典型案例】①

振邦公司股东有振邦集团、环渤海公司、王某刚等 8 个股东，其中，振邦集团占总股本的 61.5%，振邦集团系振邦公司的控股股东。

招行东港支行与振邦集团签订借款合同约定：振邦集团向招行东岗支行借款 1496.5 万元人民币、子公司振邦公司以房产和土地提供担保，并提供了《股东会担保决议》《担保合同》等担保材料。

《股东会担保决议》未经过公司股东大会的同意，振邦公司也未就此事召开过股东大会。该担保决议虽有 8 个股东的签章，但经鉴定为假冒，实际上由振邦公司单方制作。但是，振邦公司提供给招行东港支行的股东会决议上的签字及印章与其提供给招行东港支行的签字及印章样本一致。

因振邦集团未能正常还款，招行东岗支行向法院起诉要求振邦集团还款、要求

---

① 载《最高人民法院公报》2015 年第 2 期。

振邦公司承担担保责任。振邦公司则以《股东会担保决议》无效为由,拒绝承担担保责任。

辽宁高院终审判决认定,《股东会担保决议》事项并未经过股东大会的同意,缺乏真实性,担保合同无效,振邦公司依法对不能清偿部分的债务承担二分之一的赔偿责任。

招行东港支行不服辽宁高院的终审判决,向最高法院提起再审申请。最高法院判决认定,招行东港支行已尽善意审查义务,担保决议瑕疵并不导致担保合同无效,振邦公司对全部债务承担担保责任。

【裁判要点精要】

为防止法定代表人随意代表公司为他人提供担保给公司造成损失,损害中小股东利益,《公司法》第16条对法定代表人的代表权进行了限制。根据该条规定,担保行为不是法定代表人所能单独决定的事项,而必须以公司股东(大)会、董事会等公司机关的决议作为授权的基础和来源。法定代表人未经授权擅自为他人提供担保的,构成越权代表,人民法院应当根据《民法典》第504条关于法定代表人越权代表的规定,区分订立合同时债权人是否善意分别认定合同效力:债权人善意的,合同有效;反之,合同无效。

如何认定善意?所称的善意,是指债权人不知道或者不应当知道法定代表人超越权限订立担保合同。具体解析如下:

一、公司为公司股东或者实际控制人以外的人提供非关联担保

根据《公司法》第16条的规定,此时由公司章程规定是由董事会决议还是股东(大)会决议。无论章程是否对决议机关作出规定,也无论章程规定决议机关为董事会还是股东(大)会,根据《民法典》第61条第3款关于"法人章程或者法人权力机构对法定代表人代表权的限制,不得对抗善意相对人"的规定,只要债权人能够证明其在订立担保合同时对董事会决议或者股东(大)会决议进行了审查,同意决议的人数及签字人员符合公司章程的规定,就应当认定其构成善意,但公司能够证明债权人明知公司章程对决议机关有明确规定的除外。

二、公司为公司股东或者实际控制人提供关联担保

《公司法》第16条明确规定必须由股东(大)会决议,未经股东(大)会决议,构成越权代表。在此情况下,债权人主张担保合同有效,应当提供证据证明其在订立合同时对股东(大)会决议进行了审查,决议的表决程序符合《公司法》第16条的规定,即在排除被担保股东表决权的情况下,该项表决由出席会议的其

他股东所持表决权的过半数通过，签字人员也符合公司章程的规定。

债权人对公司机关决议内容的审查一般限于形式审查，只要求尽到必要的注意义务即可，标准不宜太过严苛。公司以机关决议系法定代表人伪造或者变造、决议程序违法、签章（名）不实、担保金额超过法定限额等事由抗辩债权人非善意的，人民法院一般不予支持。但是，公司有证据证明债权人明知决议系伪造或者变造的除外。

最后，需要注意的是，即使合同相对人未能证明其尽到了形式审查义务，担保合同被认定为无效，也不意味着担保人（公司）无须承担任何责任。有学者统计[①]，在公司担保案件的责任承担中，只有3.1%的案件中公司不承担清偿责任，判处承担连带赔偿责任或承担二分之一清偿责任的案件所占比例，高达93.8%。为什么一方面认定担保无效，另一方面却又要求担保方承担清偿责任呢？因为法院在作出此类裁决时，都会援引《最高人民法院关于适用〈中华人民共和国民法典〉有关担保制度的解释》第17条的规定："主合同有效而第三人提供的担保合同无效，人民法院应当区分不同情形确定担保人的赔偿责任：（一）债权人与担保人均有过错的，担保人承担的赔偿责任不应超过债务人不能清偿部分的二分之一；（二）担保人有过错而债权人无过错的，担保人对债务人不能清偿的部分承担赔偿责任；（三）债权人有过错而担保人无过错的，担保人不承担赔偿责任。主合同无效导致第三人提供的担保合同无效，担保人无过错的，不承担赔偿责任；担保人有过错的，其承担的赔偿责任不应超过债务人不能清偿部分的三分之一。"

【实务经验总结】

为避免未来发生类似纷争，建议：

对于担保权人来讲，为保证担保合同的有效性，需要尽到形式审查义务，接受担保的时候一定要对董事会决议或者股东（大）会决议进行审查，注意同意决议的人数及签字人员是否符合公司章程的规定。为此，要特别是对以下材料进行形式审查：（1）获取并查阅公司章程，从而确定公司担保需要获得董事会同意还是股东会同意；（2）根据公司章程的规定，获取公司董事会或者股东会同意担保的决议。也就是说，如果公司章程规定，公司担保需要经股东会决议的，则需要获得股东会同意；如果公司章程规定，公司担保只需要获得董事会同意的，则需要审查董事会决议；（3）注意同意决议的人数及签字人员是否符合公司章程的规定。

需要注意的是，《公司法》第16条第2款规定，公司为公司股东或者实际控

---

① 罗欣陪：《公司担保法律规则的价值冲突与司法考量》，载《中外法学》2012年第6期。

人提供关联担保，必须由股东（大）会决议，未经股东（大）会决议，构成越权代表。在此情况下，债权人在签署担保合同之前，必须对股东（大）会决议进行审查，查明决议的表决程序符合《公司法》第 16 条的规定，即在排除被担保股东表决权的情况下，该项表决由出席会议的其他股东所持表决权的过半数通过，签字人员也符合公司章程的规定。

根据《全国法院民商事审判工作会议纪要》（法〔2019〕254 号）的规定，债权人对公司机关决议内容的审查一般限于形式审查，只要求尽到必要的注意义务即可。至于公司以机关决议系法定代表人伪造或者变造、决议程序违法、签章（名）不实、担保金额超过法定限额等事由抗辩债权人非善意的，人民法院一般不予支持。但是，公司有证据证明债权人明知决议系伪造或者变造的除外。

本书作者建议，公司股东根据实际需要，在公司章程中明确规定对外担保的决定权和担保限额，如（1）公司向其他企业投资或者为他人提供担保，由董事会（或股东会/股东大会）作出决议。其中，对外单项投资在××万元以下，年度对外投资总额在××万元以下；对外单项担保金额在××万元以下，年度对外担保总额在××万元以下的，须经董事会三分之二人数同意；对外投资或者担保超过前款金额的，由股东会/股东大会三分之二表决权以上同意。（2）公司为公司股东或者实际控制人提供担保的，必须经股东会/股东大会作出决议。前款规定的股东或者受前款规定的实际控制人支配的股东，不得参加前款规定事项的表决。该表决由出席会议的其他股东所持表决权的过半数通过。

【法规链接】

《公司法》

第十六条 公司向其他企业投资或者为他人提供担保，依照公司章程的规定，由董事会或者股东会、股东大会决议；公司章程对投资或者担保的总额及单项投资或者担保的数额有限额规定的，不得超过规定的限额。

公司为公司股东或者实际控制人提供担保的，必须经股东会或者股东大会决议。

前款规定的股东或者受前款规定的实际控制人支配的股东，不得参加前款规定事项的表决。该项表决由出席会议的其他股东所持表决权的过半数通过。

《民法典》

第一百四十三条 具备下列条件的民事法律行为有效：

（一）行为人具有相应的民事行为能力；

（二）意思表示真实；

（三）不违反法律、行政法规的强制性规定，不违背公序良俗。

第一百四十六条 行为人与相对人以虚假的意思表示实施的民事法律行为无效。

以虚假的意思表示隐藏的民事法律行为的效力，依照有关法律规定处理。

第一百四十七条 基于重大误解实施的民事法律行为，行为人有权请求人民法院或者仲裁机构予以撤销。

第一百四十八条 一方以欺诈手段，使对方在违背真实意思的情况下实施的民事法律行为，受欺诈方有权请求人民法院或者仲裁机构予以撤销。

第一百四十九条 第三人实施欺诈行为，使一方在违背真实意思的情况下实施的民事法律行为，对方知道或者应当知道该欺诈行为的，受欺诈方有权请求人民法院或者仲裁机构予以撤销。

第一百五十条 一方或者第三人以胁迫手段，使对方在违背真实意思的情况下实施的民事法律行为，受胁迫方有权请求人民法院或者仲裁机构予以撤销。

第一百五十一条 一方利用对方处于危困状态、缺乏判断能力等情形，致使民事法律行为成立时显失公平的，受损害方有权请求人民法院或者仲裁机构予以撤销。

第一百五十三条 违反法律、行政法规的强制性规定的民事法律行为无效。但是，该强制性规定不导致该民事法律行为无效的除外。

违背公序良俗的民事法律行为无效。

第一百五十四条 行为人与相对人恶意串通，损害他人合法权益的民事法律行为无效。

第五百零四条 法人的法定代表人或者非法人组织的负责人超越权限订立的合同，除相对人知道或者应当知道其超越权限外，该代表行为有效，订立的合同对法人或者非法人组织发生效力。

《全国法院民商事审判工作会议纪要》（法〔2019〕254号）

（六）关于公司为他人提供担保

关于公司为他人提供担保的合同效力问题，审判实践中裁判尺度不统一，严重影响了司法公信力，有必要予以规范。对此，应当把握以下几点：

17.【违反《公司法》第16条构成越权代表】为防止法定代表人随意代表公司为他人提供担保给公司造成损失，损害中小股东利益，《公司法》第16条对法定代表人的代表权进行了限制。根据该条规定，担保行为不是法定代表人所能单独决定的事项，而必须以公司股东（大）会、董事会等公司机关的决议作为授权的基础和来源。法定代表人未经授权擅自为他人提供担保的，构成越权代表，人民法院应当根据《合同法》第50条关于法定代表人越权代表的规定，区分订立合同时债权人是否善意分别认定合同效力：债权人善意的，合同有效；反之，合同无效。

18.【善意的认定】前条所称的善意，是指债权人不知道或者不应当知道法定代表人超越权限订立担保合同。《公司法》第16条对关联担保和非关联担保的决议机关作出了区别规定，相应地，在善意的判断标准上也应当有所区别。一种情形是，为公司股东或者实际控制人提供关联担保，《公司法》第16条明确规定必须由股东（大）会决议，未经股东（大）会决议，构成越权代表。在此情况下，债权人主张担保合同有效，应当提供证据证明其在订立合同时对股东（大）会决议进行了审查，决议的表决程序符合《公司法》第16条的规定，即在排除被担保股东表决权的情况下，该项表决由出席会议的其他股东所持表决权的过半数通过，签字人员也符合公司章程的规定。另一种情形是，公司为公司股东或者实际控制人以外的人提供非关联担保，根据《公司法》第16条的规定，此时由公司章程规定是由董事会决议还是股东（大）会决议。无论章程是否对决议机关作出规定，也无论章程规定决议机关为董事会还是股东（大）会，根据《民法总则》第61条第3款关于"法人章程或者法人权力机构对法定代表人代表权的限制，不得对抗善意相对人"的规定，只要债权人能够证明其在订立担保合同时对董事会决议或者股东（大）会决议进行了审查，同意决议的人数及签字人员符合公司章程的规定，就应当认定其构成善意，但公司能够证明债权人明知公司章程对决议机关有明确规定的除外。

债权人对公司机关决议内容的审查一般限于形式审查，只要求尽到必要的注意义务即可，标准不宜太过严苛。公司以机关决议系法定代表人伪造或者变造、决议程序违法、签章（名）不实、担保金额超过法定限额等事由抗辩债权人非善意的，人民法院一般不予支持。但是，公司有证据证明债权人明知决议系伪造或者变造的除外。

19.【无须机关决议的例外情况】存在下列情形的，即便债权人知道或者应当知道没有公司机关决议，也应当认定担保合同符合公司的真实意思表示，合同有效：

（1）公司是以为他人提供担保为主营业务的担保公司，或者是开展保函业务的银行或者非银行金融机构；

（2）公司为其直接或者间接控制的公司开展经营活动向债权人提供担保；

（3）公司与主债务人之间存在相互担保等商业合作关系；

（4）担保合同系由单独或者共同持有公司三分之二以上有表决权的股东签字同意。

20.【越权担保的民事责任】依据前述3条规定，担保合同有效，债权人请求公司承担担保责任的,人民法院依法予以支持;担保合同无效,债权人请求公司承担担保责任的,人民法院不予支持,但可以按照担保法及有关司法解释关于担保无效的规定处理。公司举证证明债权人明知法定代表人超越权限或者机关决议系伪造或者变造,债权人请求公司承担合同无效后的民事责任的,人民法院不予支持。

21.【权利救济】法定代表人的越权担保行为给公司造成损失,公司请求法定代表人承担赔偿责任的,人民法院依法予以支持。公司没有提起诉讼,股东依据《公司法》第151条的规定请求法定代表人承担赔偿责任的,人民法院依法予以支持。

22.【上市公司为他人提供担保】债权人根据上市公司公开披露的关于担保事项已经董事会或者股东大会决议通过的信息订立的担保合同,人民法院应当认定有效。

23.【债务加入准用担保规则】法定代表人以公司名义与债务人约定加入债务并通知债权人或者向债权人表示愿意加入债务,该约定的效力问题,参照本纪要关于公司为他人提供担保的有关规则处理。

《民法典》

第五百零四条 法人的法定代表人或者非法人组织的负责人超越权限订立的合同,除相对人知道或者应当知道其超越权限外,该代表行为有效,订立的合同对法人或者非法人组织发生效力。

《最高人民法院关于适用〈中华人民共和国民法典〉有关担保制度的解释》

第十七条 主合同有效而第三人提供的担保合同无效,人民法院应当区分不同情形确定担保人的赔偿责任:

(一)债权人与担保人均有过错的,担保人承担的赔偿责任不应超过债务人不能清偿部分的二分之一;

(二)担保人有过错而债权人无过错的,担保人对债务人不能清偿的部分承担赔偿责任;

(三)债权人有过错而担保人无过错的,担保人不承担赔偿责任。

主合同无效导致第三人提供的担保合同无效,担保人无过错的,不承担赔偿责任;担保人有过错的,其承担的赔偿责任不应超过债务人不能清偿部分的三分之一。

【本案链接】

以下为该案在法院审理阶段,判决书中就该问题的论述:

法院认为,本案各方争议的焦点是担保人振邦公司承担责任的界定。鉴于案涉借款合同已为一、二审法院判定有效,申请再审人对此亦无异议,故法院对案涉借款合同的效力直接予以确认。案涉《抵押合同》及《不可撤销担保书》系担保人振邦公司为其股东振邦集团之负债向债权人招行东港支行作出的担保行为。作为公司组织及公司行为当受《公司法》调整，同时其以合同形式对外担保行为亦受《合同法》及《担保法》的制约。案涉公司担保合同效力的认定，因其并未超出平等商事主体之间的合同行为的范畴，故应首先从《合同法》相关规定出发展开评判。关于合同效力，《合同法》第52条规定："有下列情形之一的，合同无效……（五）违反法律、行政法规的强制性规定。"关于前述法律中的"强制性"，《最高人民法院关于适用〈中华人民共和国合同法〉若干问题的解释（二）》（以下简称《合同法司法解释二》第14条则作出如下解释规定："合同法第五十二条第（五）项规定的'强制性规定'，是指效力性强制性规定。"因此，法律及相关司法解释均已明确了将违反法律或行政法规中效力性强制性规范作为合同效力的认定标准之一。公司作为不同于自然人的法人主体，其合同行为在接受《合同法》规制的同时，当受作为公司特别规范的《公司法》的制约。《公司法》第1条开宗明义规定："为了规范公司的组织和行为，保护公司、股东和债权人的合法权益，维护社会经济秩序，促进社会主义市场经济的发展，制定本法。"《公司法》第16条第2款规定："公司为公司股东或者实际控制人提供担保的，必须经股东会或者股东大会决议。"上述《公司法》规定已然明确了其立法本意在于限制公司主体行为，防止公司的实际控制人或者高级管理人员损害公司、小股东或其他债权人的利益，故其实质是内部控制程序，不能以此约束交易相对人。故此上述规定宜理解为管理性强制性规范。对违反该规范的，原则上不宜认定合同无效。另外，如作为效力性规范认定将会降低交易效率和损害交易安全。譬如股东会何时召开，以什么样的形式召开，何人能够代表股东表达真实的意志，均超出交易相对人的判断和控制能力范围，如以违反股东决议程序而判令合同无效，必将降低交易效率，同时也给公司动辄以违反股东决议主张合同无效的不诚信行为留下制度缺口，最终危害交易安全，不仅有违商事行为的诚信规则，更有违公平正义。故本案一、二审法院以案涉《股东会担保决议》的决议事项并未经过振邦公司股东会的同意，振邦公司也未就此事召开过股东大会为由，根据《公司法》第16条规定，作出案涉不可撤销担保书及抵押合同无效的认定，属于适用法律错误，法院予以纠正。

在案事实和证据表明，案涉《股东会担保决议》确实存在部分股东印章虚假、使用变更前的公司印章等瑕疵，以及被担保股东振邦集团公司出现在《股东会担保决议》中等违背《公司法》规定的情形。振邦公司法定代表人周某良超越权限订立抵押合同及不可撤销担保书，是否构成表见代表，招行东港支行是否善意，亦是本案担保主体责任认定的关键。《合同法》第50条规定："法人或者其他组织的法定代表人、负责人超越权限订立的合同，除相对人知道或者应当知道其超越权限的以外，该代表行为有效。"本案再审期间，招行东港支行向法院提交的新证据表明，振邦公司提供给招行东港支行的股东会决议上的签字及印章与其为担保行为当时提供给招行东港支行的签字及印章样本一致。而振邦公司向招行东港支行提供担保时使用的公司印章真实，亦有其法人代表真实签名。且案涉抵押担保在经过行政机关审查后也已办理了登记。至此，招行东港支行在接受担保人担保行为过程中的审查义务已经完成，其有理由相信作为担保公司法定代表人的周建良本人代表行为的真实性。《股东会担保决议》中存在的相关瑕疵必须经过鉴定机关的鉴定方能识别，必须经过查询公司工商登记才能知晓，必须谙熟《公司法》相关规范才能避免因担保公司内部管理不善导致的风险，如若将此全部归属于担保债权人的审查义务范围，未免过于严苛，亦有违《合同法》《担保法》等保护交易安全的立法初衷。担保债权人基于对担保人法定代表人身份、公司法人印章真实性的信赖，基于担保人提供的股东会担保决议盖有担保人公司真实印章的事实，完全有理由相信《股东会担保决议》的真实性，无须也不可能进一步鉴别担保人提供的《股东会担保决议》的真伪。因此，招行东港支行在接受作为非上市公司的振邦公司为其股东提供担保过程中，已尽到合理的审查义务，主观上构成善意。本案周某良的行为成表见代表，振邦公司对案涉保证合同应承担担保责任。

董监高滥用控制权之"侵夺公司商业机会"

【司法观点】

判断公司董事、高级管理人是否侵犯了属于公司的商业机会，应当综合考虑：该机会是否是专属于公司的商业机会；公司（或者是主张公司商业机会被侵犯的股东）是否对于获取该机会做出了实质性的努力；相关的董事、高级管理人员是否有剥夺或者谋取之行为。

【典型案例】[①]

关于江西新纶公司设立的事实：2003年10月31日，香港新纶公司在香港注册成立，李某山、林某恩各占50%股份。2004年5月9日，江西新纶公司在南昌成

[①] （2012）民四终字第15号。

立，注册资本 2999 万美元，香港新纶公司为唯一股东，公司法定代表人、董事长为李某山，董事为林某恩、李某海。经会计师事务所确认，至 2006 年 3 月 3 日江西新纶公司验资到账的前期注册资本金达到 1511.4392 万美元。

2005 年 1 月 15 日，林某恩向李某山发传真称：关于香港新纶公司投资江西新纶公司一事，由于在合作初期，贵方一些承诺未能兑现，再加上本人由于时间关系无暇兼顾，故希望尽快处理此事，现提出如下几点建议：1. 本人多次声明同意将持有香港新纶公司 50% 股份，保本转让新投资者；2. 关于在江西新纶公司转让前后所发生一切债权债务与本人无关，所签署协议本人均不知情，不承担责任；3. 如果双方未能达成以上共识，本人将要求政府有关部门，取消该项目投资，所涉及费用由双方按股份各自负担。同年 1 月 29 日，李某山以香港新纶公司、江西新纶公司名义回复林某恩同意其进行股份转让并要求其在一个月内办妥，也同意将林某恩已投入的 355 万元港币退还其账号。

关于万和公司股权转让的事实：2004 年 5 月 12 日，华通公司在香港注册成立，公司股东为李某山、涂某雅：李某山占股份 62%、涂某雅占股份 38%。2004 年 9 月 24 日，万和公司在南昌县成立，公司股东为华通公司，法定代表人、董事长为李某山，董事为涂某雅、李某欣。2005 年 4 月、2006 年 5 月 23 日，华通公司与力高公司签订《股权转让协议》两份，华通公司分别向力高公司转让在万和公司的 85%、15% 股权，但协议中未记载股权转让价款。后万和公司出具收款凭证，证明华通公司向力高公司转让股权的价款为 5040 万元人民币。

关于 700 亩土地使用权出让、受让的事实：2004 年 3 月 11 日，香港新纶公司（甲方）与管委会（乙方）签订《合同书》。该公同约定：由甲方在乙方辖区内兴办江西新纶公司投资项目，注册资金 3 亿港币，投资总额 8 亿港币；甲方在乙方象湖新区投资香港华通花园房地产项目，乙方以挂牌方式依法出让 700 亩商住用地给甲方；甲方应分别设立两家外商独资企业。

2005 年 9 月 22 日，万和公司向南昌县国土局交纳 6000 万元土地出让金。2005 年 12 月 7 日，甲方香港新纶公司，乙方南昌县国土局，丙方万和公司签订《补充协议书》，内容为，三方共同确认：甲方向乙方提供的 700 亩项目用地土地出让金预付款人民币 6000 万元整系丙方所有，其全部权益也归丙方。

2006 年 3 月 7 日，南昌县国土资源局、土地储备交易中心发布国有土地使用权出让公告。《公开出让方案》注明，宗地受让人必须遵守以下条件：1. 宗地竞买履约保证金为人民币 6000 万，其中 1500 万元作为引进企业的保证金；2. 宗地受让人必须在 2006 年 6 月底以前在小蓝工业园引进一家注册资本 4500 万美元、年产值 3000 万美元以上的企业；如受让人未履行上述条件，该 1500 万元保证金不予以退回；3. 竞买人须一次性付清土地出让金。

2006年3月27日，万和公司提交了《竞买申请书》，并递交了两份江西新纶公司向南昌县国土局出具的证明。一份证明的内容为：江西新纶公司系招商引资并落户于小蓝工业园的外商独资企业，注册资本2999万美元，现至今已实缴资本1511.4392万美元，占应出资本的50.39%。另一份证明的内容为为：万和公司和江西新纶公司系关联企业，且均属政府招商引资项目下的投资经营主体，并且江西新纶公司是由万和公司引进在小蓝工业园注册资本2999万美元的工业企业。根据有关协议，江西新纶公司因其投资经营（进资）所引致的700亩商住地竞买权由万和公司承受。

2006年4月7日，南昌县国土局与万和公司签订《挂牌出让国有土地使用权成交确认书》，确认万和公司竞得上述国有土地的使用权。

2012年，林某恩以李某山、涂某雅、华通公司共同侵权侵犯香港新纶公司的商业机会等为由，向江西省高级人民法院提起诉讼，请求判令：1. 李某山赔偿因其谋取第三人香港新纶公司商业机会造成的约人民币5800万元以上（以法院实际核实的数额为准）的经济损失；2. 李某山谋取的上述收入归香港新纶公司所有；3. 涂某雅、华通公司因共同侵权承担连带赔偿责任。

一审法院认为，本案的争议焦点是：1. 被告李某山是否利用职务便利谋取属于香港新纶公司的商业机会；2. 如谋取商业机会成立，应承担何种法律责任及责任主体。

关于第一个争议焦点。首先，《合同书》中双方约定由香港新纶公司在小蓝工业园管理委员会的辖区设立相应规模的企业，作为回报管委会出让给香港新纶公司投资的项目或设立的公司700亩商住用地的土地使用权。700亩商住用地的土地使用权具有较大的商业价值，构成《公司法》上的商业机会。其次，香港新纶公司已设立了江西新纶公司，江西新纶公司的出资也达到了700亩土地使用权受让的条件。由此可见，香港新纶公司在积极履行《合同书》约定的设立企业的义务，并最终符合受让700亩土地使用权设立的条件，应该认定受让700亩土地使用权的商业机会属于香港新纶公司。

但在实际运作中，李某山未经香港新纶公司董事会或股东会的同意，以香港新纶公司名义与南昌县国土资源局、万和公司签订《补充协议书》，将受让700亩土地使用权的商业机会直接给了万和公司。在处置700亩土地使用权商业机会的过程中，李某山既是江西新纶公司的法定代表人，又是万和公司的法定代表人，同时作为香港新纶公司的股东，还代表香港新纶公司。因此，应认定李某山谋取了属于香港新纶公司的商业机会，给香港新纶公司造成了损失。

李某山、华通公司均提出700亩土地使用权是通过挂牌方式出让的，符合条件的主体都可以竞争，不是商业机会，该辩称不能成立。尽管土地使用权的取得应通过挂牌方式出让，但是香港新纶公司与管委会于2004年3月即签订了设立企业获得700亩土地使用权的《合同书》，后香港新纶公司一直在运作设立符合引进企业条件的江西新纶公司。而700亩土地使用权出让公告的时间是2006年3月7日，挂牌交易时间是2006年3月27日，在短短的20天时间内一个正常经营的企业很难达到竞拍条件。所以，名义上是向社会公开挂牌竞拍，实际上只有引进了江西新纶公司的主体才能报名竞拍。在700亩土地使用权竞拍过程中，只有万和公司一家企业以引进江西新纶公司报名，系唯一的报名竞拍者，不存在价高者受让的竞争问题。另外，早在2005年9月22日万和公司就已经提前向南昌县国土资源局缴纳了将于2006年3月7日开始竞拍报名的人民币6000万元履约保证金，这也可以印证只要江西新纶公司按照约定进资，不存在700亩土地使用权的公开竞争。

关于第二个争议焦点。根据《公司法》第148条的规定，董事、高级管理人员不得有该条款记载的8种行为，如董事、高级管理人员违反前款规定所得的收入应当归公司所有。本案中，原告林某恩认为被告李某山在担任香港新纶公司董事、股东期间，未经香港新纶公司股东会同意，将本属于该公司所有的700亩土地使用权的商业机会，利用职务便利为万和公司谋取。故林某恩可以要求李某山将其从该商业机会中的所得归入香港新纶公司。在万和公司未开展任何经营行为，也未购置资产的情形下，力高公司之所以购买该公司股权，正是基于万和公司将获得700亩土地使用权。因此，李某山在该商业机会中的获利主要体现在万和公司的股权转让所得（5040万元）。

至于承担责任的主体，因原万和公司的股东系李某山、涂某雅夫妇设立的华通公司，该公司是万和公司股权转让款的获利主体，故对李某山向香港新纶公司返还人民币5040万元股权转让款应承担连带责任。

综上，一审法院判决：1. 由被告李某山向第三人香港新纶公司返还款项5040万元人民币；2. 被告华通公司对上述还款承担连带责任。

林某恩不服一审判决，上诉称：1. 审判决认定李某山谋取公司商业机会获得的经济收入金额仅为5040万元事实错误。截至2011年10月31日诉讼期间，李某山获得的经济收入为人民币12579.50万元；2. 作为华通公司的股东、董事，涂某雅同意将华通公司在万和公司的利益转让给力高公司，从而获得巨额收入，涂某雅应当承担连带责任。

李某山亦不服上述一审判决，上诉称：1. 南昌县土地局出让的700亩土地使用权，被万和公司摘牌获得，不属于香港新纶公司可期待的商业机会。"公司的商业机会"在法律及实务中必须具备一定的条件要求；2. 一审判决认定该补偿款即商业机会利益收益为人民币 5040 万元，事实不清，证据不足。

针对李某山提起的上诉，林某恩答辩称：商业机会只是一种预期可得利益，其成立并不要求该利益已经完全实现者具备所有要件，否则是确定的商业利益，而不是可能获得商业利益的商业机会。显然，不能以香港新纶公司和江西新纶公司是否满足了土地摘牌条件来判断该商业机会是否属于香港新纶公司和江西新纶公司，而应当根据有关的合同约定来判断商业机会的归属。《合同书》确凿地证明了以优惠条件获得 700 亩商住用地的商业机会属于香港新纶公司，而不属于万和公司。

最高人民法院经审理认为，本案二审的争议焦点是：1. 李某山、涂某雅、华通公司在本案中的行为是否构成单独或者共同侵权，从而剥夺了香港新纶公司的商业机会，进而损害了香港新纶公司的合法权益。2. 在李某山、涂某雅或者华通公司构成侵权的情况下如何认定香港新纶公司的损失。

关于第一个焦点问题。

首先，案涉 700 亩土地使用权是否应当认定专属于香港新纶公司的商业机会。根据《合同书》该 700 亩土地使用权当初确实是要给予香港新纶公司的，但是香港新纶公司要获得这一商业机会并不是无条件的，《合同书》中明确约定的条件包括：投资江西新纶公司注册资金 3 亿港币，投资总额达 8 亿港币；投资香港华通花园房地产项目，开发建设投资为人民币 3 亿元；注册一家注册资本为 1 亿港币的外资房地产企业等。本案中，没有证据证明香港新纶公司满足了上述约定条件。且根据土地出让公告的要求，任何满足公告要求条件的房地产企业，均可作为竞买人购买该 700 亩土地使用权，故竞买人并非仅限于香港新纶公司。综上，案涉 700 亩土地使用权并非当然地专属于香港新纶公司的商业机会。

其次，要审查香港新纶公司或者林某恩为获取该商业机会是否做出了实质性的努力。林某恩、李某山分别占有香港新纶公司 50% 的股份，该公司成立之目的即在江西成立江西新纶公司及设立房地产企业运营房地产项目。但林某恩、李某山在设立江西新纶公司之后，双方的合作并不融洽，林某恩于 2005 年 1 月 15 日向李某山发传真明确表示放弃在江西的项目并要求李某山退还其投入香港新纶公司的 335 万港币投资款。正常情形下，香港新纶公司、江西新纶公司均在经营之中，林某恩作为香港新纶公司的股东之一，理应积极配合上述两个公司进行投资和经营，而非在未经清算的情况下要求保本撤资。但既然林某恩坚持撤资，作为另一股东的李某山对于内地投资项目只能面临两种选择，即要么放弃内地投资项目，承担违约责任；要么设法自己单独或者与其他投资者共同合作继续经营内地投资项目。显然，李某山在本案中选择了后者。二审期间，李某山称自从林某恩于 2005 年 1 月 15 日以书面通知方式要求退出香港新纶公司、不再履行对香港新纶公司的出资义务以及不再对江西的投资项目承担任何经济和法律责任之后,林某恩在长达五年的时间里对香港新纶公司及江西新纶公司不闻不问、不管不顾,对此林某恩没有举证予以否定,也未能举证明其通过自身的努力为香港新纶公司获取700亩土地使用权做出过任何实质性的工作。事实上,在林某恩明确要求保本撤资的情况下,香港新纶公司已不可能如约履行投资及在江西设立房地产企业等义务,更无可能为获得本属于其的700亩土地使用权这一商业机会而做出任何实质性的努力。因此,应当认定林某恩在本案中没有积极履行股东、董事义务,香港新纶公司也未能积极履行投资、设立房地产企业等义务。本案最终满足700亩土地使用权的合同约定条件及挂牌交易条件,是李某山、涂某雅、华通公司及一审第三人共同合作和努力的结果。

最后,要审查李某山、涂某雅、华通公司在本案中是否采取了剥夺或者谋取行为。本案中,要构成剥夺或者谋取香港新纶公司的商业机会,李某山、涂某雅或者华通公司应当单独或者共同采取欺骗、隐瞒或者威胁等不正当手段,使林某恩或者香港新纶公司在不知情的情况下放弃该商业机会,或者在知情的情况下不得不放弃该商业机会。但综观本案事实,林某恩对香港新纶公司可能获得700亩土地使用权的商业机会是明知的,李某山、涂某雅、华通公司没有隐瞒这一商业机会,也没有采取欺骗手段骗取林某恩放弃该商业机会。林某恩在获知该商业机会之后不仅没有采取积极行为为香港新纶公司获取该商业机会创造条件,反而要求李某山退还其已投入香港新纶公司并通过香港新纶公司转投江西新纶公司注册资金的投资款,林某恩的保本撤资行为必然使香港新纶公司面临违约的境地,李某山为避免违约并继续经营内地投资项目,也必然要寻找其他投资者或者合作者。因此,李某山、涂某雅、华通公司在本案中的行为,不但不应被认定为侵权行为,反而应当定性为避免香港新纶公司违约而采取的合法补救行为,更是各方为维护其自身权益而采取的正当经营或者交易行为。林某恩无权在自己拒绝继续投资、放弃投资项目且拒绝承担任何经济和法律责任的情况下,要求李某山停止继续经营内地投资项目。

既然李某山、涂某雅或者华通公司在本案中的行为不构成对香港新纶公司的单独或者共同侵权,则香港新纶公司即使存在任何损失,也无须李某山、涂某雅或者华通公司承担。由于李某山、涂某雅以及华通公司在本案中不构成侵权,因此,万和公司的实际股权转让金额已与林某恩的诉请无关,林某恩要求李某山、涂某雅、华通公司承担至少8500万港币损失的上诉请求无理,法院不予支持。

综上,最高人民法院认为一审判决遗漏部分事实,认定李某山、华通公司侵权不当,适用法律错误,依法应予以纠正。判决如下:1. 撤销江西省高级人民法院(2010)赣民四初字第4号民事判决;2. 驳回林某恩的全部诉讼请求。

【实务指引】

对任何公司来说，公司盈利之实现无外乎寻求商业机会、实现商业机会的过程，亦即商业机会的实现对于公司而言通常意味着财富的累积。而对于公司商业机会的争夺，尤其是由于公司的控股股东、董事、高级管理人员因个人私利而谋取属于公司的商业机会，则通常意味着公司财富的减损。有鉴于此，在法律层面除应当对公司的财产提供保护外，还应当对那些属于公司的商业机会予以特别关注。《公司法》第148条规定，董事、高级管理人员未经股东会或者股东大会同意，不得利用职务便利为自己或者他人谋取属于公司的商业机会，自营或者为他人经营与所任职公司同类的业务；董事、高级管理人员违反该款规定所得的收入应当归公司所有。

然而，商业机会的判断又是一个非常复杂的问题，《公司法》第148条的寥寥数语尚不足以统一司法实践中对于判断某个机会是否属于公司法意义上的商业机会的不同认识。在《公司法》规定缺失的情形下，最高人民法院通过司法案例的形式对各级法院加以指导就显得尤为重要。本案作为刊登在最高人民法院公报上的案例，正是起到了这样的重要作用。

从最高人民法院二审的裁判思路上看，对于是否构成对公司商业机会侵犯的判断可以按照如下思路：

1. 该机会是否是专属于公司的商业机会。如果公司为获得这一机会还需要满足其他条件，且其他主体如能满足这些条件同样也有可能获得这一机会，则该机会并不是专属于该公司的商业机会。

2. 公司（或者是主张公司商业机会被侵犯的股东）是否对于获取该机会做出了实质性的努力。如果其并没有以自己的态度或行为表明愿意接受该机会，甚至如本案作出了明确反对接受或者是放弃该机会的意思表示，那么依据诚实信用的原则也不能再主张该机会是公司的商业机会。

3. 相关的董事、高级管理人员是否有剥夺或者谋取之行为，包括采取欺骗、隐瞒或者威胁等不正当手段，使公司在不知情的情况下放弃该商业机会，或者在知情的情况下不得不放弃该商业机会。如果没有上述行为，则不构成对于公司商业机会的侵犯。

【公司治理建议】

商业机会对企业的发展和竞争至关重要，作为企业无形财富的商业机会，应当要受到与企业其他财富同样的保护。对公司而言，从某种意义上说，商业机会就是公司存在和发展的机会，谋取公司商业机会实质，是以隐形方式，侵害公司潜在的可得利益。董事、高级管理人员作为公司受托人，不得谋取公司商业机会，这不仅是忠实义务的主要内容，也是诚实信用原则在现代公司法中的应有之义。

从公司控制权的角度上看，公司的商业机会也由控股股东或董事高管所掌控，掌控了公司的商业机会也就意味着掌控了公司的核心资产。为满足个人私欲，其往往会将本属于公司的商业机会转移至自己的关联公司手中，进而截取公司的发展机会，损害其他股东的合法利益。

要禁止某些股东或公司高级管理人员谋取公司商业机会，本书作者建议可在以下几个方面作出努力：

1. 结合公司的实际情况定义商业机会，并将其列为公司的商业秘密，通过建立健全企业保护商业秘密的组织、制度以及措施，如将商业秘密分成几个部分，由不同的人员分别掌握，这样被泄露或者窃取的概率就会低很多。

2. 与涉密员工签订保密协议、竞业限制协议，约定不能利用公司的商业秘密成立自己的企业，不能利用商业秘密为竞争企业工作等，而且保密协议在员工离职后的一定期限内仍然有效。同时，还要健全员工人事档案资料，这对员工有很好的约束作用，万一商业秘密被侵犯，追究其法律责任也有据可依。

【法规链接】

《公司法》

第一百四十八条　董事、高级管理人员不得有下列行为：

（一）挪用公司资金；

（二）将公司资金以其个人名义或者以其他个人名义开立账户存储；

（三）违反公司章程的规定，未经股东会、股东大会或者董事会同意，将公司资金借贷给他人或者以公司财产为他人提供担保；

（四）违反公司章程的规定或者未经股东会、股东大会同意，与本公司订立合同或者进行交易；

（五）未经股东会或者股东大会同意，利用职务便利为自己或者他人谋取属于公司的商业机会，自营或者为他人经营与所任职公司同类的业务；

（六）接受他人与公司交易的佣金归为己有；

（七）擅自披露公司秘密；

（八）违反对公司忠实义务的其他行为。

董事、高级管理人员违反前款规定所得的收入应当归公司所有。

第七章 股权转让

【本章导读】

　　股权作为一种综合性的独立性权利，能够依法转让，股权争夺是公司控制权争夺战中最重要的一环。股权转让纠纷一般包括股东之间、股东与非股东之间进行股权转让发生的纠纷。根据公司类型的不同还可分为有限责任公司的股权转让纠纷和股份有限公司的股权转让纠纷。尤其是有限责任公司，因其兼具人合和资合的特性，股权转让分为对内转让和对外转让两种情况，对内转让是指股权在股东内部进行转让，对外转让是指股东将其股权向股东以外的人进行转让，《公司法》第71条对有限责任公司股东对外转让股权作出了相应的强制性规定。

　　实践中，企业家如何判断股权转让合同的生效与股权变动之间的关系？受让方在签订股权转让合同并支付股权转让价款后，转让方迟迟不予履行股权变更的登记义务时，受让方如何利用合同解除制度退出股权或利用诉讼的手段迫使转让方履行股权变更登记的义务进而夺取控制权？企业家如何以股权担保（包含先让与担保和后让与担保）的方式融资，同时又通过股权回购的条款锁定公司的控制权？在特殊类型公司（金融类公司、国有公司、外资公司）的股权争夺过程中，企业家如何保障自己能够最终获得具有控制地位的股权？如何通过化整为零的方式绕过相关主管部门的条条框框，通过一系列的协议安排最终获得此类公司的控制权？在部分股东欲将其股权转让与公司外部的第三人时，老股东如何利用股权转让同意权和优先购买权阻止外部第三人染指公司控制权？老股东优先购买权行使的前提条件及程序要件在司法实践中是如何演绎的？

【本章常见问题及解答】

1. 股权转让合同与股权变动的效力之别

　　股权变动是股权转让合同履行的结果，而履行股权转让合同的前提是股权转让合同有效；股权转让合同生效在前，股权变动生效在后。股权转让合同生效的时间与股权变动的时间是两个不同的法律概念。股权转让合同的生效时间与股权变动的生效时间之间必然有一个时间差。并且，股权转让合同生效时间要早于股权变动的生效时间。纵使股权转让合同生效，如果转让方拒绝或者怠于协助受让方将合同项下的股权过户给受让方，股权仍属于转让方，但是受让方有权依据《民法典》追究转让方的违约责任（如继续履行合同或者解除合同、赔偿损失等）。因此股权转让合同为因，股权变动为果；股权转让合同为源，股权变动为流。

2. 老股东之间相互转让股权，其他股东是否享有优先购买权

《公司法》第71条确认的股东优先购买权，仅指股东向股东以外的人转让其股权时，其他老股东在购买价款和其他股权转让条件相同的前提下，可以优先于第三人受让股权。老股东之间转让股权，其他股东没有优先购买权，不需要其他股东的同意，其他股东对此也无权干涉。

3. 股权中的权能能否分别转让

在司法实践中，有些股东将自己所持股权中的一项或者多项权能（如分红权、表决权）转让给他人。如何看待此类转让的效力？司法实践认为，为尽量拓展当事人的合同自由空间，在不违反法律、法规中的强制性规定、公序良俗原则与诚实信用原则的前提下，此种转让行为的效力应当受到尊重。就分红权而言，股东可将自己在特定期间（包括公司存续期间）内的分红权让渡给他人。就表决权而言，股东也可以将自己在特定期间（包括公司存续期间）内的表决权让渡或者处置给他人（包括设定表决权信托）。

但并非股权的所有权能均能转让，如股东的优先认缴出资权和股东代表诉讼权就不能够自由转让。

4. 夫妻财产分割中的股东优先购买权的行使

根据《最高人民法院关于适用〈中华人民共和国民法典〉婚姻家庭编的解释（一）》第73条规定："人民法院审理离婚案件，涉及分割夫妻共同财产中以一方名义在有限责任公司的出资额，另一方不是该公司股东的，按以下情形分别处理：（一）夫妻双方协商一致将出资额部分或者全部转让给该股东的配偶，其他股东过半数同意，并且其他股东均明确表示放弃优先购买权的，该股东的配偶可以成为该公司股东；（二）夫妻双方就出资额转让份额和转让价格等事项协商一致后，其他股东半数以上不同意转让，但愿意以同等条件购买该出资额的，人民法院可以对转让出资所得财产进行分割。其他股东半数以上不同意转让，也不愿意以同等条件购买该出资额的，视为其同意转让，该股东的配偶可以成为该公司股东。用于证明前款规定的股东同意的证据，可以是股东会议材料，也可以是当事人通过其他合法途径取得的股东的书面声明材料。"

5. 未经审批机构批准的外商投资企业股权转让协议的效力认定

根据《最高人民法院关于审理外商投资企业纠纷案件若干问题的规定（一）》第 1 条的规定："当事人在外商投资企业设立、变更等过程中订立的合同，依法律、行政法规的规定应当经外商投资企业审批机关批准后才生效的，自批准之日起生效；未经批准的，人民法院应当认定该合同未生效。当事人请求确认该合同无效的，人民法院不予支持。前款所述合同因未经批准而被认定未生效的，不影响合同中当事人履行报批义务条款及因该报批义务而设定的相关条款的效力。"

6. 原股东"一股二卖"的合同效力和救济途径

根据《公司法司法解释三》第 27 条的规定："股权转让后尚未向公司登记机关办理变更登记，原股东将仍登记于其名下的股权转让、质押或者以其他方式处分，受让股东以其对于股权享有实际权利为由，请求认定处分股权行为无效的，人民法院可以参照民法典第三百一十一条的规定处理。原股东处分股权造成受让股东损失，受让股东请求原股东承担赔偿责任、对于未及时办理变更登记有过错的董事、高级管理人员或者实际控制人承担相应责任的，人民法院应予支持；受让股东对于未及时办理变更登记也有过错的，可以适当减轻上述董事、高级管理人员或者实际控制人的责任。"

7. 名义股东未经实际出资人同意对外转让股权的效力认定

根据《公司法司法解释三》第 25 条第 1 款的规定："名义股东将登记于其名下的股权转让、质押或者以其他方式处分，实际出资人以其对于股权享有实际权利为由，请求认定处分股权行为无效的，人民法院可以参照民法典第三百一十一条的规定处理。"即若第三人受让股权属善意，则实际出资人不得主张股权转让无效，但可向名义投资人主张侵权，请求损害赔偿；当第三人在受让股权时就已知道名义股东名下的股权非其所有，则其不符合善意的特征，其与名义股东之间的股权转让行为只有经过真正的权利人——实际出资人的追认方可有效。另外，名义股东处分股权造成实际出资人损失，实际出资人请求名义股东承担赔偿责任的，人民法院应予支持。

8. 股权优先购买权中"同等条件"的认定

"同等条件"是股东行使优先购买权的实质要件，对"同等条件"的认定是股东优先购买权行使的基础。同等条件的认定标准是：1. 转让股权价格等同，"同等价格"的确定以转让股东和拟受让第三人订立合同中的转让价格为准，是"价格等同"的一般规定，在例外情况下，如果转让价格以外的条件（以下简称"价外条件"）一并予以考虑，关键要看价外条件是否对股权转让的价格产生实质影响，价外条件对股权转让价格有实质影响的，应当作为价格条件一并考虑，主张行使优先购买权的股东应当同时满足"转让价格"和"价外条件",此时方能视为"价格等同";反之,价格条件仅需等同于转让股东和拟受让第三人订立合同中的转让价格即可;2. 转让股权的数量等同,要求公司其他股东购买股份的数量应当与公司以外的第三人购买股份的数量等同;3. 合同的履行方式等同,履行方式考虑的因素有付款方式、合同履行期限等。根据《公司法司法解释四》第18条的规定,人民法院在判断是否符合《公司法》第71条第3款及本规定所称的"同等条件"时,应当考虑转让股权的数量、价格、支付方式及期限等因素。

9. 什么是股东的优先购买权

根据《公司法》第71条的规定,有限责任公司的股东向股东以外的人转让的股权,应当经其他股东过半数同意。其他股东半数以上不同意转让的,不同意的股东应当购买该转让的股权;不购买的,视为同意转让。经股东同意转让的股权,在同等条件下,其他股东有优先购买权。

公司法之所以对股东的优先购买权作出规定,一方面,考虑到有限公司的人合性,保护留守公司老股东的利益。同时,赋予公司老股东予优先购买权,在某种程度上讲还有助于公司稳定经营,有助于员工和债权人的利益,符合公司整体利益或多数人利益。另一方面,考虑到了转让股东的利益,其有权追求股权价值的最大化,保证股权的流动性,以便实现股权投资的最终收益。

为平衡上述留守公司老股东的利益与转让股东的利益之间的利益冲突:在同等条件下第三人礼让老股东,在购买顺位上的优先旨在保护老股东的利益,在购买条件上的等同旨在保护转让股东的利益。

10. 股东的优先购买权应如何行使

有限责任公司的股东向股东以外的人转让股权,未就其股权转让事项征求其他股东意见,或者以欺诈、恶意串通等手段,损害其他股东优先购买权,其他股东可以主张按照同等条件购买该转让股权。需要注意的是,如果其他股东仅提出确认股权转让合同及股权变动效力等请求,未同时主张按照同等条件购买转让股权的,人民法院将不予支持。

11. 常见的侵犯股东优先购买权的招数有哪些

实践中较为常见的侵犯股东优先购买权的招数包括:

(1) 未履行公司法规定的程序订立股权转让合同(如事先未征求其他股东关于是否同意股权转让的意见,未告知股权转让的条件等);

(2) 其他股东放弃优先购买权后,股东采取减少转让价款等方式实质改变同等条件向股东以外的人转让股权(如股东现以每股10元的价格征询其他股东的意见,其他股东表示不优先购买后,又以每股5元的价格对外转让股权);

（3）股东与股东以外的人恶意串通，采取虚报高价等方式出售小部分股权，之后又以较低价格出售剩余大部分股权（如股权的实际价值为5元/股，股东先以100元/股的价格对外转让1%股权，其他股东表示放弃优先购买权后，受让方可以顺利取得股东资格，之后股东再以4.9元/股的价格向受让方出售剩余大部分股权）。

实践中侵犯股东优先购买权的方式千变万化，如股东的合法权益被侵犯，应及时聘请律师组织证据和提起诉讼。

12. 股权转让意向书与正式股权转让合同有何区别

意向书一般仅是磋商性文件，标的、数量不确定，缺少当事人受其约束的意思表示，一般应认定为磋商性文件，无法律约束力，当事人无权要求对方必须按照意向书的约定继续履行。因此，本书作者建议企业家朋友们在签订该类文件时务必谨慎，根据自己的交易目的，合理设置合同条款，选择不同法律效力的法律文件。

第一，只想表达交易意愿，促进下一步协商，可以明确载明该意向书对双方没有法律约束力，并且不要在文件中明确在某一确定日期签订正式协议，进而将法律性质锁定为磋商性的、没有法律约束力的意向文件。

第二，拟确定已谈妥的交易条件，但又对某些合同条款不能确定，建议在意向书中明确在某一具体日期签订正式合同，并约定在已确定的交易条件的基础上签订正式协议。为能够依据新情况制定新条款，双方可约定以正式签订的本约合同为准，进而将意向书法律性质锁定为预约合同。

第三，合同条款都已谈妥，没有必要再以意向书作为合同名称，可直接命名为某某合同，以免发生歧义。合同中对合同标的、对价、支付方式等主要内容在合同中明确约定，进而将法律性质锁定为本约合同。

特别需要说明的是，意向书中约定的保密条款及争议解决等程序性条款，无论是法律性质被定为磋商性文件还是预约合同，对于各方均具有约束力。所以，重大交易事项的意向性文书也需谨慎，必要时聘请专业律师把关。

13. 公司给股东间股权转让提供担保有效吗

公司给股东间股权转让提供担保是否有效，这是一个在实践中很有争议的问题，甚至最高人民法院在不同案件中对同样的一个问题前后也作出了截然相反的认定。

认为公司给股东间股权转让提供担保系有效的理由是，公司为股东间支付股权转让款提供担保是公司意思自治的体现，并不违反法律强制性规定，是有效的。

认为公司给股东间股权转让提供担保系无效的理由是，公司为股东间支付股权转让款提供担保可能会产生从公司抽回出资的后果。如果公司为股东之间的股权转让提供担保，就会出现受让股权的股东不能支付股权转让款时，由公司先向转让股权的股东支付转让款,导致公司利益及公司其他债权人的利益受损,形成股东以股权转让的方式变相抽回出资的情形,有违《公司法》关于不得抽逃出资的规定。

14. 未经配偶同意即转让股权的合同是否有效

股权作为一项特殊的财产权,除其具有的财产权益内容外,还具有与股东个人的社会属性及其特质、品格密不可分的人格权、身份权等内容。对于夫妻关系存续期间夫妻一方所取得的股权,如依法确认具有夫妻共同财产性质,则非股东配偶所应享有的是股权所带来的价值利益,而非股权本身。股权属于商法规范内的私权范畴,其各项具体权能应由股东本人独立行使,不受他人干涉。

据此,股权转让的主体是股东本人,而不是其所在的家庭。股权转让并非必须要征得其配偶的同意,未经配偶同意签订的股权转让协议,并不因此而无效。

15. 未足额出资的股东可否对外转让股权

首先,公司法并未规定仅有实缴出资的股权才可以转让,据此未足额出资的股权也可以对外转让。

其次,股东的出资义务系法律所规定的股东基本义务,即使其已对外转让了其全部股权,但其出资不实的责任不应随着股权的转让而免除。因此,未足额出资的股权转让后,原股东仍应承担继续出资的义务。

最后,老股东和新股东之间可以约定由新股东而非老股东继续出资,但该约定仅在新老股东内部之间有效,老股东不得以该约定对抗公司其他股东和公司债权人。

16. 转让房地产公司100%股权的合同是否涉嫌倒卖土地而无效

根据《城市房地产管理法》第39条的规定,转让土地应当符合完成开发投资总额的25%以上等条件。

实践中常发生的一种情况是,在不符合上述土地转让的情况下,当事人将持有的房地产开发公司(土地在该公司名下)的100%股权转让给另一方,以完成土地开发主体的实质性变更。实践中,有一种观点认为该等行为规避了上述土地转让的规定,应属无效,甚至有关行为涉嫌构成非法倒卖土地使用权罪。

但是,实践中的大多数观点认为:转让持有土地使用权的公司的100%股权,该股权转让行为未变动土地使用权之主体,不应纳入土地管理法律法规的审查范畴。由于现行法律并无效力性强制性规定禁止以转让房地产项目公司股权形式实现土地使用权转让的目的,因此股权转让协议应认定有效,更不应认定为犯罪行为。

有鉴于上述争议和实践中部分法院的错误作法,本书作者建议:企业家应预防相应的法律风险,在实施相关行为前应当尽量保证符合相关法律法规关于土地使用权转让的条件,或尽量取得当地政府的同意,或者低调行事,最少是不要在当地政府的明确反对下进行。

17. 为避税签署两份内容不同的股权转让合同（黑白合同）是否有效

在公司并购过程中，当事人为了避税，签订两份内容不同的股权转让合同（黑白合同），在签署真实的《股权转让协议》同时，恶意串通签订虚假内容的《股权转让协议》，属于双方恶意串通，损害国家利益，为避税而签署的内容虚假的《股权转让协议》（或其中的避税条款）可能因此被认定为无效。

因此，在公司并购过程中千万不要为了规避审批、"避税"而自作聪明地签署"黑白合同"，使重大交易游走在合法与非法、有效和无效之间，使重要的股权并购交易走向存在重大不确定性，影响公司发展战略的实施。律师作为股权并购交易的重要智囊团成员，建议切忌出此下策的交易方案设计，避免不必要的执业风险。如果该交易方案是律师设计的，最终被法院认定无效，律师也将面临非常难堪的局面。

18. 他人伪造股东签名转让其股权，受让人能否取得股权

根据《公司法司法解释三》第26条、《民法典》第311条的规定，他人伪造股东签名转让其股权，符合下列情形的，受让人仍然可以取得股权：

（1）受让人受让该股权时是善意的（即对于签名被伪造的事实，受让人不知道且不应当知道）；

（2）以合理价格转让；

（3）转让的股权已经办理工商变更登记。

据此，他人伪造股东签名转让其股权，受让人并非一定不能取得股权，需要结合案件的具体情况进行分析。

19. 股东资格可以解除吗

根据《公司法司法解释三》第17条的规定，有限责任公司的股东未履行出资义务或者抽逃全部出资，经公司催告缴纳或者返还，其在合理期间内仍未缴纳或者返还出资，公司可以股东会决议解除该股东的股东资格。据此，如果股东未及时履行出资义务或抽逃全部出资，其他股东可以解除其股东资格。

但考虑到公司法对解除股东资格的实质性要件和程序性要件规定得都较为严格，实践中有很多解除股东资格的股东会决议最终被判无效，因此公司解除部分股东的股东资格一定要在律师的指导下进行。

20. 股东离职必须退股的规定是否有效

基于有限责任公司封闭性和人合性的特点，由公司章程对公司股东转让股权作出某些限制性规定，系公司自治的体现。如公司章程将是否与公司具有劳动合同关系作为取得股东身份的依据继而作出"人走股留"的规定（股东离职必须退股，并相应规定股权回购价格或股权转让价格），符合有限责任公司封闭性和人合性的特点，亦系公司自治原则的体现，不违反公司法的禁止性规定。

21. **1%小股东如何成功把99%的大股东除名**

股东会就解除股东资格事项进行表决时,该股东不得就其持有的股权行使表决权,经其他股东1/2以上表决权同意即可通过该股东会决议。因此,如公司两股东的股权比例分别为1%和99%,而99%的大股东未出资的,1%的小股东拟解除该99%的大股东的股东资格时,99%的大股东并不享有表决权,据此1%的小股东可以成功把99%的大股东除名。

22. **被查封的股权可否转让**

根据《最高人民法院、国家工商总局关于加强信息合作规范执行与协助执行的通知》第12条的规定,股权被冻结的,未经人民法院许可,不得转让,不得设定质押或者其他权利负担。有限责任公司股东的股权被冻结期间,工商行政管理机关不予办理该股东的变更登记、该股东向公司其他股东转让股权被冻结部分的公司章程备案,以及被冻结部分股权的出质登记。

据此,除非经人民法院许可,被查封的股权不能转让。

23. **股权被冻结期间,擅自转让股权竟可能构成犯罪**

根据《刑法》第314条的规定,隐藏、转移、变卖、故意毁损已被司法机关查封、扣押、冻结的财产,情节严重的,处三年以下有期徒刑、拘役或者罚金。

据此,股东擅自将已被司法机关查封的股权进行转让,致使司法机关的生效判决无法执行,情节严重的,应以非法处置查封财产罪定罪处罚。

股权长期不能过户时的单方解除权

【司法观点】

股权转让协议签订后,如股权出让方长期不配合办理股权过户,将致使合同目的无法实现。受让方可以依据《民法典》第563条行使法定单方解除权,解除股权转让协议,并要求对方返还股权转让款。

【典型案例】[①]

九洲华汉与金某于2003年12月3日签订股权转让协议书1份,约定:九洲华汉向金某支付200万元,用于购买工商登记为管某敏持有的旭鹰公司40%股权;管

[①] (2015)民提字第45号。

某敏全权委托金某处理该股权转让事宜；合同签订后，九洲华汉一周后开始支付股权转让款。从金某收到九洲华汉支付的款项开始，在正式的股权变更前，金某作为九洲华汉在旭鹰公司持股的代表人。金某有义务在代持股期间，充分代表九洲华汉，完整实现九洲华汉在旭鹰公司的股东利益等。

协议签订后，九洲华汉按金某于2003年11月27日出具的付款指示要求，分别在2003年12月9日和12月17日，以中国工商银行电汇方式支付了上述款项，汇入品扬公司150万元，汇入上海兴安保险代理公司50万元。

2006年6月2日，旭鹰公司原股东之一上海巴士文化体育投资有限公司因吸收合并，将其所持有的旭鹰公司30%股权变更为由巴士资产经营公司持有。上述事项在工商部门进行了变更登记。2008年1月3日，巴士资产经营公司将其持有的旭鹰公司30%股权转让给品扬公司，并在工商部门进行了变更登记。2008年12月17日，旭鹰公司及金某向九洲华汉出具关于股权尚未变更的说明一份，以解释九洲华汉受让的旭鹰公司股权尚未变更的原因。工商登记显示，管某敏对旭鹰公司出资40万元，持有旭鹰公司40%股权。

后因金某长期未将股权过户至九州华汉名下，九洲华汉于2010年向上海市长宁区人民法院提起诉讼，要求解除双方的股权转让协议。

一审法院认为，双方的股权转让协议书是双方真实意思表示，合法有效，双方均应全面适当履行。2003年11月27日付款指示上的签字经司法鉴定，证明是金某的真实笔迹，九洲华汉据此付款，应属履行股权转让款给付义务。金某主张九洲华汉付款与本案股权转让没有关联性，因未提供充分证据证明系他用，故对此不予采信。金某收取九洲华汉股权转让款，却未及时办理股权转让登记，完成股权转让交付，构成违约，应承担违约责任。九洲华汉因合同签订后未能及时取得受让股权，已失去再获得受让股权的意义，故九洲华汉以其合同目的不能实现而提出解除合同，并要求返还股权转让款的诉讼请求合法有据，应予支持。鉴于金某与九洲华汉签订股权转让协议书系受管某敏的委托，而工商登记显示的涉案股权持有人为管某敏，故涉案股权转让款的返还义务应由管某敏承担。据此，该院作出（2010）长民二（商）初字第1912号民事判决：1. 解除九洲华汉与金某于2003年12月3日签订的股权转让协议书；2. 管某敏应返还九洲华汉股权转让费200万元，于判决生效之日起十日内履行完毕。

管某敏不服一审判决，向上海市第一中级人民法院提起上诉。

二审法院认为，在九洲华汉与金某之间签订的协议中，双方对于系争股权何时进行变更登记并未商定明确的时间节点，仅约定在股权变更登记之前，金某作为九洲华汉的持股代表人。由此可见，双方就系争股权的变更登记时间需另行磋商决定。在双方未确定股权变更登记时间之前,由金某代持九洲华汉在旭鹰公司的股权符合协议约定,况且九洲华汉在协议订立后至本案诉至一审法院之时的7年多时间内,没有充分证据证明其向管某敏或金某要求过进行股权变更登记,因此管某敏和金某一方并无违约情形存在。况且,金某在诉讼中表示其一直代持着九洲华汉在旭鹰公司的股权,并可以配合进行股权变更登记。综上,鉴于金某并未有违反系争协议义务的行为,协议应当继续履行,九洲华汉请求解除协议没有约定或法定的依据。据此,该院作出(2011)沪一中民四(商)终字第1360号民事判决:1. 撤销上海市长宁区人民法院(2010)长民二(商)初字第1912号民事判决;2. 驳回九洲华汉的全部诉讼请求。

九洲华汉不服二审判决,向上海市高级人民法院申请再审。上海市高级人民法院裁定驳回九洲华汉的再审申请。九洲华汉不服,向最高法院申诉。最高法院于2012年9月21日作出(2012)民监字第394号民事裁定书,指令上海市高级人民法院再审本案。

上海市高级人民法院再审认为,九洲华汉提出解除其与金某签订的股权转让协议没有事实和法律依据。首先,系争协议并未约定股权变更登记的具体程序及相应时间节点。与通常的股权转让协议不同的是,系争股权转让协议在"一、甲方(九洲华汉)责任、权利及义务""二、乙方(金某)责任、权利及义务""三、支付款额与核算"等主要条款中,均未约定股权如何变更,更未涉及变更的时间节点,而是反复对金某作为九洲华汉在旭鹰公司股权的代持人地位及相应义务作了约定。由此可见,双方订立涉案协议的重点在于"股权代持"而非"股权变更"。其次,金某不存在违约行为。九洲华汉在支付股权转让款后长达7年的时间段内,并无证据证明其要求金某将旭鹰公司的相应股份变更至其名下,因此,金某的代持行为符合协议约定。最后,九洲华汉的合同目的能够实现。按照股权转让协议的约定,金某仅是代持相关股份,其所代持股份的实际权益人是九洲华汉。本案诉讼中,金某表示其一直在代九洲华汉持有旭鹰公司的股份,从未否定九洲华汉的实际股东地位。而且,金某及旭鹰公司的其他股东在本案审理中均表示愿意配合九洲华汉变更相应股份登记。因此,九洲华汉实现股权受让的合同目的并无任何障碍。综上,原审判决并无不当,应予维持。据此判决:维持上海市第一中级人民法院(2011)沪一中民四(商)终字第1360号民事判决。

九洲华汉不服上述判决,继续向最高法院申诉。最高法院经复查于2015年11月28日以(2012)民监字第394-1号民事裁定提审本案。九洲华汉申诉认为,1. 双方在协议中已经明确约定了何时办理股权变更登记的时间点,原审所谓"系争协议并未约定股权变更登记的具体程序及相应时间节点"之说,与事实严重不符；2.涉案协议的重点是"股权变更"而非"股权代持"；3.原审关于"金某不存在违约行为"之认定错误，金某已构成根本违约，致使协议已无法继续履行；4.一审法院判决正确，应予维持。

管某敏、金某辩称，1.协议书是股权转让与股权代持相结合，但更偏重股权代持；2.金某长期作为股权代持人履行协议书；3.协议书没有约定办理股权变更登记的具体程序及时间节点；4.九洲华汉在诉讼前从未要求金某办理变更登记；5.九洲华汉的合同目的完全可以实现，金某同意配合办理股权变更手续，希望合同继续履行。综上，请求驳回九洲华汉的申诉，维持原审判决。

除原审查明事实外，最高法院再审补充查明，协议书开头写明"由于旭鹰公司其他股东缺位，不能在近期召开股东会通过此股权转让事宜"。协议书中"一、甲方（九洲华汉）责任、权利及义务"第3点明确，"从乙方（金某）收到甲方所支付的款项开始，在正式的股权变更前，乙方是作为甲方在旭鹰公司持股的代表人。并由此甲方将有权享受该公司股份40%及股东身份的所有权益，包括董事会席次（及签署本协议后公司的资产及业务权益）"。第4点明确，"甲方同意乙方留任旭鹰公司总经理，并有义务说服其他股东认同，给予乙方10%（最优惠形式的）管理股"。协议书中"二、乙方责任、权利及义务"第1点明确，"乙方应在收到甲方支付的款项后，开始承担甲方的代持股人的义务，包括在董事会按甲方意愿表决。并积极办理甲方正式转入股东权益及身份的各项工作"。

最高法院认为，本案系九洲华汉以金某一直未办理股权转让登记手续，致其合同目的无法实现为由，主张解除股权转让协议，返还转让费而引发的股权转让纠纷。根据本案已有证据和查明事实，九洲华汉与金某之间签订的股权转让协议书是双方真实意思表示，合法有效，双方均应全面适当履行。按照协议约定，金某只是在"正式的股权变更前"作为持股代表人，正式转股一旦完毕，金某持股代表人的身份即应消失。且作为酬劳，给予金某"10%（最优惠形式的）管理股"。金某作为持股代表人还有义务"协助甲方，以最小的代价持续收购公司其他股东的（甚至全部）股份"。此外，金某收到200万元转让款后，"股东缺位"这一不能召开股东会和变更股权登记的障碍或原因消除后，作为义务人的金某就应积极办理九洲华汉正式转入股东权益及身份的各项工作，即召开股东会、通过股权转让事宜、正式办理工商股权变更登记。这些既是双方在协议中的约定，也是金某应尽的义务。原审判决一方面强调金某作为持股代表人的权利，另一方面却未提及金某应积极履行股权变更的义务，明显不当。本案金某的行为属于根本违约，主要理由如下：

第一，股权转让协议书签订于2003年12月3日，九洲华汉在股权转让协议书签订后的当月,即于 2003 年 12 月 9 日和 12 月 17 日将 200 万元汇入金某指定的账户。但是,直至 2010 年 12 月本案起诉时,金某、管某敏仍未办理股权转让变更手续。根据金某 2008 年 12 月 17 日出具的《关于股权尚未变更的说明》可以推定,九洲华汉 2008 年 12 月 17 日之前曾向金某催办过股权转让事宜,至九洲华汉 2010 年起诉,已远远超过合理的履行宽限期,应认定金某、管某敏属于履行迟延。在金某出具《关于股权尚未变更的说明》事实的情况下,原审判决把"并无证据证明九洲华汉要求金某将旭鹰公司的相应股份变更至其名下"的举证责任让九洲华汉承担,属于举证分配错误,适用法律不当。

第二,工商登记信息证据显示,在 2006 年和 2008 年旭鹰公司进行了二次股东(权)的变更登记。特别是在 2008 年年初,金某作为法定代表人的品扬公司,也变更登记为了旭鹰公司的股东。金某、管某敏都直接参与了股东变更登记事项。事实说明,旭鹰公司股东不仅可以变更并进行了两次,但金某在完全能办理九洲华汉股东变更的情况下不予办理,拒不履行协议书约定的义务,已构成违约。

第三,在 2008 年年初巴士资产经营公司就已不是旭鹰公司的股东,取而代之的是金某作为法定代表人的品扬公司。而金某向九洲华汉出具的《关于股权尚未变更的说明》中仍以所谓股东"巴士股份领导未认同收购股权"为由,拒绝变更。可见,金某非但长期不履行协议书约定的义务,而且以自己的实际行为表明了不履行约定的义务,已构成根本违约。九洲华汉付款 7 年以后,依然没有获得股东身份,股权仍然没有变更,违背了合同订立的目的。根据《合同法》第 94 条(《民法典》第 563 条)的规定,当事人一方迟延履行主要债务,经催告后在合理期限内仍未履行的,当事人可以解除合同。本案属于经催告后在合理期限内仍未履行,致使合同目的不能实现的情形,因此,九洲华汉请求解除合同,并要求返还股权转让款的请求合法有据,应予支持。综上,原审判决认定事实错误,适用法律亦有不当,应予纠正。上海市长宁区人民法院(2010)长民二(商)初字第 1912 号民事判决认定事实清楚,适用法律正确,应予维持。判决如下:1. 撤销上海市高级人民法院(2013)沪高民二(商)再提字第 4 号民事判决、(2011)沪高民二(商)申字第 261 号民事裁定、上海市第一中级人民法院(2011)沪一中民四(商)终字第 1360 号民事判决;2. 维持上海市长宁区人民法院(2010)长民二(商)初字第 1912 号民事判决。

【实务指引】

众所周知,我国实行的是两审终审制,但本案却历经了四次实体审判程序,从基层法院开始，一步一个脚印地走到了最高法院。如此完整的经历，虽与本案200万元的标的额严重不符，但足以暗示出案件的可代表性，是一个值得回味的案件：

一、关于本案的股权转让书是侧重于股权转让还是股权代持的问题

双方当事人及各级法院有不同看法，笔者更加倾向予股权转让。这是因为，1. 从合同目的上看，股权转让是九洲华汉的最终目的，股权代持仅是在该最终目的实现前的一种过渡措施；2. 从合同权利义务相对等的角度看，九洲华汉支付的是股权转让款而不是股权代持的管理费，如将合同解释为更侧重股权代持，将导致双方的权利义务明显失衡；3. 即使合同的大部分条款规定的都是股权如何代持，但究其原因在于股权代持法律鲜有规定，完全需要双方约定；而股权转让则不同，在程序上和法律效果上法律对此已有明确规定，故不需要本合同另行约定，双方只要约定了与股权转让相关的出让方、受让方、转让份额、转让费用、转让时间等即构成一份完整的股权转让合同，而这些信息都是包含在本案的股权转让协议书中的。

二、关于九洲华汉是否对股权转让协议书有解除权的问题

合同解除无外乎三种情况，其一是双方协商一致解除合同（《民法典》第562条第1款）；其二是当事人约定了解除合同的条件，在该条件成就时一方当事人依照约定解除合同（《民法典》第562条第1款）；其三是法定解除权（《民法典》第563条）。本案显然不存在前两种合同解除之情形，因此九洲华汉只能从法定解除中做文章。

而《民法典》第563条规定了五种法定解除情形。其一是因不可抗力致使不能实现合同目的；其二是在履行期限届满之前，当事人一方明确表示或者以自己的行为表明不履行主要债务；其三是当事人一方迟延履行主要债务，经催告后在合理期限内仍未履行；其四是当事人一方迟延履行债务或者有其他违约行为致使不能实现合同目的；其五是法律规定的其他情形。本案中九洲华汉以"金某迟延履行主要债务，致使不能实现合同目的"为由行使解除权。

这里尤为需要注意的是，金某是否构成迟延履行？如果股权转让协议已有明确约定办理股权过户的履行期限，那么是否迟延履行自然容易判断。但本案中未明确约定履行期限，只能依据《民法典》第510条进行判断。该条规定，"合同生效后，当事人就质量、价款或者报酬、履行地点等内容没有约定或者约定不明确的，可以协议补充；不能达成补充协议的，按照合同有关条款或者交易习惯确定"。根据双方的合同和一般情况下的股权转让协议，股权过户应当在支付相应股权转让费并具备股权过户条件时履行，本案中九洲华汉早已支付股权转让费，通过公司的其他股权转让事实也可推断，股权过户的条件已经具备，故虽然本案的股权转让协议未约定股权过户时间，也可以认定金某迟延履行。

【延伸阅读】

股权转让协议解除的四个焦点问题

典型案例：甲方与乙方签订《股权转让协议》，协议约定：1. 甲方出资 40 万元人民币购买乙方所拥有的目标公司 51% 的股权；2. 甲方于协议签订之日起 3 日内付清全款；3. 待甲方付款后，乙方协助甲方召集标的企业股东会作出股东会决议、修改股东章程，由甲方到登记机关办理标的企业的股权变更登记手续，乙方给予必要的协助与配合；4. 甲方逾期支付价款每日支付万分之五的违约金，超过二十日，乙方有权解除合同，并要求甲方承担转让价款 40% 的违约金；5. 乙方未按合同约定交割转让标的的，甲方有权解除合同，并要求乙方承担转让价款 40% 的违约金。协议签订以后，甲方依约向乙方支付了全部价款，产权交易所亦出具了《股权交易凭证》；乙方却百般推脱，不予办理股权交割。甲方无奈之下，向仲裁委员会提起仲裁，要求解除合同，返还价款，支付违约金。

若想破解甲方的难题，需要从以下四个焦点问题着手：1. 股权在何时发生变动；2. 合同解除类型的选择；3. 解除权的行使方式的选择；4. 合同解除证明责任的分配。

一、股权在何时发生变动

众所周知，我国的物权变动规则采取债权形式主义，实行物权行为与债权行为相区分的原则，引起物权变动的合同的成立并生效只是物权变动的条件之一，依据《民法典》第 209 条和第 224 条可知，不动产在登记时取得，动产在交付时取得。由此可知不动产与动产物权变动的时点都是确定的，但由于股权并非传统意义上的物权，故《民法典》并没有明确股权在何时发生变动。

股权在何时发生变动呢？依据《公司法》第 32 条的规定"记载于股东名册的股东，可以依股东名册主张行使股东权利。公司应当将股东的姓名或者名称向公司登记机关登记；登记事项发生变更的，应当办理变更登记。未经登记或者变更登记的，不得对抗第三人"。《公司法》第 73 条规定，"……转让股权后，公司应当注销原股东的出资证明书，向新股东签发出资证明书，并相应修改公司章程和股东名册中有关股东及其出资额的记载"。这两条与股权取得相关的法条没有明确指出股权转让中受让方取得股权的时间节点，有学者指出依据这两条应对股权变动采取公司内部登记生效主义与公司外部登记对抗主义相结合的态度。就公司内部关系而言，公司股东名册的变更登记之时视为股权交付、股东身份（股东权利、义务、风险和收益）开始转移之时。就公司外部关系而言，公司登记机关的股权变更登记行为具有对抗第三人的效力。[①]

在股权转让合同已生效且受让方支付了对价,但并未登记于股东名册也未进行变更登记之时,股权到底是归谁所有呢?根据《公司法》规定其未登记于股东名册就不能行使股东权利,那么变更股东名册究竟是转让方还是受让方的义务?作者认为:在受让方依据生效的股权转让合同且支付了合同价款之时,受让方就取得了股权,不过此时其所取得的股权只能对抗转让方而不能对抗公司;当受让方将其取得股权的事实通知于公司时,受让方可依据其所取得的股权对抗公司要求其变更股东名册。股权在被转让的过程中的所有权归属可以依据下表得以表示:

	结 点	归 属	对 抗
股权	股权转让合同生效但未付款	转让方	受让方
股权	股权转让合同生效且已付款但未通知公司	受让方	转让方
股权	股权转让合同生效且已付款并已通知公司	受让方	公司
股权	股权被记载于股东名册但未变更登记	受让方	公司
股权	股权完成变更登记	受让方	公司以及第三人

依上表可知:受让方在依约支付价款后即取得股权,不过其所取得的股权的对抗效力是随着股权被公示的程度逐步增强的。

股权不同于物权中的不动产或者动产,可以根据登记或交付这种公示方式厘清权属关系,但其与债权却有相似之处,都是一种无形的权利却可以请求对方给出一定的给付,只不过债权要求给付的对象是债务人而股权要求的对象是公司。当然债权与股权还有许多不同之处,在此不再赘言。

基于债权与股权的此种相似之处,可以对比债权转让中的规则,《民法典》第545条规定:债权人转让权利的,应当通知债务人。未经通知,该转让对债务人不发生效力。即债权转让采取的是通知对抗主义,在债权转让合同生效之时债权就发生转移,只不过只有通知到债务人以后才可以对抗债务人。在股权转让的过程中亦可类比适用通知对抗主义规则,不必等待记载于股东名册以后才可行使股东权利。这样公司在依据《公司法》第32条推脱为其修改股东名册,办理变更登记时,受让方就可以依据其合法持有的股权来对抗公司。当然,受让方也可以依据生效的股权转让合同要求受让方协助其办理股权过户手续。即便转让方推脱其已不是股东,但是其依旧是登记于股东名册的股东可以要求公司修改股东名册(即其有能力修改

[①] 刘俊海:《论有限责任公司股权转让合同的效力》,载《法学家》2007年第6期。

股东名册），并且其已与受让方签订股权转让合同并已收款，所以其有义务协助受让方办理股权交割。在受让方未通知公司之前，股权转让的事实公司并不知情，股权是否发生变动完全取决于受让双方在股权转让合同中如何约定，亦即在不涉及公司之间的股权转让采取意思主义，可以约定付清价款以后发生股权变动，也可约定合同生效即发生股权变动。

另外，《公司法司法解释三》第23条亦规定：当事人依法履行出资义务或者依法继受取得股权后，公司未根据《公司法》第31条、第32条的规定签发出资证明书、记载于股东名册并办理公司登记机关登记，当事人请求公司履行上述义务的，人民法院应予支持。此条司法解释似乎也印证了，当受让方依据股权转让合同取得股权后，可以要求公司修改股东名册，并办理变更登记。公司此项义务的前提也正是承认在接到受让方的通知后股权即归受让方所有，而不可以根据《公司法》第32条提出对抗。

二、合同解除类型的选择

由以上分析可知，在本案中，甲方可以同时要求乙方以及公司履行修改股东名册，办理变更登记的义务。但是，基于本案中乙方与公司其实是"一套人马，两块牌子"，对于给甲方办理过户登记的义务一拖再拖。这样问题就来了：当甲方不再想要股权而是想要返还价款，赔偿损失时，其请求权基础又在哪呢？

甲方可以依据《民法典》第577条要求乙方承担继续履行，采取补救措施，赔偿损失的违约责任。但依据双方签订的股权转让合同，只是约定了乙方有办理股权交割的义务但是并没有履行期限。甲方在要求乙方办理股权交割的过程中也没有明确告知乙方应在多长的期间内完成股权交割，并且乙方在甲方催告时也是口头态度良好，却没有任何行动。在此情况下，甲方是否可以依据《民法典》第511条第1款第4项的规定"履行期限不明确的，债务人可以随时履行，债权人也可以随时要求履行，但是应当给对方必要的准备时间"来主张：甲方在付款后就要乙方履行股权交割义务，经过四个月的时间乙方仍未履行，构成迟延履行致使合同目的不能实现的根本违约，要求乙方承担违约责任。但乙方可以抗辩其并不构成根本违约因为合同目的是可以实现的，并且其并没有明确表示不履行股权交割义务。

甲方主张根本违约，而仲裁员基于促进交易的目的虽然判定乙方有违约行为，但不至于是根本违约，可能裁定继续履行合同。而甲方的诉求就是要返还价款，赔偿违约金。能否去寻求另外的请求权基础呢？

《民法典》的第562条至第567条规定了合同解除制度，其中第566条规定了合同解除的效力即合同解除后当事人可以要求恢复原状，采取其他补救措施，并有权赔偿损失。第567条规定合同权利义务终止，不影响合同中结算和清理条款的效力。违约金条款属于结算清理条款，这不正好满足甲方要求返还价款，赔偿违约金的请求权基础条款吗？但问题又来了，合同解除分为约定解除（第562条）和法定解除（第563条），对于甲方来讲其是选择第562条还是选择第563条呢？即法定解除和约定解除是任选其一还是只选其一抑或两者均可以选呢？

首先，甲方是否可以行使法定解除权呢？依据《民法典》第563条的规定法定解除的事由主要有不可抗力、预期违约、迟延履行主要债务经催告后合理期限内仍不履行，迟延履行债务或其他原因致使合同目的不能实现以及其他情形。乙方的违约行为是怠于为甲方办理股权交割手续。我们利用"法律与事实往返流转"的方法来判断乙方是否符合法定解除的条件。第一，不可抗力以及法律规定的其他原因先予以排除。第二，乙方的行为是否构成预期违约呢？上文也曾提及在股权转让合同中存在没有约定乙方的履行期限的合同漏洞。依据《民法典》第510条、第511条的规定能否填补这一漏洞呢？（1）双方肯定协商不成；（2）交易习惯中股权转让的习惯期间也不得而知；（3）还要看甲方要求履行后，是否给乙方留够了必要的准备时间。最终问题的焦点落在自甲方第一次要求履行后（一月）至提起仲裁这段期间是否是合理的准备时间，如果是合理的准备时间则乙方构成预期违约，否则则不构成预期违约。当然在诉讼过程中甲方承担举证责任证明4个月是合理的准备期间以及在这段时间里乙方明示或以自己的行为表示不履行合同义务。本书作者认为4个月的合理性应该被认可，而乙方怠于履行的行为（口头答应但不行动）是否构成"不履行"，还有待于仲裁员的判断，存在着解除不能的风险，但可以适用本款，提起法定解除。第三，乙方的行为是否构成迟延履行，主要债务经催告合理期限内仍未履行呢？本书作者认为适用这一款有以下几点障碍：（1）履行期限未明确约定；（2）即便依照合同漏洞填补规则确定了一个"合理的准备时间"的期限，这一期限仍不确定；（3）甲方在催告后，也没有明确表示要求乙方履行义务的合理期间。所以乙方的行为不适用这一款。第四，乙方的行为是否构成致使合同目的不能实现的情形？本书作者认为《民法典》第563条第1款第3项与第4项虽均要求迟延履行，但第4项中的迟延履行主要是指一经迟延合同的目的就根本不能实现，即合同约定的是定期行为。但在本案中，甲乙双方的股权转让行为并不是一个定期行为，即使乙方迟延履行了也不能够导致合同目的的不能实现，除非合同中有明确的履行期限和目的条款。所以说甲方不能依据第4项要求法定解除。综上所述，甲方可以依据《民法典》第563条第1款第2项行使法定解除权要求解除合同。

其次，甲方是否可以行使约定解除权呢？在合同中双方约定了合同解除条款即乙方未按合同约定交割转让标的的，甲方有权解除合同，并要求乙方承担转让价款

40%的违约金。基于合同的约定首当其冲的是乙方的行为是否是未按合同约定交割转让标的的行为呢？合同中有约定：待甲方付款后，乙方协助甲方召集标的企业股东会作出股东会决议、修改股东章程，由甲方到登记机关办理标的企业的股权变更登记手续，乙方给予必要的协助与配合。合同的约定是甲方有义务去做，但没有约定甲方何时做，多长时间内做完。依据上文合同漏洞的填补规则，乙方应在合理的准备时间内完成。乙方在长达4个月的时间内未去履行合同义务。乙方的行为已经满足了合同约定解除的条件，甲方可以依据《民法典》第562条第2款以及合同的规定去行使约定的解除权。

综上所述，无论是依据法定解除条款还是约定解除条款，甲方所依据的事实基础均是乙方的怠于履行行为，但是站在举证责任的角度分析：主张约定解除需证明合同有约定，乙方有违约行为，四个月已经超过了合理的准备时间即可；而主张法定解除除需证明上述几点外还需证明乙方怠于履行的行为表明其不履行，但证明这一点以现有的证据存在一定的困难。所以，本书作者认为甲方应以合同约定以及《民法典》第562条第2款为行使解除权的请求权基础。

三、合同解除权的行使方式

经过上述分析确定依据约定解除行使解除权以后，要面对合同解除权行使方式的选择，依据《民法典》第565条的规定，无论是约定解除还是法定解除均需要通知对方，合同自通知到达对方时解除。这样问题就来了，解除权如何行使？其主张将解除合同的要求直接写到仲裁申请书的诉求当中，当仲裁委将申请书副本送达乙方时合同自然解除，其还主张在实践中法官也是这样操作的。

本书作者认为其这种通过仲裁机构或者法院送达履行通知义务的方式，虽然减轻了甲方履行通知义务的负担也起到了通知的效果，但不利于甲方证明责任的分担。首先，《民法典》第565条明确规定当事人行使解除权，应当通知对方。其立法目的很明确就是要解除权人行使通知的义务，而没有规定通过诉讼的方式行使解除权。其次，合同解除的法律后果是建立在合同解除的基础之上才可能要求恢复原状、赔偿损失。而合同的解除权作为一种形成权，当解除权人的意思表示到达相对人时合同解除，在解除权人没有行使通知解除的义务的时候，合同还没有解除，也即合同解除的法律后果还没有发生，解除权的恢复原状、赔偿损失的给付请求权就是无源之水，无本之木。

四、合同解除中的证明责任分配

最后，最重要的一点是解除权行使方式的不同可能会影响到证明责任的分配。解除权属于形成权，其行使往往无须对方当事人的同意即可实现某种法律后果。因此，在法律要件分类理论来看，其导致的效果是排除了主张合同成立的人期望的合同权利，所依据的法律规范属于权利排除规范。因此，主张解除权的一方当事人，应当对存在解除权的前提条件的事实承担证明责任。当事人就约定解除权发生争议时，应当由约定解除权的一方举证证明解除权约定的事实。在本案中，若将解除合同作为一项诉讼请求岂不是将合同解除条件成立的事实的证明责任全部都揽到已方，但是在实务审判当中有"证明责任之所在，败诉之所在"的说法，在诉讼请求中要求法院解除合同无疑是向法院提起了一个形成之诉，而提出形成之诉的前提是具有形成权即本案中的解除权，而有形成权的前提条件姑且可以分为实质条件与形式条件，实质条件就是满足解除权的法定解除或约定解除的事实（《民法典》第562条、第563条），形式条件就是指解除权行使的通知义务（《民法典》第565条）。当提起了形成之诉和给付之诉的时候对上述的实质条件与形式条件都要承担举证责任，当事实真伪不明时要承担证明责任。而在诉讼的过程中，解除权人很难对实质要件与形式要件的事实都能举出优势证据，如果采取这种两个诉一起提的方式，证明责任巨大，败诉的风险也巨大。

笔者在诉讼中只提起一个给付之诉即可，关于合同解除的形成之诉没有必要提起，因为合同解除的权利义务关系只要依据当事人的行为（通知）的发生即可发生变动，即只要甲方向乙方发出解除通知，通知到达乙方合同就已解除而不必提请法院去判断，这样甲方在诉讼请求只提起给付之诉，其主张合同解除事实的证明只需出具合同解除通知书即可。乙方在接到申请书副本后对合同解除存有异议的可依据《民法典》第565条提起异议，本书作者认为此处的异议权亦为一种程序法上的诉权，其对合同解除不服，所提出的异议其实是一种确认之诉，要求确认合同并没有解除，合同法律关系还有效存续。其所要承担的证明责任即要证明自己的履行行为并不满足法定解除或约定解除的条件的事实。当其不能证明自己已如约履行了合同义务的时候，就要承担证明责任。

综上，甲方自己履行合同解除通知义务的举证责任仅在于在提供解除合同的通知书这种形式方面的证据，乙方将要对合同解除存在异议承担实质方面的举证责任，当双方举出的证据证明力相当，事实处于真伪不明时由乙方承担证明责任。当然，此种证明责任的分配，甲方固然在举证责任的分担上少了些义务，但其也将会面临对方举证成功，合同解除不成立，继而承担违约责任的风险。另外，由于甲方之所以提出解除，是因为乙方违约在先（暂且不论其违约是否达到合同解除的条件），也就是说乙方过错在先，理应由乙方承担更重的证明责任。

综上所述，本书作者对上述四个焦点问题所作出的回答是：

第一，甲方在股权转让合同生效依约付款后即取得股权的所有权，其可以基于股权转让合同向乙方主张债权请求权，要求乙方履行股权交割的义务；其在将股权转让的事实通知公司后,可以基于已取得的股权向公司行使股权请求权,要求公司履行修改股东名册、办理变更登记的义务。

第二,当乙方怠于履行合同义务时,甲方可以基于合同的约定以及《民法典》第562条行使约定的解除权。

第三,甲方行使解除权的方式应按照《民法典》第565条的规定履行通知义务,而不必舍近求远通过法院(仲裁委)行使解除权。

第四,甲方行使合同解除权的举证责任,仅在于提供合同解除的形式证据(履行了通知义务)和其具有解除权条件的初步事实;乙方在提出异议时,需举证证明自己的履行行为不构成合同解除的条件,当其举证不能时,将承担合同解除的法律后果。

【公司治理建议】

受让方在签订股权转让协议时,应当尽量明确股权过户的责任人和时间节点,约定如不能按时过户的救济手段。

在对方迟迟不履行过户义务时,受让人可以依据合同约定或法定解除权解除合同,但行使法定解除权时,应当注意提前向对方进行书面催告,并保存证据。

【法规链接】

《民法典》

第五百一十条 合同生效后,当事人就质量、价款或者报酬、履行地点等内容没有约定或者约定不明确的,可以协议补充;不能达成补充协议的,按照合同相关条款或者交易习惯确定。

第五百一十一条 当事人就有关合同内容约定不明确,依据前条规定仍不能确定的,适用下列规定:

(一)质量要求不明确的,按照强制性国家标准履行;没有强制性国家标准的,按照推荐性国家标准履行;没有推荐性国家标准的,按照行业标准履行;没有国家标准、行业标准的,按照通常标准或者符合合同目的的特定标准履行。

(二)价款或者报酬不明确的,按照订立合同时履行地的市场价格履行;依法应当执行政府定价或者政府指导价的,依照规定履行。

(三)履行地点不明确,给付货币的,在接受货币一方所在地履行;交付不动产的,在不动产所在地履行;其他标的,在履行义务一方所在地履行。

(四)履行期限不明确的,债务人可以随时履行,债权人也可以随时请求履行,但是应当给对方必要的准备时间。

（五）履行方式不明确的，按照有利于实现合同目的的方式履行。

（六）履行费用的负担不明确的，由履行义务一方负担；因债权人原因增加的履行费用，由债权人负担。

第五百六十三条 有下列情形之一的，当事人可以解除合同：

（一）因不可抗力致使不能实现合同目的；

（二）在履行期限届满前，当事人一方明确表示或者以自己的行为表明不履行主要债务；

（三）当事人一方迟延履行主要债务，经催告后在合理期限内仍未履行；

（四）当事人一方迟延履行债务或者有其他违约行为致使不能实现合同目的；

（五）法律规定的其他情形。

以持续履行的债务为内容的不定期合同，当事人可以随时解除合同，但是应当在合理期限之前通知对方。

以股权转让、股权回购的方式进行融资的合法有效

【司法观点】

股权协议转让、股权回购等作为企业之间资本运作形式，已成为企业之间常见的融资方式。如果并非以长期牟利为目的，而是出于短期融资的需要产生的融资，其合法性应予承认。

【典型案例】[①]

一、签订《股权转让协议书》的事实及协议相关内容

2003年4月30日，联大集团与安徽高速签订《股权转让协议书》，由安徽高速受让联大集团持有的安徽安联高速的49%股权。协议书载明以下内容：鉴于1.1998年8月3日，双方共同出资设立主要从事高速公路经营管理的有限责任公司安徽安联高速；2.截至协议签订之日，安徽安联高速的注册资本为7亿元，联大集团出资4.2亿元，安徽高速出资2.8亿元，双方出资比例分别为60%、40%；3.双方同意在约定的条件下，联大集团向安徽高速转让安徽安联高速49%的股权。同

---

① （2013）民二终字第33号。

时，安徽高速同意在受让该股权后的两年内，在符合约定的回购条件下，联大集团可以回购上述转让的全部股权。双方达成以下协议：1. 联大集团向安徽高速转让安徽安联高速49%的股权，由安徽高速向联大集团支付4.5亿元转让对价。2. 安徽高速如不能按约向联大集团支付转让金，安徽高速应立即按登记机关的要求申请将被转让的股权重新变更至联大集团名下，并承担违约责任。3. 登记机关核准股权变更，并在安徽安联高速工商登记档案中登录变更内容之日为转让股权的交割日。安徽高速自交割日开始按约履行付款义务，联大集团回购股权的两年期限同时起算。4. 股权转让后，安徽安联高速的董事会由5名董事组成，联大集团推举2名，安徽高速推举3名。5. 安徽高速承诺，自本次股权转让完成之日起两年内，对受让的股权不转让给第三方，如联大集团提出购回本次被转让的股权，在符合本协议约定的条件下，安徽高速同意该回购请求，回购金额由以下部分组成：本次转让金＋本次转让金利息［同期银行贷款年利率（自本次股权转让完成日至回购完成日）＋1%（指同期银行利息上浮一个点的利率）］。6. 自本次股权转让完成日起两年内，联大集团没有行使约定的股权回购权利（包括没有提出回购请求，或虽提出回购请求但没有按约支付回购金额），则联大集团失去本次被转让股权的回购权，联大集团不得再就购回该股权提出请求，或者联大集团虽然提出请求但安徽高速可以不予支持。

当日，安徽安联高速的股权变更登记手续办理完毕。安徽高速事后支付了股权转让款。

二、关于《股权转让协议书》效力的事实

1. 关于涉案股权转让是否属于名为股权转让，实为企业之间借贷的事实。联大集团认为案涉股权转让行为的性质是企业之间的质押借款，即联大集团将案涉股权作为质押物，向安徽高速借款。依据为：（1）2002年11月关于江苏悦达集团收购安徽安联高速股权的新闻网页，证明第三方江苏悦达集团欲以14亿元收购联大集团持有的安徽安联高速60%的股权，但安徽高速希望与联大集团继续合作，为了解决联大集团的资金需求，安徽高速愿意提供借款，并由联大集团提供安徽安联高速49%的股权作为质押担保，由于企业之间不允许借贷，因此，双方签订股权转让协议，并约定了远低于市场价格的股权转让价格4.5亿元，且未经评估。（2）《安徽省高速公路总公司、联大集团有限公司关于安联高速公路有限公司股份回购的请示》稿件，载明：2002年10月，联大集团因流动资金周转出现暂时困难，拟将所持安徽安联高速的股权转让给江苏悦达集团，安徽高速不希望联大集团退出安徽安联高速，愿意在联大集团将股权作为质押担保的前提下向联大集团提供借款。具体操作是联大集团将49%的股权先转让给安徽高速，同时约定联大集团在两年内可以回购，回购价格为股权转让价格加上按同期银行贷款利率上浮一个百分点的利息，并签订了股权转让协议。安徽高速与联大集团仅仅是通过签署股权转让协议的形式达到企业间资金融通的目的。(3)《股权转让协议书》的相关约定也证明其具有质押借款的特征，如约定安徽高速如不能按约向联大集团支付股权转让款，应立即按登记机关的要求申请将被转让的股权重新变更至联大集团名下，并承担违约责任；股权转让后的安徽安联高速法定代表人仍由联大集团推举的人员担任；股权转让后两年内，安徽高速不得转让该股权，联大集团享有回购权，回购款项为股权转让款及略高于银行利率计算的利息等。(4) 2004年12月27日，安徽高速在致联大集团的《关于股权回购协议书的回复意见》中也认可借款事实。该函件相关内容为："基于双方股权转让目的系配合贵司融资需要，故我公司坚持股权回购款全部到位后再办理股权变更登记手续，不接受贵司先办理变更登记及银行保函的要求。"

安徽高速认为，联大集团关于股权转让行为实为质押借款的主张没有事实依据。(1)新闻网页未经公证，对证据的真实性、合法性不能确认，且江苏悦达集团与联大集团的交易并未真实发生，联大集团也不能提供双方订立的合同等直接证据证明收购事实。(2)《安徽省高速公路总公司、联大集团有限公司关于安联高速公路有限公司股份回购的请示》仅为联大集团单方起草的稿件，并未得到安徽高速的确认，不能证明相关事实。(3)股权转让协议并无关于质押借贷的内容。(4)《关于股权回购协议书的回复意见》中的融资不应理解为借款，融资的方式有很多种，只要是解决企业资金问题的方式均为融资，转让股权也是融资的方式之一。(5)股权回购与借贷融资是两个不同的法律概念，回购股权存在或然性，而借贷合同中的还本付息具有必然性。

2. 关于股权转让价格是否明显低于市场价格，是否影响股权转让协议效力的事实。联大集团认为涉案股权转让价格明显低于市场价格，其提供的证据除前述江苏悦达集团拟收购安徽安联高速股权的新闻网页外，还提供了2008年3月安徽安联高速的股东会议资料，证明安徽安联高速2007年度的净利润为2.5亿元。同时，其还主张安徽安联高速2011年7月4日向股东分配股权收益的总额是9.98亿元。

安徽高速认为，其对新闻网页的真实性不予认可。联大集团提供的上述股东会议资料为电脑打印件，没有任何单位、个人的签章，对其真实性、合法性不能确认，且该会议资料的内容为安徽安联高速2007年度的情况，并非2003年年初本案股权转让时安徽安联高速的情况，不能证明股权转让时安徽安联高速的资产状况和股权价值。2011年7月4日是安徽安联高速设立13年后第一次分红，资本年回报率不足10%，恰恰证明联大集团关于江苏悦达集团在2002年年底出资14亿元收购安徽安联高速股权的说法不具有合理性。

同时，安徽高速提供以下证据：(1) 2003年3月3日，安徽华普会计师事务所接受安徽安联高速的委托作出的华普审字（2003）第0240号审计报告，证明截至2002年12月31日，安徽安联高速的未分配利润为负17361.125696万元，公司处于亏损状态。(2) 2006年5月29日，云南亚太司法鉴定中心接受云南省昆明市中级人民法院的委托作出的云南亚太司法鉴字（2006）第2号资产评估报告，证明以2006年3月31日为基准日，安徽安联高速的股权每股价值为1.93元。(3) 2006年5月10日，山东新联谊有限责任会计师事务所接受山东省济南市中级人民法院的委托作出的鲁新联谊评报字（2006）第2029号资产评估报告，证明以2006年3月31日为基准日，安徽安联高速11%的股权（7700万股）价值14919.87万元。因此，安徽安联高速在案涉股权转让时处于亏损状态，即使到2006年，其股权价值也仅为每股1.94元左右，而股权转让协议约定的转让价已达到每股1.31元，故该价格公平合理。联大集团对上述审计报告、评估报告的真实性无异议，但认为不能证明安徽高速的观点。

三、关于联大集团主张回购股权的事实

第一部分　双方函件往来

2004年4月7日，联大集团向安徽高速发出《关于申请回购安徽安联股权的函》（联大函字〔2004〕2号）："根据贵我双方于2003年4月30日签订的《股权转让协议书》第10条第2款的约定，我公司拟于近期回购安联高速49%的股权，具体回购细节由双方人员共同商讨，特此函告，望协助为盼！" 4月21日，安徽高速向安徽省国资委请示股权回购事宜。

10月8日，联大集团再次致函安徽高速，要求回购股权。10月13日，联大集团向安徽省政府提出《关于帮助解决股权回购问题的请示》（联大函字〔2004〕17号），请求安徽省政府帮助解决股权回购问题，省政府领导作出依法办事的批示。11月1日，安徽省国资委向省政府领导提出《关于山东联大集团公司回购安联高速公路有限公司股权的请示》（皖国资产权函〔2004〕293号），拟同意联大集团按《股权转让协议书》的约定回购股权，省领导批示同意。该请示载明，安徽高速对联大集团提出的回购要求不持异议，但不同意联大集团将案涉股权转让给第三方。

11月15日，联大集团草拟《股权回购协议书》一份，其中股权回购款的支付条件为：该协议生效后，由联大集团向安徽高速提供银行保函，作为支付股权回购款的保证，安徽高速在收到联大集团提供的银行保函之日起10个工作日内备齐相关文件资料，向安徽省工商行政管理局申请将涉案股权变更登记在联大集团名下，完成回购股权的工商变更登记后，安徽高速向联大集团提示付款，联大集团将股权回购款按约汇入安徽高速指定账户。该协议稿未得到安徽高速的确认，安徽高速另

行起草了一份《股权回购协议书》。

12月20日，联大集团针对安徽高速草拟的《股权回购协议书》向安徽高速提出《关于对〈股权回购协议书〉的意见》（联大字〔2004〕25号）。联大集团认为双方应遵循《股权转让协议书》处理股权回购事宜，而安徽高速草拟的《股权回购协议书》中存在大量超越《股权转让协议书》约定的内容，因此，其不接受该协议稿。同时，联大集团认为，原股权转让时是先办理股权变更登记，后支付股权转让款，因此，股权回购时也应先办理股权过户，后支付股权回购款，为保证付款，联大集团愿意提供银行保函。

12月27日，安徽高速向联大集团提出《关于股权回购协议书的回复意见》（皖高路划〔2004〕32号）。安徽高速的主要意见为：1.《股权回购协议书》必须约定协议由双方签署并经安徽省国资委、交通厅批准后生效；2. 双方需就迟延出资利息补偿、借款及负债处置、担保处置、税费处理、利润分配、回购后公司管制、再转让之限制等事项协商一致并形成法律文件后，安徽高速才能签署《股权回购协议书》；3. 原则接受《股权转让协议书》约定的股权回购价格的计算方法；4. 坚持在股权回购款全部到位后再办理股权变更登记手续，不接受联大集团关于先办理股权变更登记并提供银行保函的意见。

2005年1月13日，安徽高速企业策划处就联大集团与安徽高速在股权回购事宜上的主要分歧向总公司进行内部请示。1月18日，安徽高速向联大集团提出《关于股权回购的几点反馈意见》（皖高路划函〔2005〕1号），主要内容为：1. 明确要求联大集团在2005年4月30日之前将回购款足额汇至安徽高速，否则不认为联大集团已履行回购提示义务；2. 迟延出资补偿及限制转让第三方的问题，在股权回购协议文本商定后，安徽高速将随同协议文本请示安徽省行政主管部门；3. 请联大集团积极配合并协助确定担保补偿、借款及或有负债、税费等问题；4. 协议须经有关部门审批后生效。

4月26日，联大集团向安徽高速发出《关于回购"安徽安联"公司股权的函》。联大集团提出按照当初履行《股权转让协议书》的方式进行股权回购，即先办理股权过户，后付款。

4月28日，安徽高速致联大集团《关于回购"安徽安联"公司股权的复函》（皖高路办函〔2005〕8号）。主要内容为：因联大集团持有的剩余安徽安联高速11%的股权已被青岛、济南等地法院查封，联大集团提出的先过户后付款的要求难以保障联大集团取得股权后仍享有相应的股权利益，可能影响安徽高速的交易安全。因此，安徽高速要求在联大集团于2005年4月30日前支付约定的股权回购款的同时，安徽高速将案涉股权变更登记至联大集团名下。若联大集团逾期未支付约定的回购金额,将丧失回购权。

4月29日,联大集团向安徽高速致函(联大函字〔2005〕0429-1号)。主要内容为:联大集团已多次致函或派员与安徽高速商谈股权回购事宜,积极配合办理相关手续,但安徽高速一再拖延,并提出诸多与《股权转让协议书》内容无关的不合理的问题,对于联大集团提出的由联大集团提供银行保函后,先办理股权过户手续,后支付股权回购款的合理要求未予采纳,导致双方未能签订《股权回购协议书》,由此产生的不利后果均因安徽高速的行为导致,联大集团不因此丧失股权回购权,故联大集团仍坚持先由双方按《股权转让协议书》的要求签订《股权回购协议书》,进一步明确股权过户时间、回购款总金额、回购款支付方式及期限,并据此分别办理股权过户和支付回购款事宜。

4月30日,安徽高速致联大集团《关于联大函字(2005)0429-1号的复函》(皖高路办函〔2005〕9号)。主要内容为:1. 安徽高速一直配合联大集团完成股权回购事宜,在收到2004年4月7日联大集团要求回购股权的函件后,因涉及国有资产转让的法律法规调整,安徽高速即按《企业国有产权转让管理暂行办法》(已废止)向安徽省国资委请示。收到联大集团10月8日发出的函件后,安徽高速书面请示安徽省国资委。此后,安徽高速与联大集团相关人员就股权回购事宜进行协商,并多次致函联大集团阐明相关意见,但双方未形成一致意见。2. 股权回购必须严格执行《股权转让协议书》的约定。

5月8日,联大集团致函安徽高速(联大函字〔2005〕0508-1号)。主要内容为:联大集团一再申明双方必须按《股权转让协议书》的约定签署股权回购协议,并根据股权回购协议办理股权过户及回购款支付手续。

第二部分 安徽省国资委的批复

2004年11月26日,安徽省国资委出具《关于山东联大集团公司要求回购安联高速公路有限公司股权的批复》(皖国资产权函〔2004〕322号)。主要内容为:1. 安徽省国资委同意安徽高速与联大集团继续履行《股权转让协议书》,由联大集团按该协议的约定回购相关股权。2. 股权转让情况要及时报安徽省国资委备案并办理产权变更手续。

联大集团、安徽高速对上述函件往来、安徽省国资委批复的事实均无异议。但联大集团认为其已按约向安徽高速提示回购股权,但安徽高速设置种种障碍恶意阻挠联大集团回购股权。联大集团担心支付股权回购款后不能实现股权回购,即使实现回购也可能造成巨大损失,为了保障其合法权益,联大集团未付款,而是提出由其提供银行保函,然后按原股权转让时的操作顺序,先由安徽高速转让股权并办理工商变更登记,后由联大集团支付股权回购款。由于安徽高速人为设置障碍，导致联大集团未能按期回购股权，联大集团未丧失该股权回购权。安徽高速认为，因联大集团当时资产状况恶化，剩余资产已被多家法院查封，如先转让股权，可能造成安徽高速的利益受到严重损害，因此未同意联大集团先办理股权过户，后支付回购款项的要求。由于联大集团未按约支付股权回购款，其已丧失股权回购权。

四、关于联大集团是否具有股权回购款的支付能力的事实

联大集团提供2004年4月至2005年3月的收付款凭证、借款凭证等，证明联大集团及其关联企业积极筹集回购资金，进账金额达7亿元，具有付款能力。安徽高速对上述凭证的真实性、合法性不认可，且认为联大集团未提供证据证明该款项与回购股权有关。

安徽高速为了证明联大集团不具备支付股权回购款的能力，提供了部分案件的民事判决书、《银监会开列慎贷名单民营系集中名列黑榜》的新闻网页、安徽省工商行政管理局的《股权冻结通知书》、部分拍卖成交确认书等，证明联大集团因企业业务范围较广，对外过度投资和担保而被列入中国银行业监督管理委员会向各金融机构通报的慎贷黑名单。且联大集团因对外巨额负债，其所持安徽安联高速11%的股权在2005年3月、4月被青岛、济南、昆明等多家法院查封、拍卖。联大集团认为上述新闻网页证据形式不合法，不具有真实性，不能证明联大集团资产恶化。其他证据所涉案件标的较小，也不能证明联大集团没有付款能力。况且，安徽高速的代理人在与本案相关联的金安公司与联大集团、安徽高速借款合同纠纷一案的庭审中认可联大集团有资产，有付款能力。

2010年2月21日，江苏省高级人民法院受理该案，联大集团请求判令：1.确认联大集团拥有安徽安联高速49%股权的回购权，安徽高速立即按照合同约定同意联大集团回购；2.安徽高速向联大集团交付上述股权，并办理股权变更手续；3.由安徽高速承担本案诉讼费用。

江苏省高级人民法院审理认为：

一、《股权转让协议书》的内容合法有效

1.《股权转让协议书》并非名为股权转让，实为企业之间借贷的协议。联大集团认为股权转让协议是名为股权转让，实为企业之间借贷的协议。由于对联大集团提供的新闻网页的真实性不能确认，联大集团起草的请示稿件未经安徽高速确认，因此上述证据不能作为本案的定案依据。而股权转让协议并未约定关于质押借款的内容，安徽高速在相关回复意见中表述的"融资"亦存在以其他形式进行融资的可能，不能仅理解为借款融资。故联大集团的该项主张缺乏事实和法律依据，该院不予支持。

2. 联大集团认为股权转让价明显低于市场价格的观点不能成立。《合同法司法解释二》第19条第1款、第2款规定,对于《合同法》第74条规定的"明显不合理的低价",人民法院应当以交易当地一般经营者的判断,并参考交易当时交易地的物价部门指导价或者市场交易价,结合其他相关因素综合考虑予以确认。转让价格达不到交易时交易地的指导价或者市场交易价百分之七十的,一般可以视为明显不合理的低价;对转让价格高于当地指导价或者市场交易价百分之三十的,一般可以视为明显不合理的高价。本案中,安徽安联高速的总股本为7亿股,其49%的股权即3.43亿股,按4.5亿元的转让价计算,双方当事人在2003年4月30日约定的股权转让价格折合每股1.31元。联大集团对安徽高速提供的相关审计报告、评估报告的真实性无异议,该证据证明安徽安联高速在2002年度亏损严重,即使到2006年,其股权价值也仅为每股1.94元左右,因此,股权转让协议约定的转让价格基本符合市场行情。由于联大集团提供的新闻网页未经公证,证据形式不符合相关规定,且无其他证据相印证,故联大集团称股权转让时安徽安联高速60%股权的价值达到14亿元的主张缺乏事实依据。

因此,联大集团就《股权转让协议书》的效力提出的抗辩理由不能成立,《股权转让协议书》是双方当事人的真实意思表示,内容合法有效,各方当事人应依约全面履行合同义务。

二、联大集团未依约履行股权回购的付款提示义务,已丧失涉案股权的回购权

《合同法》第67条规定,当事人互负债务,有先后履行顺序,先履行一方未履行的,后履行一方有权拒绝其履行要求。先履行一方履行债务不符合约定的,后履行一方有权拒绝其相应的履行要求。本案中,《股权转让协议书》已明确约定自本次股权转让完成日起两年内,联大集团没有行使约定的股权回购权利(包括没有提出回购请求,或虽提出回购请求但没有按约支付回购金额),则联大集团失去本次被转让股权的回购权,联大集团不得再就回购该股权提出请求,或者联大集团虽然提出请求但安徽高速可以不予支持。据此,联大集团在合同约定的期限内向安徽高速提出回购请求并支付回购款项是安徽高速将涉案股权转让给联大集团,是联大集团实现股权回购权的前提。但由于联大集团未在股权转让完成之日起两年内履行支付股权回购款项的先合同义务,安徽高速有权拒绝向联大集团转让涉案股权,联大集团依约丧失股权回购权。

至于联大集团提出其未支付回购款是担心安徽高速在其付款后拒绝返还股权,但安徽高速系安徽省大型国有企业,其具有依约履行股权转让协议的能力,如联大集团按约履行相关义务后,安徽高速违反合同约定,联大集团可依法追究安徽高速的法律责任,因此,本案不存在联大集团行使不安抗辩权的情形。

一审法院基于以上理由作出（2010）苏商初字第0002号民事判决：驳回联大集团有限公司的诉讼请求。

联大集团向最高人民法院提起上诉称：《股权转让协议书》名为企业间股权转让而实为通过股权转让最终达到企业间融资借贷、拆借资金的目的，根据《贷款通则》及《合同法》的相关规定，应当无效；在《股权回购协议书》尚未签署的情况下，回购价款的金额、支付方式以及股权变更登记的时间都未明确，上诉人客观上无法履行付款义务；《股权转让协议书》确定的股权转让价款明显低于市场价格，构成了显失公平，原审判决关于该事实认定不清，并最终导致了错误的裁判。

最高人民法院二审认为，本案双方争议的焦点是涉案《股权转让协议书》的效力及股权回购条件是否成就。

关于《股权转让协议书》是否名为股权转让，实为企业间借贷的协议。股权协议转让、股权回购等作为企业之间资本运作形式，已成为企业之间常见的融资方式。如果并非以长期牟利为目的，而是出于短期融资的需要产生的融资，其合法性应予承认。据此，本案上诉人关于双方股权转让实为融资借贷应认定无效的上诉理由不能成立，故其该点上诉主张，法院不予支持。

《合同法》第62条第5项规定，履行方式不明确的，按照有利于实现合同目的的方式履行。在本案股权回购过程中，联大集团在安徽高速陆续发出按照指定账户汇款要求的情况下，其可以选择索要具体账户或提存等方式履行合同约定的付款义务。上诉人联大集团在本案审理中坚称其有足够的履约能力，但在安徽高速数次函告要求其按照指定账户履行《股权转让协议书》约定的付款义务时，却始终坚持先过户后付款。由于该履约方式违背《股权转让协议书》约定，变更了协议约定的履行方式，最终导致超过该协议约定的回购期限。《合同法》第67条规定"当事人互负债务，有先后履行顺序，先履行一方未履行的，后履行一方有权拒绝其履行要求。先履行一方履行债务不符合约定的，后履行一方有权拒绝其相应的履行要求"。安徽高速依照法律规定及《股权转让协议书》约定，在联大集团违背约定，符合拒绝接受其履约的条件下，拒绝其超出约定内容的关于先过户后付款的回购主张，事实及法律根据充分，应予支持。

关于上诉人联大集团认为《股权转让协议书》确定的股权转让价款明显低于市场价格，构成显失公平，原审法院认定事实不清导致错误判决的上诉主张。法院认为，在案事实表明，各方对涉案华普审字（2003）第0240号《审计报告》不持异议，该审计报告显示，截至2002年12月31日，安徽安联高速公路有限公司49%的股权由原始出资的3.43亿元贬值至2.6亿元，各方协商确定的股权转让金为 4.5 亿元，远远高出其当时的市值。联大集团上诉请求与事实不符，原审法院关于双方约定的转让价格基本符合市场行情的事实认定正确，应予确认。同时，根据《合同法》第 54 条第 1 款第 2 项之规定，当事人对合同订立时显失公平的，有权请求人民法院变更或撤销。据此，鉴于上诉人在诉讼期间始终未提出撤销诉请，故对其此点上诉主张法院不予支持。

综上所述，最高人民法院认为，涉案《股权转让协议书》内容明确，是双方当事人的真实意思表示，合法有效，当事人应受该协议书的约束。联大集团的主要上诉理由缺乏必要的事实和法律支持。判决驳回上诉、维持原判。

【实务指引】

本案安徽高院一审、最高法院二审均认定《股权转让协议书》合法有效，二审判决中更是清楚地表明"股权转让协议、股权回购等作为企业之间资本运作形式，已成为企业之间常见的融资方式。如果并非以长期牟利为目的，而是出于短期融资的需要产生的融资，其合法性应予确认"。

本书作者认为，股权中包含着重要的财产性权利，其得丧变更均服务于商事主体追逐商业利润的根本目标，股权变动的背后必然有其相应经济目的的考量；但从法律上而言，法律事实本身不能与其背后的目的画等号，为融资而实施的股权转让、股权回购行为不能简单等同于借贷行为，且既然融资对于商事主体而言是再正常不过的合法需求，不存在《民法典》第 153 条规定的合同无效情形，就应当认定企业间以股权转让、股权回购的方式进行融资的行为合法有效。

【公司治理建议】

本案的最终判决也提醒企业家，虽然以股权转让、股权回购的方式进行融资的行为合法有效，但由于这一融资方式环节复杂、时间长久、涉及主体众多，也应当充分考虑到实施中的众多重要细节，并对《股权转让协议》及《股权回购协议》字斟句酌，否则就可能会出现公司控制权旁落的后果。

本案中，联大集团以股权转让、股权回购的方式进行融资本是一步好棋，通过安徽高速成功融资大笔资金、又节省了不少利息，但由于事先没有设计好股权回购时"先付款"还是"先过户"的顺序问题，最终痛失股权回购机会，从控股股东沦落为只有 11% 股权的小股东。

未经批准转让证券公司5%以上股权的协议效力

【司法观点】

《证券法》《证券公司管理办法》[①] 等规范文件中关于"证券公司变更持有百分之五以上股权的股东应当经证监会审批"的规定，针对的是股权变动而非股权转让协议。未经审批，仅导致受让方的股权资格受到限制，并不影响相关股权转让协议的有效性。

【典型案例】[②]

2004年9月13日，梅雁公司与吉富公司签订一份《股份转让协议》，约定：吉富公司同意受让梅雁公司持有的广发证券股份167945584股，占广发证券总股本的8.4%，转让价格为人民币1.20元/股，股份转让总价款人民币20153.50万元；股份转让款分二期支付，2004年9月13日，吉富公司向梅雁公司支付14000万元，其余转让款6153.50万元于2005年2月1日前支付；在梅雁公司收到股份转让款14000万元之日起，吉富公司即可根据广发证券章程享有股东权利和承担股东义务，该167945584股股份的全部权益，包括但不限于该等股份的处置权、所产生的收益及损失即由吉富公司享有及承担，梅雁公司在收到股份转让款14000万元之日起七个工作日内，应配合吉富公司及广发证券办理股份转让相关手续。

2004年9月15日，梅雁公司董事会发布《梅雁股份关于出售广发证券股份有限公司股权的公告》，披露上述股份转让事宜，并载明：本次出让广发证券股权，经2004年8月15日公司第五届董事会第二次会议决议同意，公司独立董事发表同意的独立意见，认为本次交易价格公允，付款方式对公司有利，出让广发证券股权有利于公司进一步集中资金发展水电能源。

2004年10月9日，广发证券向广东省工商行政管理局提交《关于广发证券股份有限公司变更股东的备案函》，将广发证券根据上述股份转让协议变更的股东名册和股份转让协议报送备案。该修改的广发证券股东名册载明，股东吉富公司持股244566714股，比例为12.23%。10月22日，广东省工商行政管理局核准该次变更

[①] 已失效。
[②] （2009）民二终字第00117号。

股东名册备案。

2004年12月26日,梅雁公司与吉富公司签订一份《股份转让协议之补充协议》,约定:鉴于上述股份转让未完成股权过户手续,双方签订补充协议,吉富公司保证在2005年4月10日前支付全部股权转让款,并负责办理股权转让的有关政府审批手续,如果因为吉富公司的证券公司持股资格审批等问题造成股权无法完成过户,由吉富公司寻求解决办法并承担其全部后果,吉富公司有权将该股权及其全部权利转让给第三方,梅雁公司对此无异议并配合办理相关手续,梅雁公司已收取的股权转让价款不予退还;本协议补充协议和原股权转让协议具有同等法律效力。上述《股份转让协议》《股份转让协议之补充协议》签订前后,吉富公司向梅雁公司分期支付了全部股权转让价款人民币20153.5万元。

2004年12月,中国证监会广东监管局对广发证券进行了现场检查,发现吉富公司受让广发证券股权及其持股资格未经中国证监会核准。根据中国证监会《证券公司管理办法》(证监会令第5号)第9条有关"直接或间接持有证券公司5%及以上股份的股东,其持股资格应当经中国证监会认定"的规定,该局于2005年3月要求广发证券和吉富公司对该问题进行整改。2005年6月,中国证监会广东监管局根据上市公司报审核的情况,向梅雁公司下发了《关于对广东梅雁企业(集团)股份有限公司2004年年度报告有关问题的重点关注函》,要求该公司说明向吉富公司转让所持广发证券股权的交易完成情况,并请公司律师对广发证券股权过户手续未完成所存在的法律责任及风险发表法律意见。2005年8月,梅雁公司向该局上报了相关报告以及广东法制盛邦律师事务所出具的专项法律意见。该律师事务所认为,根据梅雁公司与吉富公司签订的《股份转让协议》及《股份转让协议之补充协议》,梅雁公司有义务继续配合吉富公司办理广发证券股权过户手续,若吉富公司同意将其前述两项协议项下的标的股权及全部权利转让给第三方时,梅雁公司对此应无异议并承担配合办理相关手续的义务。2006年3月,中国证监会广东监管局向广发证券下发了《关于要求广发证券股份有限公司对有关问题限期整改的通知》,要求广发证券必须限期完成对公司股权变更未经中国证监会核准等问题的整改。

2006年6月13日、19日、20日,吉富公司分别与水牛公司、高金公司、信宏公司、宜华公司签订四份《股权转让协议》,主要内容为:根据吉富公司与云大科技股份有限公司、梅雁公司、深圳市康达尔(集团)股份有限公司签订的《股份转让协议书》,在本协议签署日吉富公司是广发证券251034451股股份(占广发证券总股本的12.55%)的实际持有人,拥有该等股份的完整处置权。吉富公司将其持有的广发证券股份均以每股人民币2元的价格分别向四家公司转让,其中,向水牛公司转让 4500 万股（占广发证券总股本 2.25%，总价款 9000 万元），向高金公司转让 9903.4451 万股（占广发证券总股本 4.952%，总价款 19806.8902 万元），向信宏公司转让 6200 万股（占广发证券总股本 3.1%，总价款 12400 万元），向宜华公司转让 4500 万股（占广发证券总股本 2.25%，总价款 9000 万元）。2006 年 6 月 22 日，广发证券向中国证监会广东监管局提交《关于深圳吉富公司转让所持广发证券公司股权的请示》（广发证〔2006〕126 号）及相关材料，报告吉富公司向水牛公司、高金公司、信宏公司、宜华公司转让广发证券股份，并提请审核批准。中国证监会广东监管局经审核认为，此次股权转让符合中国证监会有关证券公司股权变更审核的相关规定，为此向中国证监会机构监管部报送了《关于广发证券股份有限公司股权变更审阅情况的函》（广东证监函〔2006〕535 号），表示对广发证券报备的此次股权变更无异议。根据中国证监会以及该局无异议的审核意见，广发证券按照程序到工商管理部门办理股权变更手续。2006 年 8 月 16 日，广发证券股东名册就上述股东变更进行修改。8 月 23 日，广东省工商行政管理局核准上述股权变更登记。

后梅雁公司于 2008 年 7 月向广东高院提起诉讼，请求：1. 判决梅雁公司与吉富公司签订的《股份转让协议》及《股份转让协议之补充协议》无效。2. 判令吉富公司将梅雁公司所有的 8.4% 广发证券股份退还给梅雁公司。3. 本案诉讼费用由吉富公司承担。在广东高院追加第三人水牛公司、高金公司、信宏公司、宜华公司参加诉讼后，梅雁公司变更其诉讼请求第二项为：判令吉富公司及水牛公司、高金公司、信宏公司、宜华公司将梅雁公司所有的 8.4% 广发证券股份退还给梅雁公司。

广东高院认为，本案争议的焦点是股份转让的效力问题。根据《行政许可法》和《国务院对确需保留的行政审批项目设定行政许可的决定》附件第 389 项"证券公司变更股东或者股权审批证监会"之规定，证券公司变更股东或者股权应当经中国证监会审批。证监会《证券公司管理办法》第 9 条规定："证券公司的股东资格应当符合法律法规和中国证监会规定的条件。直接或间接持有证券公司 5% 及以上股份的股东，其持股资格应当经中国证监会认定。有下列情形之一的，不得成为证券公司持股 5% 及以上的股东：（一）申请前三年内因重大违法、违规经营而受到处罚的；（二）累计亏损达到注册资本百分之五十的；（三）资不抵债或不能清偿到期债务的；（四）或有负债总额达到净资产百分之五十的；（五）中国证监会规定的其他情形。"直接或间接持有证券公司 5% 及以上股份的股东，其持股资格应当经中国证监会认定。梅雁公司与吉富公司协议转让广发证券 8.4% 的股份，应当经中国证监会审批。中国证监会广东监管局亦系根据《证券公司管理办法》第 9

条规定要求吉富公司和广发证券进行整改。《证券法》（2005）第129条规定："证券公司设立、收购或者撤销分支机构，变更业务范围，增加注册资本且股权结构发生重大调整，减少注册资本，变更持有百分之五以上股权的股东、实际控制人，变更公司章程中的重要条款，合并、分立、停业、解散、破产，必须经国务院证券监督管理机构批准。"依据上述法律、行政法规和行政规章的有关规定，证券公司变更持有百分之五以上股权的股东的，必须经国务院证券监督管理机构批准。

但是，该项审批针对的是股权变动而非股权转让协议，股权变动是股权转让协议的履行问题而非协议的成立，股权转让协议的效力与股权变动效力不同，有关法律规定并未规定股权转让合同须经证券监管机构审批。证券监管机构的审批是限制股东变更而非禁止股东变更，限制股东变更的结果而非股东变更的过程，规范股东资格而非股东权利，重点关注的是受让股东资格而非转让股东资格，违反审批规定也并非否定股东变更或认定为变更无效。股东资格及股东权系股东依照法律规定及合同约定取得和享有，并非由他人所赋予，股权转让为股东权利，是否转让由当事人自行决定，当事人有权订立转让合同，不受强制或禁止。对于证券公司的股东变更，法律并无明文禁止，但根据《证券法》（2005）第129条和《证券公司管理办法》第9条规定应受到行政审批，审批的对象是股东资格，股东资格非由行政赋权，而应是行政审查确认，经当事人协商变更并报证券监管机构审批，符合法定资格或者条件的，即应予确认其股东资格。《证券公司管理办法》第9条规定了证券公司股东资格应当符合法律法规和中国证监会规定的条件，列举了不得成为证券公司持股5%及以上股东的五项消极要件。符合上述法律要求要件的，均可成为证券公司持股5%及以上的股东。2008年6月1日起施行的国务院《证券公司监督管理条例》第10条第1款规定："有下列情形之一的单位或者个人，不得成为持有证券公司5%以上股权的股东、实际控制人：（一）因故意犯罪被判处刑罚，刑罚执行完毕未逾3年；（二）净资产低于实收资本的50%，或者或有负债达到净资产的50%；（三）不能清偿到期债务；（四）国务院证券监督管理机构认定的其他情形。"该规定以行政法规形式再次确定了不得成为持有证券公司5%以上股权的股东、实际控制人的消极要件，而未规定其他积极要件。依据《证券公司管理办法》第9条，对于证券公司股东变更，监管的关注重点是受让股东资格，如具备《证券公司管理办法》第9条规定的情形，则不得成为证券公司持股5%及以上的股东。国务院《证券公司监督管理条例》第14条规定："任何单位或者个人有下列情形之一的，应当事先告知证券公司，由证券公司报国务院证券监督管理机构批准：（一）认购或者受让证券公司的股权后，其持股比例达到证券公司注册资本的5%；（二）以持有证券公司股东的股权或者其他方式，实际控制证券公司5%以上的股权。未经国务院证券监督管理机构批准，任何单位或者个人不得委托他人或者接受他人委托持有或者管理证券公司的股权。证券公司的股东不得违反国家规定，约定不按照出资比例行使表决权。"对于转让股东需要对外转让股权没有限制或者禁止的理由和依据，但对于进入证券公司的股东，则应审查其是否存在不得成为股东的情形，以规范证券公司经营和发展，维护证券市场的稳定。2008年中国证监会颁布的《证券公司变更持有5%以下股权股东报备工作指引》也规定对报备文件进行审阅，重点关注股权受让方的入股行为。本案股份转让过程中，中国证监会广东监管局要求股份受让方吉富公司及广发证券进行整改，对于转让方梅雁公司则发函予以重点关注，要求该公司说明向吉富公司转让所持广发证券股权的交易完成情况，并请公司律师对广发证券股权过户手续未完成所存在的法律责任及风险发表法律意见，在梅雁公司上报相关报告以及专项法律意见后，并未对其采取其他监管措施。依照法律、行政法规和部门规章的相关规定，持有证券公司5%及以上股权的股东资格须经证券监管机构审批方可取得，但未明文规定未经审批而持有证券公司5%及以上股权的确定无效。《证券法》(2005) 第218条第2款规定："证券公司违反本法第一百二十九条的规定，擅自变更有关事项的，责令改正，并处以十万元以上三十万元以下的罚款。对直接负责的主管人员给予警告，并处以五万元以下的罚款。"《行政许可法》第81条规定："公民、法人或者其他组织未经行政许可，擅自从事依法应当取得行政许可的活动的，行政机关应当依法采取措施予以制止，并依法给予行政处罚；构成犯罪的，依法追究刑事责任。"上述法律规定的法律责任是行政处罚以及刑事责任，采取予以制止、责令改正、警告、罚款及追究刑事责任等责任方式，未明确规定转让行为的无效后果。

依上述法律规定，股份转让须经批准的规定虽属于强制性规范，但并非效力性规范，违反该规定应当予以制止并责令改正，并不必然导致股权转让无效，全面否定受让股份的股东资格。中国证监会广东监管局在致广东高院复函中亦确认，对于证券公司股权转让未经审批的，证券监管机构的做法主要是采取限期整改、限制股东权利和责令转让等监管措施进行纠正，在其证券监管措施中并非必然直接认定股份转让无效，对于本案股份转让，证券监管机构实际采取了限期整改的措施。

梅雁公司与吉富公司签订《股份转让协议》和《股份转让协议之补充协议》转让本案所涉广发证券8.4%股份，《股份转让协议之补充协议》对《股份转让协议》约定的股份价款支付时间进行变更，并补充增加"如果因为吉富公司的证券公司持股资格审批等问题造成股权无法完成过户，由吉富公司寻求解决办法并承担其全部后果，吉富公司有权将该股权及其全部权利转让给第三方，梅雁公司对此无异议并配合办理相关手续"协议内容，两份协议合同标的同一，《股份转让协议之补充协议》并非约定独立的附属事项，不是《股份转让协议》的从合同，而是《股份转让协议》的组成部分，两者实为一个协议。梅雁公司与吉富公司之间股份转让虽经工商行政管理机关核准变更股东备案，但因股份变更未经证券监管机构核准而被要求整改，股份转让实际并未最终完成，吉富公司将其受让股份转让给第三人高金公司、水牛公司、信宏公司、宜华公司，四家第三人受让股份比例均低于5%，没有证据证明存在其他违反法律、行政法规强制性规定的情形，证券监管机构对此次股权转让不持异议，工商行政管理机关亦核准该次变更股东备案，涉案股份历经两个阶段和两次协议后方发生实际变动效果。本案股份转让协议及股份变动效力的认定，应结合案涉股份全面转让行为和过程进行审查。根据《证券法》(2005)、《行政许可法》、国务院第412号令《国务院对确需保留的行政审批项目设定行政许可的决定》及中国证监会《证券公司管理办法》的相关规定，结合本案股份转让已经实际完成的情况，本案梅雁公司与吉富公司之间股份转让协议和补充协议，以及吉富公司与第三人高金公司、水牛公司、信宏公司、宜华公司之间的股份转让协议不违反上述法律、行政法规强制性规定，不存在损害社会公共利益和第三人合法利益的情形。梅雁公司与吉富公司签订《股份转让协议》和《股份转让协议之补充协议》，并已收取全部股份转让价款，作为上市公司在《梅雁股份关于出售广发证券股份有限公司股权的公告》中对该股份转让事宜予以披露，并确认股份转让已经董事会决议同意，公司独立董事亦发表了同意的独立意见，公司将可产生5579.54万元的投资收益，且有利于公司集中资金发展水电能源，进一步增强公司的可持续发展能力。梅雁公司在其向中国证监会广东监管局的相关报告以及专项法律意见中亦对股份转让予以确认。上述情形足以认定梅雁公司向吉富公司转让案涉股份系其真实意思表示，梅雁公司亦同意吉富公司因审批问题可向第三方转让案涉股份并承担办理相关手续的义务，现梅雁公司主张股份转让协议无效有违诚实信用原则。本案梅雁公司与吉富公司之间《股份转让协议》和《股份转让协议之补充协议》，以及吉富公司与第三人高金公司、水牛公司、信宏公司、宜华公司之间的四份《股份转让协议》关于本案所涉股份转让的条款应依法认定有效。梅雁公司向吉富公司转让广发证券8.4%股份，吉富公司根据证券监管机构整改要求将其受让股份向高金公司、水牛公司、信宏公司、宜华公司转让，本案梅雁公司与吉富公司之间的股份转让，吉富公司与高金公司、水牛公司、信宏公司、宜华公司之间的股份转让，中国证监会及广东证监局对整改结果无异议，本案股权变动有效。梅雁公司主张上述协议无效，并要求吉富公司等返还所转让股份的诉讼请求缺乏事实和法律依据,不予支持。梅雁公司提起本案确认合同无效之诉,吉富公司关于超过诉讼时效的抗辩缺乏依据,不予采纳。

综上,一审法院认为梅雁公司的诉讼请求不成立,判决驳回其诉讼请求。

梅雁公司不服广东高院的判决,向最高人民法院提起上诉称:1. 一审判决无视客观事实,违反法律、法规的明确规定,其错误判决应予撤销。2. 一审法院对本案的判决采用诚信原则代替了法律明文规定,用道德审判取代了法律审判,是完全错误的。3. 一审法官违反以事实为依据、以法律为准绳的司法原则,曲解法律,自行创设司法解释,导致判决错误。4. 一审法院所采纳的两个主要证据即中国证监会广东监管局出具的《关于对粤高法函(2008)131号的复函》及广东省工商行政管理局对本案股东变更的登记,不能证明股权转让协议的效力。5. 对于吉富公司与高金公司、信宏公司、宜华公司、水牛公司签订的合同的效力问题,一审法院认定事实轻率,适用法律错误。吉富公司与高金公司、信宏公司、宜华公司、水牛公司签订的合同无效。请求撤销广东高院(2008)粤高法民二初字第17号民事判决,支持梅雁公司一审诉讼请求;确认梅雁公司与吉富公司签订的《股份转让协议》与《股份转让协议之补充协议》因未获得中国证监会批准而无效;确认梅雁公司系广发证券合法股东,并享有合法股东分红及回收股权等权利;由吉富公司承担本案全部诉讼费用。

质证之后,梅雁公司又补充其意见为:1. 吉富公司不符合行政法规确定的股权受让方的主体资格要件,不具有签订本案所涉股份转让协议的行为能力,依据《民法通则》等法律法规,其与梅雁公司订立的股权转让协议应认定无效。行政法规已确认、授权中国证监会规定持有证券公司5%以上股份股东的资格条件,吉富公司违反前述中国证监会规章的规定,就是违反行政法规关于股东资格条件的规定。2. 吉富公司未获中国证监会批准受让广发证券股份,违反了国家限制经营、特许经营的有关规定,并违反了法律、行政法规所规定的在未获批准前禁止经营的规定,其与梅雁公司签订的股权转让协议应认定无效。3. 即便吉富公司与梅雁公司签订的股份转让协议不认定为无效合同,根据《最高人民法院关于适用〈中华人民共和国合同法〉若干问题的解释(一)》(以下简称《合同法司法解释一》)第9条的规定,该协议因未获批准,至少应当认定为未生效。股权转让协议必须经中国证监会批准。根据该司法解释第9条,吉富公司与梅雁公司签订的股份转让协议未办理批准手续,应认定为未生效。《证券法》(2005)第129条等是否属于效力性强制性规定,不影响对股份转让协议未生效的定性。本案第一次股权转让协议未办理行政法规规定的批准手续,第二次股权转让协议未办理证券法规定的批准手续,应当认定两次合同均未生效。4. 关于吉富公司与本案第三人之间的股份转让行为。

吉富公司与本案第三人之间股份转让行为均属虚假交易，第三人系受吉富公司委托代持广发证券股份，吉富公司实际并未按监管部门的要求进行整改，《关于对粤高法函（2008）131 号的复函》系基于吉富公司的欺诈行为作出，与事实不符，不应作为定案依据。根据《合同法》第 52 条规定，以合法形式掩盖非法目的，损害社会公共利益的，合同无效。吉富公司与本案第三人之间股份转让行为符合上述合同无效情形，应认定无效，本案第三人应承担返还股份的义务。5. 中国证监会批准广发证券上市，并不能等同于核准吉富公司的持股资格。中国证监会也从未核准过吉富公司的持股资格。

吉富公司答辩称：本案案情不复杂，一审法院已清楚查明与案件相关的事实，判决论理严谨，适用法律正确，是准确维护市场诚信和交易秩序的判决，是合法、公平、公正的判决。《证券公司管理办法》不是国务院颁发的，不属于行政法规。梅雁公司上诉提出要求继续享有分红的权利及理由说明其确属违背诚实信用，没有任何法律依据。梅雁公司主张本案第三人代吉富公司持股，应当承担举证责任，而本案证据已经显示第三人与吉富公司之间股份转让事实清楚，协议已经履行，股权变动已经完成并生效，不存在第三人代持的行为。吉富公司将股份转让给第三人不需要经梅雁公司同意，不需要召开广发证券股东大会，不损害广发证券股东的优先购买权。梅雁公司上诉请求三"依法确认上诉人系广发证券公司合法股东，并享有合法分红及回收股权等权利"已经超越一审诉讼请求，吉富公司不同意进行审理和调解，应不予审查。

最高法院认为，本案二审争议焦点为股权转让协议的效力问题。《证券法》（2005）第 129 条第 1 款规定："证券公司设立、收购或者撤销分支机构，变更业务范围，增加注册资本且股权结构发生重大调整，减少注册资本，变更持有百分之五以上股权的股东、实际控制人，变更公司章程中的重要条款，合并、分立、停业、解散、破产，必须经国务院证券监督管理机构批准。"而根据《行政许可法》和国务院令第 412 号《国务院对确需保留的行政审批项目设定行政许可的决定》附件第 389 项"证券公司变更股东或者股权审批证监会"对证券公司变更股东需证监会批准，决定予以保留并设定行政许可之规定，证券公司变更相应股东或者股权应当经中国证监会审批。2002 年 3 月 1 日施行的中国证监会《证券公司管理办法》[①] 第 9 条规定："证券公司的股东资格应当符合法律法规和中国证监会规定的条件。直接或间接持有证券公司 5% 及以上股份的股东，其持股资格应当经中国证监会认定。有下列情形之一的，不得成为证券公司持股 5% 及以上的股东：（一）申请前三年

---

① 已失效。

内因重大违法、违规经营而受到处罚的；（二）累计亏损达到注册资本百分之五十的；（三）资不抵债或不能清偿到期债务的；（四）或有负债总额达到净资产百分之五十的；（五）中国证监会规定的其他情形。"但上述《证券公司管理办法》规定国务院的审批是对证券公司的股东持股资格的认定，并非是对签订股权转让合同资格的认定。根据《合同法》第9条第1款之规定："当事人订立合同，应当具有相应的民事权利能力和民事行为能力。"签订合同的当事人主体是否适格，应从权利能力与行为能力两个方面来判定。持股资格不能等同于行为人签订合同的资格，上述审批并非合同成立的要件，未经审批不影响当事人签订股权转让协议的权利能力与行为能力。《证券法》（2005）及《国务院对确需保留的行政审批项目设定行政许可的决定》等均未明确规定只有经过批准股权转让合同才生效，因此上述批准行为也不属于合同生效要件。梅雁公司关于其与吉富公司签订的《股份转让协议》与《股份转让协议之补充协议》因未经中国证监会批准而未生效的主张没有法律依据，法院不予支持。根据《合同法》第52条第5项之规定，违反法律、行政法规的强制性规定的合同无效。根据《合同法司法解释二》第14条之规定："合同法第五十二条第（五）项规定的'强制性规定'，是指效力性强制性规定。"法律、行政法规的强制性规定进一步区分为效力性强制性规定和管理性强制性规定，只有违反效力性强制性规定的才能导致否认行为效力。《证券法》（2005）第129条规定了证券公司变更持有百分之五以上股权的股东必须经国务院证券监督管理机构批准，而根据《证券法》（2005）第218条第2款之规定："证券公司违反本法第一百二十九条的规定，擅自变更有关事项的，责令改正，并处以十万元以上三十万元以下的罚款。对直接负责的主管人员给予警告，并处以五万元以下的罚款。"《行政许可法》第81条规定："公民、法人或者其他组织未经行政许可，擅自从事依法应当取得行政许可的活动的，行政机关应当依法采取措施予以制止，并依法给予行政处罚；构成犯罪的，依法追究刑事责任。"而《证券公司监督管理条例》第71条规定："任何单位或者个人未经批准，持有或者实际控制证券公司5%以上股权的，国务院证券监督管理机构应当责令其限期改正；改正前，相应股权不具有表决权"，即未经中国证监会批准而持有证券公司百分之五以上股权的，其股权部分权能受到限制，具体是指股权表决权的行使。中国证监会对于违反《证券法》（2005）第129条的规定，未经批准持有或实际控制证券公司百分之五以上股权的，实施责令限期改正、罚款、警告等行政处罚直至追究刑事责任，但并未规定相应转让合同无效。在本案一审时，中国证监会广东监管局在致广东高院复函中亦确认，对于证券公司股权转让未经审批的，证券监管机构的做法主要是采取限期整改、限制股东权利和责令转让等监管措施进行纠正，对于本案争议的股权转让，证券监管机构实际采取了限期整改的措施。本案中梅雁公司与吉富公司签订的《股权转让协议》及《股权转让协议之补充协议》出于双方真实意思表示,维持该合同效力并不损害公共利益,不能仅以梅雁公司与吉富公司协议转让广发证券8.4%的股权未经证券监管机构批准而认定双方签订的转让合同无效。综上,梅雁公司与吉富公司转让广发证券8.4%的股权未经办理批准手续,违反了证券管理的相关要求,但不对合同效力产生影响,该股权转让合同有效。梅雁公司关于其与吉富公司签订的《股份转让协议》与《股份转让协议之补充协议》未生效或无效的主张,没有法律依据。

关于吉富公司与第三人之间的股权转让协议与股权转让行为的效力问题。吉富公司与宜华公司等四家第三人分别签订的合同中,各自协议转让的股权比例都低于百分之五,依据2006年6月22日《中国证监会关于证券公司变更持有5%以下股权的股东有关事项的通知》(证监机构字〔2006〕177号)"证券公司变更持有5%以下股权的股东,不需报我会审批,但应当事先向注册地证监局报告"之规定,经报告后证券监管机构对此次股权转让不持异议。从证监会审批的目的而言,应为确保证券公司股权结构的稳定性和透明性,确保证券市场的公平秩序,对于未经批准持有证券公司超过百分之五的股权的,其限制股东表决权权能,是为了防止大股东或实际控制人未经批准控制证券公司,进而操纵证券市场,扰乱市场秩序。而从吉富公司与四家第三人之间签订的合同内容及查明的履行情况来看,其最终并未改变约定转让的股权比例,也未对表决权问题作出规避性约定,从其目的看,指向的是经济利益,如"所有者权益""股权转让价格"等,从实际履行看,其也确实只是变动了股权转让的价格,而股权转让价格不涉及公共利益,因此,不能认为吉富公司与四家第三人之间签订的合同是以合法形式掩盖非法目的的合同。本案争议的广发证券股权由梅雁公司转让于吉富公司,再由吉富公司分别转让给高金公司、水牛公司、信宏公司以及宜华公司,股权转让目标公司广发证券的股东名册进行了相应变更,并分别于2004年10月22日和2006年8月23日经广东省工商行政管理局核准股权变更登记。根据《公司法》第32条第2款及第3款之规定:"记载于股东名册的股东,可以依股东名册主张行使股东权利。公司应当将股东的姓名或者名称向公司登记机关登记;登记事项发生变更的,应当办理变更登记。未经登记或者变更登记的,不得对抗第三人。"股权转让形式要件已经完成。即使吉富公司因未通过中国证监会审批而没有取得本案争议的股权,其与梅雁公司签订的《股份转让协议之补充协议》中也明确约定了"如果因为吉富公司的证券公司持股资格审批等问题造成股权无法完成过户,由吉富公司寻求解决办法并承担其全部后果,吉富公司有权将该股权及其全部权利转让给第三方,梅雁公司对此无异议并配合办理相关手续"等内容,吉富公司通过上述协议取得了对于争议股份的处分权,吉富公司具有转让相应股权的权利。中国证监会及广东监管局对吉富公司向第三人转让股权行为无异议，且中国证监会于2010年2月5日向延边公路建设股份有限公司、广发证券发出的《关于核准延边公路建设股份有限公司定向回购股份及以新增股份换股吸收合并广发证券股份有限公司的批复》的附件"广发证券股东名单及其持股比例"中，宜华公司等四家第三人及其持股比例包括于内。宜华公司等四家第三人取得广发证券的股权。因此，梅雁公司关于吉富公司与宜华公司等第三人之间股权转让无效，本案第三人应承担返还股份义务的主张没有事实与法律依据，法院不予支持。

综上所述，最高法院认为原审判决认定事实清楚，适用法律并无不当，判决：驳回上诉，维持原判。

【实务指引】

正如吉富公司在二审答辩状中所指出的，本案案情相对简单，焦点也比较集中，就是在未经证监会批准的情况下转让证券公司5%以上股权的股权转让协议的效力问题。

原告梅雁公司认为该协议是无效的，即使并非无效也至少是未生效的，其依据是：1.《行政许可法》和《国务院对确需保留的行政审批项目设定行政许可的决定》附件第389项"证券公司变更股东或者股权审批证监会"之规定，证券公司变更股东或者股权应当经中国证监会审批。2.《证券公司管理办法》第9条："证券公司的股东资格应当符合法律法规和中国证监会规定的条件。直接或间接持有证券公司5%及以上股份的股东，其持股资格应当经中国证监会认定。"3.《证券法》（2005）第129条："证券公司设立、收购或者撤销分支机构，变更业务范围，增加注册资本且股权结构发生重大调整，减少注册资本，变更持有百分之五以上股权的股东、实际控制人，变更公司章程中的重要条款，合并、分立、停业、解散、破产，必须经国务院证券监督管理机构批准。"

但是正如广东高院和最高法院所指出的，上述法律都没有规定股权转让合同须经证券监管机构审批，其规定针对的是股权变动而非股权转让协议，这两者间是有所区别的。股权变动是股权转让协议的履行问题而非协议的成立，股权转让协议的效力与股权变动效力不同。因此，不能依据上述法律得出股权转让协议无效的结论。

但同时应当注意到，法院最终认定吉富公司与宜华公司等四家第三人分别签订的股权转让协议也是有效的，是有更深层次原因的。这个原因就在于2004年12月26日梅雁公司与吉富公司签订的《股份转让协议之补充协议》，该补充协议中约定：如果因为吉富公司的证券公司持股资格审批等问题造成股权无法完成过户，由吉富公司寻求解决办法并承担其全部后果，吉富公司有权将该股权及其全部权利转让给第三方，梅雁公司对此无异议并配合办理相关手续。设想如果不存在这个补充协议，纵使梅雁公司与吉富公司间的股权转让协议是有效的，但由于未经证监会批准，吉富公司的股权资格将受到限制，也就没有了将相应股权转让第三方的权利，其再与其他公司签订股权转让协议则可能因为构成无权处分行为而效力待定；并且，如果吉富公司自身无法通过证监会审批不具有股东资格，又无法将股权转让给第三方，那么其与梅雁公司间的股权转让协议双方均可以"合同目的不能达到"为由行使解除权。由此可见，本案中该补充协议之重要性。甚至可以推断，当初如不是吉富公司的律师发现了股权转让协议中的漏洞，并通过补充协议的形式加以弥补，恐怕吉富公司将遭受巨大的经济损失。

【公司治理建议】

这则案例告诉企业家如果想要获得证券公司的控制权，必然会存在收购证券公司5%以上的股权的情形，但是我国的《证券法》等相关法律对证券公司5%以上的股东资格作出了限制性规定，综上在收购上市公司股权之前，应当特别注意：

1. 核查自身的主体资格是否存在以下几种情况，评估是否可以顺利获得证监会批准：(1) 申请前三年内因重大违法、违规经营而受到处罚的；(2) 累计亏损达到注册资本百分之五十的；(3) 资不抵债或不能清偿到期债务的；(4) 或有负债总额达到净资产百分之五十的。

2. 受让方在无法获得证监会的批准的情况下，需要在股权转让合同或补充协议中获得转让方对受让方处分上述股权的授权，以便通过其他安排，顺利通过证监会审查。

3. 本书作者提醒广大的企业家：股权转让合同生效，并不必然代表着一定能够取得相应的股权，如证券公司、国有控股公司、外商投资公司等特殊类型的公司，股权的变动往往还需要主管部门的审批。

【法规链接】

《证券公司监督管理条例》

第十条　有下列情形之一的单位或者个人，不得成为持有证券公司5%以上股权的股东、实际控制人：

（一）因故意犯罪被判处刑罚，刑罚执行完毕未逾3年；

（二）净资产低于实收资本的50%，或者或有负债达到净资产的50%；

（三）不能清偿到期债务；

（四）国务院证券监督管理机构认定的其他情形。

证券公司的其他股东应当符合国务院证券监督管理机构的相关要求。

公司控制权争夺的利器——股东优先购买权

【司法观点】

公司股东依法享有的优先购买权应受保护，但是股东优先购买权是对其他股东自由转让股权这一权利的限制，因此股东行使优先购买权亦应严格按照法律规定进行。股东优先购买权是相比于股东以外的买受人而享有的优先权，因此，股东行使优先购买权的前提是，拟出让股东与股东以外的人已经就股权转让达成合意，该合意不仅包括对外转让的意思表示，还应包括价款数额、付款时间、付款方式等在内的完整对价。

【典型案例】[①]

丁某明、李某、冯某琴与瞿某建为泵业公司股东。该公司注册资本为人民币1398万元，共9名股东，其中：丁某明出资7129800元，占注册资本的51%；瞿某建出资4296171.2元，占30.73%；李某出资390268.8元，占2.79%；冯某琴出资401648元，占2.87%；陈某某出资351561.6元，占2.52%；欧某某出资502464元，占3.59%；王某出资284976元，占2.04%；马某某出资279110.4元，占2%；鲁某某出资344000元，占2.46%。

2006年8月27日泵业公司股东召开临时股东会，专题讨论杭海路剩余土地项目实施过程中的有关情况，形成了公司可以在效益最大化的前提下将全部股权予以整体转让的一致意见。2006年9月10日，泵业公司召开股东会，会议专题讨论公司股权转让问题，与会的全体股东一致同意将个人所持股份以全部转让的方式，以1:3的价格转让给第三方，并形成股东会决议。全体股东均在该股东会决议上签字，瞿某建在该股东会决议上注明：根据《公司法》和公司章程，本人决定优先受让（购买）其他股东转让之股权（股份）。同日，瞿某建分别与陈某某、欧某某、王某、马某某、鲁某某签订股权转让合同，以1:3的价格受让该五名股东的全部股

---

① （2012）民抗字第31号。

权，约定付款方式为合同签订之日起三日内支付转让款的三分之二作为定金，适用定金罚则，合同生效之日起九十日内付清余款。

2006年9月30日，丁某明将其与曹某某于2006年9月8日签订的股权转让合同寄发给瞿某建，履行股权转让的同意程序和优先购买程序，并限瞿某建在三十日内作出书面答复。该股权转让合同约定的转让价格为1∶3，付款方式为在合同生效之日起五日内一次性付清，并约定受让方必须按照转让款为基数，以1∶1的比例交纳保证金，由出让方保存三年，不计息，如受让方三年内有从事损害出让方利益的行为，保证金无偿归出让方所有；如受让方不全额按期支付转让款和保证金的，除不予返还保证金外，还应当向出让方支付全部转让款50%的违约金。

2006年9月30日，李某、冯某琴分别与富某签订股权转让合同，将两人持有的全部股权转让给富某。转让条件及保证金和违约金条款均与丁某明和曹某某的股权转让合同约定一致。李某、冯某琴均将股权转让合同寄发给瞿某建，并通知其在同等条件下可以行使优先购买权。

瞿某建分别复函丁某明、李某、冯某琴，主张其优先购买权已于2006年9月10日形成，要求丁某明等三人按1∶3的价格及合同签订之日起三日内支付转让款的50%、合同签订后九十日内付清余款的付款方式与其签订股权转让合同，并要求丁某明办理瞿某建与陈某某、欧某某、王某、马某某、鲁某某股权转让的工商变更手续。2006年10月10日丁某明复函瞿某建，拒绝按瞿某建所述条件签订股权转让合同，并附丁某明与曹某某于2006年10月5日签订的股权转让合同，该股权转让合同在与2006年9月8日的股权转让合同内容一致的基础上，还增加了受让方于合同生效后五日内支付出让方补贴款及承担出让方应缴所得税的条款。同日，李某、冯某琴分别发函给瞿某建，拒绝按瞿某建所述条件签订股权转让合同，并附其分别与富某于2006年10月6日签订的股权转让合同，该两份股权转让合同在与2006年9月30日的股权转让合同内容一致的基础上，还增加了受让方于合同生效后五日内支付出让方补贴款及承担出让方应缴所得税的条款。曹某某、富某已按合同约定数额支付了股权转让款、保证金和补贴款。一审中，泵业公司工商登记的股东仍为该公司章程记载的九名股东。

2006年10月20日，瞿某建向杭州市中级人民法院起诉，请求确认瞿某建对丁某明、李某、冯某琴股权的优先购买权在2006年9月10日已经形成；判令丁某明、李某、冯某琴履行将其股权依法转让给瞿某建的义务，并办理相关转让手续；判令丁某明办理瞿某建已优先购买其他股东股权的工商变更登记；三被告承担本案的诉讼费用。

杭州市中级人民法院一审认为：股东行使优先购买权应具备三个条件：一是股

东欲对外转让股权；二是优先购买股东与其他购买人购买股权的条件相同；三是必须在规定的期限内行使。优先购买权的前提和基础为"同等条件"。"同等条件"不仅包含转让价格，还包括付款期限、违约条款等其他对出让方股东有利的条款。瞿某建关于确认其对丁某明、李某、冯某琴的股权优先购买权在 2006 年 9 月 10 日已经形成的诉讼请求，不属于确认之诉的范畴，实质上是第二项诉讼请求中要求丁某明、李某、冯某琴履行将其股权依法转让给瞿某建的前提，属于对某项事实的认定，而不是一项独立的诉讼请求。在 2006 年 9 月 10 日泵业公司股东会上，各股东仅就股份以全部转让的方式、以 1:3 的价格转让给第三方达成一致。虽然丁某明与曹某某的股权转让合同签订时间在股东会前，但该次股东会上，并未明确受让股权的第三方。李某、冯某琴与富某的股权转让合同此时尚未签订。优先购买权建立在"同等条件"之上，就李某、冯某琴的股权转让而言，在股权转让的交易条件形成之前，瞿某建的优先购买权尚无实现的基础，在交易条件形成后，优先购买权必须在"同等条件"下行使；就丁某明与曹某某的股权转让而言，虽然瞿某建主张的转让价格等同于丁某明与曹某某约定的转让价格，但付款期限、违约条款等交易条件明显低于丁某明与曹某某约定的条件，不能视为其在"同等条件"下行使优先购买权。因此，在 2006 年 9 月 10 日的股东会上，瞿某建的优先购买权并未形成。瞿某建要求丁某明、李某、冯某琴履行将其股权依法转让给瞿某建的义务并办理相关转让手续的诉讼请求，是建立在瞿某建的优先购买权业已形成的基础上。在 2006 年 9 月 10 日股东会后，丁某明、李某、冯某琴将其分别与第三人签订的股权转让合同及要求瞿某建决定是否行使优先购买权的通知寄发给瞿某建，瞿某建虽然复函主张行使优先购买权，但其主张的交易条件低于丁某明、李某、冯某琴与第三人商定的条件，并不构成"同等条件"，不符合行使优先购买权的法定条件，其优先购买权也未能形成。同时，瞿某建提交的证据无法证明丁某明、李某、冯某琴与第三人之间签订的股权转让合同属恶意串通的行为。由此，瞿某建要求丁某明、李某、冯某琴将股权转让给瞿某建并办理相关手续的诉讼请求缺乏事实和法律依据，不予支持。另外，由于办理股权变更的工商登记属公司义务，而非股东义务，丁某明作为公司股东没有办理公司股权变更工商登记的义务。瞿某建要求丁某明办理已优先购买其他股东股权的工商变更登记的诉讼请求缺乏法律依据，亦不予支持。综上判决：驳回原告瞿某建的诉讼请求。瞿某建不服一审判决，向浙江省高级人民法院提起上诉。

浙江省高级人民法院二审除认定一审法院查明的事实外，另查明：2006 年 9 月 10 日泵业公司股东会讨论公司的股权转让问题，丁某明提供一份股权转让合同稿，该合同稿主要载明："一、甲方（出让方）将其在泵业公司中的泵业公司（空白)％股权的全部,出让给乙方(受让方)。二、股权转让价格为(空白)元人民币(净到手,不含税)。三、转让款支付方式为:在本合同签订之日起(空白)日内,乙方向甲方支付人民币(空白)元,该款作为定金,适用《合同法》的定金罚则;在泵业公司办理股权变更登记完毕之日起(空白)日内再支付余款(空白)元人民币。四、在乙方首付款之日起三日内,双方办理完毕公司移交手续,七日内到工商办理股权变更登记。甲乙双方应当积极配合,尽快完成泵业公司的股权变更登记手续。如果乙方在尾款付清前的这段时间内,从事损害公司利益行为的,则由乙方承担赔偿责任。五、违约责任。在本合同生效后,任何一方均不得单方解除本合同。如甲方违约的,则应当向乙方双倍返还定金,本合同并需继续履行;如乙方违约,不按期支付转让款的,则无权请求返还定金。本合同自延期付款第一天即自动解除。"

同日,瞿某建与公司其他五名股东按照股东会决议确定的1:3的转让价格及股权转让合同稿约定的其他条件分别签订了股权转让合同。合同主要内容为:"一、甲方将其在泵业公司中的股权以1:3价格(净到手,不含税)全部转让给乙方。二、在合同签订之日起三日内,乙方向甲方支付三分之二的股权转让款,该款作为定金,适用《合同法》的定金罚则;在协议生效之日起90日内再支付余款。三、在乙方首付款之日起三日内,双方办理完毕公司移交手续,七日内到工商办理股权变更登记。甲乙双方应当积极配合,尽快完成泵业公司的股权变更登记手续。如果乙方在尾款付清前的这段时间内,从事损害公司利益行为的,则由乙方承担赔偿责任。本合同所指变更是指乙方收购甲方在泵业公司内的全部股权所需完成的工商变更登记手续。四、转让方保证:其所转让的股权不存在抵押、质押等权利限制和瑕疵。五、在办理公司移交和工商变更登记的手续前不发生新的经营活动,发生的公司必要费用,由公司原法定代表人和受让人共同签批后入公司账。六、违约责任。在本合同生效后,任何一方均不得单方解除本合同。如甲方违约的,则应当向乙方双倍返还定金,本合同并需继续履行;如乙方违约不按期支付转让款的,则本股权转让合同无效,且乙方无权请求返还定金。"

浙江省高级人民法院二审认为:本案当事人争议的焦点主要是2006年9月10日股东会决议中瞿某建有无行使优先购买权以及就其购买股权的条件有无确定。第一,2006年9月10日的股东会主要是讨论泵业公司的股权转让问题。从相关的证据材料反映,该次股东会的材料包括一份股权转让合同稿。根据该份股权转让合同稿约定,除股权转让的具体价格、股权转让款的支付方式(主要是时间、具体分期支付的款项)处空白外,对相应的违约责任(包括合同第4条和第5条,主要约定的是损害公司利益的,由受让方承担责任;转让方违约的,双倍返还定金)也作出了较为明确的规定。对上述股权转让合同稿的真实性各方当事人均不持异议，故该份合同应予以确认。第二，2006年9月10日泵业公司的股东会形成股东会决议，各股东同意股份全部转让给第三方，价格是1:3。在该份股东会决议上泵业公司的九名股东均签字，且瞿某建在该股东会决议上特别注明：本人决定优先受让（购买）其他股东转让股权（股份），瞿某建的行为表明其行使了优先购买权，对此，泵业公司其他八名股东应当是明知的。丁某明、李某、冯某琴认为，该股东会决议中瞿某建最后一个签名，且瞿某建要求购买股权的内容也是在最后写上去的。但无论瞿某建是第一个签名还是最后一个签名，其均有权行使优先购买权。第三，2006年9月10日在泵业公司召开股东会的同日，除丁某明、李某、冯某琴三人外的其他五股东均与瞿某建签订了股权转让合同，结合该股权转让合同的内容看，其股权转让的价格均是按照股东会决议中所确定的1:3的价格，而除付款时间中约定的第一期款项（也作为定金）及余款的数额各不相同外，在具体支付时间上以及违约责任的约定上基本相同，且与上述股权转让合同范本基本一致。据此，应认定在2006年9月10日股东会决议上，瞿某建已行使优先购买权，且股权购买的条件也基本确定，有相应的依据。

就丁某明、李某、冯某琴提供的证据看，在2006年9月8日丁某明已经与第三人曹某某签订了股权转让合同，2006年9月30日李某、冯某琴分别与富某签订了股权转让合同，2006年10月5日丁某明与曹某某又签订了一份股权转让合同。一方面，就2006年9月8日丁某明与曹某某签订的股权转让合同而言，因该份股权转让合同签订于泵业公司2006年9月10日股东会之前，既然在股东会召开之前，丁某明已经有了具体的转让股权条件，但在股东会决议中却没有提出，故对该份股权转让合同的真实性不能认定；另一方面，从当事人提供的这几份股权转让合同内容看，其股权转让的条件远远超出了股东会决议中所附的股权转让合同所约定的条件。虽然就股东而言，其在股权转让时有权通过股权转让以实现其利益的最大化，但就本案所讼争的股权转让而言，特别是在丁某明、李某、冯某琴所提供的几份股权转让合同中，所约定的股权转让的条件不符合常理，且当事人对此所做的相关解释不合逻辑。这些特殊的股权转让条件包括：1. 受让方按照转让款的基数，以1:1的比例缴纳保证金，该保证金由出让方保存三年，不付利息，如受让方在三年内从事损害出让方利益的行为，该保证金无偿归出让方所有。2. 如受让方不全额按期支付转让款和保证金，除出让方不返还保证金外，还应当向出让方支付全部转让款50%的违约金。丁某明、李某、冯某琴于股东会决议之后重新提出的股权转让的条件，实际上已经变更了股东会决议中已经基本确定的股权转让条件，上述三人的行为有失诚信，不应予以支持。关于丁某明、李某、冯某琴分别与第三人签订的股权转让协议是否存在恶意串通阻止瞿某建行使优先购买权问题。本案中，李某、冯某琴分别于2006年9月30日与富某签订了泵业公司股权转让合同。同年10月5日，丁某明与曹某某签订了一份泵业公司股权转让合同。曹某某于2006年11月3日按股权转让合同约定将股权转让的相关款项汇入丁某明账户，同年11月6日富某依股权转让合同约定将股权转让的相关款项分别汇入李某、冯某琴账户，以履行股权转让合同约定的义务。这只能表明丁某明、李某、冯某琴不同意瞿某建行使优先购买权提出的条件进行违法转让，而尚无充分证据证明丁某明、李某、冯某琴与第三人恶意串通阻止瞿某建行使优先购买权。故瞿某建提出的相应理由不能成立，不予支持。关于一审法院对泵业公司、杭州盈源贸易有限公司股东会的会议记录不予确认是否得当问题。股东会记录系瞿某建所作，事后打印成文。由于丁某明、李某、冯某琴未签名，该记录不能作为证据采信。关于瞿某建要求丁某明办理其优先购买其他股东股权的工商变更登记手续的诉讼请求，缺乏依据，应由瞿某建与陈某某等五人协助办理。浙江省高级人民法院依法判决：1. 撤销杭州市中级人民法院（2006）杭民二初字第295号民事判决。2. 确认瞿某建对丁某明、李某、冯某琴持有的泵业公司的股权享有优先购买权。3. 丁某明、李某、冯某琴在本判决书送达之日起10日内将持有的泵业公司的股权按照瞿某建与陈某某等五人于2006年9月10日签订的股权转让合同约定的条件全部转让给瞿某建。

最高人民检察院抗诉认为，浙江省高级人民法院（2007）浙民二终字第121号民事判决认定的基本事实缺乏证据证明，适用法律确有错误，且依据该判决主文的价格转让股权有失公平。首先，本案中丁某明、李某、冯某琴与第三人的股权转让关系并未成立。股东会决议的内容尚未发送给作为受要约人的第三人，不发生要约的效力，瞿某建在此基础上行使优先购买权，不构成对要约的有效承诺，也缺乏合同主要条款，不具有可执行内容，只是对自己享有优先购买权的表示。而且该决议确定的是公司整体转让，这也有别于股东独立对外转让。其次，瞿某建对丁某明、李某、冯某琴行使优先购买权的条件并未确定。2006年9月10日股东会决议确定的股权转让条件仅涉及股权转让的价格条件，并未涉及股权转让的其他条件和事宜，也没有明确具体的受让方，并不能据此认定该次股东会上丁某明、李某、冯某琴与第三人的股权转让条件已经确定。而且瞿某建所主张的交易条件和丁某明等三人与曹某某、富某之间的交易条件也不能视为同等条件。二审判决认定本案股东会的材料还包括一份股权转让合同稿缺乏证据证明，瞿某建在2006年9月10日股东会召开前已拥有该股权转让合同稿，其他五名股东与瞿某建的签约行为并不能证明2006年9月10日股东会上围绕股权转让合同稿的股权转让条件已经确定，亦不能据此认定股东会的材料还包括一份股权转让合同稿。最后，二审判决结果违反合同相对性原则,且有失公平。从本案证据看,瞿某建与陈某某等人签约后,瞿某建除支付转让款外,还另行补贴陈某某等人相应的股权溢价。且陈某某等人系公司小股东,而丁某明为公司第一大股东,出让方主体不同,股份占比悬殊,因此,二审判决判令丁某明等人将持有的股权按照瞿某建与陈某某等人签订的股权转让合同约定的条件进行转让,不仅违反合同相对性原则,且判决显失公平。申诉人丁某明、李某、冯某琴同意最高人民检察院抗诉意见,并认为2006年9月10日股东会决议的前提是全体股东将股权整体全部对外转让给第三方,其价格条件不应作为股东内部转让或个别转让的条件,且瞿某建要求购买诉争股权,已经改变了股东会决议的上述前提,丁某明等三人有权拒绝出售,瞿某建与另外五名股东签订的股权转让协议亦因违反股东会上述决议而应无效。股东优先购买权只适用于股东对外转让股权的情形,而不适用于股权整体转让或股东内部转让股权时,瞿某建购买其他五名股东的股权,也不是在行使优先购买权。瞿某建承认在其他股东签字后才宣布行使优先购买权,说明其知道其他股东不会同意其按股东会决议的条件购买股权,该行为违背诚信。丁某明在9月10日之前与曹某某初步达成的协议,不构成瞿某建行使优先购买权的同等条件。瞿某建对丁某明等三人主张优先购买权,应当以丁某明等三人对外转让的条件为准,二审判决以瞿某建与其他五名股东之间的协议条件作为行使优先购买权的同等条件,不符合法律规定。请求依法驳回瞿某建的诉讼请求。

被申诉人瞿某建答辩称,在2006年9月10日股东会上,股权受让的第三方已经明确,同时确认了包括价格、支付条件在内的交易条件,对于包括丁某明等三人在内的八名股东都具有约束力,瞿某建据此行使优先购买权符合法律规定。股权整体转让,不影响瞿某建行使优先购买权。丁某明等三人提出的他们与曹某某、富某签订的股权转让合同以及围绕这些股权转让的履行行为等都是虚假的,系恶意串通以损害瞿某建优先购买权的行使,不具有法律效力。请求维持原判。

最高人民法院再审查明:本案起因于杭海路土地开发受阻,面临强制拆迁。2006年8月27日,丁某明等九名股东就解决该问题的可行性方案形成一致意见,其中包括公司可以在效益最大化的前提下将全部股权予以整体转让。此后,丁某明按照这一方向,联系到整体转让的受让方并通知全体股东于2006年9月10日上午开会。关于9月10日股东会召开的具体情况,股东会没有指定专人负责记录。瞿某建自己作出了一份记录,其中记载:会议召开后,丁某明就杭海路土地面临强制拆迁、寻找合作伙伴困难以及目前联系到的对外转让股权的受让方和具体条件等进行了全面介绍,并告知全体股东下午将与受让方签订股权转让合同。丁某明表示,现在有了明确户头,是江干区的两位私人老板,来整体收购公司的股权,两家公司

(泵业公司和杭州盈源贸易有限公司)净到手价格为6000万元,泵业公司的转让合同按照1:3签,杭州盈源贸易有限公司的按照1:1签,多余部分作为合同外支付,这主要是考虑税收问题。关于支付方式,首付三分之一作为定金,三天内支付,未履行则没收定金,股权工商变更后90天内付清,合同外的1500万元给各股东打欠条,付清后收回欠条。款项付清后再移交资产。瞿某建等股东针对交易的安全、股东本人劳动关系的处理、股权转让手续的完备等问题提出了疑问或建议。瞿某建提出,江干区的两位老板未见过面,也未谈过,资信情况、家庭住址等更不知道。丁某明答复,住址签合同时会有的,二位老板,有一位大家是很熟悉的,有一位是不认识的。在股东发言的基础上,起草了股东会决议和纪要,有股东提出要写明转让给谁,丁某明答复,这两个老板一个大家很熟悉,一个大家不认识,因为很熟悉,所以不便现在明确,还是按转让第三方写,反正要签订转让合同。冯某琴对草稿进行了多次宣读,根据各股东提出的修正意见,最终形成决议和会议纪要定稿并进行打印。各位股东先后在打印好的纪要和股东会决议上签字同意,在签字时,瞿某建提出并在股东会决议上注明:根据《公司法》和公司章程,本人决定优先受让(购买)其他股东转让之股权(股份)。瞿某建还阐述了自己受让股权的优势等问题。陈某某、欧某某、王某、马某某和鲁某某五名股东于9月10日当日在瞿某建手写的上述会议记录及瞿某建本人的发言稿上签字认可,并于9月13日在根据上述两份记录整理打印的会议记录稿上再次签字认可。丁某明、李某、冯某琴在上述会议记录和发言稿上均未签字,并对其真实性提出异议。瞿某建在再审庭审中再次确认,在股东会决议打印时,其仍未提出优先受让其他股东转让的股权的要求。上述股东会决议内容为:2006年9月10日,在萧山宝盛宾馆,丁某明董事长主持召开了杭州泵业投资有限公司临时股东会会议。根据2006年8月27日临(时)股东会会议精神,专题讨论了杭州泵业投资有限公司股权转让问题。与会的全体股东一致同意,自愿将本人股份以全部转让的方式、以1:3的价格转让给第三方。丁某明、李某、冯某琴和瞿某建对上述股东会决议的内容均无异议。再审中,丁某明承认未将其与曹某某于2006年9月8日签订的股权转让合同在9月10日的股东会上向其他八位股东披露,未予披露的原因是,曹某某、富某要求丁某明保证实现公司股权的整体转让,丁某明无法保证,但作为持股最多的股东,丁某明本人愿意与曹某某签订合同。丁某明与曹某某于2006年9月8日所签订的股权转让合同载明:"甲乙双方就转让泵业公司中甲方(丁某明)的全部51%的股权事宜,达成如下合同。一、甲方将其所拥有的公司中的全部51%股权转让给乙方(曹某某)。二、转让价格为1:3,即人民币21389400元,由此所产生的税费由乙方承担。三、转让款支付方式:在本合同生效之日起五日内一次性付清。四、为确保本次转让顺利进行，也为了保障甲方的合法权益，乙方必须按照转让款为基数，以 1∶1 的比例（即人民币 21389400 元）在本合同生效之日起五日内向甲方交纳保证金。该保证金由甲方保存三年，不计息。如乙方在三年内从事损害甲方利益的行为，则该保证金无偿归甲方所有；如乙方未从事前述行为的，则甲方必须无条件立即归还全部保证金。上述所谓从事损害甲方利益的行为，包括但不限于以下行为：1. 鉴于公司系从集体企业转制而来的企业，若发生因该项转让而产生的针对甲方的诉讼行为且导致甲方败诉的（包括判决和调解等）；2. 公司在杭海路 97 号的土地拆迁中，若不能实现土地置换或自主开发及类似情况的；一旦发生以上所指情况的（不限于上述情况，也包括类似情况），则保证金不予返还，乙方放弃抗辩权。五、甲方必须配合乙方办理工商变更登记手续。六、如果乙方不全额按期支付转让款和保证金的，除甲方不予返还保证金外，还应当向甲方支付全部转让款 50% 的违约金。七、若乙方违约的，乙方应当承担约定的违约责任外，仍然必须继续履行本合同。"关于 9 月 10 日股东会上是否讨论过空缺转让条件的股权转让合同稿一节，丁某明承认在 9 月 10 日股东会前将该份合同稿提供给瞿某建，瞿某建亦承认在此之前收到了丁某明转来的该份合同稿，但双方对该合同稿是否提交 9 月 10 日股东会讨论存在争议。瞿某建和陈某某等五名股东均声称他们所签订的股权转让合同是依据此份空白合同稿修改而成，丁某明等三人否认在 9 月 10 日股东会上讨论过该份合同稿。除双方各自陈述外，没有其他证据证明 9 月 10 日股东会上讨论过此稿。

最高院再审认为：《公司法》第 71 条前三款规定，有限责任公司的股东之间可以相互转让其全部或者部分股权。股东向股东以外的人转让股权，应当经其他股东过半数同意。股东应就其股权转让事项书面通知其他股东征求同意，其他股东自接到书面通知之日起满三十日未答复的，视为同意转让。其他股东半数以上不同意转让的，不同意的股东应当购买该转让的股权；不购买的，视为同意转让。经股东同意转让的股权，在同等条件下，其他股东有优先购买权。两个以上股东主张行使优先购买权的，协商确定各自的购买比例；协商不成的，按照转让时各自的出资比例行使优先购买权。

按照上述规定，公司股东依法享有的优先购买权应受保护，但是股东优先购买权是对其他股东自由转让股权这一权利的限制，因此股东行使优先购买权亦应严格按照法律规定进行。股东优先购买权是相比于股东以外的买受人而享有的优先权，因此，股东行使优先购买权的前提是，拟出让股东与股东以外的人已经就股权转让达成合意，该合意不仅包括对外转让的意思表示，还应包括价款数额、付款时间、付款方式等在内的完整对价。而在本案中，虽然在股东会前全体股东均被通知,将于下午与股东以外的受让人签约,但在股东会上,受让人并未到场,也没有披露他们的身份或者与他们签订的合同,因此,截至股东会结束签署决议时,对外转让的受让方仍未确定,股东行使优先购买权的前提也未成就。瞿某建认为其在股东会决议上签署要求行使优先购买权的意见,即为实际行使优先购买权,与法律规定不符。此后,陈某某等五名股东自愿将股权转让给瞿某建,属于在股东之间互相转让股权的行为,也不是瞿某建行使优先购买权的结果。关于9月10日股东会上是否讨论过股权转让合同稿的问题,从法院再审查明的事实看,瞿某建在股东会之前即已取得该份合同稿,因此股东会议上不是取得该稿的唯一机会,也就不能由此认定该稿必然在股东会上进行过讨论,考虑到陈某某等五人因出售股份而与瞿某建形成一定的利害关系,因此仅依据瞿某建和陈某某等五人的陈述,不足以证明该合同稿是9月10日股东会的材料,最高人民检察院就此提出的抗诉意见成立。同时,二审判决亦载明,该合同稿在股权转让的具体价格、股权转让款的支付方式(主要是时间、具体分期支付的款项)处为空白,双方当事人对此亦无异议,因此该合同稿本身并不能证明股权转让款的支付时间、分期支付的方式等目前争议的问题,二审判决以此作为证明9月10日股东会上讨论过的交易条件的依据不当。瞿某建还认为,丁某明等三人与曹某某、富某恶意串通,采取多种手段阻碍瞿某建行使优先购买权。法院认为,瞿某建目前主张的是自己行使优先购买权的条件在9月10日股东会上已经形成,而双方当事人均承认丁某明等三人与曹某某、富某所签订的各份合同内容及其条件均未在9月10日股东会上进行通知或披露,瞿某建也拒绝按照丁某明等三人与曹某某、富某之间的交易条件行使优先购买权。因此,一审判决以这些交易条件作为判断瞿某建行使优先购买权的同等条件,显属不当,但丁某明等三人与曹某某、富某之间的交易行为,对瞿某建证明自己行使优先购买权的条件已经成就而言,也无影响,因此也不能以此作为支持瞿某建诉讼主张成立的依据。关于瞿某建要求丁某明办理其与其他五名股东股权转让工商变更登记手续的问题,一、二审判决均未支持瞿某建该项诉讼请求,并无不当,应予维持。综上,瞿某建主张其行使优先购买权的条件已经成就,并以其与陈某某等五名股东签订的股权转让协议作为向丁某明等三人行使优先购买权的同等条件,缺乏事实和法律依据,不予支持。二审判决认定事实和适用法律均有不当,应予纠正,最高人民检察院抗诉意见应予支持。一审判决驳回瞿某建诉讼请求的结果正确,应予维持。

【实务指引】

股东优先购买权是指有限责任公司股东对外转让股权经其他股东同意并形成转

让条件的情况下，其他股东对该转让股权有优先购买的权利。股东优先购买权是一种形成权。形成权是依照权利人单方意志而使法律关系发生变动的权利。就股东优先购买权而言，形成权性质表现为股权转让人与股东之外受让人形成股权转让关系时，只要享有优先购买权的股东主张优先权，就能使其与股权转让人之间按同等条件产生股权转让关系。由于该股权转让法律关系是依照优先权人单方意志而产生的，因此股东优先购买权具有形成权的性质。

股东优先购买权的发生，需要两个条件：第一，所有股东同意（包括视为同意）对外转让；而其他股东同意对外转让的前提是知晓对外转让股权的情况，也就是说，同意权以知情权为前提，于是，法律要求"股东应就其股权转让事项书面通知其他股东征求同意"，但这里的"股权转让事项"具体包含哪些，《公司法》并无明确规定。从理论上分析，应该是足以让其他股东表态的情况，至少应该包括受让人，转让股权数量，转让股权时间。其他股东是否同意对外转让股权，必须知道转让给谁，转让多少，何时转让，以判断对公司运行、自身利益的影响，继而做出同意与否的决定。书面通知的内容通常包括"受让人的姓名或名称、转让股权的类型、数量、价格、履行期限及方式等股权转让合同主要内容"。第二，对外转让条件已经成就，所谓对外转让条件，应该解释为对外转让股权的交易内容，一般包括：股权数量、价格、价款支付方式与时间、价款支付担保（或有），该对外转让条件即法律上规定的股东优先购买权行使之"同等条件"。上述两个条件不具备，股东优先购买权不发生。股东优先购买权是相比于股东以外的买受人而享有的优先权，因此，股东行使优先购买权的前提是，拟出让股东与股东以外的人已经就股权转让达成合意，该合意不仅包括对外转让的意思表示，还应包括价款数额、付款时间、付款方式等在内的完整对价。

本案中，公司各股东通过股东会决议的方式，决定将各自的股权向外转让，满足了股东优先购买权行使的前提条件，公司过半数以上的股东同意将股权转让给第三人。但是，瞿某建行使优先购买权并不满足拟出让股东与股东以外的人已经就股权转让达成合意，并形成包括价款数额、付款时间、付款方式等在内的完整对价的同等条件。因为，在9月10日召开的股东会上各股东并没有与具体的第三人对股权转让的价款、付款方式等条件达成一致，所以瞿某建行使优先购买权的条件并未达成。

另外，依据《公司法》第71条规定，老股东拥有转让同意权和优先购买权两种权利，解决股东优先购买权纠纷首先需要将转让同意权和优先购买权两种权利进行区分。在学理上看，二者有以下三点不同：

第一，制度设计的侧重点不同。股东同意转让权与股东优先购买权均是解决股东对外转让股权所涉关系的制度设计，该制度设计的目的在于保持有限公司人合性与资本流动性之间的合理结构，但各自的功能不同，股东同意转让权侧重于体现资本流动性要求，而股东优先购买权则反映了公司人合性特性。

第二，权利行使的顺序不同。股东同意转让权在先，优先购买权在后。股东同意转让权行使并不必然产生股东优先购买权，而股东优先购买权的发生则有赖于股东同意转让权的行使，否则，不同意对外转让的股东就应该购买该转让股权，而这种情况下的购买，并非股东优先购买权行使的结果。

第三，转让股东侵犯其他股东的知情同意权和优先购买权的法律后果不同。转让股东侵犯其他股东的知情同意权，擅自与第三方签订的合同效力为效力待定。未经其他股东过半数同意而对外转让股权，并未侵害股东优先购买权，而仅仅侵害的是股东同意转让权，其转让后果处于效力待定状态，如果其他股东追认同意对外转让，则转让有效；如果其他股东不同意转让，则转让无效。如果其他部分股东不同意转让，该部分股东就应当购买该转让股权，此时购买转让股权，不是行使股东优先购买权，而是股东内部转让。转让股东侵犯其他股东的优先购买权，与第三方订立的合同为有效，但不具有履行效力。在合同法上看，合同有效的结果有两种，一种是履行合同，另一种是不履行而给予赔偿。一般来讲，老股东股权转让的优先保护，可以在三个角度考虑：第一，优先保护是否影响合同的签订，股东的优先权不应该影响合同的签订；第二，优先保护是否影响合同的生效；第三，优先保护能否影响合同的履行。笔者认为一定会影响合同的履行的，因为如果签订两个或者是更多的合同下，不可能所有的合同都履行。在这种情况下，优先保护的意义就是优先保障哪一个合同得以履行。很显然，这种情况下应有优先保护其他股东的购买权，即让作为股东的受让人取得股权，不被履行的合同，可由出让人承担违约责任。

【公司治理建议】

第一，股东的优先购买权是公司控制权争夺中的一件利器，其有助于渴望获得公司控制权的老股东在其他股东的股权转让过程中能够占得先机，近水楼台先得月。

第二，不是所有类型的公司，股东都享有优先购买权。有限责任公司的股东享有优先购买权；股份有限公司股东转让股份的，其他股东原则上不享有优先购买权。

第三，股东优先购买权的行使条件：转让股东与第三人已就股权转让的主体身份，股权价格，支付方式等主要条件达成合意。同等条件下具有优先购买权。

第四，提醒欲行使优先购买权的股东，在得知转让股东与第三人签订股权转让合同后尽快行使权利（尽量不要超过30日），以免发生不必要的麻烦。

第五，股东可依据《公司法》第 71 条第 4 款的规定，对股东的优先购买权的条件、程序、通知方式等作出更为细致的规定，防患于未然。建议制定如下公司章程条款：

1. 股东之间拟转让股权的，应当征得其他股东同意。如果其他股东不同意的，应当采取竞价方式进行。

2. 股东拟向股东以外的人转让股权的，应当首先向公司其他股东发出《股权转让告知函》（以下简称《告知函》），函件中应当载明意向受让方、转让价格及附加条件、付款期限等内容，然后分别按照如下情形办理：

（1）如果其他股东在收到《告知函》三十日内回复同意转让或者不予回复的，视作放弃优先购买权并同意转让；

（2）如果其他股东在收到《告知函》三十日内回复不同意转让的，应当按照《告知函》当中所载明的转让价格及附加条件、付款期限等，在三十日内对该股权行使优先购买权。两个以上股东要求购买的，自行协商确定各自的购买比例；协商不成的，按照转让时各股东对公司的实缴出资比例进行购买；

（3）如果其他股东在收到《告知函》三十日内回复不同意转让但未及时行使优先购买权的，视作放弃优先购买权并同意转让。拟转让股权的股东有权将股权转让给股东以外的人，但应当按照《告知函》所载明的转让价格及附加条件、付款期限进行，否则其他股东有权不同意转让并拒绝办理相关股权转让手续。

【法规链接】

《公司法》

第七十一条 有限责任公司的股东之间可以相互转让其全部或者部分股权。

股东向股东以外的人转让股权，应当经其他股东过半数同意。股东应就其股权转让事项书面通知其他股东征求同意，其他股东自接到书面通知之日起满三十日未答复的，视为同意转让。其他股东半数以上不同意转让的，不同意的股东应当购买该转让的股权；不购买的，视为同意转让。

经股东同意转让的股权，在同等条件下，其他股东有优先购买权。两个以上股东主张行使优先购买权的，协商确定各自的购买比例；协商不成的，按照转让时各自的出资比例行使优先购买权。

公司章程对股权转让另有规定的，从其规定。

第七十二条 人民法院依照法律规定的强制执行程序转让股东的股权时，应当通知公司及全体股东，其他股东在同等条件下有优先购买权。其他股东自人民法院通知之日起满二十日不行使优先购买权的，视为放弃优先购买权。

第七十三条　依照本法第七十一条、第七十二条转让股权后，公司应当注销原股东的出资证明书，向新股东签发出资证明书，并相应修改公司章程和股东名册中有关股东及其出资额的记载。对公司章程的该项修改不需再由股东会表决。

《最高人民法院关于适用〈中华人民共和国公司法〉若干问题的规定（四）》

第十七条　有限责任公司的股东向股东以外的人转让股权，应就其股权转让事项以书面或者其他能够确认收悉的合理方式通知其他股东征求同意。其他股东半数以上不同意转让，不同意的股东不购买的，人民法院应当认定视为同意转让。

经股东同意转让的股权，其他股东主张转让股东应当向其以书面或者其他能够确认收悉的合理方式通知转让股权的同等条件的，人民法院应当予以支持。

经股东同意转让的股权，在同等条件下，转让股东以外的其他股东主张优先购买的，人民法院应当予以支持，但转让股东依据本规定第二十条放弃转让的除外。

第十八条　人民法院在判断是否符合公司法第七十一条第三款及本规定所称的"同等条件"时，应当考虑转让股权的数量、价格、支付方式及期限等因素。

第十九条　有限责任公司的股东主张优先购买转让股权的，应当在收到通知后，在公司章程规定的行使期间内提出购买请求。公司章程没有规定行使期间或者规定不明确的，以通知确定的期间为准，通知确定的期间短于三十日或者未明确行使期间的，行使期间为三十日。

第二十条　有限责任公司的转让股东，在其他股东主张优先购买后又不同意转让股权的，对其他股东优先购买的主张，人民法院不予支持，但公司章程另有规定或者全体股东另有约定的除外。其他股东主张转让股东赔偿其损失合理的，人民法院应当予以支持。

第二十一条　有限责任公司的股东向股东以外的人转让股权，未就其股权转让事项征求其他股东意见，或者以欺诈、恶意串通等手段，损害其他股东优先购买权，其他股东主张按照同等条件购买该转让股权的，人民法院应当予以支持，但其他股东自知道或者应当知道行使优先购买权的同等条件之日起三十日内没有主张，或者自股权变更登记之日起超过一年的除外。

前款规定的其他股东仅提出确认股权转让合同及股权变动效力等请求，未同时主张按照同等条件购买转让股权的，人民法院不予支持，但其他股东非因自身原因导致无法行使优先购买权，请求损害赔偿的除外。

股东以外的股权受让人，因股东行使优先购买权而不能实现合同目的的，可以依法请求转让股东承担相应民事责任。

第二十二条　通过拍卖向股东以外的人转让有限责任公司股权的，适用公司法

第七十一条第二款、第三款或者第七十二条规定的"书面通知""通知""同等条件"时，根据相关法律、司法解释确定。

在依法设立的产权交易场所转让有限责任公司国有股权的，适用公司法第七十一条第二款、第三款或者第七十二条规定的"书面通知""通知""同等条件"时，可以参照产权交易场所的交易规则。

《全国法院民商事审判工作会议纪要》（法〔2019〕254号）

9.【侵犯优先购买权的股权转让合同的效力】审判实践中，部分人民法院对公司法司法解释（四）第21条规定的理解存在偏差，往往以保护其他股东的优先购买权为由认定股权转让合同无效。准确理解该条规定，既要注意保护其他股东的优先购买权，也要注意保护股东以外的股权受让人的合法权益，正确认定有限责任公司的股东与股东以外的股权受让人订立的股权转让合同的效力。一方面，其他股东依法享有优先购买权，在其主张按照股权转让合同约定的同等条件购买股权的情况下，应当支持其诉讼请求，除非出现该条第1款规定的情形。另一方面，为保护股东以外的股权受让人的合法权益，股权转让合同如无其他影响合同效力的事由，应当认定有效。其他股东行使优先购买权的，虽然股东以外的股权受让人关于继续履行股权转让合同的请求不能得到支持，但不影响其依约请求转让股东承担相应的违约责任。

第八章　增资扩股

【本章导读】

　　增资扩股也称股权增量融资，是权益性融资的一种形式。对于股份有限公司来说，增资扩股一般是指企业增发股票，由新股东投资入股或原股东增加投资扩大股份，从而增加企业的资本金。对于有限责任公司来说，增资扩股一般指企业增加注册资本，增加的部分由老股东或新股东认购或新股东与老股东共同认购。增资扩股主要有以下三种方式：1. 以公司未分配利润、公积金转增注册资本。2. 内源增资扩股，即公司原股东认缴新增资本。3. 外源增资扩股，即引入新股东投资入股。

　　增资扩股拥有如下四种特点：1. 融资成本较低。相比传统的银行贷款、民间借贷等融资方式，增资扩股的融资成本相对较低。2. 优化公司股东结构。公司和股东可以借助增资扩股来调整持股比例，实现优化股东结构的目的。3. 完善公司治理结构。增资扩股通过调整股东的持股比例，能够在一定程度上影响股东对公司控制权，避免公司出现一股独大的缺陷，形成股东之间的制约机制。4. 提高公司股本规模。增资扩股可以直接扩大公司的股本规模，提高公司实力及影响力，降低资产负债率，优化资本结构，有利于提高公司的信誉度。

　　本章将以案例的形式将涉及公司控制权争夺的增资扩股案件进行简要介绍。有限责任公司股东的优先认缴权是一项非常重要的股东权利，更是公司控制权得以保持的重要手段。但是，俗话说得好"有权不用，过期作废"，优先认缴权作为一种形成权，其行使也受除斥期间的限制，本章的第一个案例就介绍一则股东怠于行使优先认缴出资权，待诉讼丧失此权利，最终导致股权被稀释，控制权旁落的故事；另外，优先认缴出资权的权利范围在哪？在部分股东放弃行使此类权利，行使此权利的股东是否有权对放弃部分的增资份额行使优先认缴权。

　　虚假增资是大股东黑小股东常用的手段，大股东通过自己在公司中的优势地位，通过伪造股东会决议等手段，以增资的形式变更公司的股权结构，进而稀释小股东的股权，本章将用实战案例演示控制权争夺中的此类"高级黑"。根据《公司法》的规定，公司增资减资为股东会绝对多数决决定的事项，当公司最大股东只具有相对控股地位而没有绝对控股地位（股权比例在51%~66%），其他股东不同意增资或减资等决议时，相对控股股东则无法完成增减资的决议。此时相对控股股东可以通过设置全资子公司的方式曲线救国，进而以相对控股的股权完全获取公司的控制权，大股东"黑"小股东之"全资子公司增资"即为一例。

另外，本章将对融资过程中的热点问题和难点问题"对赌协议"做简要说明，介绍其在公司控制权争夺过程中的重点问题。对赌协议又称"估值调整协议"。估值调整协议是在私募股权投资基金领域应用中较为普遍的一种协议，其主要是指股权投资机构与被投资方对未来一种不确定的情况进行约定，根据约定条件的实现与否，由投资方或者融资方实现一定的权利或者义务。在国外，这种约定的内容较为广泛，包括对公司的业绩标准、利润实现、管理层和公司上市等内容作为约定条件。

在本章中将介绍中国对赌协议第一案，在最高法院的判词中，体会对赌协议在何种情况下有效？在何种情形下无效？对赌协议都存在哪些风险和陷阱，广大的企业家应当如何应对？企业家在引入私募投资者时，如何辨识各类对赌工具，以防赔了夫人又折兵。另外为了大家能够更加深刻地理解对赌协议在商业实践中的运作状况，分别介绍了人和商业、永乐电器、中国动向这三家企业在融资过程中是如何通过对赌协议与私募投资机构斗智斗勇的，都有哪些可以借鉴的经验和教训，能进一步揭开对赌协议的面纱。

【本章常见问题及解答】

1. 公司能否强制股东增资

增资是股东的权利而非义务，由于每个股东自身的财产能力和对公司的投资意愿不同，不能以股东会通过的增资决议对全体股东具有约束力为由强制股东向公司增资。

2. 大股东利用增资行为侵犯小股东权利的，小股东如何救济

一方面，小股东可以申请确认增资扩股的股东会决议无效；另一方面，小股东可以依据《公司法》第20条"公司股东滥用股东权利给公司或者其他股东造成损失的，应当依法承担赔偿责任"的有关规定，就因大股东恶意增资导致的小股东持有股权价值缩水的部分请求大股东赔偿。

3. 增资扩股协议解除后，外来投资者能否免除出资义务

在已办理了新增资本工商登记的情况下，增资扩股协议一方当事人违约，另一方当事人可以终止履行合同，但为了保证公司资本的充实，其不能依增资扩股协议约定免除其缴付注册资本的义务，也不能请求公司退回已缴纳的资本公积金。

4. 增资扩股的股东会决议被确认无效后，增资扩股协议的效力如何认定

即使股东会决议存在全部或部分无效的情形，只要公司与外来投资者签订的增资扩股协议不存在《民法典》第 153 条和第 154 条的情形，就应当认定该增资扩股协议有效。

5. 股东行使增资中的优先认缴权，有无期限要求

股东的优先认缴权属于形成权，需要在除斥期间内行使。虽然《公司法》未规定具体的时间限制，股东仍需在合理期限内行使优先认缴权，法官对于每个案件中是否超出合理期限具有自由裁量权。

6. 股东优先认缴权的范围如何确定

根据《公司法》第 34 条的有关规定，公司新增资本时，股东仅有权优先按照实缴的出资比例认缴出资。换言之，在一般情况下，股东对于在其出资比例外的新增资本部分并不享有优先认缴权。当然，公司章程可以约定股东对增资扩股的全部份额较于外部投资者均具有优先认缴权。

7. 什么是对赌协议

对赌协议，根据其英文（Valuation Agreement Mechanism）直译过来的名称应是"估值调整机制"，即投资方与被投资方出于对未来不确定因素的考量，根据预期目的实现与否来约定由投资方或者融资方实现一定的权利或义务，目的实现则被投资方从投资方处得到更多的利益，目的未实现则投资方有权要求被投资方给予一定的补偿。

对赌协议在投融资领域已得到广泛运用。比较有名的是 2003 年摩根士丹利等与蒙牛乳业对赌，2005 年摩根士丹利、鼎晖等与中国永乐对赌，2008 年鼎辉与俏江南对赌，2009 年高盛与腾讯对赌等。成功的对赌案例，可以使投资方与被投资方双双获利；但如对赌失败，也往往会致使原股东失去了对公司的控制权，或者承担巨额的现金赔偿责任。

在公司融资的过程中，投资方往往会要求被投资方与之签署对赌协议，基于融资本身的巨大诱惑性，被投资方往往难以抵抗。但越是这样，被投资方越应当反复斟酌、谨慎行事。

8. 对赌协议的效力如何认定

根据最高法院在其审理的"对赌第一案"中的裁判观点，投资方与原股东之间签署的对赌条款合法有效。但是，投资方与目标公司之间签订的对赌条款会使得投资方的投资可以取得相对固定的收益，该收益脱离了目标公司的经营业绩，损害了公司利益和公司债权人利益，应属无效。

需要说明的是，最高法院的这一裁判观点近年来已发生调整，其在 2018 年审

理的一起案件中认为，投资方与原股东之间签署对赌条款，且目标公司为原股东的回购义务向投资方承担连带担保责任的约定，是有效的。因此，建议企业的经营者和投资者都要高度关注最高法院在对赌协议效力问题上的态度变化，慎重选择对赌的交易结构和相对方。2019年11月4日最高人民法院发布的《全国法院民商事审判工作会议纪要》第5条也采用相同观点，即不论是与目标公司对赌还是与股东、实际控制人、高管对赌，所签订的对赌协议均为有效。

9. 股东的优先认缴权应在何时行使

公司新增资本时，股东有权优先按照实缴的出资比例认缴出资。现行法律并未明确规定该项权利的行使期限，但一般认为，股东一定要在发现权利被侵犯后，尽快在合理期限内行使。否则法院出于维护交易安全和稳定经济秩序的考虑，不会支持其超出合理期限行使优先认缴权。至于多久时间是"合理期限"没有统一标准，需要结合案件的实际情况进行判断。

此外，股东要求行使优先认缴权的方式要恰当，必要时股东应提起诉讼。如在有的案件中，股东分别以在讨论增资的股东会决议中投反对票、向公司提交要求行使优先认缴权的报告、向工商局提交要求不予工商变更登记的报告等方式提出意见，却未及时向法院起诉，最终被法院认定为未及时主张优先认缴权。因此，股东在优先认缴权受到侵犯后，如不能通过协商方式解决，应立即明确要求行使优先认缴权，通过法院行使此项权利。

10. 公司增资需履行哪些必备程序

根据《公司法》第43条的规定，公司增加注册资本应经股东会通过，且必须经代表三分之二以上表决权的股东通过。

并且，根据《公司法》第34条的规定，公司新增资本时，股东有权优先按照实缴的出资比例认缴出资，以保证在其行使该权利时其股权比例不因公司的增资行为而被稀释。但是，全体股东约定不按照出资比例优先认缴出资的除外。

11. 股东对其他股东放弃认缴的增资份额是否有优先认缴权

除公司章程另有约定外，有限责任公司增资扩股时，股东有权优先按照实缴的出资比例认缴出资，股东对其他股东放弃认缴的增资份额不享有优先认缴权。

13. 公司部分股权被冻结，是否会影响公司增资扩股

一般认为，如允许公司股权被冻结期间进行增资扩股，必然使被冻结的股权权利内容产生变动，如股权净资产估值、未分配的红利、股息等因股权比例的降低而减少，其管理权、参与权、表决权价值也相应降低，导致股权价值的贬损。因此，股权被冻结后，工商行政管理部门一般不会核准公司增资扩股的变更登记。

但是，对被冻结股权的公司而言，如股权被冻结后有增资扩股的需求，应尽量保

证征得申请执行人的同意,或者在不因增资扩股导致被冻结股权价值减损、损害申请执行人利益的前提下,与法院进行沟通,请求法院暂时解除对股权的冻结措施。

14. 未收到公司减资通知的债权人,可否请求减资股东承担责任

根据《公司法》第177条的规定,公司减资应当自作出减资决议之日起十日内通知债权人,并于三十日内在报纸上公告。通知程序和公告程序是两个不同的步骤,缺一不可,只公告未通知或只通知未公告都属于不当减资行为。

其中,公司减资应通知的债权人,既包括债权数额确定的债权人,也包括具体债权数额虽有争议但必然会享有债权的债权人。股东为了避免对公司债务承担补充赔偿责任,应尽量扩大通知债权人的范围,将公司减资事宜通知已知债权人、潜在债权人。

需要说明的是,减资的股东未必是公司的实际控制人,也有可能是小股东,不参与公司实际运营。此时小股东应特别关注、督促公司合法合规办理减资程序,避免因公司的不规范行为造成自己承担责任的后果。公司减资应当自作出减资决议之日起十日内通知债权人,公司减资未履行通知已知债权人的义务时,公司股东应当在其减少出资的范围内,就公司债务不能清偿的部分对债权人承担补充赔偿责任。

优先权行使要及时

【司法观点】

1. 有限公司有关增资扩股的股东会决议,侵犯股东优先认缴权的部分无效,无效部分不影响合法有效部分的效力。

2. 即使股东会决议存在全部或部分无效的情形,只要公司与外来投资者签订的增资扩股协议不存在《民法典》第153条和第154条的情形,就应当认定该增资扩股协议有效。

3. 股东主张公司新增资本的优先认缴权应当在合理期限内行使。

【典型案例】[①]

科创公司于2001年7月成立。在2003年12月增资扩股前,注册资金475.37万元,其中蒋某出资额为67.6万元,出资比例14.22%,为公司最大股东;红日公

---

① (2010)民提字第48号。

司出资额为 27.6 万元，出资比例 5.81%。科创公司第一届董事长由蒋某担任。

2003 年 1 月 20 日，科创公司通过挂牌出让方式取得绵阳高新区石桥铺国际招商区 325 亩住宅项目用地，但没有支付土地出让金，没有取得土地使用权证。2003 年 3 月 31 日，科创公司作为甲方，林某业、陈某高作为乙方，高新区管委会作为丙方，签订了合作开发建设绵阳锦江城市花园的合作协议书（石桥铺项目），约定由科创公司负责支付地价款，由陈某高负责项目开发资金及建设。2003 年 7 月 2 日，全体股东大会通过选举李某为公司董事长，任期两年的决议。此后蒋某在科创公司的身份为董事。

2003 年 12 月 5 日，科创公司发出召开股东代表大会的通知，开会时间定于 2003 年 12 月 16 日下午 4：00，议题是：1. 关于吸纳陈某高为新股东的问题；2. 关于公司内部股权转让的问题；3. 新科创公司的新股东代表、监事、会计提名等。2003 年 12 月 16 日下午，蒋某、红日公司的委托代表常某出席了股东会。该次股东代表会表决票反映，蒋某对上述三项议题的第 2 项投了赞成票，对第 1 项和第 3 项投了反对票；红日公司的委托代表常某对第 2 项和新会计的提名投了赞成票，其余内容投了反对票，并在意见栏中注明："应当按照《公司法》第 39 条第 2 款规定先就增加资本拿出具体框架方案，按公司原股东所占比重、所增资本所占增资扩股后所占比重先进行讨论通过，再决定将来出资，要考虑原股东享有公司法规定的投资（出资）权利。"该次股东会担任记录的梁某平整理了会议纪要，除蒋某、红日公司和投弃权票的四名股东未在会议纪要上签名外，其余股东在会议纪要上签名。该纪要中记载：应到股东代表 23 人，实到 22 人，以记名方式投票表决形成决议；讨论了陈某高的入股协议，同意吸纳陈某高为新股东（经表决 75.49% 同意，20.03% 反对，4.48% 弃权）；同意科创公司内部股份转让（经表决 100% 同意）。此后蒋某在科创公司的身份为监事。

2003 年 12 月 18 日，科创公司为甲方，陈某高为乙方签订了《入股协议书》，约定由陈某高出资 800 万元，以每股 1.3 元认购 615.38 万股。该协议主要记载：乙方同意甲方股东大会讨论通过的增资扩股方案，即同意甲方在原股本 475.37 万股的基础上，将总股本扩大至 1090.75 万股，由此，甲方原股东所持股本 475.37 万股占总股本 1090.75 万股的 43.6%；乙方出资 800 万元人民币以每股 1.3 元认购 615.38 万股，占总股本 1090.75 万股的 56.4%；科创公司的注册资金相应变更为 1090.75 万元，超出注册资本的 184.62 万元列为资本公积金；该项资本公积金不用于弥补上一年的经营亏损，今后如用于向股东转增股本时，乙方所拥有的股份不享有该权利；本协议签字 7 天内，乙方应将 800 万元人民币汇入甲方指定账号，款到 7 个工作日之内，甲方负责开始办理股东、董事及法定代表人和公司章程等变更的工商登记手续，税务等其他有关部门的变更登记手续于一个月办妥；双方同意乙方投资的 800 万元人民币专项用于支付甲方通过政府挂牌出让程序已购得的绵阳高新区石桥铺 325 亩住宅用地的部分地价款；乙方入股后预计先期投入 3000 万元人民币开发绵阳高新区石桥铺 325 亩住宅用地项目；甲乙双方与高新区管委会于 2003 年 3 月 31 日签订的合作协议书继续有效，与本协议具有同等法律效力；本协议经双方签字且 800 万元人民币到账后生效。

2003 年 12 月 22 日，陈某高将 800 万元股金汇入科创公司的指定账户。同日红日公司向科创公司递交了《关于要求作为科创公司增资扩股增资认缴人的报告》，该报告的主要内容为：主张蒋某和红日公司享有优先认缴出资的权利，愿意在增资扩股方案的同等条件下，由红日公司与蒋某共同或由其中一家向科创公司认缴新增资本 800 万元人民币的出资。

2003 年 12 月 25 日，科创公司变更法定代表人为陈某高，注册资本变为 1090.75 万元，陈某高占 56.4%。科创公司变更后的章程记载：陈某高出资额 615.38 万元，出资比例 56.42%，蒋某出资额 67.6 万元，出资比例 6.20%，红日公司出资额 27.6 万元，出资比例 2.53%。2003 年 12 月 26 日，红日公司向绵阳高新区工商局递交了《请就绵阳高新区科创实业有限公司新增资本、增加新股东作不予变更登记的报告》。

此后，陈某高以科创公司董事长的身份对公司进行经营管理。2004 年 3 月 5 日，科创公司交清全部土地款 13020175 元，取得土地使用证。2005 年 2 月 1 日，科创公司召开股东会形成决议，通过陈某高将 1 万股赠与固生公司的提案，红日公司和蒋某参加会议，投弃权票。同年 3 月 1 日，陈某高将 615.38 万股转让给固生公司，固生公司持有科创公司股份共计 615.38 万股。2005 年 2 月至 2006 年 11 月，陈某高以每股 1.2 元的价格收购了其他自然人股东 315.71 万股。科创公司股东变更为：固生公司 615.38 万股，占 56.42%；陈某高 315.71 万股，占 28.94%；蒋某 67.60 万股，占 6.20%；红日公司 27.60 万股，占 2.53%；其他自然人股东 11 人，共 64.46 万股，占 5.91%。目前，科创公司拟开发的石桥铺项目仅修了一条从城区公路通往项目所在地的 200 米左右的水泥路，整个项目因拆迁和规划等问题尚未破土动工。

2005 年 3 月 30 日，科创公司向工商部门申请办理公司变更登记。2005 年 12 月 12 日，蒋某和红日公司向四川省绵阳市中级人民法院法院提起诉讼，请求确认科创公司 2003 年 12 月 16 日股东会通过的吸纳陈某高为新股东的决议无效，确认科创公司和陈某高 2003 年 12 月 18 日签订的《入股协议书》无效，确认其对 800 万元新增资本优先认购，科创公司承担其相应损失。

绵阳法院一审认为：

一、关于科创公司2003年12月16日股东会通过的吸纳陈某高为新股东的决议的效力问题

红日公司和蒋某主张无效的理由是，科创公司只提前11日通知各股东召开股东会，根据《公司法》（1999年）第44条第1款"召开股东会会议，应当于会议召开十五日以前通知全体股东"的规定，且在增资扩股的问题上通知书也不明确。从本案查明的事实反映，蒋某在本案中具有多重身份，既是原告红日公司的法定代表人，又在2003年7月2日以前是科创公司的最大股东和董事长，此后至12月16日，是科创公司的最大股东和董事。蒋某在任科创公司董事长期间，科创公司签订了与陈某高等就石桥铺项目进行合作的合作协议，而且参加了2003年12月16日的股东会并对会议议题行使了表决权，对其中"吸纳陈某高先生为新股东"的议题投了反对票。根据《公司法》（1999年）第39条第2款关于"股东会对公司增加或者减少注册资本、分立、合并、解散或者变更公司形式作出决议，必须经代表三分之二以上表决权的股东通过"的规定，股东会决议的效力不取决于股东会议通知的时间及内容，而决定于股东认可并是否达到《公司法》的要求。查明的事实反映，2003年12月16日"吸纳陈某高先生为新股东"的决议中涉及科创公司增资扩股800万元和该800万元增资由陈某高认缴的内容已在股东会上经科创公司75.49%表决权的股东通过。因此"吸纳陈某高先生为新股东"的决议符合上述规定，该决议有效。

二、关于科创公司与陈某高于2003年12月18日签订的《入股协议书》的效力问题

红日公司和蒋某主张该协议是科创公司与陈某高恶意串通损害其股东利益而签订的，但根据一审法院查明的事实，其并未提供证据证明该事实存在。经审查，该入股协议书的主体适格，意思表示真实，不违反法律或者社会公共利益，应为有效协议。故红日公司和蒋某关于《入股协议书》无效的主张不成立。

三、关于红日公司和蒋某能否优先认缴科创公司2003年12月16日股东会通过新增的800万元资本，并由科创公司承担相应损失的问题

按照《公司法》（1999年）第33条关于"股东按照出资比例分取红利。公司新增资本时，股东可以优先认缴出资"的规定，蒋某、红日公司作为科创公司的股东，对公司新增资本享有优先认缴权利。但《公司法》（1999年）对股东优先认缴权的期间未作规定。2006年5月9日起施行的《最高人民法院关于适用〈中华人民共和国公司法〉若干问题的规定（一）》（以下简称《公司法司法解释一》）第2条规定："因公司法实施前有关民事行为或者事件发生纠纷起诉到人民法院的，如

当时的法律法规和司法解释没有明确规定时,可参照适用公司法的有关规定。"《公司法》(2005 年)也未对股东优先认缴权行使期间作规定,但《公司法》(2005 年)第 75 条第 1 款规定"有下列情形之一的,对股东会该项决议投反对票的股东可以请求公司按照合理的价格收购其股权"、第 2 款规定"自股东会会议决议通过之日起六十日内,股东与公司不能达成股权收购协议的,股东可以自股东会会议决议通过之日起九十日内向人民法院提起诉讼"。该条虽然针对的是异议股东的股权回购请求权,但按照民法精神从对等的关系即公司向股东回购股份与股东向公司优先认缴出资看,后者也应当有一个合理的行使期间,以保障交易的安全和公平。从本案查明的事实看,红日公司和蒋某在 2003 年 12 月 22 日就向科创公司主张优先认缴新增资本 800 万元,于 2005 年 12 月 12 日才提起诉讼,这期间,陈某高又将占出资比例 56.42% 股份转让给固生公司,其个人又陆续与其他股东签订了股权转让协议,全部办理了变更登记,从 2003 年 12 月 25 日起至今担任了科创公司董事长,科创公司的石桥铺项目前景也已明朗。因此红日公司和蒋某在 2005 年 12 月 12 日才提起诉讼不合理。2003 年 12 月 16 日的股东会决议、《入股协议书》合法有效,红日公司和蒋某主张优先认缴权的合理期间已过,故其请求对 800 万元资本优先认缴权并赔偿其损失的请求不予支持。

综上所述,2003 年 12 月 16 日股东会决议和 2003 年 12 月 18 日签订的《入股协议书》合法有效。红日公司和蒋某在 2003 年 12 月 22 日向科创公司主张优先权时,上述两协议已经生效并已在履行过程中,但红日公司和蒋某没有及时采取进一步的法律措施实现其优先权。本案起诉前,围绕科创公司和公司股权又发生了一系列新的民事、行政关系,形成了一系列新的交易关系,为保障交易安全,红日公司和蒋某在本案中的主张不能成立。据此四川省绵阳市中级人民法院以(2006)绵民初字第 2 号民事判决书判决:驳回红日公司、蒋某的诉讼请求。

红日公司和蒋某不服一审判决,向四川省高级人民法院提起上诉称:1. 科创公司只提前 11 天通知召开股东会违反了《公司法》规定提前 15 天通知的强制性法定义务,且通知内容没有公司增资扩股的具体方案和《入股协议书》草案,股东会中突袭表决,议事程序违法。2. 股东会上红日公司和蒋某投了反对票,提出同意增资 800 万元,但不放弃优先出资权。股东会决议中公司增资 800 万元有效,但吸纳陈某高为新股东的决议和《入股协议书》因侵犯其优先认缴出资权而无效。公司法对股东行使优先认缴出资权的诉讼时效没有规定,应适用《民法通则》规定的两年诉讼时效。红日公司和蒋某知道权利被侵害的时间是 2003 年 12 月 22 日,诉讼时效从此时起算直至 2005 年 12 月 22 日才届满,本案于 2005 年 12 月 12 日提起诉讼,未超过诉讼时效期间。3. 陈某高是固生公司法定代表人,固生公司取得股份并非善意，其股东身份也不合法，因此不存在保护交易安全的问题。请求二审法院撤销原判，依法改判。

被上诉人科创公司、固生公司和陈某高答辩称：1. 虽然科创公司召开股东会通知程序不符合《公司法》关于提前15天通知的规定，但该条款是任意性规范，且公司股东均准时参加，不影响决议效力。2. 科创公司所提"吸纳陈某高先生为新股东"的含义是定向增资扩股，该议题已经三分之二表决权的股东表决通过，陈某高尽到了合理的注意义务，根据《公司法》（1999年）第39条的规定，该议题的决议合法有效。3. 公司增资扩股，由公司与新股东签订入股协议，法律并无禁止性规定，并且代表了公司绝大多数股东的意志，未违反《公司法》（1999年）第33条的规定。红日公司和蒋某提出优先认缴时，《入股协议书》已经成立并在履行过程中，应为有效。4. 科创公司是因公司面临土地价款无法缴纳，土地将被政府收回的困境而吸收陈某高入股，陈某高出资800万元，以1.3元溢价购股，且承诺成为新股东后不得再以股东身份分享科创公司在合作协议项目中应分得的35%的盈利，该决议使公司利益最大化，保证了原股东利益。以后陈某高将股份以赠与和转让方式转给固生公司，陈某高和固生公司均是善意第三人。而红日公司和蒋某在长达两年时间内多次参加陈某高主持的董事会和股东会，没有就优先出资权进一步采取法律措施，却在公司稍有起色的情况下提起诉讼，缺乏合理性和正当性。请求驳回上诉，维持原判。

四川省高级人民法院二审认为，科创公司于2003年12月16日召开的股东会议所通过的关于"吸纳陈某高先生为新股东"的决议，其内容包括了科创公司增资800万元和由陈某高通过认缴该800万元新增出资成为科创公司新股东两个方面的内容。根据《公司法》（1999年）第38条第1款第8项关于股东会行使"对公司增加或者减少注册资本作出决议"的职权，第39条第2款关于"股东会对公司增加或者减少注册资本、分立、合并、解散或者变更公司形式作出决议，必须经代表三分之二以上表决权的股东通过"的规定，科创公司增资800万元的决议获代表科创公司75.49%表决权的股东通过，应属合法有效。

根据《公司法》（1999年）第33条关于"公司新增资本时，股东可以优先认缴出资"的规定以及科创公司章程中的相同约定，科创公司原股东红日公司享有该次增资的优先认缴出资权。在股东会议上，蒋某和红日公司对由陈某高认缴800万元增资股份并成为新股东的议题投反对票并签注"要考虑原股东享有《公司法》规定的投资（出资）权利"的意见，是其反对陈某高认缴新增资本成为股东，并认为公司应当考虑其作为原股东所享有的优先认缴出资权，明确其不放弃优先认缴出资权的意思表示。紧接着在同月22日和26日，红日公司又分别向科创公司递交了《关于要求作为科创公司增资扩股增资认缴人的报告》，向绵阳市高新区工商局递交了《请就绵阳高新区科创实业有限公司新增资本、增加新股东作不予变更登记的报告》，进一步明确主张优先认缴出资权。上述事实均表明红日公司和蒋某从未放弃优先认缴出资权。但是，科创公司在没有以恰当的方式征询蒋某和红日公司的意见以明确其是否放弃优先认缴出资权，也没有给予蒋某和红日公司合理期限以行使优先认缴出资权的情况下，即于同月18日与陈某高签订《入股协议书》，并于同月25日变更工商登记，将法定代表人变更成陈某高，将公司注册资本变更为1090.75万元，其中新增资本615.38万元登记于陈某高名下。该系列行为侵犯了法律规定的蒋某和红日公司在科创公司所享有的公司新增资本时的优先认缴出资权，根据《民法通则》第58条第1款第5项关于"违反法律或者社会公共利益的民事行为无效"的规定，股东会决议中关于由陈某高认缴新增资本800万元并由此成为科创公司股东的内容无效，科创公司和陈某高签订的《入股协议书》也相应无效。虽然本案所涉股东会决议经代表三分之二以上表决权的股东投票通过，但公司原股东优先认缴新增出资的权利是原股东个体的法定权利，不能以股东会多数决的方式予以剥夺。故蒋某和红日公司所提股东会议决议中关于吸收陈某高为股东的内容、《入股协议书》无效，其享有优先认缴科创公司800万元新增资本的上诉理由依法成立，二审法院予以支持。

按照《民法通则》第61条的规定，民事行为被确认为无效或者被撤销后，当事人因该行为取得的财产，应当返还给受损失的一方，因此陈某高依据该部分无效决议和《入股协议书》所取得的股权应当返还。虽然后来陈某高将其名下的股份赠与和转让给了固生公司，但陈某高系固生公司的法定代表人，固生公司知道或者应当知道陈某高认缴出资侵犯了他人的优先认缴出资权，故该公司并非善意取得，其间的赠与和转让行为也无效。固生公司应当将其所持有的科创公司615.38万股股份返还给科创公司，由红日公司和蒋某优先认购；科创公司应当将800万元认股款及其资金占用利息返还给陈某高。

关于有限责任公司股东请求人民法院保护其认缴新增资本优先权的诉讼时效问题，现行法律无特别规定，应当适用《民法通则》规定的两年普通诉讼时效。蒋某和红日公司在2003年12月22日书面要求优先认缴新增资本800万元，至2005年12月12日提起诉讼，符合该法关于两年诉讼时效的规定，其所提应当优先认缴800万元新增资本的请求依法成立，二审法院予以支持。蒋某和红日公司所提应由科创公司承担其相应损失的请求因无相应证据证明，二审法院不予支持。原判认定事实不清，适用法律有误，应当予以纠正。

综上，二审法院判决：1. 撤销四川省绵阳市中级人民法院（2006）绵民初字第2号民事判决；2.绵阳高新区科创实业有限公司于2003年12月16日作出的股东会决议中关于吸收陈某高为股东的内容无效；3.绵阳高新区科创实业有限公司于2003年12月18日与陈某高签订的《入股协议书》无效；4.蒋某和绵阳市红日实业有限公司享有以800万元购买绵阳高新区科创实业有限公司2003年12月16日股东会决定新增的615.38万股股份的优先权；5.蒋某和绵阳市红日实业有限公司于本判决生效之日起15日内将800万元购股款支付给绵阳高新区科创实业有限公司；6.在蒋某和绵阳市红日实业有限公司履行上述第五项判决后15日内，由福建省固生投资有限公司向绵阳高新区科创实业有限公司返还其所持有的该司615.38万股股权，并同时由绵阳高新区科创实业有限公司根据蒋某和绵阳市红日实业有限公司的认购意愿和支付款项情况将该部分股权登记于蒋某和绵阳市红日实业有限公司名下；7.在福建省固生投资有限公司履行上述第六项判决后3日内，由绵阳高新区科创实业有限公司向陈某高返还800万元及利息（从2003年12月23日起至付清之日止按中国人民银行流动资金同期贷款利率计算）；8.驳回蒋某和绵阳市红日实业有限公司的其他诉讼请求。

科创公司、固生公司、陈某高不服四川省高级人民法院上述二审民事判决，向最高人民法院申请再审称：1.二审判决认定的事实缺乏证据支持，2003年12月16日科创公司作出的"关于吸纳陈某高为新股东"的股东会决议、2003年12月18日陈某高与科创公司签订的《入股协议书》均合法有效。（1）二审法院将科创公司2003年12月16日股东会关于吸纳陈某高为新股东的决议内容拆分为"科创公司增资800万元"和"由陈某高通过认缴800万元新增出资成为科创公司新股东"两部分，与事实严重不符，这两项内容是不可分的，增资800万元是以吸纳陈某高为新股东为前提的。（2）红日公司在股东会反对票上的签注不能作为其不放弃优先认缴出资权的意思表示，红日公司的签注援引了《公司法》（1999年）第39条第2款的规定，即股东会对公司增资或减资等决议的表决程序，与第33条股东优先认缴权无关。且红日公司2003年12月22日提交的报告上没有蒋某的签名，不能认为蒋某主张了优先认缴权。（3）优先认缴权是形成权，其行使应有合理期限。科创公司是在急于支付石桥铺项目土地出让金的现实情况下吸收陈某高出资的，蒋某和红日公司行使优先认缴权的期限应不超过科创公司支付土地出让金的最后期限，即2003年12月31日。（4）固生公司和陈某高取得科创公司的股权没有恶意，签订《入股协议书》时不存在恶意串通的情形。2.二审判决适用法律错误。二审判决依据《民法通则》第58条第1款第四项、第五项，在没有证据证明陈某高与科创公司恶意串通、《入股协议书》违反法律或社会公共利益的情况下引用上述条文判决股东会决议及《入股协议书》无效，显属适用法律错误，据此另引用的《民法通则》第61条及《合同法》第58条也与事实不符。即使蒋某和红日公司关于行使优先认缴权的主张能够得到支持，按照《公司法司法解释一》第2条和《公司法》第34条之规定，也只能按照其实缴的出资比例认缴出资，而不能全部认缴800万元新增出资。且二审法院适用《民法通则》规定的两年普通诉讼时效也存在错误，股东优先认缴权属形成权，应适用除斥期间的规定，不超过一年。3. 陈某高入股科创公司后投入了大量的资金和智慧，促使公司的经营管理和石桥铺项目都取得了巨大进展，科创公司的股权价值大幅增值，早已超过当年的购买价格，二审判决在未对股权价值进行重新评估的基础上支持红日公司和蒋某以2003年的价格购买该股权，有违公平原则。

  被申请人红日公司、蒋某答辩称：1. 二审判决认定事实清楚、证据确凿。"吸纳陈某高为新股东"这一决议并不是在公司面临无力交款，土地将被收回的严峻形势下作出的。红日公司和蒋某当时完全有能力进行增资扩股交清土地出让金，未交清的原因是科创公司与高新区管委会之间还有多笔账务没有结算。"吸纳陈某高为新股东"这一决议可以拆分为"科创公司增资800万元"和"由陈某高通过认缴800万元新增出资成为科创公司新股东"来理解。红日公司、蒋某投反对票并签注的意思表明其同意"科创公司增资800万元"而反对"由陈某高认缴800万元新增出资成为科创公司新股东"。即使红日公司、蒋某对这两项内容均表示反对；也不会影响"科创公司增资800万元"的法律效力，增资扩股的表决通过是符合《公司法》规定的，并没有侵犯原股东的优先认缴出资权，只是"由陈某高通过认缴800万元新增出资成为科创公司新股东"这一部分侵犯了原股东的优先认缴出资权。红日公司在表决票上的签注明确表明增资需按《公司法》第39条第2款的规定进行，并且应按第33条的规定考虑原股东的优先认缴出资权，已表明其没有放弃优先认缴出资权。红日公司和蒋某在股东会召开当天才知道科创公司即将增资扩股800万元，因此其行使优先认股权的期限应为从2003年12月16日起算的一个合理期间，而不是当天必须行使权利。红日公司在2003年12月22日就向科创公司递交了《关于要求作为科创公司增资扩股增资认缴人的报告》，作出了行使优先认缴权的意思表示，且该时间早于陈某高与科创公司签订的《入股协议书》约定的生效时间。陈某高在科创公司原股东有能力认缴新增出资且主张了优先认缴权的前提下仍然与科创公司订立《入股协议书》，显然侵犯了红日公司和蒋某的优先认缴权。固生公司是陈某高及其家人出资设立，陈某高是固生公司的法定代表人，因此该公司可以认定为陈某高自己的公司。陈某高取得的科创公司股份是不合法的，其转让行为属于无权处分，而固生公司作为陈某高个人的公司受让股权显然恶意。2. 二审判决适用法律正确。对《民法通则》第58条第4项应当理解为，只要行为人意识到了该行为有可能侵犯到第三人利益而故意为之，就构成恶意。科创公司在召开2003年12月16日股东会以前，已经与陈某高达成《入股协议书》和承包经营协议草案，且陈某高在签订《入股协议书》时也清楚红日公司和蒋某反对其成为科创公司的新股东，因此陈某高与科创公司签订的《入股协议书》应属恶意串通之行为。如果认为优先认缴权是形成权，红日公司和蒋某在2003年12月22日已经行使了优先认缴权，在这一权利受到侵犯时就应当适用两年普通诉讼时效的规定。3.本案中陈某高进入科创公司以来，对公司基本没有投入，公司资产基本无增长，公司的石桥铺项目至今基本未进行开发，陈某高的行为引起了当地百姓的不满和一系列社会问题。总之，二审判决事实认定清楚，法律适用正确，再审申请人的申请理由不能成立，应依法予以驳回。再审中，被申请人红日公司和蒋某提交了催告公证书、绵阳中院强制执行文书、提存公证书、2008年科创公司临时股东大会的公证书等证据材料，用以证明本案二审判决后的履行情况及科创公司现在的股权结构等基本情况；另提交了科创公司2004年至2008年经营状况材料、石桥铺项目所涉及的村民拆迁补偿材料和村民的联名信等证据材料，用以证明陈某高进入科创公司后对公司没有进行投入，红日公司和蒋某取得科创公司新增股份后科创公司对石桥铺项目有了新的投入。

最高人民法院认为：根据本案的事实和双方当事人的诉辩主张，本案再审程序中有以下两个争议焦点：1. 2003年12月16日科创公司作出的股东会决议和2003年12月18日科创公司与陈某高签订的《入股协议书》是否有效；2. 红日公司和蒋某是否能够行使对科创公司2003年新增的615.38万股股份的优先认缴权。

关于第一个争议焦点。2003年12月16日科创公司作出股东会决议时，现行公司法尚未实施，根据《公司法司法解释一》第2条的规定，当时的法律和司法解释没有明确规定的，可参照适用现行《公司法》的规定。《公司法》（1999年）第33条规定："公司新增资本时，股东可以优先认缴出资。"根据现行《公司法》第35条的规定，公司新增资本时，股东的优先认缴权应限于其实缴的出资比例。2003年12月16日科创公司作出的股东会决议，在其股东红日公司、蒋某明确表示反对的情况下，未给予红日公司和蒋某优先认缴出资的选择权，径行以股权多数决的方式通过了由股东以外的第三人陈某高出资800万元认购科创公司全部新增股份615.38万股的决议内容，侵犯了红日公司和蒋某按照各自的出资比例优先认缴新增资本的权利，违反了上述法律规定。现行《公司法》第22条第1款规定："公司股东会或者股东大会、董事会的决议内容违反法律、行政法规的无效。"根据上述规定，科创公司2003年12月16日股东会议通过的由陈某高出资800万元认购科创公司新增615.38万股股份的决议内容中，涉及新增股份中14.22%和5.81%的部分因分别侵犯了蒋某和红日公司的优先认缴权而归于无效,涉及新增股份中79.97%的部分因其他股东以同意或弃权的方式放弃行使优先认缴权而发生法律效力。四川省绵阳市中级人民法院（2006）绵民初字第2号民事判决认定决议全部有效不妥,应予纠正。该股东会将吸纳陈某高为新股东列为一项议题,但该议题中实际包含增资800万元和由陈某高认缴新增出资两个方面的内容,其中由陈某高认缴新增出资的决议内容部分无效不影响增资决议的效力,科创公司认为上述两个方面的内容不可分割缺乏依据,法院不予支持。2003年12月18日科创公司与陈某高签订的《入股协议书》系科创公司与该公司以外的第三人签订的合同,应适用合同法的一般原则及相关法律规定认定其效力。虽然科创公司2003年12月16日作出的股东会决议部分无效,导致科创公司达成上述协议的意思存在瑕疵,但作为合同相对方的陈某高并无审查科创公司意思形成过程的义务,科创公司对外达成协议应受其表示行为的制约。上述《入股协议书》是科创公司与陈某高作出的一致意思表示,不违反国家禁止性法律规范,且陈某高按照协议约定支付了相应对价,没有证据证明双方恶意串通损害他人利益,因此该协议不存在《合同法》第52条所规定的合同无效的情形,应属有效。二审法院根据《民法通则》第58条第1款第5项的规定认定该入股协议书无效属适用法律错误,法院予以纠正。

关于第二个争议焦点问题,虽然科创公司2003年12月16日股东会决议因侵犯了红日公司和蒋某按照各自的出资比例优先认缴新增资本的权利而部分无效,但红日公司和蒋某是否能够行使上述新增资本的优先认缴权还需要考虑其是否恰当地主张了权利。股东优先认缴公司新增资本的权利属形成权,虽然现行法律没有明确规定该项权利的行使期限,但为了维护交易安全和稳定经济秩序,该权利应当在一定合理期间内行使,并且由于这一权利的行使属于典型的商事行为,对于合理期间的认定应当比通常的民事行为更加严格。本案红日公司和蒋某在科创公司2003年12月16日召开股东会时已经知道其优先认缴权受到侵害,且作出了要求行使优先认缴权的意思表示,但并未及时采取诉讼等方式积极主张权利。在此后科创公司召开股东会、决议通过陈某高将部分股权赠与固生公司提案时,红日公司和蒋某参加了会议,且未表示反对。红日公司和蒋某在股权变动近两年后又提起诉讼,争议的股权价值已经发生了较大变化,此时允许其行使优先认缴出资的权利将导致已趋稳定的法律关系遭到破坏,并极易产生显失公平的后果,故四川省绵阳市中级人民法院认定红日公司和蒋某主张优先认缴权的合理期间已过并无不妥。故法院对红日公司和蒋某行使对科创公司新增资本优先认缴权的请求不予支持。红日公司和蒋某在一审诉讼请求中要求科创公司承担其相应损失,但未明确请求赔偿的损失数额,也未提交证据予以证明,法院对此不予审理。本案再审期间,红日公司一方主张基于新增股权对科创公司进行了投入,该主张不属于本案审理范围,其对此可以另行提起诉讼。

综上最高法院认为,红日公司、蒋某的诉讼请求部分成立,但四川省高级人民法院(2006)川民终字第515号民事判决认定红日公司和蒋某可以行使优先认缴科创公司2003年新增615.38万股股份的权利,事实根据不足,适用法律不当,应予撤销。判决如下:1.撤销四川省高级人民法院(2006)川民终字第515号民事判决,撤销四川省绵阳市中级人民法院(2006)绵民初字第2号民事判决;2.绵阳高新区科创实业有限公司2003年12月16日作出的股东会决议中由陈某高出资800万元认购绵阳高新区科创实业有限公司新增615.38万股股份的决议内容中,涉及新增股份20.03%的部分无效,涉及新增股份79.97%的部分及决议的其他内容有效;3.驳回四川省绵阳市红日实业有限公司、蒋某的其他诉讼请求。

【实务指引】

从争议标的来看,本案大概并不算得上一个"大案件",但是本案确是一个历经了两审终审后由最高法院提审的案件,三次判决虽然认定的事实基本一致,但结论每次都有所不同,而最终的最高法院判决更是被认为确立了公司增资扩股领域内的多项裁判规则:

第一,股东会的一项决议可以被认定为部分有效、部分无效。

本案股东会中将"吸收陈某高为新股东"列为一项议题,并以记名表决的方式(经表决75.49%同意,20.03%反对,4.48%弃权)做出了"同意吸纳陈某高为新股东"的决议。原告红日公司、蒋某要求确认该项决议无效。四川省高级人民法院二审认为该决议的内容包括了科创公司增资800万元和由陈某高通过认缴该800万元新增出资成为科创公司新股东两个方面的内容。最高人民法院则认为,涉及新增股份中14.22%和5.81%的部分因分别侵犯了蒋某和红日公司的优先认缴权而归于无效,涉及新增股份中79.97%的部分因其他股东以同意或弃权的方式放弃行使优先认缴权而发生法律效力。

不难看出,无论是四川高院还是最高法院,都将"同意吸纳陈某高为新股东"这一项股东会决议进行了拆分处理。事实上,这一项决议包含着新增资本和认缴新增资本两部分内容。对于新增资本的部分,历次《公司法》都将新增资本的条件设置为2/3以上有表决权的股东通过,本案股东会决议符合这一条件,因此应当认定为有效。对于认缴新增资本的部分,由于现行《公司法》第34条规定,"公司新增资本时,股东有权优先按照实缴的出资比例认缴出资",因此新增股份中

14.22%和5.81%的部分因分别侵犯了蒋某和红日公司的优先认缴权而归于无效，其他部分应当认定为有效。从最终的判决中可以得出这样的结论，股东会决议的部分无效不影响其合法有效部分的效力，即使有效和无效的部分中在形式上共处于一项股东会决议中，只要从法律逻辑上他们是可以分割的，法院就可以对其效力作出不同的认定。

第二，投资者与公司签订的增资入股协议不因公司股东会决议的无效而无效。

最高法院虽然确认本案的股东会决议部分无效，但认为科创公司与陈某高签订的《入股协议书》是有效的，并指出：2003年12月18日科创公司与陈某高签订的《入股协议书》系科创公司与该公司以外的第三人签订的合同，应适用《民法典》的一般原则及相关法律规定认定其效力。虽然科创公司2003年12月16日作出的股东会决议部分无效，导致科创公司达成上述协议的意思存在瑕疵，但作为合同相对方的陈某高并无审查科创公司意思形成过程的义务，科创公司对外达成协议应受其表示行为的制约。上述《入股协议书》是科创公司与陈某高作出的一致意思表示，不违反国家禁止性法律规范，且陈某高按照协议约定支付了相应对价，没有证据证明双方恶意串通损害他人利益，因此该协议不存在《民法典》第153条所规定的合同无效的情形，应属有效。

由此可见，由于外部投资者并没有审查公司意思形成过程的义务，为保护善意的投资者并维护交易安全，只要公司与外部投资者的增资扩股协议本身不存在无效情形，即使公司内部的意思形成过程（股东会决议）存在瑕疵甚至是无效情形，就应当认定该增资扩股协议的有效性。而判断该协议是否有效，应当依据《民法典》第153条、第155条的相关规定。

第三，有限公司股东对于新增资本的优先认缴权应当在合理期限内行使。

有限公司股东对于新增资本的优先认缴权，从民事权利划分的角度而言，属于形成权而非请求权。所谓形成权，是指权利人得以自己一方的意思表示而使法律关系发生变化的权利；而请求权则是指权利人请求他人为特定行为（作为、不作为）的权利。无论是形成权还是请求权，都应当在一定合理的期限内行使，但形成权适用的是除斥期间，即过了这个合理的期限，权利本身即归于消灭；请求权适用的是诉讼时效，即过了这个合理的期限，权利本身并未消灭，但是如果对方以诉讼时效进行抗辩，则丧失了胜诉权。

从法律的规定来看，诉讼时效已经有了比较系统、完善的法律制度，一般情况下的诉讼时效固定为两年（2017年10月1日生效的《民法总则》将其延长为三年）。但对于除斥期间，法律规定的则比较有限和分散，尤其是在本案所遇到的有限公司股东对于新增资本的优先认缴权的问题，历次《公司法》立法均没有规定除斥期间究竟是多长,这就给了法官在个案中判断中的自由裁量的空间。由于本案的增资扩股发生在2003年,提起诉讼主张行使优先认缴权则在2005年,时间跨度已近两年,在两年内股权价值发生了重大变化,股东亦有所更迭;如允许原告再来主张优先认缴权,将会使一个比较稳定的法律关系遭到破坏。

【公司治理建议】

1. 在公司决议的形成过程中,应尽量避免将两个或两个以上可以互相独立的事项列为一个单独的决议事项。如在增资扩股时,最好在公司决议中将决定增资体现为一个决议事项,将某个原股东或者某个新股东认购增资作为另外一个单独的决议事项。这样操作可以给所有股东就不同议题分别表达意见的机会,减少争议的发生。

2. 鉴于《公司法》第34条规定,"……公司新增资本时,股东有权优先按照实缴的出资比例认缴出资。但是,全体股东约定不按照出资比例分取红利或者不按照出资比例优先认缴出资的除外"。公司章程可以对股东如何行使优先认缴权作出个性化设计,既可约定全体股东按照实缴出资比例而非出资比例优先认缴出资,也可约定全体股东不论持股比例都按照相同的比例有限认缴出资。此外,公司章程也可对公司的外部增资作出限制,如规定公司成立三年内,只能由现有股东认购公司注册资本。

3. 在股东优先认购权被侵害时,应采取如下处理方式:(1)立即向公司、新股东等相关各方主体宣示权利;(2)在合理期限内向法院主张要求行使优先认购权。如果怠于行使权利,"躺在权利上睡觉"将导致股权被稀释、丧失公司控制权的不利局面。

【法规链接】

《公司法》

第三十四条　股东按照实缴的出资比例分取红利;公司新增资本时,股东有权优先按照实缴的出资比例认缴出资。但是,全体股东约定不按照出资比例分取红利或者不按照出资比例优先认缴出资的除外。

《民法典》

第一百五十三条　违反法律、行政法规的强制性规定的民事法律行为无效。但是,该强制性规定不导致该民事法律行为无效的除外。

违背公序良俗的民事法律行为无效。

第一百五十四条　行为人与相对人恶意串通,损害他人合法权益的民事法律行为无效。

大股东"黑"小股东之虚假增资

【司法观点】

未经公司有效的股东会决议通过,他人虚假向公司增资以"稀释"公司原有股东股份,该行为损害原有股东的合法权益。即使该出资行为已被工商行政机关备案登记,仍应当认定为无效,公司原有股东股权比例应保持不变。

【典型案例】[1]

2004年4月21日,原告黄某忠与被告陈某庆、陈某、张某、顾某平、王某英共同出资登记设立了宏冠公司,注册资本为400万元,各股东的出资情况及对应的持股比例分别为:张某出资120万元,持股30%;黄某忠、顾某平各出资80万元,各持股20%;陈某、陈某庆、王某英各出资40万元,各持股10%。

2006年10月20日,苏州市太仓工商行政管理局根据宏冠公司的申请,将宏冠公司登记的注册资本由400万元变更登记为1500万元,同时将股东及持股比例登记为:被告张某出资120万元,持股8.00%,黄某忠、顾某平各出资80万元,各持股5.33%;陈某、陈某庆、王某英各出资40万元,各持股2.67%,被告新宝公司出资1100万元,持股73.33%。宏冠公司申请上述变更登记的主要依据为落款日期均为2006年10月16日的《宏冠公司章程》《宏冠公司股东会决议》。其中章程内容的主要变更为:宏冠公司的注册资本由原来的400万元增加至1500万元;增加新宝公司为股东等。而《宏冠公司股东会决议》载明的主要内容为:同意修改后的公司章程;增加公司注册资本,由原来的400万元增加到1500万元,新宝公司增加投资1100万元等。

审理中,被告新宝公司等还出示了落款日期为2006年9月26日的《新宝公司股东大会决议》及落款日期为2006年9月28日的《宏冠公司章程》,分别载明"2006年9月26日在新宝公司会议室召开全体股东大会,会议由董事长主持,会议主要议题讨论关于投资入股宏冠公司,该公司主要生产钢结构产品,为新宝公司配套产品。经全体股东讨论同意以现金人民币1100万元入股宏冠公司,并委派张某、陈某庆、黄某忠三人到宏冠公司任职""2006年9月28日在宏冠公司筹备处会议

---

[1] (2012)虹民二(商)初字第754号。

室召开了全体股东会议，会议讨论关于新宝公司入股宏冠公司，入股形式为现金人民币，金额为壹仟壹佰万元。全体股东均表示同意新宝公司入股。"由于原告及被告王某英均否认上述公司章程和三份股东会决议的真实性，为此，被告新宝公司提出申请，要求对 2006 年 9 月 26 日的新宝公司的股东大会决议及 2006 年 9 月 28 日宏冠公司的股东会决议上"黄某忠"的字迹是否系原告黄某忠的笔迹进行鉴定。经上海市公安局物证鉴定中心鉴定，鉴定意见为，上述两份决议上"黄某忠"的签名字迹与对比样本上的"黄某忠"签名字迹不是同一人书写形成。

另外，根据公司章程的规定，宏冠公司增加注册资本，应由公司股东会作出决议，并经代表三分之二以上表决权的股东通过。新宝公司用于所谓增资宏冠公司的 1100 万元，于 2006 年 10 月 18 日完成验资后，就以"借款"的形式归还给新宝公司。2009 年 5 月 21 日，被告陈某庆作为宏冠公司股东代表与苏州恩纳斯公司签订股权转让合同，苏州恩纳斯公司以 8248500 元价格受让了宏冠公司的全部股权，受让方苏州恩纳斯公司暂定为一个公司，在正式办理股权转让前提供最终的股东名单。股权转让以后，宏冠公司名称变更为江苏恩纳斯公司。2009 年 6 月 24 日，苏州市太仓工商行政管理局出具《公司准予变更登记通知书》，载明：江苏恩纳斯公司原股东已由原告黄某忠、被告陈某庆、陈某、张某、顾某平、王某英、新宝公司变更为苏州恩纳斯公司、远华公司，上述变更事项已经工商备案等。

后黄某忠向上海市虹口区人民法院提起诉讼称：2009 年 5 月 21 日，宏冠公司的全体股东将所持全部股权以 8248500 元的价格转让给苏州恩纳斯公司。原告和宏冠公司的其他股东委托被告陈某庆办理股权转让事宜。股权受让方于 2009 年 7 月 7 日将扣除相关费用后的转让款 8178994 元转账到被告陈某庆个人账户，但陈某庆却迟迟未将原告应得的股权转让款交付给原告。原告无奈只能于 2011 年 3 月提起要求被告陈某庆交付相关股权转让款的诉讼，在该案诉讼中，陈某庆等人声称宏冠公司曾经增过资，注册资本已从 400 万元增加到了 1500 万元，而原告并没有认缴出资，公司的股权结构已经发生改变，所以不能按照原来的持股比例分配股权转让款。为此，原告于 2011 年 5 月 24 日查询了宏冠公司的工商登记资料，才发现了所谓的增资情况，之前原告完全不知道所谓增资事宜，更没有在有关增资的股东会决议上签过名。从客观上讲，被告新宝公司所谓新增 1100 万元出资也在验资后即转回了新宝公司，根本没有实际增资，苏州恩纳斯公司在收购宏冠公司股权时，受让价格也没有考虑所谓增资的部分。所以宏冠公司所谓的增资行为是虚构和无效的，原告的持股比例在出让前一直都是 20%。为维护原告的合法权益，请求法院确认原告在 2004 年 4 月 1 日宏冠公司设立之日起至 2009 年 6 月 6 日股权转让期间持有宏冠公司 20% 的股权（具体持股期间由法院根据相关证据材料认定）。

被告陈某庆等辩称：根据当地政策规定，公司从事土地开发业务，其注册资本应达到1500万元。故宏冠公司于2006年9月28日召开股东会，全体股东一致同意新宝公司入股宏冠公司，于2006年10月16日再次召开股东会，一致通过修改后的公司章程，决定增加公司注册资本，由原来的400万元增加到1500万元，增加的1100万元资本全部由新宝公司认购。同年10月20日，宏冠公司完成公司增资变更手续。自此新宝公司持有宏冠公司73.33%的股权，其他股东的持股比例也相应作了调整。增资的1100万元虽然在完成验资后就转账给了新宝公司，但属于新宝公司向宏冠公司的借款。基于上述事实，原告在宏冠公司成立之日到公司增资之日（即2006年10月20日）期间持有公司20%的股权，增资后公司注册资本已增至1500万元，而原告由于没有认缴新增出资，故其持有的宏冠公司股权比例也相应地调整为5.33%，该股权结构一直保持到原告将全部股权出让给苏州恩纳斯公司为止。原告和被告王某英是知道宏冠公司增资情况的，他们在相应的股东会决议上也有签名。即使原告否认在增资当时不知悉，但在2009年6月股权转让时，原告也应该得知，从这方面讲，原告的诉请已超过诉讼时效。基于以上原因，故请求法院驳回原告的诉讼请求。

被告王某英则辩称：同意原告的意见。宏冠公司设立之后，自己就是宏冠公司的股东，持有该公司10%的股权。此后公司的股权结构没有发生过变化，从来不知道宏冠公司进行过增资的事情，也没有召开过所谓要求增资的股东会，更未在所谓的股东会决议上和章程上签名或授权他人签名。

被告苏州恩纳斯公司则辩称：2009年5月，苏州恩纳斯公司与宏冠公司全体股东签订了股权转让合同，约定将宏冠公司100%股权转让给苏州恩纳斯公司及指定的受让人，股权转让完成后，受让人已按照转让合同及股权转让确认书的要求将股权转让款支付至出让方的指定账户。请求法院驳回原告的诉讼请求。

一审法院经审理后认为：应当支持原告的诉讼请求。理由如下：宏冠公司系原告与被告陈某庆、陈某、张某、顾某平、王某英共同出资设立，设立时原告依法持有宏冠公司20%股权。在原告没有对其股权作出处分的前提下，除非宏冠公司进行了合法的增资，否则原告的持股比例不应当降低。新宝公司等被告声称宏冠公司曾于2006年10月20日完成增资1100万元，并为此提供了所谓股东会的决议，但在原告及被告王某英否认的情况下，新宝公司等被告却没有提供足以证明该些书面材料系真实的证据材料。相反，有关"黄某忠"的笔迹鉴定意见却进一步证实了原告黄某忠并没有在相关股东会决议上签名的事实。由此，法院认定，原告、陈某庆、陈某、张某、顾某平、王某英作为宏冠公司的前股东未就宏冠公司增资1100万元事宜召开过股东会。在未召开股东会的情况下，所谓宏冠公司增资1100万元的行为，违反了宏冠公司的章程及法律的规定，是无效的行为。此外，从结果上来看，新宝公司用于所谓增资的 1100 万元，在完成验资后，就以"借款"的形式归还给新宝公司，此种情形不能认定新宝公司已经履行了出资的义务。

综上，上海市虹口区人民法院认定，宏冠公司并未在 2006 年 10 月 20 日完成实质上增资，宏冠公司以增资为名，降低原告的持股比例，侵犯了原告的合法权益。此外，原告主张权利系要求确认自己的股东权利，该种确认之诉，不应当适用时效抗辩。基于以上原因，原告的诉讼请求应当得到支持，判决确认原告黄某忠自 2004 年 4 月 21 日起至 2009 年 6 月 24 日止持有宏冠公司（已变更名称为恩纳斯公司）20% 的股权。

【实务指引】

本案中，原告黄某忠之所以能胜诉的关键在于，法院认定宏冠公司在未召开股东会的前提下增资的行为无效，进而工商登记无效，原告的股权比例能够保持不变。笔者同意本案法官关于伪造的股东会决议为未形成股东会决议的说法，判决原告黄某忠的股权比例保持不变，拥有宏冠公司 20% 的股权。

实际上，本案的焦点问题在于伪造的股东会决议的效力如何认定。在司法实践中一般有三种说法：第一种是无效说，此观点认为伪造的股东会决议并没有依据资本多数决的原则体现大多数股东的真实意思表示，其仅仅是部分股东为达到某种目的一手炮制的，其常常会侵害另一部分股东的合法权益，因此因股东会未形成真实有效的意思表示和侵害股东的合法权益而无效。第二种是可撤销说，此观点认为依据《公司法》第 22 条第 2 款的额规定"股东会或者股东大会、董事会的会议召集程序、表决方式违反法律、行政法规或者公司章程，或者决议内容违反公司章程的，股东可以自决议作出之日起六十日内，请求人民法院撤销"。伪造股东会决议的行为不仅违反了股东会需召集二分之一或三分之二以上股东参加的会议制度，也违反了需依据表决权的数量进行投票的表决程序，是典型的程序违法行为，应给予部分股东可撤销的权利，若部分股东在本决议作出后 60 天内未撤销，则该决议有效。第三种是未形成决议说，该观点认为伪造的股东会决议并不是真正的股东会决议，因为股东会决议的作出在本质上讲是一种公司机关股东会的共同行为，而伪造的股东会决议是部分股东在未开会的情况下伪造的，根本就没有召开股东会，也就谈不上存在什么股东会决议。

笔者认为伪造的股东会决议的效力类型为"决议不成立"。因为，首先，在事实的本质上讲，确认股东会决议无效或者可撤销的前提是存在一个真实的股东会决议，但是伪造的股东会决议是部分股东擅自炮制的，根本就没有实际召开过股东会，更谈不上形成股东会决议。所以，股东会决议尚未形成，也就无宣告"无效"和"可撤销而言"。其次，相对于无效说而言，未形成决议说更有利于保护善意第三人的利益，维护交易安全。因为股东会决议无效一般是指自始无效、绝对无效，被伪造签章的股东可在任何时间，不顾决议内容既成事实的实际情况下，宣告无效，这必将损害第三人的利益，有损交易安全，但是未形成决议说则无宣告无效的后果。最后，相对于可撤销说而言，未形成决议说更有利于保护受侵害股东的合法权益。因为，根据可撤销股东会决议的规定，享有撤销权的股东应当在股东会决议作出之日起60日内提出撤销申请，否则股东会决议有效。但是，伪造股东会决议的股东肯定会向权益受损的股东隐瞒伪造股东会决议的事实，权益受损的股东根本无从知道股东会决议何时作出，也就不可能行使除斥期间仅为60天的撤销权，等到相关股东发现权益受损失，股东会决议早已生效，其受损害的权益则难以得到挽回。本案中，法官就采纳未形成决议说的观点，认定股东会决议未形成，原告要求确认股东资格的权利既不受除斥期间的约束也不受诉讼时效的约束。

最高人民法院原则上审议通过的《公司法司法解释四》采纳了未形成有效决议说。

【公司治理建议】

在商事实践中，大股东侵害小股东权利的行为屡见不鲜，其中通过虚构虚假的股东会决议，假借增资为名，引进外部投资者注资，在小股东股权被稀释后，又编造各种名目进行撤资的行为，广大投资者不得不防。

如何预防此类事情的发生呢？本书作者建议如下：

1. 公司应建立完善的会议制度，各股东应时刻关注股东会、董事会等重要会议召开的时间、地点、议题等内容，避免自己不能参会的情况；

2. 各股东应充分行使股东知情权，及时了解公司的工商登记情况、治理结构、股权架构、经营管理及财务状况；

3. 各股东在发现自身权益受到侵害时，应积极寻求专业公司法律师的帮助，判断各类股东会决议的效力，必要时诉诸法律保护自身合法权益。

【法规链接】

《公司法》

第二十二条 公司股东会或者股东大会、董事会的决议内容违反法律、行政法规的无效。

股东会或者股东大会、董事会的会议召集程序、表决方式违反法律、行政法规或者公司章程，或者决议内容违反公司章程的，股东可以自决议作出之日起六十日内，请求人民法院撤销。

股东依照前款规定提起诉讼的，人民法院可以应公司的请求，要求股东提供相应担保。

公司根据股东会或者股东大会、董事会决议已办理变更登记的，人民法院宣告该决议无效或者撤销该决议后，公司应当向公司登记机关申请撤销变更登记。

第四十三条　股东会的议事方式和表决程序，除本法有规定的外，由公司章程规定。

股东会会议作出修改公司章程、增加或者减少注册资本的决议，以及公司合并、分立、解散或者变更公司形式的决议，必须经代表三分之二以上表决权的股东通过。

《最高人民法院关于适用〈中华人民共和国公司法〉若干问题的规定（四）》

第五条　股东会或者股东大会、董事会决议存在下列情形之一，当事人主张决议不成立的，人民法院应当予以支持：

（一）公司未召开会议的，但依据公司法第三十七条第二款或者公司章程规定可以不召开股东会或者股东大会而直接作出决定，并由全体股东在决定文件上签名、盖章的除外；

（二）会议未对决议事项进行表决的；

（三）出席会议的人数或者股东所持表决权不符合公司法或者公司章程规定的；

（四）会议的表决结果未达到公司法或者公司章程规定的通过比例的；

（五）导致决议不成立的其他情形。

大股东"黑"小股东之全资子公司增资

【司法观点】

母公司股东无权对子公司的股东会决议提起决议撤销之诉。母公司对子公司行使股东权利的"股东决定"不同于母公司内部意思形成的"股东会决议"，前者属于母公司行使股东权利的外部行为及子公司意思形成的内部行为；而后者属于母公司的内部行为。母公司"股东会决议"被撤销的效力并不必然溯及子公司。

【典型案例】[①]

2012年7月10日,广东城协公司起诉至四川省高级人民法院,称:广东城协公司系广东中顺公司的小股东,广东中顺公司的大股东为周某建和王某郦,成都中顺公司为广东中顺公司的全资子公司。为稀释广东城协公司持有的广东中顺公司股权,周某建、王某郦利用大股东身份,于2011年1月26日在广东城协公司原法定代表人严某华因病不能参加的情况下,发起召开并形成广东中顺公司董事会及股东会决议,决定引进新股东兰某对广东中顺公司的全资子公司成都中顺公司增资2.4亿元。(后经诉讼,上述董事会和股东会决议被人民法院判决撤销。)

同日,广东中顺公司作出成都中顺公司股东决定,同意新增兰某为公司股东;同意公司原组织机构成员辞职。同日,成都中顺公司作出股东会决议,内容为:公司新增注册资本2.4亿元,由兰某一人出资;选举王某郦、兰某、武某敏为董事会成员。

后广东城协公司向四川省高级人民法院提起诉讼,其认为:由于2011年1月26日的广东中顺公司董事会及股东会决议已被法院撤销,公司决议被撤销的应自始无效。因此,相关增资协议和广东中顺公司作出的成都中顺公司股东决定没有了相应依据,同时,兰某在增资过程中知道该股东会决议被撤销,与王某郦、周某建存在恶意串通,不应受到法律保护,广东城协公司增资的行为侵害了其合法权益,其诉讼请求是:1. 确认兰某增资成都中顺公司无效(具体包括:(1)确认广东中顺公司与兰某签订的成都中顺公司增资协议无效;(2)确认广东中顺公司作出的成都中顺公司股东决定无效;(3)确认成都中顺公司作出的股东会决议无效);2. 恢复成都中顺公司的董事会成员为王某郦、林某、严某华;3. 判令广东中顺公司、成都中顺公司、王某郦、周某建、兰某办理兰某返还股权的变更登记事宜。

广东中顺公司、成都中顺公司共同辩称:1. 广东城协公司不是成都中顺公司股东,与本案没有直接利害关系,其起诉不符合《民事诉讼法》规定的条件,应予驳回。2. 广东中顺公司、成都中顺公司均系独立法人,广东中顺公司的股东会决议是否被撤销,不应影响成都中顺公司通过自己的股东会决议。3. 兰某已依约支付对价,出于保护善意第三人和维护交易安全的考虑,其增资行为应受法律保护。广东城协公司无权要求成都中顺公司等办理股权变更登记。

王某郦、周某建、兰某则共同辩称:1. 广东城协公司与本案没有直接的利害关系,应予依法驳回。2. 即使广东中顺公司在公司内部意思形成过程中存在瑕疵,

---

[①] (2014)民二终字第15号。

为保护善意第三人和维护交易安全,其在对外作出的意思表示以及建立的法律关系并不当然无效。3. 公司决议被撤销不等于决议无效,广东城协公司以广东中顺公司股东会决议被撤销主张该决议自始无效的观点错误。4. 广东城协公司并无证据证明王某郦、周某建、兰某恶意串通,且法院对前述决议并未认定无效,实质否定了广东城协公司主张的恶意串通。

四川省高级人民法院一审认为:依照《民法通则》第 59 条第 2 款关于"被撤销的民事行为从行为开始起无效"的规定,广东中顺公司关于兰某增资的股东会和董事会决议自作出时即为无效。因此,广东中顺公司关于兰某增资的股东会和董事会决议无效的溯及力一般应当及于广东中顺公司依据该内部决议所作出的外部行为,包括案涉其股东决定和增资协议,除非增资协议相对人为善意第三人。公司在其股东会和董事会决议被撤销或确认无效后,如果已经依据被撤销或确认无效的内部决议作出外部行为,理应采取补救措施或主动纠正其外部行为。但当公司不予纠正时,股东能否进一步直接以自己名义对该外部行为提起诉讼主张撤销或无效,《公司法》并无规定。虽然《公司法》第 22 条第 4 款规定,"公司根据股东会或者股东大会、董事会决议已办理变更登记的,人民法院宣告该决议无效或者撤销该决议后,公司应当向公司登记机关申请撤销变更登记",但当公司不履行该义务时,无直接利害关系的股东或他人能否诉请公司履行,法律亦无规定。对此,该院认为,当法律没有对相关当事人在特定情形下提起诉讼的权利予以明确规定时,当事人的起诉应当符合《民事诉讼法》第 119 条规定的条件。

依照《民事诉讼法》第 119 条第 1 项关于起诉必须符合下列条件:"(一)原告是与本案有直接利害关系的公民、法人和其他组织"的规定,广东城协公司在与本案诉讼主张有直接利害关系时方享有对本案提起诉讼的权利。从本案查明事实看,广东城协公司并非成都中顺公司股东,对成都中顺公司不享有股东权利,其对成都中顺公司股东会决议不享有诉权。并且,广东城协公司并未持有成都中顺公司股权,成都中顺公司增资并不会对其所持广东中顺公司的股权直接造成稀释和损害,广东城协公司对成都中顺公司的增资行为并无直接利害关系。因此,广东城协公司对成都中顺公司的相关兰某增资的股东会决议、案涉增资协议并无直接利害关系,其诉讼请求不符合法律规定的起诉条件。广东中顺公司所出具的股东决定系依照《公司法》第 61 条关于"一人有限责任公司不设股东会。股东作出本法第三十七条第一款所列决定时,应当采用书面形式,并由股东签名后置备于公司"的规定,交付成都中顺公司备存的。如前所述,广东城协公司对该决定事项并无直接利害关系,《公司法》亦未赋予股东对公司对外决定特别诉权,因此,广东城协公司主张该决定无效的诉讼请求不符合法律规定的起诉条件。

综上所述，一审法院认为广东城协公司提起本案诉讼不符合法律规定的起诉条件，裁定驳回广东城协公司的起诉。

广东城协公司不服一审裁定，向最高人民法院提出上诉，其上诉理由为：1. 广东城协公司作为广东中顺公司股东，与其2011年1月26日所作成都中顺公司股东决定有直接利害关系。2. 广东中顺公司关于兰某增资的股东会决议及董事会决议已被生效判决撤销，其依据上述决议与兰某所签涉案增资协议亦应无效。3. 广东中顺公司关于兰某增资的股东会及董事会决议无效的效果及于该公司依据上述决议所作外部行为，故与案涉兰某增资行为相关的事实均与广东城协公司有直接利害关系，广东城协公司享有起诉的权利。

广东中顺公司、成都中顺公司共同答辩认为：1. 公司法未赋予股东对公司外部行为的诉权，广东城协公司与广东中顺公司作为成都中顺公司股东所作决定无直接利害关系。2. 成都中顺公司增资行为属公司自治范畴，广东城协公司不是成都中顺公司股东，对成都中顺公司股东会决议不享有诉权。3. 成都中顺公司增资不会稀释或损害广东城协公司所持广东中顺公司股权，该增资行为与广东城协公司无直接利害关系。

王某郦、周某建、兰某共同答辩认为：1. 涉案成都中顺公司股东决定虽以广东中顺公司名义作出，但性质属成都公司内部决议，与广东城协公司无直接利害关系。2. 最高人民法院相关公报案例，明确了公司内部意思形成行为与对外意思表示行为应适用不同的法律规则。一审裁定中"广东中顺公司关于兰某增资的股东会和董事会决议无效的溯及力一般应当及于广东中顺公司依据该内部决议所作出的外部行为，包括案涉其股东决定和增效协议，除非增效协议相对人为善意第三人"的内容，与上述公报精神不符，应予纠正。

最高人民法院经审理认为：本案焦点为广东城协公司与本案是否有直接利害关系，一审裁定驳回广东城协公司起诉有无不当。

作为民事案件的起诉条件，当事人与案件所具有直接利害关系，应理解为案件事实径行对当事人主张的权益产生影响，当事人可作为争议法律关系的一方主体。如争议事实借助其他事实、行为方与当事人所主张的权益发生实际联系，则不符合上述规定中"直接利害关系"的情形。本案广东城协公司的起诉针对三方主体：一是广东中顺公司其他股东；二是广东中顺公司；三是成都中顺公司。根据广东城协公司的诉请内容，其系基于广东中顺公司股东身份，主张股东权益或以股东权益为基础的相关权益。但就广东中顺公司的股东权益而言，广东城协公司与上述三方均不能形成直接权利义务关系：

第一，广东城协公司不是成都中顺公司股东，不享有该公司股权，双方不具有公司法上的权利义务关系。广东城协公司基于股东权益起诉成都中顺公司，缺乏法律依据。本案兰某增资成都中顺公司行为对广东城协公司权益的影响，需通过广东中顺公司的股权结构、内部意思发生作用，不具直接性。广东城协公司关于成都中顺公司涉案股东会决议以广东中顺公司被撤销的相关决议为基础、与广东城协公司具有直接利害关系的上诉理由不能成立。

第二，广东中顺公司2011年1月26日所作股东决定，系该公司作为成都中顺公司股东，针对成都中顺公司事务行使股东权利的行为。该决定本身属广东中顺公司的外部行为，与针对该公司自身事务、由其各股东参与形成的广东中顺公司股东会决议、董事会决议性质不同，不属《公司法》第22条规定的可由股东诉请撤销的公司决议范围。广东城协公司关于涉案广东中顺公司股东会决议、董事会决议被撤销的效力，及于公司外部行为的主张，混淆了公司法律关系与其他法律关系，缺乏法律依据。

第三，如前所述，广东城协公司基于广东中顺公司的股东权益，与涉案兰某增资成都中顺公司行为无直接利害关系。本案广东城协公司对其他股东的诉求，均针对成都中顺公司事务提出，亦不符合法律规定的条件。而上述广东中顺公司股东决定的内部意思形成过程，与本案不是同一法律关系，广东城协公司就此对其他股东的诉求，应另案解决。

综上，最高人民法院认为：就案涉增资行为，广东城协公司与其他各方均不能形成直接权利义务关系；其基于广东中顺公司股东权益对其他当事人所提起的诉讼，不符合《民事诉讼法》第119条规定的条件，裁定驳回上诉，维持原裁定。

【实务指引】

本案中，关于兰某增资成都中顺公司这一事件，广东中顺公司作为成都中顺公司的母公司，曾经分别作出过一份"股东会决议"和"股东决定"；其中"股东会决议"是在本案原告广东城协公司未参与的情形下做出的，故其凭借其股东身份向法院提起股东会决议撤销之诉，并且得到了法院的支持。但是，广东中顺公司依然凭借其为成都中顺公司唯一股东的身份，作出成都中顺公司增资的决定，并且成都中顺公司关于增资事宜也作出股东会决议，最终兰某增资成都中顺公司。

本案的难点在于如何理解：在母公司关于增资的股东会决议已经被撤销的情形下，母公司依然可以做出子公司增资的股东决定，且母公司的股东无权对子公司增资事宜再次提起撤销之诉。理解上述观点可分为以下两点：

第一，股东会决议撤销之诉的撤销主体。根据《公司法》第 22 条第 2 款"股东会或者股东大会、董事会的会议召集程序、表决方式违反法律、行政法规或者公司章程，或者决议内容违反公司章程的，股东可以自决议作出之日起六十日内，请求人民法院撤销"的规定，股东会决议撤销之诉的撤销权人为股东。此处的股东当然是指本公司的股东，不能为母公司或子公司股东。本案中，成都中顺公司的唯一股东为广东中顺公司，而原告广东城协公司为广东中顺公司的股东，所以其无权对成都中顺公司的股东会决议提起撤销之诉。

第二，"股东决定"与"股东会决议"的区别。"股东决定"一般是指股东个体基于其股东身份依法行使股东权利的外部行为；"股东会决议"一般是指公司各股东集体依法处理公司内部事务的一种内部意思形成行为。"股东会决议"的撤销表示公司内部的意思表示没有成立，但是当公司基于股东身份行使股东权利时并不以股东会决议的形成为依据，即股东权利的行使并不等于股东会职权的行使。依据《公司法》第 37 条第 1 款的规定："股东会行使下列职权：（一）决定公司的经营方针和投资计划；（二）选举和更换非由职工代表担任的董事、监事，决定有关董事、监事的报酬事项；（三）审议批准董事会的报告；（四）审议批准监事会或者监事的报告；（五）审议批准公司的年度财务预算方案、决算方案；（六）审议批准公司的利润分配方案和弥补亏损方案；（七）对公司增加或者减少注册资本作出决议；（八）对发行公司债券作出决议；（九）对公司合并、分立、解散、清算或者变更公司形式作出决议；（十）修改公司章程；（十一）公司章程规定的其他职权。"据此可知公司行使股东权利并不是股东大会的职权。本案中，关于兰某的增资事宜，虽然广东城协公司有权向广东中顺公司提起股东会撤销之诉，但是其无权干涉广东中顺公司依法行使股东权利，作出同意成都中顺公司增资的决定。

【公司治理建议】

相对控股的大股东（51%～66%）如果要与小股东（34%～49%）争夺公司控制权，可以好好研究本案例，学习本案例采取的方案。

本案生动地展示了公司大股东通过对全资子公司增资间接侵夺小股东权益的模式。此手段常常用于相对控股的大股东（51%～66%）与小股东（34%～49%）争夺控制权的情形下，因为依据公司的规定，小股东对于增资、减资等重大事项拥有一票否决权，当大股东企图侵夺小股东的权益时，其依据本公司的股东会或董事会常常无法形成合心意的决议。但是，一旦母公司设立了子公司，尤其是全资子公司,那么该子公司的全部控制权就相当于全部控制在母公司大股东的手中。

操作原理:子公司股东会决议的形成依赖于母公司股东权利的行使,而母公司的股东权利的行使不必经过母公司股东会决议的通过,当母公司的大股东控制法定代表人等公司对外意思表示的机关时,其就可以控制子公司。

操作手法:(1)设立公司的全资子公司;(2)将公司的优良资产和业务均转移至子公司;(3)再通过其他法律主体向子公司进行增资,或与其进行"关联交易",达到"合法"侵夺小股东权益的目的。

小股东反侵略手法:(1)公司章程中将对外投资设立公司的事项列为绝对多数决的股东会决议事项;(2)小股东(34%~49%)对于大股东提议设立子公司的真实目的了解清楚,不轻易同意设立子公司。

【法规链接】

《公司法》

第二十二条 公司股东会或者股东大会、董事会的决议内容违反法律、行政法规的无效。

股东会或者股东大会、董事会的会议召集程序、表决方式违反法律、行政法规或者公司章程,或者决议内容违反公司章程的,股东可以自决议作出之日起六十日内,请求人民法院撤销。

股东依照前款规定提起诉讼的,人民法院可以应公司的请求,要求股东提供相应担保。

公司根据股东会或者股东大会、董事会决议已办理变更登记的,人民法院宣告该决议无效或者撤销该决议后,公司应当向公司登记机关申请撤销变更登记。

第三十七条 股东会行使下列职权:

(一)决定公司的经营方针和投资计划;

(二)选举和更换非由职工代表担任的董事、监事,决定有关董事、监事的报酬事项;

(三)审议批准董事会的报告;

(四)审议批准监事会或者监事的报告;

(五)审议批准公司的年度财务预算方案、决算方案;

(六)审议批准公司的利润分配方案和弥补亏损方案;

(七)对公司增加或者减少注册资本作出决议;

(八)对发行公司债券作出决议;

（九）对公司合并、分立、解散、清算或者变更公司形式作出决议；

（十）修改公司章程；

（十一）公司章程规定的其他职权。

对前款所列事项股东以书面形式一致表示同意的，可以不召开股东会会议，直接作出决定，并由全体股东在决定文件上签名、盖章。

第六十一条 一人有限责任公司不设股东会。股东作出本法第三十七条第一款所列决定时，应当采用书面形式，并由股东签名后置备于公司。

黔峰公司增资第一案："胃口超大"的小股东

【司法观点】

有限责任公司在新增资本时，股东经股东会决议将其按照实缴出资比例确定的认缴份额转由公司股东以外的第三人认缴的，其他股东主张优先认缴的，人民法院不予支持。但是，公司章程约定股东对增资扩股份额具有优先认股权进行事前约定的除外。

【典型案例】[①]

1997年3月，血液中心与装卸公司、海螺公司共同出资成立黔峰公司。1999年3月，三股东对持股比例进行了调整，装卸公司持股50%、海螺公司持股32%、血液中心持股18%。

2000年4月21日，贵阳市国资委决定黔峰公司原国家股权代表由装卸公司变更为友谊集团。友谊集团在收购黔峰公司国有股权时，因资金不足，友谊集团董事会于2000年4月28日形成决议，同意捷安公司出资296万元，以友谊集团的名义代购黔峰公司股份9%，以后适当时再办理更名手续。2000年5月24日，装卸公司将其持有的黔峰公司的全部股权作价1184万元转让给友谊集团。同日，捷安公司向友谊集团交付了296万元，用于购买黔峰公司股权。此后，捷安公司相关人员进入了黔峰公司董事会；黔峰公司召开的涉及公司经营管理的股东会时，捷安公司均以自己的名义派员出席会议，代表其持有的9%的股权；黔峰公司所召开的涉及股权转让等需提交工商部门备案的股东会会议时，捷安公司相关人员则以友谊集团

---

① （2009）民二终字第3号。

代表的身份出席会议。

2001年7月20日，海螺公司将其所持有的黔峰公司的32%的股权全部转让给友谊集团。至此，友谊集团持有黔峰公司82%的股权，血液中心持有18%。

2005年1月21日，友谊集团将其持有的黔峰公司的51%的股权转让给益康公司；同年6月16日，友谊集团又将其持有的黔峰公司的22%的股权转让给益康公司。至此，黔峰公司股权比例变更为益康公司持股73%、血液中心持股18%、友谊集团持股9%。

2005年6月29日，黔峰公司召开股东会暨董事会，益康公司、血液中心、友谊集团、捷安公司、大林公司参加会议，并形成会议纪要载明：友谊集团将其持有的黔峰公司31%股权中的22%转让给益康公司，其余9%转让给捷安公司后，退出股东会和董事会，相关法律手续待办理完善。会议成立了黔峰公司新一届股东会，股东单位及股权比例为大林公司54%、益康公司19%、亿工盛达公司18%、捷安公司9%（隐名股东）。2005年7月20日，益康公司将其持有的黔峰公司54%的股权转让给大林公司。2006年8月29日，血液中心将其持有的黔峰公司18%的股权全部转让给亿工盛达公司。至此，黔峰公司股权比例变更为大林公司持股54%、益康公司持股19%、亿工盛达公司持股18%、友谊集团持股9%。以上变更黔峰公司股权均办理了工商变更登记，并先后多次对公司章程进行了相应修改。

2007年4月18日、4月20日，黔峰公司先后召开两次股东会，就黔峰公司增资扩股、改制上市等相关事宜进行磋商，但均未能达成一致意见。2007年5月28日，黔峰公司召开临时股东会，对拟引入战略投资者，按每股2.8元溢价私募资金2000万股，各股东按各自的股权比例减持股权，以确保公司顺利完成改制及上市的方案再次进行讨论。会议表决："一、股东大林公司、益康公司从有利于公司发展的大局出发，同意按股比减持股权，引进战略投资者。同时承诺采取私募增资扩股方案完全是从有利于公司改制和上市的目的出发，绝不从中牟取私利。赞成91%（即大林公司、益康公司、亿工盛达公司赞成），反对9%（捷安公司反对）。二、亿工盛达公司同意引进战略投资者、按股比减持股权的方案，但希望投资者能从上市时间及发行价格方面给予一定的承诺。赞成91%，反对9%。三、同意捷安公司按9%股比及本次私募方案的溢价股价增持180万股。赞成100%。四、该次私募资金必须在2007年5月31日前汇入公司账户，否则视作放弃。100%赞成。"5月29日，大林公司、益康公司、亿工盛达公司、捷安公司股东代表均在决议上签字，其中，捷安公司代表在签字时特别注明"同意增资扩股，但不同意引入战略投资者"。同日，捷安公司向黔峰公司提交了《关于我公司在近期三次股东会议上的意见备忘录》，表明其除应按出资比例优先认缴出资外，还要求对其他股东放弃的认缴份额行使优先认购权。5月31日，捷安公司将其180万股的认缴资金缴纳到黔峰公司账上，并再次致函黔峰公司及各股东，要求对其他股东放弃的出资份额行使优先认购权，未获其他股东及黔峰公司同意。

为此，捷安公司于2007年6月向贵州省高级人民法院提起诉讼，请求判令确认其为黔峰公司股东并享有股权；确认其对黔峰公司增资扩股部分的1820万股新股享有优先认购权。

贵州省高级人民法院认为：关于捷安公司是否对其他股东承诺放弃的认缴新增出资份额享有优先认购权的问题，捷安公司对其他股东放弃的份额没有优先认购权。理由是：

首先，优先权对其相对人权利影响甚巨，必须基于法律明确规定才能享有。根据《公司法》第34条的规定，公司新增资本时，股东有权优先按照其实缴的出资比例认缴出资。但是，对于部分股东欲将其认缴出资份额让与外来投资者时，其他股东是否享有同等条件下的优先认购权的问题，《公司法》未作规定。2004年修订的《公司法》第33条规定，"公司新增资本时，股东可以优先认缴出资"，而现行《公司法》第34条将该条修改为"公司新增资本时，股东有权优先按照实缴的出资比例认缴出资"，对股东优先认缴出资的范围作了限定，由此可以推知，现行《公司法》对股东行使增资优先认购权范围进行了压缩，并未明确规定股东对其他股东放弃的认缴出资比例有优先认缴的权利。

其次，公司股权转让与增资扩股不同，股权转让往往是被动的股东更替，与公司的战略性发展无实质联系，故要更加突出保护有限责任公司的人合性；而增资扩股，引入新的投资者，往往是为了公司的发展，当公司发展与公司人合性发生冲突时，则应当突出保护公司的发展机会，此时若基于保护公司的人合性而赋予某一股东的优先认购权，该优先权行使的结果可能会削弱其他股东特别是控股股东对公司的控制力，导致其他股东因担心控制力减弱而不再谋求增资扩股，从而阻碍公司的发展壮大。因此，不能援引《公司法》第72条关于股权转让的规定精神来解释《公司法》第34条规定。

最后，黔峰公司股东会在决议增资扩股时，已经按照《公司法》第34条关于"公司新增资本时，股东有权优先按照实缴的出资比例认缴出资"的规定，根据捷安公司的意思，在股东会决议中明确其可以按其实缴出资比例认购180万股出资，且捷安公司已按比例缴交了认股出资，故该股东会决议没有侵害捷安公司依法应享有的优先认购权。

综上，贵州省高级人民法院判决：黔峰公司股东会以多数决通过的增资扩股及引入战略投资者的决议有效，捷安公司对其他股东放弃的新增出资份额没有优先认购权，捷安公司所提确认其对黔峰公司其他股东放弃的1820万股出资份额享有优先认购权的诉讼请求不能成立，予以驳回。

捷安公司不服一审判决，向最高人民法院提起上诉称：1. 其作为黔峰公司合法股东，是在其他股东明确表示放弃认缴权的情况下主张对公司新增1820万注册资本优先认购权。2. 公司新增股份，其他股东既不认购也不允许本公司其他股东认购，无法律依据，也不符合有限责任公司人合性特点。有限责任公司人合性特点决定了公司经营发展以股东相互依赖为基础，公司股东保持相对稳定性。公司无论通过增资扩股方式或者转让方式吸收股东之外的第三人加入成为新股东，都应当首先赋予公司原有股东一定的选择权；当公司股权结构发生变化时，应当优先考虑对股东既得利益的维持，包括对公司的控制权，既包括对原有控制权的维护，也包括对新控制权的优先取得。《公司法》第71条内容正是体现了这种思想。尽管我国《公司法》对在公司决议增资时原有股东对其他股东明确表示放弃认缴份额是否有权优先认购，没有明确规定，但从立法旨意来看，不应与转让情形下股东权利保护有异。3. 以引进战略投资者名义限制原有股东认购新增股份将公司控制权可能让位于原有股东之外第三人，难以维护原有股东自由选择权。大林公司等三名股东作为公司实际控制人串通一气，既不明确披露外部投资者具体信息，损害其知情权，又限制其认购新增股份损害原有股东利益。

黔峰公司答辩称：其股东会决定增资扩股是带有特定目的和附有条件的，即拟引进战略转移投资者，以确保公司顺利完成改制及上市。大林公司、益康公司和亿工盛达公司均明确表示同意可按股比减持股权，引进战略投资者，但同意增资扩股不是无条件的，也不是为了增加生产发展资金，而是带有特定目的和附有条件的。如果违背上述特定目的和条件，大林公司和益康公司绝不会同意为增资扩股而自己减持股权稀释自己持股比例。捷安公司违背股东会决议宗旨及增资特定目的和条件，要求无条件行使优先认购权违反民法真意主义原则，有悖情理。

大林公司、益康公司答辩称：《公司法》第34条与第71条规范对象不同，股权对外转让与公司增资扩股属不同事实类型，背后隐藏利益冲突存在根本差异，应受不同法律评价，不存在同类事情同类处理之原则发挥作用的根据。捷安公司所称其知情权遭受侵害因所谓知情权对象尚未完全确定，该主张亦无所据。

最高人民法院认为：本案争议焦点在于以下两个方面：一是黔峰公司股东会对增资扩股所涉及各有关事项是如何决议的，以及该决议内容是否符合该公司章程和该章程是否符合《公司法》有关强行性规范。二是对捷安公司诉求应否予以支持涉及我国《公司法》第34条规定以及对增资扩股情况下引进外来投资者与股份对外转让区别如何理解问题。

对于第一个方面问题，首先正如原审判决所认定，对于捷安公司作为黔峰公司股东资格应该不存在问题，对此当事人在上诉阶段不再争议。根据2007年5月28日黔峰公司为增资扩股而召开的股东会所形成的黔生股字（2007）第006号股东会决议，决议内容包括对拟引进战略投资者、按每股2.8元溢价私募资金2000万股需各股东按各自股权比例减持股权以确保公司顺利地完成改制及上市；大林公司、益康公司、亿工盛达公司均表示同意按股比减持股权，引进战略投资者。赞成91%，对此只有捷安公司所占9%股份表示反对；捷安公司按其9%股比增持该次私募方案溢价股180万股，赞成100%。从该决议内容可以看出，黔峰公司各股东对增资扩股是没有争议的，而争议点在于要不要引进战略投资者，这才形成当时占黔峰公司91%股份的大林公司、益康公司、亿工盛达公司赞成，而只占黔峰公司9%股份的捷安公司反对。尽管对此各股东之间意见有分歧，但也是形成决议的，是股东会形成多数决的意见，而并非没有形成决议。正如黔峰公司、大林公司、益康公司答辩意见中所提到的黔峰公司股东会此次增资扩股是有特定目的和附有条件的，即要通过大林公司、益康公司、亿工盛达公司按各自股权比例减持股权、放弃认缴新增资本拟引进战略投资者以确保黔峰公司顺利完成改制和上市，黔峰公司股东会决议的此目的和所附条件是正当的，且得到股东会多数决的通过。这也就从另一方面否决了捷安公司在其已经按其实缴出资比例认缴180万股之外要求对其他股东为引进战备投资者而自愿减持新增资本的优先认购权，这一点也在捷安公司随后有关此要求的函件未获其他股东和黔峰公司同意从而提起诉讼得以印证。上述决议内容应当认为符合黔峰公司章程有关规定。该章程第17条第1款第9项规定股东会以公司增加或者减少注册资金、分立、合并、解散或者变更公司形式作出决议，必须经过代表三分之二以上表决权的股东通过，其中对公司增资事宜不仅包括增资数额也包括各股东认缴及认购事宜。公司章程是公司治理结构的总纲领，公司完全按其意思自治原则决定其自己应该决定的事情，该章程规定性质上并不违反我国《公司法》有关强行性规范，与我国《公司法》第34条有关内容并不冲突。因此该股东会决议是有效的，各股东应按照股东会决议内容执行。

对于第二个方面问题，关于股份对外转让与增资扩股的不同，原审判决对此已经论述得十分清楚，法院予以认可。我国《公司法》第34条规定"公司新增资本时，股东有权优先按照实缴的出资比例认缴出资"，直接规定股东认缴权范围和方式，并没有直接规定股东对其他股东放弃的认缴出资比例增资份额有无优先认购权，也并非完全等同于该条但书或者除外条款即全体股东可以约定不按照出资比例优先认缴出资的除外所列情形，此款所列情形完全针对股东对新增资本的认缴权而言的，这与股东在行使认缴权之外对其他股东放弃认缴的增资份额有无优先认购权并非完全一致。对此，有限责任公司的股东会完全可以有权决定将此类事情及可能引起争议的决断方式交由公司章程规定，从而依据公司章程规定方式作出决议，当然也可以包括股东对其他股东放弃的认缴出资有无优先认购权问题，该决议不存在违反法律强行规范问题，决议是有效力的，股东必须遵循。只有股东会对此问题没有形成决议或者有歧义理解时，才有依据《公司法》规范适用的问题。即使在此情况下，由于公司增资扩股行为与股东对外转让股份行为确属不同性质的行为，意志决定主体不同，因此二者对有限责任公司人合性要求不同。在已经充分保护股东认缴权的基础上，捷安公司在黔峰公司此次增资中利益并没有受到损害。当股东个体更大利益与公司整体利益或者有限责任公司人合性与公司发展相冲突时，应当由全体股东按照公司章程规定方式进行决议，从而有个最终结论以便各股东遵循。至于黔峰公司准备引进战略投资者具体细节是否已经真实披露于捷安公司，并不能改变事物性质和处理争议方法。

综上，最高人民法院驳回了捷安公司的上诉请求，判决维持一审判决。

【实务指引】

本案主要有两个焦点问题。

第一，黔峰公司股东会为确保公司顺利完成改制和上市按各自股权比例减持股权比例、放弃认缴新增资本拟引进战略投资者的决议内容和程序是否合法有效。

根据《公司法》第37条第1款第7项规定股东会有权对公司增加或者减少注册资本作出决议。第43条第2款规定股东会会议作出修改公司章程、增加或者减少注册资本的决议，以及公司合并、分立、解散或者变更公司形式的决议，必须经代表三分之二以上表决权的股东通过。黔峰公司章程第17条第1款第9项规定股东会以公司增加或者减少注册资金、分立、合并、解散或者变更公司形式作出决议，必须经过代表三分之二以上表决权的股东通过。根据上述规定，黔峰公司作出增资扩股的决议获得所有投票权91%的同意，符合《公司法》和章程的规定。但是，问题的关键在于股东会决议是否可以决定引进新的战略投资者，否决捷安公司在其已经按其实缴出资比例认缴180万股之外要求对其他股东为引进战备投资者而自愿减持新增资本的优先认购权。

笔者认为股东会有权做出这样的决议，首先，股东会作出此决议的目的是加快公司改制和上市的进程，这一目的具有充分正当且合理的理由；其次，《公司法》并没有明确规定股东对其他股东放弃的新增资本的份额具有优先认购权，并且公司章程也未对此问题作出提前约定。鉴于公司自治为公司法的基本原则，在保证股东法定权益的前提下，股东会不仅可以作出是否增资，增资多少的决议，而且可以作出如何增资的决议。本案中，捷安公司已经按其实缴出资比例认缴180万股，其按照出资比例优先认股的权利并没有受到侵害，其对公司控制权也并没有减弱，所以其合法的权益并没有受到损害。在此前提下，股东会依据多数决间接否定捷安公司的对其他股东放弃的新增资本的份额具有优先认购权是正确的。

第二，在有限责任公司增资配股时，股东是否有权对其他股东放弃的新增资本份额具有优先认购权。

我国《公司法》第34条规定，"公司新增资本时，股东有权优先按照实缴的出资比例认缴出资"，直接规定股东认缴权范围和方式，并没有直接规定股东对其他股东放弃的认缴出资比例增资份额有无优先认购权。在《公司法》的发展历程上看，2004年修订的《公司法》第33条规定，"公司新增资本时，股东可以优先认缴出资"，而现行《公司法》第34条将该条修改为"公司新增资本时，股东有权优先按照实缴的出资比例认缴出资"，对股东优先认缴出资的范围作了限定，由此可以推知，现行《公司法》对股东行使增资优先认购权范围进行了压缩，并未明确规定股东对其他股东放弃的认缴出资比例有优先认缴的权利。但是《公司法》也并没有明文禁止股东对其他股东放弃的认缴出资比例有优先认缴的权利。所以，股东对其他股东放弃的认缴出资比例有优先认缴权并非一种法定的权利，股东之间可以通过公司章程或股东大会的形式约定或者否定此项权利。并且，公司股东一旦在公司章程中约定了此项权利，在增资扩股的过程中就必须严格执行，这将是公司股东保持控制权、抵御外部人恶意收购或者控股股东滥用股东权力的有力武器。

另外，关于股份对外转让与增资扩股的不同主要表现在以下几点：首先，意志决定主体不同。股权对外转让是股东个人意思自治的体现，股东个人决定是否转让，而增资扩股是公司意思自治体现，需要绝大多数股东形成决议；其次，二者行为性质的差异导致人合性与资合性的侧重点不同。股权对外转让对其他股东来讲往往需要被动地接受新股东，所以更侧重人合性，强调原股东的优先权，而增资扩股却是公司绝大部分股东主动的引入投资者，更侧重于向新投资者进行融资，所以更侧重于资合性；最后，二者所维护利益侧重不同。股权的对外转让通过股权的自由转让，侧重保障股东的个人利益，而增资扩股往往是为了大多数股东的长远发展或共同渡过难关，更强调集体利益，类似于海商法的共同海损。

【公司治理建议】

根据本案的分析可知，股东对其他股东放弃的认缴出资比例有优先认缴权是一种股东可以自行约定的权利，属于公司自治的范畴。有限责任公司的股东可以在公司成立伊始，就将在公司增资扩股过程中，股东对其他股东放弃的认缴出资比例有优先认缴权写进公司章程中。当公司需要进行增资扩股之时，股东可以根据新引进的投资者的具体情况，决定自己是否行使这一权利，以防止控制权的旁落。当然，也要防止本条款被个别股东滥用，恶意阻碍新的投资者进入，影响企业的长远发展。

1. 如果股东希望保护原股东的控制权、防止公司门口的野蛮人通过增资扩股的方式入侵公司，作为抵御外部人恶意收购或者控股股东滥用股东权力的有力武器，则应该在公司章程中作出如下规定：

公司新增资本时，股东有权优先按照实缴的出资比例认缴出资；股东对其他股东放弃的认缴出资比例有优先认缴权，两个以上股东主张行使优先认缴权的，协商确定各自的认缴比例；协商不成，按照认缴时各自的出资比例行使优先认购权。

2. 如果股东希望防止个别股东滥用权利、恶意阻碍新的投资者进入，影响企业的长远发展，则应该在公司章程中作出如下规定：

公司新增资本时，股东有权优先按照实缴的出资比例认缴出资；股东对其他股东放弃的认缴出资比例没有优先认缴权，与其他外部投资者拥有同等的认缴权。

【法规链接】

《公司法》

第三十四条　股东按照实缴的出资比例分取红利；公司新增资本时，股东有权优先按照实缴的出资比例认缴出资。但是，全体股东约定不按照出资比例分取红利或者不按照出资比例优先认缴出资的除外。

第三十七条　股东会行使下列职权：

……

（七）对公司增加或者减少注册资本作出决议

……

第四十三条　股东会的议事方式和表决程序，除本法有规定的外，由公司章程规定。股东会会议作出修改公司章程、增加或者减少注册资本的决议，以及公司合并、分立、解散或者变更公司形式的决议，必须经代表三分之二以上表决权的股东通过。

黔峰公司增资第二案:"欲哭无泪"的外来投资者

【司法观点】

法定代表人越权签订的《增资协议》效力待定,未经过内容和程序均合法的股东会决议的确认,不发生效力;如果触及《民法典》第153条有关合同无效的情形,将导致《增资协议》无效。

【典型案例】[①]

黔峰公司于1996年5月成立,经营范围为:生产、销售血液制品等。2009年7月,股东重庆大林公司变更为贵阳大林公司,法定代表人为林某。2009年8月,黔峰公司法定代表人也由高某变更为林某。2010年12月,黔峰公司更名为泰邦公司,注册资本为5500万元,股东构成为:贵阳大林公司出资2970万元,占股份54%;益康公司出资1045万元,占股份19%,亿工盛达公司出资990万元,占股份18%,捷安公司出资495万元,占股份9%。

2007年4月,黔峰公司两次召开股东会,形成"第004号、第005号"股东会决议:为有利于公司改制和上市,全体股东一致同意引进新的战略投资者,按每股3.6元溢价私募资金2000万股。2007年5月,黔峰公司召开股东会,会议对拟引入战略投资者,按每股2.8元溢价私募资金2000万股,需各股东按各自的股权比例减持股权,以确保公司顺利完成改制及上市的方案再次进行了讨论和表决,形成"第006号"股东会决议,决议内容为:"一、股东重庆大林公司、益康公司明确表态,同意按股比减持股权,引进战略投资者。同时承诺采取私募的增资扩股方案完全是从有利于公司改制和上市的目的出发,绝不从中谋取私利。赞成91%,反对9%;二、亿工盛达公司同意引进战略投资者、按股比减持股权的方案,但希望投资者能从上市时间及发行价格方面给予一定的承诺。赞成91%,反对9%;三、同意捷安公司按9%股比及本次私募方案的溢价股价增持180万股。赞成100%;四、本次私募资金必须在2007年5月31日前汇入公司账户,否则视作放弃。100%赞成。"此次股东会会议,对引入战略投资者的人数、股数、股价及引进谁没有作出明确的决议。

---

① (2013)民二终字第19号。

2007年5月29日，黔峰公司法定代表人高某（当时也是益康公司法定代表人）以黔峰公司名义与余某签订《增资协议》，主要内容为：1. 拟通过吸收战略投资者方式，实施增资扩股，增加注册资本2000万元，筹集进一步发展的资金，本次增资完成后，注册资本为8500万元；2. 余某出资3416万元，按每出资2.8元增加黔峰公司1元注册资本的比例增加黔峰公司注册资本1220万元，余某占黔峰公司本次增资完成后的股权比例为14.35%；3. 余某应当在本协议签署后5个工作日内，将约定的资金汇入黔峰公司银行账户；4. 黔峰公司向余某保证：黔峰公司签署本协议前已获得授权，包括获得董事会和股东会决议通过，有权签署本协议，同时黔峰公司现有股东（除捷安公司按原持股比例增资外）放弃优先认购权。同日，余某将入股款3416万元汇入黔峰公司账户后，黔峰公司向余某出具《收款收据》。

但是，黔峰公司收到余某的入股款后，一直未修改公司章程，未办理公司内部登记，也未办理工商变更登记手续。黔峰公司股东会或董事会对引入余某为战略投资者以及战略投资者的股数、股价亦没有作出明确、具体的决议。

2009年3月11日，黔峰公司召开董事会，并形成决议：公司2008年度红利分配先按实收资本6500万元股本进行分配，分红总金额为6206万元，其中：重庆大林公司股比54%，应分红利33512400元；益康公司股比19%，应分红利11791400元；亿工盛达股比18%，应分红利11170800元；捷安公司股比9%，应分红利5585400元。黔峰公司董事高某、段某、林某、樊某文、郭某云、赵某明、钟某鸣出席董事会并在决议上签名。2009年9月5日，黔峰公司召开股东会决议：公司2009年上半年利润先预分红总金额为46647059元，其中：重庆大林公司股比54%，应分红利25189412元；益康公司股比19%，应分红利8862941元；亿工盛达股比18%，应分红利8396471元；捷安公司股比9%，应分红利4198235元。战略投资者分红待完善法律手续后，再行分配。余某的代表余某辉在该股东会决议上签字，并注明：战略投资者余某股东地位已由最高法院裁定和明确，本次股东分红及2008年度分红应及时划归余某。

此后，余某为取得股东身份及盈余分配与黔峰公司产生纠纷，诉至贵州省高级人民法院，请求判决：1. 确认余某为黔峰公司的合法股东，拥有股本1220万元，股权比例为14.35%，并进行股权工商变更登记；2. 黔峰公司、重庆大林公司立即向余某支付2007年至2009年度余某应得部分的盈余分配，共计1834.9345万元。

贵州省高院一审认为：余某请求确认其为泰邦公司合法股东，享有相应股权的诉讼请求应予驳回。理由为：

一、余某依据的《增资协议》属未生效协议

《合同法》第50条规定，法定代表人超越权限订立的合同，除相对人知道或应当知道其超越权限的以外，该代表行为有效。因此，《增资协议》合法有效的条件是黔峰公司法定代表人高某没有超越权限，余某对高某超越权限不知道或应当不知道，但《增资协议》并不满足前述条件，《增资协议》应属未生效：

1. 黔峰公司法定代表人高某签订《增资协议》超越权限。根据《公司法》及黔峰公司章程约定，增加注册资本必须经代表三分之二以上表决权的股东作出决议，由董事会制订方案。"第006号"股东会决议仅表明黔峰公司形成股东会决议，同意增资扩股引入战略投资者，但该决议未明确指明引进多少个投资者或具体的投资者，也没有授权由黔峰公司及其法定代表人与战略投资者签订增资协议，更没有其他任何股东会决议或董事会决议明确余某是引进的战略投资者。故黔峰公司及其法定代表人高某签订《增资协议》的行为越权，且至今未获得公司股东会或董事会追认。

2. 余某签订协议时没有尽到谨慎合理的注意义务。余某作为外来投资者在签订《增资协议》时，按照普通人投资经营常识，其对巨额投资应具有谨慎、合理的注意义务和风险防范，其对《公司法》关于股东会和董事会及公司法定代表人的职权范围的规定是明知的，对公司法定代表人应得到授权才能签订此协议亦是明知的。因此，余某对公司法定代表人高某所称已得到公司股东会和董事会决议授权的承诺，有权利和义务要求对方提供授权文件或相关文书进行审查，但余某仅凭对方的承诺就签订协议，该行为与其投资金额相比较不符常理，只能表明余某应当知道对方没有获得授权。

3. 相关股东会决议并未对战略投资者的认股单价予以确定，有待于股东会或生效裁判明确。在有权机关未明确股价的情况下，法定代表人高某按每股2.8元签订增资协议违反法律规定。

二、《增资协议》内容不符合第004、005、006号三次股东会增资扩股目的

三次股东会议对引进战略投资者，进行增资扩股的一致目的是加快企业改制和上市。但《增资协议》载明的缔约目的仅是通过吸收战略投资者，实施增资扩股，对股东会加快企业改制和上市目的并未涉及。因此，《增资协议》内容有悖股东会决议，协议内容缺乏依据。

三、泰邦公司进行增资扩股的内部程序没有完成，尚需股东会进一步明确具体事项

第006号股东会决议对增资对象、增资比例、认股单价均未形成决议，而依据《公司法》规定，该权限属于股东会职权。在该公司股东会对上述内容进行明确并形成决议前，公司增资扩股的内部程序尚未完成。因此，黔峰公司法定代表人高某在公司内部程序尚未完成的情况下，自行与余某签订《增资协议》的行为违反法律

规定。

综上，贵州省高院认为。《增资协议》事前未经公司股东会授权签订，事后未经追认，依法属于未生效协议，不具有法律约束力。且由于余某不是泰邦公司股东，其不能向泰邦公司请求盈余分配。

余某不服一审判决，向最高人民法院提出上诉，其主要上诉理由为：1. 余某业已取得泰邦公司股东资格。余某依约全面、及时地履行了己方负担的出资义务，黔峰公司亦已于次日对该项出资完成了验资程序。此后，虽未能及时办理相关工商变更登记手续，但余某作为黔峰公司股东的身份不仅为被上诉人黔峰公司一再对外宣示，并且也为黔峰公司其他股东一再明确认可，特别是，在两次股东会会议上，余某作为黔峰公司股东所享有的受领红利分配的权限也得到了黔峰公司各股东的明确认可；2. 一审判决适用法律错误。一审判决错误地适用《合同法》第50条规定，认定黔峰公司法定代表人高某签订《增资协议》超越权限，认定余某未尽到合理的注意义务。其提交的证据足以证明签订增资协议的行为不仅为当时除捷安公司外的黔峰公司的其他股东一致同意，对增资协议的合法有效性以及对上诉人作为黔峰公司股东的身份，在余某提起本案诉讼之前，已得到黔峰公司全体股东的一致认可，本案根本不属于《合同法》第50条调整范围，自然谈不上上诉人未能满足该条规范所制定的注意义务标准。

泰邦公司和重庆大林公司答辩称：一审判决认定事实清楚、适用法律正确，应予维持：黔峰公司股东会决议增资扩股有特定目的和条件，是为了引进战略投资者、溢价募集股权和改制上市。余某等自然人与黔峰公司签订增资协议认购增资，显然与股东会决议目的不符。余某等人不具备战略投资者基本特征，该增资协议与特定的改制和上市无关，只是一般性增资。虽然股东会决议引进战略投资者，但并未确定具体增资人、增资人数量及股权比例，更未选择由三个自然人冒用战略投资者名义出资。公司股东会从未同意余某等人成为股东，从未批准增资协议。并且，一审判决后，新发现的证据进一步证明一审驳回余某诉请正确。2006年10月，黔峰公司与德邦证券签订《财务顾问协议》，为黔峰公司上市融资做前期辅导改制的尽职调查和财务顾问工作。时任德邦证券总经理余某辉和时任德邦证券西南投行部总经理袁某介绍了自己的近亲属余某、胡某书和龙某凤三人作为战略投资者，与黔峰公司签订了本案增资协议。证券公司负责企业辅导改制、保荐和承销应当诚实信用、勤勉尽责，避免利益冲突且不得为本机构或个人谋求不正当利益。利用对企业辅导改制的条件，德邦证券高管人员隐瞒事实，为近亲属进行利益输送，谋求不正当利益，违反了诚实信用原则，损害了黔峰公司及其股东的权益。

最高人民法院对一审查明事实予以确认，二审另查明以下事实：1. 黔峰公司的控制股东重庆大林公司发生了变化，由重庆大林公司变更为贵阳大林公司。贵阳大林公司在新股东的控制下，对黔峰公司增资扩股引进战略投资人的股东会决议不再认可。2. 2010 年 10 月 19 日，黔峰公司第二大股东益康公司出具《证明》称："2007 年 5 月 29 日，黔峰公司同余某、龙某凤、胡某书签订《增资协议》并接受三人投资过程中，高某是黔峰公司的董事长，樊某文是黔峰公司的总经理，该二人均是支持余某、龙某凤、胡某书对黔峰公司增资扩股的，且各自代表的益康公司和重庆大林公司也是支持的，当时亿工盛达公司的尹某董事长也是支持的。"3. 2006 年 10 月，德邦证券与黔峰公司签订《财务顾问协议》，为黔峰公司上市融资做前期辅导改制的尽职调查和财务顾问工作。余某辉时任德邦证券总经理，余某是余某辉之弟，胡某书是余某辉的前妻。袁某时任德邦证券西南投行部总经理，龙某凤是袁某的弟媳。签订增资协议时，黔峰公司不知晓上述人员关联关系，该节事实于本案一审判决后查明。

最高院认为：本案是因有限责任公司外部增资引发的纠纷，增资方请求确认其股东身份和基于股东身份请求公司盈余分配，本案是确认和给付并存之诉，确认之诉是给付之诉的前提，给付之诉是确认之诉的法律后果。根据《公司法》的有关规定，合法有效的股东会决议是增资的前提，增资应当由公司具体实施，由公司与增资人签订协议。如果增资协议严格依照股东会决议签订，且增资协议内容客观真实、没有违反法律规定、没有损害他人利益的，增资协议应为有效。本案黔峰公司为确保改制上市，就引入战略投资者议案召开股东会，以 91% 股权赞成引入战略投资者形成股东会决议。该股东会决议是各股东自愿约束股权和充分表达意志基础上投票形成的，决议内容没有违反法律规定或损害他人利益，故合法有效。

黔峰公司增资股东会决议有两个具体目的：一是为了改制上市，二是引入战略投资者。所以，黔峰公司对外签订增资协议时，应当引入战略投资者并实现改制上市的目的，但本案增资协议并未按照股东会决议引入战略投资者。对于战略投资者的概念，资本市场上一般理解为，符合法律规定要求，按照发行人发行配售条件签订认购协议，且与发行人业务紧密，长期持有发行人股票的法人。具体而言，战略投资者在资金、技术、管理、市场、人才等方面具有优势，能够对发行人起到促进产业升级、增强创新和竞争力、拓展市场占有率等作用。故而战略投资者一般为法人，自然人除了资金以外，其他优势很难企及。本案余某等人，作为德邦证券高管的近亲属，除了资金一项以外，其他方面均不符合战略投资者的条件。黔峰公司股东会决议，是为了引入战略投资者而增资，增资对象应当是对公司改制上市起到促进和帮助作用，对公司发行上市后仍起到积极促进作用，而非仅是投入资本金的投资者。

原黔峰公司法定代表人高某，在对外签订增资协议时，没有按照股东会决议设定的条件要求,而将余某作为战略投资者与之签订了增资协议,超越了黔峰公司股东会决议范畴。有限公司改制上市,根据中国证监会相关规定,要经历改制和上市辅导、发行申报与审核、股票发行与挂牌等程序。在改制环节,证券公司等中介机构要为标的公司提供财务顾问服务,进行资产评估、出资和股权规范等。在发行上市环节,证券公司作为保荐机构还要做尽职调查与辅导、申报申请文件,中国证监会审核通过后,证券公司要进行路演询价和定价、股票发行上市等工作。中国证券业协会在《证券从业人员执业行为准则》规定,证券公司在对客户提供服务时,证券公司的从业人员必须尽职勤勉,不得从事下列禁止性行为:一是不得损害所在机构或者他人的合法权益;二是不得从事与其履行职责有利益冲突的业务;三是不得从事或协同他人从事欺诈、内幕交易等非法活动;四是《证券法》(2013)第43条第1款规定的"证券交易所、证券公司和证券登记结算机构的从业人员、证券监督管理机构的工作人员以及法律、行政法规禁止参与股票交易的其他人员,在任期或者法定期限内,不得直接或者以化名、借他人名义持有、买卖股票,也不得收受他人赠送的股票"。德邦证券为黔峰公司改制上市提供财务顾问服务,余某作为时任德邦证券总经理余某辉的弟弟,被德邦证券作为战略投资者推荐给黔峰公司,与黔峰公司签订的增资协议,在合同合法表面下掩盖了利益输送、损害他人利益等非法目的。德邦证券为黔峰公司提供服务,是要使黔峰公司符合发行上市的条件,从而公开发行股票和上市交易。如果黔峰公司发行上市,余某辉及余某的行为将违反内幕交易和从业人员买卖股票的禁止性的规定,构成内幕交易和从业人员买卖股票的违法行为。之所以没有最终构成该两类违法行为,是因为德邦证券和余某意志以外的因素所导致,即黔峰公司控制股东控制权变化而放弃了公开发行和上市的计划,并非德邦证券和余某自行终止或消除了即将发生的违法行为。因此,余某与黔峰公司签订的本案增资协议,是属于以合法形式掩盖非法目的的无效合同,故余某确认新增资本股东身份的诉讼请求不应获得支持。

综上,最高人民法院认为一审认定事实清楚,判决结果得当,唯法律适用应予调整。

【实务指引】

本案的争议焦点在于法定代表人越权签订的《增资协议》是否有效?在实践中一般有以下三种意见:

第一种意见认为增资协议有效。其理由在于对于外部投资者来讲,法定代表人是否通过股东会的授权属于公司意思表示形成的内部决策程序,约束的对象在于公司内部股东，对于外部投资者来讲并没有约束力。另外，《公司法》第43条规定增资减资事项需经过三分之二以上股东同意的规定为管理性的强制性规范，违反其规定并不会导致增资协议的无效，为维护交易安全应认定其为有效。

第二种意见认为增资协议无效。其理由在于根据《民法典》第504条规定"法人的法定代表人或者非法人组织的负责人超越权限订立的合同，除相对人知道或者应当知道其超越权限外，该代表行为有效，订立的合同对法人或者非法人组织发生效力"。一般情况下法定代表人超越权限订立的合同有效，但是相对人知道或应当知道的除外。《公司法》第43条明文规定公司增资的事项需要经过股东会的绝对多数决的决议。所以，外部投资者应当知道在签订增资协议前核查增资事项是否经过了股东会决议，如果其未核查股东会决议应当认定增资协议无效。另外，公司的增资事项不同于一般的交易行为，其关系到公司的资本状况、资本结构，进而影响公司的人合性，所以《公司法》第43条的规定属于效力性的强制性规定，违反其规定的增资协议应当认定为无效。

第三种意见为增资协议效力待定。其理由在于，根据《公司法》第37条与第43条的规定，增资事项属于股东会的法定职权。股东会与法定代表人同为公司内部的权力机关，各自的职权是法定的，未经授权均不得随意僭越。法定代表人越权签订增资协议类似于《民法典》上的无权代理或无权处分，应推定适用其法律规则，认定增资协议为效力待定，当股东会通过决议的形式对其进行追认的时候合同有效，否则合同无效。

笔者倾向于第三种意见，认为一般情况下法定代表人越权签订的增资协议效力待定，例外情况下无效。因为，首先，虽然股东会决议为企业的内部决策程序，但是根据《公司法》第43条和《民法典》第504条的规定，外部投资者对于增资事项的决策程序是"应当知道"的，另外增资事项也关系到公司及其他股东的利益，所以不宜直接认定为有效。其次，也不应直接认定为无效。因为《民法典》第504条仅规定一般情况下法定代表人越权交易有效，但相对人知道或者应当知道的情况下除外。《民法典》并没有直接规定相对人知道或者应当知道的情况下，法定代表人越权交易的效力。所以，法定代表人越权交易的行为，有可能无效，也有可能效力待定。法定代表人越权交易的行为需要根据交易的内容，相对人的主观状况等因素综合判断。

在本案中，余某虽然足额缴纳了出资，但是并没有获得股东资格，贵州省高院和最高人民法院认定的理由，略有不同。贵州省高院认定出资协议无效的理由：首先在于出资协议前及出资协议后，余某均没有获得股东会决议的确认，包括股权认购的对象、价格、数量等具体内容和绝对多数股东同意的法定程序。另外，余某本身不属于战略投资者，不满足公司通过增资扩股进行实现改制或上市的目的，不满足第004、005、006号股东会决议的目的。所以，在股东会未进行追认的情况下，增资扩股协议无效。最高院则依据新发现的事实（余某为公司拟雇用券商负责人的近亲属，有泄露内幕消息，关联交易之嫌）直接适用《合同法》第52条第3项关于利用合法手段实现非法目的的规定，认定增资扩股协议无效。

【公司治理建议】

本案生动地演绎了公司内部控制人是如何通过貌似有效实则无效的"增资扩股"协议"黑"外部投资者的"股权"（资金）的骗局。这里所指的公司内部控制人一般是指公司法定代表人、董事长、总经理、大股东等。余某有可能在一开始就是怀着某种不法目的拟加入黔峰公司的，所以才落得"赔了夫人又折兵"的下场，但是对于大多数的善意投资者来讲，当目标公司的董事长、总经理抑或法定代表人信誓旦旦地说这次增资已获得或者肯定能获得股东会的通过，并且公司各股东纷纷向其承诺同意增资扩股时，增资协议就一定有效吗？投资者就一定能获得股权吗？答案是否定的。为防止在增资扩股过程中，被公司内部控制人"黑"，提出以下几条建议：

1. 确保增资扩股的程序经过股东会绝对多数决的通过，即外部投资者需要目标公司提供至少经三分之二以上股东签字同意的股东会决议，并且要查阅公司现行有效的公司章程对增资事项决议的规定（因为章程中可约定增资应得到四分之三以上股东的同意）。

2. 确保增资扩股股东会决议内容的翔实，即外部投资者需要查看股东会决议是否将增资扩股的目的、总额、数量、股价、增资对象条件、授权权限及相关程序等内容作出详细的规定，如若缺项要求股东会作出详细的增资决议。

3. 确保增资扩股协议的内容合法，不违反国家、集体或第三人利益，不存在非法目的，不损害社会公共利益，不违反法律或行政法规的强制性规定。建议投资者聘请专业公司法律师提供法律服务。

【法规链接】

《民法典》

第一百七十一条第一款 行为人没有代理权、超越代理权或者代理权终止后，仍然实施代理行为，未经被代理人追认的，对被代理人不发生效力。

第五百零四条 法人的法定代表人或者非法人组织的负责人超越权限订立的合

同，除相对人知道或者应当知道其超越权限外，该代表行为有效，订立的合同对法人或者非法人组织发生效力。

《公司法》

第三十七条 股东会行使下列职权：

……

（七）对公司增加或者减少注册资本作出决议

……

第四十三条 股东会的议事方式和表决程序，除本法有规定的外，由公司章程规定。

股东会会议作出修改公司章程、增加或者减少注册资本的决议，以及公司合并、分立、解散或者变更公司形式的决议，必须经代表三分之二以上表决权的股东通过。

第四十六条 董事会对股东会负责，行使下列职权：

……

（七）制订公司合并、分立、解散或者变更公司形式的方案；

……

第一百零三条 股东出席股东大会会议，所持每一股份有一表决权。但是，公司持有的本公司股份没有表决权。

股东大会作出决议，必须经出席会议的股东所持表决权过半数通过。但是，股东大会作出修改公司章程、增加或者减少注册资本的决议，以及公司合并、分立、解散或者变更公司形式的决议，必须经出席会议的股东所持表决权的三分之二以上通过。

《最高人民法院关于适用〈中华人民共和国公司法〉若干问题的规定（三）》

第二十一条 当事人向人民法院起诉请求确认其股东资格的，应当以公司为被告，与案件争议股权有利害关系的人作为第三人参加诉讼。

青海碱业增资第一案：投资者的出资义务不可免除

【司法观点】

足额履行出资是外来投资者股东的法定义务，增资扩股协议中有关投资者可以终止履行注册资本出资义务的约定无效。

【典型案例】[①]

青海碱业原注册资本为人民币 54806 万元，股东为浙江玻璃、董某华、冯某珍，各持股 92.737%、6.537% 和 0.726%。

2007 年 6 月 21 日，丁方新湖集团与甲方浙江玻璃、乙方董某华、丙方冯某珍签订《关于青海碱业有限公司的增资扩股协议书》（以下简称《增资扩股协议书》）及《附录：进一步的承诺、声明和保证》（以下简称《附录》）。《增资扩股协议书》第 F、G 条对新湖集团单方面增资青海碱业的总体安排作了约定。第 F 条约定：丁方拟单方面增资青海碱业，以现金人民币 90460 万元认购青海碱业增资后 35% 的股权，其中 29510.77 万元投入注册资本，溢价部分 60949.23 万元计入青海碱业的资本公积金。甲、乙、丙方同意放弃丁方单方面增资部分的优先认购权。丁方将按协议约定的期限分批缴纳用于增资青海碱业的出资。本次增资完成后，青海碱业注册资本将增加至 84316.770 万元，股东及持股比例将变更为：甲方持有青海碱业 60.279% 的股权，乙方持有 4.249% 的股权，丙方持有 0.472% 的股权，丁方持有 35% 的股权。第 G 条约定：各方同意在上述 F 所述步骤完成后，立即进行新增资本公积金转增注册资本操作，资本公积金 60949.23 万元将按上述 F 所述步骤完成后，甲方、乙方、丙方和丁方各股东及其持股比例转增为青海碱业注册资本。本次新增资本公积金转增注册资本完成后，青海碱业注册资本将增加至人民币 145266 万元，甲方、乙方、丙方和丁方各股东及其持股比例不变。

协议第 1 条"丁方单方面增加注册资本"，对上述 F 条内容进行了具体约定。其第 1.2 款"出资方式及出资期限"约定：丁方同意以现金方式单方面增资青海碱业，增加投入注册资本人民币 29510.77 万元（溢价部分人民币 60949.23 万元计入新增资本公积金）。本次增资完成后，青海碱业注册资本将增加至 84316.77 万元，持股比例将变更为：甲方持有青海碱业 60.279% 的股权；乙方持有 4.249% 的股权；丙方持有 0.472% 的股权；丁方持有 35% 的股权。丁方上述出资（包括溢价部分）将按如下期限分期缴纳（每期投入注册资本部分与计入新增资本公积金部分比例按照总投入注册资本人民币 29510.77 万元以及总计入新增资本公积金部分人民币 60949.23 万元的比例计算）：（1）本协议签署后 5 个工作日内，丁方支付人民币 2000 万元作为定金，定金将汇入甲方、丁方共管的账户；（2）2007 年 7 月 10 日前，丁方在获得丁方有权机构审批通过的前提下，支付人民币 8000 万元作为保证金，

[①] （2011）浙商终字第 36 号。

保证金将汇入甲方、丁方共管账户；(3) 2007年8月22日前，在获得甲方股东大会审批通过的前提下，出资人民币5000万元，该等出资将与上述（1）、（2）所述保证金同时转为对青海碱业的出资；(4) 2007年8月30日前，出资人民币5000万元；(5) 2007年12月30日前，出资人民币10000万元；(6) 2008年7月2日前，出资人民币20000万元；(7) 2009年5月30日前，出资人民币40460万元。其第1.3款约定：各方同意，在完成本协议第3条先决条件的前提下，于丁方上述第1.2款第3项出资到位时，立即办理青海碱业增资至84316.77万元的工商变更登记手续，各方出资比例按甲方60.279%、乙方4.249%、丙方0.472%以及丁方35%的最终比例一次性登记到位，之后分别于丁方历次出资并验资后，立即办理注册资本实际缴纳涉及的工商变更登记手续。

协议第2条为"新增资本公积金转增注册资本"。其第2.1款约定：各方同意，在根据上述第1条约定的丁方单方面增加注册资本完成后，随即进行新增资本公积金转增为青海碱业注册资本程序，并办理相关工商变更登记手续。第2.2款约定：本次新增资本公积金转增注册资本完成后，青海碱业注册资本将增加至145266万元，上述第1.2款所述股东及其持股比例不变。

协议第6条为"公司治理"。其第6.1款约定：丁方有权按照青海碱业公司章程的规定向青海碱业委派董事、监事，自协议生效日至丁方实缴全部出资完成日前，丁方有权至少向青海碱业委派1名董事和1名监事。其第6.2款约定：丁方对青海碱业享有知情权、未经其书面同意股权不被稀释的权利以及其他少数股东通常应享有的权利。其第6.3款约定：青海碱业如下重大决策除按照法律及公司章程规定履行相关青海碱业内部审批程序外，必须经丁方委派董事批准：(1) 首次公开募股、出售、合并或收购，或涉及青海碱业或其任何子公司的任何其他形式的联合或交易；(2) 在一整个会计年度内累计超过人民币三千万元的重大的资产收购，资本支出，投资或资金流出；(3) 对董事会已批准的业务计划作出的重大修改；包括对经营现金流和费用的重大改动；(4) 主营业务活动的变更，公司章程或规章制度的修改或变更……(6) 向第三方提供的针对任何一方或一个集团的担保……(8) 在整一个会计年度内累计总额超过人民币三千万元的欠款或金投债务；(9) 与关联方发生的所有的关联交易；(10) 会计方法或政策的重大改变或审计师的调换。其第6.6款约定：本协议生效后，丁方对青海碱业拥有财务知情权以及财务监督权。甲方、乙方、丙方应促使青海碱业于每月10日以前向丁方提供上月度的财务报表。在丁方认为必要的情况下，有权自行或委托会计师事务所对青海碱业进行财务检查和审计，费用由丁方自理。其第6.7款约定：本协议生效后，青海碱业不得向其股东、其股东的关联企业提供任何形式的借款。本协议生效以前发生的股东借款（如有），应在本协议生效后一个月内全额归还青海碱业。本协议生效后，若未经其他股东方同意发生向股东提供借款的情形，其他股东方有权要求借款股东方赔偿其他股东方的相关损失。其6.8款约定：未经青海碱业董事会批准因关联交易产生的不合理（逾期）欠款视作股东占用资金，其他股东方有权按本协议第6条第6.7款约定要求当事股东方赔偿损失。

协议第7条为"违约责任"。其第7.2款约定：除本协议另有规定外，自本协议第3条先决条件全部完成日起，如本协议任何一方不履行或违反本协议任何条款和条件，本协议他方有权要求不履行方或违约方无条件向他方支付违约金人民币15000万元。守约方除获违约金赔偿外，不足部分仍可向违约方追偿实际损失，且守约方有权要求单方面终止协议的继续履行。协议第3.1款对上述先决条件作了约定：本协议项下丁方单方面增加注册资本的先决条件如下：（1）各方已为进行本协议项下的增资签署了一切所需之合同、协议及相关文件，包括但不限于本协议、青海碱业修改后的公司章程、报送工商登记管理机关的所有文件等（该等文件需充分体现本协议第1条第1.2款所述青海碱业增资后各方股东及其持股比例、丁方分期认缴出资的期限以及本协议第6条关于公司治理方面的约定等内容）。（2）青海碱业股东会已决议通过本协议项下增资事宜及相关涉及法律文件（包括但不限于变更后的公司章程）。（3）甲方已就本协议项下增资事宜履行了一切必须履行的法律程序，取得了一切所需之内部、外部批准、同意和许可，包括但不限于获得International Finance Corporation 的同意、召开股东大会及类别股东大会审议并通过、履行香港联交所上市规则规定的披露、股东大会批准等义务。（4）丁方已就本协议项下增资事宜履行了一切必须履行的法律程序，取得了一切所需之内部、外部批准、同意和许可，包括但不限于履行相关的披露、股东大会批准等义务。

《附录》中，甲方、乙方和丙方就公司的基本情况、资产、财务、合约、诉讼等事项做出了承诺、声明和保证。前言部分载明，承诺、声明和保证的做出方需承担连带法律责任。第31条约定：在增资完成日前发生而在增资完成日后发现，公司若可能存在所涉及或累积之未入账之任何债务、责任或义务或者权利限制而影响公司资产的价值的，甲方、乙方和丙方承诺将以在丁方首次出资日前占公司股权比例，承担法律责任，并向丁方支付相应的经济赔偿，同时甲方、乙方和丙方共同承担上述赔偿责任的连带法律责任。

《增资扩股协议书》签订后，新湖集团按约向青海碱业分批出资人民币50000万元，已经完成了协议1.2款约定的第6项出资义务，尚余第7项40460万元未予投入。按照约定的计入注册资本和计入新增资本公积金的比例，新湖集团50000万元出资中，投入青海碱业注册资本163115023.2元，计入新增资本公积金336884976.79万元。上述实缴资本163115023.2元与青海碱业原注册资本548060000.00元之和，即为青海碱业累计实收资本711175023.20元。

《增资扩股协议书》履行中，青海碱业于2007年8月20日召开股东会并形成决议，选举新湖集团委派的林某为公司董事。2007年8月22日，浙江玻璃、董某华、冯某珍和新湖集团共同签署了青海碱业《公司章程》。根据章程第8条、第9条、第11条载明，青海碱业注册资本为84316.77万元，股东全部以现金方式出资。浙江玻璃一次性出资50825.4万元，占注册资本的60.279%；董某华一次性出资3582.54万元，占4.249%；冯某珍一次性出资398.06万元，占0.472%；新湖集团分期出资29510.770万元，占注册资本的35%。章程还根据《增资扩股协议书》约定的内容，就公司治理等方面作了相应规定。

自新湖集团增资后，浙江玻璃等三被告利用其对青海碱业的控制，未按《增资扩股协议书》的约定保障新湖集团应有的股东权益。新湖集团虽经多次交涉，仍始终无法享受到《增资扩股协议书》及《公司章程》规定的应有的知情权、决策权、参与管理权、财务监督权等股东权利。经法院委托鉴定，中审亚太专字（2010）090018号《司法鉴定报告》证实了相关违约事实：

1. 关于股东会和股东会决议。鉴定中，青海碱业未能提供召开股东会会议的书面通知、会议纪要等相关材料，未按照《增资扩股协议书》和《公司章程》第四章等的规定召开股东会会议和履行职权。

2. 关于董事会和董事会决议。青海碱业未能提供召开董事会会议的书面通知、会议纪要等相关材料，未根据《公司章程》的有关规定召开董事会会议并履行职权。

3. 关于《增资扩股协议书》第6条"公司治理"第6.3款和《公司章程》第32条：公司如下重大决策除按照法律法规及本章程规定履行相关公司内部审批程序外，尚须额外经丁方委派董事批准的特别规定。青海碱业账面反映的下列事项须经丁方委派董事批准但未经批准：1. 截至2009年11月30日银行借款余额251500万元；2. 2007年8月22日至2009年11月30日共向个人借款59笔，累计借款金额8977.00万元；3. 2007年8月22日至2009年11月30日共向其他企业借款65笔，累计借款金额51026.74万元；4. 与大股东浙江玻璃及其关联企业的关联交易及应收款项不符合《增资扩股协议书》第6条第6.7款、第6.8款之约定；5. 青海碱业2008年度对固定资产折旧年限进行了变更，增加青海碱业2008年度净利润约51738000元；6. 对大股东浙江玻璃及其关联企业的担保事项；7. 重大经营业务计划的修改。

法院另查明：青海碱业工商登记注册资本为84316.77万元。新湖集团依本案《增资扩股协议书》的约定而持有的青海碱业35%股权，已经办理了青海碱业股东名册的变更记载和相关工商变更登记手续。新湖集团取得青海碱业35%股权后，又将其中的10.83%转让给新湖创业，相应的股东名册和工商变更登记也已完成。

法院还查明：浙江玻璃的法定代表人冯某成同时兼任青海碱业法定代表人，浙江玻璃向青海碱业委派的董事冀鹏、董利刚分别担任青海碱业的财务主管和总经理。

新湖集团认为，浙江玻璃、董某华、冯某珍的行为严重违反法律和《增资扩股协议书》《公司章程》等约定，向浙江省高级人民法院提起诉讼，请求：1. 终止《增资扩股协议书》；2. 浙江玻璃向原告支付违约金人民币15000万元；3. 董某华、冯某珍对浙江玻璃违约金的支付承担连带责任；4. 本案全部诉讼费用由三被告共同承担。庭审中，新湖集团进一步明确其第一项诉请为：终止继续履行出资40460万元的义务。

浙江玻璃答辩称：1. 新湖集团诉称浙江玻璃存在违法借款、占有资金、关联交易、擅自抵押等违约事实不存在。浙江玻璃已经披露了所有的事项，不存在隐瞒的情况。2. 新湖集团以合同的约定主张1.5亿元违约金的请求没有依据。根据合同约定，即使存在违约行为，应当承担的是赔偿责任而非违约责任。3. 新湖集团没有依约将全部的增资款投入青海碱业，没有与浙江玻璃签订增资扩股的法律文件，也没有依约根据其出资款的份额履行担保义务。所以，本案中先违约的是新湖集团。4. 新湖集团的诉请不符合相关法律的规定。其诉讼的主要事实和理由是浙江玻璃利用了对青海碱业的控制力，应属股东权益之诉，而不能基于协议要求浙江玻璃承担违约责任。原告的诉讼请求不当。

董某华与冯某珍答辩称：1. 新湖集团出资义务至今未完成，侵犯了董某华的合法权益。根据《公司法》的相关规定，出资义务是股东的法定义务，新湖集团在未完成其出资义务的情况下以第一被告违约为由请求终止合同的诉讼请求不应得到支持。2. 新湖集团诉请董某华为第一被告的违约行为承担连带责任没有约定或法定依据。依据《附录》第31条表述，甲、乙、丙三方需对丁方承担连带责任的是增资完成日前所发生的公司财务风险。而本案中，新湖集团是以增资完成之后第一被告的违约行为需由答辩人及冯某珍承担连带赔偿责任，承担责任的事实基础是完全不同的。综上，新湖集团对董某华之诉因缺乏事实依据和证据支持，依法应予驳回。

浙江省高级人民法院认为，本案的争议焦点在于：三被告是否利用其对青海碱业的控制，侵害新湖集团的知情权、决策权、参与管理权、财务监督权等股东权利，应否承担违约责任。法院经审查认为：

1. 本案违约事实已经司法鉴定所证实。根据《司法鉴定报告》，本案存在三个方面的违约行为：一是未按照《增资扩股协议书》相关规定召开股东会会议和履行职权，既违反了协议和章程的约定，也侵害了新湖集团的知情权、表决权等股东权利。二是未根据《增资扩股协议书》第6.3款有关规定召开董事会会议并履行职权，侵害了新湖集团委派董事参与公司治理的权利。三是有关借款、关联交易、会计方法变更、对外提供担保、经营业务计划的修改等重大决策未经新湖集团委派的董事批准，违反了《增资扩股协议书》第6.3款的约定。

2. 关于违约主体。浙江玻璃抗辩认为，《司法鉴定报告》及新湖集团诉请反映的均系青海碱业之行为，而青海碱业并非本案《增资扩股协议书》的当事人，协议书也没有约定浙江玻璃应当对青海碱业的行为承担违约责任，新湖集团以此要求浙江玻璃承担违约责任，缺乏合同依据和法律依据。经审查，首先，新湖集团主张的违约事实，涉及青海碱业违反《增资扩股协议书》的约定而为关联交易、对外担保，也涉及股东会、董事会未按协议约定召开、公司重大决策未按协议约定经新湖集团委派董事批准等，从法人制度层面看，行为主体确为青海碱业。但公司法人的意志是通过全体股东以资本多数决的形式表现出来的。虽然青海碱业并没有在《增资扩股协议书》上加盖公章，但青海碱业的全体股东均在《增资扩股协议书》上签字，可以代表青海碱业的法人意志，浙江玻璃等三被告的意志与青海碱业的法人意志是同一的。正基于此，《附录》前言明确表明"各项承诺、声明和保证应视为甲方、乙方、丙方以及签署本协议当时的青海碱业共同或个别就青海碱业而在本协议签署之时做出……"，将青海碱业也列为承诺主体。因此，本案合同义务既是青海碱业的义务也是作为合同各缔约方的青海碱业全体股东的义务。青海碱业未履行相关条款，应视为缔约各股东之违约行为。其次，违约责任系无过错责任，既然三被告在协议中就青海碱业的公司治理及青海碱业之遵守协议的行为做出了约定和承诺，就应该对相关承诺和义务之违反承担违约责任。最后，增资后浙江玻璃等三被告持有青海碱业65%的股权，占控股地位。而且，浙江玻璃的法定代表人同时也是青海碱业的法定代表人，青海碱业的总经理和财务负责人均由浙江玻璃委派的董事担任。可见，浙江玻璃等三被告对青海碱业具有很强的控制力，青海碱业之行为取决于三被告尤其是浙江玻璃是否遵守协议约定。既然浙江玻璃等三被告在协议中承诺青海碱业应依协议约定行事，其作为青海碱业的控股股东有能力也有义务确保青海碱业按约行事。现浙江玻璃以公司法人人格为由逃避其合同义务，有违诚信。综上，本案违约行为的主体应为浙江玻璃等三被告。

3. 关于本案纠纷所涉之法律关系性质。浙江玻璃等三被告认为，新湖集团起诉的主要事实和理由是浙江玻璃等三被告利用对青海碱业的控制力，侵害了其股东权益，故本案应属股东权益之诉，而不能基于协议要求浙江玻璃等承担违约责任。

经审查，本案系公司增资纠纷，是青海碱业在增加注册资本的过程中，因增资行为引起的民事纠纷。公司增资纠纷往往既涉及增资合同纠纷，也涉及股东权益和公司治理方面的纠纷。本案中，新湖集团因认为自其增资后，浙江玻璃等三被告利用其对青海碱业的控制，使其无法享受到《增资扩股协议书》及《公司章程》规定的应有的知情权、决策权、参与管理权、财务监督权等股东权利，严重违反《增资扩股协议书》及《公司章程》，故诉请终止其继续增资的义务，并判令三被告支付违约金。从查明的事实看，新湖集团股东权益的享有和保障系作为其支付出资对价后的合同权利，规定在《增资扩股协议书》中，而根据《增资扩股协议书》的要求，相关权利在《公司章程》中也作了相应规定。因此，新湖集团股东权利的保障，既是《增资扩股协议书》设定的合同义务，也构成了青海碱业的公司治理结构的内容。本案既涉及股权权益纠纷，又涉及增资协议履行纠纷，系股东权益纠纷与合同违约纠纷之竞合。现新湖集团选择违约之诉，并无不可。

综上，浙江玻璃、董某华、冯某珍存有违反《增资扩股协议书》和《公司章程》的行为，应依约承担相应的民事责任。

对于新湖集团关于终止继续履行出资 40460 万元义务的诉请，浙江玻璃抗辩认为，该请求不符合《合同法》第 91 条规定的任一情形，且在新湖集团已部分出资并取得全部 35% 股权的情况下，其后续出资义务已经不仅是约定义务，而且是作为公司股东的法定义务。其诉请违反法律的强制性规定，违反资本三原则。董某华、冯某珍均答辩认为，新湖集团未按约完成出资义务侵犯了其合法权益，且出资义务是股东的法定义务，故其请求不应支持。

经审查，新湖集团该项诉请虽不属于《合同法》第 91 条规定的清偿、解除、抵销、提存、免除及混同合同权利义务终止的六种情形之一，但《合同法》第 91 条除了规定上述几种情形外，还在第 7 项规定了"法律规定或者当事人约定终止的其他情形"。因此，当事人可以约定权利义务终止的情形。而本案《增资扩股协议书》已对此作了相关约定。协议第 7.2 款明确约定，如本协议任何一方不履行或违反本协议任何条款和条件，守约方有权单方面终止协议的继续履行。因此，新湖集团在其他各方违约的情况下，要求终止继续履行余额出资义务，有相应的合同依据。

但合同自由应以不违反法律强制性规定为前提。新湖集团终止继续出资义务的诉请涉及公司资本制度，公司资本制度多为强行性规范，尤其是股东的足额出资义务是《公司法》明确规定的法定义务。《公司法》第 28 条第 1 款规定：股东应当按期足额缴纳公司章程中规定的各自所认缴的出资额。该条第 2 款规定：股东不按照前款规定缴纳出资的，除应当向公司足额缴纳外，还应当向已按期足额缴纳出资的股东承担违约责任。该条确立了股东足额缴纳认缴的出资额的法定义务。其立法意旨在于确立公司资本信用、保护债权人利益，既保护公司经营发展能力，又保护交易安全，是一项强制性的义务。《公司法》第178条第1款规定：有限责任公司增加注册资本时，股东认缴新增资本的出资，依照本法设立有限责任公司缴纳出资的有关规定执行。故本案增资纠纷中的新湖集团也和青海碱业设立时的原始股东一样，负有足额出资的法定义务。因此，新湖集团虽然可以依照《增资扩股协议书》单方面终止继续履行余额出资的合同义务，但不能据此免除其对青海碱业足额出资的法定义务。其终止履行继续出资的义务，应以其已经足额缴纳青海碱业章程规定的其认缴的出资额为前提。经查，根据青海碱业《公司章程》载明，公司注册资本为84316.77万元，新湖集团分期出资29510.77万元，占注册资本的35%。据此，新湖集团认缴的出资额应为章程记载的29510.77万元。新湖集团依据《增资扩股协议书》第7.2款约定终止剩余出资款项的交付，应以足额出资29510.77万元为前提。现已查明，新湖集团已出资5亿元，按《增资扩股协议书》第1.2款约定的投入注册资本和计入新增公积金的比例，其投入青海碱业注册资本为16311.50232万元，故其认缴的29510.77万元出资额未完全缴纳，尚缺131992676.8元。同时，根据五联方圆验字（2008）07004号验资报告载明，由于新湖集团上述认缴出资未缴足，青海碱业变更后注册资本虽为84316.77万元，但实收资本为711175023.2元（即原注册资本548060000.00元与新湖集团实缴注册资本163115023.2元之和），注册资本未完全到位，缺口亦为131992676.8元。在有关35%股权已经在青海碱业的股东名册及工商机关进行了登记、新湖集团已经实际持有35%股权的情况下，作为青海碱业的股东，新湖集团应履行资本充实义务，补足剩余131992676.8元的认缴出资额。综上，新湖集团关于终止履行其继续出资40460万元义务的诉请，除其中131992676.8元因基于其法定的足额认缴义务而应继续履行外，其余出资可依据协议第7.2款的约定终止履行。

虽然庭审中，经浙江玻璃主张和新湖集团自认，新湖集团已将其持有的35%股权中的部分股权转让给新湖创业，但瑕疵出资股东的资本充实责任并不因其转让股权的行为而得以免除，新湖创业也不因受让部分股权而继受相关资本充实责任，该股权转让行为不影响新湖集团资本充实责任之承担。故新湖集团的第一项诉请只能予以部分支持。

至于浙江玻璃提出的新湖集团在出资不足、35%股权的合法性存在瑕疵情况下，仍然将部分股权转让给新湖创业不当的问题，涉及瑕疵出资股权的转让，不属于本案审理范围。

关于三被告违约责任的承担问题。如前分析，浙江玻璃存有严重违反《增资扩股协议书》和《公司章程》的行为，应承担相应的违约责任。故新湖集团的第二项诉请符合合同约定，应予支持。

但新湖集团提出的董某华、冯某珍对浙江玻璃违约金的支付承担连带责任的第三项诉讼请求依据不足，难以支持。首先，虽然董某华、冯某珍与浙江玻璃均系《增资扩股协议书》的合同主体，但对青海碱业实施控制的却是浙江玻璃。无论是增资前的92.737%还是增资后的60.279%，浙江玻璃持有青海碱业的股权比例使其成为青海碱业的控股股东。且其法定代表人同时兼任青海碱业法定代表人，其向青海碱业委派的两名董事分别担任公司的财务主管、总经理，其对青海碱业有足够的控制权。而董某华、冯某珍在本案增资后仅持有青海碱业4.249%和0.472%的股权，对青海碱业的行为即本案所涉违约事实的发生影响甚微。对青海碱业实施控制的是浙江玻璃，而非董某华、冯某珍。新湖集团也不能举证证明董某华、冯某珍在青海碱业担任管理职务或系青海碱业的实际控制人，或参与青海碱业的相关违约行为的法人意思之形成。其次，新湖集团主张董某华、冯某珍承担连带责任的依据是《附录》的约定。经审查，《附录》虽在前言部分表明各方应对相关声明、承诺承担连带法律责任，但并未明确系就相关违约责任承担连带责任，该约定不明。而《附录》第31条虽涉及连带责任之承担，也根据其文义只涉及甲、乙、丙方对特定情形下的有关赔偿责任承担连带法律责任，未约定对违反合同的违约责任相互承担连带责任。故新湖集团要求董某华、冯某珍对浙江玻璃支付违约金承担连带责任的诉请，依据不足，难以支持。

综上，浙江省高级人民法院做出（2009）浙商初字第1号判决：1. 浙江新湖集团股份有限公司于本判决生效后十日内将本案《增资扩股协议书》第1条第1.2款第7项下40460万元出资义务中的131992676.8元交付青海碱业有限公司，投入青海碱业有限公司注册资本。《增资扩股协议书》第1条第1.2款第7项下的其余出资义务终止履行。2. 浙江玻璃股份有限公司于本判决生效后十日内向浙江新湖集团股份有限公司支付违约金人民币15000万元。3. 驳回浙江新湖集团股份有限公司的其他诉讼请求。

【实务指引】

基于2007年的一份《增资扩股协议书》，青海碱业公司的几个原始股东浙江玻璃公司、董某华、冯某珍与外来投资者新湖集团之间矛盾一步步累积，诉讼从2009年持续至2014年，法院更是从中院一直打到最高院，历经了一审、二审、另案一审、二审、再审的全过程，过程不可谓跌宕起伏、颇为精彩。双方当事人、代理律师以及曾经审理本案的法官们辨法析理，不仅将一个典型的公司控制权争夺事件完整清晰地展现给读者，更由此案使得最高人民法院确立了某些增资扩股领域的裁判规则，而这些规则的确立和其论证过程对于理解公司法相关问题的法理与情理显然颇有助益。本案正是这一系列剧情的第一集，以下问题值得引起注意：

第一，如何理解公司责任与股东责任？

本案的《增资扩股协议书》第6.3款约定，青海碱业公司未经外来投资者新湖集团的同意，不得进行重大对外投资、关联交易、重大借款及担保等行为，但新湖集团起诉的是青海碱业公司的大股东浙江玻璃公司存在违约行为、承担违约责任，法院也判如所请，判令大股东为公司的违约行为负责。笔者认为，这样的判决是合法合理的。

这是因为，虽然青海碱业并没有在《增资扩股协议书》上加盖公章，但青海碱业的全体股东均在《增资扩股协议书》上签字，可以代表青海碱业的法人意志，浙江玻璃等三被告的意志与青海碱业的法人意志是同一的。尤其对于浙江玻璃而言，其作为青海碱业公司的控股股东，签署《增资扩股协议书》时已实际控制了公司的运作（增资后浙江玻璃仍持有青海碱业65%的股权，占控股地位，且浙江玻璃的法定代表人同时也是青海碱业的法定代表人，青海碱业的总经理和财务负责人均由浙江玻璃委派的董事担任），浙江玻璃完全有能力保证青海碱业公司在日后的经营中不存在违约行为，也当然有能力在日后的经营中无视这一纸协议、为所欲为。甚至可以说，只有浙江玻璃公司才有能力单独实施上述行为，进而使青海碱业公司陷于违约的不利境地。因此，类似于本案《增资扩股协议书》的上述约定，从表面上看固然是对目标公司的约束，但根本上则是对大股东的约束，约定的根本目的就是防止大股东肆意妄为损害小股东（外来投资者）的权利。

也许有读者会有所疑惑，本案所体现的是不是公司法中的"人格否认制度"？所谓人格否认制度，是指为阻止公司独立法人人格的滥用和保护公司债权人利益及社会公共利益，就具体法律关系中的特定事实，否认公司与其背后的股东各自独立的人格及股东的有限责任，责令公司的股东对公司的债权直接负责，以实现公平、正义目标之要求而设置的一种法律措施。《公司法》第20条第3款规定，"公司股东滥用公司法人独立地位和股东有限责任，逃避债务，严重损害公司债权人利益的，应当对公司债务承担连带责任"。笔者认为本案并不属于《公司法》明文规定的公司人格否认的情形：其一，公司人格否认保护的是公司债权人的利益，而本案所体现出的则是对于小股东的保护；其二，公司人格否认的通常情形是，股东自己不出面，而是披着公司的外衣损害公司债权人利益，但本案则恰恰相反，公司没有在《增资扩股协议书》上签字，而大股东浙江玻璃却是《增资扩股协议书》缔约的一方主体，因此法院判令浙江玻璃承担违约责任是有直接的合同依据的，无须动用公司人格否认这把利器。

第二，如何理解增资扩股中的法定权利与约定权利、法定义务与约定义务？

在公司通过增资扩股的方式引入外来投资者的过程中，原股东与外来投资者之间通常会签订一个增资扩股的协议，协议中势必会对各方的权利、义务进行约定，而这些约定的权利、义务就很有可能与某些法定的权利、义务相重合或者是冲突。本案判决中有两处就恰好体现了这一点。

其一是关于案由的部分。原告新湖集团以公司增资纠纷提起诉讼，被告浙江玻璃则认为本案应属股东权益之诉，故原告选择的案由不适当。法院则认为，原告因无法享有青海碱业的知情权、决策权、参与管理权、财务监督权等股东权利而提起诉讼，这些权利既是公司法所保护的股东基本权利，亦通过双方约定而被《增资扩股协议书》所保护，因此原告有权选择基于该《增资扩股协议书》以增资纠纷提起诉讼。实质上，这是一个较为简单的请求权竞合问题，即由于同样的一项权利，同时规定在公司法和双方的协议之中，那么权利人就可以选择通过公司法的角度或者是通过双方协议的角度来主张权利。因此，在增资扩股协议与公司法对于股东的权利有相同的规定时，则赋予了权利人一种新的权利保护路径；并且双方可以通过协议确定，一旦这些权利被侵害可以如何向对方主张违约责任，这样就通过约定的方式将法定的权利更加落实了。

其二是关于新湖集团能否要求终止履行余额出资的部分。法院首先认为，浙江玻璃存在着违反《增资扩股协议书》的违约行为，因此依据该协议第7.2款的约定"如本协议任何一方不履行或违反本协议任何条款和条件，守约方有权单方面终止协议的继续履行"，新湖集团有权单方面终止该协议的继续履行。但法院随后指出，股东的出资义务是《公司法》第178条明确规定的法定义务，因此新湖集团虽然可以依照《增资扩股协议书》单方面终止继续履行余额出资的合同义务，但不能据此免除其对青海碱业足额出资的法定义务。其终止履行继续出资的义务，应以其已经足额缴纳青海碱业章程规定的其认缴的出资额为前提。因此，法院判决，对于新湖集团尚未履行的40460万元出资义务，其中约1.32亿元的注册资本部分应当继续履行，其余资本公积金部分新湖集团有权终止履行。这一判决结果将新湖集团的请求一分为二，巧妙地处理了双方争议，既尊重了双方的合同自由，又不违反法律的强制性规定，其所遵循的原则便是当合同约定与法律规定相冲突之时，应当首先确保不违反法律的强制性规定，在法律没有强制性规定的情况下，则应当尊重双方签订合同时的意愿。

【公司治理建议】

1. 在增资扩股协议中应当分别明确原股东的义务和目标公司的义务，如果外来权利者认为某些权利的实现依赖于目标公司日后的行为，则在签订增资扩股协议时应同时将目标公司列为该协议的一方当事人，并明确约定其权利受到侵犯时应由哪一方主体承担怎样的违约责任。

2. 建议增资扩股协议将一些法律已有规定的权利表述在增资扩股协议中，并设置相应的违约责任条款，因为这样不仅丰富了一种权利保护途径，更是有助于使一些仅依靠法律难以保证的权利通过约定的形式得以落实；对于一些法律已有规定的义务，如本案所体现的出资义务，也应当认识到是不能通过各方约定来规避的，如果在协议中约定了一方有权终止出资的条款，即面临着因违反法律的强制性规定而被最终认定无效的风险。

【法规链接】

《公司法》

第二十八条 股东应当按期足额缴纳公司章程中规定的各自所认缴的出资额。股东以货币出资的，应当将货币出资足额存入有限责任公司在银行开设的账户；以非货币财产出资的，应当依法办理其财产权的转移手续。

股东不按照前款规定缴纳出资的，除应当向公司足额缴纳外，还应当向已按期足额缴纳出资的股东承担违约责任。

第一百七十八条 有限责任公司增加注册资本时，股东认缴新增资本的出资，依照本法设立有限责任公司缴纳出资的有关规定执行。

股份有限公司为增加注册资本发行新股时，股东认购新股，依照本法设立股份有限公司缴纳股款的有关规定执行。

青海碱业增资第二案：已缴的资本公积金不可退还

【司法观点】

已缴纳的资本公积金构成公司资本的重要组成，股东要求返还资本公积金违反公司法的资本充实原则。即使在增资扩股中由于原股东重大违约，投资者也不得以解除增资扩股协议为名要求公司返还已缴付的资本公积金。

【典型案例】[①]

本书之前介绍了青海碱业增资第一案,该案最终由最高人民法院于 2010 年 12 月 6 日作出（2010）民二终字第 101 号（以下简称 101 号案件）民事判决:驳回上诉,维持原判。（原判的判决结果为:1. 新湖集团将《增资扩股协议书》第 1 条第 1.2 款第 7 项下 40460 万元出资义务中的 131992676.8 元交付青海碱业,投入青海碱业注册资本。《增资扩股协议书》第 1 条第 1.2 款第 7 项下的其余出资义务终止履行。2. 浙江玻璃于本判决生效后十日内向新湖集团支付违约金人民币 15000 万元。3. 驳回新湖集团的其他诉讼请求。）

2010 年 9 月 26 日,新湖集团分别向浙江玻璃、董某华、冯某珍发出了解除合同通知书,通知书载明,鉴于浙江玻璃、董某华、冯某珍严重违反《增资扩股协议书》的约定,已经构成对协议的实质性违约,签订协议目的已无法达到,故根据《合同法》第 94 条、第 96 条及《增资扩股协议书》第 7.2 款的约定,通知解除《增资扩股协议书》,并保留进一步追究违约责任的权利。新湖集团还有权请求人民法院判令浙江玻璃、董某华、冯某珍全部返还其依据《增资扩股协议书》从新湖集团方所取得的全部增资款。

新湖集团发出解除合同通知书后,为要求青海碱业及浙江玻璃、董某华、冯某珍返还其已向青海碱业缴纳的注册资本和资本公积金,向浙江省绍兴市中级人民法院提起诉讼,请求:1. 判令浙江玻璃、董某华、冯某珍连带返还新湖集团出资款 5 亿元;2. 判令第三人青海碱业与浙江玻璃、董某华、冯某珍向新湖集团承担连带返还责任。后新湖集团在庭审中将第一项诉讼请求变更为判令浙江玻璃、董某华、冯某珍连带返还新湖集团出资款中的资本公积金 336884976.80 元。

浙江玻璃答辩认为,新湖集团的诉讼请求违背民法关于公平等价有偿等基本原则。新湖集团仅出资了 5 亿元款项,即获得了本应出资 9.046 亿元才能获得的青海碱业 35% 的股权并办理了工商登记,之后新湖集团又将部分股权转让给他人,这样按照新湖集团的诉讼请求,新湖集团将以极低的价格取得青海碱业的相应股权。另外,就本案中浙江玻璃存在的一些违约行为,已按生效判决由新湖集团取得了 15000 万元的高额违约金,在此情况下新湖集团要求返还出资款或资本公积金也有违公平原则,违背民事责任的补偿性。综上,请求驳回新湖集团对浙江玻璃的诉讼请求。

董某华、冯某珍答辩认为,其从未收到过新湖集团的出资款,所以也没有义务

[①] （2013）民申字第 326 号。

向新湖集团返还出资款。新湖集团的诉讼请求违反《公司法》关于股东应当足额缴纳出资以及不得抽逃出资的规定，应予驳回。且董某华、冯某珍仅是青海碱业的小股东，并非控股股东，根据最高人民法院的生效判决，董某华、冯某珍不存在违约行为，不应对浙江玻璃的违约行为承担连带责任。

青海碱业答辩认为，根据《公司法》规定及资本三原则，新湖集团应履行资本充实义务。根据《公司法》的基本原理，无论是注册资本还是资本公积金，股东均不得要求返还。且无论是终止或解除《增资扩股协议书》，均不具有溯及力，青海碱业不应承担返还出资的责任。

一审法院经审理认为，在《增资扩股协议书》的履行中，浙江玻璃存在根本违约行为，董某华、冯某珍不存在违约行为。新湖集团将解除合同通知书通知了各方当事人，《增资扩股协议书》已经解除。对于《增资扩股协议书》解除后如何处理、返还资本公积金是否产生实质不公平、是否违反资本充实原则的问题，一审法院评析如下：

一、《增资扩股协议书》解除后的处理，包括合同解除的溯及力问题

《合同法》第 97 条规定，合同解除后，尚未履行的，终止履行；已经履行的，根据履行情况和合同性质，当事人可以要求恢复原状、采取其他补救措施，并有权要求赔偿损失。根据上述规定，合同解除可以在一定情形下产生有溯及力的效果。本案中，新湖集团请求返还出资中的资本公积金部分，系部分恢复原状的诉请。根据《增资扩股协议书》的性质，50000 万元出资中应投入的注册资本金163115023.20 元系新湖集团依法应履行的法定义务，不能要求返还，而该出资中的资本公积金部分 336884976.80 元系基于各方约定，无工商登记或其他形式的公示，可要求返还。根据《增资扩股协议书》的约定，新湖集团依据其与浙江玻璃的约定，将出资投入青海碱业，在浙江玻璃违约情形下，根据合同相对性原则，浙江玻璃应负返还责任。而青海碱业虽未在《增资扩股协议书》上加盖公章，但青海碱业的全体股东均在《增资扩股协议书》上签字，可以代表青海碱业的法人意志，且在《增资扩股协议书》履行过程中，涉及关联交易、关联担保及占用资金的行为体现为浙江玻璃与青海碱业共同形成的意思表示。故青海碱业作为实际占有该资本公积金的主体，在基础合同被依法解除的情况下，应与浙江玻璃负连带返还责任。

二、返还资本公积金是否产生实质不公平、是否违反资本充实原则

浙江玻璃和青海碱业提出，如果允许返还部分出资，则新湖集团本应以投入 9 亿余元的对价取得青海碱业 35% 的股权，现新湖集团只需投入不到 3 亿元即可取得青海碱业 35% 的股权，会产生实质不公。对此，原审法院认为，本案系增资纠纷，解决的是青海碱业各股东之间在增资协议履行过程中的争议，至于各股东是否会因增资协议纠纷的处理而导致股东权能和股权比例的实际变化，属于另外一个法律关

系，不在本案审理范围。另外，经公示的应由新湖集团投入的青海碱业注册资本，系新湖集团的法定义务，新湖集团在本案中也未主张返还其投入的注册资本，因此也不违反资本充实原则。

综上一审法院认为，新湖集团对浙江玻璃、青海碱业提出的诉讼请求，理由正当，应予支持。其要求董某华、冯某珍承担连带责任，无事实和法律依据，应予驳回。判决：1. 浙江玻璃应在判决生效后十日内向新湖集团返还 50000 万元出资中的资本公积金 336884976.80 元；2. 青海碱业对上述第一项债务承担连带责任；3. 驳回新湖集团的其他诉讼请求。

浙江玻璃不服一审判决，向浙江省高级人民法院上诉称：1. 浙江玻璃与新湖集团只是针对目标公司青海碱业的投资达成合意，浙江玻璃并未占有新湖集团对青海碱业的投资，不应成为承担返还义务的主体。根据增资扩股协议的约定，在投资款到达青海碱业时，新湖集团已成为青海碱业的股东，根据公司法的理论，任何股东在公司治理结构内部的违约或侵权都不会导致一方股东返还其他股东的投资款。2. 关于合同解除后的溯及力问题。《增资扩股协议书》已经在 101 号案生效时约定解除，浙江玻璃需向新湖集团支付 1.5 亿元违约金，合同已经实际履行完毕，不存在恢复原状的问题。即便要溯及既往，也应当一并处理青海碱业的 35% 股权。原审认定事实不清，适用法律错误，请求撤销原判，驳回新湖集团起诉或诉讼请求。

新湖集团答辩称，1. 本案以增资扩股协议来确定双方权利义务关系，浙江玻璃和新湖集团都是合同当事人，依据双方协议约定，新湖集团已经缴纳资本公积金，在浙江玻璃违约的情况下，新湖集团当然有权要求其返还。2. 资本公积金是非收益转化而来的权益，所有权归投资者，并不构成实收资本的来源。本案中 336884976.80 元是基于《增资扩股协议书》的约定投入的，该资本公积金并没有经过工商登记等手续，可以要求返还。一审判决认定事实清楚，证据充分，请求驳回浙江玻璃的上诉请求。

二审法院认为，根据各方当事人诉辩意见，本案争议的焦点主要是《增资扩股协议书》解除后的返还问题。《增资扩股协议书》的解除既应遵循《合同法》的规定，亦应不违背《公司法》的相关要求，《增资扩股协议书》虽已解除，但根据《公司法》的相关规定，新湖集团不能要求返还出资中的资本公积金 336884976.80 元。理由如下：第一，根据《公司法》第 167 条的规定，股份有限公司以超过股票票面金额的发行价格发行股份所得的溢价款以及国务院财政部门规定列入资本公积金的其他收入，应当列为公司资本公积金。《企业财务通则》第 17 条规定，对投资者实际缴付的出资超出注册资本的差额（包括股票溢价），企业应当作为资本公积金管理。《中华人民共和国最高人民法院公报》2010 年第 2 期刊载的神骏物流与兰州民百侵权纠纷案裁判摘要第二项载明，公司因接受赠与而增加的资本公积金属于公司所有，是公司的财产，股东不能主张该资本公积金与自己持股比例相对应的部分归属于自己。可见，资本公积金属于公司所有，是公司资产的构成部分，股东不得任意要求公司予以返还。第二，资本公积金虽然不同于公司的注册资本需在工商行政管理部门登记，但其与注册资本均属于公司资本范畴，是公司的资本储备，目的在于巩固公司的财产基础，加强公司信用。从《增资扩股协议书》第 G 条的约定看，在新湖集团全部出资到位后，青海碱业将立即进行新增资本公积金转增注册资本操作，表明新湖集团投入青海碱业的资本公积金就是青海碱业注册资本的准备金，具有准资本的性质。如果将该资本公积金予以返还，将导致青海碱业资本规模的减少，损害青海碱业公司的财产和信用基础，损害公司债权人的利益。第三，根据公司资本维持原则的要求，公司在其存续过程中，应维持与其资本额相当的实有资产。为使公司的资本与公司资产基本相当，切实维护交易安全和保护债权人的利益，《公司法》第 35 条明确规定，公司成立后，股东不得抽逃出资。同理，对于公司增资的新股东来说，同样不得抽回其向公司的投资。因此，新湖集团投入青海碱业的 336884976.80 元资本公积金是青海碱业的公司资产，未经青海碱业及其债权人同意，对新湖集团请求返还其已经实际交纳的资本公积金应不予支持。至于新湖集团要求浙江玻璃、董某华、冯某珍返还出资款的问题，《增资扩股协议书》中约定的是新湖集团作为新投资者对青海碱业的出资义务，并未约定合同违约方有向守约方返还出资的义务，浙江玻璃、董某华、冯某珍作为青海碱业的股东，与同为股东的新湖集团之间，并无返还出资款的义务。虽然浙江玻璃与青海碱业存在关联交易、关联担保，并占用青海碱业大量资金，但也并不必然导致浙江玻璃对新湖集团有返还出资款的责任，新湖集团主张浙江玻璃、董某华、冯某珍等股东返还资本公积金的请求没有事实和法律依据，法院不予支持。

综上所述，二审法院认为由于浙江玻璃的违约行为致使新湖集团不能实现《增资扩股协议书》目的，新湖集团有权解除合同。但新湖集团投入青海碱业的 336884976.80 元资本公积金已形成青海碱业的公司资产，依据公司法的资本维持原则的要求和《增资扩股协议书》的约定，新湖集团不得向浙江玻璃、董某华、冯某珍和青海碱业主张返还该资本公积金。浙江玻璃的部分上诉理由成立，故判决：1. 撤销绍兴市中级人民法院（2010）浙绍商初字第 95 号民事判决；2. 驳回新湖集团的诉讼请求。

【实务指引】

正如本文典型案例所介绍的，本案是发生在新湖集团与浙江玻璃股权增资案后新衍生出的一个案件。在上个案件中,最高人民法院判令由于浙江玻璃存在着重大违约行为,故新湖集团有权依《增资扩股协议书》终止履行对青海碱业的出资,但其中注册资本的部分,由于足额缴纳注册资本是《公司法》的强行性规范,所以新湖集团应当继续缴足,而余下的资本公积金的部分新湖集团有权终止履行。最高人民法院作出上述判决后,启发了新湖集团的"灵感",他们认为,既然法院判决未缴纳的资本公积金部分是可以不再缴纳的,那么之前已经缴纳的资本公积金自然也就有权利再要回来。于是,新湖集团再一次向法院提起了诉讼,形成了本案,并且一审的绍兴中院也支持了新湖集团的观点,判决中更是有多处论述直接引用了上一个案件中最高人民法院的表述。然而不曾想,绍兴中院的判决虽然表面上沿袭了最高人民法院的观点,却终究还是被浙江高院的二审判决所推翻。

纵观本案的一、二审,再结合本案与上个案件的最终结果,读者或许多少会有所疑惑,笔者将从以下几个方面进行简要评析:

一、本案的最终裁判结果是否与上个案件中最高人民法院观点相冲突

笔者认为是不冲突的,因为两个案件的法律事实是不同的,最终的法律适用和法律结论也自然不同。法律事实的不同体现在如下几个方面:

其一,上个案件中新湖集团的主张依据的是《增资扩股协议书》第7.2款规定的,"如本协议任何一方不履行或违反本协议任何条款和条件,守约方有权单方面终止协议的继续履行",故其单方面终止该协议的继续履行是有合同依据的。本案则不同,本案中新湖集团主张的是对已经缴纳的资本公积金进行返还,《增资扩股协议书》中并未约定新湖集团有权要求返还已缴纳出资,故其只能依据《合同法》第97条的规定要求返还出资,该条规定"合同解除后,尚未履行的,终止履行;已经履行的,根据履行情况和合同性质,当事人可以要求恢复原状、采取其他补救措施,并有权要求赔偿损失"。但是,由于本条规定了对于已经履行的部分,既可以采取恢复原状的方式、又可以采取其他补救措施的方式,因此恢复原状(即返还出资)并不是唯一的选择,这就给法院适用法律留下了充足的解释空间。

其二,上个案件选择将注册资本与资本公积金一分为二地处理,这种处理方式从结果上看是非常"干净"的,因为新湖集团未履行的部分不外乎注册资本和资本公积金,上个判决已经解决了未履行部分的全部争议。本案则不同,本案需要解决的是双方已经履行的《增资扩股协议书》的部分,如最终法院判决返还资本公积金,那么其依据必然是上述《合同法》第97条规定的恢复原状,但是合同法规定的恢复原状应当是双向和公平的,其目的是使双方的利益能够回到合同履行前的状态,那么相应的就应当对新湖集团已经取得的股权部分同样予以处理,而在新湖集团已将股权转让的情况下,这种处理路径将是十分困难的。因此,如果法院最终判

如所请,将会成为一个不"干净"的判决,可以预料发生在双方甚至是更多方之间的诉讼与争议将会持续下去。

其三,上个案件中新湖集团要求的是终止缴纳未缴纳的资本公积金,既然该资本公积金尚未缴纳,那么就还没有成为公司的财产,不缴纳并没有使公司的资本规模予以减小。本案则不同,本案中新湖集团要求的是返还已缴纳的资本公积金,既然该资本公积金已经缴纳,那么就已经成为公司的财产,再返还将使公司的资本规模减小,会损害公司的债权人利益。

二、如何理解本案所体现出的"资本充实原则"

本案的焦点在于对公司法资本充实原则的理解。青海碱业认为,根据《公司法》规定及资本三原则,新湖集团应履行资本充实义务。根据《公司法》的基本原理,无论是注册资本还是资本公积金,股东均不得要求返还。一审法院认为,经公示的应由新湖集团投入的青海碱业注册资本,系新湖集团的法定义务,新湖集团在本案中也未主张返还其投入的注册资本,因此也不违反资本充实原则。二审法院认为,资本公积金虽然不同于公司的注册资本需在工商行政管理部门登记,但其与注册资本均属于公司资本范畴,是公司的资本储备,目的在于巩固公司的财产基础,加强公司信用。如果将该资本公积金予以返还,将导致青海碱业资本规模的减少,损害青海碱业公司的财产和信用基础,损害公司债权人的利益。

所谓资本充实原则,也称资本维持原则,一般认为是指在公司存续期间,应当维持与其注册资本相当的资本,以达到保护债权人的利益和社会交易的安全。资本维持原则的立足点在于规制股东、公司及其管理者的行为,避免公司实际财产的不当减少,防止公司资本徒具象征意义而没有实际财产与之相对应。其法律规则主要包括:禁止股东在公司成立后抽逃出资;除依据法律的特别规定并履行相应的法律程序外,公司原则上禁止回购自己的股份;公司在弥补亏损、依法提取公积金与公益金之前,不得向股东分配利润;公司的公积金原则上只用于特殊的用途,而不得用于股利分配;公司转投资的对象、比例等须受到法律的严格限制;公司的对外担保及赠与行为须依照严格的法律规定进行等。不难看出,资本充实责任是公司的法定责任。

笔者认为,两级法院在对本案所出现的返还投资者资本公积金的情形是否违反资本充实原则出现了不同见解,这种见解的差异是各有其道理的,是法官对《公司法》法理理解的分歧,本身并没有对错之分。笔者倾向于二审法院的观点,因为资本公积金虽然并不公示,但与注册资本一样同样构成了公司的重大财产内容,其他第三人与青海碱业进行交易时,强大的资本公积金部分必将被认为是青海碱业的重大财产和信用基础,对第三人的缔约行为起到关键性作用,因此股东要求返还资本公积金同样会损害到公司的财产基础,进而损害到公司债权人缔约时的信赖利益。

从公平的角度而言，无论是资本公积金的部分还是注册资本的部分，本身都是新湖集团签订《增资扩股协议书》时投入青海碱业公司的允诺，更是其取得相应股权的对价，因此其签订该协议和向青海碱业注入资本公积金时，已经将这部分财产视为了青海碱业的资本，后因浙江玻璃出现违约行为就要求青海碱业返还已缴纳的资本公积金，实质上有违诚实信用原则，将会导致青海碱业资本的减少，对于青海碱业和其他股东而言都是十分不公平的。

【公司治理建议】

本案新湖集团最终败诉的结果说明：当外部投资者与公司的原股东签订增资扩股协议并向公司注入了资本后，如果原股东有重大违约行为（操纵目标公司损害新股东利益），外部投资者已投入的资本，无论是注册资本的部分还是资本公积金的部分都是很难再要回来的。

为了避免这种情况的发生，投资者应当按照如下方式操作：

1. 在增资扩股协议中进行约定，当原股东出现重大违约行为时（操纵目标公司损害新股东利益），投资者有权要求原股东返还其已缴纳的资本公积金作为违约赔偿（切记注意不是要求目标公司返还已缴纳的资本公积金）。只有以这种违约赔偿的形式从原股东处要回已经投入的资本公积金，才不会使得目标公司的财产减少，不会影响到公司的资本充实，投资者得以避免"竹篮打水一场空"的情形出现。这就类似于对赌协议的效力规则：（1）投资方与目标企业大股东、实际控制人的对赌协议有效；（2）投资方与目标企业的对赌协议的法律效力往往受到挑战，法院不予认可其法律效力。

2. 要求目标公司及目标公司原全体股东在《增资扩股协议书》上签字、盖章。

【法规链接】

《民法典》

第五百六十三条　有下列情形之一的，当事人可以解除合同：

（一）因不可抗力致使不能实现合同目的；

（二）在履行期限届满前，当事人一方明确表示或者以自己的行为表明不履行主要债务；

（三）当事人一方迟延履行主要债务，经催告后在合理期限内仍未履行；

（四）当事人一方迟延履行债务或者有其他违约行为致使不能实现合同目的；

（五）法律规定的其他情形。

以持续履行的债务为内容的不定期合同，当事人可以随时解除合同，但是应当在合理期限之前通知对方。

第五百六十六条 合同解除后，尚未履行的，终止履行；已经履行的，根据履行情况和合同性质，当事人可以请求恢复原状或者采取其他补救措施，并有权请求赔偿损失。

《公司法》

第一百六十七条 股份有限公司以超过股票票面金额的发行价格发行股份所得的溢价款以及国务院财政部门规定列入资本公积金的其他收入，应当列为公司资本公积金。

第一百六十八条 公司的公积金用于弥补公司的亏损、扩大公司生产经营或者转为增加公司资本。但是，资本公积金不得用于弥补公司的亏损。

法定公积金转为资本时，所留存的该项公积金不得少于转增前公司注册资本的百分之二十五。

《企业财务通则》

第十七条 对投资者实际缴付的出资超出注册资本的差额（包括股票溢价），企业应当作为资本公积管理。

经投资者审议决定后，资本公积用于转增资本。国家另有规定的，从其规定。

投资人的"惨胜"还是"大胜"？
——"对赌协议"第一案

【司法观点】

本案发生在《全国法院民商事审判工作会议纪要（法〔2019〕254号）》颁布之前，当时法院的裁判观点为：投资者与目标公司的对赌条款因可能损害公司及公司债权人的利益而无效。但投资者与目标公司控股股东之间的对赌条款有效。

在《全国法院民商事审判工作会议纪要（法〔2019〕254号）》颁布之前，对于投资方与目标公司的股东或者实际控制人订立的"对赌协议"，如无其他无效事由，认定有效并支持实际履行，实践中并无争议。但投资方与目标公司订立的"对赌协议"是否有效以及能否实际履行，存在争议。《全国法院民商事审判工作会议纪要（法〔2019〕254号）》颁布之后，关于对赌协议的法律效力问题，裁判观点发生了比较大的改变，具体介绍如下：

投资方与目标公司订立的"对赌协议"在不存在法定无效事由的情况下，目标公司仅以存在股权回购或者金钱补偿约定为由，主张"对赌协议"无效的，人民法院不予支持，但投资方主张实际履行的，人民法院应当审查是否符合公司法关于"股东不得抽逃出资"及股份回购的强制性规定，判决是否支持其诉讼请求。

投资方请求目标公司回购股权的，人民法院应当依据《公司法》第 35 条关于"股东不得抽逃出资"或者第 142 条关于股份回购的强制性规定进行审查。经审查，目标公司未完成减资程序的，人民法院应当驳回其诉讼请求。

投资方请求目标公司承担金钱补偿义务的，人民法院应当依据《公司法》第 35 条关于"股东不得抽逃出资"和第 166 条关于利润分配的强制性规定进行审查。经审查，目标公司没有利润或者虽有利润但不足以补偿投资方的，人民法院应当驳回或者部分支持其诉讼请求。今后目标公司有利润时，投资方还可以依据该事实另行提起诉讼。

【典型案例】[①]

2007 年，众星公司、海富公司、迪亚公司、陆某共同签订一份《众星公司增资协议书》（以下简称《增资协议书》），约定：众星公司注册资本为 384 万美元，迪亚公司占投资的 100%。各方同意海富公司以现金 2000 万元人民币对众星公司进行增资，占众星公司增资后注册资本的 3.85%，迪亚公司占 96.15%。

该协议书第 7 条第 1 项特别约定：本协议签订后，众星公司应尽快成立"公司改制上市工作小组"，争取在境内证券交易所发行上市。第 2 项业绩目标约定：众星公司 2008 年净利润不低于 3000 万元人民币。如果众星公司 2008 年实际净利润完不成 3000 万元人民币，海富公司有权要求众星公司予以补偿，如果众星公司未能履行补偿义务，海富公司有权要求迪亚公司履行补偿义务。补偿金额 =（1 - 2008 年实际净利润/3000 万元）× 本次投资金额。

第 4 项股权回购约定：如果至 2010 年 10 月 20 日，由于众星公司的原因造成无法完成上市，则海富公司有权在任一时刻要求迪亚公司回购届时海富公司持有之众星公司的全部股权，迪亚公司应自收到海富公司书面通知之日起 180 日内按以下约定回购金额向海富公司一次性支付全部价款。若自 2008 年 1 月 1 日起，众星公司的净资产年化收益率超过 10%，则迪亚公司回购金额为海富公司所持众星公司股份对应的所有者权益账面价值；若自 2008 年 1 月 1 日起，众星公司的净资产年化收益

[①]（2012）民提字第 11 号。

率低于10%，则迪亚公司回购金额为（海富公司的原始投资金额－补偿金额）×（1＋10%投资天数/360）。

之后，海富公司依约于2007年11月2日缴存众星公司银行账户人民币2000万元，其中新增注册资本114.7717万元，资本公积金1885.2283万元，众星公司办理了相应的工商变更登记。

众星公司2008年度生产经营利润总额26858.13元，净利润26858.13元。

2009年12月30日，海富公司诉至兰州市中级人民法院，请求判令众星公司、迪亚公司和陆某向其支付协议补偿款1998.2095万元。

一审法院认为：本案的争议焦点为《增资协议书》第7条第2项内容是否具有法律效力。经审查，众星公司2008年实际净利润完不成3000万元，海富公司有权要求众星公司补偿的约定，不符合《中外合资经营企业法》（2001）第8条关于企业利润根据合营各方注册资本的比例进行分配的规定，同时，该条规定与《公司章程》的有关条款不一致，也损害公司利益及公司债权人的利益，不符合《公司法》第20条第1款的规定。因此，该条由众星公司对海富公司承担补偿责任的约定违反了法律、行政法规的强制性规定，该约定无效。综上，一审法院判决驳回海富公司的全部诉讼请求。诉称海富公司不服一审判决，向甘肃省高级人民法院提起上诉。

二审法院认为：本案四方主体签订的协议书虽名为《增资协议书》，但纵观其全部内容，海富公司支付2000万元的目的并非仅享有众星公司3.85%的股权，而是期望众星公司经股份制改造并成功上市后，获取增值的股权价值才是其缔结协议书并出资的核心目的。基于上述投资目的，海富公司等四方当事人在《增资协议书》第7条第2项就业绩目标不低于3000万元进行了约定，该约定仅是对企业盈利能力提出要求，并未涉及具体分配事宜，故并不违反法律规定。

而四方当事人就众星公司2008年实际净利润完不成3000万元，海富公司有权要求众星公司及迪亚公司以一定方式予以补偿的约定，则违反了投资领域风险共担的原则，使得海富公司作为投资者不论众星公司经营业绩如何，均能取得约定收益而不承担任何风险。参照《最高人民法院关于审理联营合同纠纷案件若干问题的解答》第4条第2项关于"企业法人、事业法人作为联营一方向联营体投资，但不参加共同经营，也不承担联营的风险责任，不论盈亏均按期收回本息，或者按期收取固定利润的，是明为联营，实为借贷，违反了有关金融法规，应当确认合同无效"之规定，该约定应认定无效。海富公司除已计入众星公司注册资本的114.771万元外，其余1885.2283万元资金性质应属名为投资，实为借贷。虽然众星公司与迪亚公司的补偿承诺亦归于无效，但海富公司基于对其承诺的合理依赖而缔约，故众星公司、迪亚公司对无效的法律后果应负主要过错责任。根据《合同法》第58条之规定，众星公司与迪亚公司应共同返还海富公司1885.2283万元及占用期间的利息，因海富公司对于无效的法律后果亦有一定过错，如按同期银行贷款利率支付利息不能体现其应承担的过错责任，故众星公司与迪亚公司应按同期银行定期存款利率计付利息。

综上该院判决：1. 撤销兰州市中级人民法院（2010）兰法民三初字第71号民事判决；2. 众星公司、迪亚公司于判决生效后30日内共同返还海富公司1885.2283万元及利息（自2007年11月3日起至付清之日止按照中国人民银行同期银行定期存款利率计算）。

众星公司、迪亚公司不服甘肃省高级人民法院（2011）甘民二终字第96号民事判决，向最高人民法院申请再审。

最高人民法院认为：2009年12月，海富公司向一审法院提起诉讼时的诉讼请求是请求判令众星公司、迪亚公司、陆某向其支付协议补偿款19982095元并承担本案诉讼费用及其他费用，没有请求返还投资款。因此二审判决判令众星公司、迪亚公司共同返还投资款及利息超出了海富公司的诉讼请求，是错误的。

海富公司作为企业法人，向众星公司投资后与迪亚公司合资经营，故众星公司为合资企业。众星公司、海富公司、迪亚公司、陆某在《增资协议书》中约定，如果众星公司实际净利润低于3000万元，则海富公司有权从众星公司处获得补偿，并约定了计算公式。这一约定使得海富公司的投资可以取得相对固定的收益，该收益脱离了众星公司的经营业绩，损害了公司利益和公司债权人利益，一、二审法院根据《公司法》第20条和《中外合资经营企业法》（2001）第8条的规定认定《增资协议书》中的这部分条款无效是正确的。但二审法院认定海富公司18852283元的投资名为联营实为借贷，并判决众星公司和迪亚公司向海富公司返还该笔投资款，没有法律依据，最高人民法院予以纠正。

但是，在《增资协议书》中，迪亚公司对于海富公司的补偿承诺并不损害公司及公司债权人的利益，不违反法律法规的禁止性规定，是当事人的真实意思表示，是有效的。迪亚公司对海富公司承诺了众星公司2008年的净利润目标并约定了补偿金额的计算方法。在众星公司2008年的利润未达到约定目标的情况下，迪亚公司应当依约应海富公司的请求对其进行补偿。迪亚公司对海富公司请求的补偿金额及计算方法没有提出异议，最高人民法院予以确认。

综上，最高人民法院判决：迪亚公司向海富公司支付协议补偿款19982095元。

作为最高人民法院审理的首例对赌协议的案件，本案曾备受社会关注，并对我国PE的发展有着深远的影响。《全国法院民商事审判工作会议纪要（法〔2019〕

254号)》颁布之前,法院普遍认为目标公司与投资人签署业绩对赌协议损害公司和债权人利益而无效。例如,本案认为:《增资协议书》中约定,目标公司实际净利润低于一定金额,则投资人有权从目标公司处获得补偿。该业绩对赌协议使投资人可以取得相对固定的收益,损害了公司利益和公司债权人利益,法院不予支持。法院认为,"在《增资协议书》中约定,如果众星公司实际净利润低于3000万元,则海富公司有权从众星公司处获得补偿,并约定了计算公式。这一约定使得海富公司的投资可以取得相对固定的收益,该收益脱离了众星公司的经营业绩,损害了公司利益和公司债权人利益,一、二审法院根据《公司法》第20条和《中外合资经营企业法》第8条的规定认定《增资协议书》中的这部分条款无效是正确的。"

《全国法院民商事审判工作会议纪要(法〔2019〕254号)》颁布之后,对于该问题进行重新架构和认识,认为投资方与目标公司订立的"对赌协议"在不存在法定无效事由的情况下,目标公司仅以存在股权回购或者金钱补偿约定为由,主张"对赌协议"无效的,人民法院不予支持。但投资方主张实际履行的,人民法院应当审查是否符合公司法关于"股东不得抽逃出资"及股份回购的强制性规定,判决是否支持其诉讼请求。并具体规定如下:

(1)投资方请求目标公司回购股权的,人民法院应当依据《公司法》第35条关于"股东不得抽逃出资"或者第142条关于股份回购的强制性规定进行审查。经审查,目标公司未完成减资程序的,人民法院应当驳回其诉讼请求。

(2)投资方请求目标公司承担金钱补偿义务的,人民法院应当依据《公司法》第35条关于"股东不得抽逃出资"和第166条关于利润分配的强制性规定进行审查。经审查,目标公司没有利润或者虽有利润但不足以补偿投资方的,人民法院应当驳回或者部分支持其诉讼请求。今后目标公司有利润时,投资方还可以依据该事实另行提起诉讼。

根据本案可知,法律不禁止控股股东与投资人签署业绩对赌协议,这种对赌协议不损害目标公司和目标公司债权人利益。对于投资方与目标公司的股东或者实际控制人订立的"对赌协议",如无其他无效事由,认定有效并支持实际履行,实践中并无争议。例如,在本案中,法院认为,"在《增资协议书》中,迪亚公司对于海富公司的补偿承诺并不损害公司及公司债权人的利益,不违反法律法规的禁止性规定,是当事人的真实意思表示,是有效的。迪亚公司对海富公司承诺了众星公司2008年的净利润目标并约定了补偿金额的计算方法。在众星公司2008年的利润未达到约定目标的情况下,迪亚公司应当依约应海富公司的请求对其进行补偿"。

【公司治理建议】

按照对赌补偿的方式，对赌协议可分为以下几类：

1. 现金补偿条款。这是对赌协议最常见的形式，该类条款通常约定当目标公司未能实现约定的指标时，目标公司或其控股股东给予投资人现金补偿。本案中，投资人海富公司即与目标公司众星公司及其控股股东迪亚公司约定了现金补偿条款。

2. 股权调整条款。该类条款通常约定，当目标公司实现约定的指标时，由投资人无偿或低价将一部分股权转让给目标公司控股股东；反之，则由目标公司控股股东无偿或低价将一部分股权转让给投资人。

3. 股权回购条款。该类条款通常约定，当目标公司未能实现约定的指标时，目标公司或其控股股东将以投资款加固定回报的价格回购投资人持有的目标公司的全部股份。本案中，投资人海富公司与目标公司的控股股东迪亚公司约定了股权回购条款。

4. 特殊股权条款。该类条款通常约定，当目标公司未能实现约定的指标时，投资人的股权将转变为特殊股权，如普通股转变为优先股，或者股权拥有董事会一票否决权等特殊权利。

5. 其他条款，如针对董事会的席位、公司治理结构、高管团队等设计个性化的对赌条款。

考虑到对赌协议存在的巨大商业风险，本书作者向企业家和投资人建议如下：

第一，投资者希望进行业绩对赌时，可以选择与目标公司的控股股东对赌。对于投资方与目标公司的股东或者实际控制人订立的"对赌协议"，如无其他无效事由，认定有效并支持实际履行，实践中并无争议。

第二，投资者也可以与目标公司对赌。但是要注意投资方与目标公司订立的"对赌协议"是否有效以及能否实际履行，存在争议。虽然《全国法院民商事审判工作会议纪要（法〔2019〕254号）》规定，投资方与目标公司订立的"对赌协议"在不存在法定无效事由的情况下，目标公司不能仅以存在股权回购或者金钱补偿约定为由，而主张"对赌协议"无效。但是在实际履行中，往往会遇到一些意想不到的阻碍。例如，（1）投资方主张实际履行的，人民法院要审查是否符合公司法关于"股东不得抽逃出资"及股份回购的强制性规定，判决是否支持诉讼请求。投资方请求目标公司回购股权的，法院审查目标公司是否完成减资程序，如果目标公司不配合进行减资程序，法院就会驳回诉讼请求。（2）投资方请求目标公司承担金钱补偿义务的，法院应审查目标公司有无利润，如果没有利润或者虽有利润但不足以补偿投资方的，法院将驳回或者只能部分支持其诉讼请求。

第三，为避免对赌失败时目标公司的控股股东不具有偿还债务能力，投资者在签订对赌协议前，在对目标公司进行尽职调查的同时，还应对目标公司控股股东进行尽职调查。

第四，目标公司的大股东在签订对赌协议时，应设定切实可行的业绩指标。除业绩指标外，投资者还可以要求在对赌协议中加入更多柔性条款，如财务绩效、赎回补偿、企业行为、股票发行和管理层等多方面指标，让对赌协议更加均衡可控。

第五，如对赌协议中约定未达到约定的目标时公司股东需向投资者赔偿股权，公司控股股东应设定对赌失败时赔偿股权份额的上线，避免对赌失败失去公司控制权（股权层面的公司控制）。

【法规链接】

《公司法》

第二十一条 公司的控股股东、实际控制人、董事、监事、高级管理人员不得利用其关联关系损害公司利益。

违反前款规定，给公司造成损失的，应当承担赔偿责任。

《中外合资经营企业法》（2001）

第八条第一款 合营企业获得的毛利润，按中华人民共和国税法规定缴纳合营企业所得税后，扣除合营企业章程规定的储备基金、职工奖励及福利基金、企业发展基金，净利润根据合营各方注册资本的比例进行分配。

《全国法院民商事审判工作会议纪要》（法〔2019〕254号）

（一）关于"对赌协议"的效力及履行

实践中俗称的"对赌协议"，又称估值调整协议，是指投资方与融资方在达成股权性融资协议时，为解决交易双方对目标公司未来发展的不确定性、信息不对称以及代理成本而设计的包含了股权回购、金钱补偿等对未来目标公司的估值进行调整的协议。从订立"对赌协议"的主体来看，有投资方与目标公司的股东或者实际控制人"对赌"、投资方与目标公司"对赌"、投资方与目标公司的股东、目标公司"对赌"等形式。人民法院在审理"对赌协议"纠纷案件时，不仅应当适用合同法的相关规定，还应当适用公司法的相关规定；既要坚持鼓励投资方对实体企业特别是科技创新企业投资原则，从而在一定程度上缓解企业融资难问题，又要贯彻资本维持原则和保护债权人合法权益原则，依法平衡投资方、公司债权人、公司之间的利益。对于投资方与目标公司的股东或者实际控制人订立的"对赌协议"，如无其他无效事由，认定有效并支持实际履行，实践中并无争议。但投资方与目标公司订立的"对赌协议"是否有效以及能否实际履行，存在争议。对此，应当把握如下处理规则：

5.【与目标公司"对赌"】投资方与目标公司订立的"对赌协议"在不存在法定无效事由的情况下，目标公司仅以存在股权回购或者金钱补偿约定为由，主张"对赌协议"无效的，人民法院不予支持，但投资方主张实际履行的，人民法院应当审查是否符合公司法关于"股东不得抽逃出资"及股份回购的强制性规定，判决是否支持其诉讼请求。

投资方请求目标公司回购股权的，人民法院应当依据《公司法》第35条关于"股东不得抽逃出资"或者第142条关于股份回购的强制性规定进行审查。经审查，目标公司未完成减资程序的，人民法院应当驳回其诉讼请求。

投资方请求目标公司承担金钱补偿义务的，人民法院应当依据《公司法》第35条关于"股东不得抽逃出资"和第166条关于利润分配的强制性规定进行审查。经审查，目标公司没有利润或者虽有利润但不足以补偿投资方的，人民法院应当驳回或者部分支持其诉讼请求。今后目标公司有利润时，投资方还可以依据该事实另行提起诉讼。

融资时应谨慎考虑"对赌协议"

【司法观点】

融资过程中投资方（公司新股东）与融资方（公司原股东）签订的股权回购条款是双方基于商业收益和风险的特别安排，其内容原则上合法有效。对赌协议约定的目标确定不能实现时，投资方即有权要求融资方依约履行合同义务。

【典型案例】[①]

2008年12月1日，宜都天峡公司注册成立，注册资本200万元，湖北天峡公司持有该公司100%的股份。

2010年10月19日，九鼎投资中心作为甲方、蓝某桥作为乙方、宜都天峡公司作为丙方、湖北天峡公司作为丁方，共同签署了《九鼎投资中心对宜都天峡公司之投资协议书》（以下简称《投资协议书》），协议明确各方合作宗旨为：致力于实现

---

① （2015）民申字第295号。

丙方在中国境内资本市场公开发行并上市。协议约定：乙方和丁方对丙方增资，增资后丁方占丙方增资后股份总数的51%；甲方向丙方投资7000万元取得丙方本次增资后股份总数34.3%的股份；第三方投资者向丙方投资3000万元取得丙方本次增资后股份总数14.7%的股份。协议书第7条载明：乙方、丙方、丁方共同进行丙方的经营业绩承诺，保证丙方2010年度实现净利润不低于1500万元，2011年度不低于3000万元，2012年度不低于5000万元。如丙方均达到上述业绩指标，甲方和第三方投资者按照各自持有股权比例，将本次增资后9%的丙方股权作为奖励赠予丁方，其中甲方奖励丁方本次增资后6.3%的丙方股权，第三方投资者奖励丁方本次增资后2.7%的丙方股权。

同日，《投资协议书》四方主体又共同签署一份《补充协议》，约定：如果丙方自本次投资完成之日起至2014年12月31日内丙方未完成公开发行股票和上市，则甲方可于2014年12月31日后随时要求丙方、乙方及丁方受让甲方持有的全部或部分丙方股份，乙方和丁方承诺予以受让。乙方及丁方受让价款计算公式如下：受让价款＝甲方总投资额×（1＋8%）ⁿ－甲方入股期间从丙方获得的业绩补偿－甲方届时因已转让部分丙方股份所取得的收入。上述公式中，n代表甲方持有股份的时间，时间从甲方投资款汇到丙方验资账户之日起开始计算，到甲方收到所有受让价款之日结束（n精确到月，如两年三个月，则n＝2.25）。

2010年10月21日，九鼎投资中心向宜都天峡公司汇入7000万元。同年12月29日，湖北省宜都市工商行政管理局核准宜都天峡公司工商变更登记，投资人及股权比例变更为湖北天峡公司出资3570万元占51%，九鼎投资中心出资3430万元占49%；注册资本由200万元变更为7000万元。公司章程相应进行了变更。

后因各方当事人投资合作不畅，九鼎投资中心于2013年10月28日向湖北省高级人民法院提起本案诉讼，请求法院判令：1.判令蓝某桥、湖北天峡公司向九鼎投资中心支付9023万元受让九鼎投资中心所持有的宜都天峡公司49%的股份；2.判令蓝某桥和湖北天峡公司连带承担违约责任，赔偿九鼎投资中心损失4655万元。

庭审中，蓝某桥、宜都天峡公司和湖北天峡公司自认如下事实：《投资协议书》签订后的宜都天峡公司工商变更登记由其主导完成，该协议中其作出的相关业绩承诺没有达到目标，且2014年12月31日前宜都天峡公司上市已无可能，《投资协议书》所涉第三方投资已经到位，其后被退回。

一审法院认为：本案属于股权投资过程中投资方与融资方签订协议进行溢价增资，当投资方预期投资利益无法达到时，触发投资方行使退出权利条款所引发的案件。该类纠纷中，股权投资方与被投资方出于对未来不确定因素的考量，通常根据协议设定预期目的实现与否来约定由投资方或者融资方实现一定的权利或义务。所设条件的内容包括对所投资公司的财务绩效、利润实现和公司能否实现上市等方面。投资方为化解自身商业风险，通常会与原股东协商签订相应条款，约定在预期盈利目标无法实现时，重新确定双方的股权比例，该条款本身因商事交易的利益平衡而产生，以当事人意思自治为前提，具有其合理性。本案四方当事人签订的《补充协议》中所设定的投资方退出条款类型属于股权回购，与协议中的相关股权奖励条款相对应，未超过其合理预期，亦不违反法律法规的禁止性规定，应为合法有效。其中约定的特定情形出现时九鼎投资中心有权要求蓝某桥、湖北天峡公司承担股份回购义务。

针对本案《补充协议》中约定的触发回购条款的条件具体分析。中国证券监督管理委员会颁布的《首次公开发行股票并上市管理办法》第 26 条规定，"发行人应当符合下列条件：（一）最近 3 个会计年度净利润均为正数且累计超过人民币 3000 万元，净利润以扣除非经常性损益前后较低者为计算依据；（二）最近 3 个会计年度经营活动产生的现金流量净额累计超过人民币 5000 万元；或者最近 3 个会计年度营业收入累计超过人民币 3 亿元；（三）发行前股本总额不少于人民币 3000 万元；（四）最近一期末无形资产（扣除土地使用权、水面养殖权和采矿权等后）占净资产的比例不高于 20%；（五）最近一期末不存在未弥补亏损"。依照上述规定，宜都天峡公司若期望在 2014 年 12 月 31 日前实现上市，需在 2014 年前向证券监督管理机构报送审批材料，最近三个会计年度的净利润必须为正数，且最近三年会计文件无虚假记载。按证券业常理分析，宜都天峡公司应以 2010、2011、2012 三个会计年度的会计文件呈报，但 2012 年 12 月 31 日宜都天峡公司编制的《利润表》记载本年度净利润为 -485.491382 万元，《利润表（合并）》记载本年度净利润为 -485.175892 万元，上述证据证明该年度宜都天峡公司净利润为负数，企业发生亏损。宜都天峡公司已经无法满足 2014 年 12 月 31 日前公开发行股票并申请上市的先决条件，因此《补充协议》中预设的退出情形已产生，九鼎投资中心诉请蓝某桥、湖北天峡公司回购其持有的宜都天峡公司股份符合合同约定。

蓝某桥、湖北天峡公司主张协议中所设定的回购时间尚未起始。对此一审法院认为，虽然《补充协议》第 1 条约定如宜都天峡公司自投资完成之日起至 2014 年 12 月 31 日内未完成公开发行股票和上市，则九鼎投资中心可于 2014 年 12 月 31 日后主张股份回购。但从涉案《投资协议书》及《补充协议》相关条款的设置及缔约目的分析，蓝某桥、湖北天峡公司对九鼎投资中心作出的 2010 年至 2012 年宜都天峡公司净利润承诺系实现合同根本目的的重要前提及保障，即蓝某桥、湖北天峡公司的主要合同义务。但是蓝某桥、湖北天峡公司未履行上述合同义务已使宜都天峡公司 2014 年 12 月 31 日前完成公开发行股票及上市的合同根本目的无法实现。涉案两份协议中虽未直接设立蓝某桥、湖北天峡公司因违约而承担违约责任的条款，仅设立以股权回购为具体履行方式的退出条款。但从该退出条款的文义及受让价款的计算公式可以看出，其实际属于违约补偿条款的性质。依据《合同法》第 108 条关于当事人一方明确表示或者以自己的行为表明不履行合同义务的，对方可以在履行期限届满之前要求其承担违约责任的规定，九鼎投资中心可以依照合同约定要求蓝某桥、湖北天峡公司承担回购责任，并不受《补充协议》约定的权利起始日条件约束。

依据《补充协议》中明确约定的蓝某桥及湖北天峡公司受让价款计算公式具体回购数额应以九鼎投资中心投资总额 7000 万元套用公式计算，n 值应为 3.25（三年 3 个月，从 2010 年 10 月投资款到账至开庭时止），即 7000 万元 ×（1＋8%）3.25，计算所得蓝某桥、湖北天峡公司回购股份的价款应为 8989.2869 万元。

九鼎投资中心第二项关于赔偿损失的诉请，因九鼎投资中心在该院指定的期限内未提交蓝某桥、湖北天峡公司违约所给其造成具体损失的相关证据，四方协议中对此亦未作出约定，一审法院依法不予支持。

综上，一审法院判决：1. 蓝某桥、湖北天峡公司于该判决生效之日起十五日内向九鼎投资中心支付人民币 8989.2869 万元，用于受让九鼎投资中心持有的宜都天峡公司 49% 的股份；2. 驳回九鼎投资中心的其他诉讼请求。

蓝某桥与湖北天峡公司均不服原审法院上述民事判决，向最高人民法院提起上诉。其主要理由有：1. 原审判决认定事实错误。九鼎投资中心增资的同时，原股东湖北天峡公司以实物、无形资产等同步增资，不存在以溢价方式进行增资的情形。《补充协议》中预设的退出情形未实现，蓝某桥与湖北天峡公司不应承担回购股权的民事责任。2. 原审判决适用法律错误。(1)《补充协议》应当认定无效，其中的退出条款属于格式条款，该协议中的对赌条款违反公平原则。(2) 退出条款不具有合同义务属性，公司发行股票、上市等并非给付关系范畴。

最高人民法院经审理认为，本案二审争议焦点为：1. 涉案《投资协议书》和《补充协议》中回购股份条款的法律效力。2. 九鼎投资中心主张权利的起始时间应如何认定。

一、关于回购条款的法律效力问题

首先，从诉争的两份协议书的内容看，《补充协议》中有关被投资方股东应当回购股份的承诺清晰明确，是当事人在《投资协议书》外特别设立的保护投资人利益的条款，属于缔约过程中当事人对投资合作商业风险的安排。该条款与《投资协议书》中的相关股权奖励条款相对应，系各方当事人的真实意思表示。其次，涉案协议关于在一定条件下被投资方股东回购股份的内容不违反国家法律、行政法规的禁止性规定，不存在《合同法》第 52 条所规定的有关合同无效的情形。且诉争协议系各方当事人专为此次交易自愿达成的一致约定，并非单方预先拟定或者反复使用，不属于格式合同或者格式条款，不存在显失公平的问题。因此，原审判决认定案涉《投资协议书》与《补充协议》，包括在一定条件下被投资方股东回购股份的承诺等内容合法有效正确，二审法院予以维持。蓝某桥与湖北天峡公司应当依约履行自己的合同义务，向九鼎投资中心承担回购股份的民事责任。

二、关于九鼎投资中心主张权利的起始时间问题

由于宜都天峡公司在 2014 年 12 月 31 日前无法上市已呈事实状态，涉案《补充协议》所约定的股份回购条件业已成就，蓝某桥与湖北天峡公司的违约行为导致九鼎投资中心签订案涉协议的合同目的已无法实现，故九鼎投资中心提起诉讼具有合同与法律依据，原审判决的相关认定并无不妥，蓝某桥与湖北天峡公司有关九鼎投资中心起诉时间不符合合同约定的上诉理由不能成立。

综上所述，最高人民院认为原审判决认定事实清楚，适用法律正确，审判程序合法，依法应予以维持。

【实务指引】

本案所探讨的投资者与原股东间的协议，通常被叫作"对赌协议"，而根据其英文（Valuation Agreement Mechanism）直译过来则是"估值调整机制"，这两种叫法都比较形象、直观地反映出了协议的本质内容，即投资方与被投资方出于对未来不确定因素的考量，根据预期目的实现与否来约定由投资方或者融资方实现一定的权利或义务，目的实现则被投资方从投资方处得到更多的利益，目的未实现则投资方有权要求被投资方给予一定的补偿。然而，"对赌"一词似乎又不尽精确，投资者并非以得到被投资者的补偿为根本目的，因为双方均希望预期的目的能够实现，所以"赌"的成分是比较少的，更多的则是一种命运共同体的体现。尽管如此，本书中还是尊重多数人的表达习惯，将本案所体现出的这种协议类型称为对赌协议。

尽管对赌协议显然是一种"外来"的合同设计类型，但在中国早已得到广泛运用。比较有名的是 2003 年摩根士丹利等与蒙牛乳业对赌，2005 年摩根士丹利、鼎晖等与中国永乐对赌，2008 年鼎辉与俏江南对赌，2009 年高盛与腾讯对赌等，本书将对部分著名的对赌案例进行介绍。在这些案例中，有不少成功的典型，投资方与被投资方双双获利；也有很多失败的情形，一些对赌失败的案例中致使原股东失

去了对公司的控制权。但是较为遗憾的是，我国法律尚未对对赌协议进行明文的法律规制，对赌协议的效力、性质、履行等缺乏统一的规定，此时各级法院尤其是最高人民法院有关对赌协议的案例就更加具有指导性意义。笔者从本案的判决中提炼认为：

其一，应当原则上肯定对赌协议的有效性。正如本案两审法院所析，对赌协议中的股权回购条款是当事人特别设立的保护投资人利益的条款，属于缔约过程中当事人对投资合作商业风险的安排。该条款与股权奖励条款相对应，系各方当事人的真实意思表示，不违反法律、行政法规的禁止性规定，不存在合同无效的情形，因此其内容合法有效。

其二，对赌协议从性质上而言是一种类似于彩票合同、保险合同的射幸合同。在彩票合同中，购买者花费极小的代价就有可能获得丰厚的回报，当然也更有可能一无所获。在保险合同中，被保险人有可能从保险公司得到远超过其缴纳的保险费的经济补偿，也有可能使保险费最终打了水漂。不难看出，这类合同具有不确定性，购买者得到的只是一个机会，而不是确定的利益，一本万利与一无所获都可能是射幸合同最终的结果，但是这种结果的不确定性并不会导致这类合同是"显失公平"的合同，而是通常会承认这类合同的有效性。对赌协议完全符合上述射幸合同的特征。但是我国法律同样没有对射幸合同予以规定，因此各级法院有权依据相关的法理来确定一些具体的法律规则并予以适用。

其三，对赌协议约定的目标确定不能实现时，投资方即有权要求被投资方依约履行合同义务，而无须等到合同确定的时间节点。本案中，由于宜都天峡确定无法按时完成上市目标，九鼎投资中心有权提前要求湖北天峡公司等进行股权回购。我们认同这样的结论，但认为一审法院有关于股权回购条款系违约补偿条款并适用《合同法》第108条的思路有待商榷。正如在财产保险合同中，财产遭受损害仅是保险公司进行赔付的前提，而绝非是保险公司对被保险人的违约。在对赌协议中，双方所约定的目标不能实现亦不能认为是被投资方对投资方的违约，因为约定目标的实现取决于双方的共同努力，而并非仅仅是投资方或被投资方一方的合同义务。双方约定于2014年12月31日前上市，这一预期目标能否实现有可能需要在2014年12月31日这一天才能确定，也有可能在2012年或者2013年即可提前确定，但无论具体是哪一天得以确定，一旦确定则意味着双方的权利义务关系亦最终确定，双方应当本着诚实信用的原则及时履行。

【公司治理建议】

梳理国内外目前常见的对赌协议，投资方与被投资方通常会在财务绩效、非财务绩效、股票发行、管理层等方面对赌，本书作者梳理如下供读者参考：

1. 在财务绩效方面，通常以企业的净收入为指标。如对赌协议如可以约定：如目标公司在×××年的净收入超过×××万元的，则投资方应向目标公司再投资×××万元；如目标公司在×××年的净收入不足×××万元的，则管理层转让×××股权给投资方（或约定管理层将×××个目标公司的董事会席位的提名权转让给投资方）。

2. 在非财务绩效方面，通常以企业的市场份额增长为指标。同样的，完成该指标则投资方再向目标公司提供融资，否则则由管理层转让股权给投资方。当然，非财务指标多种多样，也可以是约定企业聘请符合相应条件的高管团队，或者取得对企业发展至关重要的某项发明专利等。

3. 在股票发行方面，投资方可能要求目标企业在约定的时间内上市，否则有权出售其持有的股份。但是，对于这种方式的选择企业家应当格外谨慎，因为目标企业能否在约定的时间内上市受各种各样的因素制约，既有企业自身发展的因素，也有客观政治政策的因素。本案正体现了这一点，而张某也正是因为以上市时间对赌导致输掉了对俏江南的控制权。

4. 在管理层方面，投资方往往会要求管理层在职，如管理层被解雇，则失去未到期的员工股；如管理层在职，则投资方可进行第二轮追加投资。所谓"投资就是投人"，现有管理层的稳定性往往决定了公司是否能够持续发展，因此也是投资方关注的要素。

【法规链接】

《民法典》

第五百七十八条 当事人一方明确表示或者以自己的行为表明不履行合同义务的，对方可以在履行期限届满前请求其承担违约责任。

"对赌协议"经典案例之人和商业

【背景情况】

人和商业是一家发迹于哈尔滨市的商业地产公司，最终控股股东为戴某丽，但戴某丽并不参与公司经营，而是由其弟戴某革担任公司董事局主席。

人和商业的特点是其"地下商城"的发展模式：即在城市中心区兴建地下商

城，通过出租地下商铺获得收益。由于地下商城其实是防空工程，产权归政府所有，因此并不被视作房地产，不用交纳土地出让金并且税赋可以得到减免，这成就了人和商业的飞速扩张。2005~2007年，公司净利润从1190万元增长至2.67亿元，盈利能力远高于其他地产企业。

但是这种商业模式也有其局限性。一方面，地下商城无法获得土地使用权证，无法以土地抵押获得银行贷款。另一方面，地下商铺无法获得独立房产证，其商铺的销售无法按照银行按揭的模式进行，从而不利于其销售及资金的快速回笼。这些导致了公司发展中始终面临着现金流不足的问题。

到2007年3月，人和商业账上现金仅剩620万元，严重影响到了公司的全国布局。为此，戴氏家族开始寻求私募股权融资。

【对赌协议的签订】

2007年年底至2008年年初，人和商业前后三次引进了以红杉为代表的6家PE投资者。投资者合计向戴氏家族支付了35.8亿元人民币，人和商业的总股本扩充至170亿股，6个PE股东大约持有其中32亿股，股权占比为18.87%，以此计算其持股成本约为1.12元/股，按当时汇率折合港元为1.27港元/股。而戴氏家族持有剩余81.13%股权。当然，在投资者入股时，与戴氏家族签订了一系列协议，以保障自身的投资利益：

防稀释条款：如果人和商业以低于PE投资成本的价格（1.27港元/股）进行后续融资，那么PE当初的投资额就必须按新的价格重新计算股份数量，由此产生的股权差额，由创始人股东无偿转让。

对赌条款一：如果人和商业2008年及2009年的净利润分别低于16亿元、32亿元，则戴氏家族需向PE股东无偿转让一定数额的股份，具体数额视距离业绩目标差距的多少而定。

对赌条款二：如果人和商业至2009年年底的经营面积低于55万平方米，则戴氏家族需向PE股东无偿转让一定数额的股份，具体数额视距离经营面积目标差距的多少而定。

对赌条款三：人和商业若上市，以其IPO价格计算，必须确保PE获得20%的年度回报率，或是35%的资金总回报率。否则，创始人股东必须无偿转让足额的股票给PE投资人，以保证其实现既定的投资回报率。

【履行情况】

2008年3月，人和商业启动香港IPO进程，计划在该年第二季度实现上市。但当时正遇到国际金融海啸，考虑市况不好、股票发行投资者认购可能不足，因而人和商业考虑推迟一段时间上市。但进入下半年后，市况更加恶化，等不及的戴氏家族决定逆市IPO。

2008年10月，人和商业开始招股，向全球发售30亿股（占总股本的15%），招股价区间定在1.4~1.7港元/股。但由于这个价格区间鲜有投资人响应，为此人和商业不得不大幅下调价格最终定在1.13港元/股，融资规模从最高51亿港元减少至33.93亿港元。即便如此，此次股票发行在香港本地发售部分也仅仅获得6.6%的超低认购率，认购不足部分不得不转向国际配售。人和之所以要在如此惨淡的市况之下进行IPO，显然是因为其现金流严重不足急需补血。尤其值得注意的是，人和商业IPO价格1.13港元/股，竟然低于6家PE的私募入股价格1.27港元/股。

正是因为IPO价格低于私募的价格，于是一些意外情况发生了。按照当初PE入股时，戴氏家族与投资人所签订的前述四个协议条款，其中两个条款与IPO的价格直接关联。

首先，人和商业的IPO价格低于此前私募的价格，因而触发了"防稀释条款"。根据该条款，6家PE投入的35.8亿元（40.68亿港元）根据1.13港元/股的IPO价格，重新折算的持股数量为36亿股，较之前32亿股多出4亿股，因而戴氏家族要向6家PE股东无偿出让4亿股股票。

其次，按照IPO的价格计算，PE的投资不仅不赚钱，甚至是亏本的，无法确保20%的年回报率或者35%总回报率，因而触发了"对赌条款三（上市调整条款）"。6家PE投入的35.8亿元（40.68亿港元）如果要达到35%的回报率，则其IPO时的持股市值应该达到54.92亿港元，按照1.13港元/股的IPO价格计算，其持股量应该达到48.6亿股，较36亿股还要多12.6亿股，因而戴氏家族还要再向6家PE股东无偿转让12.6亿股。

二者相加，戴氏家族合计要无偿出让16.6亿股股票给PE投资人，相当于人和商业IPO后总股本的8.34%，这便是戴氏家族为人和商业流血上市而付出的惨重代价。

所幸的是，前述"对赌条款一"及"对赌条款二"，因人和商业顺利实现相应目标而没有被触发。人和商业2008年及2009年的净利润分别达到19亿元及40亿元，超出原先预定的16亿元及32亿元目标；截至2009年年底，人和商业的总经营面积超过70万平方米，高于原先预定的55万平方米的目标。

【公司治理专家点评】

在企业寻求PE投资的过程中，对赌协议早已屡见不鲜，但像本文所介绍的设置三重对赌的情况则实属罕见。通过严密的对赌条款的设置，在企业遭遇百年难见的金融危机流血上市时，PE 投资者仍能确保自身的投资收益，而创始人则必须付出无偿向对方付出股权的代价。

人和商业失败的根源在于：其创始人戴氏家族严重缺乏对资本游戏规则的理解，更不知道如何跟资本谈判，在谈判中不清楚哪些是可以让步的而哪些是必须坚持的，因而任由投资人设立各种条款。PE 投资后，三重对赌就如同三张大网压迫着人和商业，迫使其在两年内要同时向盈利倍增、市场占有、完成上市三大目标冲刺，难度可想而知，尽管创始人全力带领着公司完成了两个目标，但终究还是功亏一篑了。从某种意义上讲，人和商业的失败也许在签订了三重对赌协议的那一天就有了迹象，后续的进展只不过是这个迹象的延续，2008 年的金融危机则成了压垮人和商业的最后一根稻草。

事实上有很多与人和商业命运相同的企业，俏江南与鼎辉对赌致使其创始人张某失去控制权的案例就与本案极其相似。对赌协议究竟是天使还是魔鬼？当企业的创始人在在投资人面前表现的过于弱势时，这个问题似乎不言自明。

"对赌协议" 经典案例之永乐电器

【背景情况】

永乐电器创始于 1996 年，创始人陈某，是出生于上海的商人。当时永乐电器在行业内是仅次于国美和苏宁的家电连锁商，但与国美、苏宁很早就在全国扩张抢占市场不同，永乐电器重点在上海地区发展，其在上海的市场占有率高达 60%，拥有的门店数量甚至超出其他连锁品牌的总和。

2004 年后，国美与苏宁全国性跑马圈地的步伐日益加快，双双提出每年新增 100 家连锁店的计划，这给永乐电器带来了巨大的压力，如果永乐电器不能跟上这个扩张速度，市场份额的差距将会越拉越大。但跑马圈地的能力取决于各自的财力，相比而言，国美与苏宁先后在港股及 A 股上市，通过资本市场获取了有效的融资渠道，而永乐电器在资金供给上则困难很多。

【对赌协议的签订】

为了配合市场扩张的计划，永乐电器开始寻求私募股权基金的支持，最终于 2005 年 1 月获得摩根士丹利及鼎晖的 5000 万美元联合投资。其中，摩根士丹利投资4300万美元，占股23.53%；鼎晖投资700万美元，占股3.83%。

在这次融资中，陈某被迫与摩根士丹利及鼎晖等资本方签订了对赌协议，双方的约定具体为：

1. 如果永乐电器2007年净利润高于7.5亿元，则资本方需无偿向陈某团队支付3%的股权；2. 如果永乐电器2007年净利润介于6.75亿元~7.5亿元，则双方不发生股权支付；3. 如果永乐电器2007年净利润介于6亿元~6.75亿元，则陈某团队需无偿向资本方支付3%股权；4. 如果永乐电器2007年净利润低于6亿元，则陈某团队需无偿向资本方支付6%的股权。

这意味着，陈某要想不赔股权，2007年的净利润至少要达到6.75亿元。永乐电器2002年至2004年的净利润分别为2820万元、1.48亿元和2.12亿元，显然与6.75亿元的目标还差得太远。而投资方的理由是，永乐电器过去几年的净利润增长一直在50%以上，按照这样的速度2007年是可以实现6.75亿元的。

而陈某之所以敢签这纸协议，大概因为他自信地认为，企业可以继续保持高速增长并顺利实现盈利目标。况且，精明的陈某还在对赌协议中加上了一条有利于自己的保障性条款：如果投资人的最终回报达到初始投资额的3倍，即使未来利润目标未达到，陈某方面也无须支付股权。然而，陈某在签这纸协议时，错误地预估了行业的发展形势，导致日后他不得不吞下这纸协议带来的苦果。

【履行情况】

2005年10月14日，永乐电器登陆香港联交所完成IPO，融资超过10亿港元。但是永乐的跨地域扩张并不顺利，单位面积销售额和毛利率均有所下降，上市一个月后永乐无奈的对外承认"外地发展不顺"的事实。

对于永乐此时的困境，苏宁总裁孙某民评论到："永乐在上海的发展相对来讲是比较成功的。但它在往全国发展的过程中，并没有搭建起很好的管理平台，上海以外的地方短期之内很难产生回报。所以说，从战略上来讲，永乐可能压力很大。"

事实证明，永乐的盈利状况确实在急速恶化。2006年8月14日，永乐电器公布了该年的半年报，上半年永乐最终获利1501.8万元，相比2005年同期净利润1.4亿元，跌幅高达89%。为了避免对赌失败，陈某做了两手准备：一方面，设法提前将企业卖给财大气粗的行业老大国美，使得客观上无法执行对赌协议；另一方面，谋求收购行业老四大中电器，合并两家的营收或许能达到盈利目标，以免输掉对赌协议。

最终，在2006年7月25日国美与永乐宣布合并：国美电器通过"现金+股票"的方式，以52.68亿港元的代价全资收购永乐电器，收购完成后原永乐的股东全部转变成国美的股东，陈某个人持有国美不足4%的股权，而永乐则成为国美的全资子公司并从香港联交所退市。

2006年11月，陈某低调出任国美电器总裁，此时的他已经不再是当年永乐时代一言九鼎的大股东了，而更像是国美和黄某裕所聘请的职业经理人。

【公司治理专家点评】

有些企业家认为有了投资者的资金支持业绩很容易能够翻番，因此对融资之后企业业绩指标的预测非常激进。然而，制约公司发展的不仅仅是资金，资金投进来也未必能立竿见影，经营模式与经营管理同样重要。企业家对此要有清醒的认识，绝对不能盲目乐观或者抱有侥幸心理，随意设定不切实际的业绩目标。

永乐电器本身是行业内的佼佼者，有自己一套行之有效的经营方式，但为了实现一个不切合实际的业绩目标，只能改变已有的成熟的经营模式，违背了企业发展的规律。对赌协议对于永乐而言就如同一个无形的枷锁，尽管奋力挣扎，但到头来却输得一塌糊涂。

"对赌协议"经典案例之中国动向

【背景情况】

中国动向的前身是北京动向，曾是李宁体育用品有限公司的控股子公司。公司的实际控制人陈某红，于1991年加盟李宁公司，从李宁公司的副总经理、总经理以及行政总裁，一直做到李宁在香港上市后的执行董事。2001年李宁公司与意大利Basic Net公司合作，获得后者的Kappa（卡帕）品牌在中国的品牌特许经营权，期限5年。为了专门打理这项业务，2002年4月，李宁公司成立了"北京动向"，且从李宁公司继承了卡帕品牌的特许经营权，该公司由陈某红主持，其私人控制的"上海雷德"获得了北京动向20%的初始股权。

2005年年中，李宁决定以4481万元的总价格，将北京动向剩余80%股权（含公司3620万元债权）出让给陈某红等人。为此，陈某红夫妇、其弟陈某良、北京动向总经理秦某中，共同设立了"上海泰坦"，用于受让这笔股权。至此陈某红实质控制了北京动向的全部股权。

2006年，Basic Net公司陷入巨大的财务危机。为了缓解危机，他们决定出售Kappa品牌在部分国家和地区的商标权益。2006年3月26日，陈某红与Basic Net

公司达成协议，陈某红将通过私人拥有的离岸公司 Diamond King，以 3500 万美元购买 Kappa 品牌在中国内地及澳门的全部商标权益。

但是 3500 万美元的收购款对于当时的陈某红而言并无能力支付。此时，摩根士丹利作为财务投资者介入进来。2006 年 5 月 10 日，陈某红与摩根士丹利正式达成协议，摩根士丹利投资 3800 万美元，彻底解决了陈某红的收购资金问题。

【对赌协议的签订】

摩根士丹利愿意对陈某红投资，主要是看中了北京动向迅速增长的盈利，公司 2004 年盈利约 450 万元，2005 年盈利约 3800 万元，增长近 10 倍。但是基于投资安全的考虑，摩根士丹利的这笔投资并不是直接的股权投资，而是采取了"可转债"（可转化成股权的债权）的形式。即这笔投资先期以"债权"的方式进行。如果动向公司最终未能获得 Kappa 品牌权益，则该笔债权于 2007 年 5 月 30 日到期，且动向公司须以 15% 的回报率向摩根士丹利"还本付息"；如果动向公司最终获得品牌权益，则该笔债权转化成股权。

但问题在于如果该笔债权转化成股权，股权比例如何折算？陈某红给出的底线是：最多出让 20% 股权给投资方。双方最终确定，在 20% 的基础上依据对赌协议进行调整，具体条款如下：

（1）如果 2006 年和 2008 年的净利润目标，分别达到 2240 万美元及 4970 万美元，则摩根士丹利的股权比例最终确定为 20%。（2）如果届时净利润仅达目标额的 90%，则陈某红等创业股东，必须额外将 11.1% 的股权比例，以 1 美元的象征价格转让给摩根士丹利。（3）如果届时净利润仅达目标额的 85%，则以陈某红等创业股东必须额外将 17.6% 的股权比例，以 1 美元的象征价格转让给摩根士丹利。（4）如果届时净利润不足目标额的 85%，则陈某红方面需要额外出让更多股份给摩根士丹利，具体多少根据实际情况确定，但最多不超过总股本的 20%。（5）如果届时净利润超过目标利润 12%，则摩根士丹利须将 1% 的股份作为奖励返还给陈某红等人，其实际持股比例变为 19%。

【履行情况】

对赌协议签订后，经过一系列的离岸重组，中国动向于 2007 年 3 月 23 日在开曼设立，中国动向通过控制另一家新注册的公司香港动向，实际享有了原北京动向的全部实体经营权和品牌权益。2007 年 10 月 10 日，中国动向（开曼）在香港上市。

有了摩根士丹利的大笔投入，2006 年动向公司实现净利润高达 3.06 亿元，

2007年再次翻番，达到7.34亿元，甚至提前超越2008年的盈利目标。因此，陈某红非但无须额外出让股权给摩根士丹利，后者反而要倒贴1%的股权给陈某红。促成中国动向业绩的飙涨原因，除了陈某红自身的努力之外，还有两个重要因素：

其一是合理的避税举措。2005年9月之后，陈某红将南方的业务从北京动向转移到其子公司上海泰坦，而上海泰坦因注册于浦东新区享有"一免三减半"的所得税优惠。2007年，在上海泰坦的税收优惠即将期满之时，陈某红又注册了"上海卡帕"，再一次转移主营业务，这样得以继续享受税收优惠。

其二是运动服装产业大发展的大势所趋。自2006年开始，随着2008年北京奥运会的日益临近，大大提高了中国人对运动及健体的兴趣及关注，体育运动市场呈现出井喷式增长。而Kappa当时独有的"运动时尚"定位，也清晰地区隔于其他运动服装品牌，促成了营业额的高速增长。

事实上，陈某红对赌胜利是双赢的结果。据中国动向公开披露的信息显示，摩根士丹利3800万美元的投资额，折合成持股成本，仅为0.38港元/股，相较其3.98港元/股的招股价，获得超过10倍的回报。而赢得对赌的陈某红，不仅成了李宁公司在商场上的直接竞争对手，其个人财产甚至超越了他的老东家李宁。

【公司治理专家点评】

中国动向的对赌无疑是一个极其成功的案例。无论对赌协议如何设定，企业的经营模式、管理水平和市场前景才是成功或失败的关键。中国动向的成功是天时、地利、人和共同作用的结果，对赌协议确实使得这个成功的故事显得更加丰满和有趣，但对赌协议也无非是成功过程中一个为融资而不得已设定的环节，最多不过是起到了催化剂的作用。陈某红在签订对赌协议时显然是小心和机智的，而这些也是值得借鉴的地方：

其一，陈某红为这次对赌设定了赌输的下限：即使企业经营出现最坏的情况，摩根士丹利最多只能合计拥有40%股权，这就确保了陈某红不会因为对赌失败而丧失企业的控股权，使他在企业经营过程中少了后顾之忧，更不会因为控制权的原因采取不恰当的手段损害投资人甚至公司的利益。

其二，现实中的绝大多数案例只是"单赌"，很少见到相互赌的情形，即只有对投资者的保护却缺乏了对企业家的激励。中国动向给出了一个可以借鉴的模式：在考核期净利润超过目标利润的12%时，摩根士丹利需将1%的股份作为奖励返还给陈某红等人。既有反向的制约，又有正向的激励，这种安排才是一种双赢的安排。

第九章　公司控制权实战

【本章导读】

本书的前几章，按照公司发展的时间顺序，介绍了公司在成立时、运营时、融资时、转让时等各时间阶段公司控制权争夺的焦点与关键，本章将从公司类型的角度出发，重点介绍民营企业、家族企业、混合所有制企业、上市公司等不同类型公司控制权争夺的特点。

其中，在民营企业的控制权争夺中，股东各方的矛盾有时会激化为公司僵局，在僵局破解的过程中股东斗殴也早已不鲜见。股东进行公司控制权争夺最后一招是"同归于尽"即公司解散，进而打破公司僵局，但是公司僵局的表现有哪些，公司解散的法定条件是什么，如何理解公司经营管理陷入严重困难等一系列问题，亟须在司法实践中得到落地，本章将结合实战案例对上述问题做详细解读。

在家族企业的控制权争夺的案件中，其中所牵涉的关系不仅仅是简单的股权关系，还往往会掺杂着兄弟关系、夫妻关系、父子关系、元老派与少壮派的关系等，其中的资合性减弱而人合性却大大提升，往往在新老交替，兄弟反目，夫妻离婚之时，公司控制权之争会异常激烈，本章的司法案例将总结家族企业控制权守与攻的关键。

混合所有制企业的公司控制权之争，往往会涉及国有企业和外商投资企业，由于此类企业各股东主体资格的特殊性，国资委或其他主管部门往往会对此类企业的董事长、副董事长、法定代表人等关键人事席位作出特定的安排，对此类企业的股权流转作出更严格的审批流程，所以必须了解如何设置各人事职位，才能确保公司控制权不会旁落，如何签订股权转让协议及履行哪些法定义务，才能保证锁定股东资格，最终取得公司控制权。

本章的最后将以上海新梅控制权争夺的案例结束，在这部分中将以商业时间与法律点评相结合的方式向读者介绍，何种类型的上市公司会成为股票二级市场上各机构投资者猎杀的对象，在猎杀过程中，争夺各方如何利用"举牌""信息披露""独立性"等各项上市标准展开较量；最后，将隆重介绍上市公司反收购的过程中，防守方手中的28张牌是什么以及如何打。

【本章常见问题及解答】

1. 公司解散的方式有哪些

根据《公司法》第180条的规定，公司因下列原因解散：（1）公司章程规定的营业期限届满或者公司章程规定的其他解散事由出现；（2）股东会或者股东大会决议解散；（3）因公司合并或者分立需要解散；（4）依法被吊销营业执照、责令关闭或者被撤销；（5）法院判决公司解散。

据此，公司解散的方式分为合意解散（公司章程规定的营业期限届满或者公司章程规定的其他解散事由出现、股东会或者股东大会决议解散、因公司合并或者分立需要解散）、行政解散（依法被吊销营业执照、责令关闭或者被撤销）、司法解散（公司经营管理发生严重困难，继续存续会使股东利益受到重大损失）。

2. 股东在哪些情况下可请求解散公司

根据《公司法》第182条的规定，公司经营管理发生严重困难，继续存续会使股东利益受到重大损失，通过其他途径不能解决的，持有公司全部股东表决权百分之十以上的股东，可以请求人民法院解散公司。

根据《公司法司法解释二》第1条的规定，具有以下情形的符合请求解散公司的条件：

（1）公司持续两年以上无法召开股东会或者股东大会，公司经营管理发生严重困难的；

（2）股东表决时无法达到法定或者公司章程规定的比例，持续两年以上不能做出有效的股东会或者股东大会决议，公司经营管理发生严重困难的；

（3）公司董事长期冲突，且无法通过股东会或者股东大会解决，公司经营管理发生严重困难的；

（4）经营管理发生其他严重困难，公司继续存续会使股东利益受到重大损失的情形。

3. 对公司陷入僵局有过错的股东，是否有诉请解散公司的权利

公司能否解散取决于公司是否存在僵局以及是否符合《公司法》规定的实质条件（公司经营管理发生严重困难，继续存续会使股东利益受到重大损失，通过其他途径不能解决），而不取决于公司僵局产生的原因和责任。即使一方股东对公司僵局的产生具有过错，其仍然有权请求解散公司。

4. 公司连续多年不开会，是否一定符合公司解散条件

只有公司经营管理出现严重困难，严重损害股东利益，且穷尽其他途径不能解

决的，法院才会判决解散公司。未召开股东会并不等于无法召开股东会，更不等于股东会议机制失灵。如果持有公司多数股份的股东可以召开股东会并形成有效决议，即使公司常年未召开股东会也不应当认定公司经营管理出现严重困难，此时则不符合公司解散的条件。

5. 公司持续盈利，是否一定不符合解散公司条件

公司经营管理发生严重困难时，持有公司全部股东表决权百分之十以上的股东可以请求人民法院解散公司。判断"公司经营管理是否发生严重困难"，应从公司组织机构的运行状态进行综合分析。公司虽处于盈利状态，但其股东会机制长期失灵，内部管理有严重障碍，已陷入僵局状态，可以认定为公司经营管理发生严重困难，股东可以请求解散公司。因此，公司持续盈利，并不代表不符合解散公司的条件。

6. 公司清算组成员由哪些人员组成

根据《公司法》第183条的规定，有限责任公司的清算组由股东组成，股份有限公司的清算组由董事或者股东大会确定的人员组成。

需要说明的是，有限责任公司的清算组由股东组成，但这并不表明清算组必须吸收所有股东参加。股东参加清算组的权利属于股权中的共益权，应遵从资本多数决规则。清算组仅是公司清算阶段的执行机构，而非议事决策机构，公司股东会可以决议确定由部分股东参加清算组。

7. 不通知不公告悄悄注销公司，清算组成员需承担什么责任

根据《公司法司法解释二》第11条的规定，公司清算时，清算组应当自成立之日起十日内将公司解散清算事宜书面通知全体已知债权人，并于六十日内根据公司规模和营业地域范围在全国或者公司注册登记地省级有影响的报纸上进行公告。

清算组未履行通知和公告义务，导致债权人未及时申报债权而未获清偿，债权人有权要求清算组成员对因此造成的损失承担赔偿责任。

鉴于实践中公司的注销程序较为烦琐，且稍有不慎就可能会导致公司的股东要对公司债务承担责任，因此注销公司一定要在律师的指导下进行。

8. 公司被吊销营业执照，是否还能提起诉讼

吊销企业法人营业执照是工商行政管理机关依据国家工商行政法规对违法的企业法人作出的一种行政处罚。企业法人被吊销营业执照后，应当依法进行清算，清算程序结束并办理工商注销登记后，该企业法人才归于消灭。判断企业法人资格存续与否，应当以工商行政管理机关是否注销其法人资格为标准，只要该企业尚未被注销，即使被吊销营业执照，仍具有法人资格，仍具有诉讼的权利能力和行为能力，有权以自己的名义进行活动。

9. 公司被吊销营业执照，股权还能否进行转让

根据《公司法》第186条的规定，公司被吊销营业执照后，禁止从事与清算无关的经营活动。但是相关法律未规定被吊销营业执照的公司不能进行股权变更。并且，股权转让也不属于上述的经营活动。因此，一般认为，公司被吊销营业执照的事实，不能成为股权转让的法律障碍，当事人以此为由拒绝履行合同义务的，不应得到支持。但是，司法实践中也有一种相反的观点认为：公司被吊销营业执照将导致股权转让事项无法履行，因此对当事人不得再要求履行股权转让协议。这提醒投资者，在公司营业执照被吊销后，慎重签订股权转让协议。

股东长期不合互相斗殴致使公司遭法院判决解散

【司法观点】

公司股东间长期冲突，致使公司连续两年以上无法召开股东会的，可以认定为《公司法》第182条规定的"公司经营管理发生严重困难"，符合条件的股东可以请求法院解散公司。

【典型案例】[1]

文山茶博园公司由王某霞、万某于2009年投资20万元设立。2010年3月3日，御青茶业公司作为甲方与文山茶博园公司、王某霞作为乙方签订合作协议，约定双方成立新公司，董事会成员甲方推荐3名、乙方推荐2名，董事会每年召开一次，特殊事件可以随时召开。

同日，文山茶博园公司召开股东会，变更名称为御青文山茶博园公司，增加御青茶业公司为公司股东，注册资本由20万元变更为140万元，股东由王某霞、万某变更为王某霞、万某及御青茶业公司，变更后持股比例为御青茶业公司出资71.4万元占51%，王某霞出资58.6万元占42%，万某出资10万元占7%。2010年3月3日御青文山茶博园公司召开股东会议，通过马某峰、于某强、高某律、王某霞、万某五人为公司董事，于某强为董事长及法定代表人。

2010年7月5日御青文山茶博园公司召开股东会，全体股东同意公司经营范围增加批发零售包装茶叶，自此公司未再召开过股东会议。

---

[1] （2015）日商终字第72号。

2013年4月25日，王某霞、万某向董事长于某强邮寄"关于召开临时股东会的提议"，主要内容：自2010年7月5日至今，公司未按章程召开股东会，亦未召开临时股东会，现股东之间在公司经营方针、日常管理方面发生严重分歧，已影响了公司的正常经营，对股东利益产生重大损害，提议在5日内召开临时股东会，研究公司的经营方针，如无法形成公司经营方针的有效决议，决定解散公司。上述提议书由于某强签收。后御青文山茶博园公司未召开临时股东会。

日照市某派出所于2013年5月13日出具出警证明，证明：自2012年3月至今，御青文山茶博园公司双方股东因经济合同纠纷，导致无法继续正常经营，双方报警，110出警计40余次，王某飞、于某强、王某霞、万某斌、万某等人多次发生斗殴事件，且事件中致王某飞、王某霞、于某强受伤，并有多人到御青文山茶博园破坏茶园大棚管架设施、拆除公司建造设施、搬运公司设施。

王某霞、万某以公司多年无法召开股东会为由，认为公司正常经营管理发生严重困难，于2013年起诉御青文山茶博园公司、御青茶业公司，请求解散御青文山茶博园公司。

御青文山茶博园公司、御青茶业公司等被告认为：1. 御青文山茶博园公司未召开股东会是因为没有股东提议召开股东会，亦未发生公司章程规定需要公司表决通过的事项，目前公司治理情况良好，不存在公司僵局；2. 公司解散的前提是穷尽一切可能的救济手段，但王某霞、万某仍可以通过收购股份或转让股权的方式退出公司，如果公司解散将使员工失去工作，债权人的合法权益也将严重受损。

法院认为：本案的争议焦点是御青文山茶博园公司是否符合法定解散条件。根据《公司法》第182条规定，公司经营管理发生严重困难，继续存续会使股东利益受到重大损失，通过其他途径不能解决的，持有公司全部股东表决权10%以上的股东，可以请求人民法院解散公司。《公司法司法解释二》第1条第1款规定："单独或者合计持有公司全部股东表决权百分之十以上的股东，以下列事由之一提起解散公司诉讼，并符合公司法第一百八十二条规定的，人民法院应予受理：（一）公司持续两年以上无法召开股东会或者股东大会，公司经营管理发生严重困难的……（三）公司董事长期冲突，且无法通过股东会或者股东大会解决，公司经营管理发生严重困难的；（四）经营管理发生其他严重困难，公司继续存续会使股东利益受到重大损失的情形。"

本案中，王某霞、万某斌主张御青文山茶博园公司自2010年之后未再召开股东会议，且根据派出所出具证明的事实可以看出公司董事长于某强、职工王某飞与股东王某霞、万某因公司经营自2012年至2013年已发生40余次纠纷。双方因抢夺公司经营权、控制权长期发生多次冲突，且多次冲突影响御青文山茶博园的经营管理，王某霞、万某作为公司股东已无法参与公司的经营重大事项表决，损害了其作为股东权益，故可以认定公司经营发生严重困难，且即使通过公安派出所处理仍未能解决的情况下，双方亦无和解的可能，公司失去了作为人合与资合的信任基础及公司财产的有效利用，亦必然会使股东的利益受到重大损失。现王某霞、万某作为持有公司十分之一以上股份股东请求解散公司，已完全符合解散公司法定条件，故判决解散该公司。

【实务指引】

公司的运营应当体现股东的意志。公司股东基于向公司出资而享有包括知情权、建议和质询权、提议召开临时股东大会的权利、特殊情况下的请求解散公司权等法定权利，是股东参与公司治理、实现掌握和行使对公司控制权的基本保障。如果公司运营违背股东意志，使股东权益受到损害，股东有权根据《公司法》第182条的规定请求人民法院解散公司。

《公司法》第182条规定：公司经营管理发生严重困难，继续存续会使股东利益受到重大损失，通过其他途径不能解决的，持有公司全部股东表决权百分之十以上的股东，可以请求人民法院解散公司。

不难看出，公司股东请求解散公司有着严格的条件限制：

1. 公司经营管理发生严重困难。需要注意的是，公司法意义上的公司经营管理困难并非指公司经营上的困难，如公司亏损、资金周转困难等，而主要是指公司治理上的困难，特别是公司股东会、董事会由于股东或董事之间的矛盾发生运行障碍，无法按照法定程序就公司事务作出有效决议，以致公司经营及内部治理陷入瘫痪的事实状态。公司经营困难的实质是公司无法形成自主意志，本案中御青文山茶博园公司逾三年无法召开股东会，满足了这一条件。

2. 继续存续会使股东利益受到重大损失。这是对公司未来经营状况的预判，这种预判本身实质上超越了法官的能力。通常认为，只要发生公司僵局就会对股东的权益造成影响，判断股东利益能否受到重大损失需要考虑到公司僵局的程度、产生的原因、化解的可能性等，并有赖于法官的自由裁量。

3. 通过其他途径不能解决的。法院审理公司解散案件应当遵循维持公司持续的原则，先行对公司僵局进行司法调解。通过调解如能由公司或者一方股东收购对立方股东的股权，则可使公司继续存续，从而使公司僵局得到有效化解。但是，维持公司持续的原则不等同于前置程序可以久拖不决，在通过其他多种方式仍然无法化解纠纷时，只能通过司法解散公司来打破僵局。本案中，在王某霞、万某与公司董事长于某强长期发生纠纷并多次发生殴斗事件的情况下，公司应当及时召开股东会议，研究解决公司经营中的矛盾纠纷，化解公司经营僵局，而御青文山茶博园公司自成立后未再召开股东会议，特别是在王某霞、万某要求召开临时股东会的情况下，御青文山茶博园公司仍不召开股东会议，放任公司与股东间的矛盾冲突继续发生甚至恶化。其间公安机关多次出警处理，双方均未能和解解决。上述事实表明了本案的公司僵局已无法通过其他途径解决，法院可以判决公司解散。

【法规链接】

《公司法》

第一百八十二条　公司经营管理发生严重困难，继续存续会使股东利益受到重大损失，通过其他途径不能解决的，持有公司全部股东表决权百分之十以上的股东，可以请求人民法院解散公司。

《最高人民法院关于适用〈中华人民共和国公司法〉若干问题的规定（二）》

第一条　单独或者合计持有公司全部股东表决权百分之十以上的股东，以下列事由之一提起解散公司诉讼，并符合公司法第一百八十二条规定的，人民法院应予受理：

（一）公司持续两年以上无法召开股东会或者股东大会，公司经营管理发生严重困难的；

（二）股东表决时无法达到法定或者公司章程规定的比例，持续两年以上不能做出有效的股东会或者股东大会决议，公司经营管理发生严重困难的；

（三）公司董事长期冲突，且无法通过股东会或者股东大会解决，公司经营管理发生严重困难的；

（四）经营管理发生其他严重困难，公司继续存续会使股东利益受到重大损失的情形。

股东以知情权、利润分配请求权等权益受到损害，或者公司亏损、财产不足以偿还全部债务，以及公司被吊销企业法人营业执照未进行清算等为由，提起解散公司诉讼的，人民法院不予受理。

《最高人民法院关于适用〈中华人民共和国公司法〉若干问题的规定（五）》

第五条　人民法院审理涉及有限责任公司股东重大分歧案件时，应当注重调解。当事人协商一致以下列方式解决分歧，且不违反法律、行政法规的强制性规定的，人民法院应予支持：

（一）公司回购部分股东股份；

（二）其他股东受让部分股东股份；

（三）他人受让部分股东股份；

（四）公司减资；

（五）公司分立；

（六）其他能够解决分歧，恢复公司正常经营，避免公司解散的方式。

50∶50 股权结构下公司僵局的破解

【司法观点】

《公司法》第182条将"公司经营管理发生严重困难"作为股东提起解散公司之诉的条件之一。判断"公司经营管理是否发生严重困难"，应从公司组织机构的运行状态进行综合分析。公司虽处于盈利状态，但其股东会机制长期失灵，内部管理有严重障碍，已陷入僵局状态，可以认定为公司经营管理发生严重困难。对于符合《公司法》及相关司法解释规定的其他条件的，人民法院可以依法判决公司解散。

【典型案例】[1]

凯莱公司成立于2002年1月，林某清与戴某明系该公司股东，各占50%的股份，戴某明任公司法定代表人及执行董事，林某清任公司总经理兼公司监事。凯莱公司章程明确规定：股东会的决议须经代表二分之一以上表决权的股东通过，但对公司增加或减少注册资本、合并、解散、变更公司形式、修改公司章程作出决议时，必须经代表三分之二以上表决权的股东通过。股东会会议由股东按照出资比例行使表决权。

2006年起，林某清与戴某明两人之间的矛盾逐渐显现。同年5月9日，林某清提议并通知召开股东会，由于戴某明认为林某清没有召集会议的权力，会议未能召开。同年6月6日、8月8日、9月16日、10月10日、10月17日，林某清委托律师向凯莱公司和戴某明发函称，因股东权益受到严重侵害，林某清作为享有公司股东会二分之一表决权的股东，已按公司章程规定的程序表决并通过了解散凯莱公司的决议，要求戴某明提供凯莱公司的财务账册等资料，并对凯莱公司进行清算。同

---

[1]（2010）苏商终字第0043号。

年6月17日、9月7日、10月13日，戴某明回函称，林某清作出的股东会决议没有合法依据，戴某明不同意解散公司，并要求林某清交出公司财务资料。同年11月15日、25日，林某清再次向凯莱公司和戴某明发函，要求凯莱公司和戴某明提供公司财务账册等供其查阅、分配公司收入、解散公司。

另外，服装城管委会证明凯莱公司目前经营尚正常，且愿意组织林某清和戴某明进行调解。凯莱公司章程载明监事行使下列权利：（1）检查公司财务；（2）对执行董事、经理执行公司职务时违反法律、法规或者公司章程的行为进行监督；（3）当董事和经理的行为损害公司的利益时，要求董事和经理予以纠正；（4）提议召开临时股东会。从2006年6月1日至今，凯莱公司未召开过股东会。服装城管委会调解委员会于2009年12月15日、16日两次组织双方进行调解，但均未成功。

无奈之下，林某清向江苏省苏州市中级人民法院提起诉讼，诉称：凯莱公司经营管理发生严重困难，陷入公司僵局且无法通过其他方法解决，其权益遭受重大损害，请求解散凯莱公司。凯莱公司及戴某明则辩称：凯莱公司及其下属分公司运营状态良好，不符合公司解散的条件，戴某明与林某清的矛盾有其他解决途径，不应通过司法程序强制解散公司。苏州中院于2009年12月8日判决驳回林某清的诉讼请求。宣判后，林某清向江苏省高级人民法院（江苏高院）提起上诉，要求撤销一审判决，依法改判解散凯莱公司。

江苏高院经审理认为：首先，凯莱公司的经营管理已发生严重困难。根据《公司法》第182条和《公司法司法解释二》第1条的规定，判断公司的经营管理是否出现严重困难，应当从公司的股东会、董事会或执行董事及监事会或监事的运行现状进行综合分析。"公司经营管理发生严重困难"的侧重点在于公司管理方面存有严重内部障碍，如股东会机制失灵、无法就公司的经营管理进行决策等，不应片面理解为公司资金缺乏、严重亏损等经营性困难。本案中，凯莱公司仅有戴某明与林某清两名股东，两人各占50%的股份，凯莱公司章程规定"股东会的决议须经代表二分之一以上表决权的股东通过"，且各方当事人一致认可该"二分之一以上"不包括本数。因此，只要两名股东的意见存有分歧、互不配合，就无法形成有效表决，显然影响公司的运营。凯莱公司已持续4年未召开股东会，无法形成有效股东会决议，也就无法通过股东会决议的方式管理公司，股东会机制已经失灵。执行董事戴某明作为互有矛盾的两名股东之一，其管理公司的行为，已无法贯彻股东会的决议。林某清作为公司监事不能正常行使监事职权，无法发挥监督作用。由于凯莱公司的内部机制已无法正常运行、无法对公司的经营作出决策，即使尚未处于亏损状况，也不能改变该公司的经营管理已发生严重困难的事实。

其次，由于凯莱公司的内部运营机制早已失灵，林某清的股东权、监事权长期处于无法行使的状态，其投资凯莱公司的目的无法实现，利益受到重大损失，且凯莱公司的僵局通过其他途径长期无法解决。《公司法司法解释二》第5条明确规定了"当事人不能协商一致使公司存续的，人民法院应当及时判决"。本案中，林某清在提起公司解散诉讼之前，已通过其他途径试图化解与戴某明之间的矛盾，服装城管委会也曾组织双方当事人调解，但双方仍不能达成一致意见。两审法院也基于慎用司法手段强制解散公司的考虑，积极进行调解，但均未成功。此外，林某清持有凯莱公司50%的股份，也符合《公司法》关于提起公司解散诉讼的股东须持有公司10%以上股份的条件。

综上所述，凯莱公司已符合《公司法》及《公司法司法解释二》所规定的股东提起解散公司之诉的条件。江苏高院从充分保护股东合法权益，合理规范公司治理结构，促进市场经济健康有序发展的角度出发，依法作出了解散凯莱公司的判决。

【实务指引】

"公司僵局"是指公司在存续运行中由于股东、董事之间矛盾激化而处于僵持状况，导致股东会、董事会等公司机关不能按照法定程序作出决策，从而使公司陷入无法正常运转，甚至瘫痪的状况。在本案中，公司的经营虽然没有陷入瘫痪状态，但是公司的股东会及董事会既不能依法召开也不能做出有效的决议，公司内部各权力机关显然已陷入瘫痪状态，持有50%份额的股东林某清的权利受到严重的损害，对其来讲，当初成立公司的目的彻底落空，继续维持公司的存在将会使其利益受到更大的损害。为破解公司僵局，维护被侵权股东的利益，《公司法》赋予相应份额的股东依法提起公司解散之诉的权利。

依据《公司法》的规定公司解散之诉是指公司经营管理发生严重困难，继续存续会使股东利益受到重大损失，通过其他途径不能解决的，持有公司全部股东表决权百分之十以上的股东，可以请求人民法院解散公司。公司解散之诉是破解公司僵局的最终解决机制，也是公司被实行"安乐死"的一种方式。根据《公司法》第182条及《公司法司法解释二》第1条的规定，公司股东提起公司解散的条件有：第一，公司经营管理发生严重困难，股东会长期不能召开或不能达成决议，董事会长期不能召开或不能达成决议；第二，公司的目的无法实现，股东利益受到重大损失，且通过其他途径长期无法解决；第三，占比10%以上的股东提起诉讼。

本案作为最高人民法院的指导案例，明确了司法解散之诉中关键性要件"公司经营管理发生严重困难"的事实标准和"股东投资公司的目的无法实现，期待利益将受到重大损失"的本质标准。

首先，在事实标准上看，判断公司的经营管理是否出现严重困难，应当从公司的股东会、董事会或执行董事及监事会或监事的运行现状进行综合分析。"公司经营管理发生严重困难"的侧重点在于公司管理方面存有严重内部障碍，如股东会机制失灵、无法就公司的经营管理进行决策等，不应片面理解为公司资金缺乏、严重亏损等经营性困难。即公司僵局是指公司内部权力机关的僵局，具体指股东会僵局、董事会僵局、监事会僵局等，重点在于股东会与董事会僵局。本案中，凯莱公司的股东会连续4年未能召开，更谈不上有效的股东会决议；执行董事戴某明与监事林某清，积怨已深、矛盾激化，无法通过协商达成一致意见，董事会和监事会明显也陷入僵局状态。所以，江苏高院依法认定，凯莱公司满足公司解散的要件。

其次，在本质标准上看，判断是否满足公司解散的本质条件是"股东投资公司的目的是否落空，期待利益是否无法实现"。《公司法司法解释二》第1条明确了司法解散的四种情形：1. 公司持续两年以上无法召开股东会或者股东大会，公司经营管理发生严重困难的；2. 股东表决时无法达到法定或者公司章程规定的比例，持续两年以上不能做出有效的股东会或者股东大会决议，公司经营管理发生严重困难的；3. 公司董事长期冲突，且无法通过股东会或者股东大会解决，公司经营管理发生严重困难的；4. 经营管理发生其他严重困难，公司继续存续会使股东利益受到重大损失的情形。其实，第四种情形不但是本条的兜底条款，而且是对前三种情形的一种总结，即无论是股东会僵局还是董事会僵局，均是公司经营管理发生严重困难的一种表现，其本质特征是公司股东投资公司的目的不能实现，因为股东投资公司目的在于获得股权，获得股权的目的在于获得公司财产的收益权和公司管理的控制权。但是，当公司僵局出现时，公司权力机构的运行机制失灵，受害股东的控制权完全丧失，继而财产收益权也将会受到重大损失，此时受害股东投资公司的目的和期待利益统统落空，公司继续存在已无必要，于是《公司法》有必要赋予受害股东司法解散的权利，以使其摆脱公司僵局的束缚，维护自己的合法权益。本案中，凯莱公司的内部运营机制早已失灵，林某清的股东权、监事权长期处于无法行使的状态，其投资凯莱公司的目的无法实现（控制权和财产权均落空），利益受到重大损失，满足公司解散的本质标准。

另外，公司解散之诉还需要满足程序要件和资格要件，即"公司僵局通过其他途径长期无法解决"和"占比10%以上的股东提起诉讼"，本案中，凯莱公司经江苏常熟服装城管理委员会多次调解无法达成调解方案，林某清作为持股50%的股东满足程序和资格要件。

【公司治理建议】

本书作者提醒广大的投资者，在公司成立之初便对公司僵局的结果有所预见，通过合理的股权结构设计和公司章程的条款设计，预防公司僵局的出现，或在公司僵局出现时予以破解，以保证公司的正常经营。本书作者建议如下：

一、建议进行科学股权结构设计，尽量避免以下两种股权结构：

一种股权结构是，即使股东数量众多，股权比例分散，但某个股东或者某几个关联股东（可以理解为一致行动人）的持股比例为33.4%，在这种情况下，只要该股东投反对票，对公司重大事项均难以达成一致意见，从而产生公司僵局。另一种更为糟糕的情况是，企业由两个股东构成，持股比例为50%：50%。显然，如果股东间就公司未来战略、管理构架或个人关系发生冲突，则难以达成任何决议。尤其是避免第二种50:50的股权结构设计。

二、在公司章程设计时，考虑如下建议[1]：

第一，在公司章程中对公司的治理结构进行合理设置。例如，规定一方担任董事长的，则另一方委派的董事可以占多数；双方的董事人数相等时可以公司的名义聘请中介机构出面委派独立董事；一方担任执行董事的，则另一方担任总经理，并明确执行董事无权聘任或解聘总经理等。

第二，为股东的表决权的行使制定合理的制度设计。（1）规定利害股东、董事表决回避制度。股东或董事与股东会或董事会讨论的决议事项有特别利害关系、可能导致有害于公司利益的情形发生时（如关联交易，为股东、董事提供担保等），该股东或董事及其代理人不得行使表决权，股东也不得代理其他股东行使表决权，以免损害公司和其他股东利益。（2）制定限制控股股东所享有表决权的最高数额制度。即由公司章程规定，一个股东持有的股份达到一定比例时，实行表决权的最高数额限制，以防止其利用资本多数决制度，侵害少数股东的合法权益。（3）规定类别表决制度。即交付股东会表决的特定事项必须经特定的类别股东同意才能通过。

第三，对公司僵局的处理办法在章程中预先规定。例如，赋予董事长在出现表决僵局时以最终的决定权；规定董事会成员与股东会成员不得完全重合，在董事会出现表决僵局时将该事项提交股东会表决；规定大股东应履行诚信义务，不得不正当侵害公司和其他少数股东利益，不得在合法形式的外表下进行实质违法行为，保障少数股东知情权和会议召集权。

---

[1] 王林清、杨新忠：《公司纠纷裁判精要与规则适用》，北京大学出版社2014年版，第270页。

第四，在章程中设置出现公司僵局时，股东的退出条款。当公司股东或董事之间发生分歧或纠纷时，由控制一方股东以合理的价格（协商或中介机构评估）收买相对方股东股权或股份，从而让弱势一方股东退出公司，以此达到预防僵局的目的。

为了预防公司出现僵局，笔者建议的公司章程条款如下：

1. 董事长在出现表决僵局时拥有最终的决定权；

2. 公司实行利害股东、董事表决回避制度。股东或董事与股东会或董事会讨论的决议事项有特别利害关系、可能导致有害于公司利益的情形发生时（如关联交易，为股东、董事提供担保等），该股东或董事及其代理人不得行使表决权，股东也不得代理其他股东行使表决权；

3. 董事会成员与股东会成员不得完全重合，在董事会出现表决僵局时将该事项提交股东会表决；

4. 公司实行强制回购制度：如果连续两次股东会或董事会对重大事项难以达成决议，则持有公司50%以上股权的股东或一致行动人，有权收购投反对票的股东的股权，收购的价格以公司上一个会计年度的股权价格计算。

【法规链接】

《公司法》

第一百八十二条 公司经营管理发生严重困难，继续存续会使股东利益受到重大损失，通过其他途径不能解决的，持有公司全部股东表决权百分之十以上的股东，可以请求人民法院解散公司。

《最高人民法院关于适用〈中华人民共和国公司法〉若干问题的规定（二）》

第一条 单独或者合计持有公司全部股东表决权百分之十以上的股东，以下列事由之一提起解散公司诉讼，并符合公司法第一百八十二条规定的，人民法院应予受理：

（一）公司持续两年以上无法召开股东会或者股东大会，公司经营管理发生严重困难的；

（二）股东表决时无法达到法定或者公司章程规定的比例，持续两年以上不能做出有效的股东会或者股东大会决议，公司经营管理发生严重困难的；

（三）公司董事长期冲突，且无法通过股东会或者股东大会解决，公司经营管理发生严重困难的；

（四）经营管理发生其他严重困难，公司继续存续会使股东利益受到重大损失的情形。

亲兄弟控股型家族企业控制权争夺

【司法观点】

公司财产不等于股东财产，绝对控股股东无权通过《会议纪要》等方式代小股东处分公司财产，超越其持股比例处分公司财产的行为属于无权处分，在小股东不予追认且提出异议的情况下，超越持股比例部分无效；否则，权利受到损害的小股东有权向控股股东提起损害股东权益之诉。

【典型案例】[①]

百环公司成立于1998年，公司股东为史某香与装饰公司，公司注册资本为5000万元。2003年11月5日，百环公司召开股东会议，作出会议决议：同意装饰公司将百环公司1200万元股份及全部的权益转让给史某国，装饰公司与史某国于11月6日签订《股权转让协议》。11月8日，百环公司召开股东会议，作出会议决议：将公司注册资本增资到11000万元，其中史某香8360万元，占公司股份的76%，史某国2640万元，占公司股份的24%，选举史某香、史某国、张某慧、李某社、马某然为董事，并将工商登记手续作出相应变更。

2009年7月29日，百环公司作出《关于落实公司领导退出经营管理、离职离岗的会议纪要》，内容为："一、公司决定、史某香同意批准：张某慧、马某然、李某社、韩某友四人不再参与公司的经营管理、离职离岗。公司根据各自在百环公司及装饰公司的实际情况，分别给予1900万元、2100万元、2100万元、2000万元补偿。二、马某然、李某社、韩某友三人净月工资按原工资1万元发至分别年满60周岁为止。三、以上四个人的补偿金额，公司尽快筹措组织资金落实在2010年年底前分别分批付给每个人，并且以现金存入每个人的存折或卡账户中，暂时尚未付清的余额以公司及史某香打欠条，并盖公章、签字为准。四、以上第一条对每个人的补偿金额和第二条马某然、李某社、韩某友三个人的月工资均为税后所得，所有个人所得税由公司负担缴纳。五、马某然、李某社、韩某友三人的养老等社会保险由公司按原额及政策缴纳到各自满退休年龄为止。三个人的医疗保险报销由公司派专管人员负责到医保中心报销。退休手续到退休年龄由公司负责办理并交付本人。"

[①] （2014）一中民终字第04904号。

以上会议纪要经公司研究决定，经史某香确认，百环公司在该会议纪要上加盖公章。

同日，百环公司向马某然出具欠条，写明："百环公司欠马某然同志离职一次性补偿费2100万元。"向李某社出具欠条，写明："百环公司欠李某社同志离职一次性补偿费2100万元。"向张某慧出具欠条，写明："百环公司欠张某慧同志离职一次性补偿费1900万元。"向韩某友出具欠条，写明："百环公司欠韩某友同志离职一次性补偿费2000万元。"史某香在四张欠条中签字确认。2009年8月6日，百环公司又出具欠条，写明：百环公司欠马某然同志离职补偿费2400万元，预计还款时间2010年年底还清。史某香在欠条中签字确认。

2009年7月29日，百环公司签发《关于免去马某然等同志副总经理职务的通知》，内容为：免去马某然、李某社、韩某友的百环公司副总经理职务；免去张某慧的百环公司总经理职务，并解除劳动关系。之后，百环公司向马某然支付1700万元补偿款，并支付自2009年8月至2012年3月，每月1万元的补偿工资20万元，共计1720万元。百环公司向李某社支付626万元补偿款，并支付自2009年8月至2012年3月，每月1万元的补偿工资20万元，共计646万元。百环公司向张某慧支付补偿款1200万元。百环公司向韩某友支付576万元补偿款，并支付自2009年8月至2012年3月，每月1万元的补偿工资20万元，共计596万元。

史某香于2011年5月20日去世，其继承人李某霞、史甲、史乙继承百环公司76%的股权，其中李某霞占公司50%的股权，史甲占公司20%的股权，史乙占公司6%的股权。百环公司于2011年7月13日召开董事会会议，作出决议，内容为："一、选举史乙为百环公司董事长、法定代表人；二、同意史某国不再担任公司副董事长，同意张某慧、李某社、马某然不再担任公司董事；三、聘用史某国为百环公司总经理。"之后，百环公司未再向马某然、李某社、张某慧、韩某友支付补偿款。马某然、李某社、张某慧、韩某友于2012年3月分别另案向法院提起诉讼，要求百环公司支付剩余补偿款及相应利息。

另外，百环公司《公司章程》第7条规定"股东享有如下权利：（一）参加或推选代表参加股东会并按照其出资比例行使表决权……"第17条规定"股东会会议应对所议事项做出决议，决议应由代表二分之一以上表决权的股东表决通过，但股东会对公司增加或者减少注册资本、分立、合并、解散或者变更公司形式、修改公司章程所做出的决议，应由代表三分之二以上表决权的股东表决通过……"

马某然等四人与史某香在建筑领域一起打拼二三十余年，系百环公司元老，于百环公司创立伊始便分别担任公司副总经理、总经理职务，分管公司资产、后勤、生产进度与质量、交通、消防、安全、劳务用工等各方面工作。马某然等四人陈述史某香任职期间，百环公司从未召开过股东会或董事会。

此后，史某国向法院提起诉讼，称其为百环公司的股东、公司董事，持有公司24%的股权，公司其余76%的股权分别由李某霞、史甲、史乙持有。2009年7月29日，时任公司董事马某然、李某社、张某慧及高管——副总经理韩某友与当时公司的大股东、董事长史某香（2011年5月去世），以会议纪要及欠条的形式，擅自将公司4500万元的巨额财产以"离职离岗补偿款"名义分配给马某然，将1900万元分配给李某社，将1900万元分配给张某慧，将2000万元分配给韩某友，现马某然已收到1720万元补偿款，李某社已收到646万元补偿款，张某慧已收到1200万元补偿款，韩某友已收到596万元补偿款。该会议纪要未经合法程序，在史某国不知情的情况下，擅自作出会议纪要及欠条，处理公司巨额财产的行为，违反了《公司法》等相关规定以及公司章程第18条第10项规定：董事会行使下列职权：聘任或者解聘公司经理，根据经理的提名，聘任或者解聘公司副经理、财务负责人，决定其报酬事项。该行为严重侵犯了史某国作为公司投资人的合法权益。故起诉请求法院认定：1. 2009年7月29日会议纪要无效；2. 百环公司为马某然、李某社、张某慧、韩某友做出的补偿款欠条无效。

马某然、李某社、张某慧、韩某友共同辩称：第一，史某国所主张的事实、诉讼请求不属于同一法律关系，也不属于《公司法》规定的公司股东滥用股东权利给公司或者其他股东造成损失的范畴。史某国主张该案案由属于损害股东利益纠纷，百环公司作为独立的法人，有独立的财产权，有权自由处分其财产，百环公司通过公司决议的形式对马某然、李某社、张某慧、韩某友作出的类似股权性质的补偿，是公司的真实意思表示，该决议是基于四人在与史某香共同创业之初提供的支持以及对百环公司成立前后近30年巨额财富积累的贡献所作出的补偿，并非基于四人的董事、高管职务身份。第二，史某国提起损害股东利益责任纠纷诉讼已超过诉讼时效，应驳回其诉讼请求。百环公司在2009年7月29日作出决议时，史某国任公司常务副总及股东，并在2011年7月13日任百环公司总经理。百环公司作出决议后，分批次向四人支付补偿款项，史某国称不知晓该公司决议有悖常理，在史某国于2011年7月13日被任命为总经理时的当年，百环公司仍支付了多笔款项，直到四人起诉百环公司支付剩余款项时，其才以该案案由起诉要求确认公司决议无效。从公司决议作出之日至史某国起诉时，明知决议内容的史某国提起诉讼已超过2年诉讼时效。第三，史某国请求确认公司决议无效没有法律依据，应驳回其诉讼请求。从2003年至今，史某香占百环公司76%的股份，史某国占24%的股份，2009年7月29日公司决议并没有违反公司章程的相关规定，亦未违反任何法律及行政法规的强行性规定。史某国强调百环公司作出公司决议时没有通知其参加，侵犯了其股东权益，根据《公司法》的相关规定，决议内容违法可以主张无效，股东会召集程序违法只能要求撤销，且应在决议作出之日起60日内主张。史某国对决议内容是明知的，因此其主张决议无效和撤销均已超过诉讼时效。即便其当时没有收到通知，公司决议也只是程序违法，并不能必然导致公司决议无效，且公司决议是经过代表股东表决权1/2以上的股东通过的，没有违反任何法律的强行性规定，百环公司在决议作出后也一直实际履行决议内容，应当认定为合法有效。史某国的诉求不符合事实，没有法律依据，应驳回史某国的诉讼请求。

百环公司则辩称：第一，该会议纪要及欠条系马某然、李某社、张某慧、韩某友的敲诈勒索犯罪行为，应按照先刑后民原则处理本案，百环公司会行使刑事举报权利。第二，该会议纪要前后日期不一致、有悖常识常理：第一页第一行书写日期为2009年7月23日，第二页却是2009年7月29日，会议纪要内容存在多处随意修改痕迹，且由复印和直接手写填空两种字体组成，有大量人为添加内容的痕迹，这不符合书写习惯，来源蹊跷；会议纪要中只有第二页才有公司盖章、法定代表人签字，第一页中写有4人离职补偿的内容，没有公司盖章及法定代表人签字；该会议纪要系先盖章、史某香签字后再书写会议纪要内容的迹象明显，鉴于4人担任公司董事及高管身份，该文件的形成完全有可能是该4人利用空白信伪造。第三，5张离职"一次性补偿费"巨额欠条仅在巴掌大的纸上书写，不论是欠条形式和欠条内容均不符合常理和交易习惯；其中，2009年7月29日的欠条明确写有"一次性补偿费"字样，照此逻辑，第二张关于"离职补偿费"的2009年8月6日欠条不应出现，且第二张欠条写有"预计还款时间2020年年底还清"字样，却被修改为"2010年"；欠条的形成完全有可能是利用空白信伪造，至少这根本不是欠款经手人的本意。第四，根据会议纪要的内容，关于离职补偿金等明确约定已经证实本案是一起劳动争议案件，不属法院审理范围，且其补偿标准也远远超过了12个月平均工资的法定标准，系违法无效约定。第五，该会议纪要任意处置公司财产，损害了第三方史某国的利益，史某国作为公司股东，对该会议纪要并不知情，依法本案会议纪要和欠条显属无效。第六，该会议纪要和欠条的出具，系公司原法定代表人史某香及马某然、李某社、张某慧、韩某友等公司董事及高管在无股东会及股东授权情况下肆意处置公司财产的行为，系利用股东、董事、高管身份而与公司进行的不当交易行为，属违反公司章程的规定或者未经股东会、股东大会同意，与公司订立合同或者进行交易性质，其行为依法应无效。第七，自会议纪要出具后，马某然、李某社、韩某友一直没来公司上班，却依然每人领取了自2009年8月至2012年3月共20个月期间，每月1万元工资，此款应向百环公司返还。

一审法院经审理认为：2009年7月29日会议纪要系百环公司与马某然、韩某友、李某社、张某慧达成的对四个人进行离职离岗补偿的合议，既不属于股东会决议，亦不属于董事会决议，故不应适用《公司法》关于股东会决议、董事会决议的相关规定。

承诺应当信守。百环公司与马某然等四人达成离职离岗补偿协议，经时任百环公司法定代表人史某香签字确认，并于同日签发《关于免去马某然等同志副总经理职务的通知》，会议纪要签订后，百环公司按约定先后向马某然支付补偿款1700万元，向李某社支付补偿款626万元，向张某慧支付补偿款1200万元，向韩某友支付补偿款570万元。该会议纪要的内容应是各方当事人的真实意思表示，未违反法律法规的强制性规定，应为合法有效。百环公司抗辩称会议纪要系马某然等四人敲诈勒索、利用空白信所得，但未提交证据予以证明，故对该抗辩意见该院不予采信。

史某国以马某然、李某社、张某慧、韩某友作为百环公司董事、高级管理人员违反相关法律规定及章程规定，损害股东利益主张会议纪要无效，因会议纪要系马某然等四人的离职离岗补偿，经时任法定代表人史某香签字确认，并加盖公司公章，且会议纪要作出后，百环公司亦按约定履行了部分义务，应视为其真实意思表示，故对史某国要求确认会议纪要无效的诉讼请求，该院不予支持。

2009年7月29日百环公司出具的四张欠条，均系根据会议纪要作出的，是对会议纪要内容的再次确认。2009年8月6日百环公司向马某然出具的第二张欠条，该欠条内容虽超出会议纪要确认的范围，但经时任百环公司法定代表人史某香签字，并加盖公司公章，应为合法有效。故史某国要求确认五张欠条无效的诉讼请求，该院不予支持。

关于百环公司辩称的本案应属于劳动争议范畴的抗辩意见，该院认为，《会议纪要》中记载的工资、保险等内容，属于用人单位与劳动者之间就工资及福利待遇的约定，应受《劳动法》及其相关法律法规的保护；关于补偿款的约定，属于百环公司对四人的离职补偿，具有一般合同的特性，应受《合同法》及其相关法律法规的调整。故百环公司的抗辩意见，该院不予采信。

综上所述，一审法院依法驳回史某国的诉讼请求。史某国不服提起上诉，二审法院经审理认为应当围绕百环公司的治理结构、会议纪要签订的程序、目的与效果进行分析。

首先，于2009年涉案会议纪要签订之时，百环公司有两名股东，系亲兄弟关系，其中，史某香持股比例为76%，史某国持股比例为24%。根据百环公司《公司章程》相关规定可知，股东按照其出资比例行使表决权，股东会决议应由代表二分之一以上表决权的股东表决通过，这就意味着持股比例为76%的史某香从表决权的角度掌握公司控制权。其次，从公司的实际经营管理状况来看，百环公司在长达近二十年的经营管理过程中，从未召开过公司经营方面的股东会、董事会，因此，百环公司有着非一般公司法意义上的治理结构，公司属于由史某香一人掌握控制权、财产分属于兄弟两人的家族式企业。再次，涉案会议纪要系史某香与马某然等四人签订，涉案当事人均认可签订会议纪要时并未通知同为股东的史某国参加，会议纪要签订后，百环公司即签发了《关于免去马某然等同志副总经理职务的通知》，并在史某香去世前的三年内分二十余次按约定履行了部分金钱给付义务，进一步印证史某香在公司的实际控制地位以及公司的实际治理结构。最后，从会议纪要载明的内容来看，史某香签订涉案会议纪要的目的系使马某然等四名公司元老分别从百环公司创立之日即担任的高级管理职位离职，令四人从分管的公司资产、后勤、生产进度与质量、交通、消防、劳务用工、安全等实际工作中退出，同时基于四人多年的贡献给予一定的经济补偿。从实际效果来看，马某然等四人从此不再参与公司的经营管理。因此，二审法院认为，涉案会议纪要并非股东会决议或者董事会决议，仅系公司控制股东史某香以公司名义与马某然等四人签订的关于四人离职离任及相关经济补偿的协议。

关于会议纪要的效力问题，法院认为，从史某香角度来看，涉案会议纪要有史某香本人签字，且无任何证据表明其在签署涉案会议纪要时存在被胁迫等情形，因此，法院认定该协议系史某香与马某然等四人的真实意思表示，对各方均具有法律拘束力。就该协议的内容而言，史某国、百环公司上诉称其对史某香与马某然等四人签订涉案会议纪要的事宜并不知情，该会议纪要系史某香超越职权范围签订，因此应属无效，对此二审法院认为，该协议在史某香有权处分的范围内并不存在法律、行政法规所规定的无效情形，应属有效。

从史某国的角度来看，二审法院认为，涉案会议纪要签订之时，百环公司的股东为史某香、史某国二人，虽然史某香承诺以支付公司财产的形式补偿马某然等四人，但该财产并非完全归属于其个人所有，其无权代史某国作出相关意思表示，因而史某香对于其中部分财产为无权处分，因现无任何证据表明史某国事前知情同意或者事后予以追认，且史某国、百环公司以提出本案诉讼的行为明确提出了异议，故法院认定该部分内容应属无效。

综合考虑上述因素，在平衡史某香、史某国、百环公司以及马某然等四人的利益的基础上，二审法院认定史某香有权处分的财产比例为涉案会议纪要签订之时其所持百环公司的股权比例，即史某香有权处分的财产为其承诺数额的76%，故二审法院确认涉案会议纪要中所涉财产给付内容的约定在24%的比例范围内无效。

【实务指引】

从实质公平的角度出发，二审法官认定百环公司关于马某然四人离职补偿的会议纪要的效力部分有效，部分无效的结果无可厚非。但是，在公司法的角度上看，二审法官的判决有以下两点值得商榷：第一，混淆了公司财产与股东个人财产的界限，公司与股东在法律上看是两个独立的民事主体，各股东依据各自的出资比例对公司享有股权份额，进而通过股权收益的方式间接享有公司财产的收益，所以，公司财产与股东的个人财产也是相互独立的，这是公司享有独立人格、股东承担有限责任的基础，不应将公司财产视为公司各股东按股权比例所有的共有财产；第二，混淆了公司的内部法律关系与外部法律关系。本案中的会议纪要是史某香作为法定代表人代百环公司与马某然四人签订的补偿协议，在不违反法律、法规强制性规定的情况下，应当有效，而不应当是"部分有效，部分无效"。因为，对于百环公司来讲，其与马某然等四人签订合同是一种外部法律关系，20多年来为马某然等四人一直担任百环公司的管理人员，百环公司的实际控制权也掌握在史某香手中，其有充足的理由相信史某香作为法定代表人（实际控制人）有权利与其签订补偿协议，史某国主张会议纪要的签订并未经其同意的主张，理应属于股东之间及股东与公司之间的一种内部法律关系，无权对抗马某然等公司外部人。另外，即便史某国主张其股东权益受到损害，损害其权益的应当是大股东史某香而不是马某然等公司外部人，在大股东去世的情况下，其有权向大股东的股权继承人提起诉讼。

【公司治理建议】

第一，公司的治理结构不但要依法设置，而且要真正发挥股东会、董事会等各公司机关的作用，这不仅有利于公司做出更加科学合理的决策，而且有利于平衡公司股东各方的利益，以免本案中大股东一人独揽公司大权数十年，进而侵害小股东利益的事实发生。

第二，公司股东一定要严格区分公司财产与股东个人财产，公司财产并不等于各股东的共同财产。

第三，《公司法司法解释四》第6条规定，股东会或者股东大会、董事会决议被人民法院判决确认无效或者撤销的，公司依据该决议与善意相对人形成的民事法律关系不受影响。据此，在公司运营过程中，需要区分公司的内部决策行为（股东会或董事会决议）和外部的交易行为（合同行为），内部决策行为的无效并不必然导致外部交易行为的无效。

【法规链接】

《最高人民法院关于适用〈中华人民共和国公司法〉若干问题的规定（四）》

第六条　股东会或者股东大会、董事会决议被人民法院判决确认无效或者撤销的，公司依据该决议与善意相对人形成的民事法律关系不受影响。

祸起萧墙——同胞兄妹之间的控制权争夺

【司法观点】

股东身份的确认以最后一次股权变动的时间为准，实际投资人与名义投资人未明确约定双方之间的法律关系为债权投资关系或股权投资关系的，则认定为债权投资关系。

【典型案例】[①]

2005年2月16日，沈某英与王甲签订《专利权转让合同》约定，沈某英将冬虫夏草真菌发酵生产方法的专利权以515万元的对价转让给王甲。转让对价中的15万元，由王甲为沈某英代垫出资，使沈某英持有新公司15%的股权。新公司成立后，三年内进行增资扩股应征得转、受让人双方同意。三年后，公司需要增资扩股，且转让人累计所得红利能够认缴新公司增资扩股所需投入的资金时，新公司再进行增资，否则不进行增资；如新公司为筹集生产急需的资金，需进行增资扩股，且转让人累计所得红利达不到认缴新公司增资扩股所需投入的资金时，不足部分由受让方垫付。

2005年2月24日，珠峰公司成立，其公司章程载明：注册资本100万元，其中王乙以货币出资45万元，占出资总额45%；王甲以货币出资40万元，占出资总额40%；沈某英以货币出资15万元，占出资总额15%；王乙为执行董事，为公司法定代表人，王甲为公司监事。

2005年11月10日，珠峰公司召开第二届股东会形成决议：公司注册资本增至2000万元。其中：王乙出资1400万元，占70%；王甲和沈某英分别出资300万元，各占15%。后经会计师事务所出具的验资报告载明：公司收到王乙、王甲和沈某英

[①] （2014）民二终字第21号。

缴纳的新增注册资本合计1900万元，以王乙应付账款垫付给王甲260万元、沈某英285万元，其本人出资1355万元。

2008年7月15日，王乙、王甲和沈某英签订股份转让协议。珠峰公司并形成股东会决议，王甲所持公司股权300万元全部转让给王乙。王乙出资额增加至1700万元整。

2011年11月18日，珠峰公司召开股东会临时会议形成决议：公司注册资本由2000万减少至100万，选举王乙为执行董事。持85%表决权的股东王乙投同意票，持表决权15%的股东沈某英经通知未到会，股东会通过决议。

2011年12月21日，王丙账户转入王乙账户资金1500万元，王乙用于对珠峰公司增资；2011年12月23日，美信公司转入珠峰公司账户资金1000万元，王乙用于珠峰公司增资。

2012年4月5日，珠峰公司召开股东会形成决议：同意公司增加注册资本4900万元，股东王乙认缴4165万元，增资后出资4250万元，持有85%的股权；海科公司认缴735万元，持有14.7%的股权；沈某英出资15万元，持有0.3%的股权。决议由85%表决权的股东王乙投同意票，占表决权15%的股东沈某英投反对票。

2012年4月18日，沈某英要求确认珠峰公司2008年7月15日以转让股权为主要内容的股东会决议、2011年11月18日以减少注册资本金为主要内容的股东会决议、2012年4月5日增加注册资本金为主要内容的股东会决议无效，分别向西宁市城东区人民法院提起诉讼，经该院和西宁市中级人民法院一、二审审理，均驳回其诉讼请求。

王甲于2012年12月10日诉至原审法院称：在公司筹建和设立期间，王甲考虑自身原因及企业资产的安全性，将同胞哥哥王乙安排至公司，将自己出资设立的该公司85%股份中的45%显名在王乙名下。随公司发展需要，注册资本金从100万元增加至2000万元，王甲决定公司增资后将王乙代自己持股比例增加至70%。2008年中旬，王乙告诉王甲，珠峰公司产业前景较好，规模不断扩大，还会上市，势必会不断加大公司注册资本金。按照王甲与沈某英之间专利权转让合同的约定，如果新公司需要增资，沈某英增资部分须由王甲垫付，非常不公平。日后持续这种模式，会白白给沈某英垫资上千万元。王甲于是听从了王乙的建议，将自己的股权隐名在王乙名下，如此就不用为沈某英垫资了，沈某英也无权要求为其垫资。这样一来，王乙便持有了公司85%的股权，沈某英持有15%的股权。但珠峰公司的资金来源仍是由王甲全部承担支付。截至2012年4月5日，珠峰公司工商登记档案中，虽记载王乙与海科公司共持有珠峰公司99.7%的股权，但珠峰公司的资金来源均由王甲承担支付，王乙与海科公司剥夺了王甲对珠峰公司的经营管理权利，全面否认了王甲实际出资人地位。请求：1. 确认珠峰公司99.7%的股权属于王甲所有；2. 依法判令珠峰公司为王甲签发出资证明书、将王甲记载于股东名册，并办理股东工商登记。

原审法院审理认为，王甲主张其为珠峰公司实际出资人，以及其与王乙、海科公司等名义股东之间的公司股东权属纠纷属于公司内部股东资格确认纠纷，并不涉及公司外部善意第三人利益，应遵循实质要件优于形式要件的原则，以实际出资为权利归属的判断标准，而不能仅仅以工商登记、公司章程、股东名册等外部形式要件内容否定实际出资人的权益。鉴于本案股权纠纷的主体系家庭成员，王甲、王乙以及谭海红设立的公司海科公司相互之间关系具有特殊性，互相之间的投资权益纠纷属于公司内部纠纷，应结合珠峰公司的成立背景和公司具体运营管理中的相关事务以及本案证人证言所反映的情况，围绕王甲对珠峰公司有无出资，以及其是否参与珠峰公司经营管理等实质要件作为判断王甲主张是否成立的前提。

现实中，隐名投资协议形式多样，既有书面的，也有口头或事实的，本案中，王甲与王乙及海科公司之间虽没有隐名投资或代持股的书面协议，王乙与海科公司亦否认"代持股合意"，但王甲、王乙其他家庭成员即父母、姐姐均出庭证明珠峰公司是由王甲起意筹资成立，家庭会议就王甲出资、王乙代为持股等事宜进行过商议和决定。时任珠峰公司总经理的逯某民也出庭证明，其系受王甲邀请和聘任出任珠峰公司总经理职务，并作证证明王甲在珠峰公司设立和建设过程中，投入了大量资金，付诸精力和行动对公司进行实际管理。按照社会日常生活常理和人情世俗思维判断，上述家庭其他成员与王乙和王甲之间血缘关系同等，不存在单方的利益关系，逯某民作为珠峰公司高管人员，对其担任珠峰公司总经理时公司相关情况的介绍具有客观性，珠峰公司、王乙也不能提供反驳证据证实证人证言的内容存在虚假性，上述证人证言的证明力应当得到部分的采信和确认。

另外，从公司设立的背景和原始股东组成来看，珠峰公司是基于王甲受让获得虫草真菌发酵专利的技术为基础而成立，公司设立之初形成的公司章程、股东名册以及公司登记资料亦能证明，王甲系珠峰公司的原始股东之一。虫草真菌发酵技术专利权出让人亦是珠峰公司股东之一的沈某英也认可王甲系珠峰公司实际股东。2008年7月，王甲虽然与王乙签订了股权转让协议，名义上将股权全部转让与王乙，但通过王甲提供的2011年和2012年间，逯某民等人与之联系的往来电子邮件显示，此期间，珠峰公司总经理逯某民、珠峰公司营销顾问覃某晶、公司营销经理朱某明、公司员工沈某英、熊某涛等人报请王甲批示的内容涉及公司产品增加规格、资金计划、外地市场营销规划、人事安排、公司发展规划和经营管理等与公司运行密切相关的具体事宜。珠峰公司2010年12月18日股东会决议文件仍载明王甲为股东并签字。以上事实能够证明王甲名义上丧失珠峰公司股东身份后，实际上仍参与着珠峰公司的日常经营管理活动，就公司事务行使相关管理和决策权利，其与珠峰公司的权益归属存在重大利害关系。王甲与王乙及海科公司之间虽然没有签订书面代持股协议，考虑作为兄弟两人的特殊关系，且王甲、王乙父母和姐姐均出庭证明以及沈某英也证明王甲的实际出资人身份，因此，从王甲开始创立公司，参与公司基本建设和运营管理，与证人证言等证据形成印证，王甲作为珠峰公司实际股东的事实应予确认。

关于王甲持股比例如何确定的问题。王甲主张与王乙以及海科公司系实际出资人与名义股东的关系，其应是珠峰公司的实际股东，且应占99.7%的股权份额。该院认为，根据《公司法司法解释三》第22条第1项的规定，当事人之间对股权归属发生争议，一方请求人民法院确认其享有股权的，应当证明已经依法向公司出资或者认缴出资，且不违反法律法规强制性规定。珠峰公司2005年设立后，截至2012年期间，公司产生了数次增资减资行为，截至诉讼前最后一次增资发生在2012年4月，公司注册资本从100万元增资至5000万元。因此，确定王甲的持股份额，应围绕诉讼前珠峰公司最后一次增资的4900万元的出资构成认定。

王乙虽然提交了向珠峰公司验资账户转入增资资金的银行转账凭证，证明其分两次通过其建设银行两个账户分别在2012年4月5日和同年4月10日转入增资款合计4200万元，但对其资金来源不作合理解释和说明。根据王甲提供的珠峰公司5000万注册资金来源证据，其委托美信公司于2011年12月22日转入珠峰公司账户1000万元，委托王丙2011年12月21日向王乙账户打款1500万元用于增资。根据王甲调取证据申请，该院前往相关银行就以上资金转入是否属实，入账时相关账户资金余额，入账后资金流向以及王乙建设银行资金来源进行了取证调查。经查证，上述两笔资金转入时间、账户和资金数额属实。美信公司2011年12月22日转入珠峰公司账户1000万元和王丙2011年12月21日转入王乙账户1500万元两笔资金经数个账户流转，最终转入王乙上述建设银行两个账户，由王乙用于其对珠峰公司的增资。

对于美信公司转入珠峰公司的其他款项，根据珠峰公司和王乙提供的增值税发票、记账凭证等反驳证据显示，美信公司替珠峰公司代销产品，与珠峰公司存在药品销售的法律关系；王甲还主张和普公司2012年3月14日转入珠峰公司验资账户150万元用于增资，经查询，该笔资金转入情况属实，但此笔资金入账后的资金流向表明，该笔资金没被用于验资。关于王甲本人名义存入珠峰公司账户2000余万资金和其委托文某成、于军数次存入珠峰公司账户700万元资金，从时间上看，这些资金的汇入均发生在2005年和2006年，而珠峰公司增资4900万元发生在2012

年。从资金用途上看，王甲认为这些资金均用于珠峰公司建设所需，而从珠峰公司最后一次增资验资报告显示均为现金出资，不存在其他非货币财产转增为公司资本的情形。关于以王甲母亲孙某杰名义存入珠峰公司账户的资金。庭审前王甲举证认为 2011 年 7 月 5 日委托孙某杰存入珠峰公司 100 万元。庭审结束后，其又提交了现金交款单（复印件）等证据主张以孙某杰名义存入珠峰公司账户的资金达 1000 多万元。经核对，其后期作为证据提交的现金交款单除 2011 年 7 月 5 日一笔 100 万元外，均发生在 2005 年与 2006 年，与王甲本人名义存入珠峰公司账户资金的现金交款单和以文某成名义存入珠峰公司的现金交款单在交款日期、交款数额和办理银行均为重复，不排除同一笔款重复计算。而对于 2011 年 7 月 5 日以孙某杰名义存入珠峰公司 100 万元，珠峰公司提供反驳证据公司记账凭证显示，孙某杰转入的款项作为借款记账，而非投资款。关于王甲委托王丙转入王乙账户和珠峰公司账户的其他资金情况：2011 年 7 月，王丙打入李某萍账户的 150 万元，该款项用途明确，用于珠峰公司营销总部启动资金。2011 年 8 月 18 日，珠峰公司向王丙出具的收据载明收款 100 万元，事由为借款，盖有公司财务专用章。王丙 2011 年 5 月 31 日转入王乙个人账户 500 万元，经通过银行取证调查，该笔款项没有用于对珠峰公司的出资。以上资金，王甲均主张系向珠峰公司投资，但根据上述资金汇转时注明的用途，以及发生的时间，结合法院向相关银行查询珠峰公司验资账户 2012 年 4 月验资时的资金来源情况，不能证明属于珠峰公司注册资本的构成来源，不能认定为王甲向珠峰公司出资。王甲主张持有珠峰公司股份 99.7% 的事实依据不足，不能全部支持。

综上，王甲主张其股东资格虽未能提供直接的证据予以证明，但是从王乙与王甲系兄弟关系，王甲实际上始终参与公司的经营管理，珠峰公司的筹建创立情况以及王甲在公司设立后在基础设施建设、人员任用、营销运作一系列过程中所起的作用和王乙、王甲之姐王丙受王甲委托向王乙账户打款用于增资等事实，结合家庭成员、公司高管等证人证言内容综合分析，应认定在珠峰公司王乙代王甲持有股权的部分事实成立。对于王甲主张其委托美信公司、王丙转款与珠峰公司和王乙用于公司增资，王乙仅以与美信公司存在药品销售关系，与王丙属于个人的其他法律关系为由抗辩。为查明珠峰公司注册资金 5000 万元的出资来源问题，该院依王甲申请启动司法审计鉴定程序后，珠峰公司及王乙不同意进行审计，亦不提供公司财务账册，对其认缴增资的资金来源亦不提供其他证据，致使无法通过司法审计确定珠峰公司增资资金的实际来源。根据《最高人民法院关于民事诉讼证据的若干规定》（2001）第 75 条的规定，有证据证明一方当事人持有证据无正当理由拒不提供，如果对方当事人主张该证据的内容不利于证据持有人，可以推定该主张成立。综合前述分析，对王丙受王甲委托转入王乙账户1500万元和美信公司转入珠峰公司的1000万元合计2500万元，应推定属王甲向珠峰公司认缴增资的出资事实成立。珠峰公司和王乙的抗辩理由缺乏事实依据，不予采信。截至诉讼前珠峰公司于2012年4月最后一次增资5000万元，其中王乙的出资4250万元，综合前述分析，应认定2500万元增资系王甲出资的事实成立，王甲应占有珠峰公司50%的股权（2500万/5000万）。根据《公司法司法解释三》第24条第2款的规定，前款规定的实际出资人与名义股东因投资权益的归属发生争议，实际出资人以其实际履行了出资义务为由向名义股东主张权利的，人民法院应予支持。名义股东以公司股东名册记载、公司登记机关登记为由否认实际出资人权利的，人民法院不予支持。王甲请求确认其股权，签发出资证明书，记载于股东名册，办理公司登记机关登记的诉求，应予支持。

综上，原审法院认为，从王甲与沈某英签订的专利权转让协议内容和逯某民所作的证言，结合沈某英的陈述，可以证明珠峰公司是由王甲起意开办。王甲、王乙父母、姐姐均出庭作证，可确信王甲对珠峰公司存在重大权益关系的基本事实。时任公司管理人员和其他员工与王甲往来的电子邮件内容也印证了王甲对公司行使管理权的事实，考虑王甲与王乙、谭海红之间特殊的亲情关系，有理由相信王甲是基于其作为公司股东权利人身份，对珠峰公司从事投资、建设和经营管理。综合以上情况，对王甲作为珠峰公司实际股东身份应予确认，并以其实际出资确定其股权比例。经该院审判委员会讨论决定，判决：1. 王甲占有珠峰公司50%的股权；2. 珠峰公司在该判决生效后一个月内为王甲签发出资证明书，将王甲记载于股东名册，并办理股东变更工商登记手续。

王甲不服原审法院的上述民事判决，向法院提起上诉称：1. 其原审时提交了充足证据证实其系珠峰公司实际出资人，珠峰公司3次注册资本金的变更均系其投入，截至原审开庭时，其以不同方式向珠峰公司实际出资达11194.55万元，其对珠峰公司的具体出资行为表明其是该公司的实际出资人。2. 王乙及海科公司因不能证明其所投入增资的资金来源，故应当承担对其不利的诉讼后果。3. 王甲出资设立了珠峰公司，承担珠峰公司生产、经营所需全部资金，同时还参与珠峰公司经营管理、拥有重大事项决策权，因此依法应当享有公司99.7%的股东权益。4. 原审法院认为珠峰公司与美信公司存在医药代销关系，因此否认王甲通过美信公司向珠峰公司注资的事实，属于错误认定。综上，原审法院认定王甲仅占有珠峰公司50%的股权明显不当。故请求：依法改判王甲享有珠峰公司全部99.7%的股权。

珠峰公司、王乙、海科公司分别进行了答辩。珠峰公司答辩称：王甲与王乙之间无转款行为，不存在委托投资珠峰公司的情形。王乙不应承担有关委托投资合同成立的任何举证责任，更不应被推定承担不利后果。珠峰公司与美信公司之间确有产品代销关系，经济往来属正常公司经营行为，与王甲的股东投资无关。2011年12月23日美信公司转入珠峰公司账户的1000万元资金属于退款性质，该款的由来系珠峰公司为满足贷款合同要求，故意于2011年12月15日虚构的一笔转账交易，美信公司在收到交易款后随即退回珠峰公司，该款的性质明显与王甲的股东投资无关。综上，请求驳回王甲的上诉请求。王乙答辩称：王甲所称所有转款均系货款、借款或退款性质，货币作为种类物进入王乙账户后未必构成增资款项，王甲没有证据证明其系出资行为，故其上诉请求不能成立。海科公司答辩称：海科公司对珠峰公司的出资是真实有效的，请求驳回王甲的上诉请求。

珠峰公司、王乙、海科公司亦不服原审法院的上述民事判决，均向法院提起上诉。珠峰公司上诉称：原审判决侵害了珠峰公司以及全体股东的合法权益，将珠峰公司50%的股权判归王甲，缺乏事实根据。《公司法》及相关司法解释均对公司股东出资有明确规定和判定标准。本案不存在实际出资人与名义出资人之间的协议，即便存在协议也需认定是否有效，如就投资权益的归属发生争议，应向王乙个人主张权利。综上，原审法院事实认定以及适用法律错误，证据采信违反法定程序规定，请求：撤销原审判决，改判驳回王甲全部诉讼请求，本案诉讼费用由王甲承担。王乙上诉称：王甲是否为实际出资人或依附于王乙成为珠峰公司实际出资人的问题，需要客观事实和充分的证据加以印证。本案没有证据可以证实王甲与王乙之间存在隐名投资的事实，请求撤销原审判决，改判驳回王甲全部诉讼请求。

针对珠峰公司、王乙的上诉请求，王甲口头答辩称：珠峰公司主张原审法院认定王甲出资2500万元没有事实和法律依据，与本案事实相违背。原审法院在认定王甲实际出资2500万元过程中不仅有王甲提供的书证银行凭证，还有法院调取的相关证据，因此是有事实依据的。原审法院已经查明王甲与王乙之间存在口头代持股协议，王甲之所以选择隐名，是因为王甲当时面临几个情况：面临离婚资产重大争议，资金流向上尽量不留自己的字样，用途上也回避投资款的标志，而且也考虑到珠峰公司将来要上市，为了避免以前经营存在的纠纷对珠峰公司产生不利影响，也是王甲选择隐名的理由。王乙认为原审调取的证据没有质证，事实上原审法院分别找双方进行谈话提出意见并已记录在案。海科公司的实际股东是王乙的夫人，王甲提出的证据能够充分证实海科公司735万元的出资是王甲转入的，应由王甲享有股东权利。综上，请求驳回珠峰公司、王乙的上诉请求。

原审第三人沈某英当庭陈述称：原审法院只判决王甲享有珠峰公司50%的股权，属于认定事实不清，判决错误。王甲是珠峰公司的实际出资人，沈某英同意王甲显名为珠峰公司股东。此外，珠峰公司、海科公司等都属于亲属间的关联公司，珠峰公司作出的决议违反合同约定，侵害了沈某英的利益。

最高院对原审判决所认定的事实予以确认，经审理认为，本案当事人二审争议的焦点问题为：1. 王甲与王乙及海科公司就珠峰公司相关股权是否存在代持股合意；2. 王甲是否向珠峰公司实际出资及其出资数额；3. 珠峰公司是否应当为王甲签发出资证明、记载于股东名册和办理工商登记的相应变更手续。

法院认为，珠峰公司在成立之初，王甲作为原始股东之一享有珠峰公司40%的股权，其后经历2005年增资和2008年股权转让，王甲所持珠峰公司股份全部转让给了王乙，截至本案一审诉讼前，王甲在珠峰公司不持有任何股份，其已不是珠峰公司股东名册上记载的股东。根据《公司法》第32条第2款的规定，王甲无权直接向珠峰公司主张股东权利。按照《公司法司法解释三》第24条的规定，王甲如要取得珠峰公司股东身份，应建立在其与王乙及海科公司之间存在合法有效的代持股协议，且王甲向珠峰公司实际出资，并经公司其他股东过半数同意其显名为公司股东的基础上。

本案中，王甲以珠峰公司注册资本均由其提供，并实际参与了珠峰公司经营管理拥有重大事项决策权，王乙只是代为持有股份为由，主张登记在王乙和海科公司名下的珠峰公司相应股权应由其享有，但王甲并未提供其与王乙及海科公司之间存在书面代持股合意的证据，王乙与海科公司亦否认存在代持股合意。虽然，原审中王甲与王乙的父母、姐姐均出庭证明珠峰公司是由王甲起意筹资建立，并在珠峰公司成立初期由家庭会议就王甲出资、王乙代王甲持股45%的事宜进行了商定，其后至2008年王甲将自己持有的珠峰公司股份全部转让给王乙，实际是由王乙代持股的意思，也是经家庭会议商定，但家庭会议未就有关王甲与王乙之间存在代持股合意的问题达成任何书面记载，且上述家庭成员证人证言并未明确对于珠峰公司2012年4月增资至5000万元过程中，由王甲实际出资王乙代其持有相应股份的行为经过了家庭会议讨论决定，另外，家庭成员对于海科公司成为珠峰公司股东并持有股份的事宜均不知情。此外，原审认定王乙增资4250万元中2500万元系王甲通过王丙和美信公司的出资，但该两笔资金转入时间均为2011年年底，且并未直接用于王乙对珠峰公司增资，而是历经了数个账户流转后于2012年4月才被王乙用于增资。对此，二审法院认为，在王甲与王乙及海科公司之间就2012年4月增资过程中代持股事宜缺乏明确合意的情况下，结合上述资金的转入及流转过程，王甲对于此次增资具有出资的意思表示并协商由王乙及海科公司代为持股的证据不足。

另外，根据王甲起诉状及二审答辩状中的陈述，其选择隐名的原因在于规避《专利权转让合同》为沈某英垫资的义务，以及避免离婚有关财产分割争议、避免以前经营存在的纠纷对珠峰公司产生不利影响等。因此，即便认为通过家庭会议形式对有关代持股事宜达成口头约定，但该代持股合意目的在于逃避相关债务、损害第三人利益，根据《合同法》第 52 条第 2 项的规定，应属无效。

综上，法院认为，由于在珠峰公司 2012 年 4 月增资至 5000 万元过程中，并无证据证明王甲与王乙及海科公司之间达成了合法有效的代持股合意，王甲委托王丙和美信公司转款系用于此次增资的意图亦不明确，因此即便增资资金来源于王甲，亦不能就此认定王甲对记载于王乙及海科公司名下珠峰公司股权享有股东权益，故王甲要求确认王乙及海科公司在珠峰公司的相应股权由其享有的诉讼请求，因证据不足，二审法院不予支持。在此基础上，王甲要求珠峰公司为其签发出资证明书、将其记载于股东名册并办理工商登记，缺乏事实和法律依据，法院亦不予支持。股权具有财产权和人身权的双重法律属性，根据《公司法》的规定，股东应当在公司章程上签名、盖章，公司应当置备股东名册记载股东姓名及出资额，记载于股东名册的股东有权向公司主张行使股东权利。选择隐名出资方式而由他人代持股权的出资人，无权向公司主张行使股东权利。王甲基于投入珠峰公司相关款项产生的合法财产权益可依其他法律关系另行主张。

综上，原审判决认定事实错误，适用法律不当，应予改判，故判决撤销青海省高级人民法院的民事判决，驳回王甲的诉讼请求。

【实务指引】

本案的焦点在于两处，一是实际投资人主张股东权益的时间节点，二是实际投资人与名义股东之间的投资法律关系约定不明时，双方之间法律关系性质的判断。

首先看第一个问题，珠峰公司的股权结构曾经历过数次变动，变动情况如下：

2005 年 2 月 24 日，珠峰公司成立，注册资本 100 万，王乙占 45%，王甲占 40%；沈某英占 15%。2005 年 11 月 10 日，公司增资后注册资本 2000 万元，王乙占 70%，王甲占 15%，沈某英占 15%。2008 年 7 月 15 日，王甲将股权全部转让给王乙后，王乙占 85%，沈某英占 15%。2012 年 4 月 5 日，公司增资后注册资本 5000 万，王乙占 85%，海科公司占 14.7%；沈某英占 0.3%。

从上述的股权结构的变化情况来看，实际出资人王甲股权份额的显示比例，从 40% 减少至 0。王甲若想要求法院确认其股东资格，则应该以最后一次的股权变动时间为准，证明其在最后一次的股权变动过程中是否实际履行了出资义务，是否与名义出资人达成了"股权代持"的协议。王甲在 2012 年 4 月 5 日之前所进行的股权投资，以及与名义投资人所达成的股权代持合意等事实，对确认王甲在 2012 年 4 月 5 号之后的股权没有实质上的意义。例如，王甲已通过其母亲和姐姐的证言证明了其与王乙之间的股权代持合意,并且通过各种投资记录证明履行了大部分的出资义务,此事实只是说明,王甲在2012年4月之前与王乙具有代持股的合意,履行了实际出资义务,其有可能在实质上具有股东资格,但是在公司最后一次的股权结构变动过程中,王甲并没有证据其与王乙之间的代持股协议,以及其对公司股权直接的投资行为,所以最高院认定王甲无权向公司要求确认股东资格。此事实说明实际投资人若想确认股东资格需要证明其在公司最后一次股权结构变化过程中的代持股合意和实际出资。

其次看王甲与王乙之间的法律关系是债权投资关系还是股权投资关系。在商事实践中,实际投资人向名义股东提供资金,设立公司,实现盈利是一种很常见的现象。但是基于种种原因,实际投资人和名义股东之间并不会签订正式的合同来明确双方的法律关系,一旦双方关系交恶,股权的争夺就在所难免。现在的通说是,如果双方签订书面的合同约定,实际投资人向名义股东借款或以其他证据能够认定双方之间的关系为借贷关系,则实际投资人无权享有股权,但有权要求名义股东仅还本付息;如果双方签订书面的合同约定,实际投资人和名义股东之间的法律关系为委托持股合同关系,在公司内部股东关系的层面,实际出资人可以向名义股东主张要求支付相关投资收益,另外实际投资人可以通过合同解除的途径要求名义股东返还股权,并在得到其他过半数股东认可的情况下要求公司确认其股东资格;如果双方之间未签订任何书面合同约定双方属于资金借贷关系或委托持股关系,则应当认定实际投资人和名义投资人之间仅为债权关系,推定股东名册上载明的股东享有股东权益,实际投资人可依据其能证明的债权法律关系享有投资权益。本案中,最高法院也遵循了这种学说,基于本案的证据,确认王甲与王乙之间没有明确的代持股合意,所以推定股东名册记载的王乙享有股东权利,王甲基于投入相关款项产生的合法财产权益可依其他法律关系另行主张。

【公司治理建议】

股权代持现象是商事实践中的一种常见行为,实际投资人或是为规避法律法规的限制,或是为避免某种合同义务,当自己不能或者不便成为某公司股东的时候,往往会选择代持股的方式。当然,实际投资人也往往会选择自己最亲近的人作为名义持股人,但是当所涉及的股权涉及的利益巨大时,代持股人基于自己利益的考量,利用名义股东的优势地位,侵夺实际投资人股权的事情屡见不鲜,即便是亲兄弟也有可能反目成仇,本案即一例。本案带来以下两点启示:

第一,亲兄弟也要明算账。实际投资人若必须采取代持股的方式进行投资,一定要与代持股人签订书面的委托持股协议，在协议中明确约定双方的法律关系，特别需要约定实际投资人拥有随时解除权要求名义股东返还股权，并约定返还股权的程序和时间节点。在条件允许的情况下，实际投资人可以备忘录或会议纪要的方式，要求公司半数以上的其他股东书面确认其股东资格，并约定当其要求"显名"时无条件同意。

第二，实际投资人需要强烈的证据意识，特别是进行实际注入资本的时候，一定要从自己的账户直接注入目标公司的账户，并且注入后需要得到公司的及时确认，并且在公司的财务账簿上进行正确的科目处理。

笔者推荐的代持协议必备条款如下：

1. 隐名股东已将代持股份出资款足额交付显名股东，专用于隐名股东对目标公司的出资，显明股东予以确认。（证明已出资）

2. 隐名股东作为实际出资者，对公司享有实际的股东权利并有权获得相应的投资收益；显名股东仅得以自身名义将隐名股东的出资向公司出资并代隐名股东持有该等投资所形成的股东权益，而对该等出资所形成的股东权益不享有任何收益权或处置权（包括但不限于股东权益的转让、担保）。

3. 在委托持股期限内，隐名股东有权在条件具备时，将相关股东权益转移到自己或自己指定的任何第三人名下，届时涉及的相关法律文件，显名股东须无条件同意，并无条件承受。（可以提前要求名义持股人签署"股权转让协议"，但不填写受让人及日期）

4. 显名股东在以股东身份参与公司经营管理过程中需要行使表决权时至少应提前3日取得隐名股东书面授权，未经授权不得行使表决权。（可以在签署协议时，要求显名股东签署委托隐名股东行使表决权的授权书）

5. 显名股东承诺将其未来所收到的因代表股份所产生的任何全部投资收益（包括现金股息、红利或任何其他收益分配）均全部转交给隐名股东。

6. 隐名股东有权随时解除代持股协议，显名股东应当按隐名股东指示向其移转"代表股份"或股权收入；在隐名股东拟向公司股东或股东以外的人转让、质押"代表股份"时，显名股东应对此提供必要的协助及便利。

【法规链接】

《最高人民法院关于适用〈中华人民共和国公司法〉若干问题的规定（三）》

第二十四条　有限责任公司的实际出资人与名义出资人订立合同，约定由实际出资人出资并享有投资权益，以名义出资人为名义股东，实际出资人与名义股东对该合同效力发生争议的，如无法律规定的无效情形，人民法院应当认定该合同有效。

前款规定的实际出资人与名义股东因投资权益的归属发生争议，实际出资人以其实际履行了出资义务为由向名义股东主张权利的，人民法院应予支持。名义股东以公司股东名册记载、公司登记机关登记为由否认实际出资人权利的，人民法院不予支持。

实际出资人未经公司其他股东半数以上同意，请求公司变更股东、签发出资证明书、记载于股东名册、记载于公司章程并办理公司登记机关登记的，人民法院不予支持。

受让国有公司股权需履行报批手续

【司法观点】

国有股东所持上市公司股份的协议转让至少需要经过两次上报：一是国有股东拟协议转让上市公司股份的，在内部决策后，应当及时按照规定程序逐级书面报告省级或省级以上国有资产监督管理机构；二是国有股东与拟受让方签订股份转让协议后，应及时履行信息披露等相关义务，同时应按规定程序报国务院国有资产监督管理机构审核批准。

股权转让协议在未获得批准前为未生效合同，未能获得批准或者由于案件情况不可能再获得批准的，股权转让协议为确定的不生效力；股份转让协议不生效后，当事人应比照《民法典》第157条关于"民事法律行为无效、被撤销或者确定不发生效力后，行为人因该行为取得的财产，应当予以返还"之规定，向对方承担返还取得财产的义务。

【典型案例】[①]

2009年1月4日，中烟总公司作出《关于红塔有限公司转让持有的云南白药集团股份事项的批复》，同意红塔有限公司有偿转让其持有的云南白药集团无限售条件的流通国有法人股份65813912股，要求云南中烟公司依该批复指导红塔有限公司按《国有股东转让所持上市公司股份管理暂行办法》和《上市公司解除限售存量股份转让指导意见》的规定进行股份转让。2009年8月13日、14日，云南白药

---

① （2015）民申字第1号。

集团先后刊登了《关于红塔有限公司拟整体协议转让所持云南白药股权的提示性公告》《关于红塔有限公司拟整体协议转让所持云南白药股权公开征集受让方的公告》。2009年9月10日，红塔有限公司与陈某树签订了《股份转让协议》，约定红塔有限公司将其持有的占云南白药集团总股本12.32%的本案争议股份全部转让给陈某树，对价为每股33.543元，总价款2207596050.22元，在转让协议签订后五个工作日内一次性付清。该协议第12条约定，红塔有限公司在转让协议生效并收到全部价款后，应当及时办理所有与本次目标股份转让有关的报批、信息披露等法律手续，陈某树应当配合红塔有限公司的上述工作。该协议第三十条约定，转让协议自签订之日起生效，但须获得有权国资监管机构的批准同意后方能实施。协议还对其他相关股权转让事宜进行了约定。2009年9月11日，云南白药集团刊登了《关于红塔有限公司拟整体协议转让所持云南白药股权进展情况的公告》，对本次股份转让交易进行了初次信息披露。2009年9月14日，云南白药集团发布公告，公告2009年9月11日陈某树和红塔有限公司签订的《红塔有限公司简式权益变动报告书》和《陈某树简式权益变动报告书》，对股份变动再次进行了信息披露。《股份转让协议》签订后，陈某树按约将2207596050.22元（含之前交付的竞聘保证金）支付到红塔有限公司指定账户。红塔有限公司收款后，向陈某树开具了收款专用发票，并于2011年4月19日再次就其上述收款情况出具书面说明，确认收到了上述款项。2009年9月11日，红塔有限公司向其上级机构红塔集团公司上报了《红塔有限公司关于将所持云南白药集团的股份整体协议转让给自然人陈某树的请示》（云红司〔2009〕47号），并附上了相应的附件。2010年5月28日，云南白药集团召开2009年度股东大会通过决议，以公司现有总股本534051138股为基数，向全体股东每10股派2元现金（扣税后实际每10股1.8元），同时以资本公积金向全体股东每10股转增3股。2011年4月27日，陈某树向红塔有限公司发出《办理股份过户登记催促函》，要求红塔有限公司自接函之日起十个工作日内将转让协议项下股份办理过户登记至陈某树名下。红塔有限公司于2011年5月10日回函称，本次股份转让事宜必须获得有权国资监管机构的批准后方能实施，其积极向上级主管机构进行了相关报批工作，现并未收到任何书面批复意见，本次股份转让事宜存在批复同意或被否决的可能性，若有任何变化或进展，将及时予以通知。2012年1月17日，中烟总公司作出《关于不同意红塔有限公司转让所持云南白药集团股份事项的批复》（中烟办〔2012〕7号），该批复载明"不同意本次股份转让"。依据该批复意见，云南中烟公司和红塔集团公司也作出了不同意本次股份转让的相关批复。

另查明：陈某树所支付的股权转让款分两次支付：2009年8月20日，陈某树支付2亿元作为项目保证金；2009年9月16日，陈某树向红塔有限公司再支付

2007596050.22 元。又查明：红塔有限公司（甲方）、陈某树（乙方）2009 年 9 月 10 日签订的《股份转让协议》第 4 条约定："乙方同意受让甲方持有的云南白药集团 65813912 股的股份，并已充分知悉：本协议约定股份转让事宜在本协议生效后尚需获得有权国有资产监督管理机构的批准同意后方能实施。"第 12 条约定："本协议生效，且甲方已收到本协议第 6 条约定的全部款项后，甲方应当及时办理所有与本次目标股份转让有关的报批、信息披露等法律手续，乙方应当配合甲方的上述工作（包括但不限于提供甲方所要求的材料、出具说明等）。"第 26 条第 3 项约定："如本协议得不到相关有权国有资产监督管理机构的批准，甲方应及时通知乙方，并将乙方交付的全部款项不计利息退还给乙方，甲乙双方互不承担违约责任，且本协议自乙方收到甲方退还的全部款项之日起解除。"第 30 条约定："本协议自签订之日起生效，但须获得有权国有资产监督管理机构的批准同意后方能实施。"再查明：2009 年 9 月 11 日，红塔集团公司向其上级机构云南中烟公司上报了《红塔集团关于将红塔有限公司所持云南白药集团的股份整体协议转让给自然人陈某树的请示》，并附上了相应的附件。2009 年 12 月 2 日，云南中烟公司向其上级机构中烟总公司上报了《云南中烟工业公司关于红塔有限公司协议转让所持云南白药集团股份的请示》，并附上了相应的附件。2012 年 1 月 17 日，中烟总公司作出《中烟总公司关于不同意红塔有限公司转让所持云南白药集团股份事项的批复》（中烟办〔2012〕7 号）后，云南中烟公司和红塔集团公司分别于 2012 年 1 月 18 日和 2012 年 1 月 19 日作出了不同意本次股份转让的相关批复。2012 年 1 月 19 日，红塔有限公司致函陈某树称，因上级主管单位批复不同意本次股份转让，本次股份转让的过户条件不成就；请你于接到通知之日，尽快提供收款账户的信息，我公司将按约定退还你所支付的全部履约保证金人民币 2207596050.22 元（不计利息）；《股份转让协议》按约定解除。

2011 年 12 月 21 日，陈某树向云南高院起诉，请求：1. 确认《股份转让协议》合法有效，判令红塔有限公司全面继续履行；2. 确认红塔有限公司未恰当履行合同义务，致使本案争议股份不能在合理期限内过户给陈某树，已构成违约，判令红塔有限公司立即采取完善申报材料、催请审批等补救措施；3. 确认红塔有限公司因违约给陈某树已经造成和可能造成的损失，判令红塔有限公司将因拖延本案争议股份过户所获股息 11846502.16 元及其利息和转增股份 19744173.6 股赔偿给陈某树，并赔偿截至争议股份过户时陈某树继续遭受的其他损失，包括针对争议股份继续发生的利润分配、派送红利、资本公积金转增股份等权益损失，以及争议股份过户时可能发生的贬值价差损失（截至 2011 年 12 月 8 日上午 10 点，总损失以每股 58.45 元计，共 1165893450 元）。

云南高院一审认为，结合确认的事实及当事人诉辩主张，本案各方当事人争议的焦点为：1.《股份转让协议》的效力，陈某树诉请红塔有限公司全面继续履行合同是否成立？2. 红塔有限公司是否构成违约？陈某树诉请红塔有限公司立即采取完善申报材料、催请审批等补救措施是否成立？3. 陈某树诉请判令红塔有限公司赔偿其损失是否成立？

一、关于《股份转让协议》的效力，陈某树诉请红塔有限公司全面继续履行合同是否成立的问题

2009年1月4日，中烟总公司作出《关于红塔有限公司转让持有的云南白药集团股份事项的批复》，根据该批复精神，经过公告的法定程序和充分协商，2009年9月10日，本案双方当事人签订了《股份转让协议》。该协议系双方当事人真实的意思表示，内容也不违反法律法规的禁止性规定，且根据《股份转让协议》第30条"本协议自签订之日起生效"的约定，陈某树诉请确认《股份转让协议》合法有效的请求成立，应予支持。根据《股份转让协议》第30条"本协议自签订之日起生效，但须获得有权国有资产监督管理机构的批准同意后方能实施"的约定，本案的股份转让只有在获得有权国有资产监督管理机构批准同意后方能实施，但目前本案的《股份转让协议》并未获得有权国有资产监督管理机构批准，因此，对陈某树诉请判令红塔有限公司继续全面履行《股份转让协议》的请求，不予支持。

二、关于红塔有限公司是否构成违约，陈某树诉请红塔有限公司立即采取完善申报材料、催请审批等补救措施是否成立的问题

《股份转让协议》合法有效，根据《合同法》第60条第1款"当事人应当按照约定全面履行自己的义务"的规定，本案双方当事人均应严格依约履行各自的义务。依据《股份转让协议》第12条的约定，红塔有限公司在协议生效，且收到陈某树支付的2207596050.22元款项后，应当及时办理所有与本次目标股份转让有关的报批、信息披露等手续。根据查明的事实，在《股份转让协议》签订的第二天，即2009年9月11日，红塔有限公司就及时依约履行了相应的信息披露手续，并按规定向其上级机构上报了相关审批手续，因此，红塔有限公司已及时按约履行了就本案所涉股份转让的有关报批、信息披露等手续，并未违反协议的约定，陈某树认为红塔有限公司未恰当履行合同义务已构成违约无事实及法律依据。此外，从当事人举证来看，红塔有限公司已按约将完善的申报材料向其上级机构进行了上报，因此对于陈某树诉请红塔有限公司立即采取完善申报材料、催请审批等补救措施的请求，不予支持。

三、关于陈某树诉请判令红塔有限公司赔偿其损失是否成立的问题

根据《合同法》第107条"当事人一方不履行合同义务或者履行合同义务不符合约定的，应当承担继续履行、采取补救措施或者赔偿损失等违约责任"的规定，

只有在当事人违反合同约定，构成违约的前提下，依法才承担相应的违约责任。而从本案查明的事实看，红塔有限公司并未构成违约，因此对于陈某树认为因红塔有限公司违约给其造成的损失应由红塔有限公司予以赔偿的请求，不予支持。

综上所述，《股份转让协议》合法有效，红塔有限公司已按约履行了自己的合同义务，陈某树的诉讼请求除请求确认《股份转让协议》合法有效外，其余均不能成立。

陈某树不服一审判决，向最高院提起上诉，请求：1. 改判红塔有限公司继续全面履行其与陈某树 2009 年 9 月 10 日签订的《股份转让协议》，立即采取有效措施，就本案股份转让事项报送财政部审批；2. 改判确认红塔有限公司因违约给陈某树已经造成和可能继续造成的损失，判令将其违约所获得的股息 11846502.16 元及其利息和转增股份 19744173.6 股赔偿给陈某树，并且赔偿截至争议股份过户时陈某树因此继续遭受的其他损失，包括针对争议股份（含已转增股份）继续发生的利润分配、派送红股、资本公积金转增股份等权益损失，以及争议股份过户可能发生的贬值价差损失（截至 2011 年 12 月 8 日上午 10 点，总损失以当时每股 58.45 元计，共计 1165893450 元）。事实和理由如下：1. 原判决认定事实错误。根据《股份转让协议》第 12 条，红塔有限公司负有"应当及时办理所有与本次目标股份转让有关的报批手续"的义务，但红塔有限公司在长达 3 年多时间里，根本未按协议约定和有关规定将该协议报送至有权审批本案国有股权转让事项的国务院国有资产监管机构即财政部审批，其没有全面履行协议约定的报批义务。原判决仅仅查明红塔有限公司在签约第二天向其上一级单位红塔集团公司上报相关审批手续的事实，即认定红塔有限公司已及时按约履行了有关报批手续，属认定事实错误。中烟总公司批复不同意本案股份转让，而且不按规定将《股份转让协议》报送财政部门审批，应属红塔有限公司内部决策程序中的行为，不属于《国有股东转让所持上市公司股份管理暂行办法》《财政部关于烟草行业国有资产管理若干问题的意见》和《股份转让协议》约定的国务院国有资产监管机构的有权审批，不应产生对本案股权转让不批准的法律效力，其行为应构成红塔有限公司对陈某树的违约。2. 原判决违反法定程序，已经影响到本案的正确判决。《财政部关于烟草行业国有资产管理若干问题的意见》对中烟总公司下属企业产权转让有明确、具体规定，中烟总公司、云南中烟公司以及红塔集团公司作出不同意本案所涉股权转让批复的行为，是超越其职权的无权审批行为，该行为直接导致合同履行僵局和本案纠纷，并直接导致红塔有限公司没有全面履行协议约定的报批义务，构成对陈某树的违约。三单位与本案纠纷的产生、审理和处理，均具有法律上的直接牵连和利害关系，陈某树在一审中申请法院追加三单位作为无独立请求权第三人参加诉讼，符合法律规定。

红塔有限公司答辩称：1.《股份转让协议》合法有效，红塔有限公司依约履行了合同义务，因约定的解除条件已成就，该协议应当解除。（1）双方当事人对《股份转让协议》得到或得不到有权国有资产监督管理机构批准有明确预期，并对得到批准或得不到批准的后续处理都分别作了明确、具体的约定。云南中烟公司和红塔集团公司依据中烟总公司不同意转让的批复逐级做出了不同意本次股权转让的相关批复，《股份转让协议》第 26 条第 3 项所约定的解除条件已成就，《股份转让协议》应当依法解除。（2）红塔有限公司于《股份转让协议》签订后的次日，将符合法律规定的有关报批文件按法律规定程序上报至红塔集团公司，又依法通过云南白药集团对本次股份转让事项进行了信息披露，并在收到红塔集团公司下发的不同意转让股份的批复后，立即通知陈某树，告知审批结果，红塔有限公司全面履行了协议约定的报批义务和信息披露义务。2. 陈某树主张红塔有限公司未将文件报送至财政部即为未履行协议约定的报批义务，该主张不能得到支持。一方面，《股份转让协议》并没有此种约定，红塔有限公司上级主管部门做出任何决定（包括不批准）均不构成红塔有限公司违约。另一方面，按照《财政部关于烟草行业国有资产管理若干问题的意见》，烟草行业国有资产转让需逐级报批，红塔有限公司无权越级上报。3. 红塔有限公司的上级单位不同意本次股份转让的批复系行使国有资产出资人权利，依法属于有权审批，其作出不同意股份转让的决定后，无须继续上报。4. 红塔有限公司的上级主管部门不是《股份转让协议》的当事人，其对协议的审批属依法行使国有资产出资人的权利，陈某树在订立协议时明知该协议存在得到批准和得不到批准的两种可能，其要求揭开红塔有限公司的法人面纱，缺乏事实和法律依据。

最高人民法院二审认为，本案争议焦点是陈某树是否有权要求红塔有限公司继续履行《股份转让协议》并承担违约责任。关于陈某树是否有权要求红塔有限公司继续履行《股份转让协议》并承担违约责任的问题。该问题的前提是《股份转让协议》是否有效、是否能够继续履行。对此，最高人民法院认为，本案所涉《股份转让协议》依法属于应当办理批准手续的合同，但未能得到有权机关批准，故应依法认定为不生效合同。第一，本案所涉《股份转让协议》依法属于应当办理批准手续的合同。《企业国有资产监督管理暂行条例》（以下简称《暂行条例》）第 23 条规定，国有资产监督管理机构决定其所出资企业的国有股权转让。对于重要子企业的重大事项，《暂行条例》第 24 条规定，所出资企业投资设立的重要子企业的重大事项，需由所出资企业报国有资产监督管理机构批准的，管理办法由国务院国有资产监督管理机构另行制定，报国务院批准。根据以上规定，国务院国有资产监督管理委员会与中国证券监督管理委员会经国务院同意，于 2007 年联合颁布了《国有股东转让所持上市公司股份管理暂行办法》（以下简称《暂行办法》），对国有股东转让所持上市公司股份行为进行规范。《暂行办法》规定，国有股东所持上市公司股份的协议转让至少需要经过两次上报：一是国有股东拟协议转让上市公司股份的，在内部决策后，应当及时按照规定程序逐级书面报告省级或省级以上国有资产监督管理机构；二是国有股东与拟受让方签订股份转让协议后，应及时履行信息披露等相关义务，同时应按规定程序报国务院国有资产监督管理机构审核批准。本案红塔有限公司是国有企业，拟转让的是所持云南白药集团的上市股份，转让的形式是与受让人协议转让，故双方当事人签订《股份转让协议》后，应按照《暂行办法》要求的程序办理相关手续。本案双方当事人对本案所涉股权的转让需要经过审批均是明知的。根据《股份转让协议》的约定，双方当事人在订立《股份转让协议》时知悉该协议需要经过审批，并通过《股份转让协议》第4条予以确认，同时双方还在第12条、第26条对审批手续的办理以及不能得到审批的后果作了明确、清晰的约定。第二，《股份转让协议》未得到有权机关批准。对于烟草行业产权转让的审批程序和权限，《财政部关于烟草行业国有资产管理若干问题的意见》（以下简称《财政部意见》）规定："中国烟草总公司所属烟草单位向非烟草单位的产权转让，主业评估价值在1亿元以上（含1亿元）、多种经营在2亿元以上（含2亿元）的，由各单位逐级上报中国烟草总公司（国家烟草专卖局），由中国烟草总公司（国家烟草专卖局）报财政部审批。"本案《股份转让协议》签订时，双方拟转让的股份价值20多亿元，根据《财政部意见》的精神，应由红塔有限公司逐级上报至中烟总公司，由中烟总公司报财政部批准。红塔有限公司在与陈某树签订《股份转让协议》后，即按程序将相关材料上报至红塔集团公司，红塔集团公司则按程序上报至云南中烟公司，云南中烟公司也按程序上报至中烟总公司，现中烟总公司收到上报材料后，明确作出不同意本次转让的批复。据此，《股份转让协议》已无法经由财政部批准。陈某树认为，中烟总公司批复不同意本案股份转让，而且不按规定将《股份转让协议》报送财政部审批，应属红塔有限公司内部决策程序中的行为，不属于有权审批，不应产生对本案股权转让不批准的法律效力，其行为应构成红塔有限公司对陈某树的违约。根据《财政部意见》的精神，本案所涉《股份转让协议》的有权审批主体虽是财政部，中烟总公司无权批准本次股权转让行为，但作为红塔有限公司的出资人，中烟总公司等根据国有资产监督管理相关规定，行使股东重大决策权和国有资产出资人权利，其作出的不同意本次股权转让的批复，终结了《股份转让协议》的报批程序。此外，中烟总公司等是红塔有限公司的出资人，属于独立的主体，且不是《股份转让协议》的当事人，将中烟总公司等的行为视为红塔有限公司违约亦缺乏法律依据。第三，《股份转让协议》依法应认定不生效。关于审批对合同效力的影响，《合同法》第44条第2款规定："法律、行政法规规定应当办理批准、登记等手续生效的，依照其规定。"《合同法司法解释一》第9条进一步明确："依照合同法第四十四条第二款的规定，法律、行政法规规定合同应当办理批准手续，或者办理批准、登记等手续才生效，在一审法庭辩论终结前当事人仍未办理批准手续的，或者仍未办理批准、登记等手续的，人民法院应当认定该合同未生效……"本案所涉《股份转让协议》依法属于应当办理批准手续的合同，需经财政部批准才能生效，但因红塔有限公司上级主管部门中烟总公司不同意本次股权转让，报批程序已经结束，《股份转让协议》已确定无法得到有权机关批准，故应依法认定为不生效合同。值得注意的是，《合同法》第44条和《合同法司法解释一》第9条对合同生效的要求，是合同的法定生效条件，属于强制性规定，不允许当事人通过约定的方式予以变更，故尽管当事人对合同生效有相关约定，仍应依据以上法律规定来判断合同的效力。一审法院根据《股份转让协议》第30条关于"本协议自签订之日起生效"之约定认定《股份转让协议》合法有效，属于适用法律错误，应予纠正。既然《股份转让协议》不生效，其第26条关于协议解除的约定也不产生效力，红塔有限公司提出的《股份转让协议》应按第26条第3项之约定解除的主张亦不能成立。因《股份转让协议》不生效，陈某树要求红塔有限公司继续履行《股份转让协议》并承担违约责任的主张缺乏合同依据，法院不予支持。《股份转让协议》不生效后，当事人应比照《合同法》第58条关于"合同无效或者被撤销后，因该合同取得的财产，应当予以返还"之规定，向对方承担返还取得财产的义务，故红塔有限公司应将已经收取的2207596050.22元款项返还给陈某树，并给付相应利息，其利息标准根据公平原则应按照银行同期贷款利率计算。

【实务指引】

本案所涉及的法律问题主要体现在三个方面：1. 国有股权转让的基本步骤；2. 国有股权转让的关键点；3. 未经过审批的国有股权转让协议的合同效力。

第一，国有股权转让的基本步骤。

根据《公司法》《暂行条例》以及国有股权向管理层转让等规定和相应产权交易机构的交易规则之规定，国有股权交易可以分为以下九个步骤。1. 初步审批：转让方就本次股权转让的数额、交易方式、交易结果等基本情况制定《转让方案》，申报国有产权主管部门进行审批，在获得同意国有股权转让的批复后，进行下一步工作。2. 清产核资：由转让方组织进行清产核资（转让所出资企业国有产权导致转让方不再拥有控股地位的，由同级国有资产监督管理机构组织进行清产核资），根据清产核资结果编制资产负债表和资产移交清册。3. **审计评估**：委托会计师事务所实施全面审计，在清产核资和审计的基础上，委托资产评估机构进行资产评估。（评估报告经核准或者备案后，作为确定企业国有股权转让价格的参考依据。）4. **内部决策**：转让股权所属企业召开股东会就股权转让事宜进行内部审议，（如果采取协议转让方式，应取得国有资产主管部门同意的批复，转让方和受让方应当草签转让合同，并按照企业内部决策程序进行审议），形成同意股权转让的决议、其他股东放弃优先购买权的承诺。涉及职工合法权益的，应当听取职代会的意见，并形成职代会同意转让的决议。5. **申请挂牌**：选择有资格的产权交易机构，申请上市交易，并提交转让方和被转让企业法人营业执照复印件、转让方和被转让企业国有产权登记证、被转让企业股东会决议、主管部门同意转让股权的批复、律师事务所的法律意见书、审计报告、资产评估报告以及交易所要求提交的其他书面材料。6. **签订协议**：转让成交后，转让方和受让方签订股权转让合同，取得产权交易机构出具的产权交易凭证。7. **审批备案**：转让方将股权转让的相关文字书面材料报国有产权主管部门备案登记。8. **产权登记**：转让方和受让方凭产权交易机构出具的产权交易凭证以及相应的材料办理产权登记手续。9. **变更手续**：交易完成，标的企业修改《公司章程》以及股东名册，到工商行政管理部门进行变更登记。

第二，国有股权转让的五个关键要点。

1. 国有股权转让履行审批程序

国有股权转让应符合《公司法》和公司章程的规定。国有股权转让应取得国资委或者授权的企业集团、母公司的批准后方能实施，国有股持股单位产权变动涉及上市公司国有股性质变化的，上市公司国有股持股单位因产权变动引起所持国有股性质发生变化的，国有股持股单位还应按产权关系将产权变动方案报地市级以上人民政府、中央企业主管部门、中央管理企业批准，并在方案实施前将国有股权变动事项报财政部、证监会等部门核准。

2. 国有股权转让的定价需要经过评估

非国有股权转让的定价基于合同法意思自治原则，只要双方协商一致就可以了，但国有股权的转让定价应以评估结果作为基础。转让方应当委托具有相关资质的资产评估机构依照国家有关规定进行资产评估，评估报告经核准或者备案后，作为确定企业国有产权转让价格的参考依据。而且在产权交易过程中，当交易价格低于评估结果的90%时，应当暂停交易，在获得相关产权转让批准机构同意后方可继续进行。

3. 转让需公开进行

一般地，国有股权转让应当在依法设立的产权交易机构公开挂牌征集受让方，经公开征集产生两个以上受让方时，转让方应当与产权交易机构协商，根据转让标的的具体情况采取拍卖或者招投标方式组织实施产权交易。在这种公开交易的情况下，为了提高拟受让方参与竞争的积极性，以及实现产权多元化的目的，往往需要转让方取得其他股东同意转让并放弃优先权的书面承诺。如果其他股东未放弃优先权，应在转让公告中进行披露，在同等条件下，首先保护其他股东的优先权。（如果是经批准协议转让的，就必须取得其他股东放弃优先权的书面承诺，否则，转让目的是无法实现的，拟受让方或其法律顾问也会在转让实施前要求转让方提供此承诺）

4. 转让价款的支付

非国有股权转让价款的支付取决于双方在股权转让协议中的约定，但国有股权转让价款的支付是有特殊要求的。国有股权转让价款原则上应当一次付清，如金额较大、一次付清确有困难的，可以采取分期付款的方式。采取分期付款方式的，受让方首期付款不得低于总价款的30%，并在合同生效之日起5个工作日内支付；其余款项应当提供合法的担保，并应当按同期银行贷款利率向转让方支付延期付款期间利息，付款期限不得超过1年。

5. 国有股权转让协议的效力

由于国有股权转让须履行特定的审批程序，以及进行股权评估等工作，而这些工作非转让和受让双方能够控制，如果在履行特定的程序中未能顺利实施，将导致国有股权转让目的无法实现。因此，在涉及国有股权转让协议的效力时，并非签订就生效，需要附加生效条件，完成前期的审批、评估各项工作，待取得各部门的批准后方能生效。

第三，未经过审批的国有股权转让协议的合同效力。

股权转让协议在未获得批准前为未生效合同，未能获得批准或者由于案件情况不可能再获得批准的，股权转让协议为确定的不生效力；股份转让协议不生效后，当事人应比照《民法典》第157条关于"民事法律行为无效、被撤销或者确定不发生效力后，行为人因该行为取得的财产，应当予以返还；不能返还或者没有必要返还的，应当折价补偿"之规定，向对方承担返还取得财产的义务。

以上为最高人民法院对于合同未生效此种合同效力状态的确认，以及对合同未生效后法律后果的处理方式。所谓未生效合同是指合同虽然已经成立，但因不符合法定的或约定的生效条件而暂时不产生法律效力。本案中国有股权转让合同即属于典型的依法应当审批的合同，在审批之前属于未生效的合同。为更好地理解合同未生效，将合同未生效与合同无效作简要的对比。首先合同无效与合同未生效存在着一定的联系，相对于有效合同而言，二者在效力上均存在一定的瑕疵。从法律后果来看，合同在宣告无效之后将导致合同自始无效，当事人互负恢复原状的义务；而对未生效的合同而言,如果该合同最终未获得相关机关的批准,最终也无法产生法律拘束力,当事人也将负恢复原状的义务。本案中,在股权转让合同未获得中烟总公司的批准后,被确认为合同未生效,最高人民法院对未生效合同法律后果的处理方式即类推《民法典》第157条合同无效的法律后果处理方式,判决红塔有限公司返还陈某树转让款及利息。但是,合同的未生效不同于合同的无效,二者的区别主要表现在:

其一,二者产生的原因不同,无效合同是因为合同存在《民法典》第153条所规定的情形,从狭义上理解,合同的无效指合同内容因违法而当然应该被宣告为无效,当事人也不能通过事后补正或者实际履行来促使合同有效。因此,无效合同主要是指合同内容的违法,而未生效合同主要针对合同的形式而言的,一般不直接涉及合同的内容。在我国,合同未生效主要是由于应当报批的合同尚未报批,或者报批之后未获得批准以及当事人约定了特别生效要件。

其二,合同被宣告无效后,合同自始无效,从而从根本上否定了当事人之间形成的合意。但在合同未生效的情况下,合同最终是否有效并不确定,在合同的效力最终确定前,法律并没有否定其效力。所以,对未生效的合同来说,当事人可以通过继续履行的方式使其有效。从法律后果来看,在未生效时,当事人仍然负有报批义务,如果当事人在合同中约定以受让方支付一定价款作为转让方办理报批手续的条件,该约定有效,如果受让方经转让方催告后在合理期限内仍未支付约定价款的,转让方有权请求解除合同并赔偿因延迟履行而造成的实际损失。[1]

【公司治理建议】

陈某树先生支付约11.7亿元学费,恐怕是史上最贵学费。根据该案总结的经验,笔者建议:

1. 收购国有公司股权,必须严格履行国有企业的股权的入市交易的审批、评估、交易等环节的法定程序,要深知签署涉及国有股权的《股权转让合同》与普通民营公司股权收购的重大区别。

2. 办理国有股权(国有资产)类交易必须委托资深的专业律师全程跟踪办理,否则学费很贵。

3. 《股权转让合同》必须设计适当的付款流程和时间节点,确保股权转让款的支付和股权转让的审批和股权变更挂钩。一般应该通过银行共管账户的模式,将股

---

[1] 王利明:《合同法研究(第一卷)》,中国人民大学出版社2015年版,第614~615页。

权转让款汇入双方共同监管的资金共管账户,该股权转让合同获得相关部门的批准且股权变更完成后,再将该股权转让款释放汇入转让方账户。在未支付股权转让款的情况下,想转让股权的原股东就有动力协助并促成办理完成相关审批、评估、过户等义务。

【法规链接】

《民法典》

第一百五十七条 民事法律行为无效、被撤销或者确定不发生效力后,行为人因该行为取得的财产,应当予以返还;不能返还或者没有必要返还的,应当折价补偿。有过错的一方应当赔偿对方由此所受到的损失;各方都有过错的,应当各自承担相应的责任。法律另有规定的,依照其规定。

第五百零二条 依法成立的合同,自成立时生效,但是法律另有规定或者当事人另有约定的除外。

依照法律、行政法规的规定,合同应当办理批准等手续的,依照其规定。未办理批准等手续影响合同生效的,不影响合同中履行报批等义务条款以及相关条款的效力。应当办理申请批准等手续的当事人未履行义务的,对方可以请求其承担违反该义务的责任。

依照法律、行政法规的规定,合同的变更、转让、解除等情形应当办理批准等手续的,适用前款规定。

上海新梅控制权之争[①]

【背景情况】

上海新梅是一家以房地产开发与销售为主营业务的上市公司,本次控制权争夺之前公司的股权结构较为集中。第一大股东兴盛集团在连续减持后持有上海新梅约12%的股份,张某标持有兴盛集团75%股权,为上海新梅的实际控制人。上海新梅的六名董事中,张某静自2003年至今任上海新梅董事长,系张某标的女儿,罗某

---

① 公告信息均来自新浪财经:https://vip.stock.finance.sina.com.cn/corp/view/vCB_AllBulletin.php?stockid=600732,最后访问日期2021年6月4日。

岚董事和王某宇董事也都先后在兴盛集团任职，因此上海新梅的董事会由大股东兴盛集团所控制。

2013年11月起，上海开南、兰州瑞邦、兰州鸿祥、上海升创、上海腾京、甘肃力行（以下简称举牌方、上海开南及其一致行动人）大量买入上海新梅股票并结为一致行动人，举牌方与兴盛集团（主要出面的是代表兴盛集团的上海新梅董事会）就上海新梅的公司控制权展开了激烈的争夺。

【案情经过】

一、开南突然举牌发难　新梅连续停牌回击

2013年11月～2014年4月

2013年11月27日，上海开南突然通知上海新梅，其通过上交所增持该公司股份2231.92万股，累积占公司总股本的5.00%，成为该公司第二大股东。根据次日上海开南披露的《上海新梅简式权益变动报告书》，上海开南成立于2013年10月11日，庄某才任执行董事、曾某、王某忠分别担任总经理和副总经理。该公司自2013年10月开始大量购买上海新梅股票，至11月底共持有22319200股，占上海新梅总股本5%。

上海新梅董事会随即于11月29日发布《重大事项停牌公告》。公告称：因公司正在筹划涉及资产收购的重大事项，鉴于该事项存在重大不确定性，公司股票自2013年11月28日起停牌。公司承诺将尽快确定是否进行上述重大事项，并于股票停牌之日起的5个工作日内公告并复牌。12月6日，新梅董事会第二次发布停牌公告称：公司与交易对方就相关事项的具体方案尚在讨论中，此事项存在不确定性，且不确定是否构成重大资产重组，公司股票将于12月13日复盘。12月13日，董事会第三次发布停牌公告称：公司筹划的资产收购事项构成重大资产重组，公司股票停牌30日。

2014年1月1日，上海新梅监事会发布公告，宣布监事长陈某、监事张某锋向公司提交了辞职报告。

2014年1月13日，新梅董事会发布《重大资产重组进展暨延期复牌公告》，宣布：公司拟向有关交易对方购买文化传媒类资产，方案可能涉及发行股票购买资产以及剥离现有房地产业务和资产，重组完成后，公司实际控制人不会发生变化。目前，公司及中介机构等相关各方正在积极开展重组方案论证、尽职调查等工作。由于此次重组工作涉及的核查工作量大，重组方案涉及的相关问题仍需与交易各方持续沟通，公司股票将继续停牌30日。

2014 年 2 月 13 日，新梅董事会再次发布《重大资产重组进展暨延期复牌公告》，宣布：截至目前，独立财务顾问已完成了对交易各方的尽职调查，相关交易各方正在就交易主要内容进行谈判。由于本次重组方案拟涉及上市公司、大股东、第三方及其股东，交易主体比较多，尽职调查的工作量比较大；既拟采用非公开发行股票方式购买资产，同时还要出售资产，并有可能涉及配套融资，方案比较复杂，公司股票继续停牌 30 日。

2014 年 3 月 1 日，上海新梅董事会发布《第六届董事会第五次临时会议决议公告》，全体 6 名董事同意罗某岚辞去公司总经理的职务，由公司董事长张某静兼任总经理。

2014 年 3 月 8 日，上海新梅董事会发布《终止本次重大资产重组暨复牌公告》《股票复牌公告》称：因交易各方对交易标的资产的估值存在较大差异，公司终止本次重大资产重组事项，公司股票将于 2014 年 3 月 10 日复牌。

2014 年 3 月 18 日，上海新梅在上海证券交易所"上证 e 互动"网络平台举办投资者说明会。①

2014 年 3 月 25 日，上海新梅公布上一年度年报，年报显示：公司 2013 年度的总资产、归属于上市公司股东的净资产、营业收入比 2012 年分别减少 39.69%、13.81%、77.69%。股权结构中，兴盛集团持股 11.19%，为第一大股东；上海开南持股 5%，为第二大股东。年报中提示，在前十位股东中，上海兴盛与其他股东不存在关联关系，也不是一致行动人；公司未知其他股东之间是否存在关联关系或一致行动人。

【实务指引】

本章中发生了三件事情。首先，上海开南公告持有上海新梅的股份超过了 5%，这就是"举牌"，由此开启了上海新梅控制权争夺的大幕；其次，上海新梅自被举牌后第二日起就开始停牌，董事会连续四次发布继续停牌的公告，直至近三个半月后才恢复股票交易；最后，在长期停牌的期间内，发生了两项人事变动，公司创始人张某标的女儿张某静女士担任总经理，且在监事会层面有两名监事提出了辞职。

对于前两件事情进行简要分析：

1. 关于上海开南的举牌是否合法合规，实质上是上海新梅控制权争夺中一个非常核心的问题，后续会有详尽的介绍，这里只向读者简要地铺垫举牌的法律依

---

① "上海 e 互动"，网址：http://sns.sseinfo.com/show easytalk.do?talkId=19，最后访问日期 2017 年 4 月 14 日。

据——《证券法》(2013) 第 86 条：通过证券交易所的证券交易，投资者持有或者通过协议、其他安排与他人共同持有一个上市公司已发行的股份达到百分之五时，应当在该事实发生之日起三日内，向国务院证券监督管理机构、证券交易所作出书面报告，通知该上市公司，并予公告；在上述期限内，不得再行买卖该上市公司的股票。

投资者持有或者通过协议、其他安排与他人共同持有一个上市公司已发行的股份达到百分之五后，其所持该上市公司已发行的股份比例每增加或者减少百分之五，应当依照前款规定进行报告和公告。在报告期限内和作出报告、公告后三日内，不得再行买卖该上市公司的股票。

2. 关于上海新梅的长期停牌。上海开南是 2013 年 11 月 27 日举牌的，新梅董事会 11 月 29 日就宣布停牌，且停牌时间长达近三个半月。应当说，上海新梅的长期停牌并非其创举，甚至可以说是我国上市公司被收购时的常见第一反应。之所以会成为常见反应，在于停牌对于收购方有明显不利影响：一旦停牌，收购方短期内就无法再买入股票，对公司的控制权无法加强，同时随着停牌时间的增加，收购方在二级市场买入股票的资金压力会逐渐显现。

但公司申请停牌必须要有法定事由，被收购并不是停牌的合法事由，因此上海新梅若想停牌必须寻找到其他理由。新梅董事会是以"重大资产重组"为由申请停牌的，依据是《上海证券交易所股票上市规则》第 12.5 条的规定："上市公司进行重大资产重组，根据中国证监会和本所相关规定向本所申请停牌的，公司股票及其衍生品种应当按照相关规定停牌与复牌。"同时，根据该上市规则第 12.15 条规定："上市公司在股票及其衍生品种被实施停牌期间，应当每 5 个交易日披露一次未能复牌的原因……"

由于相关法律法规和证券交易所规则并未对停牌的最长期限作出要求，因此理论上只要证券交易所同意，上市公司就可以长期停牌，上海新梅的停牌看起来是合法合规的。但是，这种合法合规恐怕只是表面上的，因为自始至终新梅董事会有关"重大资产重组"的信息披露都是含糊不清、语焉不详的，以至于有投资者会质疑"这次重组搞得像小孩过家家似的，到现在大家都还不知道重组对象是谁"，从最终的重组失败的结果上似乎也暗示了这种质疑不无道理。

笔者反对新梅董事会这种长期停牌的做法，其一是有虚构重大资产重组的嫌疑，滥用法律赋予的停牌权力，在收购与反收购的资本竞争中构成不正当竞争；其二是损害了广大小股东的利益，使小股东在长时间内无法买卖公司股票，与其股票投资的目的相违背。但无论怎样，由于我国法律对公司停牌的期限、停牌中如何信息披露、虚假停牌要承担怎样的法律责任等问题都缺乏明确、严格的规定，给了上市公司利用长期停牌达到反收购目的的空间，任何有志于收购上市公司的主体对此都应当有所准备。

【案情经过】

二、董事会欲改章程　"焦土计划"露端倪

2014年5月~2014年6月

2014年5月31日，上海新梅董事会发布《关于修改〈公司章程〉的公告》，拟对公司章程中的14个条款进行修改，其中有多处修改明显是针对上海开南的反收购措施：

1. 拟修改公司章程第14条，将公司对外担保行为"须经股东大会审议通过"，修改为公司的对外担保行为、公司发生的重大交易、公司与关联人拟发生的交易"须经公司董事会审议通过后，提交股东大会审议"。

2. 拟修改公司章程第53条，将"单独或者合计持有公司3%以上股份的股东"有权提出股东大会临时议案，修改为"连续12个月单独或者合计持有公司3%以上股份的股东"。

3. 拟修改公司章程第67条、第111条、第113条，修改后公司不再设副董事长。董事长因故不能主持股东大会或不能履行职务时，不再由副董事长主持或履行，而是由半数以上董事共同推举一名董事主持或履行。

4. 拟修改公司章程第82条，将股东大会选举董事、监事，"可以实行累积投票制"修改为"可以实行累积投票制。但必须由连续持股超过12个月有提案权股东书面提出，经董事会审议通过后实施"。

5. 拟修改公司章程第82条，将"单独或合并持有公司3%以上股份的股东依据本章程的规定提出提案，提请股东大会选举产生董事或者监事"。增加规定"提名人应按董事会提名委员会的要求，提交候选人适合任职的专项说明，董事会提名委员会对人选提出审议意见，提出董事候选人的推荐人选"。

6. 拟修改公司章程第96条，增加更换董事的限制性规定，"董事会换届选举时，更换董事不得超过全体董事的三分之一；每一提案所提候选人不得超过全体董事的三分之一；非董事会换届选举时，选举或更换（不包括确认董事辞职）董事人数不得超过现任董事的四分之一"。

7. 拟修改公司章程第112条，将"董事长有权批准单笔金额为人民币1000万元以下的对其他公司出资和单笔金额为人民币3000万元以下的其他对外投资事项"中的1000万元、3000万元修改为2000万元、5000万元。

2014年5月31日，上海新梅发布《关于委托经营管理的关联交易公告》，公告称上海新梅的全资子公司江阴新梅拟将其开发的总建筑面积为15762.60平方米的江阴新梅城市广场委托给关联方新梅商业经营管理，委托经营期限为5年，委托经营管理期间，按每个经营管理年度商铺经营所得的净利润的60%作为经营管理报酬。该公告同时披露，董事会在审议上述交易时，关联董事张某静回避表决，其余5名非关联董事均投票同意。此项交易尚需获得股东大会的批准，与该关联交易有利害关系的关联人将放弃行使在股东大会上对该议案的投票权。

同日，新梅董事会发布《召开公司2013年度股东大会的通知》，公司董事会决定于2014年6月25日召开2013年度股东大会，股东大会的审议事项除2013年度董事会工作报告、监事会工作报告等常规事项外，还将审议《关于委托经营管理关联交易事项的议案》《关于修改公司章程的议案》。本次会议不提供网络投票。

【实务指引】

这一章又发生了两件大事，其一是董事会计划修改公司章程，修改的方向是强化董事会、董事长的权力，削弱举牌方对公司的控制力；其二是董事会计划将公司的全资子公司江阴新梅的主营业务委托关联方管理，并向关联方支付净利润的60%作为经营管理报酬。两件事情可谓反收购意图明显，且都提上了股东大会的议程，这标志着上海新梅的控制权争夺进入了第一个高潮。

关于章程的修改，上述提及的每一条拟修改的章程内容都是经过上海新梅及其法律团队精心设计的，具有非常强的针对性。在反收购领域，可以用增设"驱鲨剂条款"来概括这次修改的全部内容，如果股东大会通过上述章程修改内容，则举牌方无法在短期内提案解除董事职务和重新选举董事，更不可能大规模地接管董事会席次，现有的董事会仍将牢牢地掌控公司的实际运行权力。其中，有两项修改内容应当引起更多的注意：

1. 章程第82条有关累积投票制的修改，将选举董事时是否采用累积投票制的决定权力赋予董事会。所谓累积投票制，是指股东大会选举董事或者监事时，每一股份拥有与应选董事或者监事人数相同的表决权，股东拥有的表决权可以集中使用，目的在于保护中小股东的权利。例如，某公司要选5名董事，公司股份共1000股，股东共10人，其中1名大股东持有510股，即拥有公司51%股份；其他9名股东共计持有490股，合计拥有公司49%的股份。若按直接投票制度，每一股有一个表决权，则控股51%的大股东就能够使自己推选的5名董事全部当选，其他股东毫无话语权。但若采取累积投票制，表决权的总数就成为 1000×5＝5000 票，控股股东总计拥有的票数为 2550 票，其他 9 名股东合计拥有 2450 票。根据累积投票制，股东可以集中投票给一个或几个董事候选人，并按所得同意票数多少的排序确定当选董事，因此从理论上来说，其他股东至少可以使自己的 2 名董事当选，而控股比例超过半数的股东也最多只能选上 3 名自己的董事。

关于累积投票制，《公司法》第 105 条第 1 款规定："股东大会选举董事、监事，可以依照公司章程的规定或者股东大会的决议，实行累积投票制。"《上市公司治理准则》第 17 条规定："董事、监事的选举，应当充分反映中小股东意见。股东大会在董事、监事选举中应当积极推行累积投票制。单一股东及其一致行动人拥有权益的股份比例在 30% 及以上的上市公司，应当采用累积投票制。采用累积投票制的上市公司应当在公司章程中规定实施细则。"因此，我国法律对于控股比例未超过 30% 的上市公司实行累积投票制采鼓励态度，但在法律层面并未对有权决定实行累积投票制的主体作出规定。实践中，绝大多数的上市公司章程都直接规定选举董事、监事时"应当"采取累积投票制，而少有像上海新梅章程中所规定的选举董事、监事时"可以"采取累积投票制。此次上海新梅章程修改的方向，意图赋予董事会决定是否适用累积投票制的权力，换言之，如果多数董事支持的股东在股权比例上占优势地位，董事会可决定重新选举董事时不采取累积投票制，这将使大股东在董事选举中处于更加有利的地位。

2. 修改公司章程第 67 条、第 111 条、第 113 条，修改后公司不再设副董事长。董事长除普通董事的职权外，还享有董事会的召集和主持权、股东大会的主持权，并有权担任公司的法定代表人。因此由哪方股东的代表担任董事长、以及一旦董事长不能履行职务时由哪方股东的董事履行董事长职务，是任何一个上市公司都应当关注的问题。

《公司法》第 109 条规定："董事会设董事长一人，可以设副董事长。董事长和副董事长由董事会以全体董事的过半数选举产生……副董事长协助董事长工作，董事长不能履行职务或者不履行职务的，由副董事长履行职务；副董事长不能履行职务或者不履行职务的，由半数以上董事共同推举一名董事履行职务。"由此可见，如果董事会设副董事长，副董事长不仅将是董事长"不能履行职务"时的"第一顺位继承人"，而且还有权在董事长"不履行职务"履行董事长职务，起到监督与制衡董事长的作用，这对于股权较为分散或者由不同股东的代表分别担任董事长和副董事长的公司来说是非常关键的。

正是基于这样的原因，如果举牌方进入董事会，将很有可能与现在的大股东瓜分董事长和副董事长的职务，即使董事长的职务还有大股东的代表担任，也有可能在董事长不能履行职务或不履行职务时出现大权旁落的情形。通过章程的修改,取消了副董事长,而是改为"由半数以上董事共同推举一名董事主持或履行",因此只要大股东在董事会中的席位占优势(如和举牌方的董事比例为4:2),即使董事长不能行使职权,大股东仍然可以利用在董事会的席位的优势推举一名新的董事行使董事长的职权。

此外,本章中新梅董事会还打算将其全资子公司江阴新梅的主营业务委托关联方管理,这其实也是一种反收购手段,可以形象地称之为"焦土战术",后续章节中将继续分析。

【案情经过】

三、六公司结为同盟　大股东首次易主

2014年6月

2014年6月10日,上海新梅董事会发布公告称:本公司接到兰州鸿祥的通知,称该公司于2014年6月6日与兰州瑞邦、上海开南、上海升创、上海腾京、甘肃力行签署《一致行动人协议》,兰州鸿祥及其一致行动人共持有本公司股份63523486股,占总股本的14.23%。

2014年6月12日,兰州鸿祥及其一致行动人向公司提交了《上海新梅详式权益变动报告书》[①],该报告书披露了以下信息:

1. 一致行动人在上海新梅拥有权益的股份的获得日期、数量、比例:

公司名称	买入时间	持有股数	所占比例
兰州鸿祥	2013年10月28日~2013年11月底	3111330股	0.69%
	2014年6月	11857500股	2.66%
兰州瑞邦	2013年11月	1433800股	0.32%
上海开南	2013年10月23日~2013年11月底	22319200股	5.00%
上海升创	2013年10月30日~2013年11月底	8459368股	1.89%
上海腾京	2013年10月	13822104股	3.10%
甘肃力行	2013年11月	2520184股	0.56%

---

① http://epaper.stcn.com/paper/zqsb/page/1/2015-01/27/B077/20150127B077_pdf.pdf,最后访问日期2021年6月4日。

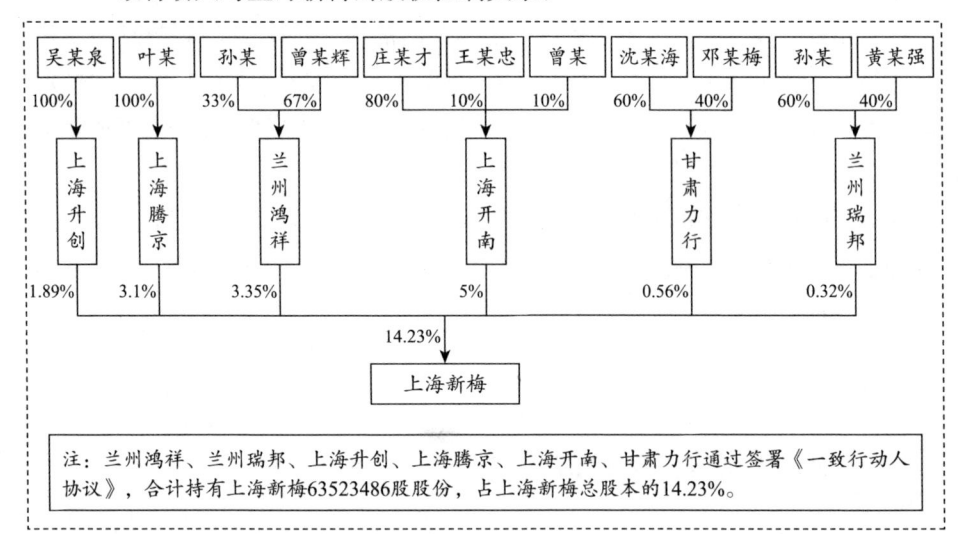

2. 一致行动人与上海新梅的股权控制关系：

```
吴某泉    叶某    孙某  曾某辉    庄某才   王某忠    曾某    沈某海 邓某梅    孙某  黄某强
 100%    100%   33%    67%      80%     10%     10%      60%   40%     60%  40%
   │       │     └──┬──┘         │       │       │        └──┬──┘       └──┬──┘
 上海    上海      兰州          上海开南                 甘肃力行        兰州瑞邦
 升创    腾京      鸿祥
 1.89%   3.1%    3.35%           5%                      0.56%           0.32%
                          └────────── 14.23% ──────────┘
                                    上海新梅
```

注：兰州鸿祥、兰州瑞邦、上海升创、上海腾京、上海开南、甘肃力行通过签署《一致行动人协议》，合计持有上海新梅63523486股股份，占上海新梅总股本的14.23%。

3. 一致行动人本次权益变动：2014年6月6日，兰州鸿祥、兰州瑞邦、上海开南、上海升创、上海腾京、甘肃力行签署《一致行动人协议》，合计持有上海新梅63523486股份，占上海新梅总股本的14.23%股份，成为公司第一大股东。

4. 本次权益变动的目的：上海新梅自兴盛集团2003年重组进入房地产领域以来，业绩平平，工业停滞，自2012年起先后公告以新材料、白酒、文化传媒等热点题材筹划转型，而上海新梅实际控制人控制的兴盛集团、荣冠投资不断高位减持巨额套现，自其取得控制权以来，长达11年间主营业务和盈利能力一直得不到有效提升，2013年度净利润为 -26728499.80元，出现重大亏损，兴盛集团有限公司高位减持套现表明其已经对上市公司转型失去信心，上海新梅现任董事、管理层怠于履行职责，没有能力继续推动上市公司实现转型。

2014年5月31日，上海新梅公告的2013年度股东大会通知有关修改公司章程的议案公然违反了《公司法》规定，剥夺了信息披露义务人及一致行动人《公司法》赋予的股东权利，阻碍中小股东提出议案帮助上市公司摆脱现实困境的合理诉求，也损害了广大中小股东的合法权利。将原公司章程"第五十三条：公司召开股东大会，董事会、监事会以及单独或者合并持有公司3%以上股份的股东，有权向公司提出提案，单独或者合计持有公司3%以上股份的股东，可以在股东大会召开10日前提出临时提案并书面提交召集人。召集人应当在收到提案后2日内发出股东大会补充通知，公告临时提案的内容。"拟修订为"第五十三条：公司召开股东大会，董事会、监事会以及单独或者合并持有公司3%以上股份的股东，有权向公司提出提案，连续12个月单独或者合计持有公司3%以上股份的股东，可以在股东大会召开 10 日前提出临时提案并书面提交召集人"。

基于以上原因，2014 年 6 月 6 日，兰州鸿祥、兰州瑞邦、上海开南、上海升创、上海腾京、甘肃力行签署《一致行动人协议》，合计持有上海新梅 63523486 股股份，占上海公司总股本的 14.23%，成为上市公司第一大股东，通过一致行动以扩大在上市公司的表决权和影响力，以股东身份推动上市公司做大做强，提升上市公司经营业绩，维护股东自身的合法权益。

5. 对于是否拟对上海新梅章程修改的问题，该报告书披露：上海新梅现行公司章程未设置阻碍其收购控制权的条款，一致行动人暂无修改公司章程的明确计划。如果未来现任董事会拟通过修改公司章程设置阻碍收购控制权的条款，一致行动人不排除提出修改相关条款的议案。

【实务指引】

本章的核心概念是"一致行动"。所谓一致行动，是指投资者通过协议、其他安排，与其他投资者共同扩大其所能够支配的一个上市公司股份表决权数量的行为或者事实。《上市公司收购管理办法》规定，一致行动人应当合并计算其所持有的股份。此外，根据《证券法》（2013）第 63 条的规定，投资者持有或者通过协议、其他安排与他人共同持有一个上市公司已发行的股份达到百分之五时，应当作出书面报告。因此，上海开南等六家公司于 2014 年 6 月 6 日签署《一致行动人协议》后，六家公司持有的上海新梅的股权已达 14%，应当进行信息披露，这意味着上海开南及其一致行动人超越了兴盛集团的持股比例，跃居上海新梅的第一大股东。但根据上海开南披露的信息，六公司均在 2013 年 10 月至 11 月大量买入上海新梅的股票，时间之接近使得所谓 2014 年 6 月六家公司才结为一致行动人的说法颇令人怀疑。

同时，上海开南在其披露的报告中明确表示了对于上海新梅现有管理层及大股东兴盛集团的不满，尤其是董事会拟对章程进行的修改更被一致行动人看作严重挑衅的行为，上海开南的报告使得举牌方及兴盛集团、董事会之间的矛盾公之于众，双方的控制权争夺愈演愈烈。

【案情经过】

四、举牌方要求罢免董事长　股东会双方私下做妥协
2014 年 6 月

2014 年 6 月，兰州鸿祥及其一致行动人兰州瑞邦、上海开南、上海升创、上海腾京、甘肃力行向上海新梅董事会发函，要求在本公司 2013 年度股东大会中增加

《关于免去张某静公司董事的议案》及《关于为股东在2013年度股东大会提供网络投票的议案》。

6月17日，上海新梅董事会发布公告，对上海开南等举牌方增加议案的要求进行了回复：

1. 本公司认为在股东大会中提供网络投票的要求应该以股东建议的形式提出，而不能作为一个议案放在年度股东大会上进行表决。此次《公司章程》修改采用现场投票的目的不是剥夺中小股东的投票权，而是希望关心公司健康发展的股东能来现场表达投票权之外的建设性意见，但考虑到最近媒体和投资者对此次《公司章程》修订事项的关注，本公司也拟在此次股东大会中增加网络投票。

2. 接本公司股东兴盛集团函，兴盛集团于2014年4月初分别向中国证监会上海监管局和上海证券交易所递交了实名举报材料，对相关股东涉嫌在股份权益变动活动中隐瞒一致行动人、信息披露存在严重虚假记载、误导市场等违法违规行为进行了举报；2014年6月5日，相关股东签署《一致行动协议》的行为与兴盛集团举报其违法违规的事实基本相吻合；2014年6月10日，中国证监会已对相关股东涉嫌超比例持股未按照规定履行报告、披露义务等违法违规事项正式立案调查。

基于上述原因，本公司经审慎研究认为，相关股东被举报的违法行为已由中国证监会正式立案调查，存在被认定为违法而受到处罚的可能性。根据《证券法》（2014）第213条的规定，收购人未按照本法规定履行上市公司收购的公告、发出收购要约等义务的，责令改正，给予警告，并处以十万元以上三十万元以下的罚款；在改正前，收购人对其收购或者通过协议、其他安排与他人共同收购的股份不得行使表决权。对直接负责的主管人员和其他直接责任人员给予警告，并处以三万元以上三十万元以下的罚款。一旦相关股东被认定违法并受相应处罚，就丧失了在股东大会提案及继续收购行为的资格。在这种情况下，如果接受相关股东的要求增加股东大会提案，将董事长任免等涉及公司治理的提案交由股东大会审议表决，有可能使本公司股东大会在存在重大法律瑕疵的基础上做出决策，从而对公司的未来正常经营和发展造成不可逆转的严重后果，会对包括广大中小股东在内的公司其他股东的权益造成难以弥补的严重损害。

因此，本公司认为，在中国证监会对相关股东的违法行为调查结果最终确认以前，本公司及本公司董事会应对相关股东提出的涉及公司治理的提案暂时搁置，待监管部门出具最终调查结论后再依法办理。

2014年6月17日，上海新梅董事会发布《2013年度股东大会增加网络投票表决方式的公告》，将本次会议的表决方式修改为：现场投票与网络投票相结合。

2014年6月20日，上海新梅董事会发布《关于2013年度股东大会取消部分提案的补充通知》，主要内容为：

1. 董事会第六次临时会议审议通过了《关于召集召开 2013 年度股东大会的议案》，拟将该次会议同期审议通过的《关于修改公司章程的议案》列为公司 2013 年度股东大会的第 9 项提案。现因市场对该项议案存在不同看法，为保证公司年度股东大会的顺利召开，公司于 2014 年 6 月 19 日下午以通讯表决的方式召开第六届董事会第七次临时会议，会议审议通过了《关于取消公司 2013 年度股东大会第 9 项提案的议案》，决定《关于修改公司章程的议案》将不再提交 2013 年度股东大会审议。

2. 公司董事会接到兰州鸿祥及其一致行动人的告知：兰州鸿祥及其一致行动人决定撤回其所递交的《关于免去张某静公司董事的议案》的临时提案。

3. 本次股东大会提供网络投票。

【实务指引】

针对董事会拟在股东大会修改章程的动作，举牌方立刻做出了回应，要求在股东大会中罢免董事长张某静女士，并要求股东大会增加网络投票的方式。其之所以要求增加网络投票，主要是希望笼络公司的小股东，在股东大会上支持自己，新梅董事会自然明白其用意，在双方股权比例基本接近的情况下，绝不敢得罪有可能最终起决定性作用的小股东，主动表示"考虑到最近媒体和投资者对此次《公司章程》修订事项的关注，本公司也拟在此次股东大会中增加网络投票"。

相较而言，举牌方要求罢免董事长的议案更加触及了新梅管理层的核心利益，其不得不予以回击。董事会发布的公告认为：根据《证券法》（2014）第 213 条的规定，举牌方存在未及时、正确履行信息披露义务的行为，有可能遭受责令改正等行政处罚，"在改正前，收购人对其收购或者通过协议、其他安排与他人共同收购的股份不得行使表决权"，董事会进而认为，如果接受举牌方增加股东大会的表决罢免董事长的提案，"有可能使本公司股东大会在存在重大法律瑕疵的基础上做出决策，从而对公司的未来正常经营和发展造成不可逆转的严重后果，会对包括广大中小股东在内的公司其他股东的权益造成难以弥补的严重损害"，因此"本公司及本公司董事会应对相关股东提出的涉及公司治理的提案暂时搁置"。

笔者认为，新梅董事会暂时搁置股东议案的决定欠缺法律依据：其一，《证券法》第 213 条所说的"不得行使表决权"应当仅限于收购方被行政处罚之后且收购方没有改正的情形，而此时证监会只是刚对举牌方进行立案调查，尚未作出其有违反信息披露义务的认定和处罚。其二，即使举牌方遭受证监会的行政处罚且没有改正，依据《证券法》（2014）第213条也只能剥夺举牌方的表决权，而不能剥夺其提案权。其三，有关法律法规和上海新梅公司章程并未赋予董事会直接决定股东提出的提案能否作为股东大会议案的权力，新梅董事会有明显越权之嫌。

较为出人意料的是，在股东大会召开前，董事会决定不再提交修改章程的提案，同时举牌方也决定不再提及罢免董事长的提案，这明显是双方互相妥协的结果。上海新梅的控制权争夺有了峰回路转、和平解决的可能性。

根据《上市公司信息披露管理办法》的相关规定，信息披露的基本原则主要包括3个方面，即信息披露的真实原则，信息披露方式的合规原则，其中合规原则是指要符合法律、法规和规章制度的各项要求，其主要表现在及时性要求、正当性要求和公平性要求。其中及时性要求是指按照规定，公司应当及时履行信息披露义务。例如《证券法》（2014）第63条，通过证券交易所的证券交易，投资者持有或者通过协议、其他安排与他人共同持有一个上市公司已发行的股份达到百分之五时，应当在该事实发生之日起三日内，向国务院证券监督管理机构、证券交易所作出书面报告，通知该上市公司，并予公告；在上述期限内，不得再行买卖该上市公司的股票。投资者持有或者通过协议、其他安排与他人共同持有一个上市公司已发行的股份达到百分之五后，其所持该上市公司已发行的股份比例每增加或者减少百分之五，应当依照前款规定进行报告和公告。在报告期限内和作出报告、公告后三日内，不得再行买卖该上市公司的股票。

【案情经过】

五、股东会和平收场　董事会再卖资产

2014年6月~2014年7月

2014年6月26日，上海新梅董事会发布《2013年度股东大会决议公告》：

1. 会议的出席情况：

出席会议的股东和代理人人数	865
所持有表决权的股份总数（股）	206128445
占公司有表决权股份总数的比例（%）	46.1775%
其中：通过网络投票出席会议的股东人数	843
所持有表决权的股份数（股）	145316183
占公司有表决权股份总数的比例（%）	32.5541%

2. 议案表决情况：

议案序号	议案内容	同意股数（股）	同意比例（%）	反对股数（股）	反对比例（%）	弃权股数（股）	弃权比例（%）	是否通过
1	《2013年度董事会工作报告》	51796720	25.1284%	139278803	67.5689%	15052922	7.3027%	否
2	《2013年度监事会工作报告》	51786500	25.1234%	138847841	67.3599%	15494104	7.5167%	否
3	《2013年年度报告》	115315506	55.9435%	75347255	36.5535%	15465684	7.5030%	是
4	《2013年度财务决算报告》	51783020	25.1217%	138879741	67.3753%	15465684	7.5030%	否
5	《2013年度利润分配预案》	115308506	55.9401%	75488905	36.6223%	15331034	7.4376%	是
6	《关于支付2013年年报审计费用及聘任2014年度财务审计机构的议案》	65760943	31.9029%	138926841	67.3982%	1440661	0.6989%	否
7	《关于增补顾华庆为公司第六届监事会监事的议案》	65467797	31.7607%	139630947	67.7398%	1029701	0.4995%	否
8	《关于委托经营管理关联交易事项的议案》	1823534	1.1675%	139490197	89.3106%	14871774	9.5219%	否

2014年7月24日，上海新梅董事会发布《第六届董事会第八次临时会议决议》①称：会议审议通过了《关于江阴新梅豪布斯卡商业项目委托经营管理事项的议案》。为有效避免与公司大股东兴盛集团的同业竞争，整合资源优势，有效盘活资产，进一步提升公司现有资产的盈利水平，公司控股子公司江阴新梅拟将其所开发的江阴新梅豪布斯卡项目（又称江阴新梅华府项目）中的商业用房（其中商铺面积为26417.15平方米，地下车库面积为17840.96平方米）委托给迪诺曼公司经

---

① http://static.sse.com.cn/disclosure/listedinfo/announcement/c/2014-07-23/600732_20140724_1.pdf，最后访问日期2017年4月14日。

营管理，委托期限为 15 年零 6 个月，自 2014 年 7 月 1 日起至 2016 年 12 月 31 日止为项目招商培育期，在此期间甲方不收取任何经营和租金收入；从 2017 年 1 月 1 日起该商业项目年度经营净利润的 60% 将分配给委托方，从 2022 年 1 月 1 日起，受托方享有的利润分配每三年递增 5%。受托方将自行承担并负责该商业项目的装修改造。双方将就前述合作事项签署相关的《委托经营管理合同》。

【实务指引】

自新梅董事会于 5 月底宣布将召开股东大会以来，董事会与举牌方围绕着章程修改、股东大会的召开方式、罢免董事长、举牌方的信息披露等多个焦点问题展开了争夺，核心目的都只有一个，那就是对于上海新梅这家上市公司的控制权争夺。在这个过程中双方既有明争暗斗，也有互相妥协，举牌以来的第一次股东大会终以和平方式收场，但控制权的争夺并不因此而归于平淡，相反，矛盾与分歧的凸显预示着暴风雨即将来临。股东大会的八项议案有六项未获通过，且反对比例很高，表明以新梅董事会为代表的兴盛集团一方已失去了广大小股东的信任，处境十分尴尬和危险。尤其是《关于委托经营管理关联交易事项的议案》未获通过且反对比例高达 89.3%，可见新梅董事会欲通过售卖公司重要业务以降低公司价值和吸引力进而打消收购者兴趣的"焦土战术"不得人心。值得注意的是，在股东大会否决了相关议案的情况下，新梅董事会又立刻重新通过了《关于江阴新梅豪布斯卡商业项目委托经营管理事项的议案》。

【案情经过】

六、一致行动人再发难　临时股东会拟夺权

2014 年 7 月

2014 年 7 月 26 日，新梅董事会发布《公告》称：公司董事会办公室于近日收到公司股东兰州鸿祥及其一致行动人所提交的《关于提请召开上海新梅 2014 年第一次临时股东大会的函》及所附《关于聘请德勤华永会计师事务所（特殊普通合伙）为公司专项审计机构对公司近五年一期财务情况审计的议案》《关于修改公司章程的议案》《关于免去张某静女士公司董事的议案》《关于免去罗某岚女士公司董事的议案》《关于免去曾某锋先生公司董事的议案》《关于免去王某宇先生公司董事的议案》《关于免去林某女士公司独立董事的议案》《关于免去王某新先生公司董事的议案》《关于选举庄某才先生为公司第六届董事会董事的议案》《关于选举曾某先生为公司第六届董事会董事的议案》《关于选举朱某女士为公司第六届董事会董事的议案》《关于选举韩某印先生为公司第六届董事会独立董事的议案》《关于选举崔某丹先生为公司第六届董事会独立董事的议案》《关于选举袁某健先生为公司第六届监事会监事的议案》《关于选举孙某先生为公司第六届监事会监事的议案》《关于选举张某女士为公司第六届监事会监事的议案》共16项提案。经董事会办公室审核，相关提案材料内容尚不充分、完备，其中，部分董事候选人、监事候选人未完整披露在其他单位的任职情况、也未明确承诺符合董事、监事的任职资格等。公司董事会办公室已要求兰州鸿翔及其一致行动人对上述材料进行补正。待收到补充完整齐备的相关提案材料后，本公司将依照法律法规履行相应程序。

2014年7月29日，上海新梅董事会发布《公告》称：2014年7月28日，兰州鸿祥及其一致行动人向公司监事会提交了《关于提请召开上海新梅2014年第一次临时股东大会的函》及所附16项提案，内容与其之前递交董事会的材料相同，且未按照董事会办公室的要求补正提案材料，公司督促其尽快补正提案材料，以便本公司董事会履行相应审议程序。

【实务指引】

在本章中，举牌方兰州鸿祥及其一致行动人首次提议召开临时股东大会，其法律依据为《公司法》第100条第3项规定的，单独或者合计持有公司百分之十以上股份的股东请求时，应当在两个月内召开临时股东大会。与此同时，举牌方提出16项议案，其法律依据为《公司法》第102条第2款规定的"单独或者合计持有公司百分之三以上股份的股东，可以在股东大会召开十日前提出临时提案并书面提交董事会"。

特别需要讨论的是，举牌方为改选新梅董事会，分别提出了六个罢免现在全部六名董事的提案，而并非提出一个罢免全部董事的提案，这两者间是有所区别的。这种区别在于，如果股东大会只是在一个议案中处理全部董事的去留问题，那么最终的表决结果也无外乎董事全部留任或全部被罢免两者可能；而如果股东大会要在六个议案中分别处理六名董事的去留问题，则相当于给了中小投资者分别对某一位股东的去留表达意见的机会，中小股东很可能会对董事会中的某个领袖人物投留任票，对一些不太熟悉的董事投反对票，这就有可能使得最终部分董事留任而部分董事被罢免，这种细微的差别对于志在取得对董事会实际控制的双方而言都是意义重大的。在实践层面，由于我国法律法规并未规定罢免全体董事是应当在一个议案中提出还是分别以每名董事一项单项提案的形式提出[1]，提案方有相当的灵活性决定

---

[1] 在这一问题上，我国法律对于上市公司董事选举的提案形式有所规定。《上市公司股东大会规则》第17条规定，除采取累积投票制选举董事、监事外，每位董事、监事候选人应当以单项提案提出。

以哪种形式提出对自己取得董事会的控制权更加有利。同时实践中也出现了董事会利用股东大会的召集权将股东的一项议案拆分成多项议案的情况，不过董事会是否有权对股东的议案进行拆分或者合并是有争议的。

此外，在举牌方要求新梅董事会未果后，又向新梅监事会提出了同样的要求，其意在走完法律规定的程序，如果董事会监事会都拒绝召开股东大会，则股东可以自行召集。相关的法律依据是《公司法》第101条第2款："董事会不能履行或者不履行召集股东大会会议职责的，监事会应当及时召集和主持；监事会不召集和主持的，连续九十日以上单独或者合计持有公司百分之十以上股份的股东可以自行召集和主持。"

【案情经过】

七、北京正谋征集投票　独立董事竟要海选

2014年7月~2014年8月

2014年7月31日，北京正谋在其官网上宣布，向上海新梅全体股东征集委托书，吁请召开临时股东大会并提出修改《公司章程》的议案。

应上海证券交易所要求，上海新梅于2014年8月4日向北京正谋去函，要求其对是否持有公司股票及其有关授权委托书征集行为的合法有效性进行说明。

北京正谋于2014年8月5日做出回复函称：1. 北京正谋系上海新梅的股东；2. 我国现行的法律法规对采取公开征集的形式向上市公司全体股东征集投票权的行为并无禁止性规定。

2014年8月6日，上海新梅董事会发布《公告》称：1. 北京正谋书面回复称其是本公司股东，但未告之其具体持股数量；2. 经查阅2014年8月4日的本公司股东名册，未发现以北京正谋名义持有本公司股份的股东；3. 北京正谋认为，我国现行的法律、法规对采取公开征集的形式向上市公司全体股东征集投票权的行为并无禁止性规定；4. 本公司法律顾问国浩律师事务所认为，北京正谋向上海新梅全体股东征集关于提请召开临时股东大会及提出议案的授权委托书的行为不存在法律依据。

该公告所附的公司法律顾问国浩律师事务所出具的法律意见书认为：根据《公司法》第106条的规定，股东可以委托代理人出席股东大会会议，代理人应当向公司提交股东授权委托书，并在授权范围内行使表决权。根据《上市公司治理准则》第16条的规定，上市公司董事会、独立董事和符合有关条件的股东可以向公司股东征集其在股东大会上的投票权。上市公司及股东大会召集人不得对股东征集投票权设定最低持股比例限制。投票权征集应当采取无偿的方式进行，并向被征集人充分披露具体投票意向等信息。不得以有偿或者变相有偿的方式征集股东投票权。但鉴于相关法律法规未就向股东征集关于提请召开临时股东大会及提出议案的授权委托书的行为作出明确规定,因此本所律师认为,北京正谋向上海新梅全体股东征集关于提请召开临时股东大会及提出议案的授权委托书的行为不存在法律依据。

【实务指引】

在兴盛集团与上海开南等一致行动人就上海新梅的控制权争夺愈演愈烈的时刻,北京正谋的插入无疑再次给这场争斗增添了戏剧性。北京正谋欲征集小股东授权召开股东大会,并且通过海选的方式为上海新梅挑选独立董事,如果北京正谋能够如其所愿,那么上海新梅的控制权争夺将从两强争霸演变为三足鼎立。可惜的是,北京正谋很难成为那个足以制衡两强的第三方势力。

一方面,正如上海新梅的法律顾问国浩律师事务所出具的法律意见书所指出的,《公司法》只对股东征集其他股东的投票权有所规定,对于向其他股东征集关于提请召开临时股东大会及提出议案的授权委托书的行为并未作出明确规定。未作明确规定实际上有两种解释,可以是如法律意见书所说的,没有明确规定意味着相关行为没有法律依据,因此对该行为持反对意见;也可以是"法无禁止即可为",既然法律没有明确规定,那相关行为自然也不会违反法律的强制性规定,且不会损害其他股东、公司、公司债权人的利益,该行为应当是有效的。虽然笔者更倾向于第二种解释方式,但也不得不承认法律规定的欠缺给了各方坚持己见的空间,尤其是遇到公司董事会不愿北京正谋所代表的第三方势力加入的情况下,作为北京正谋也很难有更多的救济途径。

另一方面,北京正谋如何使其他小股东相信它的加入有利于上海新梅的公司利益?站在广大小股东的立场,在两强争霸已经足够混乱的情况下,第三方的加入会使整个局面朝好的方向发展还是坏的方向发展?如果北京正谋有足够雄厚的资本力量,或者值得炫耀的公司治理经验,那么或许可以取信于部分股东;但如果这些条件都不具备,光凭几句"改造僵尸公司"的口号、炒一炒"海选独立董事"的噱头,恐怕很难如其所愿。

尽管如此,笔者对于北京正谋的出现并不反对,甚至还希望它的部分主张得到认可。在中国的股票市场,无论是大股东还是广大的小股东,大多数还是会更加关注自己的"短期"利益,或者是公司的控制权或者是股价短期内的涨跌,但是却缺乏对于公司发展方向和公司治理这一"长期和根本性"利益的关注。北京正谋的行为和主张略带理想化色彩,但它最少表面上是站在完善公司治理、保护公司及股东长期利益的高度，提出了自己解决公司困境的方法，也促使更多人对于公司的发展方向进行考虑，甚至有机会做出选择。从这个角度而言，应当为北京正谋的出现叫好，并期待更多的第三方势力加入对上市公司发展方向和公司治理的讨论决策过程，万一他们成功了呢？

【案情经过】

八、披露违规王某忠遭处罚　司法诉讼大股东初启动

2015年1月~2015年2月

在上海新梅向证监会举报举牌方信息披露违规后，证监会宁波监管局于2015年1月4日向王某忠下发了《行政处罚事先告知书》，其主要内容为：

我局依法拟对王某忠涉嫌超比例持股未公告等证券违法违规行为作出行政处罚。经查明，2013年7月至11月，王某忠实际控制上海开南、上海腾京、上海升创、兰州瑞邦、兰州鸿祥、甘肃力行、上海嘉池丰、胡某、唐某英、谢某、谢某莹、何某良、聂某、程某义、黄某印15个证券账户（以下简称上海开南账户组）进行证券投资。自2013年7月18日起，兰州瑞邦账户开始买入上市公司上海新梅股票后，上海开南账户组持续不断买卖上海新梅股票。2013年10月23日上海开南账户组合计持有上海新梅已发行股份的5.53%，2013年11月1日该账户组合计持有上海新梅已发行股份的10.02%，2013年11月27日，该账户组合计持有上海新梅已发行股份的14.86%，其中，上海开南单个账户持有上海新梅全部已发行股份的5%，上海嘉池丰账户已不再持有上海新梅股票。

上述事实发生之后，上海开南账户组在2014年6月13日前，未披露该账户组受同一人控制或存在一致行动关系。该账户组在2013年10月23日合计持有上海新梅股票首次超过5%以及在2013年11月1日合计持有上海新梅股票10.02%时，均未按照证券法相关规定对超比例持股情况进行及时报告和公告。

王某忠能够对上海开南账户组进行控制、管理和使用，对该账户组享有收益权益并承担相应风险，是上海开南账户组的实际控制人和信息披露义务人。王某忠的行为违反了《证券法》（2014）第63条有关"通过证券交易所的证券交易，投资者持有或者通过协议、其他安排与他人共同持有一个上市公司已发行的有表决权股份达到百分之五时，应当在该事实发生之日起三日内，向国务院证券监督管理机构、证券交易所作出书面报告，通知该上市公司，并予公告；在上述期限内，不得再行买卖该上市公司的股票……投资者持有或者通过协议、其他安排与他人共同持有一个上市公司已发行的有表决权股份达到百分之五后，其所持该上市公司已发行的有表决权股份比例每增加或者减少百分之五，应当依照前款规定进行报告和公

告,在该事实发生之日起至公告后三日内,不得再行买卖该上市公司的股票"的规定,构成了原《证券法》(2014)第197条所述"发行人、上市公司或者其他信息披露义务人未按照规定披露信息,或者所披露的信息有虚假记载、误导性陈述或者重大遗漏"的行为。证监局拟作如下决定:责令王某忠改正违法行为,给予警告,并处以50万元的罚款。

2015年1月27日,兰州鸿祥和王某忠发布《上海新梅详式权益变动报告书(补充披露)》,其主要内容为:2014年6月6日,兰州鸿祥、兰州瑞邦、上海开南、上海升创、上海腾京、甘肃力行签署《一致行动人协议》,合计持有上海新梅63523486股股份,占上海新梅总股本的14.23%股份。本次权益变动前,王某忠先生通过其管理、实际控制的兰州鸿祥、兰州瑞邦、上海开南、上海升创、上海腾京、甘肃力行、上海嘉池丰、胡某、唐某才、谢某、谢某莺、何某良、聂某、程某义、黄某印15个证券账户自2013年7月至11月购买上海新梅股票超比例持股未公告,上述证券账户组在2013年10月23日合计持有上海新梅股票首次超过5%以及2013年11月1日合计持有上海新梅股票10.02%时王某忠先生均未按照《证券法》(2014)第63条规定就超比例持股情况及时履行报告和公告义务。2014年6月6日,胡某、唐某才、谢某、谢某莺、何某良、聂某、程某义及黄某印证券账户已将所持有的上海新梅流通股股份(除个别自然人账户留有不足100股的碎股外)通过上海证券交易所大宗交易方式全部转让给兰州鸿祥,该等交易完成后,上述自然人证券账户已不再由王某忠实际控制、管理。

2015年1月20日,证监会宁波监管局向王某忠下发了《行政处罚决定书》。《行政处罚决定书》认为:王某忠作为上海开南账户组的实际控制人和信息披露义务人,在账户组合计持有上海新梅股票分别达到5%及10%时,未根据《证券法》的相关规定履行信息披露义务,其行为构成了《证券法》(2014)第193条所述之信息披露违法行为,并作出责令王某忠改正违法行为,给予警告,并处以50万元罚款的行政处罚。

在举牌方受到行政处罚之后,兴盛集团立即于2015年2月25日以王某忠、上海开南等一致行动人为被告、上海新梅为诉讼第三人向上海市第一中级人民法院提起诉讼。兴盛集团认为,举牌方在合计持有上海新梅股票达5%和10%时均未按照《证券法》(2014)第63条的规定书面报告,各被告通过恶意串通的方式隐瞒了其控制账户组的事实,严重损害了上海新梅及股东的利益。诉请:(1)判令自2013年10月23日(被告合计持有第三人已发行股票首次达到5%之日)起,各被告买卖第三人股票的行为无效;(2)判令各被告抛售2013年10月23日当日及后续购买并持有的第三人已发行股票所得收益赔偿给第三人。

【实务指引】

在本章中，举牌方备受质疑的信息披露问题终被证监会所确认，并认定王某忠能够对上海开南账户组进行控制、管理和使用，对该账户组享有收益权益并承担相应风险，是上海开南账户组的实际控制人和信息披露义务人，因此证监会对王某忠做出了行政处罚的决定，其法律依据是《证券法》（2014）第 193 条第 2 款所规定的：发行人、上市公司或者其他信息披露义务人未按照规定报送有关报告，或者报送的报告有虚假记载、误导性陈述或者重大遗漏，责令改正，给予警告，并处以三十万元以上六十万元以下的罚款。对直接负责的主管人员和其他直接责任人员给予警告，并处以三万元以上三十万元以下的罚款。

举牌方遭受行政处罚对于大股东兴盛集团而言无疑是重大的利好消息，他们自然地想到，如果举牌方在购买股票的过程中存在违法行为，那么其持续买入股票的效力便有待商榷，而如果举牌方买入股票的行为能够被法院确认为无效，那么也就等于是一举摧毁了举牌方的收购意图。因此，兴盛集团在证监会的行政处罚做出后立即向法院提起了诉讼，要求确认举牌方买入上海新梅股票的行为无效。尽管《民法典》第 153 条规定违反法律、行政法规的强制性规定或者违背公序良俗的民事法律行为无效，但通常认为，法律的强制性规定有效力性和管理性的区分，只有违反效力性的强制规定的民事行为才是无效行为。而《证券法》有关举牌的信息披露规定应属管理性的强制规定，举牌方的相关行为并非必然无效。

上述行为有效与否固然尚取决于法院的最终裁决，但兴盛集团通过行政控告、民事诉讼的方式"釜底抽薪"以巩固自己的控股地位，突破了我国资本市场中单纯的以资本对决的方式解决收购与反收购的惯例，效果如何、是否会对举牌方"暗藏筹码"式的收购方式予以打击值得期待。

【案情经过】

九、提案表决均遭强硬拒绝　股东大会引发双数诉讼

2015 年 1 月 ~ 2015 年 4 月

自上海新梅董事会提出的《关于支付 2013 年年报审计费用及聘任 2014 年度财务审计机构的议案》被 2014 年 6 月的股东大会否决后，上海新梅董事会又于 2014 年 8 月 15 日审议通过了《关于聘任公司 2014 年度财务审计机构的议案》，拟继续聘任众华会计师事务所为公司 2014 年度财务审计机构。2015 年 1 月 21 日，上海新梅董事会审议通过了《关于聘任公司 2014 年度内控审计机构的议案》。议案的主要

内容为，根据财政部及证监会关于在上市公司实施内部控制规范工作的相关要求，公司自 2014 年起聘请专业审计机构对公司内部控制情况进行审计。鉴于众华会计师事务所的资信状况、执业经验，同时其自 2012 年起一直为公司提供年度财务审计服务，对公司经营情况非常了解，经公司董事会审计委员会提议，公司拟聘请众华会计师事务所为公司 2014 年度内部控制审计机构。该议案尚需提交股东大会审议。

2015 年 1 月，上海新梅收到上海证券交易所公司监管一部发来的《关于督促上海新梅置业股份有限公司及时聘任 2014 年度财务审计机构的监管工作函》，内容为："你公司已预约于 2015 年 4 月 21 日披露 2014 年年报。我部注意到自你公司 2013 年度股东大会审议否决《关于支付 2013 年年报审计费用及聘任 2014 年度财务审计机构的议案》以来，截至 2015 年 2 月 2 日，你公司尚未聘请 2014 年度财务审计机构。我部提醒你公司和全体董事，应本着对投资者负责的态度，妥善做好 2014 年度年报编制的相关准备工作，采取有效措施尽快确定 2014 年度财务审计机构，并按要求及时履行信息披露义务。"

2015 年 3 月 7 日，上海新梅董事会发布《关于召开 2015 年第一次临时股东大会的通知》。公司董事会召集本次股东大会，召开时间为 2015 年 3 月 23 日。会议审议事项为：1. 关于聘任公司 2014 年度财务审计机构的议案，聘任的财务审计机构为众华会计师事务所；2. 关于聘任公司 2014 年度内控审计机构的议案，聘任的内控审计机构为众华会计师事务所。

2015 年 3 月 12 日，上海新梅董事会发布《关于收到股东临时提案事项的公告》。董事会办公室于 2015 年 3 月 9 日接到公司股东上海开南及其一致行动人的来函，要求在公司 2015 年第一次临时股东大会中增加《关于聘请德勤华永会计师事务所（特殊普通合伙）为公司 2014 年度财务审计机构及内控审计机构的议案》《关于免去林某女士公司独立董事的议案》及《关于推荐崔某丹先生为公司第六届董事会独立董事候选人的议案》。

2015 年 3 月 14 日，上海新梅董事会发布《第六届董事会第十三次临时会议决议公告》。董事会认为上海开南及其一致行动人提出的三个提案均不应提交股东大会审议。具体为：

1.《关于聘请德勤华永会计师事务所（特殊普通合伙）为公司 2014 年度财务审计机构及内控审计机构的议案》。根据《公司法》和《公司章程》的规定，"临时提案的内容应当属于股东大会职权范围，并有明确议题和具体决议事项"，而上海开南及其一致行动人提出的临时提案一所涉及的两项事项，即聘任公司财务审计机构和聘任公司内控审计机构的事项应为各自单独审议和表决的事项，不应同时在一项提案中进行审议和表决，因此，临时提案一不符合《公司法》和《公司章程》

关于股东大会临时提案的要求，不应提交本次股东大会审议。

同时，对于上述事项，公司独立董事发表独立意见认为：众华会计师事务所作为国内知名的专业审计机构，具备上市公司财务审计和内控审计的资质和丰富经验，自2011年起连续受聘为本公司年度财务审计机构，勤勉尽责，审计结果独立、客观、公正，不存在任何不适合担任本公司年度审计机构的情形；根据本公司第六届董事会第六次会议和第十一次临时会议分别审议通过的《关于聘任公司2014年度财务审计机构的议案》和《关于聘任公司2014年度内控审计机构的议案》，众华会计师事务所目前已初步完成了本公司2014年度财务审计和内控审计的预审工作，若在3月末改聘会计师事务所，并由其重新进场审计，势必会影响公司2014年年报的按时披露，从而对公司的正常经营造成重大影响。

2.《关于免去林某女士公司独立董事的议案》。上海开南及其一致行动人虽在其临时提案二中罗列了其认为的免职理由，但经核查，林某女士任职期间并不存在任何违反《公司法》《公司章程》及《关于在上市公司建立独立董事制度的指导意见》等相关法律法规规定的公司董事和独立董事任职资格的情形，且在担任公司第六届董事会独立董事期间，亦不存在任何不适格或不能履行职责、不履行职责的情形。根据《公司章程》的规定，"董事在任期届满以前，股东大会不能无故解除其职务""提案的内容应当属于股东大会职权范围，有明确议题和具体决议事项，并且符合法律、行政法规和本章程的有关规定"，而上海开南及其一致行动人提出的临时提案二明显违反了《公司章程》的规定，因此，临时提案二不应提交本次股东大会审议。

3.《关于选举崔某丹先生为公司第六届董事会独立董事的议案》。根据本次董事会议案二审议内容，公司独立董事机制建立健全，独立董事均能够履行其职责，且独立董事任职期限尚未届满，公司目前无须重新选举新任独立董事。因此，临时提案三不应提交本次股东大会审议。

由于上海新梅董事会拒绝将举牌方的提案提交股东大会审议，上海开南及其一致行动人（兰州鸿祥、兰州瑞邦、上海升创、上海腾京、甘肃力行）于2015年4月以上海新梅为被告向上海市闸北区人民法院提起诉讼。原告认为：公司召开董事会并作出的不应将原告提交的3个临时提案提交临时股东大会的决议没有法律上及公司章程上的依据。依据《公司法》第102条，股东提出临时提案并书面提交董事会后，董事会应当将该临时提案提交股东大会审议，所以被告董事会无权作出不应提交股东大会审议的决议。其诉讼请求是：请求法院撤销本公司第六届董事会第十三次临时会议决议。

2015年3月24日，上海新梅董事会发布《2015年第一次临时股东大会决议公告》。该公告显示，本次股东大会出席会议的股东所持有表决权股份数占总数的22.9%，所审议的《关于聘任公司 2014 年度财务审计机构的议案》和《关于聘任公司 2014 年度内控审计机构的议案》两项议案，均以 75.2% 的赞成票通过。但两项议案中，5% 以下股东的表决情况均为约 40.6% 同意，约 59.0% 同意。值得注意的是，上海新梅在统计此次股东大会表决结果时未将上海开南账户组所持股份计入，其公告中的解释为：根据《上市公司收购管理办法》第 75 条的规定："上市公司的收购及相关股份权益变动活动中的信息披露义务人，未按照本办法的规定履行报告、公告以及其他相关义务的，中国证监会责令改正，采取监管谈话、出具警示函、责令暂停或者停止收购等监管措施。在改正前，相关信息披露义务人不得对其持有或者实际支配的股份行使表决权。"本公司认为，截至本次临时股东大会计票时，王某忠及上海开南账户组尚未提供任何监管部门出具的关于能够证明其已改正违法行为的相关文件。因此，根据相关法律法规规定，王某忠及《处罚决定书》认定的其控制的上海开南账户组不得对其持有或者实际支配的公司股票行使表决权。

在上海新梅拒绝举牌方在股东大会中行使表决权后，上海开南及其一致行动人（兰州鸿祥、兰州瑞邦、上海升创、上海腾京、甘肃力行）于 2015 年 4 月以上海新梅为被告、众华会计师事务所为第三人，向上海市闸北区人民法院提起诉讼。诉讼请求是：（1）请求法院撤销本公司 2015 年度第一次临时股东大会会议决议；（2）请求法院判令第三人停止对本公司 2014 年度财务审计。原告认为："2015 年 3 月 23 日，本公司召开 2015 年第一次临时股东大会，审议《关于聘任公司 2014 年度财务审计机构的议案》以及《关于聘任公司 2014 年度内控审计机构的议案》，原告在参会时被本公司告知无权行使表决权，本公司同日公告的《2015 年第一次临时股东大会决议公告》中也未计入原告所持股份，原告认为，原告合法持有被告 16.53% 的股份，根据宁波证监局〔2015〕1 号《行政处罚决定书》，行政处罚的主体为王某忠个人，原告并不是承担责任的主体，原告作为股东当然享有在股东大会上行使投票的权利。原告认为本公司剥夺其表决权的行为违反了《公司法》第 42 条及第 103 条及《公司章程》第 59 条及《股东大会议事规则》第 29 条的规定。"

上海新梅董事会于 2015 年 4 月 28 日发布《关于公司股票停牌并实施退市风险警示的公告》。该公告称：因公司 2013 年度、2014 年度经审计的净利润均为负值，根据《上海证券交易所股票上市规则》第 13.2.1 条第 1 项的规定，公司股票交易将自 2015 年 4 月 29 日被实施退市风险警示，股票简称变更为 *ST 新梅；股票价格的日涨跌幅限制为 5%；实施退市风险警示后公司股票将在风险警示板交易。

【实务指引】

本章的"导火索"是选任公司的审计机构,为了使公司能够按期披露 2013 年年报,上海新梅董事会主张应当继续聘任众华会计师事务所,因为其自 2012 年起一直为公司提供年度财务,对公司经营情况非常了解,董事会希望其提案能够在 3 月 23 日召开的临时股东大会获得通过。但举牌方则主张由德勤华永会计师事务所担任公司的审计机构,根据相关媒体的报道,举牌方认为上海新梅在出售江阴市房地产项目等过程中存在着关联交易、隐蔽转移公司资产,从而损害公司及公司股东利益的行为,因此希望借由通过更换审计机构查明事实。可以说,董事会和举牌方各有其目的,审计机构是否更换成了角力的又一焦点问题。

同时,新梅董事会对于举牌方提出的更换审计机构、罢免独立董事、选举独立董事的三项议案均直接作出不提交股东大会审议的决定,此举有明显违反《公司法》的有关规定滥用董事会职权、侵犯股东权利的嫌疑。《公司法》第 102 条第 2 款规定:"单独或者合计持有公司百分之三以上股份的股东,可以在股东大会召开十日前提出临时提案并书面提交董事会;董事会应当在收到提案后二日内通知其他股东,并将该临时提案提交股东大会审议。临时提案的内容应当属于股东大会职权范围,并有明确议题和具体决议事项。"根据上述规定,向股东大会提出议案是持股 3% 以上股东的法定权利,在股东依法行使提案权的情况下,董事会的职责仅应限于"通知其他股东"等协助股东行使提案权的情形,最多是对于股东提交的材料是否符合法律的规定进行程序性的审定和提示,而无权审查股东所提议案的合理性,更无权径行作出股东所提议案"不应提交本次股东大会审议"的决定,因此上海开南及其一致行动人提起的上述诉讼很有希望获得法院支持。

而在直接拒绝了举牌方的提案后,董事会接下来面临的问题是,如果股东大会照常进行,那么董事会续聘众华会计师事务所的提案由于举牌方的反对必然也难以获得通过。在此情况下,上海新梅董事会以"王某忠及上海开南账户组尚未提供任何监管部门出具的关于能够证明其已改正违法行为的相关文件"为由拒绝举牌方行使表决权。如此一来,董事会的议案得以"顺利通过"。

笔者认为,上海新梅剥夺举牌方表决权的理由同样是站不住脚的。其一,诚如举牌方所主张的,行政处罚认定举牌方信息披露的义务人为王某忠个人,行政处罚的对象也是王某忠个人,上海开南等六家公司并不是承担责任的主体。其二,在王某忠受到证监会行政处罚后,举牌方已经于 2015 年 1 月 27 日发布了《上海新梅详式权益变动报告书(补充披露)》,可以视为已经改正了违法行为,而不须证监会再次出具文件证明违法行为已经改正。因此，上海新梅剥夺举牌方表决权的合法性是有待商榷的。

【案情经过】

十、临时股东大会提议又遭拒绝　年度股东大会召开再引争端

2015年5月~2015年7月

2015年5月14日，上海新梅董事会发布《涉及诉讼公告》，披露上海新梅以王某忠、上海开南及其一致行动人（兰州鸿祥、兰州瑞邦、上海升创、上海腾京、甘肃力行、上海嘉池丰）为被告向上海市第一中级人民法院提起诉讼，请求判令被告买入原告股票的交易行为无效。该公告再次强调：如果本公司的诉讼请求得到法院支持，王某忠将不具备本公司的股东身份。为维护公司和全体股东的合法权益，在法院判决之前，公司将暂不接受以王某忠及其控制账户法人名义提出的任何提案，也不认可其表决权。

2015年5月，上海开南先后向上海新梅董事会、监事会发函，要求以持股10%以上股东的身份提请召开临时股东大会，审议更换三名董事和选举一名监事的相关议案。5月21日、5月27日，上海新梅董事会和监事会分别发布公告，拒绝了上海开南的要求。公告认为：根据证监会下发的行政处罚决定书，王某忠及其控制的开南账户组交易本公司股票的行为存在违法，本公司也据此起诉要求确认违法方交易本公司股票的行为无效，根据《民法通则》第58条，"无效的民事行为，从行为开始起就没有法律约束力"。因此，在法院最终判决前，违法方持股的法律效力处于待定状态。基于违法方长期以来对公司的恶意干扰，且持股数量较大，如果让其继续行使表决权，包括向公司提出议案，很可能会对公司的治理和经营造成不可逆转的严重影响。因此公司暂不接受开南账户组所提出的上述提请召开临时股东大会的提案，也不认可其表决权。

2015年6月3日，上海新梅董事会发布《关于召开2014年度股东大会的通知》，公司董事会决定于2015年6月23日召开股东大会，股东大会的审议事项包括2014年度董事会工作报告、监事会工作报告、关于续聘公司2015年度财务审计机构的预案、续聘公司2015年度内控审计机构的预案等。

2015年6月18日，上海新梅董事会发布公告称公司决定将不允许王某忠所实际控制的上海开南账户组（上海开南、兰州鸿祥、兰州瑞邦、上海升创、上海腾京、甘肃力行、上海嘉池丰）参加本次2014年度股东大会，其理由与5月21日、5月27日新梅董事会和监事会的公告中拒绝上海开南提议召开临时股东大会要求的

理由相同，并强调：鉴于王某忠实际控制的上海开南账户组在之前参加本公司股东大会现场会议的过程中均存在刻意拖慢股东大会进程、煽动小股东情绪、误导媒体舆论等阻碍股东大会正常进行的情形，若允许其参加公司 2014 年度股东大会，不排除其将持续干扰股东大会审议公司重大事项。为保障公司 2014 年度股东大会的顺利召开及进行，为维护上市公司及全体合法股东之权益，本公司决定将不允许王某忠所实际控制的上海开南账户组参加本次 2014 年度股东大会。

2015 年 6 月 24 日，上海新梅董事会发布《2014 年度股东大会决议公告》。本次股东大会出席会议的股东所持有表决权股份数占总数的 33.3%。在不允许上海开南及其一致行动人参会和表决的情况下，全部八项议案均以约 50.5% 赞成、47.1% 反对、2.4% 弃权的比例惊险通过。

2015 年 7 月，上海开南及其一致行动人（兰州鸿祥、兰州瑞邦、上海升创、上海腾京、甘肃力行）以上海新梅为被告，向上海市闸北区人民法院提起诉讼，请求判令被告 2014 年度股东大会决议无效。原告所述的案件事实为"2015 年 6 月 3 日，本公司董事会发出股东大会通知，公司定于 2015 年 6 月 23 日召开年度股东大会，参会股东应于 2015 年 6 月 16 日至指定场所进行会议登记。原告于会议登记当日欲进行登记时被公司拒绝。2015 年 6 月 25 日，本公司召开 2014 年度股东大会。原告通过交易系统平台就本公司全部议案投的反对票在公司统计表决结果时未被计入，最终公司全部议案获得通过。原告认为，原告合法持有公司 16.53% 股份，根据宁波证监局〔2015〕1 号《行政处罚决定书》，行政处罚的主体为王某忠个人，原告并不是承担责任的主体，原告作为股东当然享有在参与股东大会并在股东大会上行使投票的权利"。

2015 年 7 月，在兴盛集团向王某忠等 16 名被告提起的诉讼中，兴盛集团增加诉讼请求：判令全部被告在持有第三人（上海新梅）股票期间，均不得享有股东权利，包括但不限于表决权（提案权和投票权）等各项具体的权利和权能。

【实务指引】

举牌方曾在 2014 年 7 月分别致函上海新梅董事会、监事会，要求召开 2014 年第一次临时股东大会，但在董事会、监事会均认为举牌方提交的材料不充分、完备要求其补正后，举牌方并未按要求补正，也未自行召开股东大会。时间来到了 2015 年 5 月，举牌方第二次要求召开临时股东大会，董事会此前已连续拒绝了举牌方行使提案权和表决权的要求，与上一次相比双方的矛盾更加升级。此次董事会以举牌方违法事实被行政处罚决定书所确定、上海新梅提起诉讼要求确认举牌方买入股票无效、举牌方对公司运作恶意干扰等理由再次拒绝了举牌方召开临时股东大会的提议，可以说是所有人都可以预料到的结果。

同样，董事会再一次地拒绝了举牌方在股东大会上行使表决权的权利，甚至这一次干脆是在股东大会召开前就宣布不允许举牌方参加，举牌方欲进行会议登记时当场被拒绝，只好在网络上参加股东大会并投下反对票，但董事会仍未将其投票计入统计结果。显而易见的是，董事会一次又一次地拒绝了举牌方的请求，虽然每次都给出了表面上看起来充分的理由，但这些理由是否能站得住脚显然值得思考。

收购与反收购本应是在法律框架下的资本角力，但上海新梅的控制权争夺却一步步地演变为双方不断试图突破法律底线以寻求自身最大利益，双方始终无法在一个共同接受的法律规则下活动，使得商业活动逐渐衍变为一个又一个的司法案件。而在等待司法裁决的过程中，双方的不断挑衅再次滋生了新的司法案件，违法成本小而守法成本大。

【案情经过】

十一、举牌方自行召开股东大会 上海新梅上演双头董事会

2015年7月～2016年1月

2015年7月24日，上海开南及其一致行动人发布公告称[①]，举牌方合计持有上海新梅16.53%的股份，为上海新梅第一大股东，举牌方在先后向上海新梅董事会、监事会提出召开临时股东大会遭到拒绝后，举牌方决定于2015年8月10日自行召集临时股东大会，审议事项共七项，具体包括：《关于免去罗某岚女士公司董事的议案》《关于免去曾某锋先生公司董事的议案》《关于免去林某女士公司独立董事的议案》《关于选举庄某才先生为公司第六届董事会董事的议案》《关于选举朱某女士为公司第六届董事会董事的议案》《关于选举袁某健先生为公司第六届监事会监事的议案》。

上海新梅董事会迅速于7月28日发布《澄清公告》作出回应。该公告称：本公司信息披露的法定网络渠道为上海证券交易所网站，《上海证券报》《中国证券报》为本公司指定的法定信息披露媒体，公司的所有披露信息均以刊登于上述媒体的公告为准。举牌方在司法裁定之前发布自行召开临时股东大会的《会议通知》的行为是不谨慎的，本公司保留对此会议程序以及会议决议的法律效力诉请法院裁决的权利。公告提醒广大投资者，公司发布的信息以公告为准，请广大投资者理性投

[①]《上海新梅关于持股10%以上股东自行召开公司2015年第二次临时股东大会的通知》，载《证券市场红周刊》2015年7月24日。

资，注意风险。

2015年7月31日和8月4日，上海新梅董事会连续两次发布《关于开南账户组拟自行召开临时股东大会的提示性公告》。两公告强调：在法院裁定之前，本公司不认可开南账户组的股东资格及其发布的临时股东大会通知，也不会认可该次临时股东大会所有决议的效力。开南账户组强行召开股东大会的行为势必会对公司治理造成极其严重的影响，使公司内部控制面临重大缺陷，从而导致公司的转型战略更加难以付诸实施，暂停上市的风险更为加大。

2015年8月12日，上海开南等六公司发布《关于股东自行召开2015年第二次临时股东大会决议公告》。公告称：本次会议由公司合计持股10%以上的股东兰州鸿祥、兰州瑞邦、上海开南、上海升创、上海腾京、甘肃力行六家一致行动方提议召开，召集人代表庄某才先生主持。出席会议的股东所持有表决权股份数占公司有表决权股份总数的30.7%，会议通过了《关于免去罗某岚女士公司董事的议案》《关于免去曾某锋先生公司董事的议案》《关于免去林某女士公司独立董事的议案》《关于选举庄某才先生为公司第六届董事会董事的议案》《关于选举朱某女士为公司第六届董事会董事的议案》《关于选举袁某健先生为公司第六届监事会监事的议案》。上述六项议案均以92%以上的同意票通过。德恒上海律师事务所出具律师见证法律意见，认为：上海新梅2015年第二次临时股东大会的召集、召开程序符合法律、法规、规范性文件及《公司章程》的规定；出席本次临时股东大会的人员资格、召集人资格合法有效，符合法律、法规、规范性文件及《公司章程》的规定；本次临时股东大会的表决程序符合法律、法规、规范性文件及《公司章程》的规定。

至此，上海新梅出现了双头董事会格局。

自2015年8月25日起，新梅董事会以重大资产重组为由宣布股票停牌。

2016年1月30日，新梅董事会发布《关于股票可能被暂停上市的风险提示公告》，称：经公司财务部门初步测算及众华会计师事务所的预审计，公司预计2015年度将继续亏损。如公司2015年度经审计的净利润继续为负值，上海证券交易所可能暂停公司股票上市。

【实务指引】

时间来到了2016年，距离上海开南首次举牌上海新梅已有两年的时间了。显然，上海新梅的控制权的争夺远还没有结束，双头董事会的格局给公司治理带来了新的挑战，公司连年亏损致使极有可能被暂停上市，此外还有若干的司法案件悬而未决，收购与反收购之争的胜负成败还难以判断。总之，对于双方而言这都是一场艰苦的斗争。

由于材料不完整、信息不对称等原因，笔者所持的观点可能会有所偏颇，但是希望借此给同样面临公司控制权问题的企业家一些启发。为了牢牢掌控公司控制权，就既要着眼于公司法的规则设计，也要着眼于每个公司所面临的不同情形。具体而言，就必须关注公司章程的条款如何设置，必须关注股东的各项权利如何实现，必须关注股东会、董事会如何运作，必须关注公司证照、人事权争夺的危险如何避免。

上海新梅的案例集中展示了公司控制权争夺的全过程，希望借此使更多的企业家审慎地重新审查自己的公司章程、公司治理结构，在法律的框架下保护好最值得珍惜的财产——公司的控制权。

图书在版编目（CIP）数据

公司保卫战：公司控制权案例点评与战术指导／唐青林，张德荣，李斌主编 .—2 版 .—北京：中国法制出版社，2021.7
ISBN 978-7-5216-1997-3

Ⅰ.①公… Ⅱ.①唐…②张…③李… Ⅲ.①公司-控制权-公司法-案例-中国 Ⅳ.①D922.291.914

中国版本图书馆CIP数据核字（2021）第127523号

责任编辑　韩璐玮（hanluwei666@163.com）　　　　　　封面设计　杨泽江

公司保卫战：公司控制权案例点评与战术指导
GONGSI BAOWEIZHAN：GONGSI KONGZHIQUAN ANLI DIANPING YU ZHANSHU ZHIDAO

主编/唐青林，张德荣，李斌
经销/新华书店
印刷/三河市紫恒印装有限公司
开本/730毫米×1030毫米　16开　　　　　　　印张/29.25　字数/465千
版次/2021年7月第2版　　　　　　　　　　　　2021年7月第1次印刷

中国法制出版社出版
书号 ISBN 978-7-5216-1997-3　　　　　　　　　定价：119.00元

北京西单横二条2号　邮政编码100031　　　　　　传真：010-66031119
网址　http：//www.zgfzs.com　　　　　　　　编辑部电话：010-66066627
市场营销部电话：010-66033393　　　　　　　　邮购部电话：010-66033288

（如有印装质量问题，请与本社印务部联系调换。电话：010-66032926）